Projekte und Projektmanagement

Siegfried von Känel

Projekte und Projektmanagement

 Springer Gabler

Siegfried von Känel
Dresden, Deutschland

ISBN 978-3-658-30084-5   ISBN 978-3-658-30085-2   (eBook)
https://doi.org/10.1007/978-3-658-30085-2

Die Deutsche Nationalbibliothek verzeichnet diese Publikation in der Deutschen Nationalbibliografie; detaillierte bibliografische Daten sind im Internet über http://dnb.d-nb.de abrufbar.

Springer Gabler
© Springer Fachmedien Wiesbaden GmbH, ein Teil von Springer Nature 2020
Springer Gabler ist ein Imprint der eingetragenen Gesellschaft Springer Fachmedien Wiesbaden GmbH und ist ein Teil von Springer Nature.
Die Anschrift der Gesellschaft ist: Abraham-Lincoln-Str. 46, 65189 Wiesbaden, Germany

Vorwort

Im Hinblick auf die Sicherung der Zukunftsfähigkeit von Unternehmen und anderen Organisationen ergibt sich zwangsläufig die Frage, über welche *Schlüsselqualifikationen* Führungskräfte und Mitarbeiter verfügen müssen, um den gestiegenen Anforderungen im nationalen wie internationalen Leistungswettbewerb gerecht zu werden.

Aus den Erfahrungen der Praxis lässt sich begründen, dass offenbar der Schlüsselqualifikation *„Problemlösungskompetenz"* sowie der Fähigkeit zum Einsatz der Methoden und Instrumente eines *professionellen Projektmanagements* und der Arbeit mit und in *Projektteams* eine zentrale Bedeutung zukommt.
Dies vor allem deshalb, weil ein erfolgreiches Bestehen speziell von Unternehmen unter den Bedingungen einer zunehmenden *Komplexität, Dynamik*, aber auch *Unsicherheit* im Wirtschaftsgeschehen maßgeblich davon abhängt, wie es ihnen gelingt, sich über

- die Entwicklung und Einführung *neuer, umweltschonender Erzeugnisse* und *Fertigungsverfahren*,
- die Weiterentwicklung der *Unternehmensorganisation* unter Nutzung der modernen *Informations- und Kommunikationstechnologien*,
- die ständige *Fort- und Weiterbildung* des Personals u. a.

den heutigen und künftigen ökonomischen und sozialen Herausforderungen an ein *ressourcensparendes Wirtschaften* zu stellen.

Anliegen und *Ziel* dieses Buches und des zugehörigen Online-Materials ist es, das Thema „Projekte und Projektmanagement" im Sinne eines *Lehrbuchs* systematisch, stark visualisiert und praxisbezogen zu vermitteln.
Als Zugang zu diesem Thema wird der Ansatz *„Systems Engineering"* gewählt.[1] Dieser methodisch bewährte Vorgehensleitfaden führt – wie wir sehen werden – zu einer logischen und damit einprägsamen Erklärung der Zusammenhänge zwischen den Sachverhalten *„Problem"*, *„Problemlösungsprozess"*, *„Projekt"* und *„Projektmanagement"*.

Die *Gliederung* des vorliegenden Buches orientiert sich an der logischen Abfolge der Phasen im „Lebensprozess" eines Projekts bzw. des entsprechenden Projektmanagements und folgt damit dem inhaltlichen Aufbau der einschlägigen Fach- und Lehrbücher zum Projektmanagement.[2]

Besonderer Wert wird im Buch und im Online-Zusatzmaterial auf die Darstellung und Erläuterung der *methodisch-instrumentellen* sowie der *betriebswirtschaftlichen* Komponenten des *klassischen* wie des *agilen* Projektmanagements gelegt. In diesem Kontext wird gezeigt, wie diesbezügliche Aufgaben auch unter Nutzung der Kalkulationssoftware *MS Excel* gelöst werden können.

---

[1] Siehe:
Gesellschaft für Systems Engineering e.V. (https://www.gfse.de);
HABERFELLNER, R. u. a.: Systems Engineering. Orell Füssli Verlag, Zürich 2015:
RAMBO, J.: Systems Engineering. Gesellschaft für Systems Engineering, München 2017.
[2] Siehe zum Beispiel:
Projektmanagement-Fachmann. GPM – Deutsche Gesellschaft für Projektmanagement e. V., RKW-Verlag, Eschborn 2004, Verlag Wissenschaft & Praxis, Berlin 2011.
JAKOBY, W.: Projektmanagement für Ingenieure. Springer-Vieweg Verlag, Wiesbaden 2019.
KUSTER, J. u. a.: Handbuch Projektmanagement. Springer-Gabler Verlag, Wiesbaden 2019.

Auch das im Buch angefügte umfangreiche *PM-Glossar* sollte besondere Beachtung finden.

Bei den Darlegungen im Buch stützt sich der Autor auf Erkenntnisse und Erfahrungen aus der eigenen langjährigen Beschäftigung mit dem Einsatz der Methoden der Netzplantechnik in Lehre und Praxis[3] sowie bei der Mitwirkung an der Planung und Realisierung verschiedenster Projekte im Wirtschafts- und Bildungsbereich.[4]

Das vorliegende Buch „Projekte und Projektmanagement" (inkl. Online-Zusatzmaterial) wendet sich vor allem an *Führungskräfte in der Wirtschaft* und in anderen Bereichen, die an der Planung und Realisierung von konkreten Projekten mitwirken und in diesem Zusammenhang ein spezielles „Know-how" zum Projektmanagement benötigen, ferner an alle, die sich im Rahmen ihres *Studiums* oder einer *Weiterbildung* umfassende Kenntnisse zu Grundlagen und Methoden des Projektmanagements aneignen wollen.

Des Weiteren sollte dieses Buch auch für alle von Interesse sein, die an der Absolvierung einer *Zertifizierungsmaßnahme* zum „Projektmanager"[5] teilnehmen bzw. teilnehmen wollen.

Zu beachten ist, dass der Titel „Projekte und Projektmanagement" auch als **eBook** erworben werden kann (Link: https://www.springer.com/9783658300845).

Zugleich wird auf der Verlags-Web-Präsens zum Buch ein *Download* von verschiedenem Zusatz-Material (Fallbeispiele zum Projektmanagement unter MS Excel, PM-Glossar, PM-Formulare, PowerPoint-Folien u. a.) ermöglicht.

Das vorliegende Buch und das Zusatz-Material wurden mit großer Sorgfalt erstellt. Wenn es dennoch kritische Hinweise zu Inhalt und Darstellungen im Buch gibt, die der Weiterentwicklung des Konzepts des Buches dienlich sind, werden diese dankbar entgegengenommen.

Zum Schluss ein Wort des Dankes an all jene, die auf unterschiedliche Art und Weise die Entstehung und Herausgabe dieses Buches begleitet und unterstützt haben.

Einen besonderen Dank möchte der Autor vor allem Herrn *Dr. Eckehard Pfeifer* für die kritische Durchsicht des Manuskripts und der zugehörigen Anlagen sowie den Partnern im Springer-Gabler Verlag, Frau *Dr. Isabelle Hanser* und Frau *Lisa Wötzel*, für die bewährte gute Zusammenarbeit bei der Herausgabe dieses Buches aussprechen.

Dresden, im Mai 2020

Prof. Dr. sc. Siegfried von Känel

---

[3] Siehe zum Beispiel:
von KÄNEL, S.: Planung der Vorbereitung des Einsatzes einer elektronischen Datenverarbeitungsanlage mit Hilfe des PERT-Systems. In: Fertigungstechnik und Betrieb, Heft 01/1965.
[4] Beispiele:
Projekt "Gewerbe-Ansiedlung eines Schweizer Investors in Sachsen (Neubau eines Industriebetriebes)";
Leitung von Zertifizierungs-Lehrgängen zum „Projektmanagement-Fachmann".
[5] Siehe Web-Präsens „https://www.gpm-ipma.de/zertifizierung.html"

Inhaltsverzeichnis

1. Projekte und Projektmerkmale

1.1 Probleme und Problemlösungsprozess

Wie im täglichen Leben, so tun sich auch Im Vollzug der Tätigkeit von Unternehmen und anderer Organisationen immer wieder PROBLEME auf, die – mehr oder weniger dringlich – gelöst werden müssen.
Was aber ist ein *Problem* und in welcher Weise steht der *Problemlösungsprozess* in Bezug zu *Projekten* und zum *Projektmanagement*?

■ Problembegriff

Folgende Begriffsbestimmung zum „Problem" soll hier weiterhelfen:[6]

Unter einem **Problem** ist allgemein die Differenz zwischen einem unbefriedigenden IST (Ist-Zustand) und einem (gewünschten bzw. als erforderlich erachteten) SOLL (Soll-Zustand) zu verstehen:

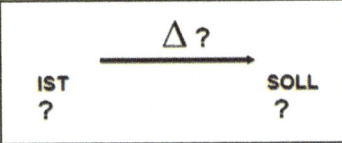

Begriffs-bestim-mung

Betrachten wir dazu ein erstes **Beispiel**:

Beispiel

Fallbeispiel FB 01:
Das Unternehmen PCX WM GmbH benötigt für die Herstellung von Werkzeugmaschinen bestimmte Komponenten der Steuerungstechnik.
Diese Komponenten werden bislang im Betriebsteil BT-Süd des Unternehmens gefertigt, der sich auf einem Pachtgrundstück befindet. Da der diesbezügliche Pachtvertrag demnächst ausläuft, soll die gesamte Produktionsanlage des Betriebsteils BT-Süd an einen neuen Standort in der Nähe des Hauptwerkes verlagert werden.

In hier betrachteten Fall kann die *IST-Situation* durch die Darstellung bzw. Beschreibung der gegebenen Situation (am bisherigen Standort) gekennzeichnet werden. Diese IST-Situation beinhaltet auch den Fakt, dass der Pachtvertrag für das Grundstück ausläuft und offenbar nicht verlängert werden kann oder soll.

Die *SOLL-Situation* wird durch die Vorgabe der Geschäftsleitung des Unternehmens gekennzeichnet, die Produktionsanlage komplett vom bisherigen Standort an einen neuen Standort in der Nähe des Hauptwerkes zu verlagern und die Inbetriebnahme der Anlage an diesem neuen Standort innerhalb einer kurzen Frist zu gewährleisten.

Das „*Problem*" der Aufgabe besteht nun darin, a) zu klären, was alles zu tun ist, um die gestellte Aufgabe im Rahmen einer vorgegebenen Zeitspanne und eines entsprechenden Kostenrahmens zu lösen und b) zu bestimmen, wer mit welchem Team die Bewältigung der gestellten Aufgabe übernehmen soll.

---

[6] Siehe hierzu auch:
HABERFELLNER, R. u. a.: Systems Engineering, a. a. O.

© Springer Fachmedien Wiesbaden GmbH, ein Teil von Springer Nature 2020
S. von Känel, *Projekte und Projektmanagement*, https://doi.org/10.1007/978-3-658-30085-2_1

Die Lösung eines solchen Problems erfordert ein *systematisches Vorgehen*, das als *Problemlösungsprozess* zu gestalten ist (siehe **Abb. 1.01**).

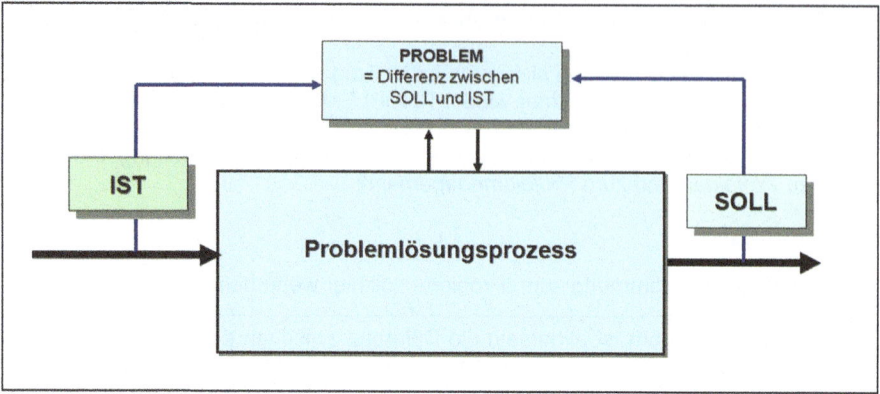

Abb. 1.01: Problem und Problemlösungsprozess

Anmerkungen:
Zunächst muss darauf verwiesen werden, dass der hier eingeführte Problembegriff eine Reihe *subjektiver* Faktoren beinhaltet, denn nicht immer kann – wie im oben betrachteten Fallbeispiel – die gegebene IST-Situation und die gewünschte SOLL-Situation relativ klar beschrieben werden, und nicht immer liegt auf der Hand, wie der der Weg zur Lösung des Problems zu gestalten ist.

Rolle sub-jektiver Faktoren In der Regel ist es vielmehr so, dass *subjektive Faktoren* eine wesentliche Rolle spielen. Diese äußern sich vor allem darin, dass

- zur betreffenden IST-Situation meist *voneinander abweichende* Einschätzungen vorliegen,
- über die angestrebte SOLL-Situation sehr *unterschiedliche Vorstellungen* bestehen,
- *divergierende Wege* zur Problemlösung diskutiert werden, die nicht selten vom eingangs zu lösenden Problem zu *neuen Problemen* führen würden,
- unterschiedliche Vorstellungen über die *Dringlichkeit* der betreffenden Problemlösung, über den hierfür erforderlichen *Aufwand* und die erforderliche *Zeitdauer* u. a. m.[7]

Aus diesen Anmerkungen soll deutlich werden, warum die Suche nach bzw. die Anwendung von geeigneten *Vorgehensmodellen* für Problemlösungsprozesse so wichtig ist.

---

[7] Wenn es um die Beurteilung *sachlicher* Probleme - wie zum Beispiel um die Frage nach der Notwendigkeit bzw. der Dringlichkeit der Ablösung eines bewährten Erzeugnisses durch ein neues Erzeugnis - geht, sind unterschiedliche Bewertungen der IST-Situation, unterschiedliche Vorstellungen zur SOLL-Situation und unterschiedliche Auffassungen zu den Wegen einer Problemlösungen in der Regel „nicht das Problem“: Im Gegenteil, ein hierüber zu führendes Meinungsstreit zwischen Fachleuten im Sinne einer Problemlösungsdiskussion kann zielführend sein.
Demgegenüber zeichnen sich für die Bewältigung solcher Probleme wie „Klimawandel“, „Individuelle Mobilität“, „Migration“ u. a. keine sachlichen Lösungen ab, zu unterschiedlich sind hier die Bewertungen der IST-Situation, zu konträr die Vorstellungen über eine SOLL-Situation und zu abwegig sind beschrittene bzw. diskutierte Wege zur Lösung der Probleme.
(*„Jedes Problem erlaubt zwei Standpunkte, unseren eigenen und den falschen!“* [CH. POLLOCK]).

■ Vorgehensmodelle für Problemlösungsprozesse

Das einfachste und bei der Suche nach einer Problemlösung meist intuitiv verwendete Vorgehensmodell ist die (aus der Kybernetik bekannte) *Trial-and-Error-Methode,* die einem *„Versuch-und-Irrtum"*-Vorgehen entspricht.

„Versuch und Irrtum"-Vorgehen

> Beispiel: Herr *Felix P.* hat in einem Geschäft für Kleinmöbel einen rollbaren Beistelltisch gekauft. An der Warenausgabe erhält er – wie heute üblich – einen *Karton* mit einer Menge von Einzelteilen, Schrauben usw. Zu Hause angelangt, beginnt sein „Problem": Die beigefügte Montageskizze ist nicht sehr aussagefähig, also hilft als Problemlösung nur ein Vorgehen im Sinne „Versuch" und „Irrtum", das oft Nerven kostet, ehe die Montage (eventuell) gelingt.

Im Rahmen des *Qualitätsmanagements* in Unternehmen wird – mit dem Ziel der kontinuierlichen Verbesserung der Qualität im laufenden Produktionsprozess – das Vorgehensmodell „PDCA" angewendet:[8]
Wird ein Fehler (als Qualitätsproblem) identifiziert, wird zunächst eine Lösung der Beseitigung des Fehlers geplant (P = *plan*).
Die gefundene Lösung wird dann probeweise eingeführt (D = *do*) und im Weiteren hinsichtlich ihrer Wirksamkeit überprüft (C = *check*).
Fällt das Ergebnis der Prüfung positiv aus, dann wird die Lösung im gesamten Produktionsprozess eingeführt (A = *act*).

PDCA-Zyklus

Es liegt auf der Hand, dass die Lösung *komplexerer* Probleme, so wie sie sich bei solchen Vorhaben wie „Neubau eines Industriebetriebes" oder „Entwicklung eines neuen Antriebsmotors für Lastkraftwagen" und dergleichen ergeben, ein umfassenderes *Konzept des systematischen Vorgehens* im Problemlösungsprozess erfordert als dies durch einfache Vorgehensmodelle abgesichert werden kann.

Nachfolgend wird ein derartiges systematisches Vorgehensmodell in Anlehnung an das Konzept des *„Systems Engineering"* (SE)[9] vorgestellt und erläutert.[10]

Systematisches Vorgehensmodell

Zunächst werden zwei gedanklich wie auch praktisch voneinander abgrenzbare Phasen unterschieden (siehe auch nachstehende **Abb. 1.02**):

a) Phase notwendiger *Vorklärungen* im Problemlösungsprozess sowie

b) Phase der eigentlichen *Projektbestimmung* und Projektrealisierung.

Die *Phase der notwendigen Vorklärungen,* auch als Phase der *Projektvorbereitung* bezeichnet[11], umfasst solche Teilphasen wie *„Situationsanalyse", „Zielformulierung"* und *„Lösungssuche".* In den Prozess der *Entscheidungsfindung* eingeordnet sind ferner Analysen des Umfelds (*Stakeholder Analysen*) sowie erste *Machbarkeits-* und *Risikoanalysen.* Die eigentliche Entscheidung beinhaltet eine Festlegung zur Durchführung eines zur Problemlösung vorgeschlagenen Vorhabens oder aber auch zur Ablehnung bzw. zur zeitlichen Verschiebung eines solchen Vorhabens.

Wird eine positive Entscheidung zur Durchführung eines konzipierten Vorhabens getroffen, dann sind – im Sinne des „Systems Engineering" – wiederum zwei Komponenten zu unterscheiden, und zwar

Projekt und Projektmanagement

---

[8] Siehe zum Beispiel: https://refa.de/service/refa-lexikon/pdca-zyklus sowie JAKOBY, W.: Projektmanagement für Ingenieure, a. a. O.
[9] Siehe: HABERFELLNER, R. u. a.: Systems Engineering, a. a. O.
[10] Weitere Vorgehensmodelle werden in Abschnitt 2.2 (PM-Konzepte) erläutert.
[11] Siehe zum Beispiel: OLFERT, K.; Projektmanagement. Kiehl. NWB-Verlag, Herne 2019.

a) die eigentliche *Systemgestaltung* als Prozess der Realisierung eines entsprechenden *Projekts* entsprechend einem definierten *Projektauftrag* sowie

b) das zugehörige *Projektmanagement* als Aufgabenfeld der Organisation, Planung und Steuerung des Einsatzes der für das zu realisierende Vorhaben sachlich und zeitlich begrenzt zur Verfügung stehenden personellen, materiellen, finanziellen und informationellen Ressourcen zur Verwirklichung der gestellten Projektziele (siehe Abb. 1.02).

Grafik zum
Vorgehens-
modell

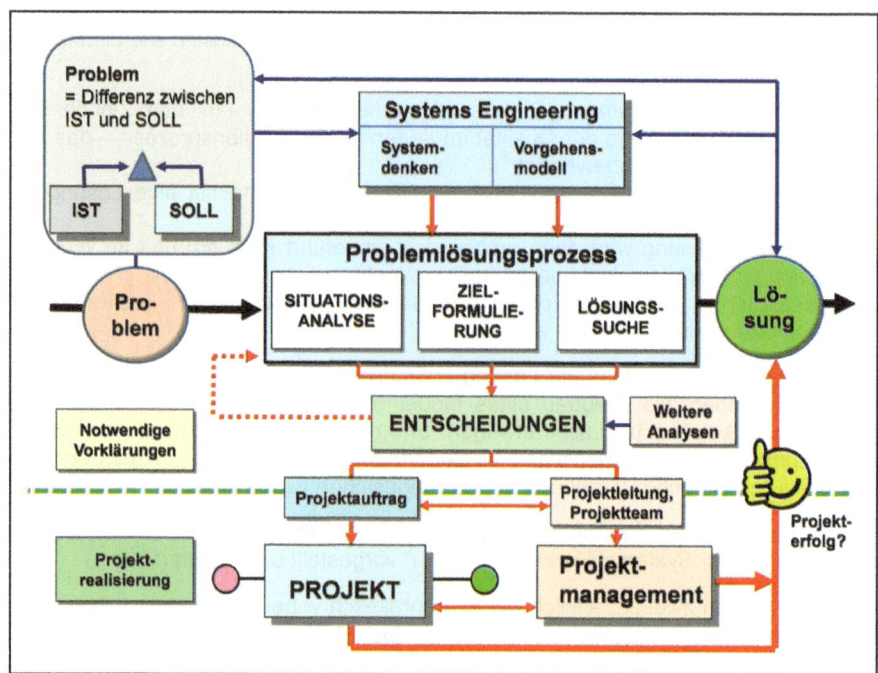

Abb. 1.02: Systematisches Vorgehensmodell zur Lösung komplexer Probleme

Hierzu nun weitergehende Erläuterungen.

■ Situationsanalyse

Der *erste Schritt* im Problemlösungsprozess bezieht sich die Durchführung einer *Situationsanalyse*. Diese Analyse zielt darauf ab, die *Ausgangssituation* für den systematisch abzuarbeitenden Problemlösungsprozess zu verdeutlichen.

In dieser Analyse sind vor allem folgende Sachverhalte zu klären:

a) Problembestimmung und Problemabgrenzung

Zunächst gilt es, das zu lösende Problem inhaltlich klar zu bestimmen und gegenüber anderen Sachverhalten abzugrenzen.
Unter diesem Aspekt ist auf folgende – beispielhaft aufgeführten – *Fragen* eine schlüssige Antwort zu geben (siehe **Tab. 1.01**):

Tab. 1.01: Wichtige Fragen zur Problembestimmung und Problemabgrenzung

Nr.	Fragen	Bezug zum Fallbeispiel FB 01
1	Was sind die Fakten, die die IST-Situation kennzeichnen und worin besteht die Differenz zu einer erforderlichen oder gewünschten SOLL-Situation?	Die Fertigung von Komponenten für die Steuerungstechnik in Werkzeugmaschinen kann am bisherigen Standort (BT-Süd) nicht weitergeführt werden, da der Pachtvertrag zum Grundstück ausläuft und nicht verlängert werden kann (IST-Situation). Als SOLL-Situation schwebt der Geschäftsführung der PCX WM GmbH vor, die gesamten Produktionsanlagen an einen neuen Standort in der Nähe des Hauptwerkes zu verlagern. Hierfür kann eine bislang nur als Lager verwendete Halle (im Eigentum des Unternehmens) genutzt werden.
2	Wer hat das Problem als solches erkannt? Wurde es zufällig entdeckt oder entspringt das Problem der Idee, etwas Neues zu kreieren oder ergibt sich das Problem aus einem Erfordernis, einen IST-Zustand zwingend verändern zu müssen?	Im Beispiel wurde der zum „Problem" führende Sachverhalt vom Justitiar und vom Produktionsleiter des Unternehmens der Geschäftsleitung vorgetragen. Da der Termin für die Beendigung des Pachtverhältnisses (BT-Süd) feststeht, ist eine Lösung des Problems sehr dringlich.
3	Wie lässt sich das Problem abgrenzen? Was gehört dazu und was nicht? Lässt sich das Problem in Unterprobleme zerlegen?	Das Problem „Produktionsverlagerung" lässt sich relativ gut abgrenzen. Eine Lösung des Problems umfasst solche Aspekte wie die Klärung des Umfangs notwendiger Bau- und Umbaumaßnahmen am neuen Standort, die Klärung der Reihenfolge des Abbaus der Anlagen am bisherigen Standort, die Klärung der Art und Weise des Transports der Anlagen an den neuen Standort u. a. m. Nicht zum Problem gehört zum Beispiel die Frage, was nachfolgend am bisherigen Standort des Betriebsteils geschehen soll.
4	Ist die Differenz zwischen IST und SOLL bereits heute feststellbar oder wird sich diese Differenz erst in naher oder ferner Zukunft bemerkbar machen?	Das Problem „Produktionsverlagerung" wurde etwa ein halbes Jahr vor Ablauf des Pachtvertrages sichtbar, da bis zu diesem Zeitpunkt die Hoffnung bestand, den Vertrag noch verlängern zu können.
5	Ist das Problem im eigenen Leitungs- und Verantwortungsbereich mit den hier verfügbaren Ressourcen und mit angemessenem Aufwand und in angemessener Zeit lösbar?	Beim Problem „Produktionsverlagerung" ist bereits „auf den ersten Blick" erkennbar, dass die hierbei zu lösenden Aufgaben die Einbeziehung mehrerer professionell arbeitender Fremdfirmen aus den Bereichen De-Montage, Montage, Bauhandwerk, Transport u. a. erfordern wird. Bei guter Vorbereitung kann das ganze Problem mit beherrschbarem Aufwand und in vertretbarer Zeit gelöst werden.
6	Führt eine mögliche Lösung des Problems zugleich zur Lösung anderer (erkannter) Probleme?	Der Technische Leiter des Unternehmens macht die Geschäftsführung des Unternehmens darauf aufmerksam, dass bestimmte Teile der Produktionsanlage dringend durch neuere Maschinen ersetzt werden müssten, um zu erreichen, dass die anstehenden Fertigungsaufgaben noch produktiver und mit besserer Qualität bewältigt werden können. Insofern führt das Problem „Produktionsverlagerung" zu einem neuen Problem: Ersatzinvestitionen „JA" oder „NEIN"?
7	In welchem Maße haben subjektive Einschätzungen und Bewertungen zur IST-Situation und zur SOLL-Situation Einfluss auf das betreffende Problem und die Ziele seiner Lösung?	Im betrachteten Beispiel „Produktionsverlagerung" liegen die sachlichen Fakten „auf dem Tisch", da gibt es kaum Spielraum für subjektive (unterschiedliche) Einschätzungen und Bewertungen. Einzig und allein bei der Frage der Notwendigkeit und des Umfangs einer zugleich vorzunehmenden Erneuerung von Teilen der gesamten Produktionsanlage gibt es – wie könnte es anders sein – zwischen dem Technischen Leiter und dem „Finanzchef" des Unternehmens Divergenzen.

Fragenkatalog zur Problembestimmung

b) Problemursachen und Problemwirkungen

Nicht immer liegen die Ursachen für das Entstehen eines Problems so auf der Hand wie im Beispiel „Produktionsverlagerung". In anderen Fällen bedarf es gründlicher Untersuchungen, um die eigentliche Ursache für ein auftretendes Problem ausfindig zu machen.

Beispiele für Problemursachen Dies trifft zum Beispiel zu, wenn sich Kunden beim betreffenden Hersteller über Qualitätsmängel erworbener Produkte beschweren und der Hersteller nunmehr vor der Aufgabe – und damit vor dem „Problem" – steht, die *Ursachen* für benannte Mängel aufzudecken und schnell zu beheben.

Oder: In der Absatzabteilung eines Unternehmens wird anhand der monatlich vorliegenden Verkaufszahlen eines bislang „gut gehenden" Produkts erkannt, dass die Anzahl getätigter Verkäufe plötzlich sinkt. Erste Recherchen ergeben, dass ein Wettbewerber zwischenzeitlich ein neues Produkt auf den Markt gebracht hat, das bei Kunden mehr Anklang findet.

Problem: Das betreffende Unternehmen hat es – geblendet von den bisher guten Verkaufszahlen – versäumt, rechtzeitig eine Neu- bzw. Weiterentwicklung des betreffenden Produkts in Angriff zu nehmen.

Es kann aber auch der umgekehrte Fall eintreten: Ein Unternehmen hat ein neu entwickeltes "Super-Produkt" auf den Markt gebracht, die Nachfrage nach diesem Produkt übertrifft alle Erwartungen, und dennoch gibt es Probleme, weil diese Nachfrage wegen einer zu gering bemessenen Produktionskapazität nicht umfassend und mit kurzen Lieferzeiten befriedigt werden kann.

Im gleichen Maße wie es gilt, die *Ursachen* von Problemen aufzudecken, gilt es, die *Wirkung* bestehender Probleme zu erkennen und zu bewerten. Dies ist vor allem deshalb erforderlich, weil sich aus der Analyse dieser Ursachen die *Dringlichkeit* einer Lösung des betreffenden Problems ableitet.

Beispiele für Problemwirkungen In den oben genannten Beispielen (von Kunden beanstandete Qualitätsmängel bzw. sinkende Absatzzahlen bei einem bislang gut gehenden Produkt bzw. nicht befriedigte Nachfrage nach dem „Super-Produkt") sind die Wirkungen in sinkenden Umsatzzahlen, in sinkenden Gewinnmargen oder auch in der Abwanderung von Kunden zur Konkurrenz sicher schnell direkt erfassbar. Die betreffenden Unternehmen müssen schnell handeln und somit den Weg zu Problemlösungen initiieren.[12]

Dokumentation der Problembeschreibung Wichtig: Die Ergebnisse der Situationsanalyse sollten in einer *dokumentierten Problembeschreibung* zusammengefasst werden, um so – unter anderem – zu verhindern, dass nachfolgend subjektive Umdeutungen des betreffenden Problems vorgenommen werden.

■ Zielformulierung

In einem *zweiten Schritt* des Problemlösungsprozesses geht es darum, die – in Bezug auf eine Problemlösung anzustrebenden – *Ziele* zu bestimmen. Es gilt somit auf solche Fragen wie *„Was soll erreicht werden?"* bzw. *„Was soll vermieden werden?"* eine schlüssige Antwort zu erarbeiten, wobei auf der Hand liegt, dass sich diese Denkweise durch alle Phasen des Problemlösungsprozesses erstrecken muss.

---

[12] Anmerkungen:
Das Thema „Problemursachen und Problemwirkungen" kann natürlich auch auf die ganz großen gesellschaftlichen Probleme wie „Klimawandel", „fehlender bezahlbarer Wohnraum", „Qualität der Luft in Großstädten", „Sicherheit der Energieversorgung", „Steigende Altersarmut" u. a. m. bezogen werden. Die zielgerichtete Anwendung der Erkenntnisse und Methoden zur Gestaltung von Problemlösungswegen könnte hier sehr hilfreich sein, wenn man nur wollte.

Zweckmäßig und wichtig ist es, zwischen *„System-Zielen"* (in Bezug auf die zu erarbeitende Lösung) und *„Vorgehens-Zielen"* (in Bezug auf die Arbeitsschritte im Projektablauf) zu unterscheiden.

Systemziele und Vorgehensziele

In der Regel bestehen zu Beginn dieses zweiten Arbeitsschrittes mehr oder weniger *divergierende* Vorstellungen über die *Ziele* der Problemlösung.[13]
Um mehr Klarheit über die anzustrebenden Ziele der Problemlösung zu erhalten, gilt es, sich zunächst darüber zu verständigen, welche grundlegenden *Funktionen* durch die Bestimmung von Zielen bewirkt werden können. Beispiele:

Funktion von Zielen

- Orientierungsfunktion ("*Wohin soll die ‚Reise' gehen?*"),
- Auswahl- und Bewertungsfunktion ("*Was ist wichtig? Was hat Priorität?*"),
- Koordinationsfunktion ("*Wie kann ein aufeinander abgestimmtes Handeln im Problemlösungsprozess gesichert werden?*"),
- Anreiz- und Motivationsfunktion ("*Na, das müsste doch zu schaffen sein!*"),
- Kontrollfunktion (*Soll-Ist- und Soll-Wird-Ist-Vergleiche*).

Des Weiteren ist zu beachten, welche Beziehungen zwischen einzelnen Zielen bestehen können (siehe **Abb. 1.03**).

Ziele und Zielbeziehungen

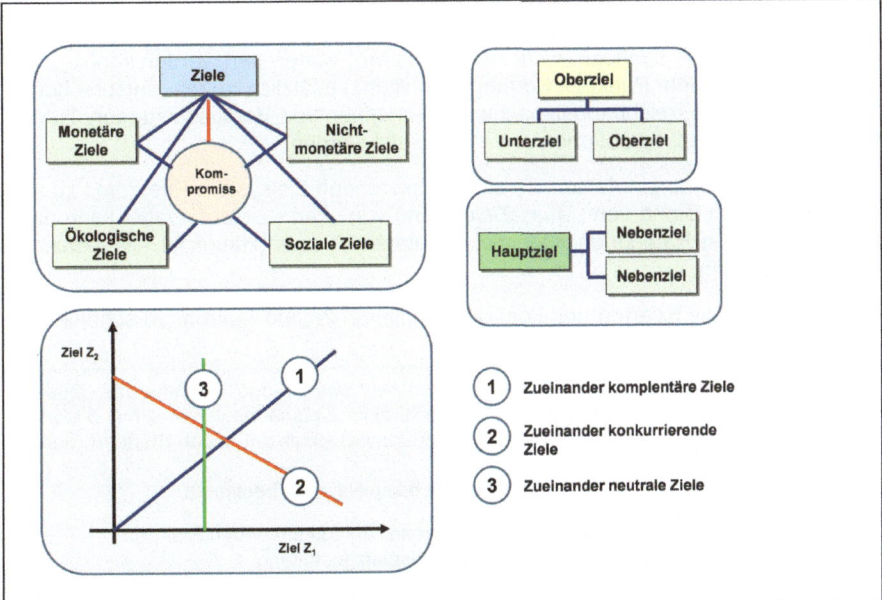

Abb. 1.03: Systematik von Zielen und Zielbeziehungen

Bei der Erarbeitung der Ziele für die Lösung des betreffenden Problems ist es ferner wichtig, den in nachstehender Tabelle aufgeführten Aspekten besondere Aufmerksamkeit zu schenken:

Vorgehen bei der Zielbestimmung

---

[13] Siehe zum Beispiel die Diskussionen zu den „Systemzielen" und den „Vorgehenszielen" betreffs der in der vorherigen Fußnote benannten gesellschaftlichen Probleme.

Tab. 1.02: Zur Zielbestimmung im Problemlösungsprozess[14]

Ziel	Bewertung der Erreichbarkeit des Zieles aus Sicht …					Bewertung des Risikos
	der Technik, Technologie u. a.	des Auf-wandes	der Zeit-dauer	der Quali-tät	der Umwelt-beeinflus-sung	
Ziel Z_1						
Ziel Z_2						
Ziel Z_3						
usw.						

Bewertungen mit Punkten und Kommentaren

Die Bewertung kann mit *Punkten* aus dem Bereich **[0, 10]** vorgenommen werden, wobei die „**0**" im Komplex „Erreichbarkeit" für „*nicht zu akzeptieren*" und im Komplex „Risiko" für „*kein Risiko*" steht.

Hingegen kann die Bewertung „**10**" im Komplex „Erreichbarkeit" mit „*sehr gut*" und im Komplex „Risiko" mit „*zu hoch, nicht zu akzeptieren*" interpretiert werden kann.

Die vorgenommenen Punkt-Bewertungen sollten zusätzlich durch entsprechende *Kommentare* (mit Erreichbarkeitsnachweis, Benennen von Voraussetzungen, Hauptschwierigkeiten, Risikoproblemen u. a.) untersetzt werden.

Prioritäten setzen

Im Weiteren ist es zu empfehlen, im zu konzipierenden Zielsystem *Prioritäten* zu setzen, vor allem im Sinne von „*Muss-Zielen*" und von „*Kann-Zielen*". Dabei kann auch der Bezug zu den Kategorien „Oberziel – Unterziele" bzw. „Hauptziel – Nebenziele" hergestellt werden.

Schließlich sind die fixierten und konkret formulieren Ziele wiederum zu schriftlich zu dokumentieren.

Ziele im Fallbeispiel FB 01

Im Fallbeispiel *„Produktionsverlagerung des Betriebsteils BT-Süd"* bestehe das „Muss-" bzw. *„Hauptziel"* darin, zu sichern, dass innerhalb einer *Zeitspanne* von maximal *5 Monaten* die Fertigung der Komponenten für die Steuerungstechnik am neuen Standort wieder reibungslos anlaufen kann.

Als wichtige *Nebenziele („Kann-Ziele")* werden beispielsweise bestimmt:

➢ Senkung der Lärmwirkung beim Betrieb der Anlage am neuen Standort,
➢ Verbesserung der ergonomischen Arbeitsplatzgestaltung

und dgl. mehr.

Als ein *Unterziel* (zum Hauptziel) wird in Bezug auf die *Kosten* der Produktionsverlagerung ein Ziel-Budget in Größenordnung von [….] EUR bestimmt.

Anmerkung: Weitere Aussagen zu diesem Fallbeispiel werden in Abschnitt 1.5 gemacht.

---

[14] Siehe auch Excel-Datei „01_PM-Problemloesung1.xlsm" (Online-Zusatzmaterial).

■ Lösungssuche

Im *dritten Schritt* des skizzierten Problemlösungsprozesses geht es um erste notwendige *Vorklärungen* zu möglichen Lösungen des betreffenden Problems sowie zu gangbaren *Lösungswegen*.

Anliegen und Ziel der Arbeiten in diesem dritten Schritt ist es, ausreichende Informationen zur Problemlösung (möglichst in Varianten) zu erarbeiten, die dann – wie in Abb. 1.02 angegeben – Grundlage für die nachfolgende *Entscheidung* bilden, und zwar dahingehend, ob zur Problemlösung ein *Projekt* (mit zugehörigem *Projektmanagement*) gestartet werden soll (oder muss) oder ob eine Problemlösung „vertagt" oder gar nicht in Angriff genommen werden sollte.

Ziel: Entscheidungsvorbereitung

Dieser – von der Sache her – *kreativ-konstruktive* Schritt im Problemlösungsprozess erfordert konsequentes *Systemherangehen*[15] und sollte sich zudem von solchen Prinzipien wie *"Vom Groben zum Detail"*, *„Denken in Varianten"* und *„Gliederung in Phasen"* leiten lassen.

Lösungssuche als kreativer Prozess

Die Anwendung des Prinzips „Vom Groben zum Detail" entspricht einem „Top-Down"-Vorgehen, das durch ein schrittweises „Aufhellen" einer „Black Box" charakterisiert werden kann (siehe **Abb. 1.04**).

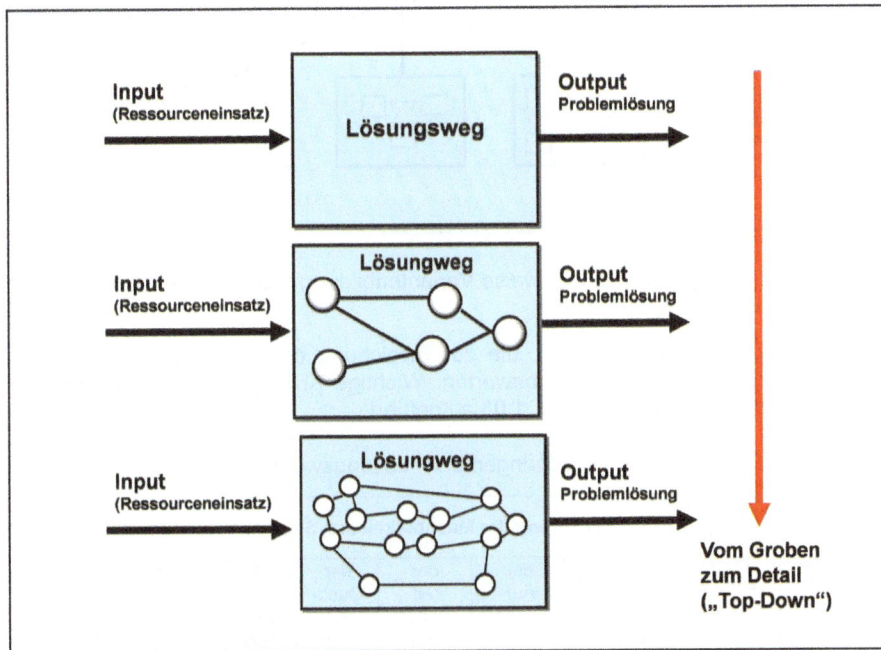

Vom Groben zum Detail

Abb. 1.04: Zum Vorgehensprinzip „Vom Groben zum Detail"[16]

Fakt ist, dass es für jedes Problem in der Regel *mehrere Lösungsmöglichkeiten* (Lösungen wie auch Lösungswege) gibt.

---

[15] Siehe hierzu die Ausführungen zum Thema „System" in der Web-Präsens des Autors. Link: https://kybernetik.online/Items/1/kyb-1210-system1.htm.
[16] Vgl. auch: HEBERFELLER, R. u. a.: Systems Engineering: Grundlagen und Anwendung, a. a. O.

Ein *„Denken in Varianten"* ist daher ein „Muss" bei der Suche nach einer tragfähigen und möglichst optimalen Lösung (mit zugehörigem Lösungsweg). Dabei kann das Prinzip „Denken in Varianten" wiederum mit dem Vorgehen „Vom Groben zum Detail" verbunden werden.
Dies soll die Darstellung in **Abb. 1.05** verdeutlichen.

Denken in Varianten und vom Groben zum Detail

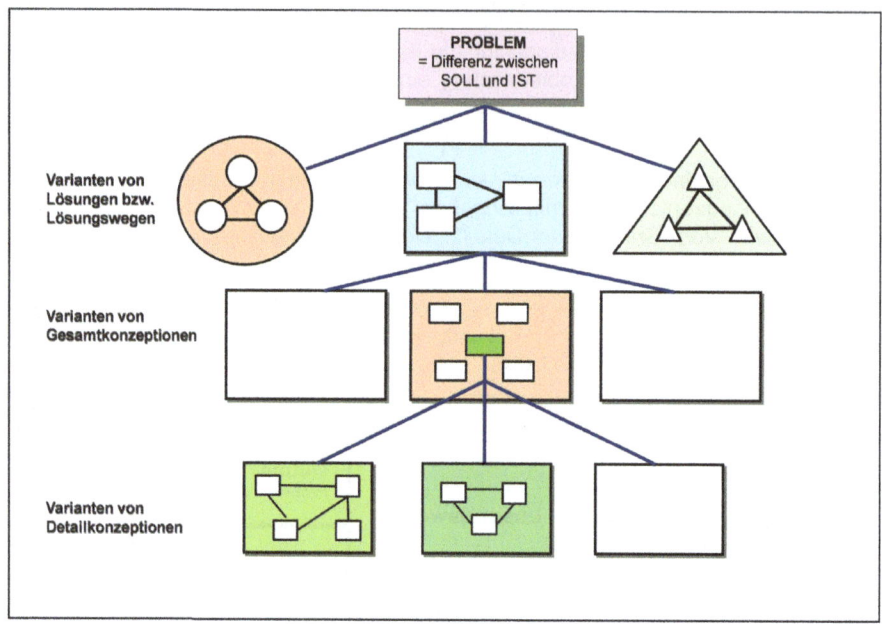

Abb. 1.05: Lösungssuche: Stufenweise Variantenbildung sowie Vorgehen vom Groben zum Detail

Bewertung der verschiedenen Lösungsansätze bzw. Lösungswege

Jede Lösung (inkl. Lösungsweg), die zur Erreichung der ermittelten „Muss-Ziele" führt, ist nachfolgend wieder zu bewerten. Wichtige Kriterien für diese Bewertung sind in nachstehende Tabelle **Tab. 1.03** aufgeführt.

Tab. 1.03: Zur Bewertung von Lösungen bzw. Lösungswegen[17]

Lösung, Lösungsweg	Nutzen, Vorteile der Lösung in Bezug auf „Muss"-Ziele	Bewertung der Machbarkeit aus Sicht ...					Nachteile der Lösung	Bewertung des Risikos
		der Technik, Technologie u. a.	des Aufwandes	der Zeitdauer	der Qualität	der Umweltverträglichkeit		
Variante L_1								
Variante L_2								
usw.								

---

[17] Siehe auch Excel-Datei „01_Problemloesung1.xlsm" (Online-Zusatzmaterial).

Die Bewertung der ermittelten Lösungsvarianten bzw. Lösungswege kann wiederum mittels der Vergabe von *Punkten* aus dem Bereich **[0 ... 10]** sowie ergänzenden *Kommentaren* (Darstellung des Nutzens, Nachweis der Machbarkeit, Benennen von Voraussetzungen, Darstellung der Vor- und Nachteile eines Lösungsweges, Angaben zu Risiken, usw.) vorgenommen werden.

Im Fallbeispiel **FB 01** „*Produktionsverlagerung des Betriebsteils BT-Süd*" wurden – so angenommen – folgende Alternativen zur Lösung des Problems für die nachfolgende Entscheidungsfindung erarbeitet und vorgeschlagen:

Alternative L_1: Durchführung aller notwendigen Arbeiten bei der Produktionsverlagerung mit eigenen Kräften und Ressourcen des Unternehmens, wobei alle bisherigen Teile der Anlage unverändert am neuen Standort wieder montiert und installiert werden.

Alternative L_2: Übertragung aller notwendigen Arbeiten bei der Produktionsverlagerung an externe, professionelle Dienstleister, wobei die Regieführung bei diesen Arbeiten beim Unternehmen bleibt. Auch bei dieser Alternative sollen alle bisherigen Teile der Anlage unverändert am neuen Standort wieder montiert und installiert werden.

Alternative L_3: Übertragung spezieller Arbeiten der Demontage, des Transports und der Montage an externe, professionelle Dienstleister; Übernahme der restlichen Arbeiten sowie der Regieführung durch eigene Kräfte des Unternehmens, wobei allerdings die Gelegenheit der Produktionsunterbrechung genutzt werden soll, wesentliche Teile der Produktionsanlage durch neuere technische Lösungen zu ersetzen bzw. zu erweitern.

Für alle drei Alternativen liegen Bewertungen und Kommentare nach dem Muster der in Tabelle Tab. 1.03 beschriebenen Kriterien vor.

Lösungsvarianten im Fallbeispiel

Je nach Komplexität und Kompliziertheit des zu lösenden Problems kann sich der Klärungsprozess der genannten drei Schritte (Situationsanalyse, Zielformulierung, Lösungssuche) über einige Wochen oder auch über viele Monate hin erstrecken und viele Recherchen, Studien, Beratungsrunden unter Einbeziehung von Experten und dgl. mehr erfordern.

Dauer und Ziel des Klärungsprozesses

Dabei gilt: Je umfassender und je gründlicher dieser Klärungsprozess vorgenommen wird und je aussagekräftiger die einzelnen Lösungsalternativen (nach den Kriterien laut Tab. 1.03) beschrieben sind, desto eindeutiger kann im nachfolgenden vierten Schritt eine definitive Entscheidung zum weiteren Vorgehen in der Problemlösung getroffen werden.

■ Entscheidungsvorbereitung: Weitere Analysen

Bevor es zu einer definitiven Entscheidung über die Inangriffnahme einer konkreten Variante zu einer Problemlösung und damit zur Inangriffnahme eines Projekts kommt, sind in der Regel weitere, ergänzende Analysen durchzuführen.

Hinweis auf weitere Analysen

Es geht dabei vor allem um *Machbarkeits- und Risikoanalysen,* ferner um Analysen des möglichen *Umfeldes* für ein zu realisierendes Vorhaben (*Stakeholder Analyse*), um *Wirtschaftlichkeitsanalysen* in Verbindung mit Bewertung *der Erreichbarkeit des Erfolgs* im Problemlösungsprozess u. a.

Auf diese Analysen wird weiter unten näher eingegangen, da es zuvor Näheres zum Projektbegriff und zu Projektmerkmalen auszuführen gilt.[18]

---

[18] Siehe die Ausführungen in Abschnitt 1.5 (Entscheidungsvorbereitung).

■ Entscheidungsfindung

Mögliche Ergebnisse der Entscheidungsfindung

Der *vierte Schritt* im Problemlösungsprozess beinhaltet eine - mitunter sehr schwierige - *Entscheidungsfindung*, wobei drei Ergebnisse denkbar sind:

a) Die für die Entscheidungsfindung aufbereiteten Unterlagen zur Problemlösung sind in wichtigen Punkten nicht genügend aussagekräftig oder auch widersprüchlich oder ...
In diesem Falle muss *nachgearbeitet* werden (siehe Abb. 1.02, Seite 14).

b) Die für die Entscheidungsfindung aufbereiteten Unterlagen zur Problemlösung sind qualitativ gut und aussagekräftig. Dennoch trifft das hierzu befugte Gremium (z. B. die Geschäftsführung eines Unternehmens) die Entscheidung, die Problemlösung zurückzustellen und keinen Projektauftrag zu erteilen.
Mögliche Gründe: Die Lösung des betreffenden Problems erscheint nicht so dringlich wie anfangs vermutet oder die derzeit verfügbaren Ressourcen lassen es nicht zu, ein zur Problemlösung erforderliches Projekt zu realisieren oder der erzielbare Nutzen ist im Vergleich zum Aufwand des Vorhabens zu gering und dgl. mehr.

c) Es wird nach nochmaliger gründlicher Beratung die Entscheidung getroffen, für die Umsetzung der – als „optimal" bewerteten – Lösungsalternative den *Projektauftrag* zu erteilen und damit den Problemlösungsprozess in eine unmittelbare Umsetzungsphase zu überführen.
Im Einzelfall (z. B. bei der Entwicklung eines neuen Produkts) kann entschieden werden, auch zwei oder mehrere Lösungen/Lösungswege als Projekt in Angriff zu nehmen, wobei erst später festgelegt wird, welcher der Lösungsweg endgültig verfolgt wird (Ansatz des „agilen Projektmanagements", siehe Abschnitt 2.2.2).

Projekt und Projektmanagement

Wie aus der Darstellung in Abb. 1.02 (Seite 14) zu ersehen ist, beinhaltet die Umsetzung der Entscheidung nach Punkt c) – *zwei Komponenten*:

Die *erste Komponente* ist das *Vorhaben selbst* und dieses Vorhaben beinhaltet die Realisierung einer *Systemgestaltung* oder *Systemmodifizierung* im Sinne der Umsetzung der Entscheidung zur „optimalen" Lösungsalternative.
In den meisten Fällen – so auch bei Organisationsaufgaben – erfüllt das betreffende Vorhaben die Merkmale eines *Projekts*, wobei im Ergebnis der Projektrealisierung die nunmehr substanziell erstellte Lösung des Problems zur weiteren Nutzung verfügbar gemacht wird.

Beispiel „Produktionsverlagerung"

> Im Beispiel „Produktionsverlagerung ..." wurde die Lösungsvariante L_3 ausgewählt und hierfür ein entsprechender Projektauftrag erteilt.

Die *zweite Komponente* ergibt sich aus dem Tatbestand, dass jedes hinreichend komplexe Vorhaben nur in einem *arbeitsteilig organisierten* und *koordinierten Prozess* realisiert werden kann, der ein *spezifisches Management* erfordert.

Mit anderen Worten:
Die Realisierung komplexer Vorhaben bedarf sowohl des Vorgehens als auch des Einsatzes von Instrumenten, die mit dem Terminus *„Projektmanagement"* verbunden sind.

In den nachfolgenden Abschnitten im vorliegenden Buch ist somit zu klären:

- In welchen Fällen kann bzw. muss ein zu erledigendes Vorhaben als ein *„Projekt"* geplant, organisiert und abgewickelt werden und welche Konsequenzen sind damit verbunden?

- Welche Spezifika weist das zugehörige *Projektmanagement* auf und welche Anforderungen leiten sich daraus für die am jeweiligen Projekt direkt und indirekt Beteiligten ab.

Beginnen wir zunächst mit dem Thema „Projekte".

1.2 Projektbegriff, Projektmerkmale

> Drum prüfe, wer sich ewig bindet, ob die Idee auch zum Projekte findet. (*[Frei nach F. von Schiller]*)

Im Hinblick auf die Ausgestaltung und Anwendung einer *systematischen* Vorgehensweise bei der Lösung komplexer und komplizierter Probleme war und ist es notwendig, klar zu kennzeichnen, wann – bei Vorliegen welcher Merkmale – ein Vorhaben als *„Projekt"* zu planen und abzuwickeln ist und wie sich derartige Vorhaben von *„Nicht-Projekten"* unterscheiden.
Eine solche Klarstellung ist schon deshalb erforderlich, weil die Realisierung von Vorhaben als „Projekt" stets das Implementieren eines dazu erforderlichen *Projektmanagements* bedingt, was zumindest immer mit (zusätzlichen) *Kosten* verbunden ist.

■ Projekt: Begriffsbestimmung

Die fünfteilige DIN-Normenreihe DIN 69901, die im Jahre 2009 aktualisiert wurde, enthält im Teil 1 „Grundlagen" zum Projektbegriff folgende Aussagen:[19]

„Ein Projekt ist ein arbeitsteiliges Vorhaben, das im Wesentlichen durch Einmaligkeit der Bedingungen in ihrer Gesamtheit gekennzeichnet ist, wie z. B.: Zielvorgabe, zeitliche, finanzielle, personelle oder andere Begrenzungen, Abgrenzung gegenüber anderen Vorhaben, eine projektspezifische Organisation. "   DIN 69901-1

In der Fachliteratur zum Projektmanagement wird hierzu angemerkt, dass in dieser Begriffsbestimmung solche wichtigen Aspekte wie *„Neuartigkeit* des Vorhabens (*Innovation)"*, „Erfordernis eines *spezifischen Projektmanagements"* sowie „mehr oder weniger hohes *Risiko"* nicht explizit hervorgehoben werden.

Bei den weiteren Darlegungen in diesem Buch wird daher von folgender Bestimmung des Projektbegriffs ausgegangen (siehe auch **Abb. 1.06**):

Unter einem **Projekt** ist ein *arbeitsteilig* zu realisierendes Vorhaben zu verstehen, das im Wesentlichen durch *Neuartigkeit* bzw. *Einmaligkeit* der Bedingungen in ihrer Gesamtheit gekennzeichnet ist. Wichtige *Merkmale* eines Projekts sind daher: Begriffs-bestimmung

> - Zielexistenz mit eindeutigen Zielvorgaben zur Problemlösung,
> - hohe Komplexität des Vorhabens und hohes Risiko in Bezug auf das Erreichen der Projektziele,
> - zeitliche (terminliche) Begrenzungen für die Projektrealisierung,
> - personelle, kostenseitige, finanzielle und andere Ressourcenbegrenzungen,
> - Teambildung mit meist interdisziplinärer Zusammensetzung,
> - eindeutige Abgrenzung gegenüber anderen Vorhaben sowie
> - Erfordernis einer projektspezifischen Organisation.

---

[19] Siehe DIN 69901-1:2009-01 (https://www.beuth.de/de/norm/din-69901-1/113428320).

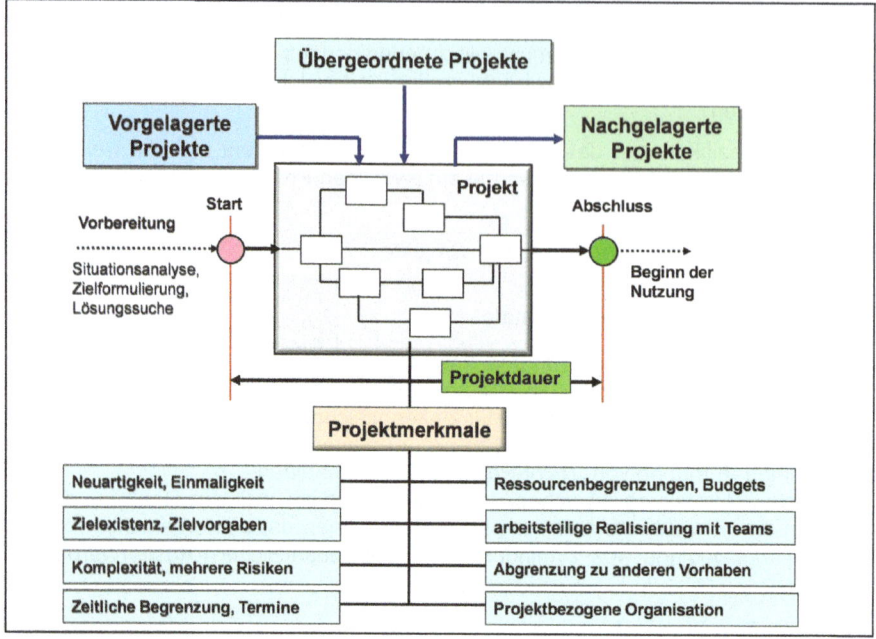

Abb. 1.06: Projekt und Projektmerkmale

■ **Erläuterungen**

a) **Merkmal „Neuartigkeit, Einmaligkeit"**

Dieses Merkmal bezieht sich stets auf ein Vorhaben als Ganzes, nicht auf einzelne Tätigkeiten oder Vorgänge.

Neuartig – im Sinne einer *Innovation* - und oft *einmalig* sind zum Beispiel Vorhaben zur Entwicklung neuer Erzeugnisse oder Verfahren, ferner Investitionshaben mit individuellem Layout (keine Serienfertigung), grundlegende Veränderungen in der Unternehmensorganisation und dgl.

Das Merkmal „Neuartigkeit" sollte in Bezug auf Projekte nicht überbewertet werden, oft liegt nur eine „relative Neuartigkeit" vor, weil ein bestimmtes Vorhaben für ein Unternehmen, dass das Projekt ausführt, „neu" und „einmalig" ist (Beispiel: Erstmaliger Einsatz von Industrierobotern in der Fertigung).

b) **Merkmal „Zielexistenz, Zielvorgaben"**

„Ohne Zielvorgabe – kein Projekt!" Dies bedeutet, dass ein Vorhaben (als Projekt) nur dann gestartet werden darf, wenn Klarheit über die mit der Projektrealisierung angestrebten und vom Auftraggeber fixierten Ziele besteht.

Zielvorgaben betreffen – wie dargestellt[20] – vor allem die Parameter „Leistung", „Termin" bzw. „Projektdauer", „Kosten", „Qualität", „Ressourceninanspruchnahme", „Umweltbelastungsgrenzen" u. a.

Im Unterschied zu Unternehmenszielen erledigen sich die Projektziele mit einem erfolgreichen Abschluss des betreffenden Projekts.

---

[20] Siehe hierzu die Ausführungen zur „Zielformulierung", Seite 17 ff.

Zu beachten ist ferner, dass Projektziele im Verlauf der Projektrealisierung - je nach den gegebenen Bedingungen - präzisiert bzw. verändert werden. Dies betrifft meist die Parameter „Termin" (*„Wann wird ein Flughafen wirklich mal fertig?"*) und „Kosten" (*„Das Budget hat mal wieder nicht gereicht!"*).
Zugleich zeigen die Erfahrungen, dass sich – vor allem in der Phase der Projektrealisierung – bestehende *Zielkonflikte* verschärfen oder auch neue Konflikte entstehen.[21]

c) Merkmal „Komplexität, Risiken"

Das Merkmal „Komplexität" bezieht sich auf solche Aspekte wie „Reichhaltigkeit", „Vielfalt" und „Unterschiedlichkeit" der zu realisierenden Aufgaben in einem Vorhaben.
Wie sich einzelne Projekte in Bezug auf ihre Komplexität unterscheiden, kann meist nur subjektiv beurteilt werden, da es keine Messvorschrift für „Komplexität" gibt. Dennoch stellen meist auch „kleinere" Projekte hohe Anforderungen an die sachliche und zeitliche Koordination der unterschiedlichen Arbeiten im Projekt.

Zu den markanten Merkmalen von Projekten zählt das Vorhandensein von *Projektrisiken*, denn das Merkmal „*Neuartigkeit* und *Einmaligkeit*" gepaart mit dem Merkmal „*Komplexität*" impliziert in jedem Falle eine mehr oder weniger große *Ungewissheit* in Bezug auf ein erfolgreiches Realisieren des betreffenden Projekts und damit in Bezug auf den angestrebten Projekterfolg.
Somit gilt: *„Jedes Projekt ist stets ein mehr oder weniger großes Wagnis"*.[22]   Projekte sind Wagnisse mit vielen Risiken
Wird mit **p** die Wahrscheinlichkeit des Erfolgs eines Projekts und mit **r** das Ausmaß des Projektrisikos bezeichnet, dann gilt in symbolischer Schreibweise:

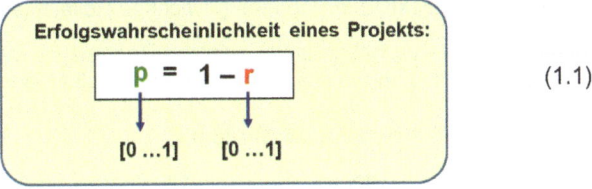

Erfolgswahrscheinlichkeit eines Projekts:

$$p = 1 - r \qquad (1.1)$$

$$[0 ... 1] \qquad [0 ... 1]$$

Dies bedeutet:
Gelänge es, das gesamte Projektrisiko **r** auf den Wert **r = 0** zu drücken, dann ergäbe sich eine Erfolgswahrscheinlichkeit von **p = 1**, das heißt der Projekterfolg wäre ganz sicher.
Würde demgegenüber das Projektrisiko **r** den Wert **r = 1** annehmen, dann wäre die Erfolgswahrscheinlichkeit **p** dagegen mit **p = 0** auszuweisen, das Projekt würde mit einem (totalen) Misserfolg enden.[23]

Gefahren für das Nicht-Erreichen der angestrebten Projektziele entstehen im Wesentlichen aus *zwei Quellen*, und zwar zum einen infolge *eigener Fehler* in einem   Risikoursachen
sonst steuerbaren Entscheidungsfeld sowie zum anderen infolge von *UrsacheWirkungs-Zusammenhängen*, die vom Entscheidungsträger nicht oder nicht in ausreichendem Maße bekannt bzw. nicht steuerbar waren oder sind.
Eine der zentralen Aufgaben des Managements von Projekten wird es daher sein, die Planung eines Projekts mit einer gründlichen *Risikoanalyse* zu verbinden und in

---

[21] Siehe die Ausführungen zum „Magischen Viereck" im Abschnitt 4.1.
[22] *„Wer wagt es, Rittersmann oder Knapp, zu ..."* [F. v. SCHILLER: Der Taucher].
[23] Wer erinnert sich hier nicht an Beispiele aus der Praxis.

der Phase der Projektrealisierung ein *professionelles Risikomanagement* zu offerie-ren.[24]

Aber auch das ist zu beachten: *Wer als Projektverantwortlicher in Anbetracht von erkennbaren Projektrisiken davor zurückschreckt, die sich mit der Projektrealisierung ergebenden realen <u>Chancen</u> für einen Projekterfolg zu nutzen, sollte sich eher nicht mit Projekten und Projektmanagement befassen! Risikofreudigkeit gehört mit zu den Führungseigenschaften von Projektverantwortlichen!*[25]

d) Merkmal „Zeitliche Begrenzung, Termine"

Ein weiteres charakteristisches Merkmal von Projekten betrifft den Aspekt der *zeitli-chen Begrenzung* eines zu realisierenden Vorhabens im Sinne einer geplanten bzw. einzuhaltenden *Projektdauer* (Symbol **D** [ZE]).

Berechnungs-grundlagen

Wird mit dem Zeitpunkt T_0 der „Start" für ein Projekt bestimmt und ist die Dauer **D** für die Projektrealisierung gleichfalls bestimmt, dann errechnet sich der Zeitpunkt T_n für den Projektabschluss nach der Beziehung

$$T_n = T_0 + D \, . \qquad (1.2)$$

Oft wird bei Projekten zunächst der einzuhaltende Endtermin T_n bestimmt. Dann er-rechnet sich der Startzeitpunkt T_0 nach der Beziehung

$$T_0 = T_n - D \, . \qquad (1.3)$$

Die Terminierung wird dabei in der Regel zunächst kalenderzeitlos (mit $T_0 = 0$) und dann erst nachfolgend mit Bezug zu Kalenderdaten ausgeführt.

Diese Berechnungsgrundlagen werden bei der *Ablauf- und Zeitplanung* von Projek-ten sowie im Kontext zur Projektsteuerung eine gewichtige Rolle spielen.

Wenn es für ein bestimmtes Vorhaben keine zeitliche Begrenzung vorgegeben wird, dann handelt es sich hierbei auch um *kein Projekt* im hier verstandenen Sinne!

e) Merkmal „Ressourcenbegrenzungen, Budgets"

Budgetierung und Budget-kontrolle

Typisch für Vorhaben als Projekte ist, dass für die *Ressourceninanspruchnahme* (Personal, technische und andere Einsatzmittel), für den *Kostenrahmen* und auch für die Bereitstellung benötigter ausgabenwirksamer *Finanzmittel* ein vorhabenbezoge-nes *Budget* bestimmt wird.

Dadurch werden zugleich die Voraussetzungen für die nachfolgende *Budgetkontrolle* (mit der notwendigen Gegenüberstellung von Ist- und Soll-Werten) geschaffen, so dass mögliche *Abweichungen* der Ist- von zughörigen Sollwerten frühzeitig erkannt und mit Gegenmaßnahmen beantwortet werden können.

Die Überwachung der Einhaltung der betreffenden Budgets ist eine primäre Aufgabe des *Projektcontrollings*.

f) Merkmal „Arbeitsteilige Realisierung mit Projektteams"

Vorhaben, die den Charakter von Projekten im hier betrachteten Sinne haben, zeich-nen sich dadurch aus, dass die Ausführung des Vorhabens ein *arbeitsteiliges Zu-*

---

[24] Siehe hierzu die Ausführungen zur Entscheidungsfindung (Abschnitt 1.5) und zum Risikomanage-ment (Abschnitt 5.3.1).
[25] Siehe hierzu die Ausführungen im Abschnitt 3.3 (Projektleitung).

sammenwirken mehrerer Partner erfordert, wobei sehr oft *externe* Partner mit *unternehmensinternen* Partnern zusammenarbeiten müssen.
Zugleich erfordern viele Vorhaben ein abteilungsübergreifendes Zusammenwirken von Spezialisten im Rahmen von *Projektteams*, so dass das Merkmal *„arbeitsteilige Realisierung"* um das Merkmal *„Interdisziplinarität"* zu ergänzen ist.

interdisziplinär zusammengesetzte Projektteams

> Anschauliches Beispiel: Ein Wohnzimmer kann notfalls ein Einzelner *allein* malermäßig neu gestalten. Wenn es allerdings darum geht, zugleich einen neuen Fußbodenbelag zu legen, und dies nur möglich ist, wenn schwere Möbel vorher fachmännisch demontiert werden und zugleich auch die Raumbeleuchtung anders gestaltet werden soll, wird aus einem „Nicht-Projekt" (alleinige malermäßige Instandsetzung) ein „richtiges Projekt" mit erheblichem Koordinierungsaufwand in Bezug auf Arbeiten der unterschiedlichen Handwerker-Spezialisten).

Projekte haben somit immer *Prozesscharakter*, wobei im Hinblick auf die Dauer **D** des Projekts immer nach Möglichkeiten gesucht wird, ein *Nacheinander* von einzelnen Arbeiten durch ein – wenn möglich – *Nebeneinander* (parallel) zu ersetzen.

g) Merkmal „Abgrenzung zu anderen Vorhaben"

Die Abgrenzung eines zu initiierenden Projekts gegenüber anderen Vorhaben ist aus mehreren Gründen wichtig:
Erstens muss sichergestellt werden, dass für die Realisierung des betreffenden Vorhabens eine *klare Projektverantwortung* zugeordnet werden kann, denn der betreffende Projektleiter muss wissen, wofür er verantwortlich ist und wofür nicht.
Zweitens muss klargestellt werden, welche *Ressourcen* für die Realisierung des Vorhabens eingesetzt werden können, ohne dass Komponenten dieser Ressourcen (Personal, sachliche Einsatzmittel, Finanzmittel) ohne Abstimmung für die Erledigung anderer Aufgaben „abgezweigt" werden.

Gründe für eine klare Abgrenzung

Eine derartige Abgrenzung zu anderen Vorhaben ist in jenen Fällen relativ gut zu lösen, in denen die Art des Vorhabens in der Tat „einmalig ist" (etwa das Beispiel „Produktionsverlagerung" im Unternehmen PCX WM GmbH).
In anderen Fällen kann diese Abgrenzung durchaus kompliziert sein und zu Konflikten führen. Dies trifft vor allem für Unternehmen zu, deren Geschäftszweck primär in der Annahme und Realisierung von Projekten für Dritte (als Auftraggeber) besteht (siehe Software-Unternehmen, Forschungs- und Entwicklungszentren und dgl.).

h) Merkmal „Projektbezogene Organisation"

Aus der Darstellung in Abb. 1.02 (Seite 14) sowie aus den dargelegten Gründen für die notwendige Abgrenzung eines Projekts gegenüber anderen Vorhaben folgt, dass die Planung und Realisierung von Projekten eine entsprechende *vorhabenbezogene* Organisation bedingt.
Dies kann im Falle, dass an der Realisierung eines größeren Projekts mehrere Unternehmen beteiligt sind, sowohl Fragen der *rechtlichen Zuordnung* von Verantwortung und Ressourcen als auch die Schaffung *spezieller Organisationsformen* (wie Arbeitsgemeinschaften) betreffen.
Aber auch bei unternehmensinternen Projekten haben sich unterschiedliche Formen einer projektspezifischen Organisation bewährt. Darauf wird im Kapitel 3 (Projektorganisation) näher eingegangen.

Gründe für eine projektbezogene Organisation

Fazit:

Die Begriffsbestimmung zum Terminus „Projekt" nach DIN 69901:2009-1 erlaubt eine praktikable inhaltliche Klärung der Frage, wodurch sich Vorhaben als „Projekte" auszeichnen (und auszeichnen müssen) und wie derartige Vorhaben von „Nicht-Projekten" abgegrenzt werden können.

Der Bezug auf die Begriffsbestimmung nach DIN schließt nicht aus, dass dieser oder jener Aspekt der Kennzeichnung von Projekten modifiziert bzw. ergänzt werden kann, ohne dass dadurch der Grundkonsens einer Darstellung und Beschreibung zu Projektmerkmalen in Frage gestellt wird.

1.3 Projektarten

> Jede Lösung eines Problems ist ein neues Problem.
> *(J.W. von Goethe)*

So klar auf der einen Seite das Benennen und Erläutern all jener Merkmale ist, die typischer Weise Vorhaben als „Projekte" kennzeichnen, so schwierig ist es, in die Vielzahl der Erscheinungsformen von Projekten eine Systematik zu bringen, die der Zuordnung eines adäquaten Projektmanagements dienlich sein kann.

Systemati-
sierung von
Projektarten

Im Weiteren wird ein Überblick über jene Kriterien gegeben, nach denen eine Systematisierung von Projektarten sinnvoll erscheint.

■   **Unterscheidung nach dem Projektinhalt bzw. Projektgegenstand**

Nach dem typischen Inhalt bzw. Gegenstand eines Vorhabens lassen sich folgende Projektarten unterscheiden (siehe **Abb. 1.07**):

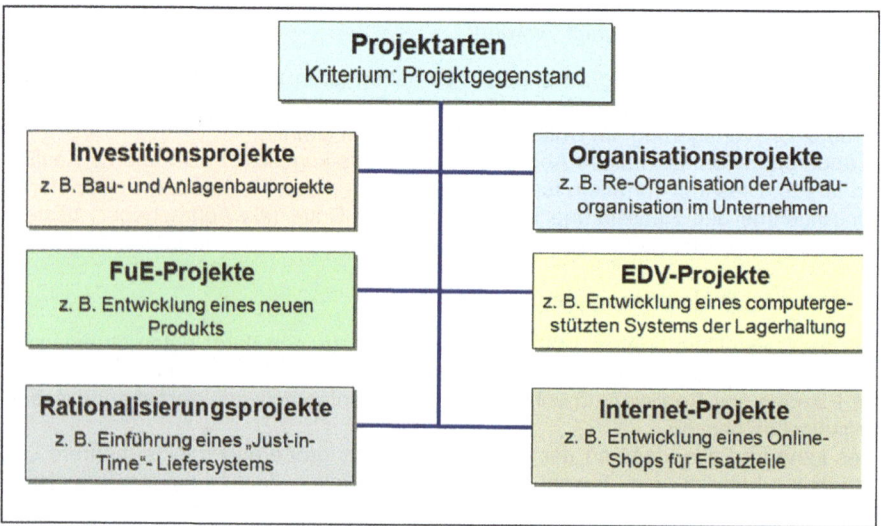

Abb. 1.07: Systematisierung von Projekten [1]

■ **Unterscheidung nach dem Projektträger und nach der Stellung des Auftraggebers**

Eine weitere wichtige Systematisierung von Projektarten kann zum einen nach dem jeweiligen Projektträger und zum anderen nach der Stellung des Auftraggebers für das betreffende Projekt vorgenommen werden (siehe **Abb. 1.08**):

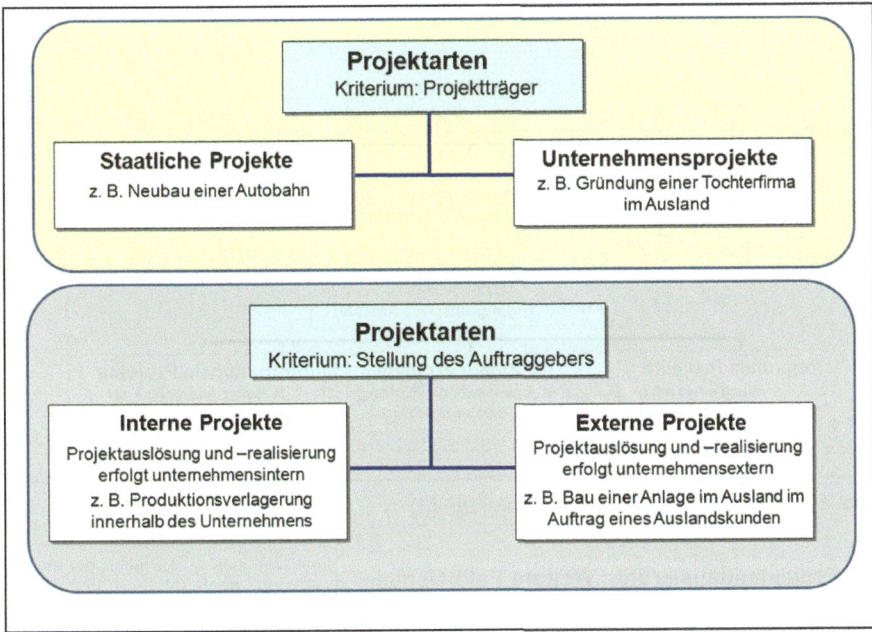

Abb. 1.08: Systematisierung von Projekten [2]

■ **Unterscheidung nach dem Neuheitsgrad sowie nach geografischen Aspekten**

Als ein erstes wichtiges Merkmal von Projekten wurde das Kriterium *„Neuartigkeit, Einmaligkeit"* hervorgehoben. Mit Bezug zu konkreten Projekten können hierbei bestimmte Differenzierungen vorgenommen werden.

Auch das *Ausmaß* eines Projekts (Projektgröße) sowie der *geografische Bezug* kann zur Kennzeichnung von Projektarten herangezogen werden (siehe **Abb. 1.09**).

Fazit:

Es gibt mehrere Möglichkeiten, Projekte nach Projektarten zu systematisieren. Dabei ist es auch üblich, zur Kennzeichnung eines konkreten Projekts eine Kombination mehrerer Kriterien heranzuziehen (Beispiel: Bau einer Müllverbrennungsanlage in Verbindung mit der Einsatz einer neu entwickelten Technologie zu Müllverbrennung als Pilotprojekt). *In der Regel: Kombination mehrerer Kriterien*

Auch in Bezug auf die Kennzeichnung des Beispiel-Projekt „Produktionsverlagerung im Unternehmen PCX WM GmbH" sind mehrere Kriterien zutreffend (Kombination eines Investitionsprojekt mit einem Organisationsprojekt, verbunden mit Rationalisierungsmaßnahmen).

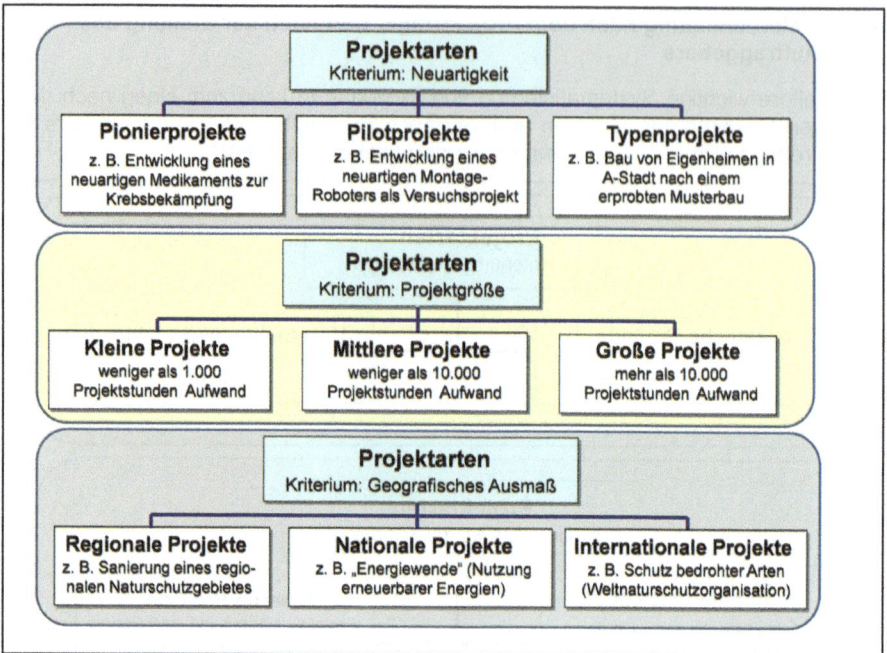

Abb. 1.09: Systematisierung von Projekten [3]

1.4 Projektinitialisierung: Weitere Fallbeispiele

> Innovationen sind Pfeiler, die die Zukunft tragen. (*Norbert Stoffel*)

Projekte bedürfen – wie dargestellt - eines *Anstoßes*, einer *Initiierung*. Ausgangspunkt hierfür ist – wie in Abschnitt 1.1 dargelegt – das Erkennen bzw. das Auftreten eines *Problems*, und dieses Problem muss so evident und gewichtig sein, dass die Ingangsetzung eines *Problemlösungsprozesses* unumgänglich wird.

Bezug zu Fall-beispielen

In den weiteren Ausführungen in diesem Buch (inkl. Online-Zusatzmaterial) wird auf weitere *Fallbeispiele* Bezug genommen, die unterschiedliche Projektarten betreffen und an deren Initiierung, Planung und Realisierung der Autor dieses Buches involviert war.

Dies dient dem Ziel, die *Praxisrelevanz* der weiteren Ausführungen zu verdeutlichen und diese anhand der Beispiele leichter nachvollziehbar zu machen.

Im Einzelnen geht es um Vorhaben:

- Neubau eines Industriebetriebes als *Investitionsprojekt,*

- Entwicklung eines neuen Erzeugnisses (*Entwicklungsprojekt),*

- Gestaltung einer E-Learning-Plattform (internetbasiertes *Internet-Entwicklungs- und Organisationsprojekt).*

Details zu diesen Fallbeispielen werden, vor allem aus Gründen des Datenschutzes, „verfremdet", was jedoch im Hinblick auf das Anliegen der nachfolgenden Ausführungen nicht nachteilig sein dürfte.

Fallbeispiel FB 02:

Das mittelständische Unternehmen BUCHLI AG mit Sitz in Uzwil, Schweiz, hat sich auf die Herstellung und den Vertrieb von Kunststoffrohren spezialisiert. Da einerseits das Marktpotenzial bei diesem Produktsegment im Umkreis zum Standort des Unternehmens weitgehend ausgeschöpft ist, das Unternehmen jedoch in diesem Segment über ein spezielles Know-how verfügt und auch – wegen guter Geschäftslage – entsprechende finanzielle Mittel einsetzen könnte, wird in der Geschäftsleitung des Unternehmens die Idee einer *Expansion der Geschäftsaktivitäten ins Ausland*, vornehmlich nach Deutschland, geboren.

Diese Idee reift weiter, aber es gibt ein erstes *Problem*: Sollte in ein bereits bestehendes Werk (gleicher oder ähnlicher Branche) investiert werden oder ist es nicht besser, den Neubau eines solchen Werkes an einem geeigneten Standort ins Auge zu fassen? Und: Wer kann eine entsprechende „Vor-Ort"- Situationsanalyse an geeigneten Standorten durchführen?

Idee „Erweiterung der Geschäftsaktivitäten" (Investitionsvorhaben)

Fallbeispiel FB 03:

Das Unternehmen LMASCH GmbH mit Sitz in N-Stadt gehört mit zu den führenden Unternehmen im Sektor Erntemaschinen. Da einerseits ausländische Anbieter mehr und mehr auf den inländischen Markt drängen und andererseits die Forderungen nach umweltschonender Erntetechnik Beachtung finden müssen, unterbreitet der Chef der Entwicklungsabteilung des Unternehmens der Geschäftsleitung die Idee zur Entwicklung eines *neuen Typs einer Futtererntemaschine*, die mit neuen Lösungen für die Sensor- und Schneidtechnik ausgestattet werden soll, so dass Ernteprozesse umweltschonender durchgeführt werden können.

Die Geschäftsleitung begrüßt diese Idee und legt zunächst fest, zu prüfen, ob der Umsetzung dieser Projektidee bestehende Patente entgegenstehen und wie die Chancen stehen, als erster Anbieter ein solches Produkt auf den Markt zu bringen.

Idee „Neues Erzeugnis „(FuE-Projekt)"

Fallbeispiel FB 04:

Die Welt des Lehrens und Lernens befindet sich in steter Veränderung. Dies müssen vor allem die Bildungsträger beachten und ihre Bildungs- und Weiterbildungsangebote danach ausrichten.

Das Unternehmen MY-WBTRAIN e. V. ist ein Bildungsträger mit Hauptsitz in A-Stadt und Niederlassungen in allen 16 Bundesländern.

Um den Anschluss an die Entwicklungen auf dem Gebiet des computerunterstützten und internetbasierten Lehren und Lernens nicht zu verlieren, nahm in der Geschäftsleitung des Unternehmens die Idee immer konkretere Form an, ein *Portal für E-Learning-Angebote* zu gestalten, und zwar zunächst für ausgewählte Weiterbildungskurse, die auf das Ablegen von Prüfungen vor der zuständigen IHK vorbereiten.

Problem: Wie kann diese Idee schnell und kostengünstig umgesetzt werden und was ist zu tun, um die Beteiligten an Weiterbildungskursen (Teilnehmer, Dozenten, Programm-Manager u. a.) von den Vorteilen eines solchen Vorhabens zu überzeugen?

Idee „Internetportal für E-Learning-Angebote" (Entwicklungs-, Investitions- und Organisationsprojekt)

Bevor nun aus einem Problem bzw. einer Idee ein Projekt abgeleitet werden kann, sind – gemäß der in Abb. 1.02 (Seite 14) skizzierten Vorgehensweise – die Aufgaben in den Arbeitsstufen *„Situationsanalyse"*, *„Zielformulierung"* und *„Lösungssuche"* mit dem Übergang zu *weiteren Analysen* sowie zur *„Entscheidungsfindung"* abzuarbeiten.

Die Ergebnisse der in dieser Hinsicht unternommenen Aktivitäten werden – mit Bezug zu den oben vorgestellten Fallbeispielen – nachfolgend skizzenhaft aufgeführt.

Situationsanalyse

FB 02 (Werk für Kunststoffrohre):

Aufgrund bestehender persönlicher Kontakte zwischen einem Mitglied der Geschäftsleitung des Unternehmens BUCHLI AG und einer deutschen Unternehmensberatung im Bundesland S. werden Mitarbeiter dieser Unternehmensberatung gewonnen, die erforderlichen „Vor-Ort"-Recherchen in Bezug auf geeignete, eventuell zu übernehmende Werke bzw. in Bezug auf geeignete Gewerbegebiete für einen Neubau sowie in Bezug auf verfügbares Fachpersonal (möglichst mit Branchenkenntnissen) auszuführen. Diese Recherchen wurden innerhalb weniger Wochen in einem ausreichenden Umfang abgeschlossen, so dass Mitglieder der Geschäftsleitung der Schweizer Firma nach Deutschland kommen konnten, um sich selbst ein Urteil über die infrage kommenden Werke bzw. Gewerbegebiete zu erarbeiten und um erste persönliche Kontakte zu Entscheidungsträgern in den Kommunen und zu Personen herzustellen, die eventuell als künftige Führungskräfte gewonnen werden können.
Im Rahmen dieser Situationsanalyse wurden zugleich Informationen zu Grundstückspreisen, Steuern und dgl. erstellt.

FB 03 (Entwicklung eines neuen Typs einer Futtererntemaschine):

Die entsprechende Situationsanalyse zu dieser Projektidee wurde im Auftrag der Geschäftsleitung des Unternehmens LMASCH GmbH von Mitarbeitern aus den Bereichen „Forschung und Entwicklung" sowie „Absatz/Marketing" unter Einbeziehung des Justiziars des Unternehmens durchgeführt. Es wurden umfangreiche Recherchen vorgenommen und zugängliche Informationen mit Bezug zur Projektidee ausgewertet.
Aufgrund der so erarbeiteten Informationen wurde der Geschäftsleitung „grünes Licht" für die nachfolgenden Arbeitsetappen gegeben.

FB 04 (Entwicklung einer Internetplattform für E-Learning-Angebote):

Den Auftakt für eine Situationsanalyse zu dieser Projektidee bildete eine Beratung der Geschäftsleitung des Bildungsträgers unter Hinzuziehung einiger Dozenten, die bereits Erfahrungen im Umgang mit Lernsoftware-Produkten gesammelt hatten sowie eines Autors von Lernsoftware-Produkten im Bereich des „Computer-Based-Training" (CBT).
Im Ergebnis dieser Beratung wurden zwei Abteilungsleiter des Bildungsträgers beauftragt, weitere Recherchen zu durchzuführen, so zu Erfahrungen anderer Bildungsträger mit bereits realisierten E-Learning-Plattformen, zu Meinungen von Dozenten und Lehrgangsteilnehmern, zu potentiellen Software-Entwicklern und zu Anbietern von Content-Management-Systemen.
Im Ergebnis dieser Recherchen wurde ein Sachstandbericht erstellt und der Geschäftsleitung mit der Empfehlung vorgelegt, die praktische Umsetzung der Projektidee in Angriff zu nehmen.

Zielformulierungen

FB 02 (Werk für Kunststoffrohre):

Nach Vorliegen der Situationsanalyse wird in einer Klausurberatung der Geschäftsleitung der Fa. BUCHLI AG die wichtigsten Ziele des angedachten Vorhabens diskutiert und abgewogen.
Als entscheidendes *betriebswirtschaftliches Ziel* wird das Erreichen einer *Pay-back-Periode* von weniger als *5 Jahren* erachtet (siehe hierzu **Abb. 1.10**, weiter unten).
Daraus ergibt sich als Konsequenz, dass einerseits die *Kosten* in der Phase der Projektrealisierung einen zu fixierenden *Kostenrahmen* nicht überschreiten dürfen und andererseits in der Phase der Projektnutzung möglichst schnell *gewinnbringende Umsätze* in ausreichender Höhe zu generieren sind.

Besonderes Gewicht wird ferner *Zielen des Umweltschutzes* beigemessen (keine Umweltbelastungen durch Abwässer, keine Emissionen bei der Gebäudebeheizung, Wiederverwertung nicht verwertbarer Rohrreste, Rückgewinnung der Abwärme aus der Produktion, Sicherung geschlossener Wasserkreisläufe beim Betrieb der Extruder u. a. m.).

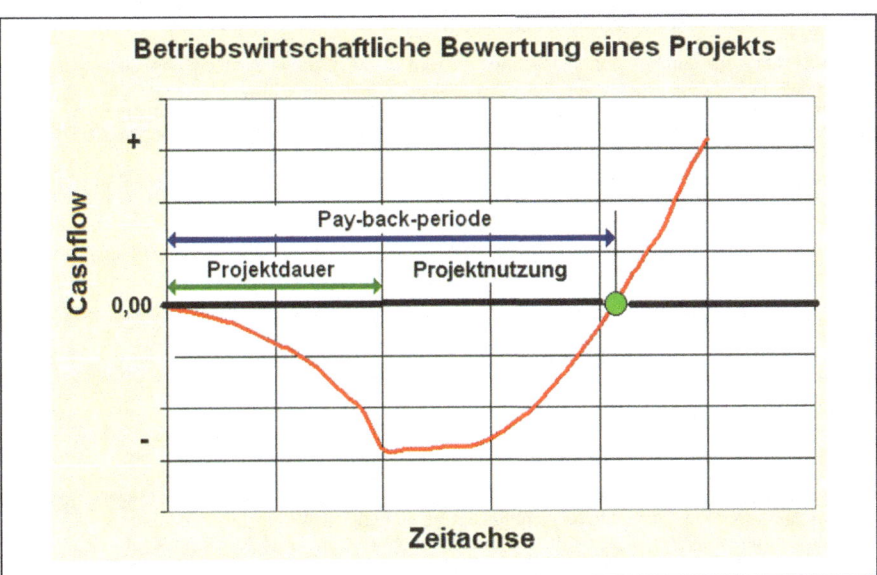

Abb. 1.10: Prinzipschema zur Kennzeichnung einer Pay-back-Periode

Anmerkungen: Die rote Linie in Abb. 1.10 kennzeichnet den Verlauf der auf den sog. Barwert abgezinsten Kapitelrückflüsse (Cashflow = Einzahlungen ./. Auszahlungen).
In der Phase der Projektrealisierung gibt es nur „Auszahlungen" (Projektkosten). Erst mit Beginn der Projektnutzung kommt es – gewinnbringende Umsätze vorausgesetzt – zu ersten „Einzahlungen".
Die „Pay-back-Periode" umfasst somit einen Zeitraum, innerhalb dessen die Summe der mit dem Projekt verursachten *Anschaffungsauszahlungen* (zzgl. einer Verzinsung in Höhe des Kalkulationszinssatzes) durch die mit Beginn der Projektnutzung erzielten und *aufsummierten Netto-Einzahlungen* (mit ggf. zu beachtenden Auszahlungsersparnissen) *erstmals* im Saldo den Wert „**0,00** EUR" erreicht.
Für die Ermittlung der Pay-back-Periode bei Investitionsvorhaben werden Methoden der statischen und dynamischen Investitionsrechnung eingesetzt.[26]

Zielformulierungen (Fortsetzung)

FB 03 (Entwicklung eines neuen Typs einer Futtererntemaschine):

Auch bei diesem Fallbeispiel werden in einer Klausurberatung der Geschäftsleitung des betreffenden Unternehmens die wichtigsten Ziele des angedachten Vorhabens diskutiert und abgewogen.
Die Erfahrungen im Absatzprozess auf Zielmärkten weisen immer wieder darauf hin, dass angestrebte Umsatz-und Gewinnziele dann am wirksamsten erreicht werden können, wenn es gelingt, mit einer Neuentwicklung als „Erster" auf den Markt zu kommen.
Zugleich ist mit Produktions- und Marketing-Maßnahmen auf sog. „steile" Einlaufkurven hinzuarbeiten, um die Chance zu nutzen, die möglichen "bis zu 50 %" der potenziellen Nachfrage nach Neuentwicklungen abzuschöpfen..
Des Weiteren sollen mit dem neuen Produkt umweltschonende Erntetechniken verwirklicht werden, was den Einsatz spezieller Sensoren zur optimalen Bodenanpassung, innovativer Schneidtechnik, u.a. bedingt.

---

[26] Siehe hierzu die Excel-Datei „02_PM-Pay-back-Periode1.xlsm" im Online-Zusatzmaterial.

FB 04 (Entwicklung einer Internetplattform für E-Learning-Angebote):

In Auswertung der durchgeführten Recherchen wird in der Geschäftsleitung des Bildungsträgers eine möglichst schnelle Umsetzung der Projektidee (E-Learning-Plattform) ins Auge gefasst. Unter diesem Aspekt soll die technische Basis der jetzigen Webpräsenz des Bildungsträgers so erweitert werden, dass ein möglichst breites Spektrum an Lerninhalten für eine Vielzahl von Weiterbildungskursen angeboten werden kann.

Für diese Weiterbildungskurse soll künftig – statt der bislang genutzten Organisationsform von „Präsensseminaren" – der Übergang zu Formen des Blended Learning gestaltet werden.

Dies bedeutet, dass eine Kombination von wenigen Präsensseminaren einerseits und Phasen der selbstorganisierten und selbstgesteuerten Aneignung des Lernstoffes über die Nutzung der Lernangebote der Plattform andererseits zu realisieren ist.

Lösungssuche, Lösungsvarianten

FB 02 (Werk für Kunststoffrohre):

Im Ergebnis der „Vor-Ort"-Recherchen kommen folgende Lösungsvarianten in Betracht:

Variante FB 02.1: Erwerb eines Werkes, das bislang Haushaltsartikel aus Kunststoffen produziert hat. Da die Unternehmensnachfolge nicht geklärt ist, steht dieses Werk zum Verkauf an.
Vorteile: Verfügbarkeit über Fachkräfte mit Branchenkenntnissen; erschwinglicher Kaufpreis u. a.
Nachteile: Die Bausubstanz des Werkes ist im schlechten Zustand, es bestehen keine Erweiterungs-möglichkeiten für neue Produktionsanalagen u. a.

Variante FB 02.2: Erwerb eines Grundstücks in einem bereits erschlossenen Gewerbegebiet.
Vorteile: Moderner Neubau möglich; das Gewerbegebiet liegt in der Nähe einer Autobahn (wichtig im Hinblick auf den Transport der Rohre zu Kunden) u. a.
Nachteile: Der Preis für den Erwerb eines ausreichend großen Grundstücks übersteigt bei weitem die Möglichkeiten des Investors als mittelständisches Unternehmen; im Umkreis des Gewerbegebietes können kaum Fachkräfte mit einschlägigen Branchenkenntnissen gewonnen werden u .a.

Variante FB 02.3: Erwerb eines Grundstücks in einem Gewerbegebiet, das gerade erschlossen wird. Vorteile: Moderner Neubau möglich; Flächen für spätere Erweiterungsmöglichkeiten des Werks gegeben; günstiger Preis für den Erwerb eines ausreichend großen Grundstücks (Zuschuss aus Fördermitteln für Neuansiedlungen); die Situation für das Gewinnen von Fachkräften mit Branchenkenntnissen erscheint günstig u. a.
Nachteile: Das Gewerbegebiet liegt nahe an einer Staatsgrenze, was den gewünschten Radius des Absatzgebietes beschränken kann; der Bau der Verkehrsanbindungen (Straßen) hat erst begonnen, so dass die Antransporte von Baumaterialien und Technischen Anlagen vorerst schwierig werden u. a.

FB 03 (Entwicklung eines neuen Typs einer Futtererntemaschine):

Für die Umsetzung dieser Projektidee wurden von der Entwicklungsabteilung des Unternehmens erste Lösungsvarianten konzipiert:

Variante FB 03.1: Entwicklung eines neuen *Frontmähwerks* (mit neuem Anbaublock an den Traktor, Sicherung automatisierter Arbeitsabläufe zur Entlastung des Fahrers, Entwicklung einer neuen Kinematik zur besseren Bodenanpassung u. a.).
Variante FB 03.2: Entwicklung eines neuen *Heckmähwerks* (mit hoher Schnittqualität und großer Arbeitsbreite, Einbau eines Abstellblocks mit Rollen zum platzsparenden Abstellen der Maschine u. a.).
Bei beiden Varianten geht es darum, „schnell zu sein". Daher wird darauf orientiert, im Entwicklungsprozess konsequent das Konzept *„Simultaneous Engineering"*[27] umzusetzen.

---

[27] Siehe zum Beispiel: BULLINGER, H.-J.: Forschungs- und Entwicklungsmanagement: Simultaneous Engineering, Projektmanagement ... Springer Fachmedien Wiesbaden 2013.

Lösungssuche, Lösungsvarianten (Fortsetzung)

FB 04 (Entwicklung einer Internetplattform für E-Learning-Angebote):

Für die Umsetzung dieser Projektidee werden zwei Lösungsvarianten erarbeitet und der Geschäftsleitung des Bildungsträgers zur Entscheidungsfindung vorgelegt.

<u>Variante FB 04.1</u>: Es werden Lehrunterlagen der Dozenten digitalisiert (PDF-Dateien, PowerPoint-Folien u. a.) und für Kursteilnehmer zur Einsicht bzw. zum Download auf der Plattform des Bildungsträgers verfügbar gemacht.
Vorteile: Kostengünstig; die Lehr-Diktion der Dozenten bleibt erhalten.
Nachteile: Entspricht nicht dem Konzept eines E-Learnings, da wichtige Merkmale wie Learning-Content-Management, Autorensystem u. a. fehlen.

<u>Variante FB 04.2</u>: Erwerb eines „Learning-Management-Systems" (LMS) mit einem zugehörigen „Learning-Content-Management-System" (LCMS), entweder a) auf Lizenzbasis (mit monatlichen Zahlungen von Lizenzgebühren) oder b) auf Basis eines Kaufvertrages.
Diese Lösungen erlauben es, Inhalte auf der eigenen Plattform zu erstellen, zu speichern, zu verwalten und beliebig wiederzuverwenden.
Komplexere „Web-Based-Training (WBT)"-Lösungen für Blended Learning-Kurse sind entweder a) mit eigenen Kräften (Dozenten, Programmierer, Grafiker) oder b) über die Beauftragung professioneller Lernsoftware-Dienstleister zu erstellen.
Vorteil: Zukunftsfähige Lösung mit Gestaltung eines „echten" E-Learnings bzw. Blended Learnings.
Nachteil: Kostenaufwendig, sowohl bei der Anschaffung eines solchen Systems mit den zu erstellenden WBT-Produkten als auch in der ständigen Pflege der Plattform.

Soweit die kurz gefassten Darlegungen zum Inhalt und Anliegen dieser drei Fallbeispiele für künftige Projekte.

Bevor jedoch definitive Entscheidungen zur Umsetzung von Projektideen getroffen werden können, sind im Rahmen einer umfassenden *Entscheidungsvorbereitung weitere vorbereitende Analysen* und Bewertungen zu den konzipierten Projektideen durchzuführen.

1.5 Entscheidungsvorbereitung

> Nur wer sein Ziel kennt, findet den Weg. (*Laotse*)

Die Entscheidung, zu einer konzipierten Projektidee den „Startschuss" für deren Umsetzung über ein Projekt zu geben, kann genauso richtig oder falsch sein, wie eine Entscheidung zur Ablehnung oder zum Zurückstellen des betreffenden Vorhabens. Um daher die Sicherheit zu erhöhen, die „richtige" Entscheidung getroffen zu haben, gilt es, eine gründliche Entscheidungsvorbereitung vorzunehmen. Die dabei zu lösenden Aufgaben werden nachfolgend erörtert.

1.5.1 Machbarkeitsanalysen

Anliegen und Ziel einer Machbarkeitsanalyse ist es, die *grundsätzliche Realisierbarkeit* einer konzipierten Problemlösungsvariante zu überprüfen und zu bewerten.[28] Dabei geht es vor allem um das Überprüfen

Aufgaben und Ziele von Machbarkeitsanalysen

- der *technisch-technologischen Realisierbarkeit*, was unter anderem auch Voranfragen an Genehmigungsbehörden (Bauamt, Gewerbeamt und dgl.) einschließt,

---

[28] Siehe auch: GPM – Projektmanagement-Fachmann, a. a. O.;
OLFERT, K.: Projektmanagement, a. a. O.

- der *wirtschaftlichen Realisierbarkeit* (Finanzierbarkeit, Verhältnis von Aufwand zu Nutzen u .a.),

- der Realisierbarkeit hinsichtlich der *Umweltverträglichkeit* (Zugriff zu beschränkt verfügbaren Ressourcen, Auswirkungen auf die Umwelt, Einhaltung entsprechender Vorschriften u .a.) sowie auch

- der *organisatorischen Realisierbarkeit* (Verfügbarkeit über entsprechend einsetzbares Personal, Verfügbarkeit über benötigte Einsatzmittel für die Problemlösung u. a.).

Machbar-
keits-
nachweis
Die Ergebnisse von Machbarkeitsanalysen bzw. entsprechender Studien sollten – im Hinblick auf die nachfolgende Entscheidungsfindung zur jeweiligen Projektidee – in einem *Machbarkeitsnachweis* dokumentiert werden. In diesem Nachweis sind dann auch Aussagen dazu zu machen, unter welchen *Voraussetzungen* eine Machbarkeit der Problemlösungsvariante beurteilt wird und mit welchen *Schwierigkeiten* dabei – nach derzeitigem Erkenntnisstand – zu rechnen ist.

> In Bezug auf die betrachteten **Fallbeispiele FB 01 bis FB 04** haben die Machbarkeitsanalysen ergeben, dass *jede* der skizzierten Lösungsvarianten – vom Grundsatz her – „machbar" ist. Bei einigen Varianten werden jedoch vorerst Einschränkungen (Vorbehalte) in Bezug auf die Finanzierbarkeit der Problemlösung gemacht.

1.5.2 Risikoanalysen

Bei der Erläuterung der Merkmale eines Projekts wurde – mit Bezug auf die Formel (1.1)[29] – bereits darauf verweisen, dass jedes Projekt mit einem mehr oder weniger großen Wagnis verbunden ist. Daraus folgt, dass eine Entscheidungsfindung zur Umsetzung einer Projektidee unabdingbar eine *vorherige Abschätzung* des mit der jeweiligen Lösungsvariante verbundenen *Risikos* erfordert.

Schwer-
punkte
einer
Risiko-
analyse
Eine *Risikoanalyse* in Bezug auf die erarbeiteten Problemlösungsvarianten sollte sich auf folgende Schwerpunkte konzentrieren:[30]

- Ermittlung und Kennzeichnung *potentieller Risikoquellen* im technisch-technologischen, organisatorischen, wirtschaftlichen, sozialen und rechtlichen Bereich und in Bezug auf Umweltfaktoren,

- Ermittlung und Kennzeichnung der sich daraus ergebenden *Risikofaktoren* wie zum Beispiel Nichtgewährung von benötigten Genehmigungen, Nichtverfügbarkeit benötigter Ressourcen, Auftauchen neuer Stakeholder als „Gegner" zum Projekt, Nichtbewilligung benötigter Kredite und dgl. mehr.

- Ermittlung und Bewertung der *Wahrscheinlichkeit des Auftretens* sowie der möglichen *Wirkungen* eines jeden Risikofaktors in Bezug auf die Umsetzung der Projektidee; Darstellung von notwendigen bzw. möglichen Gegenmaßnahmen nach Art, Realisierbarkeit und Wirksamkeit u. a.

Weitere Details zum Thema „Projekt und Risiko" werden im Abschnitt 5.3.1 (Risikomanagement) erörtert.

---

[29] Siehe Seite 25.
[30] Siehe ebenda.

In Bezug auf die betrachteten **Fallbeispiele FB 01 bis FB 04** haben die Risikoanalysen unter anderem Folgendes ergeben:

FB 01 (Produktionsverlagerung): Bei den notwendigen Umbaumaßnahmen am geplanten neuen Standort (bisherige Lagerhalle) kann es Probleme geben, da einige Altlasten (Ölablagerungen in Fußböden u .a.) beseitigt werden müssen.

Risiko-analyse zu den Fall-beispielen

FB 02 (Werk für Kunststoffrohre): Es kann zu Vorbehalten deutscher Kreditinstitute in Bezug auf die Gewährung benötigter Kredite kommen. Ferner: Vorabzusagen zu Preisen für zu erwerbende Grundstücke können zurückgezogen werden, auch können sich Erschließungsarbeiten in Gewerbegebieten erheblich verzögern, so dass der Antransport von Baumaschinen und Ausrüstungen erschwert wird u. a. m.

FB 03 (Entwicklung einer neuen Erntemaschine): Zu den angedachten konstruktiven Lösungen gibt es bei einigen wichtigen Details keine ausreichende Sicherheit, dass es „funktionieren" wird, hinzu kommen einige patentrechtliche Bedenken zu Komponenten der Sensortechnik. Auch werden ernsthafte Bedenken vorgebracht, ob angesichts der begrenzt verfügbaren Entwicklungskapazität das Ziel, mit dem neuen Produkt „Erster" zu sein, erreichbar ist.

FB 04 (E-Learning-Plattform): Es wird erkannt, dass es nicht einfach werden wird, die Dozenten vom Konzept des „Blended Learning" zu überzeugen, aber ohne das „Mit-Ziehen" der Dozenten wird es keinen Projekterfolg geben. Unklar ist des Weiteren, ob es gelingt, geeignete Entwickler für die einzelnen internetbasierten Lernmodule zu finden und vertraglich zu binden.

1.5.3 Stakeholder Analysen

Die Geschäftstätigkeit von Unternehmen vollzieht sich stets in einem "Geflecht" von unternehmensinternen und unternehmensexternen Beziehungen zwischen Personen und anderen Organisationen sowie im Rahmen von Bedingungen und Sachzusammenhängen, die als dessen *gesellschaftliches, politisches, wirtschaftliches, ökologisches und technisch-technologisches Umfeld* zu kennzeichnen sind.

Projekt-umfeld

Von besonderem Gewicht für den Erfolg dieser Geschäftstätigkeit haben Personen und Personengruppen, die in Bezug auf das betreffende Unternehmen konkrete *Interessen* haben und auch bestimmte *Ansprüche* an das Unternehmen und seine Tätigkeit stellen.

Diese Personen bzw. Personengruppen werden – in Abgrenzung zu den „Shareholdern" (den Aktionären) – als *Stakeholder* bezeichnet.

■ Stakeholder als Interessen- und Anspruchsgruppen

Da nun auch *Projekte* nicht im „luftleeren Raum", sondern stets – als *„Organisationen auf Zeit"* – im Rahmen von dauerhaften Organisationen (wie Unternehmen) gestartet und realisiert werden, gilt es – wie die Praxis zeigt – von Anfang an dem Thema *„Stakeholder"* besondere Aufmerksamkeit zu schenken.

Hierzu folgende Begriffsbestimmung:[31]

Stakeholder eines Projekts sind all jene Personen und Personengruppen, die bestimmte *Interessen* am jeweiligen Projekt haben und/oder die vom Projekt in irgendeiner Weise *betroffen sind* oder *betroffen werden*.

Begriffs-bestimmung

---

[31] Siehe auch:
ISO 10006:2019-04: Qualitätsmanagement - Leitfaden für Qualitätsmanagement in Projekten.
GPM: Projektmanagement-Fachmann, a. a. O., Bd. 1.

Zunächst kann zwischen *aktiven* und *passiven* Stakeholder unterschieden werden:

Die Gruppe der *aktiven Stakeholder* bilden alle Personen, Personengruppen, die entweder *direkt* an der Vorbereitung und Realisierung von Projekten *beteiligt* sind (wie Auftraggeber, Projektleiter, Projektteam, einbezogene Dienstleister u. a.) oder die *direkt* von dem zu realisierenden Projekt *betroffen* werden (wie Kunden, Benutzer, Lieferanten, Sponsoren, Macht- bzw. Fachpromoter u. a.).

Zur Gruppe der *passiven Stakeholder* gehören Personen bzw. Personengruppen, die von der Projektdurchführung oder von den Projektauswirkungen *indirekt* betroffen sind. Dazu gehören zum Beispiel Verbände, Interessenvertretungen, Familienmitglieder der Projektmitwirkenden, aber auch Anwohner bei Bauprojekten u. a.

Beispiel: Beim Vorhaben „Werk für Kunststoffrohre" (FB 02) wurde bereits im Rahmen der Situationsanalyse sichtbar, dass die in der jeweiligen Kommune ansässigen Bau- und Ausrüstungsfirmen – als potenzielle aktive Stakeholder - ein großes Interesse am Gelingen der Gewerbeansiedlung eines neuen Unternehmens haben, während Anwohner im Bereich der zu erschließenden Gewerbegebiete – als passive Stakeholder - dem neuen Vorhaben teils große Vorbehalte entgegenbrachten.

Stakeholder-analyse

Eine gründliche *Stakeholder Analyse* muss daher einen besonderen Schwerpunkt der Untersuchungen in Phase der *Projektvorbereitung* bilden.
Geschieht dies nicht, können Vorhaben – wie die Praxis zeigt – an Widerständen bestimmter Stakeholder scheitern.

Eine projektbezogene *Stakeholder Analyse* sollte sich somit vor allem auf eine Beantwortung folgender *Fragen* konzentrieren:

1	Welche Personen bzw. Personengruppen bzw. Institutionen werden - intern wie extern - vom geplanten Vorhaben (objektiv wie subjektiv) **betroffen** und kommen somit als potenzielle Stakeholder des Projekts in Betracht?
2	Welche **Interessen** werden diese Stakeholder in Bezug auf das Projekt voraussichtlich haben? Wie werden sie sich demzufolge zum Projekt verhalten? Von welchen Stakeholdern sind Widerstände zu erwarten und - wenn JA - warum und wie kann sich daraus eine Konfliktsituation ergeben? Gibt es Stakeholder, die das Projekt unterstützen würden und in welcher Hinsicht können mit diesen möglichen Partnern Synergie-Effekte genutzt werden?
3	Welche Stakeholder haben in Bezug auf das Projekt eine bestimmte **Macht** und wie können sie ihre diesbezügliche Macht hinsichtlich einer Entscheidungskompetenz zum Projekt selbst und/oder in Bezug auf die Bestimmung von Projektzielen oder in Bezug auf andere Beeinflussungsmöglichkeiten nutzen?

Die nachstehende Darstellung in **Abb. 1.11** zeigt in einem Überblick an, in welcher Relevanz interne und externe Stakeholder zu einem Projekt stehen.[32]

---

[32] Siehe ebenda.

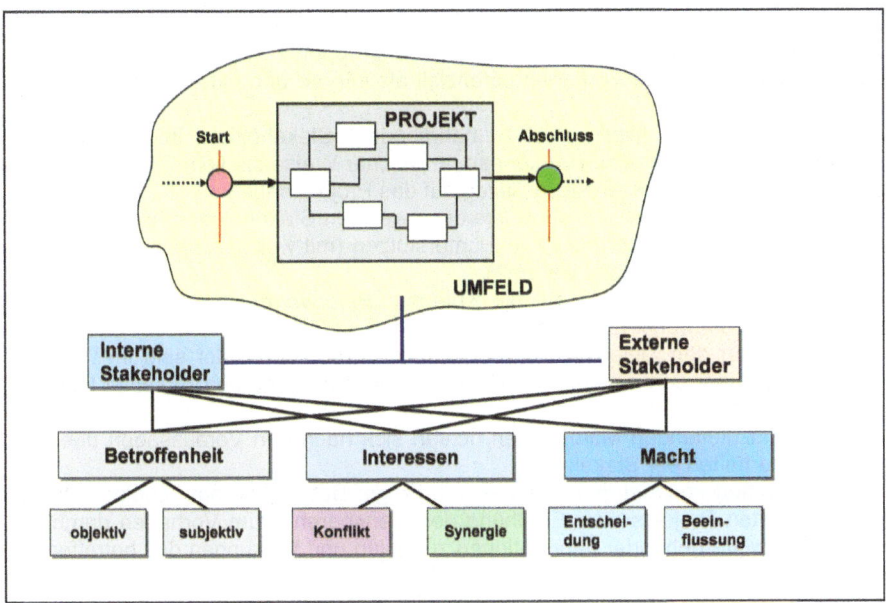

Abb. 1.11: Relevanz von Stakeholdern in Bezug auf Projekte

■ **Vorgehen bei einer Stakeholder Analyse**

Ausgehend von den skizzierten Kernfragen einer Stakeholder Analyse ergeben sich die in **Abb. 1.12** skizzierten Bausteine einer solchen Analyse:

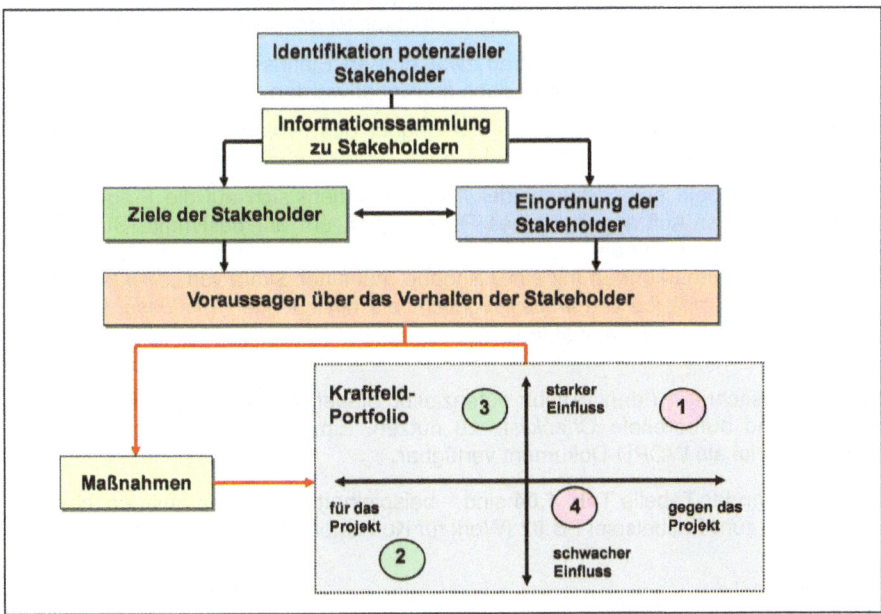

Abb. 1.12: Bausteine einer Stakeholder Analyse

Erläuterungen:[33]

Zum Vorgehen bei einer Stakeholderanalyse

Zunächst gilt es, jene Personen bzw. Personengruppen zu identifizieren, die in Bezug auf das betreffende Vorhaben potenziell als interne und externe *Stakeholder* in Frage kommen.

Im Weiteren sind zu allen „ernst zu nehmenden" Stakeholdern Informationen zu sammeln, um so einschätzen zu können, in welcher Weise sie vom Projekt betroffen sind oder welche Interessen sie in Bezug auf das Projekt haben.

Dabei ist ferner zu klären, welche *Ziele* die jeweiligen Stakeholder in Bezug auf das Projekt haben: Wollen sie das Projekt unterstützen (mit welcher Absicht?) oder sind sie Gegner des Projekts (und warum?).

Die Einordnung bezieht sich auf die Kriterien „*Befürworter*" bzw. „*Gegner*" sowie „*starker*" oder „*schwacher*" Einfluss.

Ausgehend von den Zielen und der Einordnung der Stakeholder sind im Weiteren *Voraussagen* über deren mögliches *Verhalten* zum Vorhaben und zu seiner Realisierung zu erarbeiten.

Die dann einzuleitenden Maßnahmen richten sich nach den Voraussagen über das mögliche Verhalten der Stakeholder.

Als Maßnahmen kommen beispielsweise in Frage: Beteiligung am künftigen Nutzen des realisierten Projekts oder Erhöhung der Transparenz zum Vorhaben durch Bereitstellung weitergehender Informationen zu Zielen und Wirkungen des betreffenden Vorhabens u. a. m.

Stakeholder-Kraftfeld

Auf diese Weise ist es schließlich möglich, die Stakeholder nach den Kriterien „*Einfluss*" sowie „*Befürworter/Gegner*" in ein sog. „Kraftfeld" einzuordnen (siehe Abb. 1.12). Dazu folgende Anmerkungen:

Pos. 1: Diese Stakeholder sind besonders ernst zu nehmen, da sie - als Gegner des Projekts - großen Einfluss besitzen.

Pos. 2: Diese Stakeholder unterstützen zwar sehr deutlich das Projekt, ihr Einfluss hinsichtlich des Gelingens des Vorhabens ist aber gering.

Pos. 3: Diese Stakeholder haben zwar großen Einfluss, ihre Unterstützung für das Projekt könnte/müsste aber noch deutlicher werden.

Pos. 4: Diese Stakeholder sind - als Gegner des Projekts - zwar zu beachten, haben aber wenig Einfluss.

Ein weiterer Aspekt einer Stakeholder Analyse bezieht sich auf die Frage, welche Möglichkeiten der Auftraggeber eines Projekts hat, um auf bestimmte Stakeholder *Einfluss* nehmen zu können.

Diese Möglichkeiten können mit einer Angabe aus einer Skala von „*direkter Einfluss möglich*", über „*mittelbarer Einfluss möglich*" bis hin zu „*kein Einflusspotenzial erkennbar*" kenntlich gemacht werden.

Hinweis:

Beim Arbeitsschritt 1 (Identifikation potenzieller Stakeholder) empfiehlt es sich, eine entsprechend aufbereitete *Checkliste* zu nutzen. Ein Muster hierzu ist im Online-Zusatzmaterial als WORD-Dokument verfügbar.

In nachstehender Tabelle **Tab. 1.04** sind – beispielhaft – Angaben aus der Stakeholder Analyse zum Fallbeispiel **FB 02** (Werk für Kunststoffrohre) aufgeführt.

---

[33] Vgl. auch: GPM: Projektmanagement-Fachmann, a. a. O., Bd. 1.

Tab. 1.04: Einige Angaben aus einer Stakeholder Analyse (externe Stakeholder)

Beispiel für eine Stakeholder-analyse

Aspekt „Betroffenheit"			
Wer ist vom Projekt betroffen? (Angaben zum Stakeholder)	Ist die Betroffenheit o = objektiv oder s = subjektiv	Wie ist die Betroffenheit zu werten? + = positiv 0 = neutral - = negativ	Wie stark ist die Betroffenheit? n = niedrig m = mittel h = hoch
Kommune am Standort des Werkes	o	+	m
Baufirmen im Umkreis des Standortes	o	+	h
Anwohner am Standort	s	-	n
Aspekt „Interessen"			
Wer hat am Projekt Interesse? (Angaben zum Stakeholder)	Wie zeigt sich das Interesse? Führt die Interessenlage zu Konflikten und - wenn „JA" - zu welchen?	Führt die Interessenlage zu Synergieeffekten und – wenn „JA" – zu welchen?	Wie ist der Einfluss aus der Interessenlage einzuschätzen? n = niedrig m = mittel h = hoch
Potentielle Kunden im Wirkungskreis des Werkes	Interesse an Produkten, kein Konflikt	„JA" (Zufriedene Kunden werden zu Stammkunden)	h
Logistik-Firmen	Interesse an Transportaufträgen, kein Konflikt	„JA" (Entwicklung stabiler Logistik-Lösungen)	h
Umwelt-Aktivisten	Wie wirkt das Werk auf die Umwelt? Eventuell Konfliktprobleme, da Befürchtungen bestehen (negative Einflüsse auf Grundwasser, ferner Emissionen u. a.)	Falls Bedenken ausgeräumt werden können, kann dies sogar positive Wirkungen haben	m
Aspekt „Macht, Einfluss"			
Wer nimmt Einfluss auf das Projekt? (Angaben zum Stakeholder)	Welcher Art ist der Einfluss? (Entscheidung, Beeinflussung)	Wie ist die Einstellung zum Projekt? + = positiv 0 = neutral - = negativ	Wie stark ist der Einfluss? n = niedrig m = mittel h = hoch
Entscheidungsträger in der Kommune	Entscheidung über Preise für Grunderwerb und über Förderzuschüsse	+	h
Anwohner am Standort	Beeinflussung (Sichtbehinderung)	-	n
Andere Firmen am Standort	Beeinflussung (ggf. wegen Konkurrenz auf dem Arbeitsmarkt)	0	n

1.5.4 Wirtschaftlichkeitsberechnungen und -analysen

Die Ermittlung, Analyse und inhaltliche Wertung der Wirtschaftlichkeit eines geplanten Vorhabens gehört unabdingbar zum Thema „Entscheidungsvorbereitung", denn es gilt: *„Ein Projekt muss sich 'rechnen!'*[34]

Aufgabe und Ziel von **Wirtschaftlichkeitsberechnungen und -analysen** im Rahmen der Entscheidungsvorbereitung zu Projekten ist es,

➢ zu überprüfen, ob eine zu einem definierten Vorhaben ausgearbeitete Lösungsalternative die vorgegebenen Wirtschaftlichkeitsbedingungen (z. B. hinsichtlich Aufwand, genereller Nutzen, Dauer der Pay-back-Periode u. a.) und auch andere Anforderungen (wie Umweltverträglichkeit, Kapazitätswirkung, Störanfälligkeit u. a.) überhaupt erfüllt und damit als zulässige Variante in die weiteren Bewertungen einbezogen werden kann, um dann

➢ aus allen zulässigen Alternativen diejenige Variante zu bestimmen, die nach einem definierten Entscheidungskriterium (z. B. Kosten, Gewinn, Rentabilität, Kapitalwert u. a.) den Bestwert erreicht (siehe **Abb. 1.13**).

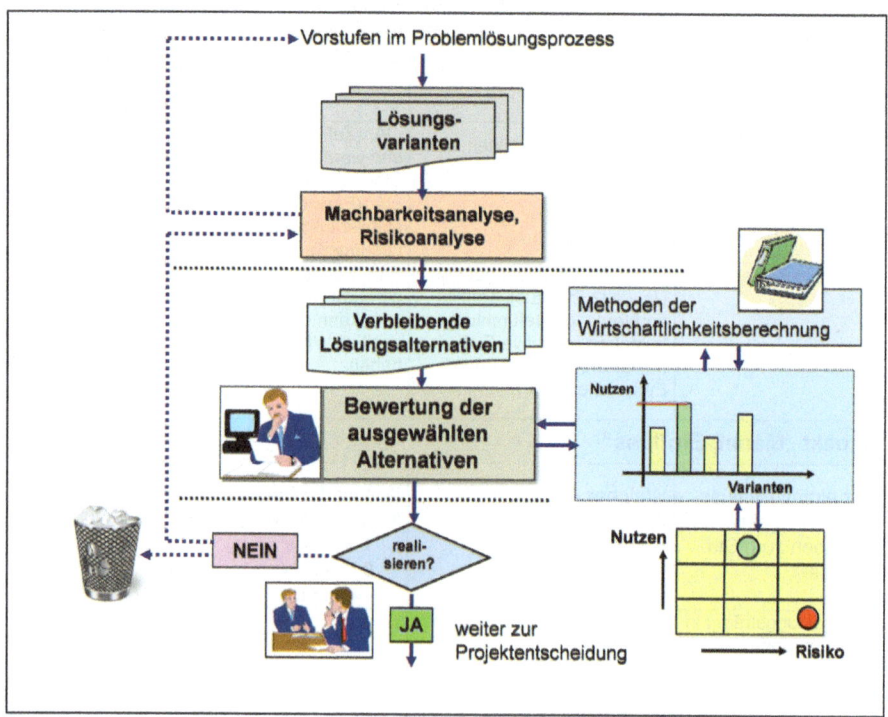

Abb. 1.13: Zur Einordnung von Wirtschaftlichkeitsanalysen

---

[34] Siehe auch: GPM: Projektmanagement-Fachmann, a. a. O., Bd. 2.

Je nachdem, in welcher Weise die Daten für die eigentliche Wirtschaftlichkeitsberechnung ermittelt und bestimmt werden, wird zwischen

- *statischen* Methoden und
- *dynamischen* Methoden

unterschieden.

Grundmerkmal aller *statischen Methoden* der Wirtschaftlichkeitsberechnung ist, dass sich die Daten auf einen bestimmten Zeitraum (in der Regel auf *ein Jahr*, als Vertreter aller Jahre) beziehen. Dabei werden für Kosten und Erlöse in der Regel Durchschnittswerte angesetzt.
Es werden somit keine Zahlungsströme (Einzahlungen, Auszahlungen über der Nutzungszeit des Objekts) betrachtet.

Zu diesen Methoden gehören vor allem

- die Kostenvergleichsrechnung,
- die Gewinnvergleichsrechnung,
- die Rentabilitätsvergleichsrechnung sowie
- die Amortisationsvergleichsrechnung.

Grundlagen und Anwendungen dieser Methoden bei Wirtschaftlichkeitsberechnungen im Prozess der Entscheidungsvorbereitung und Entscheidungsfindung zu Projekten werden mit Bezug zu den Fallbeispielen in der unten angegebenen Excel-Datei erörtert.[35]

Im Unterschied zu den statischen Methoden beachten die *dynamischen Methoden* der Wirtschaftlichkeitsberechnung die sich in der Nutzungsperiode eines Projekts auftretenden Zahlungsströme (Auszahlungen, Einzahlungen).
Diese Methoden basieren auf *finanzmathematischen* Berechnungen von Bar- und Endwerten und haben im Vergleich zu den statischen Methoden zwangsläufig einen höheren Aussagewert.

Zu diesen Methoden gehören

- die Kapitalwertmethode,
- die Annuitätenmethode sowie
- die Methode des internen Zinsfußes.

Grundlagen und Anwendungen dieser Methoden bei Wirtschaftlichkeitsberechnungen im Prozess der Entscheidungsvorbereitung und Entscheidungsfindung zu Projekten werden – wiederum mit Bezug zu Fallbeispielen – in der unten angegebenen Excel-Datei erörtert.[36]

Außer den angegebenen statischen und dynamischen Methoden der Wirtschaftlichkeitsberechnung kommen im Prozess der Entscheidungsvorbereitung und Entscheidungsfindung zu Projekten eine Reihe weiterer Methoden zur Anwendung, so vor allem

- die *Nutzwertanalyse*,

- die SWOT-Analyse,

---

[35] Siehe Datei „04_PM_Wirtschaftslichkeitsberechnung1.xlsm".
[36] Siehe Datei „05_PM_Wirtschaftslichkeitsberechnung2.xlsm".

- das Konzept der *Portfolio-Darstellung* und *Portfolio-Auswertung* (bei Standortanalysen und Risikoanalysen),

- die Entscheidungsbaum-Methode,

- die Darstellung und Auswertung von Entscheidungstabellen und Entscheidungsmatrizen u. a.[37]

Anwendungsbeispiele zu diesen Methoden im Prozess der Entscheidungsvorbereitung und Entscheidungsfindung zu Projekten werden in der unten angegebenen Excel-Datei erörtert.[38]

In Verbindung mit den Wirtschaftlichkeitsberechnungen sind zugleich erste *verbindliche Einschätzungen* zu den *Chancen* vorzunehmen, mit welchen der Varianten die erarbeiteten Projektziele am wirksamsten erreicht werden können.

Erste Schätzungen zu Kriterien des Projekterfolgs Diesen Einschätzungen dienen der unmittelbaren Entscheidungsfindung zur konzipierten Projektidee, daher sollten und müssen in dieser Phase subjektive Wünsche, aber auch Widerstände („sich nicht festlegen wollen" u. a.) immer bei Seite gestellt werden, um einer *Schätz-Ehrlichkeit* zum Durchbruch zu verhelfen.[39]

Die vorzunehmenden Schätzungen beziehen sich vor allem auf die *Bestimmung eines Grades der Sicherheit* in Bezug auf

- die Erreichbarkeit des angestrebten *Leistungsergebnisses*,

- auf die Erreichbarkeit der angestrebten bzw. erforderlichen *Qualität* des Leistungsergebnisses,

- die Erreichbarkeit einer konzipierten *Projektdauer*,

- die Einhaltung eines fixierten *Kosten- und Finanzrahmens* sowie auch auf

- die Erfüllung der vorhabenbezogen *Erwartungen* der aktiven (internen und externen) Stakeholder.

Natürlich werden die vorzunehmenden Schätzungen in dieser Phase noch mit vielen *Ungewissheiten* beeinflusst sein, dennoch muss gefordert werden, dass vorgenommene Schätzungen *nachprüfbar* sind und auch jene Parameter offen gelegt werden, die die Schätzungen stark beeinflussen.

Es muss akzeptiert werden, dass sich die ermittelten Schätzwerte – im Vergleich zu den Ergebnissen beim Projektabschluss – in einer Schwankungsbreite von *+100 % bis -50 %* bewegen können.[40] Genauere Werte können erst in nachfolgenden Phasen (Konzeptphase, Planungsphase, Realisierungsphase) werden. Daraus folgt, dass die ermittelten Schätzwerte im Verlaufe der weiteren Projektphasen ständig zu aktualisieren und zu präzisieren sind. Dies wird im Projetmanagement auch als *Tracking* bezeichnet.

---

[37] Siehe zum Beispiel: SAUERLAND, M./GEWEHR, P.: Entscheidungen erfolgreich treffen. Springer-Gabler Verlag, Wiesbaden 2017

[38] Siehe Datei „06_PM_Entscheidungstechniken1.xlsm".

[39] Siehe ebenda sowie KUSTER, J. u. a.: Handbuch Projektmanagement, a. a. O.

[40] Siehe ebenda.

1.5.5 Finanzierungsanalyse

Auch im Falle, dass die Wirtschaftlichkeitsanalyse und -bewertung eines Vorhaben ergibt, dass sich die Umsetzung der Projektidee für den Auftraggeber „rechnen" wird, bleiben immer noch einige entscheidende Fragen offen, so zum Beispiel:

„Können wir uns das Vorhaben (jetzt) überhaupt leisten?"

„Verfügen wir über genügend Eigenmittel für die Finanzierung des Vorhabens bzw. verfügen wir über ausreichende Sicherheiten, um einen Fremdkapitalgeber ‚mit ins Boot' zu holen?"

„Welcher Fremdkapitalgeber wird bereit sein, auf das erkennbare Risiko der Projektrealisierung bzw. der Projektfinanzierung einzugehen und entsprechende Mittel verfügbar machen?"

Bei der Finanzierungsanalyse geht es im Kern darum, zu überprüfen, ob und inwieweit der für die Realisierung des betreffenden Vorhabens ermittelte und geschätzte *Bedarf an Finanzmitteln* durch *Ausschöpfen* von *verfügbaren* bzw. *beschaffbaren Finanzmitteln* aus zugänglichen *Finanzierungsquellen* gedeckt werden kann.

Dieses Überprüfungs- und Entscheidungsproblem soll die Darstellung in **Abb. 1.14** veranschaulichen.

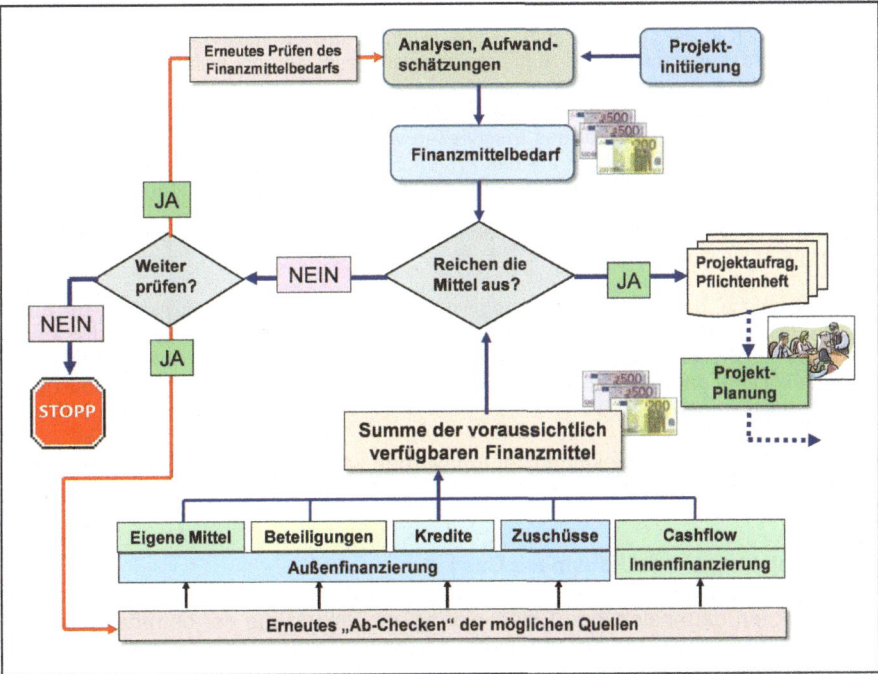

Abb. 1.14: Überprüfung der Finanzierbarkeit eines Projektvorschlags

Anmerkungen:
Der für die Realisierung des Projektvorschlags benötigte *Bedarf an Finanzmitteln* ist im Ergebnis der Analysen und Aufwandschätzungen im Rahmen der Wirtschaftlichkeitsberechnungen zu ermitteln.

Für die Deckung des Bedarfs an Finanzmitteln stehen – theoretisch – alle Quellen der Außen- wie der Innenfinanzierung der betreffenden Organisation – als *Auftraggeber* des Vorhabens - zur Verfügung:[41]

Als *Quellen der Außenfinanzierung* kommen in Betracht:

- Eingebrachte *Eigenmittel* der Organisation (Eigenkapitel),
- Mittel aus bestehenden bzw. erschließbaren *Beteiligungen* an der Organisation bzw. am betreffenden Vorhaben,
- Aufnahme von lang- und/oder kurzfristigen *Krediten* (von Banken oder anderen Kreditgebern, ggf. Nutzung von Sonderformen wie Leasing) als *Fremdkapital*,
- Ausnutzen bestehender Möglichkeiten von *Investitionszuschüssen*, insbesondere von Fördermitteln.

Als *Quellen der Innenfinanzierung* kommen in Betracht:

- Verfügbare Mittel aus dem erwirtschafteten *Netto-Cashflow* (Gewinnrücklagen, erwirtschaftete Abschreibungsgegenwerte),
- nutzbare Mittel aus *Rückstellungsgegenwerten* oder aus *Kapitalfreisetzungen* (über Rationalisierungsmaßnahmen oder Desinvestitionen).

Falls die verfügbaren bzw. beschaffbaren Finanzmittel – nach Abschätzung erkennbarer *Risiken* – für die Deckung des ermittelten Finanzmittelbedarfs ausreichen, kann – aus Sicht der Finanzierung – der *Projektauftrag* erteilt und die weitere *Projektplanung* in Angriff genommen werden.

Wenn jedoch in der „ersten Runde" *keine Deckung* des ermittelten Finanzmittelbedarfs erreicht wird, kann seitens des Auftraggebers veranlasst werden, *weitere Überprüfungen* vorzunehmen.
Diese können sich sowohl auf die *Prüfung von Möglichkeiten der Absenkung des ermittelten Finanzmittelbedarfs* (über das Erschließen von Möglichkeiten der Kostensenkung im geplanten Vorhaben) als auch auf das *Prüfen* von Möglichkeiten des Ausschöpfens *bestehender* oder auf das Erschließen *neuer Finanzierungsquellen* beziehen.

Führen diese Aktivitäten zum Erfolg, kann die Entscheidung zur Erteilung des Projektauftrags getroffen werden.

Im Fall jedoch, dass bei verantwortungsvoller Überprüfung aller Möglichkeiten zur Senkung des Mittelbedarfs oder zur Erschließung von Quellen zur Mittelbereitstellung keine Lösung des Problems der Projektfinanzierung gefunden wird, wird der Auftraggeber nicht umhin können, das betreffende Vorhaben entweder zurückzustellen oder ganz aufzugeben („Stopp" in Abb. 1.14)

Weitere Probleme der Projektfinanzierung werden wird im Abschnitt 4.9 (Finanz- und Liquiditätsplanung) erörtert.

1.5.6 Projektsteckbrief, Business Case

Im Hinblick auf die anstehende Entscheidung zur Umsetzung der betreffenden Projektidee ist es sinnvoll, alle bislang hierzu erarbeiteten Informationen in Kurzfassung zu dokumentieren.
Diesem Zweck dienen sowohl der zu erstellende *Projektsteckbrief* als auch die Erarbeitung eines *Business Cases*.[42]

---

[41] Siehe hierzu auch:
von KÄNEL, S.: Betriebswirtschaftslehre – eine Einführung, a. a. O., Abschnitt 4.7.
von Känel, S.: Lernsoftware „Finanzierung und Rating, Dresden 2018.

■ **Projektsteckbrief**

Ein *Projektsteckbrief* ist ein Dokument, das in Kurzform alle relevanten Informationen   Projekt-
zu einer bereits ausgereiften Projektidee enthält, die für die anstehende Entschei-   steckbrief
dung zur Umsetzung dieser Projektidee benötigt werden (siehe Muster in nachstehender **Tab. 1.05**).

Tab. 1.05: Muster eines Projektsteckbriefs

Unternehmen/Organisation ...	**Projektsteckbrief**	Datum:
Projekttitel:	**Auftraggeber:**	
Kurze Beschreibung des zu lösenden Problems:		
Kurze Beschreibung der Projektidee und ihrer strategische Bedeutung		
Ziele der Problemlösung:		
Erwartete Leistungen/Ergebnisse aus der Projektrealisierung:		
Geschätzter Starttermin:	Geschätzter Endtermin:	
Angaben zu Meilensteinen:		
Grober Ressourcenbedarf (Art, Umfang):		
Angaben zum Projektumfeld (Stakeholder, zu beachtende Gesetze, Vorschriften)		
Angestrebter Mehrwert, Nutzen, Erlös nach Realisierung des Projekts:		
Kostenrahmen, Angaben zur Projektfinanzierung (Mittelbedarf, Quellen):		
Erste Risikoabschätzung:		
Benennung vorgesehener Projektrollen (Projektleiter, einzubeziehende Abteilungen, Dienstleister u. a.)		
Projektsponsoren:		

_____
                                                          Unterschrift
Anmerkungen:

_____

[42] Siehe auch: KUSTER, J. u. a.: Handbuch Projektmanagement, a. a. O., Abschnitt 2.2.3.

Die Ausführungen im Projektsteckbrief sollten – problembezogen – „kurz und bündig" sowie realistisch abgefasst werden, wobei vor allem der angestrebte Projektnutzen in Relation zum benötigten Ressourceneinsatz darzustellen ist.

In vielen praktischen Fällen wird seitens der Entscheidungsträger erwartet bzw. gefordert, dass neben einem Projektsteckbrief auch ein *Business Case* als weitere Entscheidungsgrundlage erarbeitet und vorgelegt wird.

■ Business Case

Business Case

Ein *Business Case* ist ein Dokument, das Aussagen zur strategischen Relevanz eines zur Entscheidung anstehenden Projekts enthält. Inhaltliche Schwerpunkte sind dabei Ausführungen zum angestrebten monetären und nicht-monetären *Nutzen* und zur erwarteten *Wirtschaftlichkeit* des betreffenden Vorhabens.

Diese Darstellungen sollen dazu beitragen, dass die verfügbaren Ressourcen von Unternehmen bzw. anderen Organisationen primär auf erfolgversprechende Projekte konzentriert werden (siehe Muster in nachstehender **Tab. 1.06**).

Tab. 1.06: Zu Angaben in einem Business Case

Unternehmen/Organisation ...	**Business Case**	Datum:
Titel des Vorhabens:	**Auftraggeber:**	

Problemstellung und Begründung des Vorhabens (strategische Relevanz):
Definition und Abgrenzung des Vorhabens:
Vorhabenbezogene Darstellung von „Stärken" und „Schwächen" sowie von „Chancen" und „Risiken":
Aussagen zur Wirtschaftlichkeit (erwarteter Mehrwert, Erlöse, Return on Investment u. a.):
Nicht-monetäre Nutzenpositionen (Marktanteile u. a.):
Aussagen zum Investitionsaufwand, zu Kosten (Einmal-Kosten, laufende Kosten):
Empfehlungen für die Entscheidungsfindung:

Wichtig ist, dass die Aussagen und Angaben zum Vorhaben im Business Case wiederum „kurz und bündig", vor allem aber entscheidungsorientiert dokumentiert werden.

1.6 Entscheidungsfindung zu Projekten

■ Entscheidungssituationen

> Man muss nicht nur mehr Ideen haben als andere, sondern auch die Fähigkeit besitzen, zu entscheiden, welche dieser Ideen gut sind. (*Linus Pauling*)

Die im Prozess der Entscheidungsvorbereitung erarbeiteten Analysen und Berechnungen und die daraufhin erstellten Dokumente wie Projektsteckbrief und Business Case bilden nunmehr – wie in Abb. 1.02 (Seite 14) dargestellt – die Grundlage einer *Entscheidung*, ob

Zum Entscheidungsproblem

a) die erarbeitete Projektidee zu einem „richtigen" Projekt überführt werden kann oder soll und – wenn „JA" – mit welcher Lösungsvariante, oder ob

b) vor einer diesbezüglichen Festlegung erst noch weitere Details zu klären oder Nachbesserungen vorzunehmen sind (z. B. hinsichtlich des Wirtschaftlichkeitsausweises), oder ob

c) die betreffende Projektidee vorerst oder generell nicht weiter zu verfolgen ist.

Entscheiden bedeutet somit, eine *Wahl* zwischen möglichen Handlungsalternativen vorzunehmen, wobei klar zu stellen ist, welches *Entscheidungskriterium* - als Maßstab der Bewertung der einzelnen Handlungsmöglichkeiten – letztlich den Ausschlag geben soll oder gegeben hat, dass die Wahl so und nicht anders vorgenommen wurde oder vorzunehmen ist.

Die Praxis zeigt, dass selbst bei gründlicher und umsichtiger Entscheidungsvorbereitung der *subjektive Faktor* – bezogen auf den *Entscheidungsträger* (als Person oder als Gremium) immer eine gewichtige Rolle spielt.

Wie bei vielen anderen Entscheidungsproblemen, so sind bei Entscheidungen zur Realisierung von Projektideen drei typische Situationen zu unterscheiden:

Typische Entscheidungssituationen

a) Entscheidungen unter Sicherheit

Für die zu treffende Entscheidung betreffs der Umsetzung/Nicht-Umsetzung einer Projektidee liegen alle benötigten Informationen vor. Das Risiko in Bezug auf einen Misserfolg bei der Projektrealisierung tendiert gegen Null (siehe Formel 1.1, Seite 25). Es ergeben sich auch keine negativen Folgen, falls die Projektidee abgelehnt wird und nicht zur Umsetzung gelangt.

Derartige Entscheidungssituationen sind (in Bezug auf Projekte) eher selten, denn das typische Merkmal eines Projekts besteht ja gerade darin, dass es immer mit einem mehr oder weniger großen Risiko verbunden ist, das bereits im Prozess der Entscheidungsvorbereitung und Entscheidungsfindung sichtbar wird.

> Wenn im Beispiel **FB 01** (Produktionsverlagerung) alle notwendigen Vorklärungen zur Vorgehensweise bei der Projektrealisierung mit Umsicht erledigt wurden und auch keine besonderen Probleme hinsichtlich der Bereitstellung der benötigten Ressourcen (Personal, weitere Einsatzmittel u. a.) erkennbar sind, dann liegt eine Situation vor, die als *„Entscheidung unter Sicherheit"* gekennzeichnet werden kann. Hinzu kommt, dass die Alternative „Nicht-Realisierung des Projekts" sachlich nicht in Frage kommt

Beispiel

b) Entscheidungen unter Risiko

Diese Entscheidungssituation ist dadurch gekennzeichnet, dass sowohl eine Entscheidung zur *Umsetzung* der vorbereiteten Projektidee (als Projekt) als auch eine Entscheidung zur *Nicht-Durchführung* des Vorhabens mit einem ernst zu nehmenden *Risiko* (des Misserfolgs) verbunden ist.

Aussagen zur Art und Höhe der Risiken können aber in Grenzen von *Wahrschein-lichkeiten* gemacht werden.

Beispiel

> Die in Bezug auf das Fallbeispiel **FB 02** (Werk für Kunststoffrohre) nach Abschluss aller Aktivitäten in der Entscheidungsvorbereitung bereits erkennbaren Risiken können relativ gut bestimmt und mit Wahrscheinlichkeiten des Eintreffens bewertet werden. Dies hält die Investoren jedoch nicht ab, sich klar für die Umsetzung der Projektidee zu entscheiden, denn „W*er nicht wagt, der nicht gewinnt*", den Rest muss ein *professionelles Projektma-nagement*, inkl. *Risikomanagement* ordnen!

c) Entscheidungen unter Ungewissheit oder Unsicherheit

Im Falle, dass zur Erfolgswirksamkeit der vorbereiteten Entscheidungsalternativen keine Wahrscheinlichkeitsangaben gemacht werden können, liegt eine *Entschei-dungssituation unter* Ungewissheit oder *Unsicherheit* vor.

Beispiel

> Die im Fallbeispiel **FB 03** (Entwicklung einer neuen Erntemaschine) gegebene Entschei-dungssituation weist in hohem Maße mehrere Unsicherheiten auf. Diese betreffen vor allem die Frage, ob es den Ingenieuren des Unternehmens in einer knapp bemessenen Zeitspanne tatsächlich gelingen wird, die angestrebten technischen Neuerungen funkti-onsfähig zu gestalten.
>
> Hinzu kommen Unsicherheiten darüber, was die Konkurrenz parallel plant, wie potenzielle Kunden auf die Neuentwicklung reagieren werden u. a. m.
> In derartigen Situationen können spieltheoretische Ansätze, Entscheidungsmatrizen, Ent-scheidungsbäume u. a. als Entscheidungshilfen herangezogen werden.
> Ansonsten gilt: „*Wer das kleinste Risiko scheut, geht das Größte ein!*"

Weitere Beispiele mit Berechnungsgrundlagen zu Projektentscheidungen sind im Online-Zusatzmaterial in der unten angegebenen Excel-Datei zu finden.[43]

■ Auf dem Weg zum Projektauftrag

Bei Entscheidungen zur Umsetzung von konzipierten Projektideen ist zu klären und zu beachten, *wer* im betreffenden Fall als *Auftraggeber (Projektträger)* fungiert und somit letztlich *Entscheidungsbefugnis* hat.

Dies soll – in einer Art Zusammenfassung der bisherigen Aussagen zur Projektvorbe-reitung und zum Entscheidungsprozess – die Darstellung in der nachstehenden **Abb. 1.15** verdeutlichen.

Erläuterungen:

Unternehmensprojekte werden in der Regel entweder „*in eigener Regie und mit ei-genen Kräften*" oder „*in eigener Regie unter zusätzlicher Einbeziehung fremder Kräf-te*" initiiert, vorbereitet und – nach Entscheidung – auch realisiert.
Eine „*direkte Auftragserteilung*" an Dritte und gar die Ingangsetzung eines „*Aus-schreibungsverfahrens*" ist bei Unternehmensprojekten seltener der Fall.

---

[43] Siehe Excel-Datei „06_PM-Entscheidungstechniken1.xlsm".

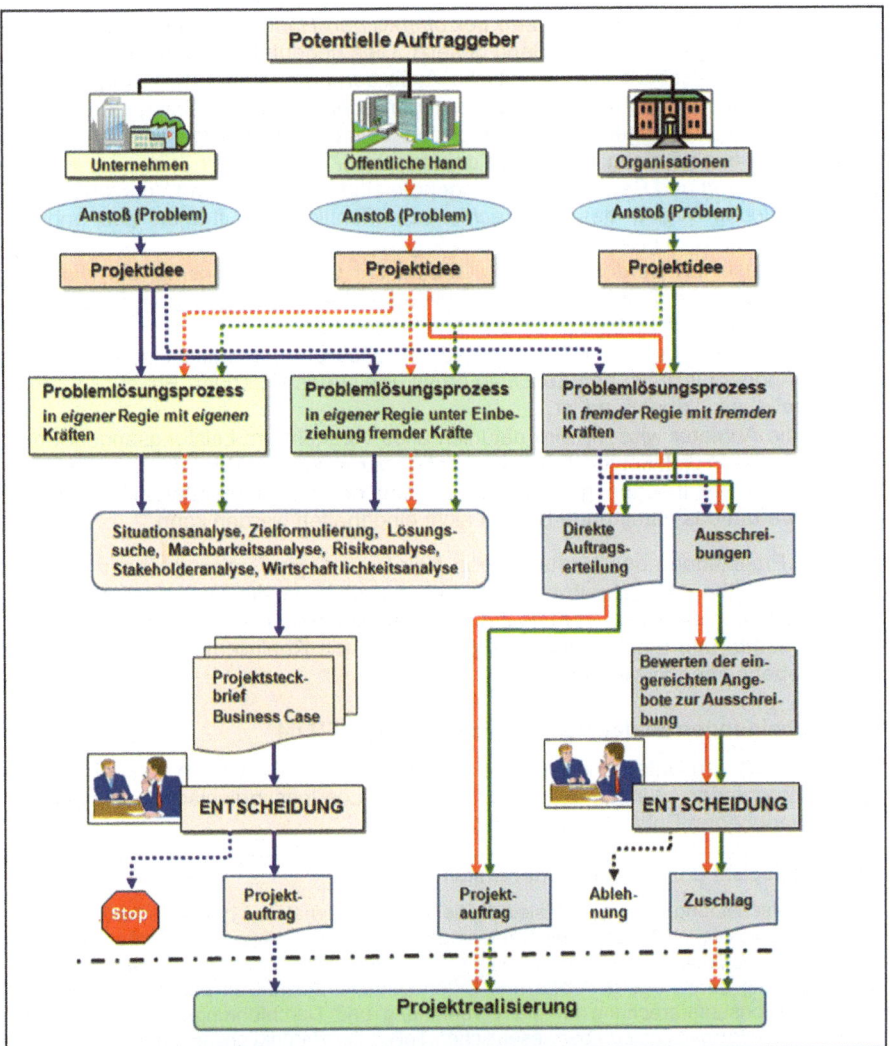

Weg zum Projektauftrag

Abb. 1.15: Auf dem Weg zum Projektauftrag (vereinfachte Übersicht)

Für die bislang betrachteten Fallbeispiele trifft Folgendes zu:

➤ Fallbeispiel **FB 01** und Fallbeispiel **FB 02**: Projekt in *eigener Regie* unter zusätzlicher Einbeziehung *fremder Kräfte*.

➤ Fallbeispiel **FB 03** (Entwicklung eines neuen Erzeugnisses): Projekt in eigener Regie mit eigenen Kräften.

➤ Fallbeispiel **FB 04** (E-Learning-Plattform): Projekt in eigener Regie mit direkter Auftragserteilung an Dritte.

Bezug zu den Fallbeispielen

Die Entscheidung, ob eine Projektidee letztlich in ein zu realisierendes Projekt zu überführen ist, trifft die jeweilige *Unternehmensleitung* oder ein von der Unternehmensleitung beauftragtes Gremium.

Projekt-
vergabe,
Ausschrei
schrei-
bung

Für die Umsetzung von *Projektideen der öffentlichen Hand* wird hingegen zunächst ein *Ausschreibungsverfahren* in Gang gesetzt. Dies bedeutet, dass zu einem geplanten Vorhaben eine öffentliche, schriftliche *Aufforderung* gestartet wird, Angebote für die in der Ausschreibung genannten Lieferungen oder Leistungen abzugeben.

Die dabei vom Auftraggeber zu erwartenden Leistungen und sonstigen Vorgaben werden dabei in einem sog. *Lastenheft* dokumentiert.[44]

Bei der Erstellung und Bewertung der Angebote sind die Regeln und Vorschriften der *Vergabeordnung* (VgV), des *Preisrechts* bei öffentlichen Aufträgen und anderer Rechtsgrundlagen zu beachten bzw. zu befolgen.

Damit soll gesichert werden, dass die Gebote der Gleichbehandlung, der Nichtdiskriminierung und der Transparenz eingehalten werden und es zu einem fairen Wettbewerb zwischen den bietenden Unternehmen kommt.[45]

Das Problem bei diesem Vorgehen ist jedoch, dass bei der Entscheidung darüber, welches Angebot letztlich den *Zuschlag* erhält, meist das Kriterium „*Preis*" bzw. „*Projektkosten*" ausschlaggebend ist.

Da dies die Anbieter wissen, wird natürlich alles versucht, im Leistungsangebot den Preis bzw. die Projektkosten möglichst „*schön zu rechnen*". Wird dann erst einmal der Zuschlag erteilt, dann gibt es im Fortgang der Projektrealisierung meist zig-Gründe, warum das vereinbarte Budget nicht eingehalten werden kann.[46]

Auch bei Projektideen und Vorhaben von *Non-Profit-Organisationen* wird in der Regel der Weg über Ausschreibungsverfahren gewählt, da die Organisationen (zum Beispiel Theater, Kliniken, Vereine für Freizeitgestaltungen u. a.) meist nicht über jene Fachkräfte und Einsatzmittel verfügen, die für die Realisierung eines konzipierten Vorhabens benötigt werden.

■ Entscheidungen zu den Fallbeispielen FB 01 – FB 04

Bei den skizzierten Unternehmensprojekten FB 01 bis FB 04 wurden von den jeweiligen *Unternehmensleitungen* zu den erarbeiteten Lösungsvorschlägen die nachstehend angegebenen Entscheidungen getroffen: [47]

Fall-
beispiele

---

a) Fallbeispiel FB 01 (Produktionsverlagerung)

Die Entscheidung der Geschäftsleitung fiel auf die Alternative L_3: Dies bedeutet: Übertragung spezieller Arbeiten der Demontage, des Transports und der Montage an *externe, professionelle Dienstleister;* Übernahme der restlichen Arbeiten sowie der Regieführung durch *eigene Kräfte* des Unternehmens; Ausnutzen der Zeitspanne der Produktionsunterbrechung für die Vorbereitung und Durchführung von *Ersatz- und Erweiterungsinvestitionen* bei wesentlichen Teilen der Produktionsanlage.

b) Fallbeispiel FB 02 (Werk für Kunststoffrohre)

Die Entscheidung der Schweizer Investoren fiel nach einer gründlichen *Standortanalyse* auf die Variante *FB 02.3*. Dies bedeutet: Erwerb eines Grundstücks in einem Gewerbegebiet, das zwar gerade erst erschlossen wird, aber eine Reihe entscheidender Vorteile hat: Der Preis für den Erwerb des Grundstücks ist sehr günstig; das Werk kann als moderner Neubau gestaltet werden; es gibt ausreichend Flächen für spätere Erweiterungsbauten;

---

[44] Siehe hierzu die Ausführungen im Abschnitt 4.10 (Vertragsmanagement).
[45] Siehe hierzu auch folgende Links:
https://www.bmwi.de/Redaktion/DE/Dossier/oeffentliche-auftraege-und-vergabe.html;
https://www.evergabe,.de.
[46] Muss man hier Beispiele anführen? Nein. es reicht zu, die Wirtschaftspresse zu lesen!
[47] Siehe Seite 21 bzw. Seite 34.

die Situation für das Gewinnen von Fachkräften mit Branchenkenntnissen ist sehr günstig u. a. m.

Diese Vorteile überwogen die erkennbaren Nachteile, wie zum Beispiel die Lage des Gewerbegebietes nahe an einer Staatsgrenze; Behinderung der Antransporte von Baumaterialien und Technischen Anlagen aufgrund der erst beginnenden Arbeiten zum Bau der Verkehrsanbindungen u. a.

c) Fallbeispiel FB 03 (Entwicklung eines neuen Erzeugnisses)

In diesem Fall hat die Unternehmensleitung entschieden, dass zunächst *beide Lösungsvarianten* (Entwicklung eines neuen *Frontmähwerks* und Entwicklung eines neuen *Heckmähwerks*) als Projekt zu starten sind. Zu einem späteren Zeitpunkt soll dann - auch unter Nutzung der *Entscheidungsbaumtechnik* - geklärt werden, welche Variante zur Produktionsreife zu verfolgen ist.

d) Fallbeispiel FB 04 (E-Learning-Plattform)

Die Geschäftsleitung des Bildungsträgers entscheidet sich nach Auswertung der vorgelegten Materialien sowie nach eigenen Recherchen im Internet klar für die Variante *FB 04.2*, und zwar zum Kauf eines „Learning-Management-Systems" (LMS) mit einem zugehörigen „Learning-Content-Management-System" (LCMS).

Den Zuschlag hierfür erhält die Fa. PROFI-LMS, verbunden mit einer direkten Auftragserteilung zur Installation der Systeme auf der Plattform des Bildungsträgers. Auch für das Erstellen der benötigten WBT-Lernmodule wird eine Fremd-Firma gewonnen. Zugleich werden erste Aufträge für bestimmte Lernmodule erteilt.

■ **Projektantrag, Projektauftrag, Projektvergabe**

In der Regel wird eine Entscheidung über die Umsetzung einer Projektidee als Projekt auf der Grundlage eines *Projektantrags* getroffen.

Projektantrag

> Ein **Projektantrag** ist ein formularmäßig ausgearbeitetes Dokument, das dem zuständigen Auftraggeber als Entscheidungsvorlage mit dem Ziel zugestellt wird, die Bewilligung von finanziellen Mitteln und/oder Ressourcen für ein kostenintensives, anstehendes Vorhaben zu erteilen.

Wichtige *Bestandteile* eines solchen Antrags sind in der Regel[48]

Bestandteile eines Projektantrags

- eine Begründung zum Projektanlass,
- die Benennung der Projektziele,
- Darstellung der Projektaufgaben,
- Angaben zur Laufzeit (Projektdauer),
- Angaben zu den benötigten personellen und anderen Ressourcen,
- Angaben zum beantragten Projektbudget sowie
- ein Business Cases (mit Angaben zum Projektnutzen).

Die Ausarbeitung von Projektanträgen ist typisch für *unternehmensinterne* Projekte, vor allem aber für *öffentlich geförderte Vorhaben*, hier meist in Bezug auf vorliegende *Ausschreibungen*.

---

[48] Siehe auch: OLFERT, K.: Projektmanagement, a. a. O.;
KÜSTER, J. u. a.: Handbuch Projektmanagement, a. a. O.
GPM – Projektmanagement-Fachmann, a. a. O., Bd. 1.

Hinweis:

Projekt-
antrag bei
Projekt-
initialisie-
rung

Es ist aber auch üblich, einen Projektantrag zunächst nur für die Phase der unmittelbaren *Projektinitialisierung* zu erstellen, um hier Folgendes besonders klarzustellen:[49]

- Grundlagen und Ziele der Projektinitialisierung,

- Projektumfang, Projektgrenzen, Rahmenbedingungen des Vorhabens,

- personelle und andere Ressourcen in der Phase der Projektinitialisierung,

- Kosten und Ergebnisse in dieser Phase,

- Angaben zu Risiken,

- Vorgehen, Termine und Projektorganisation in dieser Phase
  u. a.

Bei einem positiven Entscheid zu einem Projektantrag ist ein entsprechender *Projektauftrag* auszuarbeiten und zu unterzeichnen.[50]

Projekt-
auftrag

> Ein **Projektauftrag** ist ein *formularmäßig* zu erstellendes Dokument, in das *alle relevanten Projektinformationen* aufzunehmen sind und das nach Unterzeichnung die *vertragliche Basis* zwischen dem *Auftraggeber* und dem für das Projekt bestimmten *Projektleiter* bildet.

Damit im Hinblick auf einen erfolgreichen Projektstart „nichts vergessen" wird und auch später keine „Umdeutungen" zu Projekt-Parametern vorgenommen werden können, sollte die Ausarbeitung eines Projektauftrags mit großer Sorgfalt vorgenommen werden (siehe Beispiel-Muster in **Tab. 1.07,** weiter unten).

Mit der Unterzeichnung des Projektauftrages wird in der Regel zugleich das *Projektbudget frei* gegeben.

---

[49] Siehe hierzu auch: KÜSTER, J. u. a.: Handbuch Projektmanagement, a. a. O.
[50] Siehe auch: OLFERT, K.: Projektmanagement, a. a. O.;
 PEIPE, S.: Crashkurs Projektmanagement. Haufe-Verlag, Freiburg 2018.

Tab. 1.07: Beispiel-Muster eines Projektauftrags (Auszüge)

Beispiel

Unternehmen: PCX WM GmbH	**Projektauftrag**	Datum: 12.05.202x
Projektname: Produktionsverlagerung Betriebsteil BT-Süd	**Auftraggeber:** *Dr. F. Meyer*, Geschäftsführer	

Projektanlass:
Beendigung des Pachtvertrages zum Grundstück BT-Süd (31.12.202x). Die Weiterführung der Produktion von Komponenten der Steuerungstechnik bei Werkzeugmaschinen erfordert die Verlagerung der Produktionsanlagen an den neuen Standort (Halle LH200 in der Nähe des Hauptwerkes).

Projektziele:
Es ist zu sichern, dass die Fertigung der Komponenten für die Steuerungstechnik am neuen Standort innerhalb einer Zeitspanne von maximal **5 Monaten** wieder reibungslos anlaufen kann.
Dies schließt die Durchführung folgender Ersatz- bzw. Erweiterungsinvestitionen ein: …
Weitere Ziele:
 - Senkung der Lärmwirkung beim Betrieb der Anlage am neuen Standort,
 - Verbesserung der ergonomischen Arbeitsplatzgestaltung im Bereich der Fertigungsanlagen.

Projektphasen, Meilensteine, Termine:	**Termin:**
Projektbeginn	06/202x
Projektplanung (Pflichtenheft, Projektstrukturierung, Ablauf- und Zeitplanung, Ressourcenplanung, Vertragsvorbereitung, Kostenplanung u. a.)	07/202x
Durchführung der Umbaumaßnahmen am neuen Standort	08/202x
Demontage der Anlagen und Antransport an den neuen Standort	08/202x
Beschaffung der Investitionsgüter (Ersatz- und Erweiterungsinvestitionen)	09/202x
u. a.	
Projektabschluss	10/202x

Projektorganisation	
Projektleiter	Dipl.-Ing. W. Köhler, Techn. Leiter
Projektteam	xxx

Ressourcen, Budgets		
Eigenes Personal	15 Personen	gesamte Projektdauer
Fremde Dienstleister	4 Firmen	Phase Demontage und Transport, Phase Umbau, Phase Montage
Projekt-Budget	xxx EUR	davon für fremde Dienstleister: xxx EUR

Restriktionen:
Beachtung folgender Umweltschutzauflagen: xxx
Beachtung folgender Arbeits- und Brandschutzvorschriften: xxx
u.a.

Berichtswesen:
Mündlicher Rapport über Projektfortschritt jeden Montag der Woche;
Besondere Ereignisse, die den Projektfortschritt gefährden: Sofort.
Projekt-Meeting: alle drei Wochen
u.a.

Auftraggeber	**Projektleiter**
Datum: 14.05.202x	Datum: 14.05.202x
Unterschrift: *Meyer*	Unterschrift: *Köhler*

■ Lastenheft und Pflichtenheft

Projekt-
vergabe
an Dritte,
Lasten-
heft

Wird von einem Auftraggeber entschieden, dass ein auszuführendes Projekt an einen Dritten – als *Auftragnehmer* – zu vergeben ist, dann nimmt der Projektauftrag – wie bereits ausgeführt - die Form eines *Lastenheftes* an.

> Ein **Lastenheft** ist ein Dokument, das – bei Projektvergabe an Dritte - die Gesamtheit der Anforderungen des *Auftraggebers* an die Lieferungen und Leistungen eines Auftragnehmers enthält.
> Ein solches Lastenheft kann – im Falle von Ausschreibungen – auch an mehrere in Frage kommende Auftragnehmer verschickt werden.

Der Auftraggeber ist gut beraten, wenn die in einem Lastenheft zu fixierenden Anforderungen zunächst so *allgemein wie möglich* und *so einschränkend wie nötig* formuliert werden. Auf diese Weise wird dem Auftragnehmer die Möglichkeit eröffnet, in seinem Angebot solche Lösungen vorzuschlagen, die einerseits den Anforderungen genügen, aber andererseits seine eigene Problemlösungskompetenz nicht einschränken.

Wird jedoch die Projektvergabe in Form eines *Werkvertrages* oder eines *Werkliefervertrages* vorgenommen, dann sind im Lastenheft die erbringenden Leistungen und Lieferungen präzise aufzuführen.

Die „Antwort" des Auftragnehmers auf die Festlegungen im Lastenheft ist das *Pflichtenheft*.[51]

Erstellung
eines
Pflichten-
heftes

> Ein **Pflichtenheft** ist ein Dokument, das aus Sicht des *Auftragnehmers* alle Daten zu Art und Umfang der Lieferungen und Leistungen enthält, zu deren Erbringung sich der Auftragnehmer gegenüber dem Auftraggeber verpflichtet.
> Das Pflichtenheft ist Ausgangspunkt und Grundlage der Planung des zu erstellenden Produkts sowie der hierfür erforderlichen Arbeiten im jeweiligen Projekt.

Bei der Erarbeitung eines Pflichtenheft wird das *Ausschlussprinzip* anwendet. Dies bedeutet, dass bestimmte, konkret zu benennende Fälle ein- bzw. ausgeschlossen werden.

Für die Gliederung eines Pflichtenheftes gibt es keine rechtlich bindende Vorgabe, dennoch orientieren sich Auftragnehmer an bewährte Muster für den Aufbau eines solchen Dokuments.

Im Online-Zusatzmaterial zu diesem Buch wird ein derartiges Muster als WORD-Dokument zum Download bereitgestellt.

Wichtig: Der Inhalt des Pflichtenhefts ist – nach erfolgter Bestätigung durch den Auftraggeber – im Weiteren rechtlich bindend.

---

[51] Siehe hierzu auch:
DIN 69901-5, VDI-Richtlinie 2519, Vergabe- und Vertragsordnung für Bauleistungen (VOB) sowie JAKOBY, W.: Projektmanagement für Ingenieure, a. a. O.

1.7 Projektphasen und Phasenmodelle

> Sag mir, wie ein Projekt beginnt und ich sage Dir, wie es endet.
> *(Projektweisheit)*

■ Begriffsbestimmungen

Aus dem Merkmal „Komplexität, Risiko" realer Projekte leitet sich folgerichtig ab, dass sich das technisch-technologische, logistische und wirtschaftliche Risiko im Gesamtgeschehen einer Projektrealisierung nur dann begrenzen bzw. beherrschen lässt, wenn dieser Prozess in *sachlich* und *zeitlich abgrenzbare Abschnitte* mit definierten *Anfangs-* und *Endpunkten* zerlegt wird.

Diese Überlegung führt zur Bestimmung von einzelnen *Projektphasen*, die – je nach Projektart - durch unterschiedliche *Phasenmodelle* beschrieben werden.[52]

> **Projektphasen** sind abgegrenzte Abschnitte eines Projektablaufs, die sachlich und zeitlich gegenüber anderen Abschnitten getrennt sind.
> Jede Phase endet in der Regel mit einem *Meilenstein*, an dem ein definiertes Zwischenergebnis vorliegen muss.

Projektphasen: Begriff

Die Gliederung eines Projektablaufs in Projektphasen erlaubt nicht nur eine zielgenauere *Planung* der einzelnen Aktivitäten im Projektablauf, sondern vor allem auch eine systematische *Kontrolle* darüber, wie die für die Phase geplanten Aktivitäten in Bezug zu den jeweiligen Zielvorgaben (Leistungsergebnisse, Qualität, Termine, Kosten) im *IST* erreicht wurden.

Werden bei dieser Kontrolle signifikante *Abweichungen* zwischen IST und SOLL festgestellt, dann besteht schon früh die Möglichkeit *steuernd* einzugreifen, um zu verhindern, dass die erkannten Abweichungen das Erreichen der Projektziele insgesamt gefährden.

■ Ausgewählte Phasenmodelle

Die Gliederung eines Projektablaufes hängt maßgeblich von der *Projektart* ab, wobei vor allem die Projektarten

- *Investitionsprojekt,*

- *Entwicklungsprojekt*, darunter Softwareentwicklungen sowie

- *Organisationsprojekt*

eine besondere Rolle spielen.

Bei jeder dieser Projektarten haben sich bestimmte Gliederungen des Projektablaufs bewährt, zu denen typische *Phasenmodelle* entwickelt wurden.[53]

> Unter einem **Phasenmodell** ist im Rahmen des Projektmanagements eine weitgehend standardisierte Darstellung der Gliederung eines typischen Projektablaufs in sachliche und zeitliche Abschnitte zu verstehen.
> Diese Abschnitte müssen sich eindeutig bezeichnen lassen und dienen vor allem der Orientierung und Standortbestimmung im jeweiligen Projektablauf.

Projektphasenmodell: Begriff

---

[52] Siehe die Begriffsbestimmung zu „Projektphase" in DIN 69900-1 sowie die Erläuterungen in GPM – Projektmanagement-Fachmann, Bd. 1, a. a. O.
Zu beachten ist, dass der Terminus „Projektphasen" in der PM-Literatur auch im Sinne von „Projektmanagementphasen" verwendet wird (siehe Abschnitt 2.2).
[53] Siehe GPM- Projektmanagement-Fachmann, a. a. O., Bd. 1.

Die zueinander abgegrenzten Projektphasen können sequenziell aufeinander folgen, sich aber auch teilweise überlappen und somit parallel ablaufen.

Die Darstellung in **Abb. 1.16** zeigt das typische Phasenmodell für *Investitionsprojekte*.

Phasen-
modell bei
Investi-
tions-
projekten

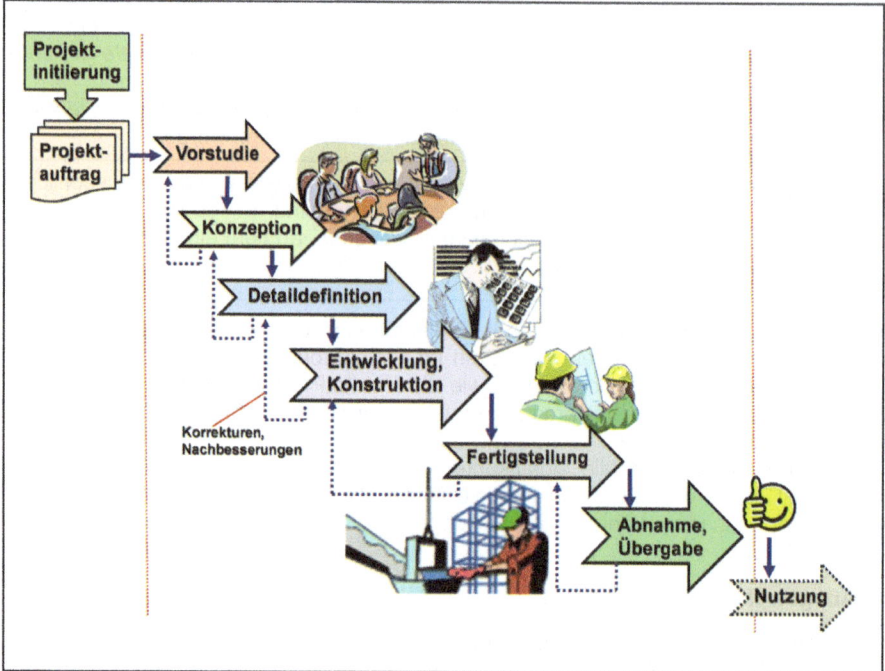

Abb. 1.16: Typisches Phasenmodell bei Investitionsprojekten

Nach diesem Grundtyp eines Phasenmodells wurde das Vorhaben im skizzierten Fallbeispiel **FB 02** (Werk für Kunststoffrohre) realisiert.

Phasen-
modell
bei FuE-
Projekten

Die *Entwicklung eines neuen Erzeugnisses* (Futtererntemaschine, Fallbeispiel **FB 03**) wurde nach dem in **Abb. 1.17** dargestellten Phasenmodell vorgenommen.

Anmerkungen:

Erläute-
rungen

Phase 1 (Analyse, Planung): Nochmaliges Durcharbeiten der Ergebnisse aus der Phase der Projekt-vorbereitung (Zielbestimmung, Lösungsvarianten u.a.); Planung der Projektrealisierung (Ablauf, Meilensteine, Termine, Kosten u. a.)

Phase 2 (Konzeption): Entwurf von Konstruktionsvarianten, Abklären von Fragen des Rechtsschutzes u. a.

Phase 3 (Systemdefinition): Bestimmung der Erzeugnisgliederung; Erarbeitung von ersten Stücklisten u. a.

Phase 4 (Entwicklung, Konstruktion): Erarbeitung der Zeichnungsunterlagen; Erarbeitung von Fertigungsunterlagen u. a.

Phase 5 (Realisierung): Erstellen und Testen von Prototypen; Auditierungen, erste Bestellungen bei Zulieferern u. a.

Phase 6 (Einführung): Fertigung einer Nullserie, Durchführung von Marketing-Aktivitäten, Vorbereitung der Produktionsaufnahme mit Konzepten der zugehörigen Produktionssteuerung u. a.

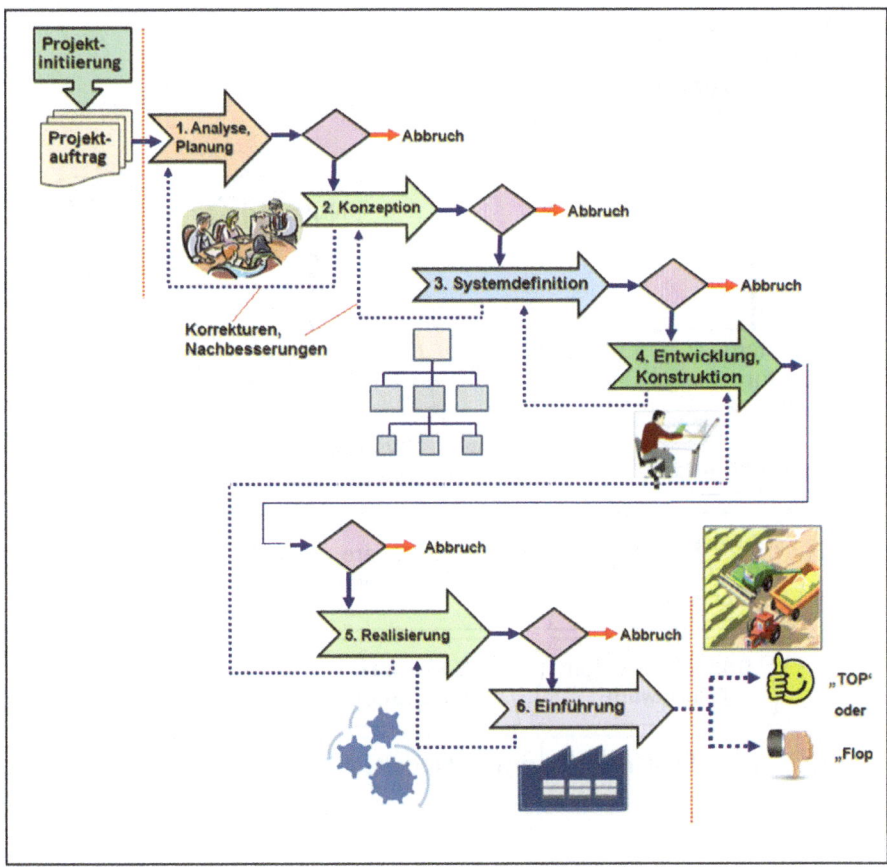

Abb. 1.17: Typisches Phasenmodell bei Vorhaben der Entwicklung und Einführung neuer Erzeugnisse

Eine weitgehende Parallelisierung der genannten Phasen wird durch die Anwendung der Konzepte des *Simultaneous Engineering* erreicht.[54]

Bei der *Entwicklung von Software-Produkten* kommen weitere Phasenmodelle zur Anwendung. Besondere Bedeutung hat dabei das sog. *V-Modell* (siehe **Abb. 1.18**).[55]

Bei diesem Modell werden auf der *linken* Seite schrittweise die *Phasen zur Gestaltung des Projektgegenstandes* und auf der *rechten* Seite die verschiedenen *Realisierungs-, Verifizierungs- und Validierungsstufen* dargestellt.

---

[54] Siehe die Ausführungen auf Seite 34 (Beispiel FB 03).
[55] Siehe hierzu auch:
KUSTER, J. u. a.: Handbuch Projektmanagement, a. a. O.;
OLFERT, K.: Projektmanagement, a. a. O.

Phasen-
modell
bei Soft-
ware-
Entwick-
lungen

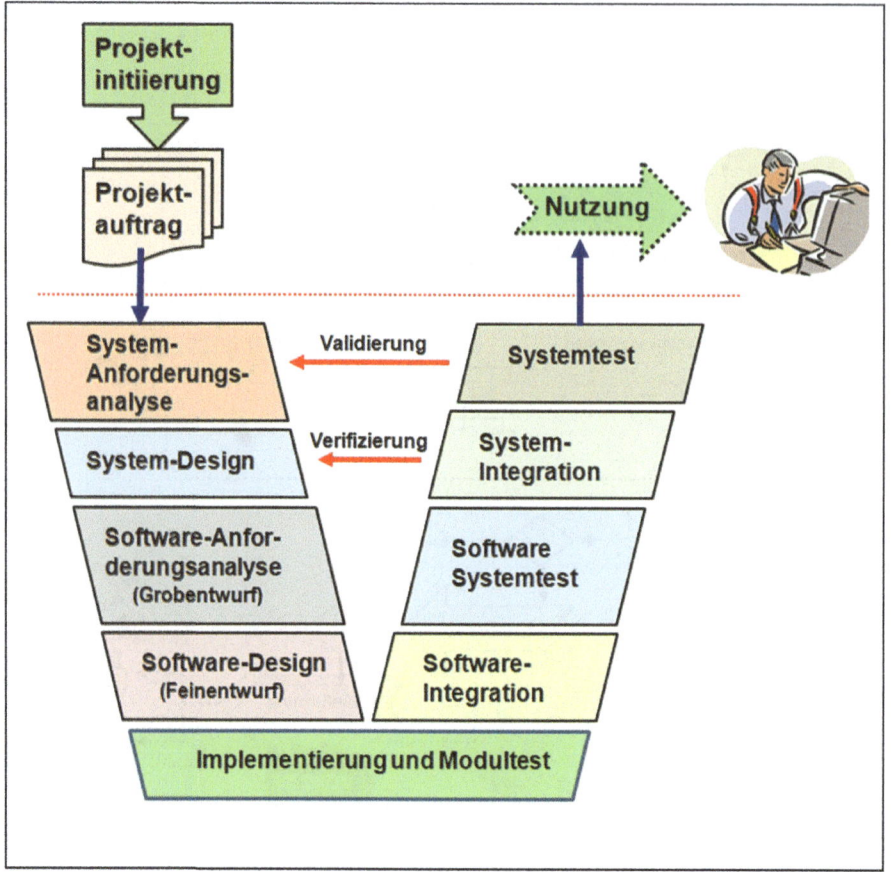

Abb. 1.18: Software-Entwicklung nach dem V-Modell

Anmerkungen:
Verifizierung: Überprüfung und Beglaubigung der Realisierbarkeit der Lösung durch eine unabhängige Instanz.
Validierung: Prüfung der Eignung der Lösung bezogen auf ihren Einsatzzweck.

Das V-Modell bildete eine wichtige Grundlage für die Realisierung des Vorhabens zur Gestaltung einer E-Learning-Plattform mit zugehörigen WBT-Lernmodulen (Fallbeispiel **FB 04**).

Die Darstellung in **Abb. 1.19** zeigt ein Phasenmodell, wie es speziell bei *Organisationsprojekten* zur Anwendung kommt.[56]

---

[56] Siehe auch: GMP – Projektmanagement-Fachmann, Bd. 1, a. a. O.

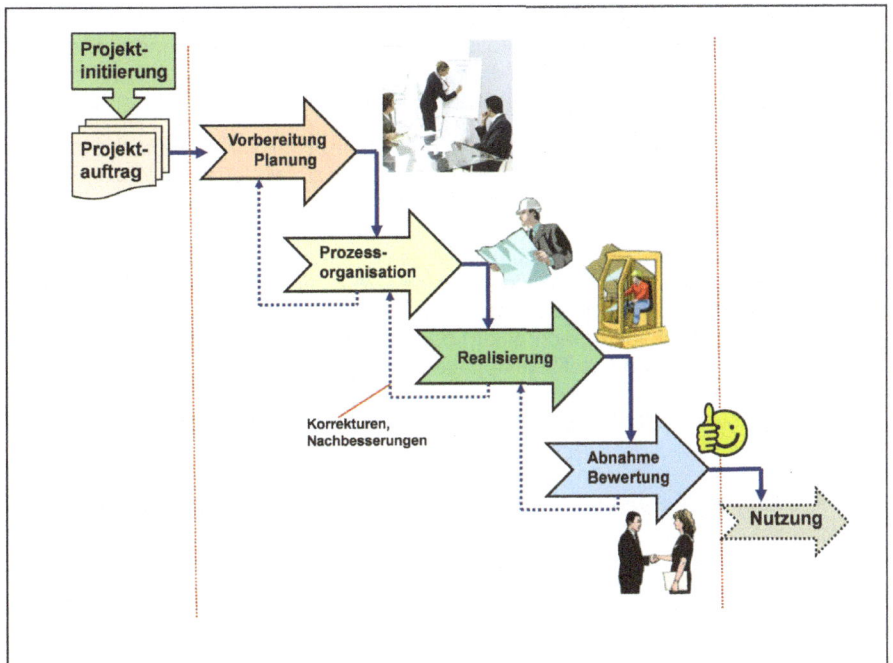

Phasen-
modell
bei
Organi-
sations-
projekten

Abb. 1.19: Typisches Phasenmodell bei Organisationsprojekten

Dieses Phasenmodell bildete Grundlage für die Realisierung des Vorhabens „Produktionsverlagerung eines Betriebsteils" (**FB 01**).

■ **Klassisches, agiles oder hybrides Vorgehen**

Die hier vorgestellten Phasenmodelle werden dem Vorgehen des „*klassischen*" Projektmanagements zugeordnet. Hierbei wird davon ausgegangen, dass der Projektablauf vom "Start" bis zum „Abschluss" des Vorhabens durchgeplant werden kann und Veränderungen in Bezug auf das Projektziel und die diesbezügliche Systemgestaltung im Verlaufe des Projektprozesses grundsätzlich nicht eintreten werden und zudem auch das Projektumfeld relativ stabil ist.

Klassische Vorge-hens-modelle

Der Projektverlauf ist – wie dargestellt – durch eine sequentielle Folge von Phasen gekennzeichnet, wofür auch oft die Bezeichnung „*Wasserfallmodell*" gewählt wird. Dabei bildet der Abschluss einer Phase die Voraussetzung dafür, dass die Folgephase begonnen werden kann. Dies schließt mögliche zeitliche Überlappungen einzelner Phase nicht aus.

Notwendige Rückkopplungen zwischen den Phasen dienen dazu, Korrekturen bzw. Nachbesserungen zu Ergebnissen der jeweiligen voran gegangenen Phase vorzunehmen.

Das hier skizzierte klassische Vorgehen ist aber nicht auf alle Problemstellungen anwendbar, die sich in Bezug auf die Abwicklung von Projekten ergeben.

Insbesondere bei Aufgaben einer *kunden-* bzw. *anwenderorientierten* Entwicklung von komplexen *Softwarelösungen* oder bei Vorhaben der Schaffung von besonders *innovativen* Lösungen im *Anlagenbau* oder auch bei komplexen *FuE-Vorhaben*

Agile Vor-gehens-weise

kommt es darauf an, ein *bewegliches, flexibles, prozessorientiertes* und auch *lernendes Vorgehen* im Projektverlauf zu realisieren, indem die zu vollziehenden Prozess-Schritte nach Inhalt und Abfolge *erst im Projektverlauf selbst* – je nach konkreter Situation und erreichtem Erkenntnisstand – bestimmt werden.

Eine solche Herangehensweise an die Gestaltung von Projektverläufen wird Im Projektmanagement als *agile Vorgehensweise* bezeichnet, wobei vor allem das sog. SCRUM-Konzept branchenübergreifend Bedeutung erlangt hat.[57]

Hybride Vorgehensweise

Da sich viele Vorhaben in der Praxis weder allein mit klassischen Phasenmodellen noch allein mit agilen Vorgehensweisen realisieren lassen, haben Kombinationen beider Konzepte nachhaltige Bedeutung erlangt. Hierbei werden einzelne Projektphasen oder Teilprojekte nach einem passenden klassischen Phasenmodell abgewickelt, während für andere Projektphasen bzw. Teilprojekte die agile Vorgehensweise gewählt wird.

Derartige Kombinationen werden im Projektmanagement als *hybride Vorgehensweise* bezeichnet.

Weitere Details zur agilen und zu hybriden Vorgehensweise bei einer Projektabwicklung werden in Kapitel 2 dieses Buches erörtert.[58]

---

[57] Siehe auch: KUSTER, J. u. a.: Handbuch Projektmanagement, a. a. O.;
OLFERT, K.: Projektmanagement, a. a. O.;
PEIPE, S.: Crashkurs Projektmanagement, a. a. O.;
PREUSSIG, J.: Agiles Projektmanagement: Scrum, Use Cases, Task Boards & Co. Haufe-Verlag, Freiburg 2018.
[58] Siehe Abschnitt 2.2.

Tests und Übungsaufgaben zu Kapitel 1

A 1.01: Wissenstests (JA/NEIN)

Nachfolgend werden 5 Aussagen zu den im Kapitel 1 behandelten Themen gemacht. Aufgabe: Machen Sie mit „Ankreuzen" kenntlich, ob die jeweilige Aussage
– Ihres Wissens nach – als „richtig" (J) oder „falsch" (N) zu werten ist.

Nr.	Aussage	J	N
1	Als "Problem" wird üblicherweise ein Sachverhalt bezeichnet, für den es kei-ne naheliegende Lösung gibt. *Ist diese Aussage im Hinblick auf Projekte ausreichend?*		
2	Das Unternehmen X-GmbH hat ein neues Produkt erfolgreich im Zielmarkt ZM eingeführt. Dies hat sich herumgesprochen, worauf ein Kunde zu diesem Produkt eine schriftliche Bestellung für 3 Stk. an die Absatzabteilung des Unternehmens abgibt. Der für die Annahme von Kundenaufträgen zuständige Gruppenleiter will die Bearbeitung des Kundenauftrages als "Projekt" dekla-rieren und in diesem Sinne in die Wege leiten. *Würden Sie diesem Ansatz des Gruppenleiters sachlich zustimmen?*		
3	Im Rahmen der Realisierung des Projekts „E-Learning-Plattform" vergibt der Bildungsträger an einen Software-Entwickler den Auftrag, WBT-Module zu einem Weiterbildungskurs zu erarbeiten. Hierzu wird zwischen Auftraggeber und Auftragnehmer ein Werkvertrag abgeschlossen. *Ist die Form eines Werkvertrages – Ihrer Meinung nach - hier richtig gewählt?*		
4	Ein wichtiges Kriterium für die Bewertung und Sicherung des Erfolgs eines definierten Projekts ist das Erstellen einer TOP-Ten Liste der in Frage kom-menden Stakeholder. *Würden Sie dieser Aussage sachlich zustimmen?*		
5	Ein wichtiges Kriterium bei der betriebswirtschaftlichen Bewertung von Inves-titionsprojekten ist die Dauer der sog. *Payback-Periode*. Darunter ist die Zeit-spanne zu verstehen, in der sich die für das Vorhaben getätigten Auszahlun-gen über die aus der Nutzung des Objekts erzielten jährlichen Netto-Einzahlungen wieder refinanziert haben. *Ist diese Aussage – Ihrer Kenntnis nach – sachlich richtig?*		

A 1.02: Stakeholder Analyse

In der Gemeinde A-Dorf will der Investor X. auf einem von der Gemeinde erworbenen
Grundstück eine Windkraftanlage der 3-MW-Klasse errichten. Im Rahmen der Entscheidungsvorbereitung zu dieser Projektidee wird eine Stakeholder Analyse durchgeführt.
Ihre Aufgabe:

a) Geben Sie an, was sich – Ihrer Kenntnis nach - hinter den Buchstaben und
Ziffern in der nachstehenden „leeren" Grafik inhaltlich (im Sinne einer Stakeholder Analyse) verbirgt!

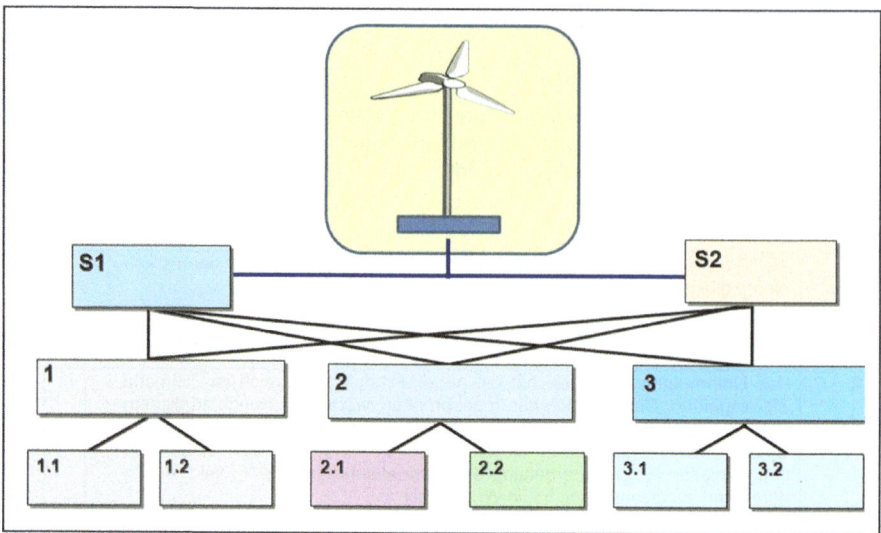

b) Geben Sie nunmehr an, wer im speziellen Fall eines Projekts „Windkraftanla-
    ge" als Stakeholder S1 bzw. S2 in Erscheinung treten könnte und in welcher
    Weise diese Stakeholder in Bezug auf die Punkte 1 (mit 1.1 und 1.2), 2 (mit
    2.1 und 2.2) sowie 3 (mit 3.1 und 3.2) wirken könnten!
Tragen Sie Ihre Antwort – stichwortartig – in nachstehende Tabelle ein.

1		2	
1.1	1.2	1.1	1.2
2.1	2.2	2.1	2.2
3.1	3.2	3.1	3.2

A 1.03: Analysen im Rahmen der Entscheidungsvorbereitung

Geben Sie an, welche weiteren Analysen (mit welcher Aussage) im Rahmen der Entscheidungsvorbereitung zum Vorhaben „Windkraftanlage" – außer einer Stakeholder
Analyse – durchgeführt werden sollten.

2. Projektmanagement – ein Überblick

2.1 Begriff und Dimensionen des Projektmanagements

■ Begriffsbestimmung

Projekte realisieren sich nicht von allein. Wie in der Darstellung in Abb. 1.10 (Seite 14) explizit hervorgehoben, bedarf es – nach Entscheidung zu einem konkreten Projektauftrag – eines ganz *speziellen Managements*, das *(Anforderungen an ein spezielles Management)*

> ➤ den arbeitsteiligen Gesamtprozess der Projektrealisierung – beginnend beim *Projektstart* und endend beim *Projektabschluss* – zielgerichtet *plant, organisiert und koordiniert,*

> ➤ das zugeordnete *Projektteam* mit Initiative und Engagement *führt* und

> ➤ den *Projektfortschritt* in Bezug auf erreichte Ergebnisse, Einhaltung von Terminen und Qualitätsvorgaben, Kostenbudgets u. a. laufend *kontrolliert* und bei auftretenden Problemen *steuernd eingreift.*

Ein solches *Projektmanagement* – als Management von Problemlösungsprozessen – kann damit – unter Bezugnahme auf *DIN 69901-5:2009-01* – inhaltlich wie folgt gekennzeichnet werden:

(Begriffsbestimmung)

> Unter **Projektmanagement** (PM) ist eine ganzheitliche Führungskonzeption zur Gestaltung und Umsetzung aller *willensbildenden* und *willensdurchsetzenden* Aktivitäten[1] bei der *Spezifizierung, Organisation, Planung* und *Steuerung* von komplexen Vorhaben – vom Start bis hin zu deren Abschluss als Projekt – zu verstehen.
>
> Vornehmliche *Aufgabe* und *Ziel* des Projektmanagements ist es, den Einsatz der für das betreffende Vorhaben sachlich und zeitlich begrenzt zur Verfügung stehenden personellen, materiellen, finanziellen und informationellen Ressourcen so zu planen, zu organisieren und zu steuern, dass die gestellten Projektziele verwirklicht werden und so das Vorhaben zum Erfolg geführt wird.
>
> ———
> [1] Wo ein Wille ist, ist auch ein Weg! (Englisches Sprichwort, hier: Projektweisheit)

Aufgabenträger im Projektmanagement sind primär der jeweilige *Auftraggeber* für das betreffende Vorhaben sowie der oder die jeweiligen *Auftragnehmer* in Bezug auf die Projektausführung. *(Rollen im PM)*
Hauptaufgabe des *Aufgabenträgers* ist es, den Projektgegenstand und die generellen *Projektziele* zu bestimmen und dies in einem *Projektauftrag* zu fixieren.

Die Aufgabe des *Auftragnehmers* besteht dann darin, den *Gesamtprozess* der Realisierung des im Projektauftrag beschriebenen Vorhabens unter Nutzung der verfügbar gemachten Ressourcen so *zu organisieren, zu planen* und *zu steuern*, dass mit dem Abschluss des Vorhabens die definierten *Projektziele* erreicht und das Vorhaben zum *Erfolg* geführt wird.
In das Projektmanagement sind im Weiteren auch all jene zu beachten bzw. mit einzubeziehen, die – in Auswertung der *Stakeholder Analyse* – durch das Vorhaben direkt oder indirekt sowie positiv wie negativ betroffen sind.

© Springer Fachmedien Wiesbaden GmbH, ein Teil von Springer Nature 2020
S. von Känel, *Projekte und Projektmanagement*, https://doi.org/10.1007/978-3-658-30085-2_2

Die Darstellung in **Abb. 2.01** gibt einen Überblick zu den wichtigsten Aufgabenfeldern des Projektmanagements in ihrem Bezug zum zu realisierenden Projekt.

Aufga-
benfelder
im PM

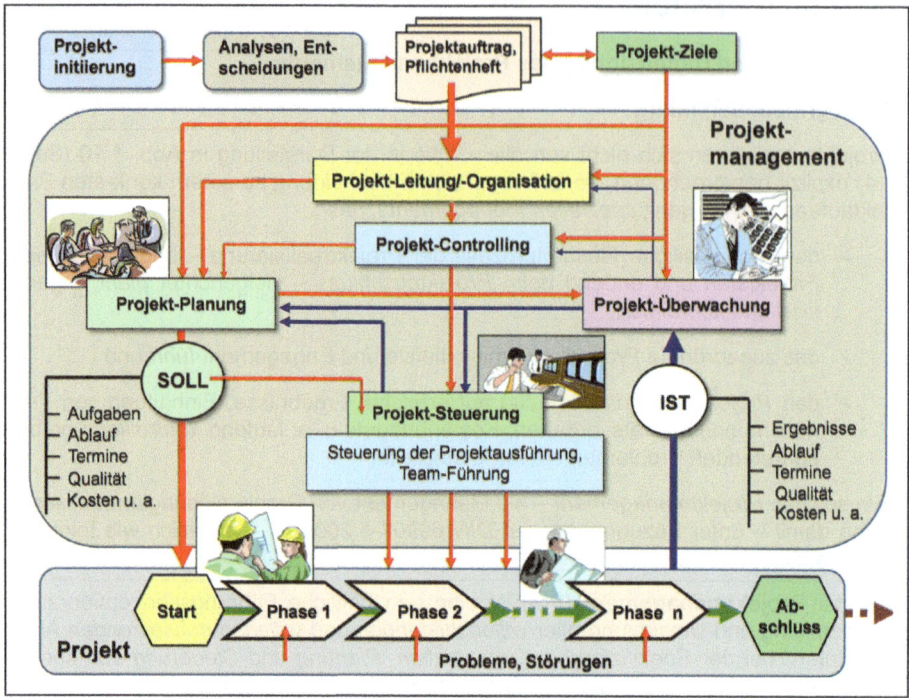

Abb. 2.01: Projekt und Projektmanagement – ein Überblick

■ **Dimensionen des Projektmanagements**

Kompo-
nenten
des
Manage-
ments

Wenn von „*Management*" die Rede ist, dann geht es immer um mindestens zwei Komponenten, und zwar um

a) eine *institutionelle* und um

b) eine *funktionale* Komponente, wobei letztere einen *sachbezogenen* sowie einen *personenbezogenen* Inhalt hat.[59]

Bezogen auf das Projektmanagement führt diese Betrachtung zur Unterscheidung verschiedener *PM-Dimensionen*, so wie dies in **Abb. 2.02** visualisiert angegeben ist.

Die *institutionelle Dimension* bezieht sich vor allem auf die Gestaltung der jeweiligen *Aufbauorganisation* des Projektmanagements, der *Kommunikationsorganisation,* inkl. Organisation des *Berichtswesens* zum Projekt u. a.

Bei der *funktionalen Dimension* kann zwischen einer *sachbezogenen* Dimension und einer *personellen* Dimension unterschieden werden.

---

[59] Siehe zum Beispiel:
von KÄNEL, S.: Betriebswirtschaftslehre – Eine Einführung. Springer-Gabler Verlag, Wiesbaden 2018. Kap. 5;
HABERFELLNER, R. u. a.: Systems Engineering, a. a. O., Teil III.

Die *sachbezogene Dimension* bezieht sich auf die in Abb. 2.01 angegebenen Aufgabenfelder wie Projekt-Planung, Projekt-Steuerung, Projekt-Überwachung, Vertragsmanagement u. a. m.

Diese sachbezogene Dimension wird unterstützt durch die *instrumentelle* Dimension (Anwendung von Vorgehensmodellen, Anwendung von Methoden der Netzplantechnik, Einsatz von Informationstechnik u. a.).

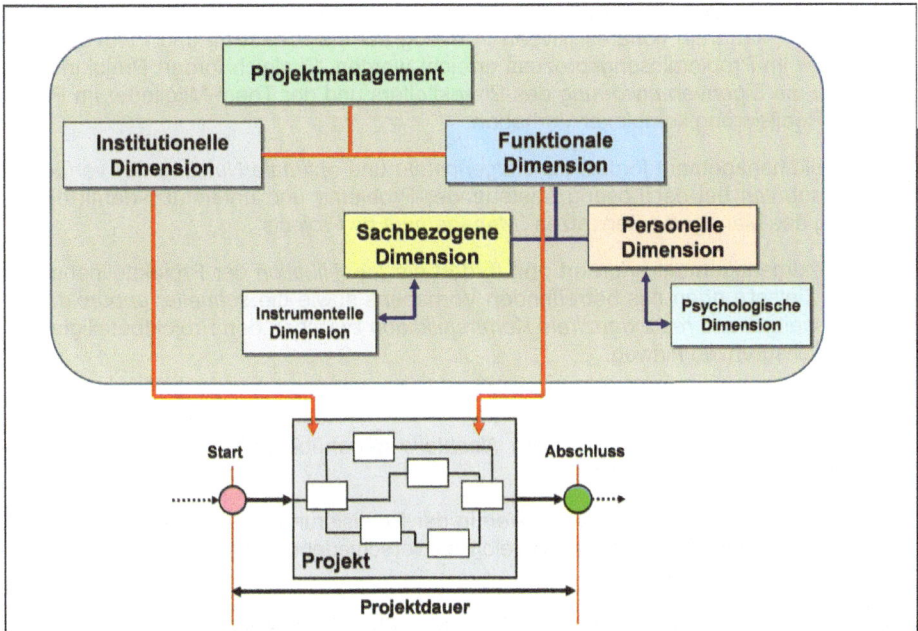

Dimensionen des PM

Abb. 2.02: Dimensionen des Projektmanagements

Die *personelle Dimension* bezieht sich vor allem auf Entscheidungen zur Größe und Zusammensetzung der Projektleitung sowie die des entsprechenden *Projektteams*.

Diese Dimension wird flankiert durch eine *psychologische Dimension,* bei der es vor allem um Fragen der anzuwendenden *Führungsstile*, der *Moderation* von Besprechungen, der Beherrschung von *Konflikten* im Projektteam und in Bezug auf Stakeholder u. a. geht.

Weitere Details zur Organisation und Leitung von Projekten sowie zur Auswahl, Zusammensetzung und Arbeitsweise von Projektteams werden – aufgrund der Bedeutung dieses Themas – in einem gesonderten Kapitel des Buches erörtert.[60]

Hinweis auf Kapitel 3 des Buches

■ **Vor- und Nachteile des Projektmanagements**

Für die Anwendung des Projektmanagements im Prozess der Lösung komplexer Aufgaben sprechen folgende *Vorteile*:[61]

Vorteile des PM

---

[60] Siehe Kapitel 3.
[61] Siehe auch: GPM – Projektmanagement-Fachmann, Bd. 1, a. a. O.

- Ein professionelles Projektmanagement ermöglicht eine *zielgerichtete, transparente Realisierung* komplexer Vorhaben unter dem Aspekt *kurzer Zeiten* und *knapper Ressourcen*. Damit wird ein *flexibles* und *schnelles Reagieren* auf veränderte Marktbedingungen, veränderte Kundenwünsche und auch auf sonstige Umweltveränderungen unterstützt.

- Ein Projektmanagement erfordert die *Integration verschiedener Spezialisten* und damit *verschiedener Kompetenzen* in gemischt zusammengesetzten Projektteams. Dadurch kann ein höheres Niveau in Bezug auf die *Kreativität* und *Innovationsfreudigkeit* im Problemlösungsprozess erreicht werden. Zugleich fördert Projektmanagement die *Eigenverantwortung* des Projektleiters und der Team-Mitglieder im Prozess der Realisierung komplexer Vorhaben.

Management by Projects

- Projektmanagement fördert die *zielgerichtete* und *optimale Nutzung* der *verfügbaren Ressourcen* bei der Lösung anstehender Probleme und unterstützt damit die Nutzung des Managementansatzes *„Management by Projects"*.

- Projektmanagement erfordert und fördert die *Identifikation* der Projektteilnehmer mit den Zielsetzungen des betreffenden Vorhabens sowie die *schnelle, unbürokratische* und weitgehend *redundanzfreie Kommunikation* zwischen den Projektbeteiligten über Bereichsgrenzen hinweg.

u. a. m.

Nachteile des PM

Diesen Vorteilen stehen aber auch *Nachteile* gegenüber, wobei vor allem folgende Sachverhalte zu beachten sind:

- Entstehen von *Ressourcenkonflikten* in der Realisierung von Projekten, insbesondere dann, wenn Spezialisten zeitgleich an verschiedenen Orten oder an verschiedenen Aufgaben arbeiten sollen.

- Bei hohem *Erfolgs*- und *Zeitdruck* kann es zu Mängeln in der Qualität der Leistungserstellung kommen.

Probleme können auch dann entstehen, wenn wichtige Projekt-Betroffene nicht in die Planung und Realisierung eines Vorhabens einbezogen werden oder wenn die Zusammensetzung des Projektteams nicht gut gewählt wird oder Projektleiter unzureichende Führungsqualitäten aufweisen u. a. m.

Nutzen des PM

Messbaren *Nutzen* bringt das Projektmanagement vor allem dann, wenn es gelingt, die Ausführung des betreffenden Vorhabens auf der Grundlage einer umfassenden Stakeholder-Analyse und einer in sich stimmigen Projektplanung (mit Ablauf-, Zeit-, Ressourcen-, Kosten- und Finanzplanung) durch straffe Führung der Projektteams und unter Einbeziehung eines aktiven Risiko- und Qualitätsmanagements weitgehend störungsfrei zu steuern.

Gegenüber der Realisierung eines Vorhabens ohne professionelles Projektmanagement können auf diese Weise bis zu *30 %* des vorhabenbezogenen Kostenbudgets eingespart und zugleich auch beträchtliche Zeitverkürzungen bei der Ausführung des Vorhabens erreicht werden.

Kosten des PM

Die *Kosten* eines professionellen Projektmanagements hängen maßgeblich ab von der Art und Größe des jeweiligen Vorhabens, ferner von der Anzahl der beteiligten und zu koordinierenden Organisationeinheiten, dem Ausmaß auftretender Störungen in der Projektausführung und anderen Einflussfaktoren.

Diese Kosten lassen sich begrenzen, wenn es gelingt, für die Leitung eines Projekts Führungskräfte mit ausreichender Erfahrung und Projektmanagementkompetenz zu gewinnen, eine der Spezifik des Vorhabens entsprechende Zusammensetzung der Projektteams zu sichern und ferner jene Methoden und Instrumente einzusetzen, die heute ein professionelles Projektmanagement ausmachen (Anwendung der Netzplantechnik, Einsatz geeigneter Informations- und Kommunikationstechnik, Nutzung von Projektmanagementsoftware wie MS Project und dgl. mehr).

2.2 Projektmanagement-Konzepte

In der Theorie und Praxis des Projektmanagements werden in der Regel folgende drei PM-Konzepte unterscheiden:[62]

> Management ist nichts anderes als die Kunst, andere Menschen zu motivieren.
> *(Lee Iacocca, amerik. Manager)*

- das „klassische" Projektmanagement,

PM-Konzepte

- das „agile" Projektmanagement und

- das „hybride" Projektmanagement.

Bei vielen Gemeinsamkeiten im Vorgehen sind bei diesen drei Konzepten aber auch einige gewichtige Unterschiede hervorzuheben.

2.2.1 Klassisches Projektmanagement

Wird im Ergebnis einer umfassenden und gründlichen *Phase einer Projektvorbereitung* (mit Situationsanalyse, Zielformulierung, Lösungssuche, Machbarkeitsanalyse, Risikoanalyse, Stakeholder Analyse, Wirtschaftlichkeitsberechnung usw.) die Entscheidung zur Umsetzung einer Projektidee als Projekt gefällt, dann beginnt das vorhabenbezogene Projektmanagement mit der Ausarbeitung und Unterzeichnung des zugehörigen *Projektauftrages*. Diese Aktion schließt in der Regel die Benennung des jeweiligen *Projektleiters* sowie Festlegungen zur Zusammensetzung des einzubeziehenden *Projektteams* ein.

Wie aus der Darstellung der Aufgabenfelder des Projektmanagements in Abb. 2.01 hervorgeht, betreffen die ersten Aktivitäten in diesem Prozess die Themen „Projektorganisation" und „Projektplanung".

> Charakteristisch für das **klassische Projektmanagement** ist, dass die Abwicklung des betreffenden Vorhabens nach standardisierten *Vorgehensmodellen* und *Projektphasen* geplant und organisiert wird, wobei im Ablauf des Projekts zu definierten *Meilensteinen* bestimmte Ergebnisse zu erreichen sind.

Klassisches PM

Merkmal des klassischen Projektmanagements ist ferner, dass

- die zu erreichenden Ergebnisse nach Quantität und Qualität,
- die zu erledigen Arbeiten in ihrem sachlichen und zeitlichen Nach- und Nebeneinander,
- die einzuhaltenden Termine,

---

[62] Siehe hierzu auch:
JAKOBY, W.: Projektmanagement für Ingenieure, a. a. O.;
KUSTER, J. u. a.: Handbuch Projektmanagement, a. a. O.
OLFERT, K.: Projektmanagement, a. a. O.;
PREUSSIG, J.: Agiles Projektmanagement. Haufe Verlag, Freiburg i. Br. 2018.

- die nutzbaren sachlichen und personellen Ressourcen sowie auch die einzuhaltenden Kosten- und Finanzbudgets

bereits *zu Beginn eines Projektes* ermittelt und festgelegt werden.

Änderungen zu diesen Positionen im Prozess der Projektabwicklung werden möglichst vermieden, da dies aufwändige Projektanpassungen nach sich ziehen würde. Aus diesen Aussagen lässt sich ableiten, dass die Anwendung des Konzepts eines klassischen Projektmanagements vor allem dann von Erfolg sein wird, wenn im konkreten Fall die Ausführungsanforderungen, die Zeiten für die einzelnen Projektaufgaben, die verfügbaren Ressourcen u. a. bekannt und ausreichend definiert sind.

Bezug zu Fall-beispielen Dies trifft vor allem für solche Vorhaben zu, wie sie als Fallbeispiele **FB 01** (Produktionsverlagerung) und **FB 02** (Werk für Kunststoffrohrë) beschrieben wurden.

In Bezug auf das Fallbeispiel **FB 03** (Entwicklung einer neuen Erntemaschine) sowie vor allem bei komplexen Software-Entwicklungs-Projekten (**IT**-Projekte) treffen die oben aufgeführten Voraussetzungen in der Regel nicht zu (siehe das Fallbeispiel **FB 04**, E-Learning-Plattform mit zu erarbeitenden WBT-Modulen).
Wird bei derartigen Vorhaben dennoch auf das Konzept des klassischen Projektmanagements gesetzt, sind – wie die Praxis zeigt – Misserfolge in der Projektrealisierung fast „vorprogrammiert".
Um dies zu vermeiden, wird in diesen Fällen seit den 1990er Jahren auf flexiblere PM-Konzepte gesetzt, die unter dem Terminus *„agiles Projektmanagement"* bekannt wurden.[63]

2.2.2 Agiles Projektmanagement

Agiles PM

> Als **agiles Projektmanagement** werden jene flexiblen Vorgehensweisen im Projektmanagement bezeichnet, bei denen die jeweilige Projektleitung und das betreffende Projektteam in ihren Aktivitäten primär auf das *Projektziel* und *Projektergebnis* und auf dessen *Akzeptanz durch den Auftragsgeber* fokussiert sind.
>
> Dagegen werden die Anforderungen hinsichtlich Termintreue, Einhaltung des Kostenbudgets oder Erfüllung eines spezifizierten Leistungsumfangs weniger berücksichtigt.

Weitere Merkmale des agilen PM Die Anwendung des Konzepts eines agilen Projektmanagements erfordert somit einerseits eine *aktive Mitwirkung des Auftraggebers* bei der Realisierung des Projekts und andererseits das Gewähren von *hohen Toleranzen* in Bezug auf *Leistungsumfang, Qualität, Zeit* und *Kosten* bei der Umsetzung des Projektauftrags.[64]

---

[63] Siehe hierzu:
BECK, K.: Extreme Programming. Die revolutionäre Methode für Softwareentwicklung in kleinen Teams. Verlag Addison-Wesley, München 2000.
KUSAY-MERKLE, U.: Agiles Projektmanagement im Berufsalltag. Springer-Gabler-Verlag, Wiesbaden 2018.
PREUSSIG, J.: Agiles Projektmanagement. Haufe Verlag, Freiburg i. Br. 2018.
OLFERT, K.: Projektmanagement, a. a. O.
[64] Siehe auch: https://www.projektmagazin.de/glossarterm/agiles-projektmanagement.

Dieser Aspekt hoher *Flexibilität* und *Variabilität* bei der Organisation, Planung, Steuerung und Ausführung eines Projekts und in Bezug auf Entscheidungen zu Änderungsanträgen soll durch das Adjektiv "*agil*" zum Ausdruck gebracht werden.

Die – für das klassische Projektmanagement typische – hohe Planungs- und Führungsintensität wird damit zu Gunsten einer *hohen Anpassungsfähigkeit* an neue Problemsituationen im Projektverlauf, gepaart mit *Lernprozessen* und einer Stärkung der *Eigenverantwortlichkeit* der Projektteams verringert.

Als Grundlage und Referenz des agilen Projektmanagements wird das „*Manifest for Agile Software Development*" angesehen.[65]

Dies Manifest umfasst vier Kernaussagen, die durch zwölf Prinzipien näher erläutert werden (siehe **Tab. 2.01**).

Tab. 2.01: Kernaussagen und Prinzipien des agilen Manifestes[66]

Kernaussagen
Individuen und Interaktionen sind wichtiger als Prozesse und Werkzeuge.
Funktionierende Software ist wichtiger als umfangreiche Dokumentationen.
Kooperation mit Projektbetroffenen ist wichtiger als Vertragsverhandlungen.
Reaktion auf Änderungen ist wichtiger als Festhalten an einem starren Plan.
Prinzipien
Unsere höchste Priorität ist es, den Kunden durch frühe und kontinuierliche Auslieferung wertvoller Software zufrieden zu stellen.
Heiße Anforderungsänderungen sind selbst noch spät in der Entwicklung willkommen. Agile Prozesse nutzen Veränderungen zum Wettbewerbsvorteil des Kunden.
Liefere funktionierende Software regelmäßig innerhalb weniger Wochen und Monate und bevorzuge dabei die kürzere Zeitspanne.
Fachexperten und Entwickler müssen während des Projekts täglich zusammenarbeiten.
Errichte Projekte rund um motivierte Individuen. Gib ihnen das Umfeld und die Unterstützung, die sie benötigen und vertraue darauf, dass sie die Aufgaben erledigen.
Die effizienteste und effektivste Methode, Informationen an und innerhalb eines Entwicklungsstadiums zu übermitteln, ist das Gespräch von Angesicht zu Angesicht.
Funktionierende Software ist das wichtigste Fortschrittmaß.
Agile Prozesse fördern nachhaltige Entwicklung. Die Auftraggeber, Entwickler und Benutzer sollen ein gleichmäßiges Tempo auf unbegrenzte Zeit halten können.
Ständiges Augenmerk auf technische Exzellenz und gutes Design fördern Agilität.
Einfachheit – die Kunst, die Menge nicht getaner Arbeit zu maximieren – ist essenziell.
Die besten Architekturen, Anforderungen und Entwürfe entstehen durch selbstorganisierte Teams.
In regelmäßigen Abständen reflektiert das Team, wie es effektiver werden kann und passt sein Verhalten entsprechend an.

Agiles
Manifest

---

[65] Siehe: BECK, K.: Extreme Programming, a. a. O. sowie https://agilemanifesto.org.
[66] Vgl. ebenda (englische Fassung), übersetzt bzw. zitiert nach KÜSTER J. u. a.: Handbuch Projektmanagement, a. a. O.

Bezug
zum
Fallbei-
spiel

Anmerkungen:
Nach diesen Prinzipien wurden speziell die WBT-Module im Fallbeispiel **FB 04** (E-Learning-Plattform) entsprechend dem abgeschlossenen Werkvertrag erarbeitet:
Zunächst wurde ein Entwurf für das Layout eines Moduls (Logo und weitere Angaben zum Auftraggeber, Art der Gliederung des Lernstoffes, Gestaltung der grundsätzlichen Navigation u. a.) erarbeitet und dem Auftraggeber zur Korrektur bzw. zur Bestätigung vorgelegt.

Bei der Erstellung der einzelnen Lernmodule kommunizierten der Lehrstoff-Autor ständig mit dem Grafiker (Entwurf visualisierter Darstellungen zum Lehrstoff) und den Programmierern, um so zu Lösungen zu gelangen, die den Auftraggeber nicht nur vom Inhalt, sondern vor allem auch vom Design und von der programmtechnischen Funktionalität und Sicherheit der Software überzeugten. Hierin eingeschlossen wurden ferner Tests von erstellten Modulen mit ausgewählten Teilnehmern von Bildungskursen.
In Auswertung dieser Tests musste in einigen Fällen „wieder von vorn" begonnen werden, da in die Module Änderungswünsche einzuarbeiten waren. Dies ist aber für ein agiles Projektmanagement kein Problem.

Die Anwendung der Grundsätze und Prinzipien des agilen Projektmanagements ist – wie die Praxis zeigt – nicht auf den Bereich der Software-Entwicklung begrenzt, denn auch im Bereich der Industrie und in anderen Branchen gilt es, die *Innovationsgeschwindigkeit* zu erhöhen, um wettbewerbsfähig zu bleiben. Die Folge ist, dass sich dadurch die *Produktlebenszyklen* auch bei den Hardware-Produkten stetig verkürzen.
Die Vorgehensweise des traditionellen Projektmanagements bei Vorhaben der Produktentwicklung stößt dabei deutlich an Grenzen. Daher werden auch in diesen Bereichen immer mehr Elemente des *agilen* Projektmanagements in die Gestaltung und Abwicklung von FuE-Vorhaben und ähnlichen Projektarten mit einbezogen.

2.2.3 Scrum-Konzept

■ Grundideen

Scrum
als neues
Vorgehens-
modell

Ein spezielles Vorgehensmodell des agilen Produkt- und Projektmanagements wird mit der Bezeichnung **Scrum** publiziert und praktiziert.[67] Dieses Konzept entstand zuerst im Bereich der Software-Entwicklung und hat des Weiteren auch Bezüge zur Produktentwicklung gemäß der vor allem in Japan vertretenen Philosophie des *Lean Development*.
Inzwischen hat Scrum als Vorgehensmodell des agilen Projektmanagements *branchenübergreifend* Bedeutung erlangt.

Bei der Entwicklung des Scrum-Konzeptes spielte die Erkenntnis und Erfahrung eine große Rolle, dass die Vorhaben (speziell im Bereich der Software-Entwicklung) viel zu komplex sind, um deren Umsetzung vollumfänglich planen zu können. Hinzu kommt, dass wesentliche Anforderungen an die zu schaffende Lösung zu Beginn der Projektrealisierung noch völlig unklar sind.

Was hilft in einer solchen Situation? Das Scrum-Konzept bietet hierzu folgendes Vorgehen an:

---

[67] Der englische Terminus SCRUM entstammt dem Rugby und wird hier als „Gedränge" (viele Spieler um das Spielgerät) übersetzt.
Siehe auch: KUSTER, J. u. a.: Handbuch Projektmanagement, a. a. O.;
OLFERT, K.: Projektmanagement, a. a. O.;
SCHWEITZER, T.: Projektmanagement. Cherry Media GmbH, Deggendorf 2019.

Zerlege das komplexe Problem durch *Reduktion* in kleinere Aufgaben und erarbeite hierzu – ausgehend von einer Vision zur Problemlösung – schrittweise (iterativ) *Zwischenergebnisse*.

Dies bedeutet: Nach dem Scrum-Konzept wird somit sowohl die zu erstellenden Lösung als auch die Planung des Vorhabens *iterativ* (schrittweise) und *inkrementell* (über anwendungsfähige Teillösungen) entwickelt und fortlaufend verbessert.

Die Darstellung in **Abb. 2.03** gibt einen Überblick über die Gestaltung und den Ablauf eines Scrum-Prozesses.[68]

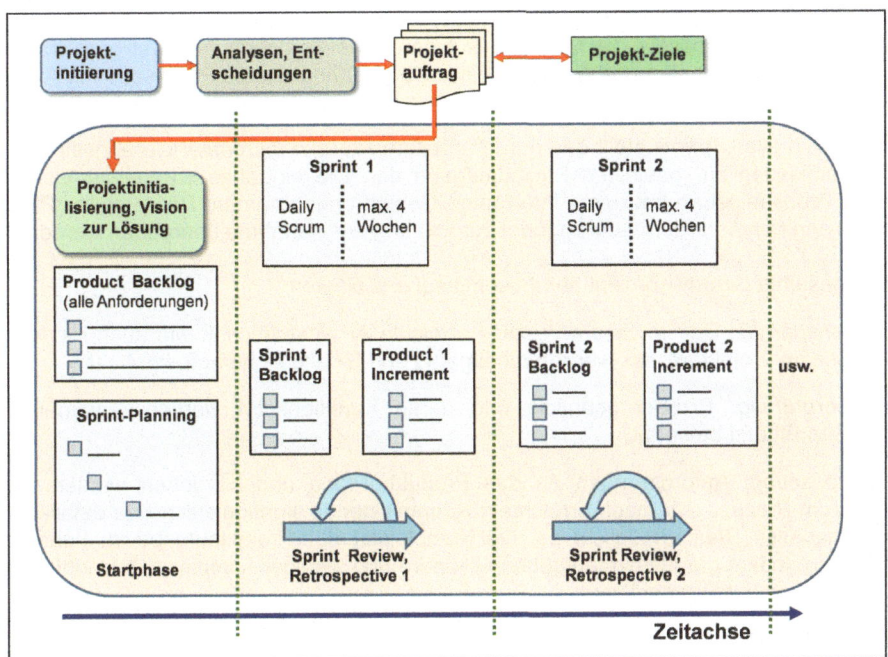

Scrum-Prozess

Abb. 2.03: Scrum-Prozess (Prinzip-Schema)

■ Vorgehen

Mit der Erteilung bzw. dem Abschluss eines Projektauftrages erfolgt in der Startphase die eigentliche *Projektinitialisierung* mit dem Erarbeiten einer ersten Produktkonzeption (*Vision* für einen ersten Lösungsansatz).

Zentrale Arbeitsgrundlage für die Arbeit der Projektteams bildet der *Product Backlog*. Dieser enthält eine geordnete und periodisierte Auflistung der Anforderungen an das zu entwickelnde Produkt (Werk). Diese Liste wird im weiteren Projektfortschritt laufend aktualisiert und weiterentwickelt. Product Backlog

Als *Sprint* wird im Scrum-Konzept ein Arbeitsschritt bezeichnet, der das Erarbeiten eines funktionsfähigen Teilergebnisses (= *Product Increment*) beinhaltet und zu einem Mehrwert führt. Sprint, Product Increment

---

[68] Vgl. ebenda.

Sprint
Backlog

Durch das *Sprint Planning* wird festgelegt, was in den folgenden Sprints vom Inhalt her zu entwickeln ist und wie die entsprechenden Arbeiten zu erledigen sind. Die Anforderungen an die zu erledigenden Arbeiten (= *Tasks*) werden als *„to-do-Liste"* im *Sprint Backlog* festgehalten.

Der einzelne *Sprint* wird dabei als ein Projekt mit einer Dauer von maximal 4 Wochen angesehen. Ein neuer Sprint beginnt jeweils nach Abschluss des vorherigen Sprints.

Die nach Abschluss eines Sprints gewonnenen Erkenntnisse werden – *produktbezogen* – in einem *Sprint Review* festgehalten.

Sprint
Retro-
spective

Die *Sprint Retrospective* ist hingegen auf den *Arbeitsprozess* im jeweiligen Sprint gerichtet und beinhaltet das Ergebnis einer Überprüfung dieses Prozesses mit Aussagen zu gegebenenfalls erforderlichen Anpassungen in der Arbeitsausführung.

Mit Ablauf aller Sprints stellt das nun erarbeitete *Product Increment* die angestrebte Problemlösung zur gestellten Projektaufgabe dar. Die eingangs erarbeitete Vision einer Problemlösung hat damit ihre fertige Gestalt angenommen. Das erstellte Produkt kann nunmehr dem Auftraggeber zur Prüfung der Abnahme übergeben werden.

Säulen
des
Scrum-
Konzepts

Das gesamte Scrum-Konzept beruht somit auf *drei Säulen*:[69]

- *Transparenz*: Der im Scrum-Prozess erreichte Arbeitsfortschritt wie auch Hindernisse im Projektprozess werden regelmäßig und für alle sichtbar festgehalten.

- *Überprüfung*: Projektergebnisse und deren Funktionalität werden regelmäßig überprüft und bewertet.

- *Anpassung*: Anforderungen an das Produkt, Pläne und Vorgehen werden im Scrum-Prozess – je nach erreichtem Kenntnisstand - kontinuierlich und detailliert angepasst. Dies ermöglicht es, die Komplexität der Projektaufgabe zu beherrschen, indem die Gesamtaufgabe in kleinere und weniger komplexe Bestandteile, die Inkremente, zerlegt wird.

■ Scrum-Team

Um eine solche ergebnisorientierte, iterative und flexible Erarbeitung von Problemlösungen für komplexe Vorhaben erfolgreich zu gestalten, bedarf es einer *speziellen personellen Organisation* des gesamten *Scrum-Teams* und *eines lösungsorientierten Zusammenwirkens* mit den *Stakeholdern* des Vorhabens (wie Auftraggeber/Kunden, Anwender/Nutzer, Management des Unternehmens u. a.).

Zum Scrum-Team gehören

- der Product Owner,
- das Projektteam sowie
- der Scrum Master.

Product
Owner

Erstrangige Aufgabe des *Product Owners* als *Führungskraft* ist es, eine umsetzungsfähige *Vision* als Ausgangspunkt und Grundlage für das realisierende Vorhaben zu entwickeln und zu vermitteln, die Anforderungen an die zu erarbeitende Lösung zu ermitteln und im *Product Backlog* zu dokumentieren sowie die *Interessen* des Auftraggebers bzw. der Kunden gegenüber den übrigen Projektbeteiligen zu vertreten.

---

[69] Siehe ebenda.

Das *Projektteam* bilden jene Personen, die im Rahmen der Sprints die eigentlichen Arbeiten zur Projektrealisierung ausführen.

Zum Projektteam gehören drei bis neun Personen mit projektrelevanten Qualifikationen und Erfahrungen.

Scrum-typisch ist, dass sich das Team – unter Beachtung fixierter Rahmenbedingungen – *selbst organisiert* und so zielstrebig die Bearbeitung der einzelnen Teilaufgaben – entsprechend der vom Product Owner vorgegebenen Reihenfolge – in Angriff nimmt.

Alle Teammitglieder sind im Arbeitsprozess *gleichberechtigt* und tragen *gemeinsam die Verantwortung* für das Erreichen des Projekterfolgs.

Auch bei größeren Vorhaben wird die Zahl der Personen im Projektteam i. d. R. nicht erhöht. Vielmehr wird in solchen Fällen angestrebt, das Vorhaben in abgrenzbare Teilprojekte zu gliedern, um auch weiterhin – trotz Erhöhung der personellen Gesamtkapazität – die flexible Arbeit sich selbst organisierender kleiner Teams sicher zu stellen.

Aufgabe des *Scrum Masters* ist es, den Gesamtprozess der Projektrealisierung als *Coach* und *Moderator* zu unterstützen und zwischen den Projektbeteiligten zu vermitteln und deren Zusammenarbeit zu optimieren.

Der *Scrum Master* ist somit kein Projektleiter (im Sinne des klassischen Projektmanagements), da er gegenüber dem Projektteam weder disziplinarische Gewalt besitzt noch sonst wie weisungsberechtigt ist.

Vielmehr hat der *Scrum Master* darauf zu achten, dass

- die Zusammenarbeit mit dem *Product Owner* funktioniert,
- die Scrum Regeln eingehalten werden,
- die Mitglieder des Projektteams in ihrer Arbeit nicht gestört werden,
- Hemmnisse in der Projektarbeit aus dem Weg geräumt werden

u. a. m.

Unter diesen Aspekten ist es wichtig, dass der Scrum Master an den täglichen Treffen des Projektteams („*Daily Scrum*") teilnimmt und sich dann um die Klärung jener Probleme kümmert, die nicht im Zeitrahmen dieser Besprechungen gelöst werden konnten.

Zusammenfassend kann festgestellt werden, dass sich das Konzept „Scrum" – als *agiles* Vorgehensmodell – für die Ausgestaltung eines Projektmanagements in jenen Fällen eignet, in denen zu Beginn der Projektrealisierung weitgehend *unklare* oder nur *vage* Anforderungen an das zu erstellende Produkt bestehen und auch über den *Lösungsweg* kaum gesicherte Kenntnisse vorliegen.

Durch die *Strukturierung* der Gesamtaufgabe in kleinere und weniger komplexe Bestandteile und über das *iterative* Erarbeiten von Teillösungen (*Inkremente*) durch motivierte *Projektteams*, unterstützt durch den *Product Owner* und den *Scrum Master*, gelingt es, auch sehr komplexe Vorhaben flexibel und effektiv zum Projekterfolg zu führen.

Erleichtert wird dies auch dadurch, dass im Scrum-Prozess auf umfangeiche Dokumentationen verzichtet wird.

Dies aber bedeutet, dass das Scrum-Konzept nicht auf das Management komplexer technischer Projekte anwendbar ist, da in diesen Fällen ausführliche Dokumentationen zur Absicherung des Projekterfolgs zu erstellen sind.

2.2.4 Hybrides Projektmanagement

Im Abschnitt 1.7 (Phasenmodelle) wurde bereits darauf verweisen, dass sich viele Vorhaben in der Praxis weder allein mit klassischen Phasenmodellen noch allein mit agilen Vorgehensweisen realisieren lassen und daher versucht wird, das *„Management by Projects"* durch sinnvolle Kombinationen beider Konzepte im Sinne eines *hybriden Projektmanagements* zu kreieren.

Begriffs-
bestim-
mung

> Als **hybrides Projektmanagement** werden Kombinationen von Elementen des *klassischen* Projektmanagements (z. B. Phasenkonzepte, Methoden der Ablauf- und Zeitplanung u. a.) mit Vorgehensweisen des *agilen* Projektmanagements (z. B. iteratives Vorgehen mit Erstellen von anwendungsfähigen Teillösungen) bezeichnet.
> Dabei stehen immer die *Kundenanforderungen* und das Erreichen eines *maximalen Nutzens* immer im Fokus.

Ein hybrides Projektmanagement wird sinnvoller Weise so gestaltet, dass einzelne Projektphasen oder auch Teilprojekte unterschiedlich (entweder „klassisch" oder „agil") abgewickelt werden.[70]

Dies ist zum Beispiel bei Vorhaben der *Entwicklung neuer Erzeugnisse* möglich (siehe Abb. 1.16, Seite 56 zum Fallbeispiel **FB03**):

Da zu Beginn der Projektrealisierung noch viele Unklarheiten in Bezug auf die Anforderungen an das Produkt und die grundsätzliche Konzeption der Neuentwicklung bestehen, bietet sich zunächst das Vorgehen des *agilen* Projektmanagements an.

Mit den hierbei erarbeiteten Erkenntnissen kann dann der Übergang zu den Phasen des *klassischen* Projektmanagements vollzogen werden (siehe das Prinzipschema in **Abb. 2.04**).

Hybrider
Ansatz im
PM

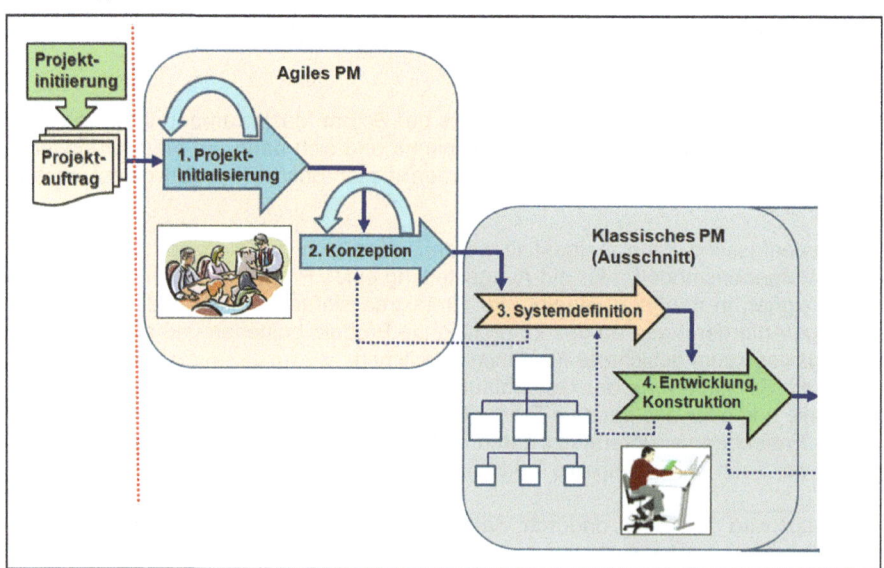

Abb. 2.04: Beispiel eines hybriden Projektmanagements (Prinzipschema)

---

[70] Siehe zum Beispiel: KUSTER, J. u. a.: Handbuch Projektmanagement, a. a. O.

Ein hybrides Projektmanagement hat – im Vergleich zum reinen klassischen bzw. reinen agilen Projektmanagement – einige *Vorteile*:[71]

- Die Integration des agilen PM-Konzepts mit seinen permanenten Feedbackschleifen in die Vorgehensweise des klassischen Projektmanagements sichert, dass der Nutzen *für den Auftraggeber/Kunden* im Mittelpunkt aller Aktivitäten der Projektrealisierung steht. Bereits nach kurzer Zeit werden *erste validierbare Teilergebnisse* zur Umsetzung der Projektidee geliefert, die dann mit der Erwartungshaltung des Auftraggebers/Kunden abgeglichen und anpasst werden können.

- Durch die größere Auswahlmöglichkeit an Vorgehensweisen und Techniken kann für jedes konkrete Vorhaben ein *passendes PM-Konzept* angewendet werden. Dadurch kann eine *merkliche Effizienzsteigerung* in der Projektabwicklung erreicht werden.

- Die Kombination von klassischem und agilem Projektmanagement vereint eine *langfristig stabile Grobplanung* der wichtigsten Projektparameter wie Zeit, Kosten, Meilensteine u. a. mit der Möglichkeit, die *Projektziele* sowie die *Vorgehensweise* zur Projektrealisierung *nach und nach zu konkretisieren*. Auf neue Anforderungen sowie Änderungswünsche kann in der Projektrealisierung wesentlich *flexibler* reagiert werden.

- Das Zurückdrängen der ausgeprägten Führungsrollen des klassischen Projektmanagements zu Gunsten einer hohen eigenverantwortlichen und selbstorganisierenden Arbeit der Projektteams fördert nicht nur die Motivation der Teammitglieder, sondern auch deren persönliche Weiterentwicklung im Bereich der fachlichen, kommunikativen und sozialen Kompetenz.

Diesen Vorteilen stehen aber auch einige *Probleme* wie *Nachteile* des hybriden Projektmanagements gegenüber:[72]

- Beim hybriden Projektmanagement steht ein *größerer Pool* an anwendbaren Tools und Vorgehensmodellen für die Projektrealisierung zur Verfügung. Ein Ausschöpfen der damit verbundenen Möglichkeiten für eine *optimale* Gestaltung des Projektprozesses setzt aber voraus, dass alle Projektbeteiligten über *ein hohes Maß an Methodenkompetenz* verfügen. Da diese Voraussetzung jedoch meist nicht gegeben ist, führt die Anwendung des hybriden Projektmanagements bei allen Projektbeteiligten zu einem erhöhten Schulungs- sowie Einarbeitungsbedarf.

- Bei der Planung und Realisierung eines jeden Projekts ist zu beachten, dass der zugehörige Projektmanagementansatz vor allem von den *Stakeholdern* mitgetragen und akzeptiert wird. Wenn nun an Stelle der Konzepte des klassischen Projektmanagements nunmehr Vorgehensweisen des agilen Projektmanagements einfließen sollen, kann es zu *Akzeptanzproblemen* und auch zu *Konflikten* kommen. Daher ist es wichtig, mögliche Widerstände gegen den Übergang zu einem hybriden Projektmanagement frühzeitig zu erkennen und diesen mit geeigneten Maßnahmen entgegenzuwirken.

---

[71] Siehe hierzu auch:
https://projectevolution.de/vor-und-nachteile-des-hybriden-projektmanagements-auf-einen-blick.
[72] Vgl. ebenda.

- Ein Übergang zum hybriden Projektmanagementansatz verändert auch die bislang geprägte *Führungskultur*, denn an Stelle eines klassischen Top-Down-Führungsstils sollen die Projektteams nunmehr *sich selbst organisieren* und *eigenverantwortlich* Entscheidungen treffen. Hieraus können Konflikte im Managementbereich erwachsen, wenn Führungskräfte die Konsequenzen in Bezug auf die Veränderung der Führungskultur nicht bzw. nicht ausreichend akzeptieren.

- Hybrides Projektmanagement erfordert einen *transparenten Umgang mit Informationen*, um Entscheidungen im Prozess der Projektrealisierung auf Basis einer möglichst *vollkommenen Informationslage* treffen zu können. Dies setzt jedoch voraus, dass insbesondere an den *Schnittstellen* zwischen den angewendeten PM-Methoden eine *zweckdienliche, transparente Kommunikation* zwischen den jeweiligen Partnern gestaltet wird.

Die Praxis zeigt: Projekte sind Vorhaben, die eine Vielfalt von Ausprägungen haben und deren Realisierung sich weder allein mit dem Ansatz des „reinen" klassischen Projektmanagements noch mit dem Ansatz des „reinen" agilen Projektmanagements optimal bewältigen lässt.

Urteil der *Die Realität ist weder klassisch/traditionell noch agil, sie ist hybrid!*[73]
Praxis

2.2.5 Multiprojektmanagement

Die bisherigen Ausführungen sollten unter anderem verdeutlichen, dass bereits die Vorbereitung und Realisierung eines *einzelnen*, abgegrenzten Vorhabens hohe Anforderungen an alle Projektbeteiligten, insbesondere an das dafür verantwortliche Management stellt.

Dabei ist das Management eines einzelnen Vorhabens meist nur ein Einzelfall, denn in der Regel werden in Unternehmen und in anderen Organisationen *mehrere* Projekte parallel initiiert und realisiert.

Dies trifft sowohl für Unternehmen zu, deren Geschäftszweck ursächlich in der Annahme und Ausführung von Vorhaben für *externe* Kunden besteht (Bauunternehmen, Softwareunternehmen u .a.) als auch für Unternehmen, die aus Gründen der *steten Erneuerung* ihres Leistungsprogramms und ihrer Performance mehrere Vorhaben – wie FuE-Projekte, Investitionsprojekte u. a. - zeitgleich in Angriff nehmen bzw. ausführen.

Für das Management parallel auszuführender Vorhaben ergeben sich daraus neue Herausforderungen, und zwar im Sinne der Gestaltung und Meisterung eines *Multiprojektmanagements*.

■ Begriffsbestimmungen

In Anlehnung an die Begriffsbestimmung in DIN 69909 Teil 1 wird hier folgende Begriffsbestimmung zum Terminus „Multiprojektmanagement" vorgenommen:

Begriffs-
bestim-
mung

> *Als* **Multiprojektmanagement** wird ein organisatorischer, prozessualer und methodischer Rahmen für das *Management mehrerer einzelner Projekte* in jenen Fällen bezeichnet, in denen die einzelnen Projekte in *sachlicher* und/oder *zeitlicher Abhängigkeit* zueinander stehen und in der Regel unter Zugriff und Nutzung *gemeinsamer Ressourcen* zu planen, zu koordinieren und zu steuern sind.

---

[73] Link: https://meisterplan.com/de/blog/agile-vs-hybrid.

Beim Multiprojektmanagement wird oft zwischen

- *Programmmanagement* und

- *Projektportfoliomanagement*

unterschieden (siehe auch **Abb. 2.05**).[74]

Arten des
Multiprojekt-
manage-
ments

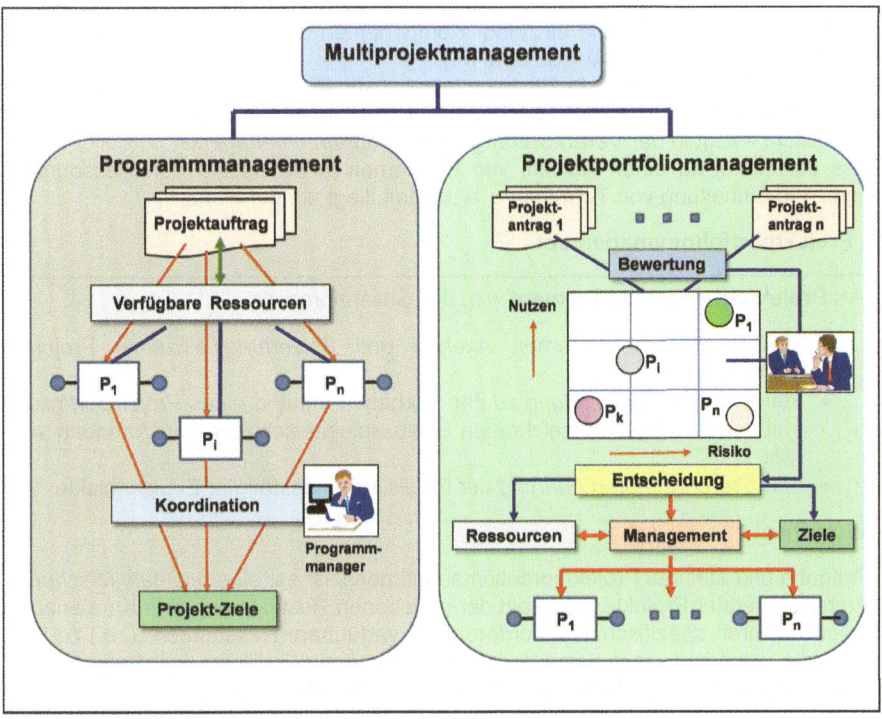

Abb. 2.05: Unterscheidungen im Multiprojektmanagement (Prinzipschema)

■ **Programmmanagement**

Als **Programmmanagement** wird eine – in der Regel zeitlich befristete – Managementaufgabe bezeichnet, die – ausgehend von einer komplexen Aufgabenstellung – die *Planung*, die teilaufgabenübergreifende *Leitung* und das *Controlling* einer definierten Menge inhaltlich zusammengehöriger Projekte – bezogen auf ein *gemeinsames Ziel* – umfasst.

Begriffs-
bestimmung

---

[74] Siehe hierzu auch:
HITZEL, M./ALTER, eine , W.: Projektportfolio-Management: Strategisches und operatives Multi-Projektmanagement in der Praxis. Springer-Gabler-Verlag, Wiesbaden 2020;
SEIDL, J.: Multiprojektmanagement: Übergreifende Steuerung von Mehrprojektsituationen durch Projektportfolio- und Programmmanagement. Springer Verlag, Heidelberg 2011;
STEINLE, C./EICHENBERG, T.: Handbuch Multiprojektmanagement und -controlling: Projekte erfolgreich strukturieren und steuern. Erich Schmidt Verlag, Berlin 2014.

Bei der Bewältigung dieser Managementaufgabe als *Programmmanagement* ergeben sich oft eine Vielzahl von Beschränkungen in organisatorischer, personeller, technischer, terminlicher und budgetseitiger Hinsicht, da die einzelnen Projekte mit den anderen Projekten innerhalb des Programmes koordiniert werden müssen.[75]

Beispiel

Beispiel: Ein Unternehmen erhält von einem Kunden den Auftrag, eine neue Heizungsanlage am Standort des Kunden zu errichten.
Die Realisierung dieses Vorhabens bedingt eine Reihe von Teilaufgaben (Projektierung der Anlage, Herstellung einzelner Komponenten der Anlage, Softwareentwicklung für die Steuerung der Anlage u. a. m.).
Diese Teilaufgaben werden als Einzelprojekte in Angriff genommen. Die Planung und Koordinierung der Ausführung der Teilaufgaben – gerichtet auf das Erreichen der Projektziele – liegt in der Verantwortung eines *Programmmanagers*.
Dass es hierbei zu einer Vielzahl von Problemen in Bezug auf den Ressourcenzugriff, die Einhaltung von Terminen u. a. kommt, liegt auf der Hand.

■ Projektportfoliomanagement

Begriffs-
bestimmung

> Als **Projektportfoliomanagement** wird der Gesamtprozess
>
> - der unternehmensinternen *Analyse* und *Bewertung* einzelner Projektanträge,
> - der *Entscheidungsfindung* zu den Vorhaben anhand eines *Projektportfolios* mit den darin gekennzeichneten Schlüsseleigenschaften der Vorhaben sowie
> - der *übergeordneten Führung* der Realisierung bestätigter Einzelprojekte
>
> bezeichnet.
>
> Aufgabe und Ziel des Projektportfoliomanagements ist es, eine *optimale Mischung* zu realisierender Projekte innerhalb der gegebenen Restriktionen (wie Kundenaufträge mit ihren spezifischen Anforderungen, verfügbare Ressourcen u. a.) zu finden, die verspricht, dass damit der größte Beitrag zur Erfüllung der strategischen und operativen Unternehmensziele erreicht werden kann.

Im Projektportfoliomanagement werden zwei Ebenen bzw. Aufgabenfelder unterschieden:[76]

a) das *strategische* Projektportfoliomanagement und

b) das *operative* Projektportfoliomanagement.

Strategi-
sches
Projekt-
portfolio-
manage-
ment

Aufgabe des *strategischen Projektportfoliomanagements* ist es, das Projektportfolio – nach Durchsicht und Bewertung der eingebrachten Projektideen bzw. Projektanträgen – *„richtig"* zusammenzustellen, zu periodisieren und somit die *„richtigen"* Schwerpunkte im *„richtigen* Umfeld" mit Bezug zu den strategischen Unternehmenszielen zu setzen.

---

[75] Siehe hierzu:
http://projektmanagement-definitionen.de/glossar/programm-management.
[76] Siehe auch:
HITZEL, M./ALTER, eine , W.: Projektportfolio-Management: Strategisches und operatives Multi-Projektmanagement in der Praxis, a. a. O.

Dabei sind die *Leitlinien zum Portfoliomanagement* (gemäß DIN ISO 21504:2017-09) sowie zur *Projekt Governance* (gemäß DIN ISO 21505:2018-01) zu beachten.[77]

Aufgabe und Anliegen des *operativen Projektportfoliomanagements* ist es hingegen, die ausgewählten Projekte *„richtig umzusetzen"*.
Dies erfordert viele *übergreifende* Projektmanagement-Aktivitäten, so vor allem

Operatives Projektportfoliomanagement

- eine Standardisierung bestimmter Projektabläufe,
- ein übergreifendes Controlling in der Ablauf-, Termin- und Ressourcenplanung wegen des Zugriffs mehrerer Projekte auf gemeinsame Ressourcen,
- ein projektübergreifendes Berichtswesen,
- ein projektübergreifendes Risikomanagement,
- ein einheitliches Qualitätsmanagement,
- ein projektübergreifendes Controlling in Bezug auf die Vorgabe und Einhaltung von Kosten- und Finanzbudgets u. a. m.

■ Zur Gestaltung eines Projektportfolios

Unter einem **Projektportfolio** ist im hier betrachteten Zusammenhang eine anschauliche visualisierte Darstellung der Einordnung von Projekten in ein Schema mit zwei voneinander unabhängigen Bewertungskriterien zu verstehen.
Die beiden wichtigsten Kriterien der Bewertung von Projekten sind zum Einen der *„Projektnutzen"* (als bewertetes wirtschaftliches Ergebnis aus der Projektrealisierung) und zum Anderen das *„Projektrisiko"* (als bewertetes Wagnis eines möglichen Misserfolgs bei der Projektrealisierung).

[†] Siehe auch Formel (1.1), Seite 14 des Buches

Projektportfolio

Für die Skalierung der beiden Kriterien werden unterschiedliche Ansätze gewählt. Eine übliche (einfache) Skalierung umfasst die verbalen Ausdrücke „gering", „mittel" und „hoch". In anderen Darstellungen werden numerischen Werte wie 1, 2, ... bis 10 verwendet.

Die Darstellung in **Abb. 2.06** zeigt eine mögliche Variante der Darstellung eines Projektportfolios.

Um die Aussagekraft eines solchen Projektportfolios zu erhöhen, können – wie in dieser Abbildung gezeigt – noch zwei weitere Sachverhalte durch grafische Elemente kenntlich gemacht werden:

Kennzeichnungsmöglichkeiten

- Durch die *Größe der Kreise* wird die *Höhe des Projektbudgets* verdeutlicht.

- Durch *farbliche Nuancen* der Kreise kann ein Bezug zur *Projektart* (z. B. FuE-Projekt, Investitionsprojekt, IT-Projekt, Organisationsprojekt) oder auch der Bezug zu *Unternehmensbereichen* (Produktion, Marketing, Rechnungswesen oder dgl.) kenntlich gemacht werden.

---

[77] Unter "*Project Governance*" ist das auf ein bestimmtes Projekt angepasste Projektmanagementsystem zusammen mit dem Business Case des Projekts zu verstehen. Es geht dabei vor allem um die Ausrichtung des Projekts am Interesse der Trägerorganisation, um das anzuwendende Prozessmodell und die Festlegung der Rollen der Projektbeteiligten u. a. m.
Link: https://www.projektmagazin.de/glossarterm/project-governance.

Prinzip-
schema

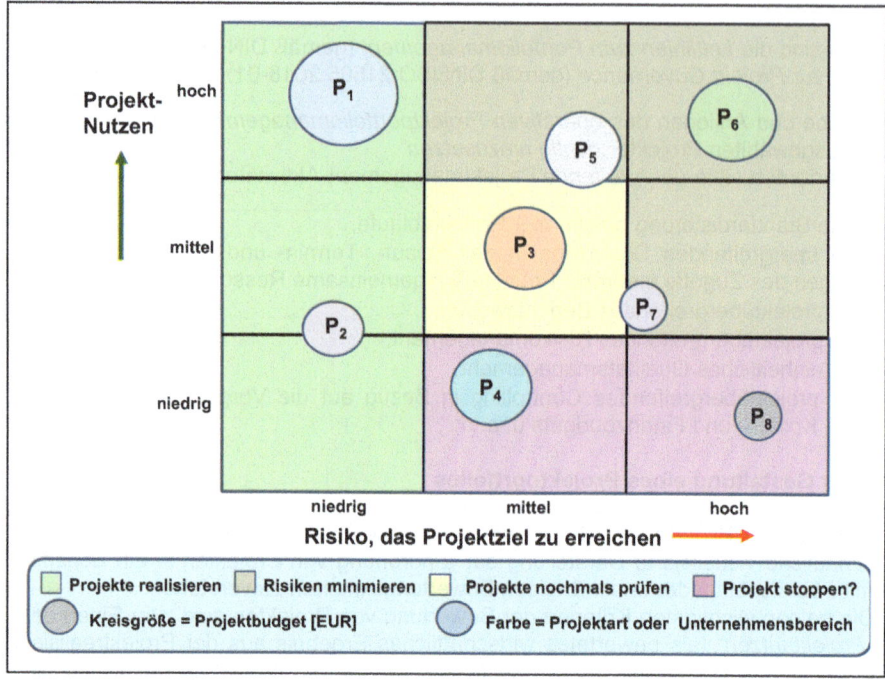

Abb. 2.06: Musterbeispiel eines Projektportfolios[78]

Auch die Aspekte *„Dringlichkeit"* bzw. „strategische Bedeutung" (eines Projekts) könnten durch grafische Ausdrucksmittel noch zusätzlich in das Projektportfolio eingeordnet werden.

Das Erstellen eines konkreten Projektportfolios zwingt zu strategischem Denken sowie zu einer umfassenden Analyse und Bewertung der zur Realisierung vorgeschlagenen Projekte hinsichtlich „Nutzen" und „Risiko", jeweils in Relation zum geplanten Projektbudget.

Nutzung von
MS Excel

Zweckmäßigerweise wird das Erarbeiten eines konkreten Projektportfolios im Rahmen eines Workshops organisiert, wobei eine mit *MS Excel* erstellte Ausgangs-Situation mittels zielgerichteter Veränderung der Bewertungsparameter immer mehr verfeinert wird, bis schließlich ein Ergebnis für die sich anschließende notwendige Entscheidungsfindung zum Multiprojekt-Vorhaben erreicht wird.[79]

Das Projektportfoliomanagement dient in der Praxis zwar in erster Linie *der Bewertung von Projektanträgen* nach Chancen, Risiken und strategischer Bedeutung für das Unternehmen, es kann aber auch zur *Überwachung der laufenden Projekte* (im Sinne eines Multiprojekt-Controllings) eingesetzt werden, zum Beispiel zur Koordination zwischen den laufenden Projekten mit ihrem Bezug zu Ressourcen, Synergien und Konflikten oder auch zur *Sicherung der Erfahrungswerte* aus laufenden und abgeschlossenen Projekten, zur Definition von Vorgaben für neue Projekte u. a. m.[80]

---

[78] In Anlehnung an Darstellungen bei „https://www.business-wissen.de" (Multiprojektmanagement).
[79] Das Erstellen eines Projektportfolios mit den Grafik-Elementen von MS Excel wird in der Datei „07_PM-Projektportfolio1.xlsm" demonstriert.
[80] HITZEL, M./ALTER, eine , W.: Projektportfolio-Management, a. a. O.

2.3 Wissensbereiche des Projektmanagements

Folgende Situation: Zu einem definierten Vorhaben wurde der Projektauftrag bestätigt bzw. ein Projektvertrag zwischen Auftraggeber und Auftragnehmer unterzeichnet.

> Es ist nicht genug zu wissen, man muss es auch anwenden. Es ist nicht genug zu wollen, man muss es auch tun.
> *(J. W. von Goethe)*

Die Verantwortlichen für das Projekt sind damit benannt und auch das Projektteam sei bestimmt. Es kann somit „losgehen" mit der Projektrealisierung. Soweit, so gut.

Das *Problem*, das in diesem Abschnitt erörtert werden soll, bezieht sich auf folgende *Frage*:

Über welches Fachwissen aus welchen Wissensbereichen müssen die Mitglieder der Projektleitung und im Weiteren die des Projektteams verfügen, um das gegebene Vorhaben in seiner Realisierung zum Erfolg zu führen?

Projekt-
manage-
ment und
Fachwissen

Eine Antwort auf diese Frage könnte (scherzhaft) zunächst etwa so lauten: *„Es gibt kein Gebiet, über das Verantwortliche im Projektmanagement n i c h t s zu wissen brauchen!"*

Und in der Tat: Die Anzahl der zu nennenden Wissensgebiete, die inhaltlichen Bezug zu den im Projektmanagement zu lösenden Aufgaben haben, ist sehr groß. Mit der Darstellung in **Abb. 2.07** wird der Versuch unternommen, diese Gebiete – ohne Anspruch auf Vollzähligkeit – zu benennen und in Bezug zu den Aufgabenfeldern des Projektmanagements zu bringen.

Dabei ist zu beachten, dass die hier aufgeführten Wissensgebiete zwar im Wortlaut oft identisch mit entsprechenden Wissensbereichen im allgemeinen Management sind, in jedem Falle jedoch immer *projektspezifisch* beherrscht werden müssen.

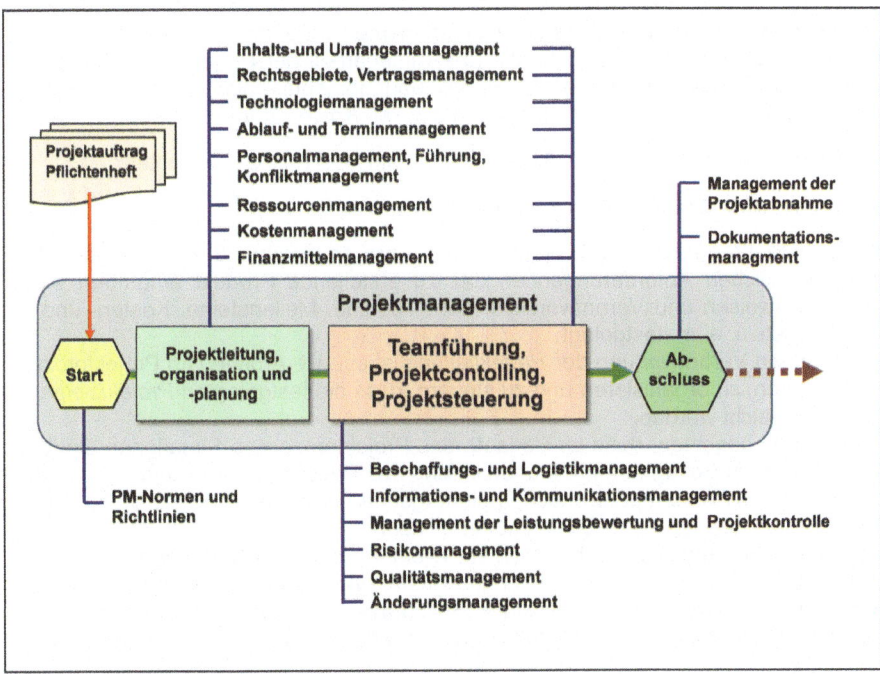

Spektrum der
für das PM
wichtigen
Wissensge-
biete

Abb. 2.07: Spektrum der Wissensgebiete im Kontext zu Aufgabenfeldern des Projektmanagements

Im Weiteren werden zu diesen Wissensbereichen – überblicksmäßig – erläuternde Ausführungen gemacht. Die meisten Themen aus dem skizzierten Spektrum an Wissensgebieten werden in nachfolgenden Kapiteln des Buches noch ausführlicher behandelt.

■ PM-Normen und Richtlinien

DIN Professionelles Projektmanagement basiert auf der Kenntnis der einschlägigen *Normen* und *Richtlinien* wie

- der DIN 69900 „Netzplantechnik",
- der DIN 69901 „Projektmanagement – Projektmanagementsysteme" und
- der DIN 69909 „Multiprojektmanagement - Management von Projektportfolios, Programmen und Projekten".

Weitere Normen und Standards
Darüber hinaus ist bei dem Management größerer Projekte sowie bei Projekten mit Beteiligung ausländischer Partner die Kenntnis folgender weiterer Normen und Standards wichtig:

- ISO 21500,
- Individual Competence Basisline ICB 4.0
- Project Management Body of Knowledge (PMBOK) sowie
- PRINCE2 der britischen Axelos Ltd.

Die Normen und Richtlinien des Projektmanagements dienen dem *Zweck*, durch die *Verwendung einheitlicher Begriffe* die Zusammenarbeit der Projektbeteiligten zu erleichtern und so die die *Qualität* des Projektmanagements – auch durch Vermeidung von Missverständnissen – zu steigern und die *PM- Kosten* zu reduzieren.

Weitere Einzelheiten zu diesem Thema werden im Abschnitt 2.6 vermittelt.

■ Inhalts- und Umfangsmanagement

Im Projektauftrag bzw. im Pflichtenheft sind – wie an anderer Stelle angegeben[81] – alle wesentlichen Anforderungen an das zu erstellende Produkt aufgeführt sowie Vorgehensweisen und Verantwortlichkeiten, Termine, Meilensteine, Kosten- und Finanzbudgets u. a. m. festgelegt.

Aufgabe und Verantwortung der *Projektleitung* ist es, alle Arbeiten im Projektprozess so zu planen, zu organisieren und zu steuern, dass die festgelegten *Projektziele* umfassend erreicht werden.

Reaktion auf Änderungswünsche bzw. Änderungserfordernisse
Dabei ist zu beachten, dass im Verlaufe des Projektprozesses Situationen eintreten können, die - in Bezug auf Inhalt und Umfang des Projekts – mit *Änderungserfordernissen* bzw. mit *Änderungswünschen* einhergehen und in deren Folge es zu *Abweichungen* von fixierten Projektzielen kommen kann.

Änderungserfordernisse ergeben sich vor allem in Folge von Störungen im Prozessverlauf (z. B. längerer krankheitsbedingter Ausfall wichtiger Projektmitarbeiter, Ausfall wichtiger Einsatzmittel, Auftreten einer „Sackgasse" im Problemlösungsprozess, Erkennen von Chancen für eine erfolgversprechende Ausweitung des Projektumfangs und dgl. mehr).

---

[81] Siehe Seite 54 ff.

Änderungs*wünsche* werden in der Regel vom Auftraggeber oder auch von Stakeholdern des Projekts vorgebracht.

Beispiele:

Im Fallbeispiel **FB 02** (Werk für Kunststoffrohre) war der Rohbau der Produktionshalle fast fertig. Da brachten Anwohner des Gewerbegebietes massive Bedenken gegen den Bau vor: Die Halle beeinträchtige ihre schöne „Fernsicht"! Um zu verhindern, dass diese Einwände zu Verzögerungen im Projektablauf oder gar zur Gefährdung des Projekts führen, wurden von den Architekten kleine, aber sehr wirksame Änderungen an der Halle vorgenommen: Die obere Etage der Halle wurde in Sichtrichtung der Anwohner abgeschrägt und die gesamte Halle mit einem hellgrauen Farbanstrich versehen. Problem gelöst.

Im Fallbeispiel **FB 03** (Entwicklung einer neuen Erntemaschine) wurden im Verlaufe des Entwicklungsprozesses von Mitgliedern des Projektteams Bedenken vorgebracht, ob die „harten" Terminvorgaben für den Abschluss der Entwicklung der Maschine zu halten sind, da wiederholt Änderungen an der konstruktiven Auslegung der Maschine vorgenommen wurden und auch keine Konstanz in der Zusammensetzung des Projektteams besteht. Es wäre somit wünschenswert, die Terminvorgaben „zu lockern".

Beispiele dieser und anderer Art ließen sich -zig-fach benennen, Projekte lassen sich nun mal nicht „problemlos" realisieren.
Dennoch:

Die Entscheidungsträger in Projekten müssen - im Sinne eines Inhalts- und Umfangsmanagement - in der Lage sein, technische und andere Schwierigkeiten im Projektprozess, die zu Terminverzögerungen und Kostenüberschreitungen führen, vorauszusehen, um dann flexibel und reaktionsschnell Korrekturmaßnahmen einzuleiten.

Sie müssen sich aber zugleich auch dagegen wehren, nicht begründeten Änderungswünschen in Bezug auf Inhalt und Umfang des Projekts nachzukommen, denn Änderungen am technischen Konzept oder in der Ausführung, die nicht unter Kontrolle gehalten werden, sind nachweislich Ursache für Schwierigkeiten beim Erreichen der Projektziele oder gar von Projektfehlschlägen. [82]

Anforderungen an Entscheidungsträger

Ein *präventives* Inhalts- und Umfangsmanagement – auch als *Konfigurationsmanagement* bezeichnet[83] – ist jedoch nur dann erfolgreich, wenn es im Zusammenwirken mit den anderen Gebieten des Projektmanagements (siehe Abb. 2.07) praktiziert wird.

■ Rechtsgebiete, Vertragsmanagement

Die Aufgabe, Projekte als „Organisationen auf Zeit" erfolgreich zu realisieren, beinhaltet nicht nur technisch-technologische, organisatorische und viele weitere sachliche Komponenten und Aspekte, sondern ist immer auch nur im Kontext zur Klärung und Regelung verschiedenster *Rechtsfragen* zu meistern.
Das Spektrum der Rechtsgebiete, die mit der Lösung von Aufgaben des Projektmanagements verbunden sind, ist sehr breit gefächert (siehe **Tab. 2.01**)

Besondere Bedeutung kommt vor allem der Vorbereitung, dem Abschluss und der Kontrolle der Einhaltung von *Verträgen* zu. Ein professionelles *Vertragsmanagement* muss daher eine weitere wichtige Komponente eines erfolgsorientierten Projektmanagements bilden.

---

[82] Siehe hierzu auch: GPM – Projektmanagement-Fachmann, Bd. 2 (Konfigurationsmanagement).
[83] Siehe ebenda.

Tab. 2.01: Wichtige Rechtsgebiete im Kontext zu Aufgaben des Projektmanagements

Spektrum
der Rechts-
gebiete

Nr.	Sachverhalt	Rechtsgebiet, Bezug zu Quellen
1	Abgabe von Willenserklärungen als Rechtsgeschäfte (Zustandekommen, Form , Gültigkeit, Vertretung . u. a.)	BGB Allgemeiner Teil, insbes. §§ 104 BGB ff.
2	Verträge (Kaufvertrag, Werkvertrag, Werkliefervertrag, Leasingvertrag, Kreditverträge u. a.), auch Rechtsfragen beim Abschluss des Pflichtenheftes	Schuldverhältnisse (§§ 241 ff. BGB)
3	Produkthaftung	Produkthaftungsgesetz, Produktsicherungsgesetz
4	Arbeitsrecht	BGB (§§ 611 ff.), Handwerksordnung, Betriebsverfassungsgesetz, Arbeitszeitgesetz, Jugendschutzgesetz, Mutterschutzgesetz, Berufsbildungsgesetz, Sozialgesetzbücher (SGB),
5	Arbeitsschutz, Arbeitssicherheit	Arbeitsschutzgesetz, Technische Regeln für Betriebssicherheit, Berufsgenossenschaftliche Regeln, EG-Maschinenrichtlinie, Vorschriften zum Lärmschutz, Vorschriften zum Brandschutz u. a.
6	Umweltschutz	EU-ÖKO-Audit-Verordnung, Bundesimmissionsschutzgesetz u. a.
7	Wettbewerbsrecht, Patentrecht	Gesetz gegen Wettbewerbsbeschränkungen, Gesetz gegen unlauteren Wettbewerb, Preisangabenverordnung, Markengesetz, Patentgesetz
8	Kommunikation, Datenschutz	Telemediengesetz, Datenschutz-Grundverordnung, Bundesdatenschutzgesetz
9	Projektmanagement i. e. S.	Vergaberecht betreffs öffentlicher Aufträge, Verdingungsverordnungen (VOL, VOB), Honorarordnung für Architekten und Ingenieure (HOAI), Normen und Richtlinie des Projektmanagements (siehe Abschnitt 2.6)

Es ist natürlich vermessen, zu erwarten oder zu fordern, dass sich Projektleiter und andere Entscheidungsträger im Projektmanagement in all diesen Rechtsgebieten perfekt auskennen. Hier gibt es für Justitiare in Unternehmen, beauftragte Rechtsanwälte, Notare und andere Spezialisten ein genügend großes Betätigungsfeld.

Vertrags-
manage-
ment

Dennoch: Sich in Rechtsfragen auszukennen, ist immer gut, vor allem, wenn es um die Vorbereitung und den Abschluss projektbezogener Verträge geht. Hinzu kommt, dass mit Abschluss eines rechtgültigen Projektvertrages der betreffende Projektleiter ohnehin die Verantwortung für die Projektabwicklung übernimmt, und zwar gemäß den vertraglichen Bestimmungen.

Zum *Vertragsmanagement* gehört nicht nur die Vorbereitung und der Abschluss projektbezogener Verträge, sondern auch eine vertragliche Tätigkeitsverfolgung.[84]

Darunter ist die *laufende Dokumentation über die Vertragsabwicklung* und die im Projektprozess erbrachten Lieferungen und Leistungen zu verstehen.

---

[84] Siehe: GPM – Projektmanagement-Fachmann, Bd. 2, Vertragsmanagement.

Das Ziel dieser Dokumentationen ist es, Unstimmigkeiten in der Abrechnung vertraglicher Leistungen zu vermeiden sowie Beweise zu sichern, die es erlauben, Nachforderungen des Auftraggebers zurückzuweisen bzw. eigene Nachforderungen zu stellen.
Das Gesamtgebiet des Vertragsmanagement kann somit auch ein *Nachforderungsmanagement* einschließen.[85]

Nachforderungsmanagement

■ Technologiemanagement

Das Kernproblem der Planung und Steuerung der Realisierung eines konkreten Vorhabens resultiert aus folgender Frage:
„Auf welchem Wege und mit Einsatz welcher Mittel gelingt es uns, am effektivsten und ohne Scheu vor möglichen Risiken das fixierte Projektziel zu erreichen?"

Die Frage bezieht sich auf die anzuwendende *Technologie* im Problemlösungsprozess, wobei im hier betrachteten Zusammenhang der Technologie-Begriff sowohl

Technologie-Begriff

- *vorhabenbezogene Lösungsprinzipien* und *Vorgehensweisen,*
- das sich darauf beziehende *Know-how* als auch jene
- *Modelle*, *Methoden* und *technischen Hilfsmittel*

umfassen soll, die aufgrund von Erfahrungen und wissenschaftlichen Erkenntnissen geeignet sind, eine effektive Lösung der jeweiligen Aufgaben in der Projektrealisierung zu bewirken.

Es liegt auf der Hand, dass die Leitung eines Projekts in der Regel nur Führungskräften übertragen wird, die über eine *ausreichende Fachkompetenz* in Bezug auf die in diesem Projekt einzusetzenden *Technologien* verfügen und somit das notwendige *Technologiemanagement* gestalten können.
Denn es macht doch erhebliche Unterschiede, ob es um die Leitung eines Bauprojekts oder eines FuE-Vorhabens oder eines Software-Entwicklungsprojekts geht.
Hinzu kommt, dass sich im Verlaufe der Projektrealisierung zeigen kann, dass die Anwendung geplanter Technologien nicht zum Ziel führen, so dass sich neue Anforderungen an das Technologiemanagement ergeben, die gemeistert werden müssen.[86]

■ Ablauf- und Terminmanagement

Eine erste Kernaufgabe der Planung der Realisierung eines komplexen Vorhabens besteht darin, die *technologisch* wie *sachlogisch richtige Reihenfolge* der erforderlichen Arbeitsschritte in diesem Prozess zu bestimmen sowie deren *zeitlich Abfolge* (mit Eck-Terminen) festzulegen. Diese Aufgabe ist Gegenstand und Inhalt des *Ablauf- und Terminmanagements,* die ihrerseits eine sinnvolle *Strukturierung* des Vorhabens nach Phasen, Teilaufgaben und Arbeitspaketen voraussetzt.

Aufgabe

---

[85] Siehe ebenda.
[86] Siehe hierzu zum Beispiel:
BULLINGER, H.-J.: Forschungs- und Entwicklungsmanagement: Simultaneous Engineering, Projektmanagement, Produktplanung, Rapid Product Development (Technologiemanagement ... Technologieentwicklung und Arbeitsgestaltung) . Springer Fachmedien, Wiesbaden 2013.
MÖHRLE, M. G./ISENMANN, R.: Technologie-Roadmapping: Zukunftsstrategien für Technologieunternehmen (VDI-Buch). Springer-Verlag, Heidelberg 2017
STUMMER; Ch. u. a.: Grundzüge des Innovations- und Technologiemanagements. Verlag facultas, Wien 2020.

Außer der *technologiebezogenen Fachkompetenz* setzt die Wahrnehmung dieser Aufgabe eine hohe *Methodenkompetenz* der mit der Projektleitung beauftragten Führungskräfte voraus, denn eine effektive Lösung der Probleme der Ablauf- und Terminplanung erfordert den Einsatz von Methoden der *Netzplantechnik* sowie geeigneter *Softwareprodukte* des Projektmanagements.

Dieses Thema wird in Abschnitt 2.4 sowie – beispielbezogen – in Abschnitt 4.5 des Buches ausführlicher erörtert.

■ Personalmanagement, Führung, Konfliktmanagement

Die Praxis zeigt immer wieder: Der Erfolg einer Projektrealisierung hängt maßgeblich davon ab, inwieweit es gelingt, die *„richtige" Führungskraft* mit der Projektleitung zu betrauen und die *„richtigen" Mitarbeiter* bzw. *Auftragnehmer* – nach Anzahl, Qualifikation und persönlicher Eignung - für die Ausführung der Projektarbeiten zu gewinnen und einzusetzen.

Bei der Lösung dieser Aufgabe spielen mehrere Faktoren eine gewichtige Rolle:

Probleme beim Personalmanagement

Zum einen können die „richtigen" Führungskräfte bzw. die „richtigen" Projektmitwirkenden gerade nicht verfügbar sein, weil sie in anderen Aufgaben gebunden sind oder sie haben aus (nicht immer offenkundigen Gründen) kein Interesse an der Mitwirkung im betreffenden Projekt.[87]

Zum anderen ist zu beachten, dass bei der persönlichen Entscheidung, im betreffenden Projekt mitwirken zu wollen, immer in Betracht gezogen wird, dass

- es sich hierbei immer um einen *zeitlich befristeten* „Job" handelt (*„Was kommt nachher?"*),

- im gesamten Projektverlauf stets ein *hoher Erwartungsdruck* besteht (*„Kann oder will man sich das antun?"*),

- persönliche *Sympathien* wie auch *Antipathien* zwischen den in den Auswahlprozess einbezogenen Personen bestehen,

u. a. m.

Weitere Aufgaben

Die Aufgaben des *projektbezogenen Personalmanagements* umfassen jedoch nicht nur die Fragen der Auswahl und Benennung des Projektleiters und der anderen Projektmitwirkenden, sondern viele weitere Themen und Details, so vor allem

- die Gestaltung und Führung der Arbeitsprozesse im Projektprozess unter Beachtung der Vorschriften und Richtlinien auf dem Gebiet des *Arbeitsrechts*, des *Arbeits- und Gesundheitsschutzes* u. a. Regelungen,

- die Anwendung *projektspezifischer, leistungsmotivierender Führungsmethoden* im klassischen wie im agilen Projektmanagement,

- die Gestaltung einer projektbezogenen *Leistungsbewertung* und *Entgeltfestsetzung* (mit Erfolgsbeteiligung) für die Projektmitwirkenden,

- das Erkennen und Überwinden von *Konflikten (Konfliktmanagement)*,

---

[87] Diese Situation ist vergleichbar mit der Situation, wenn Sportclub-Verantwortliche (bei Ballsportarten) den „richtigen" Trainer und die „richtigen" Spieler für den Kader suchen, diese aber gerade nicht verfügbar sind oder kein Interesse haben, im betreffenden Klub Verantwortung zu übernehmen.

- die Gestaltung von Möglichkeiten der *Personalentwicklung*, inkl. der Möglichkeit der *Zertifizierung* des Projektpersonals

u. a. m.

Diese Themen sind Gegenstand der Ausführungen in den weiteren Kapiteln dieses Buches, vor allem in Kapitel 3 (Abschnitte 3.3 und 3.4).

■ Ressourcenmanagement

Als ein charakteristisches Merkmal von Projekten wurde im Abschnitt 1.2 (Seite 26) der Fakt *„begrenzt verfügbare Ressourcen"* benannt.

Der Terminus „Ressourcen" umfasst - außer dem *Personal* - alle *Sachmittel*, die zur Durchführung von Vorgängen, Arbeitspaketen oder Teilprojekten benötigt werden.[88]   <small>Ressour-
cen-Begriff</small>

Aufgabe und Ziel des Ressourcenmanagements – in der Phase der Projektplanung – ist es, im Zusammenwirken mit der *Ablauf- und Zeitplanung*

- den *Ressourcenbedarf* sowohl für das Projekt insgesamt als auch für Projektabschnitte bzw. einzelne Arbeitspakete nach Art/Qualifikation und Umfang zu ermitteln,

- zu klären, welche Ressourcen verfügbar bzw. beschaffbar sind und bei welchen Ressourcen es diesbezüglich Probleme gibt sowie

- zu ermitteln, welche Ressourcen über die gesamte Projektdauer benötigt werden und welche Ressourcen nur in bestimmten Zeitabschnitten (wann und wie lange) zum Einsatz kommen müssen.

Die professionelle Wahrnehmung dieser Aufgabe verlangt seitens der Verantwortlichen nicht nur eine hohe *Fachkompetenz*, sondern zugleich auch eine hohe *Methoden- und Sozialkompetenz*, denn außer Kenntnissen über die spezifischen Anforderungen, die sich aus den einzelnen Aufgaben der Projektrealisierung an die bereit zu stellenden Ressourcen ergeben, werden Kenntnisse und Erfahrungen im Einsatz mit *Instrumenten* der Ressourcenplanung sowie *Führungsqualitäten* in Bezug auf die Auswahl und den Einsatz der Ressource „Personal" benötigt.

Möge die Erfüllung der anstehenden Aufgaben im Rahmen der Ressourcen*planung* – vor allem bei größeren Vorhaben – schon kompliziert genug sein, die *eigentlichen* Probleme im Ressourcenmanagement tauchen in der Regel jedoch erst im Prozess der *Projektdurchführung* auf, und zwar dann, wenn *Störungen* in der Ressourcenbereitstellung, Terminüberschreitungen bei einzelnen Aufgaben usw. die ausgearbeiteten Pläne zur „Makulatur" werden lassen. Erst dann zeigt sich, ob die jeweils verantwortlichen Entscheidungsträger in der Lage sind, mit Umsicht und ohne Hektik ein wirksames *operatives*, der jeweiligen Situation *angepasstes* Ressourcenmanagement zu gestalten.[89]   <small>Aufgaben
im Res-
sourcen-
manage-
ment</small>

---

[88] Anmerkungen:
Bis zum Jahre 2009 wurde hier der korrekte deutsche Terminus *„Einsatzmittel"* verwendet (siehe DIN 69902:1987). In der neugefassten DIN 69901-5:2009 tauchen nun nur noch die Begriffe "Ressource", "Ressourcenbedarf", "Ressourcenhistogramm" und "Ressourcenplan" auf. In vielen Dokumentationen zum Projektmanagement werden die Begriffe „Ressource" und „Einsatzmittel" synonym verwendet.
Link: https://www.projektmagazin.de/glossarterm/einsatzmittel.
[89] Siehe hierzu Abschnitt 5.2.

■ Kostenmanagement

Bei der Entscheidungsfindung über die Durchführung bzw. Ablehnung eines Projektantrags spielen – wie dargestellt[90] – die Ergebnisse der *Kosten-Nutzen-Bewertungen* bzw. der *Wirtschaftlichkeitsberechnungen* die entscheidende Rolle.

Aufgaben im Kostenmanagement Wird im Ergebnis dieser Analysen, Berechnungen und Bewertungen eine *positive* Entscheidung zur Projektdurchführung getroffen, sind im *projektbezogenen Kostenmanagement* dennoch noch viele Aufgaben zu lösen.

So geht es im Rahmen der *Planungsphase* darum, die verschiedenen Aufwendungen in Bezug auf den Personaleinsatz, den Sachmitteleinsatz, die Herstellung von Produkten im Projektprozess u. a. *monetär*, d. h. im Geldausdruck zu bewerten und zu Kostenpositionen zusammenzufassen.[91] Grundlage hierfür bilden die Ergebnisse der Ablauf- und Terminplanung sowie der Ressourcenplanung.

Die Lösung der oben genannten Aufgaben erfordert ein entsprechendes *betriebswirtschaftliches Know-how* sowie die Beherrschung *computerunterstützter Kalkulationsverfahren*.

Im Weiteren ist – analog zum Ressourcenmanagement – zu beachten, dass die eigentlichen Probleme in der Beherrschung der Kostenverursachung wiederum erst in der *Phase der Projektrealisierung* auftreten, wenn es gilt, durch das *operative Kostenmanagement* die Einhaltung von Kostenbudgets auch dann zu sichern, wenn insbesondere *Störungen* im Projektverlauf zu *Aufwands*- und damit *Kostenerhöhungen* führen.[92]

■ Finanzmittelmanagement

Die wichtigsten Sachverhalte im Kontext zum Finanzmittelmanagement sind – wie im Abschnitt 1.5.5 dargelegt – im *Vorfeld* des Projektstarts zu ordnen:

Eigen- und Fremdfinanzierung Der Auftraggeber (Projektträger) muss im Rahmen der Entscheidungsfindung zum betreffenden Vorhaben zunächst klären, wie der ermittelte bzw. geschätzte Finanzmittelbedarf gedeckt werden soll. Dies betrifft in erster Linie die Frage, in welchem Umfang der Finanzmittelbedarf durch verfügbare *Eigenmittel* abgesichert werden kann. Da diese Eigenmittel in der Regel nicht ausreichen, sind Möglichkeiten der *Fremdfinanzierung* (über Beteiligungen, Aufnahme von Krediten, Nutzung von Fördermitteln, Leasing von Sachmitteln u. a.) zu prüfen und zu erschließen.

Erst wenn alle Grundfragen der Projektfinanzierung geklärt sind, kann mit der Entscheidung zur Projektdurchführung auch die *Freigabe der Mittel* beantragt und damit das *Finanzmittelmanagement* unter Verantwortung der Projektleitung gestartet werden.

Finanzierungsfragen sind immer komplizierte und zugleich sehr sensible Fragen, denn beim Geld …

Ein Projektleiter muss aber deswegen kein „Finanzgenie" sein, denn in erster Linie wird ja seine Sach-, Fach- und Methodenkompetenz in Bezug auf den Gegenstand des jeweiligen Projekts gefragt.

---

[90] Siehe hierzu die Ausführungen im Abschnitt 1.5.4 dieses Buches.
[91] Siehe hierzu die Ausführungen in Abschnitt 4.8 des Buches sowie GPM – Projektmanagement-Fachmann, Bd. 2 (Kostenmanagement).
[92] Siehe ebenda.

Dennoch gilt: Der Projektleiter muss auch über ein hinreichendes *finanzwirtschaftliches Know-how* verfügen, da mit Entscheidungen zum Einsatz von Personal und Sachmitteln, mit Aufträgen zur Ausführung von Dienstleistungen u. a. m. auch immer *Zahlungsverpflichtungen* eingegangen werden, die dann nach Höhe und Termin erfüllt werden müssen. Erfordernis eines finanz- wirtschaft- lichen Know-hows

Zugleich gilt es, den betriebswirtschaftlichen Zusammenhang von *Kosten* und *Auszahlungen* zu beachten, denn nicht alle Aufwendungen (als Kosten) verursachen Auszahlungen (Abfluss von Geld), wie umgekehrt nicht alle Auszahlungen als Kosten das Kostenbudget belasten.[93]

Der Projektleiter muss sich – im Rahmen seines Finanzmittelmanagements - laufend darum kümmern, dass die bewilligten Finanzmittel auch tatsächlich und auch rechtzeitig verfügbar sind, damit von dieser Seite her der Projetablauf nicht gestört wird.

Diese Aufgabe und Verantwortung schließt zum Beispiel ferner ein, *vor* der Bestätigung von Auszahlungen zu prüfen, ob die *erbrachten* Leistungen auch tatsächlich dem Ausmaß der zu *bezahlenden* Leistungen entsprechen und ob sich alle Zahlungen im Rahmen des bestätigten *Finanzmittelbudgets* bewegen.

Kritisch wird es immer dann, wenn es in der Phase der Projektrealisierung zu *Störungen* im Projektablauf kommt und im Rahmen des Projektcontrollings zu einem bestimmten Kontrolltermin - beispielsweise - Folgendes festgestellt wird:

Im Arbeitsfortschritt ist ein Rückstand zum Plan zu verzeichnen, die bislang angefallenen Kosten überschreiten das Plan-Budget, und das Geld „ist momentan alle".

Dann beginnt das *eigentliche* Finanzmittelmanagement (siehe Abschnitt 5.2 „Projektcontrolling").

■ Beschaffungs- und Logistikmanagement

In der Regel erfordert die Ausführung vieler Arbeiten in einem Projekt eine vorherige Beschaffung und Bereitstellung von bestimmten Sachgütern, Dienstleistungen und auch Informationen (Genehmigungen u. a.).

Die Wahrnehmung dieser Aufgabe im Rahmen des Projektmanagement bedingt somit auch ein entsprechendes professionelles *Beschaffungsmanagement.*[94]

Aufgabe eines solchen Beschaffungsmanagements ist es, Aufgaben

- den *Bedarf* an Beschaffungsgütern nach *Art, Umfang* und *Qualität* und sowie nach *sachlicher* und *zeitlicher Einordnung* in den Projektverlauf zu ermitteln und unter Beachtung der einzuhaltenden *Kostenbudgets* zusammenzustellen,

- geeignete *Anbieter* (Lieferanten, Dienstleister u. a.) für die Bereitstellung der benötigten Beschaffungsgüter zu identifizieren und auszuwählen,

- eine entsprechende *Einkaufsanbahnung* zu starten (Erarbeiten und Stellen von Anfragen an Lieferanten, ggf. Erstellen von Ausschreibungsunterlagen, Einholen und Bewerten von Lieferangeboten, Durchführung der Lieferantenauswahl u. a.),

---

[93] Beispiele: Die Tilgung aufgenommener Kredite ist mit Auszahlungen verbunden, diese Auszahlungen sind aber keine Kosten. Umgekehrt werden kalkulatorische Abschreibungen von verwendeten Sachmitteln in die Herstellungskosten eines Produkts eingerechnet, ohne dass diese Abschreibungsbeträge zu Auszahlungen führen.

[94] Siehe hierzu auch:
von KÄNEL, S.: Betriebswirtschaftslehre – Eine Einführung, a. a. O.,
KUSTER, J. u. a.: Handbuch Projektmanagement, a. a. O.

- die notwendigen *Vertragsverhandlungen* zu entsprechenden Kaufverträgen oder auch Werkverträgen bzw. Werklieferverträge durchzuführen und entsprechende *Bestellungen* auszulösen,

- der *Erfüllung der Verträge* in Bezug auf die Lieferung der bestellten Güter bzw. in Bezug auf die Ausführung der vereinbarten Dienstleistungen zu überwachen und zu kontrollieren, was auch die Überprüfung eingehender *Rechnungen* (hinsichtlich Preis, Skontoangebot, Zahlungstermin) einschließt und schlussendlich

- das *Begleichen* der eingegangenen *Verbindlichkeiten* zu veranlassen.

Gerade im Kontext zu speziellen Anforderungen an eine kosteneffiziente und qualitätssichernde Ausführung von Projekten ist es wichtig, auf den engen Zusammenhang von *Beschaffungsmanagement* mit einem entsprechenden *Logistikmanagement* zu verweisen.

Logistik und Logistikmanagement
    Dies deshalb, weil über ein *professionelles* Logistikmanagement – in Verbindung mit dem Einsatz von *Logistik-Dienstleitern* – zu sichern ist, dass

- das *richtige* Beschaffungsgut,
- in der *richtigen Qualität,*
- in der *richtigen Menge* (Quantität),
- zum *richtigen Zeitpunkt* und
- am *richtigen Ort*

zur Verfügung steht und die dabei verursachten *Logistikkosten* im Rahmen des vereinbarten Budgets bleiben.[95]

Fazit: Auch die Wahrnehmung der Aufgaben im Rahmen des Beschaffungs- und Logistikmanagements stellt hohe Anforderungen an die *Fach- und Methodenkompetenz* der jeweiligen Verantwortlichen in der Projektleitung.

■ Informations- und Kommunikationsmanagement

Die Praxis zeigt: Der Erfolg bei der Vorbereitung, Planung und Realisierung von Projekten bis hin zur Einführung/Nutzung des fertigen Werkes hängt maßgeblich davon ab, *„inwieweit die am Projekt beteiligten Stellen auf alle relevanten Informationen vollständig, geordnet sowie problemorientiert bzw. aktuell zugreifen können bzw. mit den erforderlichen Informationen versorgt werden."*[96]
Dies betrifft sowohl alle nach *innen* (Kreis der unmittelbar Projektbeteiligten) als auch alle nach *außen* (Kunden, Nutzer, andere Stakeholder u. a.) gerichteten Informationen mit ihren zugehörigen Kommunikationsaspekten.

Bereiche
    Ein projektbezogenes Informations- und Kommunikationsmanagement umfasst vor allem folgende Bereiche:[97]

- *Mündliche Information und Kommunikation* im Rahmen der Zusammenarbeit der Beteiligten (Präsentationen, Gespräche, Sitzungen, Workshops u. a.),

---

[95] Weitere Ausführungen hierzu werden in den Kapitel 4 (Projektplanung) und 5 (Projektrealisierung) gemacht.
[96] GPM-Projekt-Fachmann, Bd. 2, S. 1117.
[97] Siehe ebenda sowie
KUSTER, J. u. a.: Handbuch Projektmanagement, a. a. O., Abschnitt 2.4.10 und die Ausführungen in Abschnitt 3.5 dieses Buches.

- *Schriftliche Information und Kommunikation* im Rahmen des projektbezogenen Berichtswesens (Ad-hoc-Meldungen, Projektstatusberichte, Projektabschlussbericht u. a.),

- Gestaltung und Nutzung von *schriftlichen Dokumentationen* (Projekthandbuch, Projektkonzepte, Anleitungen, Ergebnisdokumentationen, Ablagen u. a.),

- Information und Kommunikation im Rahmen des *Projektmarketings* (siehe Abschnitt 2.5) u. a.m.

Dabei ist zu beachten, dass die Verfügbarkeit über *immer leistungsfähigere technische Informations- und Kommunikationsmittel* (Computer und PM-Software, Festnetz-Telefon-Systeme, Telefax, Mobilfunk-Geräte, E-Mail-Dienste u. a.) zwar wesentlich zur Verbesserung der Gesamtprozesses von Information und Kommunikation in Bezug auf Aktualität, Schnelligkeit und Vielfalt (Ton, Bild, Video u. a.) beigetragen hat, dass aber diese technischen Medien nicht das *persönliche Treffen*, die *persönliche Kommunikation* mit Einschluss ihrer *non-verbalen Komponenten* (Körpersprache, Augenkontakt, Tonfall, äußere Form u. a.) ersetzen können. *(Technische Mittel sind nicht alles)*

Neben der *Fachkompetenz* in Bezug auf die Nutzung technischer Mittel im projektbezogenen Informations- und Kommunikationsprozess werden an die Projektbeteiligten, vor allem an den Projektleiter, zugleich auch hohe Anforderungen an die *persönliche Kommunikations-Kompetenz* gestellt, denn nur diese vermag *Vertrauen, Motivation, Mut* zur Überwindung von Schwierigkeiten u. a. vermitteln.

■ Management der Leistungsbewertung und der Projektkontrolle

Die Realisierung von Projekten vollzieht sich – wie dargestellt – über mehrere Phasen. Um letztlich den Projekterfolg zu sichern, ist es wichtig,

- zum einen festzustellen, in *welchem Projektzeitraum* das Erbringen *welcher Sach- oder Dienstleistung* geplant war und in *welchem Zeitraum* diese Leistung *tatsächlich erbracht* wurde sowie

- zum anderen festzulegen, zu welchen *Meilensteinen* eine *Leistungsbewertung* (mit Feststellen des Projektstatus bzw. des erreichten Projektfortschritts) nach den Kriterien Ergebnis, Zeit (Termin), Aufwand (Kosten) und Qualität vorzunehmen und im Sinne einer SOLL-IST-Kontrolle auszuwerten ist.[98]

Eine solche Vorgehensweise ist *Kernstück* des Projektmanagements in der Phase der *Projektrealisierung* und damit Hauptgegenstand des *Projektcontrollings*,[99] denn in der Phase der Projektrealisierung muss man – nach *E. Murphy* - damit rechnen, dass *„alles, was schief gehen kann, auch schief gehen wird"* oder – um W. BUSCH zu zitieren – *„... hier, wie überhaupt, kommt es anders als man glaubt!"*. *(Projekt-Controlling)*

Ausgangpunkt und Grundlage für den Vergleich der im Projektverlauf erreichten IST-Werte bilden die Ergebnisse der Projektstrukturplanung, der Ablauf- und Terminplanung, der Ressourcenplanung, der Kostenplanung und der Finanzmittelplanung (siehe Kapitel 4, Projektplanung).

Auch die Wahrnehmung der Aufgaben eines *Managements der Leistungsbewertung*, der *Fortschrittskontrolle* sowie des gesamten *Projektcontrollings* stellt wiederum hohe *(Anforderungen)*

---

[98] Siehe auch GPM-Projektmanagement-Fachmann, Bd. 2, a. a. O., Abschnitt 3.6.
[99] Details hierzu werden im Abschnitt 5.2 dieses Buches erörtert.

Anforderungen an die *Fach-* und *Methodenkompetenz* der damit beauftragten Verantwortlichen in der Projektleitung, vor allem in Bezug auf die Anwendung geeigneter Methoden der *Fortschrittsmessung*, der *Aufwandsschätzung*, der *Entscheidungsfindung* für eine wirksame Prozessbeeinflussung unter Ausnutzung von Pufferzeiten im Projektablauf u. a. m.

Aber fast noch wichtiger sind *Führungseigenschaften* bei den Projektverantwortlichen, die sich vor allem im *Willen* und *Wollen* zur *Überwindung von Schwierigkeiten* im Projektverlauf, in der Fähigkeit zur *Motivation* der Projektausführenden, in einer berechtigten *Unnachgiebigkeit* gegenüber Wünschen zur „Aufweichung" von Zielvorgaben, in einem *Nichtzulassen von Schönfärbereien* in Bezug auf erzielte Ergebnisse oder im Vertuschen von Problemen und dgl. mehr zeigen müssen.[100]

Ein Projekt erfolgreich zu leiten, ist eben nicht einfach.

■ Risikomanagement

Projekt und Risiko

Auf den Zusammenhang von *Projekt* und *Risiko* wurde bereits mehrfach verwiesen.[101] Dass sich daraus spezielle Anforderungen an das Projektmanagement ergeben, liegt somit auf der Hand.
Im Abschnitt 5.3.1 des Buches wird dieses wichtige Thema auch ausführlich erörtert.

An dieser Stelle soll lediglich jener Aspekt hervorgehoben werden, der sich nicht ursächlich auf das aus den Komponenten „Neuartigkeit" und „Komplexität" resultierende Risikopotenzial eines Projektgeschäfts bezieht, sondern darauf, welche Anforderungen sich hieraus an die *Führungseigenschaften der Projektverantwortlichen* ergeben.

Man kann sicherlich nachvollziehen, dass weder ein Projektleiter mit Eigenschaften eines „Hasardeurs" noch mit solchen Eigenschaften wie „Scheu vor Schwierigkeiten" oder „Zögern vor unangenehmen Entscheidungen" und dgl. den Erfolg eines Projekts sichern kann.
Gefragt sind vielmehr eine berechtigte *Risikofreude* sowie *Mut zu Entscheidungen*, weil sich hinter jedem Risiko im Projekt in der Regel auch eine *Chance* für das Erreichen des Projekterfolgs verbirgt!

■ Qualitätsmanagement

Qualitätsbegriff

Die Bewertung eines Projektergebnisses wird in erster Linie mit daran gemessen, ob das erreichte *Qualitätsniveau* dieses Ergebnisses den eingangs gestellten *Anforderungen* (seitens des Auftraggebers) entspricht oder es diesbezüglich Abweichungen gibt.
Mit anderen Worten: Es geht bei Projekten ursächlich nicht um das Erreichen eines höchst möglichen Qualitätsniveaus („koste es, was es wolle"), sondern immer um den *Vergleich* der IST-Qualität mit der SOLL-Qualität mit Bezug auf die *Anforderungen* lt. Projektvertrag.[102]

---

[100] Man vergleiche dies mit den Erwartungen an Trainer von Ball-Mannschaften, die gegen den Abstieg aus einer Spielklasse kämpfen müssen.
[101] Siehe Formel (1.1), Seite 25 sowie die Ausführungen zur Risikoanalyse im Rahmen der Entscheidungsvorbereitung, Abschnitt 1.5.2.
[102] Siehe auch:
KUSTER, J. u. a.: Handbuch Projektmanagement, a. a. O. (Abschnitt 2.4.11).

Damit gilt:

Qualität des Projektergebnisses ist der Ausdruck dessen, in welchem Maße die Beschaffenheit dieses Ergebnisses die gestellten Anforderungen erfüllt.[103]

Aufgabe des *Qualitätsmanagements* ist es somit, im gesamten Projektprozess – beginnend bei der Projektorganisation und Projektplanung, über die Steuerung der Projektdurchführung bis hin zum Management des Projektabschlusses und des Übergangs zur Projektnutzung – zu sichern, dass die gegebenen *Qualitätsnormen eingehalten* werden und *Fehler* in der Ausführung der Projektarbeiten *vermieden* bzw. umgehend *behoben* werden. Aufgaben

Dies bedeutet:

Ein Projektmanagement-System ist dem Kern nach ein Qualitätsmanagement-System für Projekte![104]

Als zuverlässiges Konzept für ein solches Qualitätsmanagement-System weist sich das *FMEA-Konzept*.[105] Dieses Konzept wird Abschnitt 5.3.2 näher erläutert. FMEA-Konzept

Fazit: Die Wahrnehmung der Aufgaben der Organisation, Planung und Steuerung von Projekten durch den Projektleiter erfordert vor allem auch ein professionelles Beherrschen der Grundsätze, Normen und Methoden des *Qualitätsmanagements*.

■ Management des Projektabschlusses

Projekte sind – wie mehrfach hervorgehoben – *Organisationen auf Zeit*. Dies bedeutet, dass jedes Projekt irgendwann einmal *endet*, entweder mehr oder weniger erfolgreich oder auch mit einem Projektabbruch.

Die Praxis zeigt: Auch im Falle, dass die Realisierung eines Vorhabens mit dem Ausführen der letzten Arbeiten sachlich abgeschlossen wurde, kann der Projekterfolg immer noch gefährdet sein. Dies deshalb, weil die Abschlussphase des Vorhabens und der Übergang in die sich anschließende Nutzungsphase noch eine Vielzahl von Aufgaben beinhaltet, die es mit *Umsicht* und mit *großer Sorgfalt* zu erledigen gilt.

Diese Aufgaben beziehen sich einerseits auf eine *Sachebene* des Vorhabens (Ausführung der restlicher Arbeiten zum Vorhaben, Erstellen von Projektdokumentationen, Schulung der künftigen Betreiber/Nutzer des Vorhabens u. a.) und andererseits auf eine *Beziehungsebene* (Auflösung des Projektteams und der Projektleitung, verbunden mit solchen Fragen wie *„Was wird nun?"*, *„Gibt es für uns Folgeaufgaben?"* u. a.).[106] Sach- und Beziehungsebene

Daraus soll ersichtlich werden: Auch der *Abschluss* eines Projekts muss professionell „gemanagt" werden, woraus sich an alle Projektverantwortlichen hohe Anforderungen sowohl in sachlicher als auch in sozialer und psychologischer Hinsicht ergeben. Einzelheiten hierzu werden im Kapitel 5 des Buches erörtert.

---

[103] Siehe hierzu auch ebenda sowie
GPM – Projektmanagement-Fachmann, Bd. 2, a. a. O. (Abschnitt 4.2);
JAKOBY, W.: Projektmanagement für Ingenieure, a. a. O., Abschnitt 10.1.
[104] Siehe: GPM – Projektmanagement-Fachmann, Bd. 2, a. a. O. (Abschnitt 4.2.1.3).
[105] FMEA = Fehler-Möglichkeiten-und Einfluss-Analyse (Failure-Mode and Effect-Analysis).
[106] Siehe hierzu auch: GPM – Projektmanagement-Fachmann, a. a. O. (Abschnitt 4.10).

■ Dokumentationsmanagement

Ein professionelles Projektmanagement muss schlussendlich auch ein adäquates *Dokumentationsmanagement* – als Bestandteil des gesamten *Informationsmanagements* zum betreffenden Projekt – einschließen.

Was sind Dokumente? *Dokumente* zu Projekten sind *formale*, *verbindliche* und *aufbewahrungswürdige* wie *aufbewahrungspflichtige* Informationen und *Informationszusammenstellungen* in Papierform oder in elektronischer Form, die vor allem Angaben zum Gegenstand und zu den Zielen des betreffenden Vorhabens, zum Projektverlauf und den dabei erreichten Ergebnissen und verursachten Aufwendungen sowie zum Projektabschluss enthalten.

Derartige Dokumente sind zum Beispiel

- das PM-Handbuch (siehe Abschnitt 3.6),
- die Liste der Projektbeteiligten,
- das Lasten- sowie das Pflichtenheft,
- Kalkulationsunterlagen,
- Projektstrukturplan,
- Sprint Backlog (agiles PM),
- Terminplan,
- Personaleinsatzplan,
- Statusberichte,
- Änderungsanträge,
- Abschlussbericht, Übergabe- und Abnahmeprotokolle,
- Objektdokumentationen zum Projektergebnis

u. a.

Bedeutung des Dokumentenmanagements Das Erstellen, Kennzeichnen und Verwalten von Projekt-Dokumentationen beansprucht im Projektmanagement zwar *viel Zeit*, die ordnungsmäße Wahrnehmung dieser Aufgaben ist aber *unerlässlich* für die Sicherung des Projekterfolgs und für Abnahme sowie Nutzung des Projektergebnisses.

<u>Fazit:</u>

Um die Vorbereitung und Durchführung komplexer Vorhaben erfolgreich „zu managen", bedarf es eines Know-hows, das „Bausteine" aus einem breiten Spektrum an Wissensbereichen umfasst.

Natürlich ist es vermessen, zu erwarten, dass Projektleiter und andere Projektverantwortliche in all den in diesem Abschnitt aufgeführten Gebieten „zu Hause" sind.

Wichtig ist vielmehr, dass die Verantwortlichen ein *ausgeprägtes „Feeling"* für ein *professionelles Projektmanagement* mit all seinen Spezifika haben, denn für die Lösung einzelner Probleme können Spezialisten mit herangezogen werden und dann gibt es ja noch *Projektmanagement-Werkzeuge* und vielfältige *Software-Tools*, die in ihrer Anwendung sowohl die Aufgaben des Managements und die operative Projektarbeit der Teams unterstützen können.

Auf diesen Aspekt wird im nachfolgenden Abschnitt näher eingegangen.

2.4 Instrumente des Projektmanagements

■ **Begriff und Übersicht**

> Erfolgreiches Projektmanagement benötigt bewährte Methoden, unterstützende Tools und eine Projektmanagementkultur. *(PM-Weisheit)*

Die *Vielfalt* und auch die *Brisanz* der Aufgaben, die es im Prozess der Organisation, Planung und Steuerung von Projekten bis hin zur Inbetriebnahme/Nutzung des Projektergebnisses wahrzunehmen und zu lösen gilt, lässt sich nur erfolgreich bewältigen, wenn die Projektverantwortlichen in ihrer Arbeit auf geeignete *Hilfsmittel*, sprich *Instrumente* des Projektmanagements zurückgreifen können.

> **Instrumente des Projektmanagements** sind all jene methodischen und technischen Hilfsmittel, die geeignet sind, die verantwortlichen Führungskräfte und Mitarbeiter im Projektprozess bei der Lösung ihrer Aufgaben zu unterstützen und so zu einer hohen Qualität der Aufgabenlösung und damit zum Projekterfolg insgesamt beizutragen.

Begriffsbestimmung

Die Tabelle **Tab. 2.02** zeigt in einer Übersicht, um welche PM-Instrumente es im Einzelnen geht, in welchen Aufgabengebieten sie speziell zur Anwendung kommen und in welchen Abschnitten des Buches hierzu Näheres erläutert wird.

Tabelle Tab. 2.02: Instrumente des Projektmanagements (Übersicht)

Übersicht

Nr.	PM-Instrument	Anwendungsbereich	Näheres in Abschnitt ...
1	Statische und dynamische Methoden der Wirtschaftlichkeitsrechnung von Investitionen	Entscheidungsfindung zu Projektanträgen; Projektcontrolling	Abschnitt 1.5.4; angegebene Excel-Dateien
2	Entscheidungsmodelle (Entscheidungsbaum, Projektportfolios u. a.)	Entscheidungsfindung zu Projektanträgen; Projektportfolio-Management; Projektplanung; Risikomanagement	Abschnitte 1.6; 2.2.5; 4.1; 5.3.1
3	Methoden der Ablauf- und Zeitplanung (Netzplantechnik)	Projektplanung und Fortschrittskontrolle	Abschnitte 4.4 bis 4.6
4	Methoden der Aufwandsschätzung und der Projektfortschrittskontrolle	Projektplanung und Fortschrittskontrolle	Abschnitt 4.3
5	Software-Tools des Projektmanagements (MS Project u.a.)	Projektplanung, Projektsteuerung	Abschnitt 2.4 (weiter unten)
6	Templates (Mustervorlagen in einer Vielzahl von Anwendungen)	Projektorganisation, Projektplanung, Projektsteuerung; Berichtswesen	Abschnitt 3.5; Kapitel 4
7	Checklisten und Formulare	Projektorganisation, Projektplanung, Projektsteuerung; Berichtswesen	Excel- Dateien und Word-Dokumente im Online-Zusatz-material
8	Mittel der Informations- und Kommunikationstechnik sowie Standardsoftwarelösungen (wie MS Excel u. a.)	Gesamtgebiet des Projektmanagements	Abschnitt 2.3 u. a.

Im Weiteren soll auf zwei besonders wichtige Instrumentenbereiche des Projektmanagements aufmerksam gemacht werden.

■ Projektmanagement und Netzplantechnik

Die Ermittlung der *Ablauf-* und *Zeitstruktur* eines zu realisierenden Vorhabens und die darauf Bezug nehmende *Ablauf-* und *Terminplanung* ist eine zentrale Aufgabe eines jeden Projektmanagements.

Gantt-Diagramm versus Netzplantechnik

Die in den Anfängen des Projektmanagements und auch heute noch angewendete Form der graphischen Darstellung des zeitlichen Ablaufs eines Projektprozesses in Form eines *Balkendiagramms* (Gantt-Diagramm)[107] erwies und erweist sich insofern als wenig aussagefähig, weil mit dieser Methode – neben anderen Nachteilen – vor allem die so wichtigen *sachlichen* und *zeitlichen Abhängigkeiten* zwischen den einzelnen Vorgängen (Arbeitspaketen) nicht oder nur ungenau erfasst und dargestellt werden können.

Dieses Problem (Ermitteln und Beachten der Abhängigkeiten der Vorgänge im Projektprozess) konnte erst mit dem Aufkommen von Methoden der *Netzplantechnik* in den 1960er Jahren[108] einer praktikablen Lösung zugeführt werden.

Die Erfahrung zeigt: Erst wenn man sich eingehender mit den Methoden der Netzplantechnik befasst hat, wird klarer, was eigentlich *Projektmanagement im Kern* ausmacht, geht es dabei doch um solche Fragen wie:

- Welche Arbeiten (Vorgänge, Arbeitspakete) müssen *abgeschlossen* sein, damit ein bestimmter Vorgang (als Nachfolger) beginnen kann?

- Zu welchem *frühesten Anfangstermin kann* dieser Vorgang beginnen und zu welchem *Endtermin* kann er *frühestens* abgeschlossen werden?

- Zu welchem *spätesten* Anfangstermin *muss* dieser Vorgang beginnen und zum welchem *spätesten Endtermin* kann er abgeschlossen werden?

- Welche *Zeitpuffer* haben die einzelnen Vorgänge (Arbeitspakete) und wie können diese im Kontext zur Ressourcenplanung genutzt werden?

- Welche Vorgänge bilden in welcher Reihenfolge den *kritischen Weg* im Netz und welche *Projektdauer* ergibt dieser zeitlängste Weg?

u. a. m.

Aufgrund der Bedeutung der Netzplantechnik in einem professionellen Projektmanagement wird dieses Thema in den Abschnitten 4.5 und 4.6 ausführlich (mit Berechnungsgrundlagen und Excel basierten Fallbeispielen) und detailliert erörtert.

---

[107] Siehe hierzu die Ausführungen in 4.5 des Buches.
[108] Siehe hierzu:
WEBER, K.: Planung mit der Critical Path Method (CPM). In: Industrielle Organisation 32(1963), H. 1;
WEBER, K.: Planung mit der Program Evaluation and Review Techique (PERT). In: Industrielle Organisation 32(1963), H. 2.
von KÄNEL. S.: Planung der Vorbereitung des Einsatzes einer elektronischen Datenverarbeitungsanlage mit Hilfe des PERT-Systems, a. a. O.

■ PM-Softwarelösungen

Das Aufgabengebiet des Projektmanagements gehörte seit Anfang an mit zu den ersten Einsatzgebieten der elektronischen Datenverarbeitung (EDV).
Richtig produktiv wurde die EDV-Unterstützung im Projektmanagement aber erst mit der Verfügbarkeit über *Arbeitsplatzrechner*, der Schaffung von Client-Server-Architekturen (lokale Netze, Intranet-Lösungen), der Nutzung des Internets sowie der Bereitstellung entsprechender *Softwarelösungen* (Arbeitsplatzsoftware wie MS Office, Data-Warehouse-Systeme, spezielle Projektmanagement-Software-Produkte).

Heute ist das Angebot an speziellen Projektmanagement-Software-Tools kaum zu überschauen.   PM-Software-Tools
Diese Produkte vereinen nicht nur *die Funktionen*

- der Projektplanung,
- der Aufgabenverteilung und Aufgabenverwaltung,
- der Erfassung des Zeitaufwandes und des Projektfortschritts,
- der Kostenkontrolle und der buchhalterische Kontrolle der Einhaltung der Projektbudgets u. a.

sondern auch

- viele *Möglichkeiten der Kommunikation* zwischen den Projektbeteiligten über E-Mail-Dienste, Datei-Uploads, Video-Konferenzen u. a.

Das erste und auch heute auf Windows-PCs am häufigsten genutzte Projektmanagement-Tool war bzw. ist *Microsoft Project*.[109]   MS Project
Dieses Tool wird in den Versionen „*Standard*", „*Professional*" und „*Premium*" angeboten, und zwar sowohl als *lokales* Arbeitsplatz-Paket als auch als sog. *Cloud-Lösung* (über den Server des Herstellers).
MS Project enthält eine Vielzahl an *Vorlagen* für die Planung und Verwaltung von Vorgängen und Ressourcen, für die Arbeitszeiterfassung u. a. m., in der Regel jedoch nur auf *Gantt-Diagramme* ausgerichtet.
Ein *Echtzeit-Reporting* erleichtert die Arbeit des Projektmanagers wesentlich.

Weitere PM-Software-Tools und deren Anbieter sind unter dem unten angegebenen Link zu finden.[110]

Der Einsatz von PM-Software-Tools ist unbestreitbar mit vielen *Vorteilen* verbunden, da sowohl die Projektplanung als auch die Fortschrittskontrolle im Projektprozess unterstützt wird. Des Weiteren wird die Kommunikation im Projektteam und in der Projektleitung erleichtert.
Einen Ersatz für die Kompetenz des Projektleiters bieten diese Tools jedoch nicht.

Wo Vorteile zu nennen sind, gibt es sicher auch *Nachteile*:

Zunächst ist darauf zu verweisen, dass PM-Software-Tools i. d. R. *teuer* sind. Bei dem Erwerb der Lizenz für eine Cloud-Lösung können zwar Kosten gespart werden, allerdings können hier Probleme in Bezug auf den *Datenschutz* auftreten.
Schwerer wiegt der Fakt, dass die Einarbeitung der Nutzer in diese Tools nicht nur viel Zeit in Anspruch nimmt, sondern dass darüber hinaus die praktische Arbeit mit

---

[109] Link: https://products.office.com/de-de/project/project-management-software.
[110] Übersicht über das PM-Software-Angebot:
https://www.omt.de/online-marketing-tools/projektmanagement-tools.

den Tools mit einem Zwang zur lückenlosen Dokumentation der einzelnen Arbeitsfortschritte verbunden ist, was gleichfalls mit Mehraufwand führt.

2.5 Projektmarketing

> Erfolgreiches Marketing ist immer einfach. Es gründet sich auf solide Arbeit bei Produktion und Dienstleistungen – und, am wichtigsten, auf Wahrheit. (*Michael J. Pabst*)

Auch Projekte müssen „verkauft" werden, sowohl nach *außen* (gegenüber Stakeholdern) als auch *innen* (gegenüber dem Projektteam), denn nur über Transparenz, Wertschätzung und umfassende Information und Kommunikation lässt sich *Akzeptanz* zum Vorhaben aufbauen und sichern und diese Akzeptanz ist eine unerlässliche Voraussetzung für den Projekterfolg.

Aus dieser Aufgabe heraus erwächst ein weiteres Betätigungsfeld für das Projektmanagement, das Aufgabengebiet „*Projektmarketing*".[111]

Begriffsbestimmung

> Inhalt und Aufgabe des **Projektmarketings** ist die *Präsentation* sowie die *werbende Darstellung* des betreffenden Vorhabens gegenüber den Stakeholdern, ggf. auch gegenüber der Öffentlichkeit sowie gegenüber anderen Projektbeteiligten.
>
> Es geht vornehmlich darum, die Projektidee, den Projektanlass, die Projektziele und auch die zu beschreitenden Lösungswege im Kontext zum Projektumfeld aktiv und überzeugend darzustellen, um so die *Akzeptanz* auch der kritischen Stakeholder für das Projekt zu bewirken bzw. zu verbessern und dabei zugleich das *Identifizieren des Projektteams* mit der gestellten Aufgabe zu fördern.
>
> Durch ein aktives Projektmarketing gilt es zugleich, die für die Projektrealisierung *benötigten Mittel* abzusichern und damit den entscheidenden Beitrag zum Projekterfolg zu leisten.

Aktivitäten eines zielgerichteten Projektmarketings sind bereits in der Phase der *Projektinitialisierung* zu starten, da es gerade in dieser Phase darauf ankommt, kritischen Stakeholdern den Nutzen des betreffenden Vorhabens zu kommunizieren und mögliche Bedenken zu zerstreuen.

Der Schwerpunkt des Projektmarketings liegt jedoch in der Phase der *Projektrealisierung.*

Elemente eines aktiven Projektmarketings

Als wesentliche Elemente eines aktiven Projektmarketings sind hervorzuheben (siehe auch **Abb. 2.08**):

- Schaffung einer nachhaltig wirkenden *Projektidentität*, indem für das Vorhaben ein griffiger, einprägsamer *Projektname* sowie ein geeignetes *Projekt-Logo* gefunden und in allen Ankündigen und Dokumenten zum Projekt genutzt wird.

- Einrichtung eines geeigneten *Projektraums* mit Darstellung der Projektidee, der Projektziele und des aktuellen Projektfortschritts.

- Regelmäßige *Information* der Entscheidungsträger und anderer wichtiger Stakeholder über den Projektfortschritt. Dies kann bei großen Projekten auch die Zuleitung von Informationen an Medien einschließen (Öffentlichkeitsarbeit).

---

[111] Siehe auch: GPM – Projektmanagement-Fachmann, Bd. 1, a. a. O., Abschnitt 1.1.3.; KUSTER, J.: Handbuch Projektmanagement, a. a. O., Abschnitt 2.3.6.

In Anlehnung an Aussagen zur Werbung im Rahmen des klassischen Marketings trifft hier - sinngemäß - folgendes Bonmot zu:
„Wer auf ein aktives Projektmarketing verzichtet, um Geld zu sparen, handelt wie einer, der die Uhr anhält, um Zeit zu sparen."

Projekt-
marketing

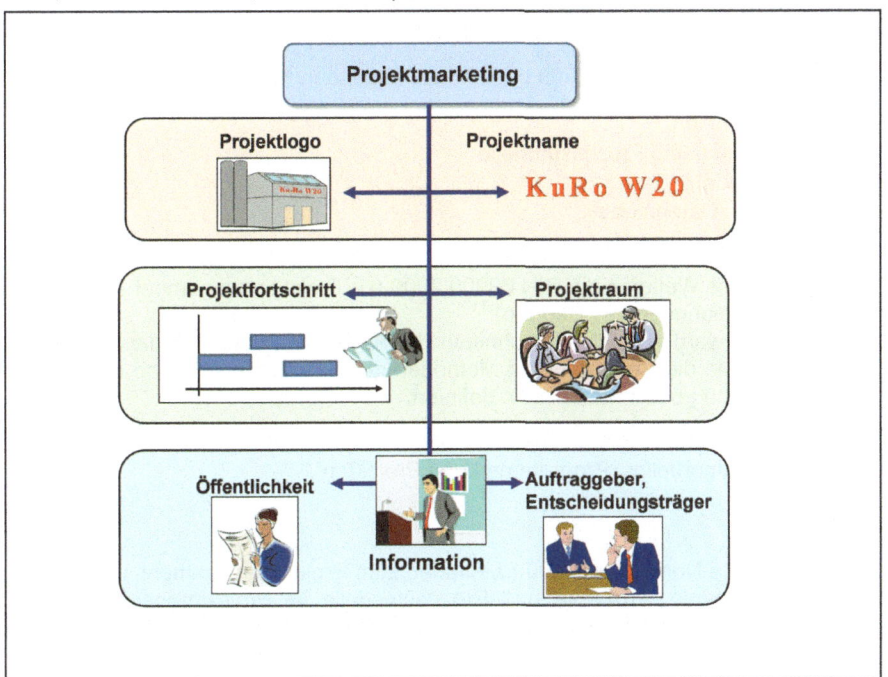

Abb. 2.08: Elemente eines aktiven Projektmarketings

Gelingt es, das betreffende Vorhaben zum Erfolg zu führen, dann sollte – gemäß dem Erfahrungswert *„Der letzte Eindruck ist maßgebend für die Erinnerung an das Projekt"* – das *erreichte Image* für das *Projektmarketing von Nachfolgeprojekten* genutzt werden.

2.6 PM-Normen und Richtlinien, PM-Organisationen

2.6.1 Normenreihen

> Normen sind die Leitplanken im Strom des Lebens. (*Unbekannt*)

Im Abschnitt 2.3 „Wissensbereiche des Projektmanagements" wurde bereits darauf verwiesen, welche Bedeutung die Kenntnis der grundlegenden Normen und Standards des Projektmanagements für eine erfolgreiche Arbeit eines Projektleiters und weiterer Projektverantwortlicher hat.
Die hier gemachten Aussagen sollen in diesem Abschnitt ergänzt und erweitert werden. Dabei soll deutlich werden, dass dem Projektmanagement in der *Normenarbeit* auf nationaler wie auch auf internationaler Ebene seit langem ein großes Gewicht beigemessen wird, was auch darin zum Ausdruck kommt, dass sich – außer Normenausschüssen – auch viele *andere Organisationen* das Thema „Projektmanagement" zum Gegenstand ihrer Arbeit in Bezug auf Tagungen, Publikationen u. a. gemacht haben,

■ DIN-Normenreihen

Neugefass-
te Normen-
reihe
Das *Deutsche Institut für Normung e.V. (DIN)*[112] hat im Januar 2009 die neugefasste DIN 69901:2009-01 "Projektmanagement - Projektmanagementsysteme" herausgegeben. Diese Normen ersetzen die bisherigen Normen DIN 69901:1987-08, DIN 69902:1987-08, DIN 69903:1987-08; DIN 69904:2000-11 und DIN 69905:1997-05.

Die Normenreihe DIN 69901:2009 besteht aus folgenden Normblättern:

- Teil 1: Grundlagen
- Teil 2: Prozesse und Prozessmodelle
- Teil 3: Methoden
- Teil 4: Daten, Datenmodell
- Teil 5: Begriffe

Netzplan-
technik
Zu nennen ist des Weiteren die DIN 69900:2009-01 (Projektmanagement – Netzplantechnik; Beschreibungen und Begriffe).[113]
In dieser Norm werden in fünf Abschnitten der Anwendungsbereich, die Normative, die Begriffe sowie die Verfahren und Methoden der Netzplantechnik und der Ablauf- und Terminplanung beschrieben bzw. definiert.

Derzeit entsteht eine Normenreihe DIN 69909 „Multiprojektmanagement - Management von Projektportfolios, Programmen und Projekten".

■ ISO 21500

Internationale
PM-Normen
Die internationale Norm ISO 21500 („Leitfaden zum Projektmanagement") beschreibt Begriffe, Grundlagen, Prozesse und Prozessmodelle im Projektmanagement. Die letzte Version wurde im Februar 2016 als deutsche Norm DIN ISO 21500:2016-02 akzeptiert.[114]
Die Darstellungen in der Norm ISO 21500 geben einen kurz gefassten Überblick über alle wesentlichen und allgemeingültigen Inhalte des Projektmanagements. Diese Norm wird oft als Grundlage für Zertifizierungs-Lehrgänge zum Projektmanager genutzt.

2.6.2 PM-Organisationen

■ GPM

PM-Fach-
verband
GPM
Die im Jahre 1979 gegründete *Deutsche Gesellschaft für Projektmanagement e. V.* (GPM), mit Sitz in Nürnberg und in Berlin, ist ein gemeinnütziger Fachverband für die Förderung des Projektmanagements.[115]
Sie engagiert sich insbesondere in der Aus- und Weiterbildung sowie in Forschung und Information auf diesem Gebiet.
Die GPM fungiert als deutsche Vertretung in der *International Project Management Association* (IPMA).

---

[112] Link: https://www.din.de/de.
[113] Link: https://www.beuth.de/de/norm/din-69900/113428266.
[114] Link: https://www.beuth.de/de/norm/din-iso-21500/207461260.
[115] Link: https://www.gpm-ipma.de/startseite.html.

Mitglieder der GPM sind über die DIN e. V. auch in internationalen Normungsgremien vertreten, so beispielsweise im *Technical Comites* TC 258, in dem Normen für das Projekt-, Programm- und Portfolio-Management entwickelt werden. TC 258

Die GPM ist darüber hinaus aktiv in Projekt- bzw. Fachgruppen des Projektmanagements vertreten und arbeitet in Kooperation mit anderen Verbänden an weiteren PM-Standards.

■ IPMA

Die *International Project Management Association* (IPMA) ist der internationale Dachverband nationaler Projektmanagementverbände.[116] IPMA als Dachverband

Die im Jahre 1965 als Non-Profit-Organisation gegründete IPMA (Sekretariat in den Niederlanden) repräsentiert mehr als 70 nationale PM-Verbände.

Von der IPMA wird unter anderem die sog. *Competence Baseline* (ICB® 3.0) herausgegeben, die Grundlage des vierstufigen Zertifizierungssystems für Projektmanager ist (siehe Abschnitt 2.7).

Ferner richtet die IPMA den jährlichen *IPMA World Congress* aus.[117]

■ PMI

Zu den großen internationalen Fachverbänden für Projektmanagement gehört ferner das *Project Management Institute* (PMI) in den USA. Dieses Institut wurde durch das *American National Standard Institute* (ANSI) als normgebende Organisation anerkannt.[118] PMI in den USA

Der wichtigste Zertifizierungsstandard des PMI ist der "*Guide to the Project Management Body of Knowledge*" (PMBOK® Guide, siehe Abschnitt 2.7).

Mitglieder des PMI gibt es auch in Deutschland und in der Schweiz.

■ AXELOS Ltd.

Die AXELOS Ltd. ist ein britisches Joint-Venture-Unternehmen, das seit 2013/2014 Inhaber der Urheberrechte des Zertifizierungsstandard *Best Management Practices* ist.[119] Axelos in GB

Zu diesem Standard gehören neben der PRINCE2® (*Projects in Controlled Environment*) auch MSP® (*Managing Successful Programmes*) und P3O® (*Portfolio, Programme and Project Offices*).

Weitere Details sind den genannten PM-Organisationen sind unter den angegebenen Webseiten zu finden.

Auf das Thema „PM-Zertifizierung" wird nachfolgend näher eingegangen.

2.7 Zertifizierungen im Projektmanagement

> Gebildet ist, wer weiß, wo er findet, was er nicht weiß! (*Georg Simmel*)

■ Anliegen und Ziel von Zertifizierungen

Als *Zertifizierung* werden allgemein Verfahren bezeichnet, mit deren Hilfe die Einhaltung bestimmter Anforderungen nachgewiesen werden.

Derartige Zertifizierungen werden von unabhängigen und allgemein anerkannten Zertifizierungsstellen (wie zum Beispiel TÜV, DEKRA, DQS) vorgenommen.

---

[116] Link: https://www.ipma.world.
[117] Link: https://www.gpm-ipma.de/events/ipma_veranstaltungen.html.
[118] Link: https://www.pmi.org.
[119] Link: https://www.axelos.com/

Was be-
deutet Zer-
tifizierung?

Auf dem Gebiet des *Projektmanagements* zielt eine Zertifizierung darauf ab, Personen über das Ablegen von Prüfungen einen national wie auch international anerkannten *Nachweis der persönlichen Befähigung* als *Projektmanager* zu erteilen, wobei diese Befähigung in verschiedenen Levels erreicht werden kann.

Für Zertifizierungen im Projektmanagement gibt es viele Standards, die auf unterschiedliche Themen und Kompetenzen fokussieren. Deshalb sollten Unternehmen
bei der Wahl eines Zertifizierungsstandards für ihre Projektleiter und Projektmitarbeiter darauf achten, dass die im jeweiligen Standard betonten Inhalte und nachzuwei-
senden Kompetenzen auch den PM-Anforderungen im eigenen Verantwortungsbe-
reich entsprechen.

■ PM-Zert der GPM nach dem IMPA--Standard

Die Deutsche Gesellschaft für Projektmanagement (GPM) bietet interessierten Personen (Projektmanager) Zertifizierungen in verschiedenen Anforderungsstufen (Levels) an.

Die Tabelle **Tab. 2.03** zeigt diese Möglichkeiten in einer Übersicht.

Tab. 2.03: PM-Zertifizierungen der GPM (Projektmanager)[120]

Übersicht zu
PM-Zertifi-
zierungen

Name	Angebot für	Zulassungs-voraussetzung	Upgrade-Möglichkeit
GPM **Basislevel**	Einsteiger in das PM, Studierende, Auszubildende, Schüler	keine	IPMA® Level D
IPMA® Level D	Arbeitspaketverantwortliche, Studierende in Studiengängen mit PM-Inhalten, Auszubildende, Berufserfahrene, die Erfahrungen mit fundiertem PM Wissen unterle-gen wollen	keine	IPMA® Level C
IPMA® Level C	Projektleiter, Projektmanager, Teil-projektleiter von komplexen Ge-samtprojekten, Leiter PM-Organisation, Leiter Projektcontrol-ling, Leiter Q-Management	mindestens 3 Jahre Erfahrung in einer verantwortlichen PM-Rolle oder mindestens 3 Jahren Erfahrung in einer verantwortlichen Teil-PM-Rolle (kom-plexe Projekte)	
IPMA® Level B	Projektmanager, die große Vorha-ben zum Erfolg führen wollen; Projektmanager, die für organisati-onsrelevante Projekte Verantwor-tung übernehmen wollen	Erfahrung von mindes-tens fünf Jahren in der Leitung von Projekten, davon mindestens drei Jahre in der Leitung von komplexen Projek-ten	
IPMA® Level A	Leiter von strategischen Großpro-jekten; Führungskräfte von projekt-basierten Organisationen	Erfahrung von mindes-tens 5 Jahren in der Leitung von hochkom-plexen Projekten - davon mindestens 3 Jahre auf strategischer Ebene	

---

[120] Siehe: https://www.gpm-ipma.de/zertifizierung.html.

Bei einer IMPA-Zertifizierung geht es vornehmlich um den *Nachweis von individuellen Kompetenzen* in Bezug auf *Wissen, Fertigkeiten* und *Fähigkeiten*.
Mit diesem Akzent unterscheidet sich dieses Zertifizierungskonzept von anderen PM-Zertifizierungsmodellen, die vorrangig prozessorientiert sind.[121]

Weitere Zertifizierungsangebote der GPM richten sich

Weitere
PM-Zertifizierungsangebote

- an Personen, die global agierende Organisationen in internationalen Projekten beraten (*Projektmanagement Berater-Zertifikat*) sowie

- an Organisationen, die über das neue Projektmanagement-Assessment „*IPMA Delta*" die PM-Kompetenz der Organisation umfassend verbessern wollen.

Grundlage des Assessment-Modells bilden die aktuellen, international führenden Projektmanagement-Standards wie *ICB – IPMA Individual Competence Baseline*, *IPMA Project Excellence Model* und *DIN ISO 21500*.

■ **Weitere Zertifizierungsmodelle**

a) PMBOK®

Internationale
PM-Zertifizierungsmodelle

Der PMBOK® Guide (*Project Management Body of Knowledge*) des US-Instituts PMI strukturiert den Projektprozess in folgende Prozessgruppen:[122]

- *Initiating Process Group* (Initiierungsprozessgruppe, zwei Prozesse),

- *Planning Process Group* (Planungsprozessgruppe, 24 Prozesse),

- *Executing Process Group* (Ausführungsprozessgruppe, acht Prozesse),

- *Monitoring and Controlling Process Group* (Überwachungs- und Steuerungsprozessgruppe,11 Prozesse) und

- *Closing Process Group* (Abschlussprozessgruppe, zwei Prozesse).

Im Hinblick auf die Zertifizierungs-Prüfung (als Multiple-Choice-Prüfung) werden zu diesen Prozessgruppen im PMBOK® Guide insgesamt zehn thematisch zusammenhängende Wissensgebiete (*Knowledge Areas*) definiert.
Weitere Details sind den unten angegebenen Web-Seiten zu entnehmen.

Hinweis: Das PMI bietet für das agile Vorgehen im Projektmanagement einen ergänzenden „*Agile Practice Guide*" an.[123]

b) PRINCE2®

PRINCE2® (*Projects IN Controlled Environments*) ist eine für alle zugängliche, nichtproprietäre Methode zur Ausgestaltung eines effektiven Projektmanagements. Die Urheberrechte für diesen de facto Standard liegen bei dem britischen Joint-Venture-Unternehmen AXELOS Ltd.[124]

---

[121] Siehe auch: KUSTER, J. u. a.: Handbuch Projektmanagement, a. a. O., Abschnitt 1.8.1.
[122] Link: https://www.pmi.org/pmbok-guide-standards/foundational/pmbok;
https://www.projektmagazin.de/glossarterm/pmbok-guide.
[123] Link: https://www.pmi.org/pmbok-guide-standards/practice-guides/agile.
[124] Link: https://www.prince2.com/de/what-is-prince2.

PRINCE2® beinhaltet folgende *Themengebiete*, die in etwa den Wissensgebieten des PMBOK® Guide entsprechen:

- Business Case (*Business Case*, Frage „Wozu?"),
- Organisation (*Organization*, Frage "Wer?"),
- Qualität (*Quality*, Frage „Was?"),
- Pläne (*Plans*, Fragen "Wie?", "Wie viel?", „Wann?"),
- Risiken (*Risk*, Frage „Was ist, wenn…?"),
- Änderungen (*Change*, Frage „Was sind die Auswirkungen?"),
- Fortschritt (*Progress*, Frage „Wie geht's weiter?").

Folgende *Zertifizierungen* werden zu PRINCE2® angeboten:[125]

1	**PRINCE2® Foundation**	Ziel: Beherrschen der Grundsätze des prozessorientierten Projektmanagements mit dazu gehörigen Komponenten und Techniken.
2	**PRINCE2® Practitioner**	Ziel: Beherrschen der Abläufe, Techniken und Komponenten von PRINCE2®.
3	**PRINCE2® Agile Practitioner**	Ziel: Erreichen der Kompetenz, eine Projektmanagement-Umgebung um agile Konzepte zu erweitern und so die Vorteile agiler und traditioneller Vorgehensweisen im selben Projekt zu nutzen.

Das Ablegen der Zertifizierungs-Prüfung erfolgt mittels der Multiple-Choice-Methode.[126]

c) Scrum Alliance®

Internationale Zertifizierungen für das agile PM

Die in den USA beheimatete Non-Profit-Organisation *Scrum Alliance*® bietet für Scrum und andere agile PM-Methoden folgende Zertifizierungen an:[127]

1	**Certified ScrumMaster®**	Ziel: Erreichen der Kompetenz zur Wahrnehmung der Rolle eines *Scrum Masters* oder der Rolle eines Mitglieds eines *Scrum Teams*.
2	**Certified Scrum Product Owner®**	Ziel: Erreichen der Kompetenz zur Wahrnehmung der Rolle eines *Scrum Product Owners*.
3	**Certified Scrum Developer®**	Ziel: Erreichen der Kompetenz für Software-Entwicklungen und deren Integration in Scrum-PM-Umgebungen

Des Weiteren wird eine Zertifizierung zum *Certified Scrum Professionals*® angeboten.

---

[125] Link: https://www.prince2.com/de/prince2-qualifications-explained.
[126] Links: https://www.prince2.com/de/downloads; https://www.mitsm.de.
[127] Link: https://www.scrumalliance.org.

Tests und Übungsaufgaben zu Kapitel 2

A 2.01: Wissenstests (JA/NEIN)

Nachfolgend werden 5 Aussagen zu den im Kapitel 2 behandelten Themen gemacht. Aufgabe: Machen Sie mit „Ankreuzen" kenntlich, ob die jeweilige Aussage – Ihres Wissens nach – als „richtig" (J) oder als „falsch" (N) zu werten ist.

Nr.	Aussage	J	N
1	Zu den Dimensionen des Projektmanagements gehört auch die Scrum-Methode. *Ist diese Aussage sachlich richtig?*		
2	Ein Hauptmerkmal des *klassischen* Projektmanagements ist unter anderem darin zu sehen, dass das betreffende Projektteam in seinen Aktivitäten primär auf das Projektziel und Projektergebnis und auf dessen Akzeptanz durch den Auftragsgeber fokussiert ist und somit Anforderungen hinsichtlich Termintreue u. a. weniger berücksichtigt werden.. . *Ist diese Aussage sachlich richtig?*		
3	Eine Grundidee des PM-Konzepts *Scrum* besteht in Folgendem: Zerlege das jeweilige komplexe Problem durch Reduktion in kleinere Aufgaben und erarbeite hierzu – ausgehend von einer Vision zur Problemlösung – schrittweise (iterativ) Zwischenergebnisse. *Ist diese Aussage sachlich richtig?*		
4	Ein Nachteil des *hybriden* Projektmanagements gegenüber dem klassischen und dem agilen PM ist darin zusehen, dass eine langfristig stabile Grobplanung der wichtigsten Projektparameter wie Zeit, Kosten, Meilensteine u. a. durch den Sachverhalt eingeengt wird, dass die Projektziele sowie die Vorgehensweise zur Projektrealisierung nach und nach konkretisiert werden. *Ist diese Aussage sachlich richtig?*		
5	Aufgabe des *strategischen Projektportfoliomanagements* ist es, eine optimale Mischung der für eine Realisierung in Betracht gezogenen Projektideen bzw. Projektanträge „richtig" zusammenzustellen und diese Mischung in einem. Portfolio zu visualisieren. *Ist diese Aussage sachlich richtig?*		

A 2.02: Multiple Choice-Aufgaben

Prüfungsfragen im Rahmen von PM-Zertifizierungen werden oft in Form von *Multiple-Choice-Aufgaben* formuliert.
In den nachstehend aufgeführten fünf Aufgaben ist durch Ankreuzen kenntlich zu machen, welche der zu einer Aufgabe machten Aussagen – Ihrer Kenntnis nach – richtig bzw. zutreffend ist. Falls mehrere Aussagen zutreffend sein können, wird dies bei der Aufgabenstellung angegeben.

1. Für die *Anwendung des Projektmanagements* im Prozess der Lösung komplexer Aufgaben sprechen folgende *Vorteile* (mehrere Aussagen zutreffend):

   a) Durch die Integration verschiedener Spezialisten und damit verschiedener Kompetenzen kann in Bezug auf die Kreativität und Innovationsfreudigkeit in Problemlösungsprozessen ein höheres Niveau erreicht werden.

b) Ein professionelles Projektmanagement sichert den notwendigen Zeit- und Erfolgsdruck in der Projektplanung und -realisierung als Voraussetzung für das Erreichen einer hohen Qualität der Projektergebnisse. ☐

c) Ein professionelles Projektmanagement ermöglicht über eine in sich stimmige Ablauf-, Zeit-, Kosten- und Finanzplanung, dass auch komplexe Vorhaben störungsfrei realisiert werden können. ☐

d) Ein professionelles Projektmanagement fördert die zielgerichtete und optimale Nutzung der verfügbaren Ressourcen bei der Lösung anstehender Probleme und unterstützt damit die Nutzung des Managementansatzes „Management by Projects". ☐

2. Für die Ausgestaltung eines Projektmanagements können verschiedene PM-Konzepte genutzt werden. Welche der folgenden Aussagen ist dabei zutreffend?

a) Die Anwendung des Konzepts eines klassischen Projektmanagements erfordert einerseits eine ständige aktive Mitwirkung des Auftraggebers bei der Realisierung des Projekts und andererseits das Gewähren von hohen Toleranzen in Bezug auf Leistungsumfang, Qualität, Zeit und Kosten bei der Umsetzung des Projektauftrags. ☐

b) Beim Konzept des agilen Projektmanagement wird die sonst übliche hohe Planungs- und Führungsintensität zu Gunsten einer hohen Anpassungsfähigkeit an neue Problemsituationen im Projektverlauf, gepaart mit Lernprozessen und einer Stärkung der Eigenverantwortlichkeit der Projektteams verringert. ☐

c) Charakteristisch für das hybride PM-Konzept ist, dass die Abwicklung des betreffenden Vorhabens nach standardisierten Vorgehensmodellen und Projektphasen geplant und organisiert wird, wobei im Ablauf des Projekts zu definierten Meilensteinen bestimmte Ergebnisse zu erreichen sind. ☐

d) Die Anwendung des Konzepts eines agilen Projektmanagements führt vor allem dann zum Erfolg, wenn im konkreten Fall die Ausführungsanforderungen, die Zeiten für die einzelnen Projektaufgaben, die verfügbaren Ressourcen u. a. bekannt und ausreichend definiert sind. ☐

3. Das agile Projektmanagement basiert auf folgenden Prinzipien (mehrere Aussagen zutreffend):

a) Unsere höchste Priorität ist es, den Kunden durch frühe und kontinuierliche Auslieferung wertvoller Software zufrieden zu stellen. ☐

b) Die effizienteste und effektivste Methode, Informationen an und innerhalb einer Software-Entwicklungsstufe zu übermitteln, ist das schriftliche Reporting per E-Mail. ☐

c) Ständiges Augenmerk auf technische Exzellenz und gutes Design fördern Agilität. ☐

d) Anforderungsänderungen sind nur zu Beginn der Projektrealisierung zulässig. ☐

4. Das gesamte Scrum-Konzept beruht auf drei Säulen (nur eine Aussage zutreffend):

   a) Transparenz: Projektergebnisse und deren Funktionalität werden regelmäßig überprüft und bewertet.　☐

   b) Dokumentation: Die nach Abschluss eines Sprints gewonnenen Erkenntnisse werden – produktbezogen – in einem Sprint Backlog festgehalten.　☐

   c) Vision: Zentrale Arbeitsgrundlage für die Arbeit der Projektteams bildet der Product Increment.　☐

5. Projektverantwortliche benötigten ein umfassendes Know-how in vielen Wissensbereichen. Zu nennen sind hier beispielsweise solche Wissensbereiche wie (mehrere Aussagen zutreffend):

   a) Vertragsrecht, Vertragsmanagement,　☐

   b) Buchführung und Jahresabschluss nach internationalen Standards,　☐

   c) Zielkostenrechnung (Target Costing),　☐

   d) Risikomanagement,　☐

   e) Kybernetik.　☐

A 2.03: Projektportfoliomanagement

Das Projektportfoliomanagement nutzt zur visualisierten Darstellung der Einordnung von Einzelprojekten in das Multiprojekt-Konzept eines Unternehmens geeignete Portfolio-Darstellungen. Nachfolgend wird ein „leeres" Portfolio vorgegeben:

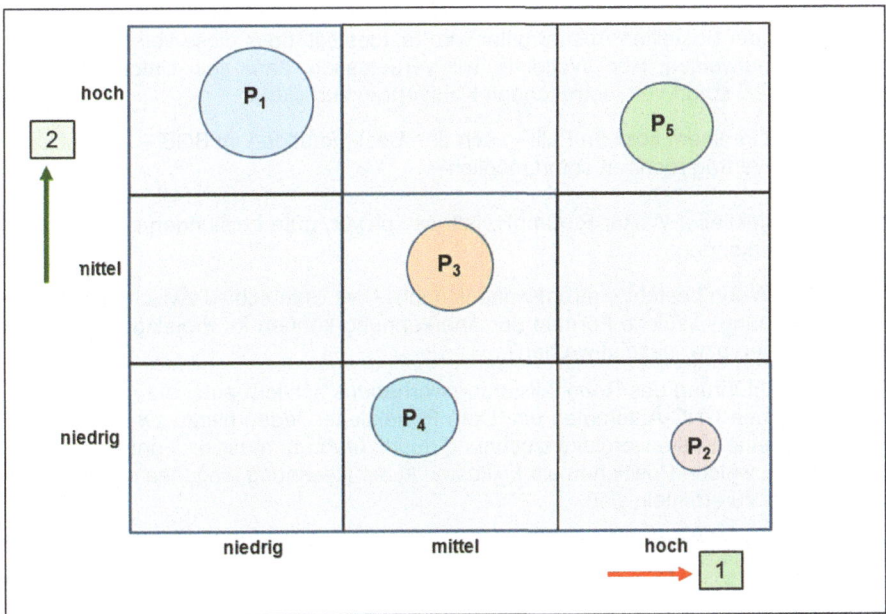

Ihre Aufgabe besteht in Folgendem:

a) Tragen Sie in die nachstehend vorbereitete Tabelle ein, welchen Inhalt die Achsenbezeichnungen (Nr. 1 und Nr. 2) haben!

b) Tragen Sie in die Tabelle ferner ein, welche Entscheidung Sie in Bezug auf die im Portfolio eingetragenen Projekte P_1 bis P_5 treffen würden bzw. was zu tun wäre, um bei dieses Vorhaben einen Projekterfolg erreichbar zu machen!

1	
2	
P1	
P2	
P3	
P4	
P5	

A 2.04: Wissensbereiche des Projektmanagements

Dem Ingenieur *Walter R.*, Technischer Direktor im Unternehmen PCX GmbH, wurde die Leitung eines größeren Rationalisierungsprojekts übertragen. Bei der Wahrnehmung dieser Aufgabe wird er mit vielen Problemen konfrontiert, deren Lösung Kenntnisse auch aus nicht-technischen Wissensbereichen erfordert:

a) Für die Durchführung des Rationalisierungsvorhabens werden spezielle Absperrgitter benötigt. Als verantwortlicher Projektleiter hat Herr Walter R. den zugehörigen Kaufvertrag mit der Fa. GITTER OHG abgezeichnet. Bei der Anlieferung der bestellten Absperrgitter wird festgestellt, dass diese verschiedene Mängel aufweisen. Herr Walter R. will veranlassen, dass sein Unternehmen (als Käufer) sofort vom betreffenden Kaufvertrag zurücktritt.

Frage: Ist in einem solchen Fall – nach den Bestimmungen im BGB – ein Rücktritt vom Kaufvertrag rechtlich sofort möglich?

b) Dem Projektleiter Walter R. GmbH, fällt es schwer, gute Leistungen der Mitarbeiter anzuerkennen.

Fragen: Worin besteht – Ihrer Kenntnis nach – der Unterschied zwischen Lob und Anerkennung? Welche Formen der Anerkennung können im Projektprozess ausgesprochen bzw. gezeigt werden?

c) Die Durchführung des Rationalisierungsvorhabens schließt auch die Anschaffung eines neuen CNC-Automaten ein. Dem Projektleiter liegen hierzu zwei Angebote vor. Um eine Kostenvergleichsrechnung durchzuführen, muss er – unter anderem – wissen, welche Positionen als *Fixkosten* in die Rechnung eingehen müssen und wie diese zu ermitteln sind.

Frage: Können Sie dem Projektleiter hierzu Hilfestellung leisten?

3. Projektorganisation, Projektleitung, Projektteam

3.1 Einordnung, Zusammenhänge

Projekte sind – wie bereits mehrfach hervorgehoben – *Organisationen auf Zeit*. Daraus folgt

- *Erstens*, dass sowohl die Organisation der *Projektleitung* und des *Projektteams* als auch die *Organisation* und *Leitung der Projektdurchführung* auf die *Zeitdauer des Projekts* zugeschnitten werden muss und somit auch nur für diese Dauer besteht und

- *Zweitens*, dass die *Klärung der Grundfragen* der *Organisation* und *Leitung* eines bestätigten Projekts und die Klärung der *Zusammensetzung der Projektteams* Ausgangspunkt und Grundlage des gesamten Projektmanagements ist bzw. sein muss.

Dies soll auch durch die Darstellung in **Abb. 3.01** (als Ausschnitt der Abb. 2.01) verdeutlicht werden.

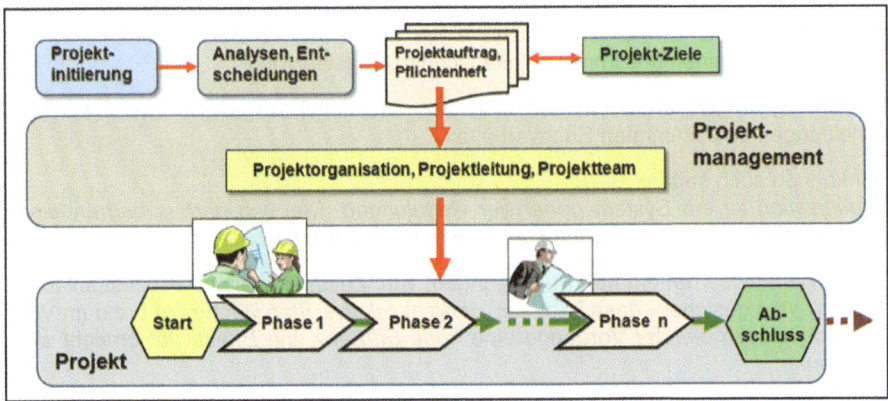

Zur Einordnung des Themas

Abb. 3.01: Zur Einordnung des Themas in das Projektmanagement

Im Weiteren werden die drei Einzelthemen „Projektorganisation", „Projektleitung" und „Projektteam" im Kontext zu den bisherigen Ausführungen zu „Projekt" und „Projektmanagement" eingehender erörtert. [128]

Den Abschluss der Darstellungen in diesem Kapitel 3 des Buches bilden Ausführungen zur Ausgestaltung des *Projektinformationssystems* und eines *PM-Handbuches*.

---

[128] Siehe hierzu auch:
GPM-Projektmanagement-Fachmann, Bd. 2 (insbes. Abschnitt 2.1), Bd. 1 (insbes. Kapitel 2);
KUSTER, J.: Handbuch Projektmanagement, a. a. O., insbes. Abschnitt 2.3.9 und Kap. 4;
JABOBY, W.: Projektmanagement für Ingenieure, a. a. O. insbes. Kap. 4 und Kap. 12;
OLFERT, K. : Projektmanagement, a. a. O., insbes. Abschnitt C.

© Springer Fachmedien Wiesbaden GmbH, ein Teil von Springer Nature 2020
S. von Känel, *Projekte und Projektmanagement*, https://doi.org/10.1007/978-3-658-30085-2_3

3.2 Projektorganisation

3.2.1 Organisation: Inhalt, Aufgabenfelder

Der Terminus „Organisation" wird mit unterschiedlichem Bezug verwendet. Im Kern geht es dabei immer um Fragen der *Ordnung*, der *Gestaltung von Strukturen* oder von *Regelungen*, die generell einzuhalten sind bzw. eingehalten werden sollen.

> Zweck und Ziel der Organisation ist es, die Stärken der Menschen produktiv zu machen und ihre Schwächen unwesentlich. *(Peter F. Drucker)*

Für die Erörterung des Themas dieses Kapitels soll der *Organisationsbegriff* wie folgt bestimmt werden:

Organisation: Begriffsbestimmung

Unter **Organisation** ist sowohl

> ➤ ein relativ stabiles soziales *Gebilde* als Institution (z. B. ein Unternehmen, ein Projekt und dgl.) als auch

> ➤ ein *Vorgang* (= Organisieren) als *Funktion* und *Werkzeug* (im Sinne eines zweckbestimmten Gestaltens von Beziehungen zwischen Aufgaben, Personen, Sachmitteln und Informationen)

zu verstehen.

Das wesentliche Merkmal von Organisation ist, dass hiermit *Regelungen* verbunden sind oder geschaffen werden, welche einen *generellen Charakter* haben und auf *Dauer* bzw. auf einen bestimmten Zeitabschnitt ausgelegt sind.[129]

Diese Regelungen unterscheiden sich von situationsbezogenen, fallweisen Entscheidungen zu bestimmten Sachverhalten.

Organisation: System genereller Regelungen

Wir können auch sagen:

Organisation ist ein System genereller Regelungen. Die sich daraus begründende Wirkung nennen wir den Substitutionseffekt der Organisation.

Durch generelle, dauerhafte Festlegungen von Zuständigkeiten, Prozessabläufen und dgl. wird gesichert, dass in dieser Hinsicht *relative Stabilität* besteht und im Vollzug sich wiederholender Vorgänge eine *hohe Effizienz* und *Effektivität* erreicht werden kann.

Zugleich muss es aber Führungskräften und Mitarbeitern – gerade im Rahmen des Projektmanagements – gestattet sein, im Rahmen eines definierten Entscheidungsspielraums *Dispositionen* vorzunehmen zu können, um die notwendige *Flexibilität* in der Prozessdurchführung zu sichern, ohne dass die generellen Regelungen in Frage gestellt werden.

Darüber hinaus können – wiederum im Rahmen des Managements von Projekten – Ereignisse bzw. Situationen eintreten, die ein *reaktionsschnelles Handeln* der Verantwortungsträger erforderlich machen, ohne dass es für dieses Handeln Anleitungen im „Organisations-Handbuch" gibt. In solchen Situationen hilft nur eine *Improvisation* (siehe **Abb. 3.02**).

---

[129] Siehe hierzu auch:
von KÄNEL, S.: Betriebswirtschaftslehre – Eine Einführung, a. a. O., Abschnitt 5.3;
OLFERT, K.: Organisation. Kiehl. NWB Verlag, Herne 2012;
VAHS, D.: Organisation. Ein Lehr- und Managementbuch. Schäffer-Poeschel Verlag, Stuttgart 2012.

In jedem Unternehmen ist somit darauf zu achten, dass bei der Schaffung und Anwendung organisatorischer Regelungen ein ausgewogenes Verhältnis zwischen *Stabilität* einerseits und *Flexibilität* andererseits gesichert ist.

Ein solches ausgewogenes Verhältnis von Stabilität und Flexibilität nennen wir auch
organisatorisches Gleichgewicht (siehe **Abb. 3.02**).

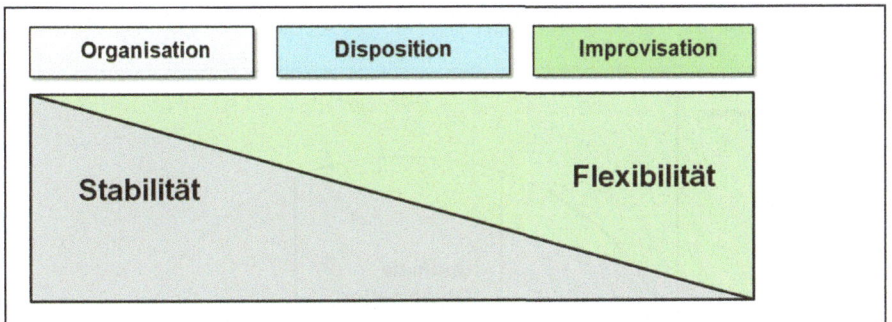

Organisa-
tion: Stabili-
tät versus
Flexibilität

Abb. 3.02: Aspekte der Organisation, organisatorisches Gleichgewicht

Gegenstand der Organisation in Unternehmen sowie auch der Projektorganisation
sind stets drei Regelungsbereiche (siehe **Abb. 3.03**):

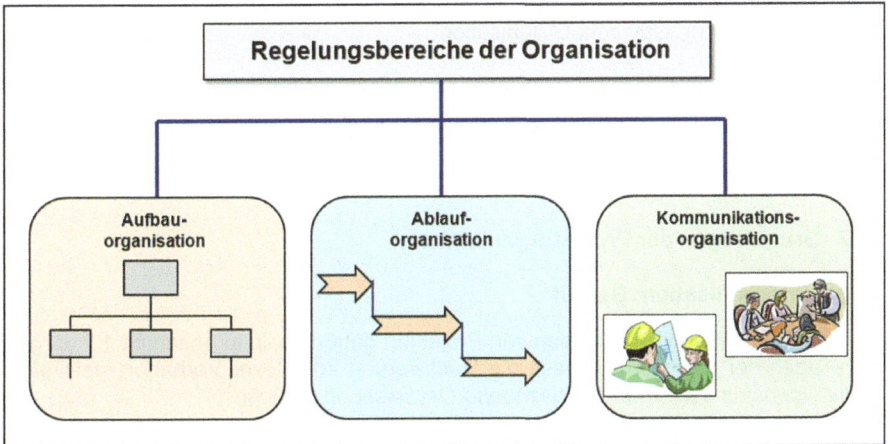

Organisa-
tion:
Regelungs-
bereiche

Abb. 3.03: Regelungsbereiche der Organisation

Wichtige *Grundsätze* einer zweckbestimmten Organisation von Strukturen und Prozessabläufen in diesen Aufgaben- bzw. Regelungsbereichen sind vor allem:

Organi-
sation:
Grundsätze

- Grundsatz des *organisatorischen Gleichgewichts*,

- Grundsatz der *Zweckmäßigkeit* einer organisatorischen Regelung, insbesondere
  hinsichtlich der Zentralisierung oder Dezentralisierung von Aufgaben/Entschei-
  dungen,

- Grundsatz der *Wirtschaftlichkeit* (Sicherung eines sinnvollen Verhältnisses von Nutzen einer organisatorischen Regelung und dem dadurch bewirkten Aufwand),

- Grundsatz der *Transparenz* („Durchschaubarkeit") und der *Lernfähigkeit* der Organisation,

- Grundsatz der *optimalen Koordination* und der *optimalen Anzahl* organisatorischer Regelungen (Verhinderung von Über- bzw. Unterorganisation, siehe **Abb. 3.04**).

Problem:
Optimale
Organi-
sation

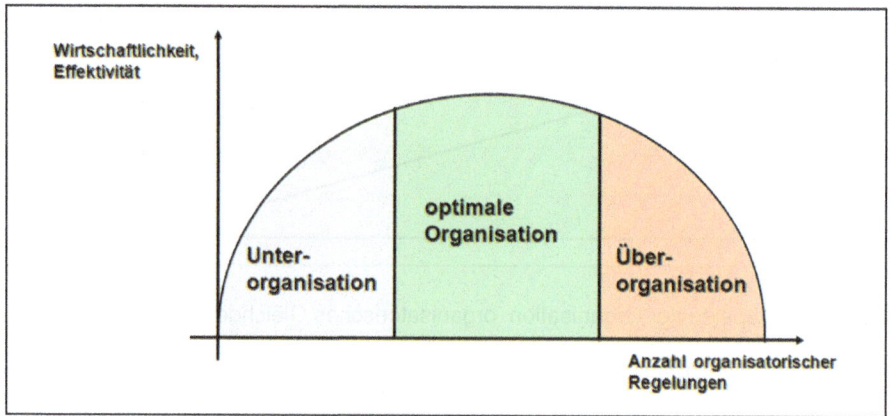

Abb. 3.04: Problem „Optimale Organisation"

Welche Erkenntnisse ergeben sich nun aus diesen grundlegenden Aussagen zum Thema „Organisation" für die Ausgestaltung einer vorhabenbezogenen Projektorganisation?
Dies soll nachfolgend erörtert werden.

3.2.2 Grundfragen der Projektorganisation

■ **Projektorganisation: Begriff**

Zu den grundlegenden Merkmalen von Projekten gehört – wie in Abschnitt 1.2 dargelegt – auch der Sachverhalt, dass die Realisierung komplexer Vorhaben stets *eine relativ eigenständige, vorhabenbezogene Organisation* bedingt.[130]

In Bezug auf Unternehmen begründet sich dies vor allem daraus, dass die Verwirklichung *neuer, einmaliger*, *stark risikobehafteter* und *fachübergreifender* Vorhaben den Rahmen der gegebenen Unternehmensorganisation sprengt und daher *organisatorische Lösungen* erfordert, die geeignet sind, die Arbeit der jeweiligen Projektbeteiligten – unter straffer Führung – auf das Erreichen der definierten Projektziele auszurichten.[131]

---

[130] Siehe die Ausführungen auf Seite 28.
[131] Siehe auch:: GPM-Projektmanagement-Fachmann, Bd. 1, Abschnitt 4.1.3;
KUSTER, J. u. a.: Handbuch Projektmanagement, Abschnitt 2.3.9;
JAKOBY. W.: Projektmanagement für Ingenieure, a. a. O., Kapitel 4.

In Anlehnung an DIN 69901-1:2009-01 soll zum Terminus „Projektorganisation" Folgendes bestimmt werden:

> Unter **Projektorganisation** ist die Gesamtheit der aufbau- und ablauforganisatorischen Regelungen sowie die Festlegung der Entscheidungs- und Kommunikationswege zur Abwicklung eines bestimmten Projekts zu verstehen.

Begriff
Projekt-
organi-
sation

■ Grundschema

Die Darstellung in **Abb. 3.05** soll zunächst die Gliederung der Projektorganisation nach Aufgaben- und Verantwortungsbereichen sowie deren Einbindung in die Organisation des Trägers (hier: Unternehmen) verdeutlichen.

Grund-
schema
der Projekt-
organisa-
tion

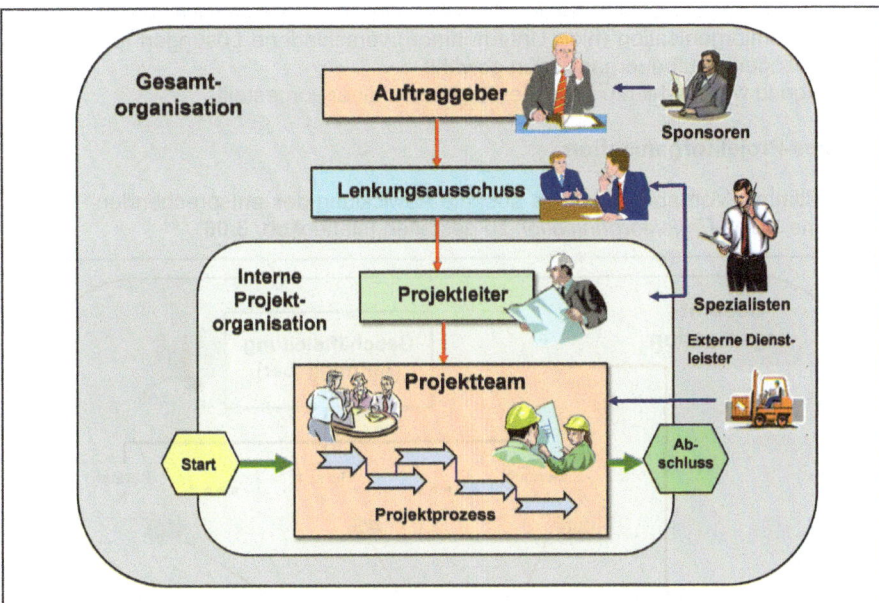

Abb. 3.05: Grundschema einer Projektorganisation

Der *Auftraggeber* ist bei internen Projekten die Unternehmensleitung, ggf. eine Fachbereichsleitung. Diese entscheidet – wie dargestellt – über den Projektauftrag und auch über die Besetzung der Projektleitung.[132]

Auftrag-
geber

Zur Unterstützung des Projektleiters wird in vielen Fällen ein *Lenkungsausschuss* eingerichtet. Dieser setzt sich aus hierarchisch hoch angesiedelten und interdisziplinär wirkenden Führungskräften des Unternehmens zusammen. Der Lenkungsausschuss bestätigt zum Beispiel die Erfüllung von Teilprojekten, erforderliche Veränderungen im Projektauftrag, die Zuweisung benötigter Ressourcen u. a. Er wirkt zudem aktiv bei der Lösung auftretender Konflikte mit.

Lenkungs-
ausschuss

---

[132] Siehe Abschnitt 1.6 (Entscheidungsfindung)

Projekt-
leiter
Der *Projektleiter* ist für die unmittelbare Wahrnehmung des Projektmanagements verantwortlich. Bei klassischen Vorgehensmodellen verfügt der Projektleiter in der Regel über die Weisungsbefugnis gegenüber den Projektmitarbeitern, die das *Projektteam* bilden.

Weitere
Beteiligte
Des Weiteren können in Projekte *Fachexperten, Kommunikationsexperten, Qualitätsbeauftragte, Konfigurationsbeauftragte* und weitere Spezialisten sowie *externe Dienstleister* einbezogen werden.

Sofern Projekte durch *Sponsoren* gefördert werden, dann wirken auch entsprechende Beauftragte der Sponsoren im Projektmanagement mit.

3.2.3 Ausgewählte Projektorganisationsformen

In der Praxis des Projektmanagements werden für die Projektabwicklung im Rahmen einer Gesamtorganisation (hier: Unternehmen) verschiedene Lösungen für eine vorhabenbezogene Aufbauorganisation gewählt.
Nachfolgend werden hierzu typische Strukturen näher vorgestellt.

■ Stabs-Projektorganisation

Für bestimmte Vorhaben reicht es aus, die Abwicklung des entsprechenden Projekts über eine *Stabs-Projektorganisation* zu gestalten (siehe **Abb. 3.06**).[133]

Grund-
schema

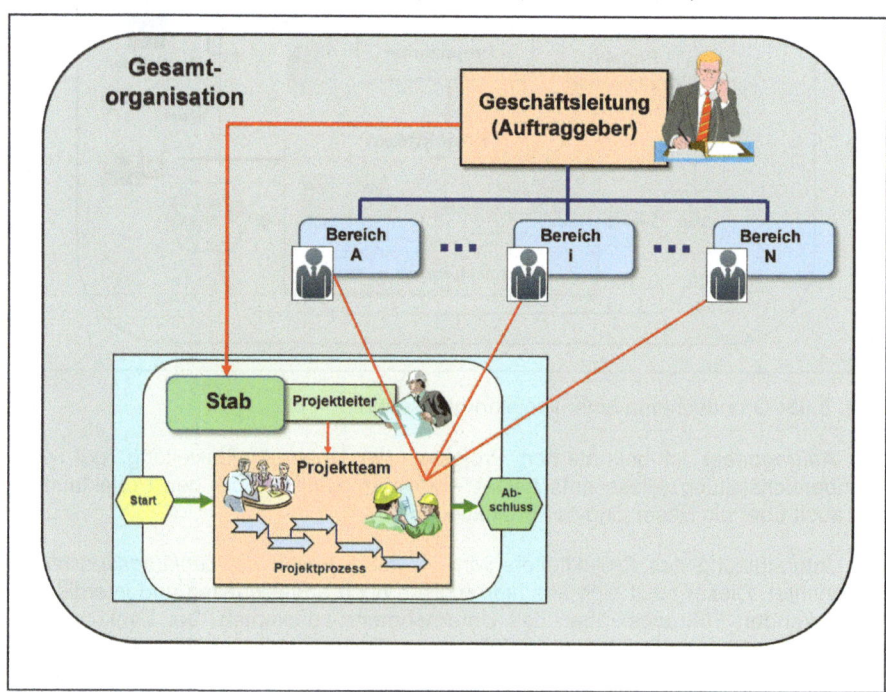

Abb. 3.06: Struktur einer Stabs-Projektorganisation

---

[133] Siehe auch: GPM-Projektmanagement-Fachmann, Bd. 2, Abschnitt 4.1.3.2.2.

Bei dieser Organisationsform, auch als *Einfluss-Projektorganisation* bezeichnet, wird Merkmale
die Projektleitung als *Stabsfunktion* wahrgenommen. Die Projektmitarbeiter kommen
aus verschiedenen Fachbereichen der Gesamtorganisation, sie werden aber nur
temporär in die Projektabwicklung einbezogen, d. h. sie bleiben fachlich und disziplinarisch in der jeweiligen Instanz. Der Projektleiter hat gegenüber den Mitarbeitern
somit keine Weisungsbefugnis.

Aufgabe des Projektleiters – in seiner Stabsfunktion – ist es, die Abwicklung des betreffenden Projekts in sachlicher, zeitlicher und kostenseitiger Hinsicht zu planen, zu
koordinieren und zu kontrollieren sowie die Geschäftsleitung über den Projektfortschritt zu informieren und bei auftretenden Problemen entsprechende Entscheidungsvorschläge zu unterbreiten.

Vorteile dieser Lösung: Vorteile
Eine Stabs-Projektorganisation kann in personeller Hinsicht leicht und flexibel ausgestaltet werden, da keine größeren organisatorischen Umstellungen in der Gesamtorganisation erforderlich sind.

Nachteile dieser Lösung: Nachteile
Der Projektleiter kann auf die gesamte Projektabwicklung nur *informell* Einfluss nehmen, da er von der Kooperationswilligkeit der Chefs der Fach-Instanzen und auch
der benannten Projektmitarbeiter abhängig ist. Bei auftretenden Problemen kommt
es zu umständlichen Entscheidungswegen mit allen sich daraus ergebenden Folge-
wirkungen für die Einhaltung von Terminen und Kosten.
Damit kann der Projektleiter auch nicht für das ordnungsgemäße Erreichen der Projektziele verantwortlich gemacht werden.

Mögliche *Anwendungsfälle* der Lösung:
Beispiel 1: Im Unternehmen Fa. X soll ein neues Qualitätsmanagementsystem einge- Anwen-
führt werden. Die Leitung wird einem Fachspezialisten – als Stabsfunktion – übertra- dung
gen. In die Umsetzung des Vorhabens werden Mitarbeiter aus allen Fachbereichen
(Instanzen) des Unternehmens einbezogen, allerdings nur temporär zu bestimmten
Workshops.
Beispiel 2: Aus Anlass des bevorstehenden 50-jährigen Betriebsjubiläums soll – ge-
mäß einer Entscheidung der Geschäftsleitung – ein besonderer „Tag der offenen
Tür" gestaltet werden. Auch für die Vorbereitung und Abwicklung dieser Aufgabe wird
die Form der Stabs-Projektorganisation gewählt.

■ **Auftrags-Projektorganisation**

Von einer *Auftrags-Projektorganisation* ist dann die Rede, wenn dem Projektleiter Merkmale
außer temporär zugeordneten Mitarbeitern aus Fachbereichen der Gesamtorganisation auch feste Mitarbeiter benannt werden, denen gegenüber der Projektleiter weisungsberechtigt ist.

Diese Lösung ist – als Erweiterung der Stabs-Projektorganisation – dann sinnvoll,
wenn die Abwicklung eines Vorhabens unabdingbar auch *fest zugeordnete* Projektmitarbeiter erfordert.[134]

Beispiele: Für die Abwicklung des Vorhabens „Entwicklung einer neuen Erntemaschi- Anwen-
ne" (Fallbeispiel **FB 03**) wurde eine Lösung praktiziert, die der hier vorgestellten Auf- dungen
trags-Projektorganisation entspricht.

---

[134] Siehe auch: JAKOBY, W.: Projektmanagement für Ingenieure, a. a. O., Abschnitt 4.1.2.

Auch für die Realisierung des Vorhabens „E-Learning-Plattform" (Fallbeispiel **FB 04**) wurde auf die Form einer Auftrags-Projektorganisation gewählt.

■ Matrix-Projektorganisation

Merkmale In vielen praktischen Fällen ist es unabdingbar, dass die benötigten Projektmitarbeiter für die Zeitdauer des jeweiligen Vorhabens direkt abgestellt und dem verantwortlichen Projektleiter fachlich unterstellt werden.

Wenn in diesem Fall die bislang bestehende disziplinarische Unterstellung in der jeweiligen Instanz jedoch nicht aufgehoben wird, entsteht – in einer grafischen Interpretation - gewissermaßen eine Matrixstruktur (siehe **Abb. 3.07**).

Die Linien in *senkrechter* Richtung sollen die *disziplinarische Unterstellung* der Mitarbeiter verdeutlichen, während die *waagerechten* Linien die *fachlichen Weisungen* des Projektleiters an die Projektmitarbeiter kennzeichnen.

Grund-
struktur

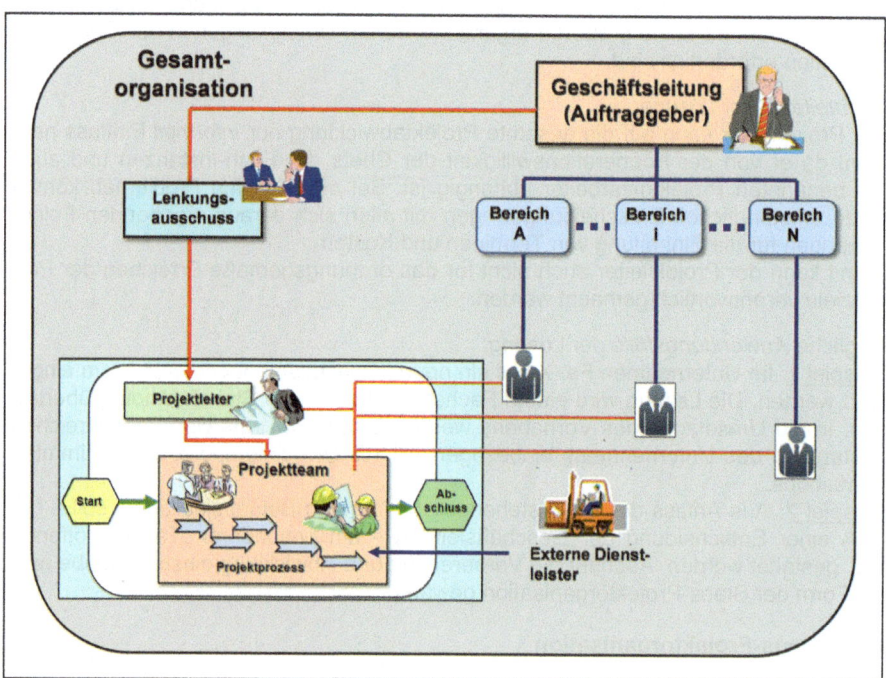

Abb. 3.07: Matrix-Projektorganisation

Vorteile *Vorteile* der Lösung:
Der Projektleiter hat im Rahmen der Projektabwicklung die Anleitungs- und Kontrollbefugnis gegenüber Mitgliedern des Projektteams. Damit obliegt ihm und dem Projektteam die Verantwortung für die Projektrealisierung und somit auch für das Erreichen der Projektziele.

Auch die Einbeziehung nur temporär verfügbarer Mitarbeiter in die Projektarbeit sowie externer Dienstleister ist bei dieser Struktur möglich.

Wichtig ist ferner der Aspekt, dass eine Rück-Integration der Mitarbeiter in die Fachbereiche nach Projektabschluss in der Regel keine Probleme macht.

Nachteile der Lösung: Nachteile
Jeder Mitarbeiter sollte immer nur *„einen Chef"* haben. In einer Matrix-Projekt-organisation können somit *Ziel-und Ressourcenkonflikte* sowie *Weisungskonflikte* entstehen.

Anwendung der Lösung: Anwen-dungen
Für die Abwicklung der Produktionsverlagerung des Betriebsteils Süd (Fallbeispiel **FB 01**) wurde eine Lösung praktiziert, die der hier vorgestellten Matrix-Projekt-organisation entspricht.

■ Reine Projektorganisation (klassisches Projektmanagement)

Wenn die Abwicklung (komplexer) Vorhaben eine relativ eigenständige Organisation bedingt, dann ergibt sich daraus die Konsequenz, eine *reine Projektorganisation* auszugestalten.

Dies bedeutet:
Die aus den Fachbereichen der Gesamtorganisation für die Projektabwicklung benö- Merkmale
tigten Mitarbeiter werden für die Dauer des Projekts aus ihren angestammten Bertei-chen ausgegliedert und einem neuen Projektbereich zugeordnet (siehe **Abb. 3.08**).

Grund-
struktur

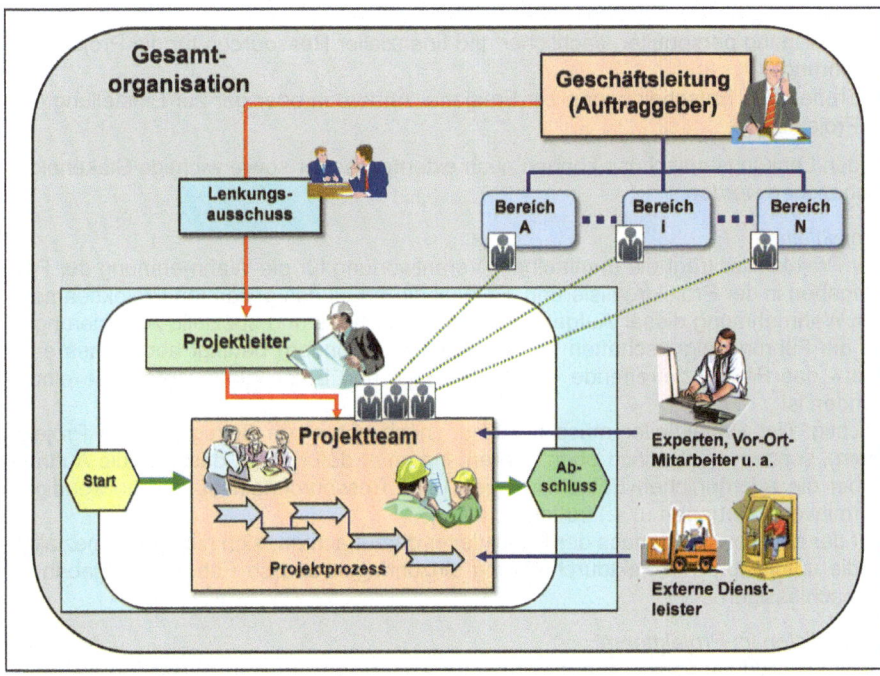

Abb. 3.08: Reine Projektorganisation

Der jeweils verantwortliche Projektleiter hat dann gegenüber diesen Mitarbeitern die fachliche *und* disziplinarische Weisungsbefugnis.
Des Weiteren werden in die Projektabwicklung i. d. R. auch *externe Spezialisten,* *„Vor-Ort"-Mitarbeiter* (am Standort der Projektrealisierung), *externe Dienstleister* u. a. einbezogen.

Bei dieser organisatorischen Lösung übernehmen die in Abb. 3.08 aufgeführten Projektbeteiligten folgende *Rollen*:

Rolle des Auftraggebers

Auftraggeber:

Der oder die Auftraggeber (Unternehmensleitung oder externe Auftraggeber, aber auch Sponsoren oder der Lenkungsausschuss) erteilen den Projektauftrag, bestimmen über den Einsatz von Projektressourcen und sind im Prozess der Projektführung erster Ansprechpartner für den Projektleiter, wenn es um Probleme in der Projektrealisierung geht.

Diese Machtposition darf aber nicht dazu genutzt werden, in die Projektdurchführung mit Umgehung des Projektleiters einzugreifen.

Auf der anderen Seite erwarten der/die Auftraggeber kontinuierliche und aussagefähige Informationen über den Stand der Projektrealisierung mit Vorschau auf die Erfüllung der Projektziele.

Rolle des Lenkungsausschusses

Lenkungsausschuss:

Sofern ein Lenkungsausschuss (Projektausschuss, *Steering Committee*) – als fachliche Erweiterung des Auftraggebers – bei großen Projekten erforderlich ist, nimmt er eine Rolle der generellen Steuerung und Vorentscheidung im Projektprozess wahr, zum Beispiel:

- Mitwirkung bei der Bildung und Abnahme der Projektziele,
- Bewilligung personeller, sachlicher und finanzieller Ressourcen für die Projektausführung,
- Treffen von Entscheidungen zur Freigabe, Änderung oder gar zur Einstellung des Projekts u. a.

In den Lenkungsausschuss können auch externe Berater sowie wichtige Stakeholder einbezogen werden.

Rolle des Projektleiters

Projektleiter:

Der Projektleiter trägt die unmittelbare Verantwortung für die Wahrnehmung der PM-Aufgaben in der Projektrealisierung. Er leitet die Arbeit des gesamten Projektteams.

Die Wahrnehmung dieser Aufgabe stellt nicht nur hohe und spezielle Anforderungen an die Führungseigenschaften des Projektleiters, sondern bedingt auch, dass er in alle – das Projekt betreffende – Abstimmungs- und Entscheidungsprozesse eingebunden ist.

Wichtig: Der Projektleiter muss nicht nur „nach unten" (in Bezug auf das Projektteam), sondern auch „nach oben" führen, indem er dafür sorgt, dass der/die Auftraggeber die erforderlichen Entscheidungen (zum Ressourceneinsatz, zu notwendigen Terminveränderungen u. a.) treffen.

Auf der anderen Seite muss der Projektleiter darauf achten, sich nicht (als Spezialist) in die unmittelbare Projektdurchführung einzubringen und so Führungsaufgaben zu vernachlässigen.

Rolle der Spezialisten

Spezialisten im Projektteam:

Die im Projektteam zusammengeführten Spezialisten bringen ihr Wissen in die Erfüllung der Projektaufgaben ein, indem sie für die fachlichen Komponenten des Projekts Lösungen erarbeiten.

Um dieser Rolle gerecht zu werden, bedarf es nicht nur eines hohen Engagements, sondern auch hoher Selbstdisziplin und eines engagierten Selbstmanagements, denn die Spezialisten entscheiden mit darüber, ob, wann und wie sie den Projektleiter über Probleme in der Erfüllung der ihnen übertragenen Aufgaben informieren.

Schwierig wird es dann, wenn sich ein einzelner Spezialist des Teams als "heimlicher Anführer" fühlt und dementsprechend zu handeln beginnt. Dies ist oft dann der Fall, wenn es sich um ein fachlich sehr anspruchsvolles Projekt (z. B. Entwicklung einer neuen Softwarelösung) handelt.

Die „reine Projektorganisation" hat (vor allem im klassischen Projektmanagement) viele *Vorteile*:

Vorteile

Die gesamte Projektabwicklung steht unter einer *einheitlichen* und *straffen Leitung*. Der *Projektleiter* hat die ungeteilte Verantwortung für die Planung, Koordination und Steuerung des Projektprozesses bis hin zur Übergabe/Inbetriebnahme des Projektergebnisses.
Die Mitarbeiter können sich ganz den Aufgaben der Projektrealisierung widmen und dabei Teamgeist entwickeln.

Allerdings bringt diese Lösung auch *Nachteile* mit sich, und zwar dann, wenn mit Projektabschluss nicht geklärt ist, was aus dem Projektleiter wird und wie die Rück-Integration der Mitarbeiter in ihre früheren Fachbereiche erfolgen soll.

Nachteile

Eine unter diesem Blickwinkel „perfekte" Lösung gelang mit der Ausgestaltung der Projektorganisation im Fallbeispiel **FB 02** (Neubau eines Werkes für Kunststoffrohre):

Anwendungen

Als verantwortlicher *Projektleiter* wurde eine Fachkraft ausgewählt, dem die Auftraggeber (Investoren) die nachfolgende Übernahme der Funktion des *Geschäftsführers* des neu errichteten Werkes in Aussicht stellten. Dies war für die Auftraggeber mit einer Gewähr dafür, dass diese verantwortungsvolle Aufgabe auch mit der nötigen Motivation und mit entsprechendem persönlichem Einsatz wahrgenommen wird, was sich dann auch in der Praxis voll bestätigte.
In das *Projektteam* wurden – außer „Vor-Ort"-Firmen für Bau und Ausrüstungen – vornehmlich „Vor-Ort"-Fachkräfte einbezogen, denen eine spätere Anstellung im neuen Werk in Aussicht gestellt wurde. Auch diese Entscheidung der Auftraggeber zahlte sich in der Projektrealisierung voll aus: In nur 8 Monaten Bauzeit wurde das neue Werk fertiggestellt!
Weitere Details zu diesem Vorhaben werden in den folgenden Kapitels des Buches angeführt.

■ Projektorganisation im agilen Projektmanagement

Charakteristisch für *agile* Vorgehensweisen im Projektmanagement ist, dass die – für das klassische Projektmanagement typische – hohe Planungs- und Führungsintensität zu Gunsten einer *hohen Anpassungsfähigkeit* an neue Problemsituationen im Projektverlauf, gepaart mit *Lernprozessen* und einer Stärkung der *Eigenverantwortlichkeit* der Projektteams verringert wird.[135]

Daraus folgt, dass in Bezug auf die *Projektorganisation* eine Lösung gefunden werden muss, durch die bei der Ausführung eines Projekts und hinsichtlich notwendiger Entscheidungen zu Änderungsanträgen eine *hohe Flexibilität* und *Variabilität* ermöglicht wird und die zugleich die *selbstorganisierende Arbeit* der Projektteams fördert.

Besonderheiten im agilen PM

Die nachstehende **Abb. 3.09** zeigt in einem Prinzipschema die Grundstruktur einer Projektorganisation für ein agiles Projektmanagement nach dem Scrum-Konzept.

---

[135] Siehe die Ausführungen in den Abschnitten 2.2.2 und 2.2.3 im Buch.

Jede Komponente in dieser Struktur hat in ihrer Rolle im agilen Projektmanagement bestimmte Aufgaben wahrzunehmen:[136]

Grund-
struktur

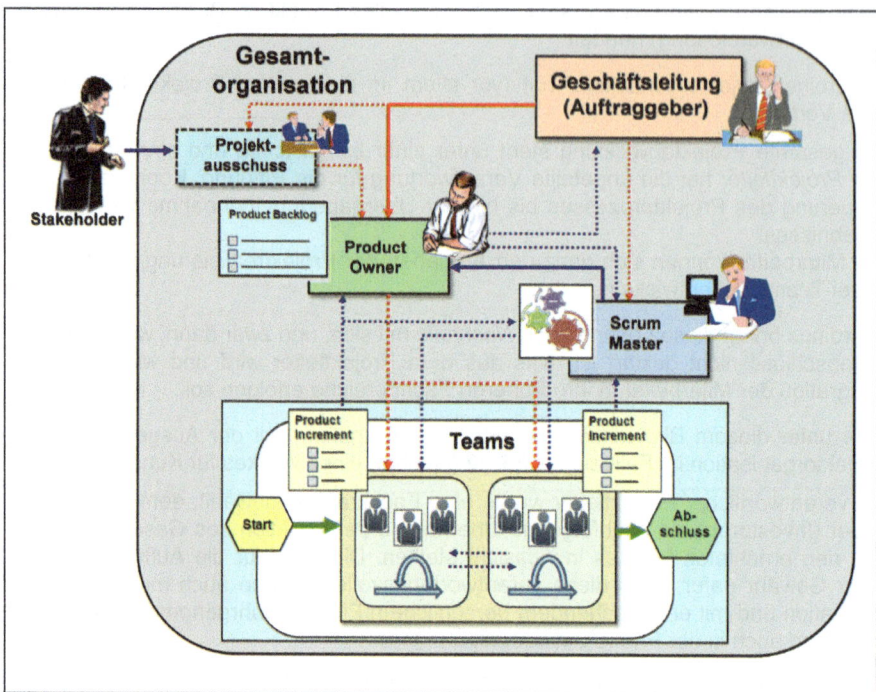

Abb. 3.09: Projektorganisation bei agilen Vorgehensweisen (Scrum-Konzept)

Auftrag-
geber

Auftraggeber:
In der Projektorganisation nach dem Scrum-Konzept fällt dem Auftraggeber vor allem die Aufgabe zu, die für die Projektausführung benötigten Ressourcen abzusichern und andere strategische Rahmenbedingungen abzustecken. Wichtig ist ferner die Unterstützung des Product Owners in dessen Rolle bei der inhaltlichen Führung des Projektablaufs.

Projekt-
aus-
schuss

Projektausschuss:
Die Einordnung eines Projektausschusses (*Steering Committee*) ist im agilen Projektmanagement nicht zwingend erforderlich. Als hilfreich kann sich jedoch die Einladung wichtiger Stakeholder zu bestimmten Sprint Reviews erweisen, um Anregungen für die Weiterführung der Projektarbeit zu bekommen und um die Motivation der Teams zu stärken.

Product
Owner

Product Owner:
Dem *Product Owner* fällt – wie bereits dargestellt – die Aufgabe zu, eine umsetzungsfähige *Vision* als Ausgangspunkt und Grundlage für das realisierende Vorhaben zu entwickeln und zu vermitteln, die Anforderungen an die zu erarbeitende Lö-

---

[136] Siehe hierzu auch:
KUSTER, J.: Handbuch Projektmanagement, a. a. O., Abschnitt 2.3.9.4 sowie
Link: https://projektwege.de/agiles-projektmanagement-die-grundlagen.

sung zu ermitteln und im *Product Backlog* zu dokumentieren sowie die *Interessen* des Auftraggebers bzw. der Kunden gegenüber den übrigen Projektbeteiligen zu vertreten.

Um dieser Verantwortung gerecht werden zu können, muss der *Product Owner* vom Auftraggeber bzw. von der betreffenden Gesamtorganisation in dieser Rolle bevollmächtigt sein, was auch zur Konsequenz hat, dass seine Entscheidungen respektiert und akzeptiert werden.

Scrum Master:

Aufgabe des *Scrum Masters* ist es, die Arbeit der Teams bei der Lösung der gestellten Aufgaben in *methodischer Hinsicht* wirksam zu unterstützen und dabei zu sichern, dass *Scrum* richtig eingesetzt wird. Dies bedingt eine enge Zusammenarbeit mit dem Product Owner sowie mit den Teams im Projektprozess, wobei vor allem Methoden der *Moderation* und des *Coachings* zu nutzen sind.

Team:

Aufgabe des Teams ist es, in einer weitgehend *selbstorganisierenden* Arbeitsweise die Arbeiten zur Realisierung der gestellten Anforderungen im Projekt zielstrebig – entsprechend den geplanten *Sprints* – auszuführen.[137]

Bei komplexeren Vorhaben können *mehrere Teams* parallel zum Einsatz kommen, was von allen Projektbeteiligten entsprechendes Einfühlungsvermögen, Kooperationsfähigkeit und -willigkeit und Erfahrungen im agilen Projektmanagement abverlangt.

Fazit:

Projekte zu realisieren, bedeutet zunächst, für das arbeitsteilige Zusammenwirken der verschiedenen Projektbeteiligten eine solche Organisationsform zu finden, die sich *einerseits* möglichst konfliktfrei in die *Struktur der jeweiligen Gesamtorganisation* einfügt und die *andererseits* durch klare Regelungen für die *projektinternen Weisungs-, Entscheidungs- und Kommunikationswege* eine effektive Führung des Projektprozesses sichern kann.

Aber aus der Benennung von Vor- und Nachteilen einer Organisationsform kann jedoch nicht abgeleitet werden, ob die für ein konkretes Vorhaben angestrebte Organisationsformen die wirklich beste ist, denn bei Wahl einer Organisationsform sind weitere Faktoren zu beachten, so zum Beispiel

- die vorhandene Aufbauorganisation der Gesamtorganisation (z. B. Unternehmens),
- die Neuartigkeit und die strategische Bedeutung des Projekts,
- die Art, Größe und die Dauer des Projekts,
- der Einfluss externer Faktoren,
- die Notwendigkeit interdisziplinärer Zusammenarbeit unter Einbeziehung externer Experten,
- die verfügbaren Ressourcen,
- die bisherigen Erfahrungen in der Projektorganisation,
- die Anzahl parallel abzuwickelnder Projekte u. a. m.

Hinzu kommen weitere Probleme, die die Umsetzung einer konkreten Projektorganisation beeinflussen.

---

[137] Siehe hierzu die Ausführungen in Abschnitt 2.2.3 im Buch.

Als Sachverhalte, die eine effiziente Abwicklung eines Projekts erschweren, sind vor allem zu nennen:

- Im Lenkungsausschuss sind nicht alle Organisationseinheiten vertreten, die vom Vorhaben betroffen sind bzw. deren Unterstützung benötigt wird.
- Oder: Im Lenkungsausschuss sind zu viele Personen, so dass wegen Abstimmungen keine effiziente Arbeit möglich ist.
- Der direkte Vorgesetzte eines Projektleiters wird unzureichend in die Abwicklung eines Vorhabens einbezogen.
- Die Verantwortlichkeiten zwischen Auftraggeber und Projektleiter sowie zwischen Projektteam und Projektleiter sind nicht genau geklärt.

Projekt-organisa-tion als lernende Organi-sation

Daraus folgt: Eine Projektorganisation sollte als eine *lernende Organisation* gestaltet werden, das heißt, bereits bei der eingangs gefundenen Form der Projektorganisation sollten alle strukturellen Vorkehrungen getroffen werden, um die Organisation im Laufe der Projektdurchführung an neue Erkenntnisse und Bedingungen anpassen zu können, indem dezentrale Handlungsspielräume eröffnet werden, die Selbstregulierung in der Arbeit der Projektteams nicht gebremst wird, ein partizipativer Führungsstil angewendet wird u. a. m.

Letztlich aber entscheiden die jeweiligen Projektbeteiligten durch ihr Verhalten selbst, ob eine gewählte Struktur funktioniert oder nur Probleme bereitet.

In den Ausführungen zur Projektorganisation wurden bereits viele Sachverhalte angesprochen, die einerseits das Aufgabenfeld eines *Projektleiters* und andererseits die Zusammensetzung und Arbeitsweise von *Projektteams* betreffen.

Die hierzu gemachten Aussagen sollen in den weiteren Abschnitten dieses Kapitels vertieft werden.

3.3 Projektleitung

3.3.1 Projektleitung als Führungsaufgabe

> Eine gute Führungskraft gibt jedem Teammitglied das Gefühl, es habe selbst entschieden. *(Daniel Goeudevert)*

Kernstück eines jeden Projektmanagements ist die *Führung von Menschen durch Menschen*, denn von allein realisiert sich kein Projekt.[138]

Was bedeutet „Führung"?

> **Führung** eines Projekts bedeutet vor allem
>
> - *Ziele* zu setzen und die Projektbeteiligten von der Tragfähigkeit der Projektidee *zu überzeugen*, um sie so für ein *aktives* Mitwirken am Vorhaben *zu gewinnen* und *zu motivieren*,
>
> - ein *planvolles, zielorientiertes* und *koordiniertes Handeln* der am Projekt Beteiligten im Sinne von "leadership" zu sichern, so dass das Erreichen der Projektziele letztlich als ein gemeinsam errungener Erfolg angesehen wird,
>
> - *Gespräche zu führen*, um *Probleme* und *Konflikte* bei der Projektausführung rechtzeitig zu erkennen und für eine schnelle Überwindung der sich daraus ergebenden Folgen Sorge zu tragen sowie
>
> - den *Projektfortschritt* laufend zu kontrollieren und zu bewerten und dabei notwendigen Kritikgesprächen nicht auszuweichen.

---

[138] Siehe auch: GPM – Projektmanagement-Fachmann. a. a. O.,
KUSTER, J.: Handbuch Projektmanagement, a. a. O., Abschnitt 4.1.3,
OLFERT, K.: Projektmanagement. a. a. O., Abschnitt 4.3.

Wichtige *Voraussetzungen* für den Erfolg einer solchen Führung sind darin zu sehen, dass die mit der Führung des jeweiligen Projekts betrauten Personen

Vorausset-
zungen

- sich einerseits mit der ihnen übertragenen Aufgabe *identifizieren* und dann auch die *persönliche* und *sachliche Verantwortung* für die Erfüllung der gestellten Projektaufgabe übernehmen sowie andererseits

- auch mit jenen *Kompetenzen* und *Befugnissen* ausgestattet sind, die es erlauben, den Projektprozess auch auftragsgemäß zu steuern.

Die Darstellung in **Abb. 3.10** soll die hier aufgeführten Aspekte der Führung von Projekten im *klassischen Projektmanagement* visualisiert verdeutlichen.

Projekt-
leitung

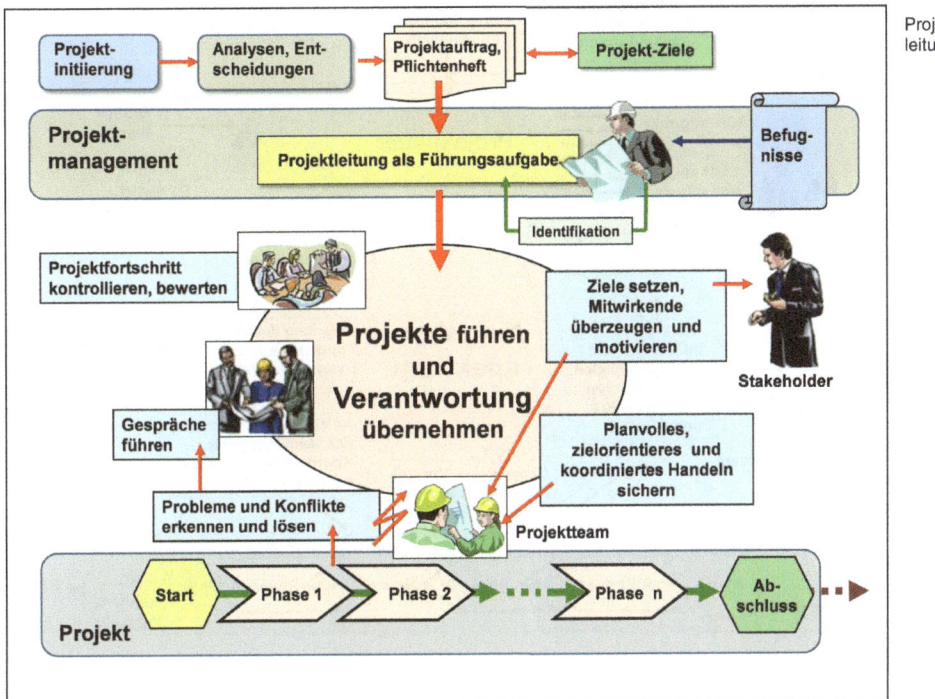

Abb. 3.10: Projektleitung als Führungsaufgabe

Während im *klassischen* Projektmanagement die Führungspersonen mit *Gestaltungsmacht* und – im Rahmen der erteilten Befugnisse - mit *Rechten der aktiven Einflussnahme* auf den Projektverlauf und speziell auf das Projektteam ausgestattet werden, fällt dieser Aspekt bei Formen des *agilen* Projektmanagements weg.
An seine Stelle treten Formen der *kollektiven Führung* im gesamten Projektteam, verbunden mit Formen der *Selbstorganisation* und der *Selbststeuerung* der Aktivitäten in der Projektausführung.[139]

Projekt-
leitung im
klassi-
schen und
im agilen
PM

---

[139] Siehe die Ausführungen im Abschnitt 3.3.3 sowie
KUSTER, J. u. a.: Handbuch Projektmanagement, a. a. O., 4.1.2.

3.3.2 Aufgaben, Befugnisse und Verantwortung des Projektleiters

■ **Aufgaben**

Aufgaben-
spektrum

Wird ein Projekt zur Realisierung freigegeben, dann sind die im Weiteren anfallenden Aufgaben zunächst Aufgaben des Projektleiters, auch wenn er diese Aufgaben nicht allein bearbeiten bzw. erfüllen kann und somit andere Personen in diesen Prozess einbezieht. Aber auch in diesem Fall bleibt die Verantwortung im Projektprozess letztlich beim Projektleiter![140]

Die Darstellung in **Abb. 3.11** gibt einen Überblick über die sachlichen Aufgaben des Projektleiters (im klassischen Projektmanagement).

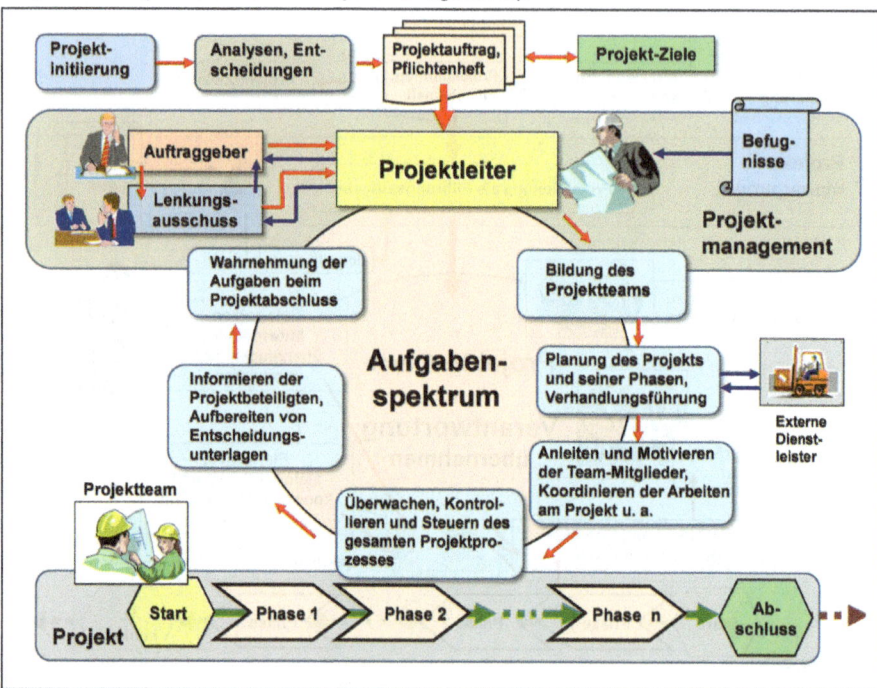

Abb. 3.11: Fachliches Aufgabenspektrum eines Projektleiters

■ **Befugnisse**

Die ordnungsgemäße Wahrnehmung und Erfüllung der hier skizzierten Aufgaben setzt voraus, dass dem benannten Projektleiter auch die hierfür notwendigen *Befugnisse* übertragen wurden.

---

[140] Siehe auch:
JAKOBY, W.: Projektmanagement für Ingenieure, a. a. O., Abschnitt 12.1.1;
KUSTER, J. u. a.: Handbuch Projektmanagement, a .a. O., Abschnitt 4.1.13,
GPM-Projektmanagement-Fachmann, a. a. O., Abschnitt 4.1.3.1.

Als derartige Befugnisse sind hier insbesondere zu nennen:[141]

a) Entscheidungs- bzw. Mitentscheidungsrecht bei der Bildung des Projektteams
Da der Projekterfolg maßgeblich von der fachlichen und persönlichen Qualifikation, dem Einsatzwillen und der Kooperationsbereitschaft der Mitglieder des jeweiligen Projektteams abhängt, wird der Projektleiter darauf achten, dass die – in Bezug auf das jeweilige Vorhaben – „richtigen" Fachkräfte für die Lösung der gestellten Projektaufgabe als Teammitglieder ausgewählt bzw. bestimmt werden.
Insbesondere bei den Formen „Stabs-Organisation" und „Matrix-Organisation" wird dies nicht ohne Probleme zu lösen sein, weil die jeweiligen Fachkräfte disziplinarisch den Linie-Instanzen unterstellt sind.
Vor allem wird auch ein „Wegloben" von Mitarbeitern in die Projektarbeit dem Erreichen des Projekterfolgs nicht dienlich sein.

b) Entscheidungs-, Weisungs- und Verfügungsrecht bei der Projektdurchführung
Der Projektleiter muss in allen Fragen der operativen Projektdurchführung das Entscheidungs-, Weisungs- und Verfügungsrecht in Bezug auf die Übertragung von Aufgaben an Teammitglieder oder in Bezug auf den Einsatz der für das Vorhaben bestimmten sachlichen und finanziellen Projektmittel und dgl. mehr besitzen.

c) Informationsrechte in Bezug auf das Projekt
Der Projektleiter muss ferner das Recht haben, dass ihm alle für die Durchführung des betreffenden Vorhabens benötigten Unterlagen und Dokumentationen aus den Fachbereichen der Gesamtorganisation zur Verfügung gestellt werden. Er kann auch darauf bestehen, dass die in das Vorhaben einbezogenen Projektbeteiligten ihr Fachwissen in die Projektlösung mit einbringen und entsprechende Informationen nicht zurückhalten.
Diese Informationsrechte schließen im Umkehrschluss ein, dass der Projektleiter das Recht haben muss, mit über die Weitergabe und Verwertung von Informationen über den Projektfortschritt und über andere projektbezogene Sachverhalte zu entscheiden, wobei die Regeln für den Vertrauens-, Daten- und Geheimnisschutz zu beachten sind.

■ Verantwortung

Das Übertragen von *Rechten* im Managementprozess ist das eine, die Übernahme der *persönlichen Verantwortung* für die Folgen getroffener Entscheidungen ist das andere. Dies gilt insbesondere für das Management eines einmaligen Vorhabens als Projekt.

Das Spektrum der Verantwortung des jeweiligen Projektleiters umfasst vor allem[142]

• den Bereich der *Ergebnisverantwortung* (Projekterfolg? Teilerfolg? Misserfolg?),

• die Bereiche der *Termin-, Sachmittel- und Budgetverantwortung* (Einhaltung von Meilenstein- und Endterminen, angemessene und ergebniswirksame Nutzung der verfügbar gemachten Sachmittel, Einhaltung der Kosten- und Finanzbudgets u. a.) sowie den

---

[141] Siehe auch:
OLFERT, K.: Projektmanagement, a. a. O., Abschnitt 4.3.
[142] Siehe ebenda, Abschnitt 4.4.

- Bereich der *Personalverantwortung* (Motivation der Mitarbeiter, Vermeidung von Arbeitsfehlern und Fehlentwicklungen in der Projektausführung, Vermeidung bzw. Überwindung von Konflikten innerhalb und außerhalb des Teams, Sicherung der Einhaltung der Vorschriften für den Arbeits-, Gesundheits- und Umweltschutz im Projektprozess u. a.).

Aus all dem hier Aufgeführten ist erkennbar, dass Projektleiter – wie bereits in Abschnitt 2.3 ausführlich dargestellt – über ein *breites Spektrum an Kompetenzen* und über *besondere persönliche* und *fachliche Führungseigenschaften* verfügen müssen, wenn das betreffende Vorhaben letztlich ein Erfolg werden soll.
In den weiteren Ausführungen wird dies noch eingehender erörtert.

3.3.3 Anforderungen an den Projektleiter

Im Abschnitt 2.3 (Wissensbereiche des Projektmanagements) wurde bereits als Fazit hervorgehoben, dass es einerseits offenbar kein Gebiet gibt, über das ein Projektleiter nicht Bescheid zu wissen braucht und er auch sonst offenbar über phänomenale persönliche Eigenschaften verfügen sollte, um den gestellten Anforderungen bei der Führung eines komplexen Projektprozesses mit einer Vielzahl von Beteiligten gerecht zu werden.

Rollen und erforderliche Qualifikationen

Im Weiteren wird der Versuch unternommen, nur auf jene *wesentlichen* Anforderungen näher einzugehen, die aus Sicht von erfolgreich geführten Projektprozessen sichtbar machen sollen, auf welche *Rollen* und auf welche *Qualifikationen* es in der Praxis tatsächlich ankommt.
Die Darstellung in **Abb. 3.12** soll hierzu einen Überblick geben.

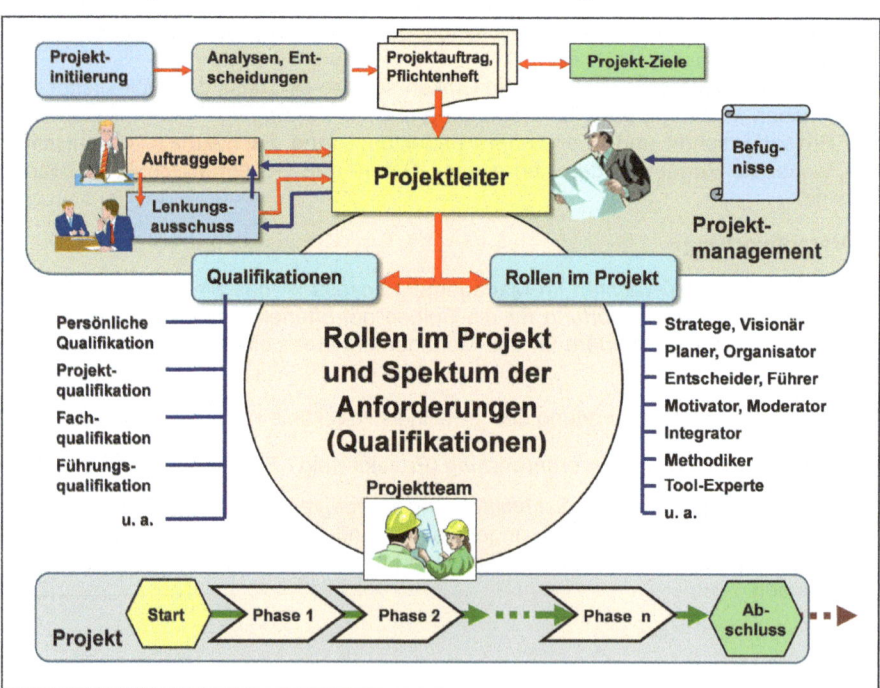

Abb. 3.12: Anforderungen an Projektleiter (Übersicht)

■ **Persönliche Qualifikation**

Die Anforderungen an die persönliche Qualifikation eines Projektleiters betreffen sowohl *„Anforderungen im Umgang mit sich selbst"* als auch *„Anforderungen in Bezug auf den Umgang mit anderen"*.[143]

Persönliche Qualifikationen

In Bezug auf *„Anforderungen an sich selbst"* sind vor allem solche Eigenschaften bzw. Voraussetzungen zu nennen wie

- *gesundes Selbstbewusstsein* (im Sinne „Ich weiß, was ich kann und was ich nicht kann") verbunden mit einem *gesunden Ehrgeiz* (etwa im Sinne „Das kann und werde ich schaffen!" oder „Dieser Herausforderung werde ich mich stellen!"),

- *hohes Verantwortungsbewusstsein* (gegenüber der Aufgabe, gegenüber den Projektbeteiligten, aber auch sich selbst gegenüber),

- *Belastbarkeit, Ausdauer* und *Frustrationstoleranz* im Arbeitsprozess,

- *große Zuverlässigkeit* („Ein Mann, ein Wort"), gepaart mit *Kreativität* und *Flexibilität* im Handeln u. a.

Bei den *„Anforderungen im Umgang mit anderen"* geht es vor allem um Aspekte einer *sozialen Kompetenz*, die sich in solchen Eigenschaften bzw. Voraussetzungen äußern muss wie

- *hohes Durchsetzungsvermögen* (nach innen und nach außen) ohne Scheu vor möglichen, dadurch verursachten Konflikten,

- ausgeprägte *Kommunikationsfähigkeit* und *Kontaktfreudigkeit*,

- hohe *Motivationsfähigkeit*, insbesondere in kritischen Situationen, wenn es nicht mehr „rund läuft" u. a.

Diese Aspekte stehen in engem Zusammenhang zu den geforderten Kompetenzen in der *Projekt-* sowie *Führungsqualifikation.*

■ Projektqualifikation

Wenn es um die Übertragung der Funktion einer Projektleitung geht, sind naturgemäß Führungspersonen gefragt, die *Erfahrungen* bei der Leitung entsprechender Vorhaben nachweisen können.

Projektqualifikationen

Dieser Aspekt ist zwar meist wünschenswert, aber keine zwingende Voraussetzung, wenn die anderen Qualifikationen bzw. Voraussetzungen gegeben sind.

Wichtig ist vielmehr, dass ausreichend Kenntnisse im klassischen bzw. im agilen Projektmanagement nachgewiesen werden können, die auch durch *PM-Zertifikate* bestätigt werden (siehe Abschnitt 2.7).
Kenntnisse der *Normen und Richtlinien des Projektmanagements* sind dabei unerlässlich.

---

[143] Siehe auch:
OLFERT, K.: Projektmanagement, a. a. O., Abschnitt 4.5;
JAKOBY, W.: Projektmanagement für Ingenieure, a. a. O., Abschnitt 12.2.2;
KUSTER, J. u. a.: Handbuch Projektmanagement, a. a. O., Kapitel 3 und 4.

Kompe-
tenzen

In Bezug auf die Projektqualifikation werden ferner vor allem solche Voraussetzungen erwartet wie

- eine *ausgeprägte Problemlösungskompetenz* (System- und Prozessdenken, analytische Urteilsfähigkeit, ziel- und lösungsorientiertes Handeln u. a.),
- *hohe Methodenkompetenz* in Bezug auf die *Instrumente des Projektmanagements,*
- *Erfahrungen* bei der *Organisation, Planung* und *Steuerung* komplexer Arbeitsprozesse sowie im entsprechenden Ressourcenmanagement u. a. m.

Diese Anforderungen stehen in engem Zusammenhang zu den geforderten Kompetenzen in der *Fach-* sowie *Führungsqualifikation.*

■ Fachqualifikation

Fachquali-
fikationen

Das Kriterium „Fachqualifikation" ist nicht mit den Anforderungen in Bezug auf „Projektqualifikation" zu verwechseln. Vielmehr geht es hier um die Frage, in welchem Umfang ein Projektleiter *Kenntnisse über die fachspezifischen Arbeiten* bei der Ausführung des betreffenden Projekts haben muss bzw. haben sollte.

So ist verständlich, dass ein erfahrener Projektleiter im Industriebau sicherlich nicht die Leitung eines Projekts „Entwicklung einer komplexen Softwarelösung für die Steuerung von Industrierobotern" übernehmen kann, und - umgekehrt - wird ein Software-Ingenieur nicht die Leitung eins Projekts „Werk für Kunststoffrohre" übernehmen können, um nur einleuchtende Beispiele zu nennen.

Wichtig ist, dass Projektleiter und die Mitglieder des Projektteams über einen ausreichenden gemeinsamen projektbezogenen *„Zeichenvorrat"* verfügen, damit die fachspezifische Kommunikation in der Projektausführung schnell und sicher funktionieren kann (siehe dazu die Darstellung in **Abb. 3.13**).

Problem
„Gemein-
samer Zei-
chenvorrat"

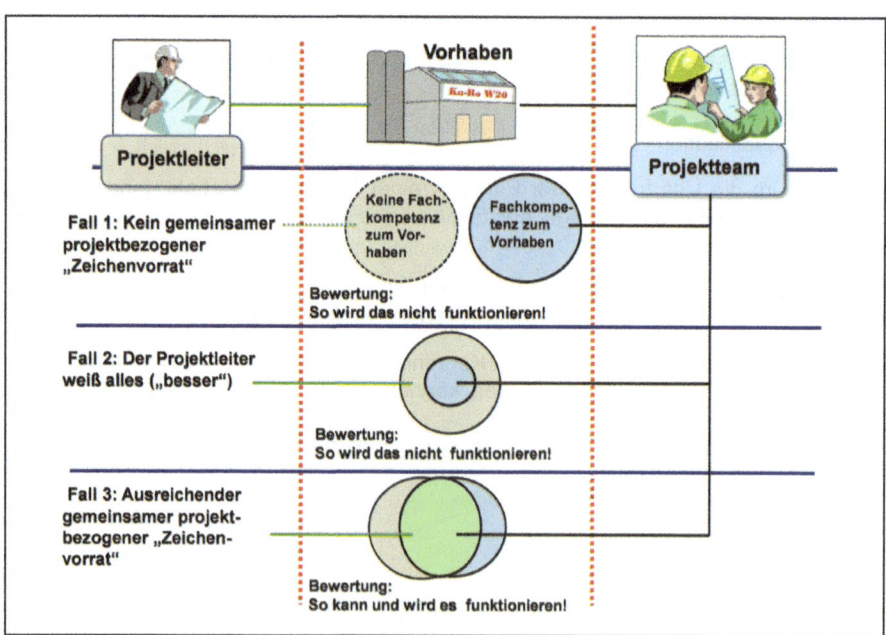

Abb. 3.13: Zum Problem ausreichender Fachkompetenz im Projektmanagement

Aber auch das gilt: Hohe Fachkompetenz in Bezug auf ein konkretes Vorhaben, aber keine oder nur geringe Kenntnisse und Erfahrungen im Projektmanagement würden auch nicht ausreichen, um als Projektleiter das betreffende Vorhaben zum Erfolg führen zu können!

■ **Führungsqualifikation**

In Ergänzung zu den Ausführungen in Abschnitt 3.3.1 sowie zu den bisher genannten Qualifikationsanforderungen soll hier hervorgehoben werden, dass die erforderliche *Führungsqualifikation* eines Projektleiters solche Anforderungen bzw. Voraussetzungen umfassen muss wie

Führungs-
qualifika-
tionen

- Kenntnis und Beherrschen eines *projektadäquaten Führungsstils* sowie entsprechender *Führungstechniken* wie *„Management by Projects"* oder *„Management by Objectives"*,

- Kenntnis und Anwendungserfahrung in der Nutzung betriebswirtschaftlicher und personenbezogener *Führungsinstrumente*,

- *Entscheidungsfreudigkeit*, auch in „Entscheidungssituationen unter Risiko bzw. Ungewissheit", denn weder das Ausweichen vor problematischen Entscheidungen und ihren möglichen Folgen noch ein nichtgerechtfertigtes „tollkühnes" Vorgehen in der Projektausführung wird letztlich zum Projekterfolg führen.

- Kenntnis und Anwendungserfahrung in Bezug auf *Instrumente zur Sicherung des Projekterfolgs* u. a.

Dabei gilt: Ein Projektleiter muss nicht alles (im Detail) wissen, er muss es nur verstehen, das noch fehlende Detailwissen bei anderen Projektbeteiligten zu aktivieren und für die eigene Führungsarbeit nutzbar zu machen.[144]

Die hier aufgeführten Aspekte der erforderlichen Führungsqualifikation sollen - wegen ihrer besonderen Bedeutung - im Folgenden näher erläutert werden.

3.3.4 Mitarbeiterführung im Projektmanagement

■ **Führungsstile**

Die Realisierung von Projekten erfolgt immer unter einem erheblichen Zeit- und Termindruck. Inwieweit es unter diesem Aspekt in der Zusammenarbeit zwischen Projektleiter und Projektteam „rund" läuft, hängt – vor allem im klassischen Projektmanagement – maßgeblich davon ab, welchen *Führungsstil* der Projektleiter praktiziert.[145]

Kriterium für die Unterscheidung von Führungsstilen ist der Grad der Beteiligung der nachgeordneten Führungskräfte bzw. Mitarbeiter an den Führungsentscheidungen des Vorgesetzten.

---

[144] Siehe hierzu auch:
GPM-Projektmanagement-Fachmann, a. a. O., Kapitel 2;
OLFERT, K.: Projektmanagement, a. a. O., Abschnitt 4.5.4;
[145] Siehe ebenda sowie
KUSTER, J. u. a.: Handbuch Projektmanagement, a, a. O., Abschnitt 4.1.13.3;
JABOBY, W.: Projektmanagement für Ingenieure, a. a. O., Abschnitt 12.2.3.
von KÄNEL, S.: Betriebswirtschaftslehre – Eine Einführung, a. a. O., Abschnitt 5.1.5.

Führungs-
stil

> Unter **Führungsstil** versteht man bekanntlich das typische Verhaltensmuster eines Vorgesetzten gegenüber nachgeordneten Führungskräften bzw. Mitarbeitern.
>
> Die Bandbreite dieses Verhaltensmusters reicht vom *autoritären Führungsstil* bis zum *durchgängig kooperativen Führungsstil* (siehe **Abb. 3.14**).

Bandbreite
im Ent-
scheidungs-
spielraum

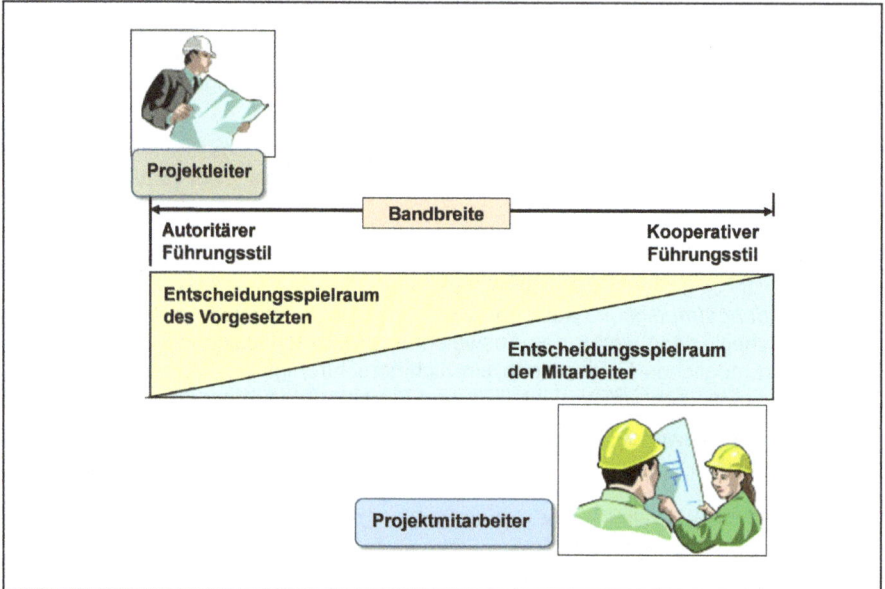

Abb. 3.14: Autoritärer und kooperativer (delegativer) Führungsstil

Autoritärer
Führungsstil

Es liegt auf der Hand, dass ein rein *autoritärer Führungsstil,* bei dem der Projektleiter alle wichtigen Anordnungen und Entscheidungen *allein* trifft, nur in Ausnahmefällen (in Notsituationen) Anwendung finden sollte.
Zwar kommt das Praktizieren dieses Führungsstils dem Druck, schnell Entscheidungen treffen zu müssen, entgegen, die Potenzen und Kompetenzen der Projektmitarbeiter werden dabei aber kaum genutzt. Hinzu kommt: Wie soll in diesem Fall eine Identifikation der Mitarbeiter mit dem Projekt entstehen, von einer projektbezogenen Motivation ganz zu schweigen?!

Kooperativer
Führungsstil

Die Anwendung eines ausgeprägten *kooperativen Führungsstils* hingegen ist – wie an anderer Stelle ausgeführt[146] – typisch für Formen des *agilen* Projektmanagements, denn hier fungiert der *Product Owner* als *Moderator* der sich selbst steuernden Teams.

Aber auch im *klassischen* Projektmanagement wird vielfach der kooperative Führungsstil praktiziert. Allerdings ist zu beachten, dass die Beteiligung aller oder zumindest vieler Mitarbeiter an Entscheidungen aufwändig ist und daher die Effizienz der Arbeit im Projektprozess schmälern kann.

---

[146] Siehe Seite 121 f.

Den Bedingungen in einem Projektprozess wird die Anwendung eines *situativen Füh- rungsstils* besser gerecht:
Situativer Führungs- stil
Bei diesem Führungsstil bezieht der Projektleiter die Mitarbeiter immer dann in Entscheidungsprozesse ein, wenn dies aus der Sicht des anstehenden Entscheidungsproblems notwendig, sinnvoll oder motivierend ist.
Geht es um grundsätzliche oder personale Entscheidungen, wird der Projektleiter in der Regel – im Rahmen seiner Kompetenzen und Befugnisse – eigenverantwortlich entscheiden und im Weiteren sicherstellen, dass es für die Ausführung von Aufgaben eindeutige Vorgaben und klare Anweisungen gibt.
In anderen Situationen, in denen Ideen und die persönliche Erfahrung der Mitarbeiter gefragt sind, um Lösungen für ein Entscheidungsproblem zu finden, werden die Mitarbeiter in den Entscheidungsprozess mit einbezogen.

„Situativ" bedeutet im Projektmanagement aber auch, dass der Projektleiter die Heterogenität in der Zusammensetzung des Projektteams beachten muss, denn im Team kann es ausgewiesene Experten geben, die selbst am besten wissen, was wie zu tun ist. Dann wird es andere Mitarbeiter geben, die für ihre Arbeit präzise Anweisungen benötigen und zugleich gewissenhaft beaufsichtigt werden müssen.

Daraus folgt: Die Anwendung des situativen Führungsstils verlangt vom Projektleiter nicht nur *fachliche*, sondern – wie dargestellt – auch eine *hohe soziale* und *kommunikative* Kompetenz, die mit einer *hohen Sensibilität* für eine situationsbezogene Verhaltensweise verbunden sein muss.

■ Zeitmanagement als Führungsaufgabe

Projekte sind – wie mehrfach hervorgehoben – Organisationen *auf Zeit* und aus dem Merkmal „begrenzte Zeitdauer" ist zu schlussfolgern: *Projektmanagement ist im Kern Zeitmanagement pur*! Denn:
Die *Zeit* ist die *kostbarste Ressource*, sie lässt sich nicht zurückdrehen, nicht speichern, nicht vermehren und auch nicht übertragen!

> **Zeitmanagement** - als Ausdruck bewusster, zielgerichteter Steuerung der *Verwendung von Zeit* – muss somit einen überaus hohen Stellenwert im Projektmanagement einnehmen, beginnend beim individuellen Zeitmanagement des Projektleiters bis hin zur Sicherung einer effektiven Ausnutzung der Zeit im unmittelbaren Projektprozess mit Blick auf die Erfüllung gesetzter Termine!

Zeit- manage- ment

Zeitmanagement erfordert ein hohes Maß *Selbstdisziplin*, *Selbstmanagement* und *Selbstorganisation*, denn im Projektprozess lässt sich die Erledigung anstehender Aufgaben nicht oder nicht beliebig aufschieben.[147]
Ein effektives Zeitmanagement erfordert einerseits das *Setzen von Prioritäten* und andererseits die Anwendung *rationeller Arbeitsmethoden*, und zwar sowohl in der Projektführung (durch den Projektleiter) als auch in der Projektausführung (durch das Projektteam).
Wichtige Anregungen für die Gestaltung eines derartigen Zeitmanagements liefern zum Beispiel das *Zeitmanagement-Portfolio*[148] sowie die PARETO-Analyse.[149]

---

[147] Siehe hierzu auch die Ausführungen im Abschnitt 3.4.2 im Buch.
[148] Siehe zum Beispiel:
KUSTER, J. u. a.: Handbuch Projektmanagement, a. a. O., Abschnitt 3.8.3.
[149] Siehe zum Beispiel: von KÄNEL, S.: Lernsoftware "Controlling". NWB-Verlag, Herne 2012.

Dringlichkeit
versus
Wichtigkeit

Die Zeitmanagement-Matrix ist eine Portfolio-Darstellung mit den Achsen *„Dringlich-keit"* und *„Wichtigkeit"* (siehe **Abb. 3.15a**).

Dringliche Aufgaben implizieren einen *Termin*-Aspekt: Es muss gehandelt bzw. reagiert werden.
Wichtige Aufgaben implizieren hingegen den *Bedeutungs*-Aspekt (hier in Bezug auf die Sicherung des Projekterfolgs).
Werden bei beiden Achsen die einfachen Abstufungen *„niedrig"* und *„hoch"* gewählt, entsteht ein Vier-Felder-Portfolio, aus dem jeweils eine einfache, aber sehr wirksame Handlungsempfehlung für das Zeitmanagement abgeleitet werden kann.

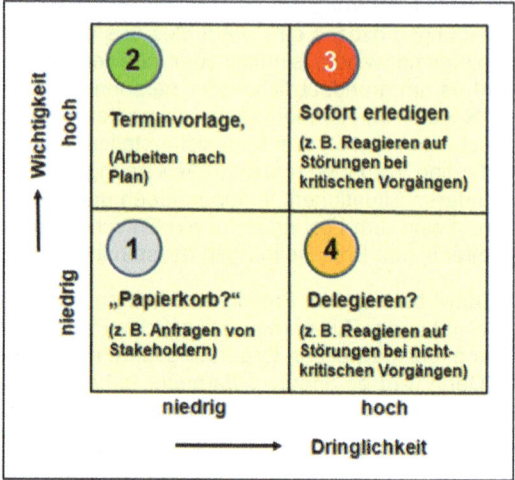

Abb. 3.15a: Zeitmanagement-Portfolio

PARETO-
Ansatz

Die *PARETO-Analyse*[150] basiert auf dem Erfahrungssatz statistischer Untersuchungen, demzufolge *80 %* aller Probleme auf nur *20 %* möglicher Ursachen zurückzuführen sind (siehe **Abb. 3.15b**).

Gelingt es demzufolge, diese 20 Prozent an Ursachen herauszufinden, können 80 Prozent der Probleme bereinigt werden!

So besagt eine Analyse der Verwendung der täglichen Arbeitszeit bei Führungskräften, dass in 20 % der Zeit etwa 80 % aller Aufgaben (zumindest aber der „wichtigen Aufgabe") erledigt werden, während in den restlichen 80 % der Zeit bestenfalls 20 % wichtige Aufgaben ausgeführt werden.

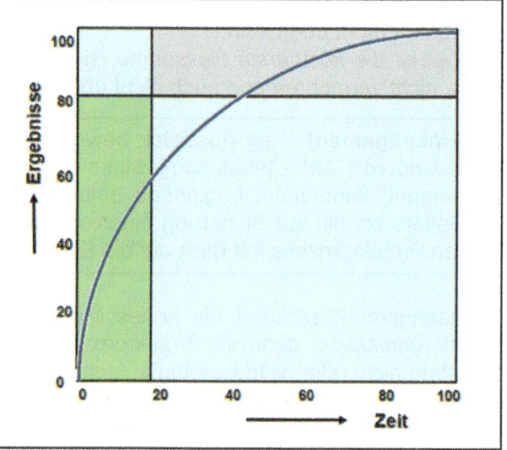

Abb. 3.15b: Ansatz der PARETO-Analyse

Für ein effektives Projektmanagement ist daraus die Schlussfolgerung abzuleiten, sich in der knapp verfügbaren Zeit immer zunächst auf jene Aufgaben zu konzentrieren, deren Erledigung eine hohe Erfolgswirksamkeit verspricht.

---

[150] Nach dem italienischen Ingenieur Vilfredo PARETO benannt.

Es sind dies – in der Sprache der Netzplantechnik ausgedrückt – zum Beispiel jene Vorgänge (Arbeitspakete), die auf dem sog. *„kritischen Weg"* im Netz liegen und deren Dauer die Gesamtdauer des Vorhabens bestimmt.

Wenn hingegen Probleme bei Vorgängen (Arbeitspaketen) auftreten, für die in der Zeit- und Terminplanung mehr oder weniger große *Pufferzeiten* ermittelt wurden, muss eine Problemlösung nicht überstürzt angegangen werden.

■ Motivation als Führungsaufgabe

Projekte „leben" von der *Motivation* des Projektleiters und seines Projektteams, denn ohne sichtbare Motivation ist kein voller Projekterfolg erreichbar.

> Unter **Motivation** ist die Gesamtheit von *Beweggründen* und *Bedingungen* zu verstehen, die zur *aktiven, emotional begründeten Handlungsbereitschaft* von Personen im Hinblick auf das Erreichen von *Zielen* oder zum Erwerb von wünschenswerten Zielobjekten führen.
>
> Ziel und Anliegen der Motivation als *Führungsaufgabe* im Projektmanagement ist es daher, die Beweggründe für die Leistungsbereitschaft (das "Wollen") der Mitarbeiter aufzudecken und diese Leistungsbereitschaft durch Anreize zielorientiert zu beeinflussen.

Motivation

Dabei sind zwei Arten der Motivation zu unterscheiden[151], und zwar

Arten der Motivation

- die *intrinsische (innere) Motivation*, bei der die Beweggründe auf der *Eigensteuerung* der Person beruhen und die sich vor allem im Willen zur Erreichung persönlicher Ziele äußert sowie

- die *extrinsische (äußere) Motivation*, bei der die Beweggründe von außen kommen und durch *Fremdsteuerung* (über Lob, Kritik, Status, Belohnung u. a.) beeinflusst werden.

So wie eine *aktivierte Motivation* im Projektprozess *Leistungsbereitschaft, Leistungswillen, Initiative* und dgl. zum Erreichen der Projektziele hervorbringen kann, so darf auf der anderen Seite der Fakt nicht außer Acht gelassen werden, dass Faktoren der *Demotivation* genau das Gegenteil bewirken.

Bei den Faktoren der Motivation bzw. der Demotivation handelt es um sehr *sensible* Sachverhalte im „Gefühlsleben" von Personen, so dass oft nicht gleich erkennbar ist, was die tieferen Ursachen für eine – nach außen sichtbare – motivierte Leistungsbereitschaft bzw. für ein demotiviertes Verhalten sind.

Da ein *demotivierter* Projektleiter wohl kaum eine große *Motivation* der Mitglieder seines Teams bewirken kann, sollten im Projektmanagement zunächst immer folgenden *Erfahrungswerten* Beachtung geschenkt werden:

Das Beste, was ein *Auftraggeber* für die *Motivation des Projektleiters* tun kann, ist ihm *Vertrauen* zu schenken und ihm jene *Befugnisse* zuzuerkennen, die eine *eigenverantwortliche* Wahrnehmung der übertragenen Führungsaufgaben sichern.

Demgegenüber wirken solche Faktoren wie Entlohnung oder das Zuerkennen von Statussymbolen meist nur nachrangig auf die Motivation.

---

[151] Siehe hierzu auch:
GPM – Projektmanagement-Fachmann, a. a. O., Abschnitt 2.3;
OLFERT, K.: Projektmanagement, a. a. O., Abschnitt 2.1,
KUSTER, J. u. a.: Handbuch Projektmanagement, a. a. O., Abschnitt 3.7.

Motivationsbeeinflussend ist ferner die Klärung der Frage, welche Aufgaben auf den Projektleiter nach Abschluss des betreffenden Vorhabens zukommen.

Problem Vertrauen, Anerkennung

Das Beste, was ein *Projektleiter* für die *Motivation seines Projektteams* tun kann, ist ihm *Vertrauen* entgegenzubringen und ferner Bedingungen für eine weitgehend *eigenverantwortliche* Arbeit im Projektprozess zu schaffen, wobei er dem Fakt Rechnung trägt, dass die Leistungsmotivation der Mitarbeiter auch durch die subjektive Leistungsfähigkeit (das „Können") wie auch durch die Leistungsmöglichkeit (das „Zulassen" und „Ermöglichen" von Leistungen) beeinflusst wird.

Zugleich sollte der Projektleiter mit Umsicht darauf achten, dass das Aussprechen von *Lob* und berechtigter *Anerkennung* erreichter Ergebnisse oft „Motivationswunder" bewirkt.

Demotivation

Zugleich gilt es zu verhindern, dass die Arbeit es Teams durch *demotivierende* Faktoren beeinflusst wird.[152]

Fazit: Wie lautete das Zitat zu diesem Abschnitt 3.3?

> *Eine gute Führungskraft gibt jedem Teammitglied das Gefühl, es habe selbst entschieden. (Daniel Goeudevert)*

Damit ist eigentlich alles gesagt.

◼ Moderation als Führungsaufgabe

Der Erfolg bei der Lösung von Aufgaben, die einem Projektteam übertragen wurden, kann dadurch erhöht werden, dass die notwendigen Besprechungen („Workshops") nicht nach strenger Tagesordnung vom zuständigen Projektleiter (als „Chef") geleitet, sondern von ihm als *Moderator* so geführt werden, dass das kreative Potenzial der Besprechungsteilnehmer im Hinblick auf das zu lösende Problem oder die zu treffende Entscheidung aktiviert und ausgeschöpft wird.

Um die Teammitglieder zu befähigen und zu ermutigen, ihren eigenen Willen zu artikulieren und ihr eigenes Wissen sowie eigene Interessen in Entscheidungsprozesse zur Lösung der gegebenen Aufgabe einzubringen, ist es nützlich, Moderationsmethoden einzusetzen.

Dies ist nicht nur ein „Muss" in Formen des agilen Projektmanagements, sondern kann auch in Formen des klassischen Projektmanagements motivierend und ergebnisfördernd zum Tragen gebracht werden.[153]

Moderation

> Unter **Moderation** (im Projektmanagement) ist eine Methode zur Führung von Besprechungen sowie zur Führung einer gemeinsamen Arbeit von Teams zu verstehen, die darauf basiert, möglichst alle Teammitglieder an der Lösung einer gestellten Aufgabe zu beteiligen und so ein *Denken im Dialog* zu fördern, das wirksam zur Lösung der gestellten Aufgabe beiträgt.

---

[152] Demotivierende Faktoren sind zum Beispiel:
- Der Projektleiter lässt erkennen, dass er alles besser weiß oder kann.
- Berechtigte Kritik wird überzogen und wirkt verletzend.
- Unzureichende Information zu anstehenden Aufgaben .
- Eine gute Leistung wird vom Chef nicht anerkannt, die Enttäuschung darüber wirkt demotivierend und dgl. mehr. .
Aber auch überzogene Motivierungsversuche können demotivierend wirken.

[153] Siehe auch:
GPM – Projektmanagement-Fachmann, a. a. O., Abschnitt 2.9.1;
OLFERT, K.: Projektmanagement. a. a. O., Abschnitt 2.4.

Eine gute Moderation zeichnet sich – im Unterschied zur üblichen Leitung einer Beratung – dadurch aus, dass der *Meinungs- und Willensprozess* des jeweiligen Teams wirksam unterstützt und erleichtert wird, *aber eigene* Meinungen bzw. Wertungen seitens des Moderators dagegen zurückgehalten werden. Wichtig sind somit das Zuhören, das Verstehen und das gezielte Nachfragen, um Meinungen zu präzisieren.

Was zeichnet Moderation aus?

Insofern kann die Moderation einer Besprechung zu einer „Denkwerkstatt" ausgestaltet werden, in der außer *explizitem* Wissen (durch Aussagen oder Können vermittelbares Wissen) auch *implizites* Wissen (nicht oder noch nicht in Worten oder Handeln vermittelbares Wissen) zur Problemlösung beitragen kann.

In der Konsequenz bedeutet dies:

Der Projektleiter als Vorgesetzter gibt seine ihm verliehene Steuerungsrolle auf und übernimmt die Rolle eines *Begleiters* im Projektprozess an, für dessen Inhalte, Vorgehensweisen und Ergebnisse die Gruppe selbst verantwortlich zeichnet.

Mit anderen Worten:
Der Projektleiter ist – etwa analog zur Funktion des *Product Owners* im Scrum-Konzept – nunmehr *„primus inter pares"* (Erster unter Gleichen). Er steuert den Prozess der Problemlösung mittels Methodenkompetenz, nicht per Anweisungen.
Der Projektleiter als Moderator stellt sicher, dass die *inhaltliche* Aufgabe im Vordergrund steht und persönliche Befindlichkeiten Einzelner nicht Überhand nehmen und das Klima in der Gruppe negativ beeinträchtigen (siehe **Abb. 3.16**). Die Beratung wird so zum *Ort des Lernens* im Dialog (Denk-Werkstatt).

Projektleiter als *„primus inter pares"*

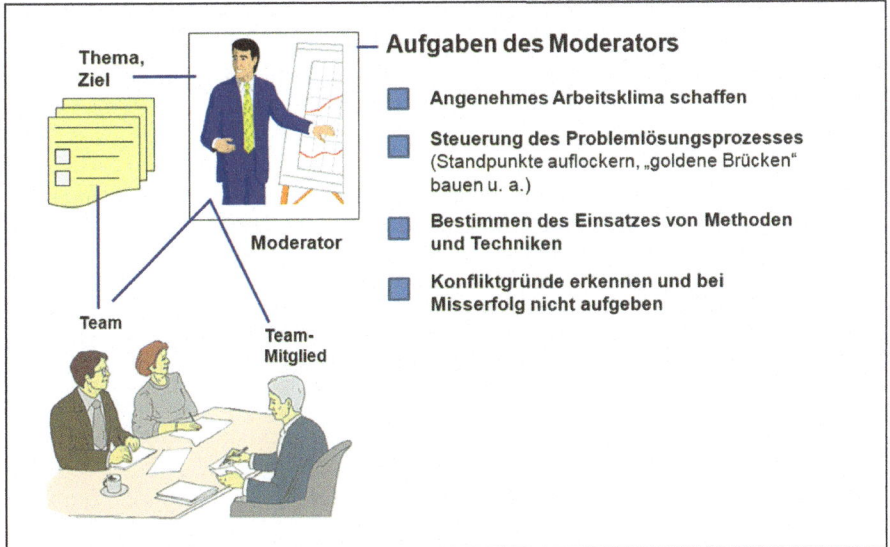

Aufgaben des Moderators

Abb. 3.16: Moderation als Führungsaufgabe

Die Anwendung des Konzepts moderierter Teamberatungen bietet sich vor allem bei Projekten wie „Entwicklung neuer technischer Produkte, Verfahren" (siehe Fallbeispiel **FB 03**) oder bei Aufgaben der Entwicklung von Softwarelösungen an, wenn dies nicht ohnehin nach Konzepten des agilen Projektmanagements erfolgt.

■ Konfliktlösung

Inwieweit die Realisierung eines Projekts zum Erfolg geführt werden kann, hängt maßgeblich vom Niveau des *kooperativen Zusammenwirkens,* insbesondere vom *Zusammenwirken-Wollen* der daran beteiligten Personen und Organisationen ab.
Dabei kann und wird es nicht ausbleiben, dass es zu *Problemen* in diesem Zusammenwirken kommt, die zu regelrechten *Konflikten* ausarten können.

Was ist ein Konflikt?

> Unter **Konflikt** (lat. "conflictus" = Zusammenprall) ist eine Situation zu verstehen, bei der
>
> a) eine Person mit sich selbst und einem bestimmten Sachverhalt nicht klar kommt (*intra-personeller Konflikt*) oder
>
> b) der Handlungsplan einer Person oder einer Personengruppe A den Handlungsplan einer Person oder Personengruppe B einschränkt oder massiv behindert (*inter-personeller Konflikt*).

Konfliktarten im PM

Im Prozess der Planung und Realisierung von Projekten werden Konflikte vor allem verursacht durch

- das Sichtbarmachen bzw. Verfolgen unterschiedlicher Ziele und Interessen der am Projekt Beteiligten (*Ziel- und Interessenkonflikte*),

- Entscheidungen bei der Zuordnung und Verteilung der begrenzt verfügbaren sachlichen und finanziellen Ressourcen (*Verteilungs- und Ressourcenkonflikte*),

- eine unzureichende Klärung der Weisungslinien in der Projektorganisation (*strukturelle und organisatorische Konflikte*)

u. a. m.[154]

Das rechtzeitige Erkennen sich anbahnender Konflikte und ein zweckentsprechendes Vorgehen bei der Überwindung bzw. Lösung von Konflikten stellt an die Führungsfähigkeiten eines Projektleiters besonders hohe Anforderungen.

Da Konflikte vornehmlich im Prozess der unmittelbaren Realisierung von Projekten auftreten, wird das wichtige Thema „Konfliktmanagement" im Kontext zu den anderen Themen der operativen Projektsteuerung gesondert behandelt.[155]

---

[154] Siehe auch:
GPM – Projektmanagement-Fachmann, a. a. O., Bd. 1, Abschnitt 2.8;
KUSTER, J. u. a.: Handbuch Projektmanagement, a. a. O., Abschnitt4.4.7;
OLFERT, K.: Projetmanagement, a. a. O., Abschnitt 2.6.
[155] Siehe Abschnitt 5.3.3 im Buch.

3.4 Projektteam

3.4.1 Auswahl und Zusammensetzung des Projektteams

> Zusammenkommen ist ein Beginn,
> Zusammenbleiben ist Fortschritt,
> Zusammenarbeiten ist Erfolg.
> *(Henry Ford I.)*

Projekte sind spezielle Organisationen auf Zeit. Daraus folgt: Die Zusammensetzung eines Projektteams erfolgt in der Regel *erstmalig,* sie ist *neuartig* und besteht auch nur für eine *begrenzte Zeit.*

Somit kann es beim Projektstart (noch) kein gewachsenes Zusammengehörigkeitsgefühl des Teams geben. Dadurch unterscheiden sich Projektteams von gewachsenen Arbeitsgruppen in Organisationen (Unternehmen).[156]

Es liegt daher in der Verantwortung des Projektleiters, bei der Auswahl der für die Realisierung eines definierten Vorhabens erforderlichen Mitarbeiter darauf zu achten und darum zu ringen, dass hierbei nicht nur das Kriterium „fachliche Kompetenz", sondern vor allem auch des Kriterium *„Teamfähigkeit"* zählt.

Die Praxis zeigt, dass dieser Auswahlprozess allerdings mit vielen *Problemen* verbunden sein kann:

Probleme im Auswahlprozess

- Die Personalauswahl kann nicht allein vom Projektleiter vorgenommen werden, sondern muss in Abstimmung mit dem *Auftraggeber* (z. B. Unternehmensleitung) und den jeweiligen *Vorgesetzten* jener Bereiche erfolgen, denen die Mitarbeiter im „normalen" Arbeitsprozess zugeordnet sind, und das kann – wegen unterschiedlicher Interessenlage – zu Konflikten führen.

- Werden nur die *fachlich Besten* in das Team berufen, besteht die Gefahr, dass mögliche Überheblichkeiten oder Eigensinnigkeiten von Spezialisten von Anfang an das Klima im Team negativ beeinträchtigen.

- Werden nur die gerade *„Abkömmlichen"* in das Team berufen, besteht die Gefahr, dass dadurch nicht die notwendige Problemlösungskompetenz des Teams zustande kommt.

- Im Falle, dass auch Externe in das Team berufen werden, kann es zu Problemen im Zusammenwirken mit „internen" Teammitgliedern kommen.

Eine richtige Lösung für alle diese Probleme zu finden, ist in der Tat nicht einfach.

Fest steht, dass von der richtigen Zusammensetzung des Teams hinsichtlich fachlicher Kompetenz, aber auch hinsichtlich der Kommunikations- und Kontaktfähigkeit der Teammitglieder untereinander hochgradig der Erfolg des zu realisierenden Vorhabens abhängt. Daher sollte sich der Projektleiter bei der Personalauswahl nach folgenden Kriterien richten:[157]

Die Teammitglieder sollten

Anforderungen an Teammitglieder

- die Fähigkeit mitbringen, sich im Team einordnen zu können sowie Kooperationswillen und Gewissenhaftigkeit in ihrer Arbeit zeigen,

---

[156] Siehe auch:
JAKOBY, W.: Projektmanagement für Ingenieure, a. a. O., Abschnitt 12.3;
GPM-Projektmanagement-Fachmann, a. a. O., Bd. 1, Abschnitt 2.4.
[157] Siehe ebenda,

- Organisationstalent haben und Engagement sowie Fähigkeiten zur Lösungsfindung zeigen,

- Selbstbewusstsein an den Tag legen, aber auch Disziplin und Loyalität sowie Toleranz zu anderen Meinungen zeigen,

- eine lösungsorientierte Kommunikationsfähigkeit und -willigkeit nach innen und nach außen offerieren,

- Fähigkeiten zur Konfliktbewältigung mitbringen

u. a. m.

Nur unter diesen Voraussetzungen wird es gelingen, dass das Team (als Ganzes) mehr ist als eine zusammengesetzte Gruppe von Spezialisten.

In Bezug auf die Zusammensetzung von Projektteams lassen sich verschiedene Strukturen unterscheiden (siehe **Abb. 3.17**):

Mögliche
Strukturen

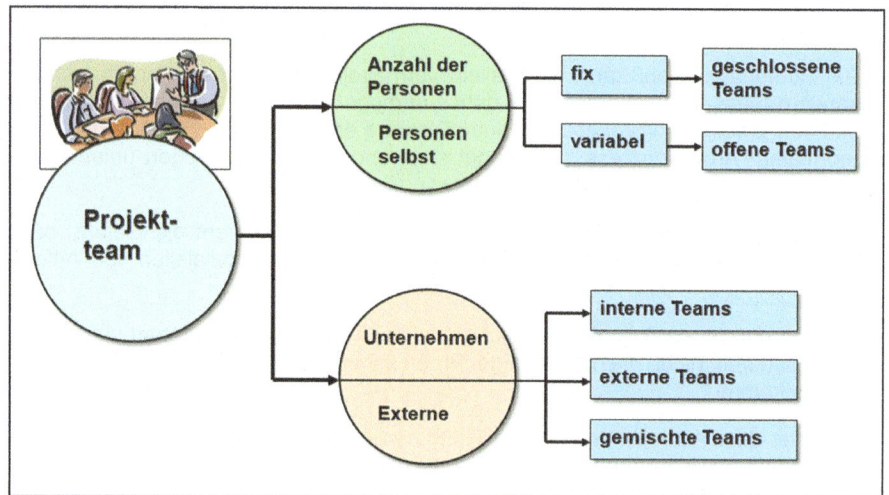

Abb. 3.17: Strukturen von Projektteams

Ferner kann zwischen *autonomen Projektteams* (ohne Projektleiter, siehe Scrum-Konzept) und *Teams mit Projektleiter* (meist im klassischen Projektmanagement) unterschieden werden.

Gemisch-
te Teams

Die Erfahrungen zeigen, dass sich *gemischte Teams* oft sehr gut eignen, größere Vorhaben erfolgreich zu realisieren:
Die Teammitglieder aus dem Unternehmen bringen die notwendige unternehmensbezogene Detailkenntnis mit, während Externe verhindern, dass die mögliche "Betriebsblindheit" der internen Mitglieder den Blick auf neue Lösungsansätze (aus Erfahrungen aus anderen Unternehmen) versperren.

Variable Teams haben den Vorteil, dass zur Lösung spezieller Probleme auch die jeweils sachkundigsten Fachkräfte herangezogen werden können.

Schwierigkeiten gibt es allerdings dann, wenn bei einem durchgängig, von Spezialisten mehrerer Abteilungen zu bearbeitenden Projekt, die damit betrauten Mitarbeiter öfter wechseln, denn dann leidet die Effizienz der Projektbearbeitung.

3.4.2 Zusammenarbeit im Team, Entwicklungsphasen

■ Kick-Off-Meeting

Die Arbeit eines Projektteams beginnt in der Regel mit einem ersten Workshop, dem sog. *Kick-Off-Meeting.*

Anliegen des Kick-Offs

Auf diesem Meeting wird in der Regel der Projektleiter (vom Auftraggeber) vorgestellt und die generelle Bedeutung des Vorhabens, seiner Probleme und der möglichen Lösungen erläutert.

Im Weiteren wird dann der Projektleiter weitere Einzelheiten darlegen, insbesondere

- Details des Projektauftrages und den entsprechenden Projektzielen,
- die Erwartungen an die Arbeit des Projektteams, zu geplanten Terminen (Endtermin, Zwischentermine als sog. „Meilensteine", soweit diese schon fixiert sind),
- die Zusammensetzung des Teams und der internen Rollenverteilung,
- die verfügbaren Ressourcen (Sachmittel, Kosten- und Finanzbudgets u. a., sofern diese schon feststehen),
- die angedachte interne Projektorganisation und die Aufgabenverteilung im Team,
- die Grundregeln für das Zusammenwirken im Team (Information und Kommunikation, Umgang mit Problemen und Konflikten),
- die Grundregeln für die Bewertung des Arbeitsfortschritts, der Kosten-Inanspruchnahme und der Qualität der Projektausführung

u. a. m.

Wichtig sind ferner Erläuterungen und Abstimmungen zu den Schnittstellen des Projekts und der Projektrealisierung (Kundenorientierung, Ressourcenbereitstellung, Verträge mit Nachauftragnehmern u. a.).

■ Team-Entwicklungsuhr

Die Praxis zeigt, dass ein neu zusammengestelltes Team – selbst bei bestem Willen – nicht sofort zu einer Arbeitsweise findet (und finden kann), die sich dadurch auszeichnet, dass sich die Teammitglieder gegenseitig anregen und motivieren, um mit vollem Einsatz zum Erreichen der Projektziele beizutragen.

Vielmehr ist es so, dass das Team mehrere Entwicklungsstufen in der Zusammenarbeit durchlaufen wird, ehe es zum „richtigen (unschlagbaren Team")" heranreift.

Dieser Reifeprozess kann in Form einer sog. *Team-Entwicklungsuhr* verdeutlicht werden[158] (siehe **Abb. 3.18**):

---

[158] Erstmals 1965 von B. W. TUCKMANN publiziert. (Bruce W. Tuckman: Developmental sequence in small groups. In: Psychological Bulletin. 63, 1965, S. 384–399.).

Team-
Entwick-
lungsuhr

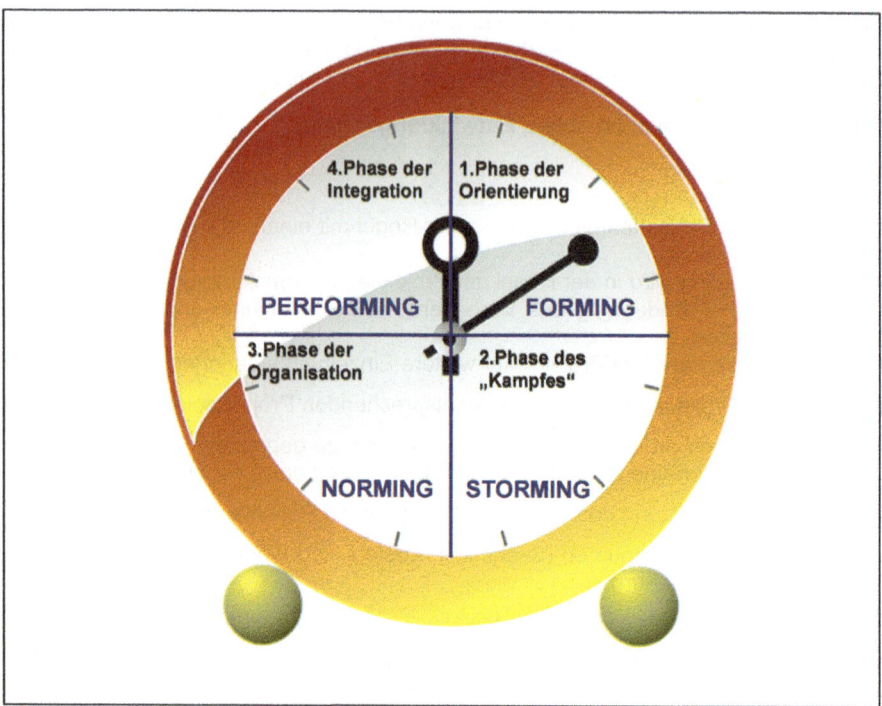

Abb. 3.18: Team-Entwicklungsuhr

Erläuterung
der vier
Phasen

1. Phase der Orientierung:
In dieser Phase lernen sich die Teammitglieder in der Regel erstmals kennen. Neben Vorfreude auf die anstehenden Herausforderungen herrscht in der Regel aber auch Skepsis, Unsicherheit und Vorsicht. Man begegnet sich höflich, aber noch unpersönlich. Es müssen – neben dem Sich-Verständigen zu Aufgaben und Zielen des Projekts sowie zu Methoden des Vorgehens – noch die Rollen und Kommunikationsregeln im Team geklärt werden.

2. Phase des „Kampfes":
In dieser Phase versuchen die Teammitglieder, sich im Team zu positionieren. Dabei werden unterschiedliche Interessen sowie Denk- und Handlungsweisen sichtbar, die Widerstände gegen Aufgaben und Methoden und auch erste Konfliktsituationen hervorrufen können. Es zeigt sich Ehrgeiz und Konkurrenzdenken. Auch kann es in der Gruppe zu Cliquenbildungen und zu „Revierkämpfen" kommen. Die Teambildung kommt nur mühsam voran.

3. Phase der Organisation:
In dieser Phase bilden sich neue Verhaltensweisen und erste gemeinsame Regeln und Umgangsformen im Team heraus. Das Gemeinsame und Verbindende tritt in den Vordergrund. Die Identifikation mit der gemeinsam zu lösenden Aufgabe und die sachliche Kommunikation untereinander nehmen sichtbar zu, was auch durch erste sichtbare Erfolge im Projektfortschritt gefördert wird.

4. Phase der Integration:
In dieser Phase erreicht die Teamarbeit eine hohe Arbeitseffektivität: Die Teammitglieder bringen ihre Ideen in die gemeinsam angestrebten Problemlösungen ein. Es herrscht Flexibilität und Hilfsbereitschaft vor, was durch eine gute Kommunikationsatmosphäre unterstützt wird. Ein *„Wir-Gefühl"* gewinnt Oberhand!

Aufgabe des Projektleiters ist es, sich auf derartige Entwicklungsphasen im Projektteam einzustellen und darauf zu wirken, möglichst schnell die Integrationsphase zu erreichen, wenn der Erfolg des Vorhabens nicht gefährdet werden soll.
Dabei dürfen die – zunächst als störende und hinderlich empfundenen – gruppendynamischen Prozesse keinesfalls unterdrückt werden, denn sonst brechen die unterdrückten Probleme später umso mehr hervor.
Der Projektleiter wird hier somit in seiner Rolle als *Moderator* gefragt.

Aufgabe des Projektleiters

3.4.3 Selbstmanagement, Selbststeuerung, Selbstorganisation

■ **Selbstmanagement**

Projekte – als erst- bzw. einmalig zu realisierende Vorhaben – zu planen und sie dann mit einem interdisziplinär zusammengesetzten Team, mit begrenzt verfügbaren Sach- und Finanzmitteln in einem eng terminierten Zeitrahmen zu realisieren, stellt an die damit betrauten Personen überaus hohe Anforderungen, oft bis an die Grenzen der eigenen Leistungsfähigkeit und damit an die Grenzen der eigenen persönlichen Ressourcen.[159]

Das Herstellen einer noch tragfähigen *Balance* zwischen den *Herausforderungen* in der Projektarbeit einerseits und den persönlichen materiellen und immateriellen *Ressourcen* des Projektleiters und der Projektmitarbeiter andererseits ist ein Kernproblem, das stets neu gelöst werden muss, wenn die Folgen wie *Burnout* oder *chronischer Stress* vermieden werden sollen.
Und in diesem Kontext kommt dem *Selbstmanagement* in der Projektarbeit immense Bedeutung zu.[160]

Problem „Balance"

> Unter **Selbstmanagement** ist die Fähigkeit zu verstehen, sich persönliche Ziele zu setzen, den Fortschritt zu überprüfen und anzupassen, sowie die tägliche Arbeit systematisch zu erledigen.
> Selbstmanagement umfasst den Umgang mit sich verändernden Bedingungen und den erfolgreichen Umgang mit Stress.
> (Individual Competence Baseline ICB 4.0, IMPA, S. 53)

Selbstmanagement

Mit anderen Worten: Selbstmanagement bedeutet im Kern, *sich selbst* und *seine Arbeitsweise in den Griff zu bekommen* und dies mit Formen der *Selbstreflexion* (Selbstbeobachtung des eigenen Denkens und Handelns) zu verbinden.

Selbstreflexion

Insofern entspricht dies Grundmodell der *kybernetischen Systeme*, die ihr Verhalten selbst regulieren können und dabei Lernprozesse entwickeln.[161]

---

[159] Siehe auch:
GPM – Projektmanagement-Fachmann, a. a. O., Bd. 1, Abschnitt 2.6;
KUSTER, J. u. a.: Handbuch Projektmanagement, a. a. O., Abschnitt 3.8.
[160] Siehe ebenda sowie
BAUS, L.: Selbstmanagement. Springer-Gabler Verlag, Wiesbaden 2015.
[161] Siehe zum Beispiel:
Link: https://kybernetik.online/index.htm.

Selbst-
manage-
ment im PM

Selbstmanagement bedeutet – im Kontext zum Projektmanagement – vor allem

- *selbstständig sinnvolle Ziele* mit Fokussierung auf das *Wesentliche* setzen, wobei natürlich die im Projektprozess gegebenen Restriktionen zu beachten sind,

- die eigenen *Stärken* und *Schwächen* realistisch und ehrlich einschätzen lernen,

- *regelmäßige Kontrollen* in Bezug auf Arbeitsfortschritt und Zieldefinition durchzuführen,

- *geeignete Methoden* der Selbstmotivation und des Selbstmanagements anwenden und sich *neue Fähigkeiten* zur Effizienzsteigerung aneignen (Lernprozess)

u. a. m.

Zu den Methoden des Selbstmanagements gehören zunächst jene Handlungsorientierungen, die bereits unter dem Stichwort „Zeitmanagement" benannt und erläutert wurden.[162]

Ergänzend hierzu soll auf folgende weitere Methoden und Vorgehensweisen des Selbstmanagements aufmerksam gemacht werden:

❖ *S.M.A.R.T.*:

SMART-
Ansatz

Hierbei geht es um die Bestimmung von Zielen, vor allem im Projektmanagement. S.M.A.R.T. ist eine Abkürzung und steht für

- **S**pezifisch
- **M**essbar
- **A**kzeptabel (erreichbar)
- **R**ealistisch
- **T**erminiert.

Jedes im Projektprozess bestimmte Ziel sollte alle diese Kriterien erfüllen.

❖ *ALPEN-Methode*:

ALPNEN-
Methode

Die sog. ALPEN-Methode gibt folgende Handlungsanleitung für das Zeitmanagement im Projektprozess:

- **A**ufgaben werden zusammengestellt,
- **L**änge der Tätigkeiten wird geplant,
- **P**ufferzeiten werden einbezogen,
- **E**ntscheidungen über Priorität bzw. Delegieren werden getroffen,
- **N**achkontrolle, Unerledigtes übernehmen, Notizen eintragen.

❖ *ABC-Analyse*:

ABC-
Analyse

Da Wichtigkeit und Dringlichkeit von Aufgaben nicht dasselbe ist, lohnt es sich, die Grundgedanken der ABC-Analyse anzuwenden, indem die zu erledigenden Aufgaben in drei Gruppen „A", „B" und „C" eingeteilt werden (siehe nachstehende **Abb. 3.19**).

---

[162] Siehe Seite 132, Zeitmanagement-Portfolio, PARETO-Analyse.

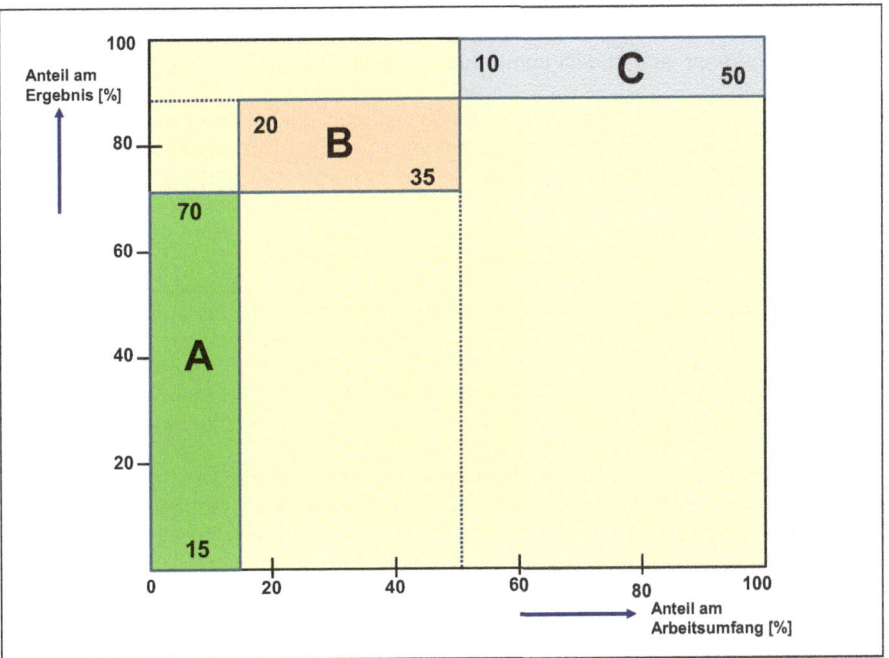

Abb. 3.19: Grundschema der ABC-Analyse

Die ABC-Analyse beruht auf Ansatz der PARETO-Analyse und bezieht auch Grund-   Interpreta-
gedanken des Zeitmanagements-Portfolios ein: tionen
Die zu erledigen Aufgaben werden gemäß ihrer Wichtigkeit in drei Kategorien A, B
und C eingeteilt.

- **A**-Aufgaben: Sehr wichtige Aufgaben, die sofort erledigt werden sollten.

- **B**-Aufgaben: Weniger wichtige Aufgaben, die delegiert oder erst später erledigt
  werden sollten.

- **C**-Aufgaben: Unwichtige Aufgaben, die man entweder delegiert oder verwirft.

Zielsetzung eines solchen Vorgehens muss es als sein, die überschaubar wenigen
„A"-Aufgaben zu bestimmen und sich auf deren Erledigung zu konzentrieren, weil
dies bis zu 70 % zur Erfolgswirksamkeit der eigenen Arbeit beiträgt.
Demgegenüber sollte man seine Zeit nicht mit der Vielzahl „C"-Aufgaben verbringen,
weil damit bestenfalls nur ein Beitrag von 10 % zur Erfolgswirksamkeit der eigenen
Arbeit erreicht werden kann.

Fazit:
Wichtigste Grundvoraussetzung für ein Selbstmanagement ist die Wahrnehmung von
Selbstverantwortung, d. h. die Übernahme von Verantwortung für die eigene Arbeit
und die Wahrnehmung der sich bietenden Chancen für die eigene Entwicklung. Wer
dazu nicht in der Lage ist, wird sich wohl kaum selbst managen können, Methoden
des Selbstmanagements hin oder her!

■ Selbststeuerung, Selbstorganisation

Selbstmanagement ist natürlich immer auch *Selbststeuerung*, verbunden mit *Selbstorganisation*.

Während es bei den vorstehenden Ausführungen zum Selbstmanagement vornehmlich um die *Selbststeuerung der persönlichen* Arbeit und der *persönlichen* Entwicklung (im Rahmen und im Umfeld des Projektmanagements) ging, sollen jetzt noch einmal jene Aspekte der *Selbststeuerung der Arbeit eines Projektteams* näher erörtert werden, die in Verbindung mit der *Selbstorganisation* vor allem bei Formen des *agilen Projektmanagements* besondere Bedeutung haben.[163]

Selbst-
steuerung

> **Selbststeuerung** in Projektteams bedeutet, dass nicht nur die *Ausführung* der jeweiligen Arbeiten im Projektprozess, sondern auch deren *Planung, Organisation, Überwachung* und *Kontrolle* vom Team *eigenverantwortlich* übernommen wird, und zwar nach weitgehend selbst geschaffenen Regeln und in einem klaren Handlungs- und Entscheidungsspielraum, der durch die eigene Kompetenzentwicklung ständig ausgebaut wird.
>
> In einem selbststeuernden Team soll jedes Teammitglied somit nicht nur den notwendigen eigenen Beitrag zur Aufgabenausführung leisten, sondern auch – je nach Fähigkeiten und persönlichen Stärken – Verantwortung bei der *kollegialen Führung* und *Selbstorganisation* des kooperativen Zusammenwirkens im Team übernehmen.

**Voraus-
setzungen**

Grundvoraussetzungen für eine Selbststeuerung und Selbstorganisation der Arbeiten in Projektteams bilden vor allem

- ausreichende *Gestaltungsfreiräume* in Bezug auf die Vorgehensweisen im Problemlösungsprozess und in Bezug auf Entscheidungen im Ressourceneinsatz,

- eine *Vertrauenskultur* und eine ausgeprägte *Bereitschaft zur Delegation* von Verantwortung in der Gesamtorganisation,

- vorhandene *Kompetenzen* in der Handhabung von Problemlösungs- und Entscheidungstechniken sowie von Moderations- und Kommunikationstechniken, besonders in Konfliktsituationen,

- ausreichende *Zugriffsrechte zur IT-Infrastruktur* der jeweiligen Organisation.

**Empower-
ment**

Fakt ist: Selbststeuernde Teams können deutlich schneller auf Problemsituationen reagieren als "klassische" Arbeitsgruppen. Dies wird vor allem durch den hohen Grad an Autonomie und Selbstbestimmung (engl. *Empowerment*) in der Arbeit des Teams und seiner Entscheidungs- und Verantwortungskompetenz ermöglicht.

Für die Arbeitsweise von Teams im *agilen Projektmanagement* sind dies – wie bereits an anderer Stelle hervorgehoben[164] – aber auch notwendige Bedingungen für das Funktionieren dieser Konzepte.

Falls es im Team dennoch zu einer Konfliktsituation kommt und diese Situation im Team nicht selbst überwunden werden kann, sollte Hilfe und Unterstützung von Außenstehenden (z. B. Scrum Master oder Project Owner oder ein externer Coach) gesucht werden.

---

[163] Siehe auch:
KUSTER, J. u. a.: Handbuch Projektmanagement, a. a. O., Abschnitt 4.1.12;
SCHWEITZER, T.: Projektmanagement. Cherry Media, Deggendorf 2019, Kapitel 4.
[164] Siehe insbesondere die Ausführungen in Abschnitt 2.2.2, Seite 73 ff.

3.5 Projektinformationssystem

3.5.1 Information

> Das Management dürstet nach Wissen und ertrinkt in Informationen.
> (In Anlehnung an *J. Naisbitt*)

Steuern (lenken, führen, managen) ohne (hinreichende) *Information* ("Kenntnis", "Weitsicht", "Wissen") kann – wie wir wissen – nicht funktionieren!
Steuerung/Management und Information bilden somit stets eine untrennbare Einheit!
Dies gilt im besonderen Maße auch für das Projektmanagement. Daher kommt der Ausgestaltung eines funktionierenden *Projektinformationssystems* – als Bestandteil der Aufgaben der Projektorganisation – auch eine besondere Bedeutung zu.

Information kann definiert werden als *beseitigte Unbestimmtheit, Ungewissheit:*[1] Sie ist ihrem Inhalt nach jene *reduzierte Ungewissheit*, die ein Empfänger der Information als Widerspiegelung realer Ereignisse bzw. Gegebenheiten erhält.
Eine Angabe bzw. Mitteilung ist für den betreffenden Empfänger dann eine Information, wenn sie für ihn einen *relevanten Neuigkeitswert* hat bzw. *zweckorientiertes Wissen* darstellt und den Empfänger dadurch in die Lage versetzt, Entscheidungen zu treffen und Handlungen auszulösen oder beabsichtige Handlungen zu unterlassen.

Wird durch den Erhalt einer Mitteilung die beim Empfänger ursprünglich gegebene Ungewissheit jedoch erhöht, handelt es sich um eine *Desinformation*.

[1] Dies entspricht dem Ansatz der klassischen Informationstheorie. Siehe hierzu auch:
https://kybernetik.online.index.html.

Informationsbegriff

Die erfolgreiche Umsetzung eines Vorhabens als Projekt hängt somit nicht nur von der Bereitstellung der erforderlichen personellen, sachlichen und finanziellen Ressourcen ab, sondern wird maßgeblich auch davon beeinflusst, wie es gelingt, ein funktionierendes *Projektinformationssystem* zu gestalten.
Ein solches System muss gewährleisten, dass die jeweiligen Adressaten (Auftraggeber, Projektleiter, Team-Mitglieder u. a.) die für die Wahrnehmung ihrer Aufgaben im Projekt benötigten Informationen *sach-*, *problem-* und *entscheidungsorientiert*

Anforderungen an ein Projektinformationssystem

- in erforderlichem *Umfang*,
- in der benötigten Qualität,
- zum richtigen *Zeitpunkt* und
- in geeigneter Weise bzw. *Form*

erhalten.[165]

Bei der Ausgestaltung eines solchen Projektinformationssystems sollten drei Situationssachverhalte unterschieden werden:

Situationssachverhalt 1: Es ist zu klären, *wer wann welche* Information in *welchem Umfang* und in *welcher Form* als unabdingbare „*Prozessvoraussetzung*" für die Ausführung der übertragenen Aufgaben benötigt. Dies betrifft zum Beispiel die Angaben zum Projektauftrag, ferner Daten zur Durchführung der Projektplanung, Arbeitsunterlagen für die Ausführung der eigentlichen Projektarbeiten und dgl. mehr.

Situationssachverhalte

---

[165] Siehe hierzu auch:
GPM – Projektmanagement-Fachmann, Bd. 2, a. a.. O. Abschnitt 4.8;
KUSTER, J. u. a.: Handbuch Projektmanagement, a. a. O., Abschnitt 2.4.10.

Situationssachverhalt 2: Es ist zu klären, *wer wann welche* Information in *welchem Umfang* und in *welcher Form* über die *Projektausführung* zu erstellen und an welche Adressaten zu vermitteln hat. Diese Aufgabe ist im Kontext zur Gestaltung des *Berichtssystems* zum jeweiligen Projekt zu erfüllen (Bestimmung von Inhalt und Form der Berichterstattung, Berichterstatter. Empfängerkreis, Berichtszyklus. Berichtsablauf).

Situationssachverhalt 3: Es ist zu klären, *wem in welcher Weise* und *über welchen „Informationskanal"* sofort *(„ad-hoc")* Informationen zu Ereignissen bzw. Sachverhalten zu übermitteln sind, wenn in der Projektdurchführung „etwas schief läuft" bzw. es sich abzeichnet, dass „etwas schief laufen wird".

Diese Aufgabe betrifft die Ausgestaltung jenes Teils des Projektinformationssystems, der als *„Alarmsystem"* bzw. als *„Frühwarnsystem"* funktionieren muss.

Vom Inhalt her geht es dabei in erster Linie um Informationen zu Ereignissen bzw. Sachverhalten, die

> ➢ den *Projekterfolg* gefährden bzw. gefährden können und/oder

> ➢ *Verzögerungen* im Projektfortschritt bzw. erheblichen *Mehraufwand* bewirken bzw. bewirken können.

dreischichtiges PM-Informationssystem

Dabei ist zugleich schon im Vorab zu klären, *wer* in solchen Fällen welche *Entscheidungskompetenz* hat und wie vom Grundsatz her zu reagieren ist.

Die Darstellung in **Abb. 3.20** soll die Grundstruktur eines solchen dreischichtigen Projektinformationssystems visualisiert verdeutlichen.

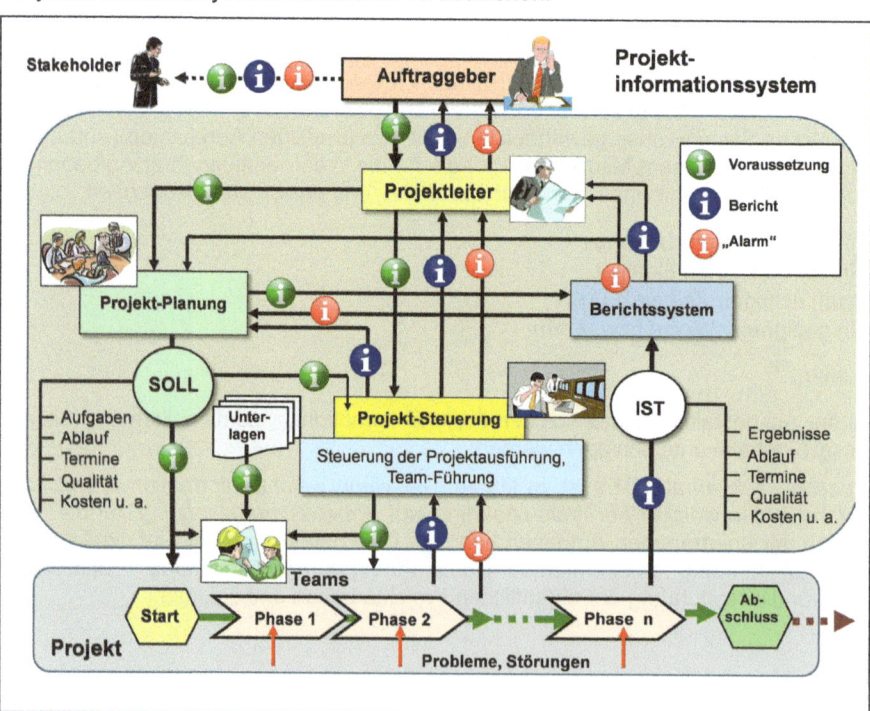

Abb. 3.20: Grundstruktur eines dreischichtigen Projektinformationssystems

Die „*Informations-Drehscheibe*" in dieser Struktur ist der *Projektleiter*. Er muss dafür sorgen, dass alle Projektbeteiligten in angemessener Weise mit relevanten Informationen versorgt werden.[166]

Da die Nützlichkeit von Informationen maßgeblich von ihrer *Qualität* abhängt, sollte auch im Projektmanagement den in **Tab. 3.02** aufgeführten Kriterien besondere Beachtung geschenkt werden.

Tab. 3.02: Anforderungen an Informationen im Projektmanagement[167]

Nr.	Kriterium	Anmerkungen
1	Erhältlichkeit der Information	Informationen sind auch im Projektprozess nur dann nützlich, wenn sie erhältlich sind.
2	Verständlichkeit der Information	Informationen müssen für den Empfänger verständlich sein, wenn sie beabsichtigte Wirkungen auslösen sollen (kein „Fach-Chinesisch" verwenden).
3	Relevanz der Information	Informationen müssen zum gegebenen Entscheidungsproblem einen klaren Bezug haben (im Sinne "beseitigte Unbestimmtheit").
4	Kompaktheit der Information	Informationen sollten als ein Optimum zwischen "Kompaktheit"/ "Neuartigkeit" sowie einer notwendigen erklärenden "Weitschweifigkeit" gestaltet sein.
5	Mediengerechte Aufbereitung	Informationen können mündlich, schriftlich oder in anderen Formen (digitalisiert) übermittelt werden. Jede dieser Formen hat Vor- und Nachteile und führt zu Problemen hinsichtlich der Datensicherheit und des Datenschutzes. Dies ist speziell bei der Nutzung von PM-Software im Berichtssystem zu beachten.
6	Rechtzeitigkeit in der Informationsbereitstellung	Eine Information kann alle vorgenannten Kriterien bestens erfüllen, wenn sie aber nicht rechtzeitig verfügbar ist, hat sie bestenfalls noch Archivierungswert. Diesem Kriterium ist im PM-Berichtssystem daher höchste Aufmerksamkeit zu schenken.
7	Aktualität der Information	Dieses Kriterium ist nicht mit "Rechtzeitigkeit" zu verwechseln. So kann eine Information über die Listeneinkaufspreise von zu beschaffenden Gütern rechtzeitig für Einkaufsentscheidungen vorliegen, dies würde aber wenig nutzen, wenn die Liste nicht den aktuellen Gegebenheiten entspricht.
8	Verlässlichkeit, Objektivität der Information	Informationen sind immer Abbildungen, Widerspiegelungen von Ereignissen, Sachverhalten und dgl. Um sachkundige Entscheidungen treffen zu können, müssen die hierfür benötigten und vorliegenden Informationen *verlässlich* sein und die Sachverhalte *objektiv*, das heißt unbeeinflusst von subjektiven Meinungen reflektieren.
9	Ordnungsmäßigkeit und Vollständigkeit der Information	*Ordnungsmäßigkeit* heißt vor allem Beachtung der Regeln für die Ausfertigung von schriftlich abgefassten Informationen. Informationen, die auf der Summierung von Teilangaben beruhen, können oft nicht erstellt werden, wenn eine Teilangabe fehlt. Der *Vollständigkeit* einer Information ist daher gleichfalls besondere Beachtung
10	Konsistenz der Information	Informationen, die auf einer Zusammenstellung von Einzelinformationen beruhen, müssen konsistent ("in-sich-stimmig") sein. Dies betrifft vor allem Angaben zum erreichtem Projektfortschritt (mit Angaben zu erreichtem Arbeitsfortschritten, Zeiten, Kosten u. a.

Anforderungen an Informationen im PM

---

[166] GPM-Projektmanagement-Fachmann, Bd. 2, a. a. O., Abschnitt 4.8.
[167] Siehe hierzu auch:
HEINRICH, L. J./RIEDL, R.: Informationsmanagement: Grundlagen, Aufgaben, De Gruyter Oldenbourg, München 2014.

Push- und
Pull-Infor-
mations-
weiterleitung

Aus der Sicht von „Sender" und „Empfänger" einer Informationen kann bei der Informationsweiterleitung eine Unterscheidung zwischen *„Push"-* und einer *„Pull"*-Informa-
tionsweiterleitung getroffen werden:

Bei der *„Push"*-Informationsweiterleitung ist der „Informationsversorger" aktiv, während der oder die Empfänger in diesem Prozess passiv sind. Typisch hierfür sind In-
formationsweiterleitungen im PM-Berichtssystem über Rundschreiben, E-Mail-Ver-
teilerdienste und dgl. Dies ist in der Regel mit hohem Aufwand verbunden und führt
zur „Informationsflut".

Bei der *„Pull"*-Informationsweiterleitung geht die Aktivität zur Informationsbereitstel-
lung vom *Empfänger* aus (Anforderung eines Berichts oder einer „ad-hoc"-Informa-
tion zum erreichten Projektfortschritt), was zwar zur Eindämmung der Informationsflut
führt, jedoch ein aktives Informationsverhalten bedingt.

Die Aspekte der Informationsweiterleitung führen uns damit zum Thema „Kommunikation".

3.5.2 Kommunikation

Information ist – wie dargestellt – immer nur unter Bezugnahme auf einen *Empfänger*
erklärbar. Insofern bilden *Information* und *Kommunikation* stets eine Einheit.

Kommunika-
tionsbegriff

Unter **Kommunikation** ist allgemein der *Austausch* von Informationen zwischen
Systemen zu verstehen, die in der Lage sind, Informationen zu erzeugen, auszu-
senden, zu übertragen, aufzunehmen und zu verarbeiten.
Die an diesem Prozess beteiligten Glieder bilden die *Kommunikationskette.*

Beobach-
tungs-
kette

Die einfachste Form einer Kommunikationskette ist die *Beobachtungskette*. Diese
Kette beruht darauf, dass die von einem Objekt ausgehenden Signale erfasst und im
Weiteren auf verwertbare Informationen untersucht werden.

Beispiel: Ein Bauleiter beobachtet mit zunehmender Sorge, wie die Gerüste bei den sich im
Bau befindlichen Anlagen unten den Wirkungen eines herangezogenen Sturms gefährlich zu
ächzen beginnen und es ungewiss wird, ob sie dem Sturm standhalten können. Er sieht sich
anhand dieser Beobachtungen veranlasst, sofort weitere Maßnahmen zur Absicherung der
Baustelle zu treffen.

Diagnostische
Kommunika-
tionskette

Eine weitere wichtige Kommunikationskette ist die *diagnostische Kommunikationskette*, die auch als *„non-verbale" Kommunikation* bezeichnet wird.
Hierbei versucht der eine Kommunikationspartner (als „Empfänger"), bestimmte *Anzeichen* (*Symptomen*) im Verhalten eines anderen – beobachteten – Kommunikati-
onspartners (als „Sender") *zu deuten*, um daraus gezogenen Schlussfolgerungen zu
ziehen und als Informationen aufzubereiten.

Beispiel: Ein Projektleiter beobachtet, wie sich ein neu eingewiesener Mitarbeiter bei der Erledigung einer ihm übertragenen Aufgabe „anstellt": Ist dabei Sachkenntnis und Motivation
erkennbar oder sind ggf. noch weitere Anleitungen erforderlich?

Non-verbale
Kommuni-
kation

Eine bei einer non-verbalen Kommunikation gewonnene Botschaft bezieht sich nicht
nur auf willentlich kontrollierbare Äußerungen wie Gestik[168] oder Mimik (Gesichts-
ausdruck bei Freude oder Enttäuschung), sondern auf jedwedes non-verbale Verhalten.

---

[168] Zum Beispiel: Kreisförmiges Drehen der Hand mit ausgestrecktem Zeigefinger als Zeichen für den
Kranführer, dass eine Last nunmehr angehoben werden kann.

Projektleiter sind daher immer gut beraten, ein bewusstes non-verbales „Feeling" für die Stimmungslage in ihrem Team zu entwickeln, um rechtzeitig zu erkennen, ob es Probleme im Team oder mit einzelnen Mitarbeitern gibt, ehe sich derartige Probleme dann „verbal" äußern!

Die wichtigste Kommunikationskette – auch im Projektmanagement – ist die *sprachliche Kommunikationskette,* die auf einer lautsprachlichen, gebärdensprachlichen oder schriftsprachlichen Kommunikation zwischen Menschen beruht und bei der zunehmend auch technische Kommunikationsmittel zum Einsatz kommen. Sprachliche Kommunikationskette

Eine sprachliche Kommunikation zwischen Menschen, aber auch zwischen Mensch und informationsverarbeitenden Maschinen kommt dann zustande, wenn folgende *Voraussetzungen* erfüllt sind (siehe **Abb. 3.21**):[169]

- Es liegt von einer Informationsquelle **Q** eine *Information* **I** vor, die übertragen werden soll oder kann.

- Zwischen dem Sender **S** und dem Empfänger **E** der Information besteht eine funktionierende *Signalverbindung* über einen bestehenden Übertragungsweg (Übertragungskanal **K**).

- Sender und Empfänger verfügen über einen *gemeinsamen Zeichenvorrat*, so dass die vom Sender **S** abgegebene Information **I** auch vom Empfänger **E** dekodiert werden kann.

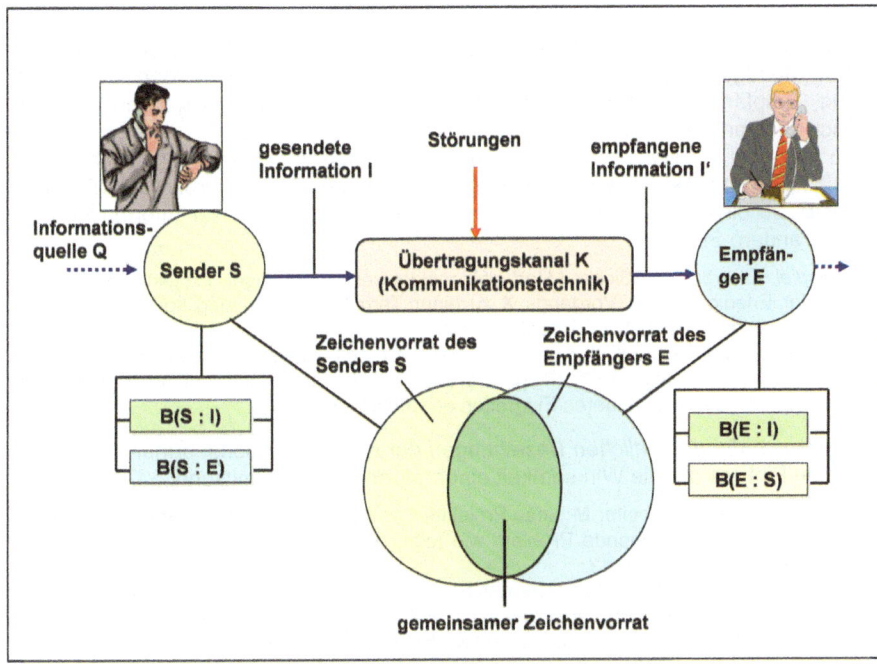

Wichtige Aspekte der sprachlichen Kommunikationskette

Abb. 3.21: Grundstruktur einer sprachlichen Kommunikationskette

---

[169] Siehe hierzu:
von KÄNEL, S.: Lernsoftware „Controlling", a. a. O., Abschnitt 1.2.

Hierzu folgende weitere Erläuterungen:

a) Bei der Erläuterung der Anforderungen an einen Projektleiter wurde unter dem Punkt *„Fachliche Qualifikation"* bereits darauf verwiesen, wie wichtig es ist, das der Projektleiter mit den Spezialisten seines Teams über einen *„gemeinsamen Zeichenvorrat"* in Bezug auf Fachausdrücke, Fachbezeichnungen u. a. verfügt, da sonst keine sachgerechte Kommunikation zu den zu lösenden Aufgaben zustande kommen kann. Zwar könnte ein *„Übersetzer"* (*Interpreter*), der sowohl mit dem „Sender" als auch mit dem „Empfänger" jeweils über einen gemeinsamen Zeichenvorrat verfügt, hier weiterhelfen, aber eine Lösung für das Projektmanagement kann dies nicht sein.

b) Ein weiteres Problem im Kommunikationsprozess tritt dann auf, wenn der *Übertragungsweg gestört* wird, so dass beim Empfänger eine „verzerrte" Information oder gar kein Signal (als Träger der zu übermittelnden Information) ankommt. Dieses aus der Nachrichtentechnik bekannte Phänomen des *„Rauschens"* kann nicht nur technische Ursachen haben (zum Beispiel das Problem von „Funklöchern"), sondern kann sich auf andere Weise im Kommunikationsprozess zwischen Menschen äußern, so zum Beispiel in Konfliktsituationen (*„Mit dem spreche ich kein Wort mehr!"*) oder wenn Informationssachverhalte bei der Übertragung über mehrere Stationen durch „Weglassen" und „Hinzu-Kommentieren" nicht mehr beim Empfänger als Original-Information ankommen.

c) Wichtig ist ferner, zu beachten, dass eine wirksame Kommunikation im Arbeits- bzw. Managementprozess auch davon abhängt, welche *Beziehungen* „Sender **S**" und „Empfänger **E**" einerseits zur betreffenden Information **I** und andererseits auch zueinander haben.

So muss die Positionierung des „Sender **S**" zu einer Information **I** (hinsichtlich Inhalt, Relevanz, Aktualität oder anderes) nicht mit der Positionierung des „Empfänger **E**" zu dieser Information übereinstimmen, weil er zu dieser Information eine ganz andere Sicht hat.

Beispiel: Ein verantwortlicher Mitarbeiter meldet dem zuständigen Projektleiter, dass es bei der Erledigung des Vorgangs **X** zu einer Terminüberschreitung kommen wird und dass somit rasches Handeln erforderlich ist.
Der Projektleiter beurteilt dies jedoch anders: Er weiß, dass der Vorgang **X** auf einem „nicht-kritischen" Weg im Netz liegt und dass somit – angesichts der noch gegebenen Pufferzeit – kein unmittelbares Eingreifen erforderlich ist.

Aber auch die *persönlichen Beziehungen* der Kommunikationspartner zueinander haben Einfluss auf die Wirksamkeit einer Informationsübermittlung.

Beispiel: Der Mitarbeiter **M** eines Projektteams äußert sich gegenüber dem Projektleiter zu einem anstehende Problem wie folgt: *„Dies ist der einzig mögliche Weg, um unser Problem zu lösen"!*
Nun hängt vieles davon ab, wie der Projektleiter den Mitarbeiter **M** aufgrund von Erfahrungen aus der Vergangenheit einschätzt: Kann er ihm und seiner Fachkompetenz unbesehen vertrauen oder hat er starke Bedenken, weil er vermutet *„Da will sich nur einer besonders hervortun, also Vorsicht!"*

Bei der Ausgestaltung des Projektinformationssystems ist vom Grundsatz her auch zu klären, für welche Informationen welche *„Kanäle"* in der Informationsübermittlung im Kommunikationsprozess zu wählen sind.
Dies führt uns zum Thema *„Berichtswesen"* (*Reporting*) als Kern eines Projektinformationssystems.

3.5.3 Berichtswesen im Projektmanagement

Die Ausführung eines als Projekt bestätigten Vorhabens ist ein vielschichtiger dynamischer Prozess, bei dem tagtäglich mit kleineren, oft auch mit größere „Überraschungen" zu rechnen ist.

Daher liegt es auf der Hand, dass interne und vor allem externe Projektbeteiligte bzw. Anspruchsgruppen immer wieder eine aktuelle Antwort auf folgende Frage haben möchten: *„Und wie ist die Lage?"*

Um die *Ungewissheit*, die sich hinter dieser Frage verbirgt, zu beseitigen bzw. zu mindern, müssen *Informationen* bereitgestellt werden und dafür ist – wie dargestellt – in erster Linie der *Projektleiter* verantwortlich: Ihm obliegt die – in der Regel nicht besonders beliebte – Aufgabe, in bestimmten Abständen *Berichte* zum Projektverlauf zu erstellen und an einen festgelegten Empfängerkreis zu verteilen.[170]

> Das **Berichtswesen** als Kern eines Projektinformationssystems beinhaltet nicht nur das nach festgelegten Regeln wahrzunehmende Erstellen und Verteilen von schriftlichen Meldungen zum Projektverlauf (als Status- bzw. Fortschrittsbericht), sondern umfasst – im Sinne eines *„Reportings"* – auch eine *Lageschilderung* in mündlicher, schriftlicher oder grafischer Form, verbunden mit einer *Vorschau* auf die weitere Entwicklung des betreffenden Projektprozesses.
>
> Die zum jeweiligen Projekt festlegten Regeln der Berichterstattung beinhalten Angaben zu *Inhalt* und *Form* der Berichte, zum verantwortlichen *Berichterstatter*, zum *Empfängerkreis*, zum *Berichtszyklus* und zum *Berichtsablauf*.
>
> Die verfügbaren PM-Softwarelösungen - wie MS Project - ermöglichen ein weitgehend automatisiertes Erstellen von Fortschrittsberichten und weiteren Angaben „zur Lage" im Projektprozess.

Berichtswesen im PM

Durch die Gestaltung eines effizienten Berichtswesens sind folgende *Ziele* zu erreichen:

Ziele des Berichtswesens

- Unterstützung des Erreichens der dokumentierten Projektziele,

- Unterstützung der Entscheidungsfindung durch ereignis- und zeitgerechte Information der Entscheidungsträger,

- regelmäßige Information der wichtigen internen und externen Stakeholder,

- Unterstützung der gesamten Projektdokumentation u. a.

Das Erstellen regelmäßiger und formalisierter Berichte über den Projektfortschritt trägt zur besseren *Projektidentifikationen* bei und wirkt motivierend.

Um besser zu verstehen, wann und wie Projektberichte zu erstellen sind und auf welche Aspekte es bei der Berichterstattung besonders ankommt, ist es angebracht, sich zuvor mit Grundfragen der Projektplanung, der Projektsteuerung und des Projektcontrollings vertraut zu machen.

Aus diesem Grunde wird das Thema „Berichtswesen" wieder im Abschnitt 5.2 im Kontext zum Projektcontrolling erneut aufgegriffen.

---

[170] Siehe hierzu:
GPM-Projektmanagement-Fachmann, Bd. 2, a. a. O., Abschnitt 4.8.2;
KUSTER, J. u .a.: Handbuch Projektmanagement, a. a. O., Abschnitt 2.5.6.2.

3.5.4 Datenschutz, Datensicherheit, Geheimnisschutz

Bei der Ausgestaltung und beim aktiven Betrieb von Projektinformationssystemen sind den Themen „Datenschutz", „Datensicherheit" sowie vor allem dem „Geheimnisschutz" im Kontext zum *Risikomanagement* höchste Aufmerksamkeit zu schenken.

■ Datenschutz

Datenschutz im PM

Beim *Datenschutz* geht es um den Schutz *personenbezogener Daten* vor dem Missbrauch bei ihrer Speicherung, Übermittlung, Verarbeitung, Nutzung und Löschung durch Dritte.

Geschützt sollen also nicht die Daten an sich, sondern die *Personen*, zu denen Daten über ihren Namen, Wohnort, Gesundheitszustand, Vermögen und dgl. vorliegen und missbräuchlich verwendet werden könnten.

Grundlage hierfür bildet vor allem das *Bundesdatenschutzgesetz* (BDSG).[171]

Anliegen und Zweck des Bundesdatenschutzgesetzes ist es somit, den Einzelnen davor zu schützen, dass er durch den Umgang mit seinen personenbezogenen Daten in seinem Persönlichkeitsrecht beeinträchtigt wird.

Dies ist im Rahmen des Projektinformationssystems vor allem bei der Abfassung von Projektberichten zu beachten, umfasst aber auch den sonstigen Informations- und Kommunikationsverkehr im Projektprozess.

■ Datensicherheit

Datensicherheit im PM

Aufgabe und Anliegen der *Datensicherheit* ist es, den physischen Schutz von Daten und Informationen in IT-Systemen, bei der Datenfernübertagung (DFÜ) und bei sonstigen Formen der automatisierten Informationsverarbeitung zu gewährleisten.

Dabei ist bei der Ausgestaltung eines Projektinformationssystems im Falle einer umfassender Nutzung von IT-Systemen und von PM-Software vor allem zu klären,

- welche inhaltlichen und rechtlichen Anforderungen an die Datensicherheit bestehen,

- wie eine diesbezügliche Risikoanalyse und Risikoabwehr zu gestalten ist,

- wie die Wirtschaftlichkeit von Maßnahmen der Gewährleistung von Datensicherheit zu bewerten ist u. a. m.

Das Thema „Datensicherheit" in IT-Systemen hat viele Aspekte. Im Vordergrund stehen die Ziele „Sicherung der Vertraulichkeit", „Sicherung der Integrität" und „Sicherung der Verfügbarkeit" der Daten.[172]

Sicherung der Vertraulichkeit bedeutet dabei, dass der Zugriff auf die Daten nur von *befugten Personen* vorgenommen werden kann.

Sicherung der Integrität bedeutet hingegen, die Unversehrtheit der Daten sowohl vor Manipulation als auch vor technischen Defekten zu gewährleisten.

Sicherung der Verfügbarkeit bedeutet schließlich, dass die im System vorhandenen Daten auch im Bedarfsfall von befugten Personen verwendet werden können.

---

[171] Bundesdatenschutzgesetz vom 30. Juni 2017 (BGBl. I S. 2097), geändert am 20. November 2019 (BGBl. I S. 1626).
[172] Siehe hierzu zum Beispiel:
Link: https://www.datenschutz.org/datensicherheit-massnahmen.

■ **Geheimnisschutz**

Projekte sind – wie dargestellt - Vorhaben, durch deren Realisierung vor allem etwas *Neues, Erstmaliges bzw. Innovatives* geschaffen werden soll, wodurch – im hier betrachteten Kontext – ein auftraggebendes Unternehmen *Wettbewerbsvorteile* erreichen will.

Geheimnis-schutz im PM

Deshalb liegt auf der Hand:
Ein mit einem Projekt erarbeitetes *Know-how,* dokumentiert in Bauplänen, Konstruktionsunterlagen, Rezepturen und dgl. hat für das jeweilige Unternehmen einen enormen Wert und ist daher ein besonders *schützenswertes Gut.*

Derartige Informationen und Dokumente sind ihrem Inhalt und Charakter nach *Geschäftsgeheimnisse,* die durch Zugangsschutz, Zugriffsschutz und insbesondere durch Schutz vor Kopieren und Weiterleiten abgesichert werden müssen.

Diesem Anliegen kommt das *„Gesetz zum Schutz von Geschäftsgeheimnissen (GeschGehG)"* [173] entgegen, das eine Umsetzung der Richtlinie (EU) 2016/943 des Europäischen Parlaments und des Rates vom 8. Juni 2016 über den Schutz vertraulichen Know-hows und vertraulicher Geschäftsinformationen (Geschäftsgeheimnisse) vor rechtswidrigem Erwerb sowie rechtswidriger Nutzung und Offenlegung beinhaltet.

Risikofaktoren im Projektinformationssystem in Bezug auf die Verletzung von Regeln zum Geheimnisschutz sind vor allem die *Projektmitarbeiter* sowie auch externe *Vertragspartner.*
Aufgabe des *Projektleiters* ist es somit, die Mitarbeiter für einen sorgsamen Umgang mit geheimen Informationen zu sensibilisieren, sie zur strikten Verschwiegenheit zu verpflichten und sie zugleich darüber zu belehren, welche Konsequenzen eine unberechtigten Weitergabe geheimer Informationen hat.
Auch wenn bei der Zusammenarbeit mit *externen Vertragspartnern* oftmals Wissen zu eigenem Know-how offenbart werden muss, ist darauf zu achten, dass dies in einem Rahmen geschieht, der durch das eigene Risikomanagement abgesichert werden kann, denn nach den Bestimmungen im GeschGehG ist eine geheime Tatsache nur dann auch geschütztes Know-how, wenn sie Gegenstand angemessener Geheimhaltungsmaßnahmen ist!

3.6 Projekthandbuch, Projektmanagementhandbuch

> Der wahre Zweck eines Buches ist, den Geist hinterrücks zum eigenen Denken zu verleiten.
> (C. D. Morley)

3.6.1 Projekthandbuch

Die Ausgestaltung eines *ordnungsgemäßen Dokumentenmanagements* beinhaltet – wie bereits an anderer Stelle begründet[174] – auch die Aufgabe der Erarbeitung und des Führen eines *Projekt-Handbuches* als Bestandteil der gesamten Projektorganisation.

Ein **Projekthandbuch** ist gemäß DIN 69901:2009-01 die Zusammenstellung von Informationen und Regelungen, die für die Planung und Durchführung eines bestimmten Projekts gelten sollen. Es beschreibt somit alle erforderlichen Standards für ein spezifisches Projekt.

Projekt-handbuch

---

[173] Gesetz zum Schutz von Geschäftsgeheimnissen vom 18. April 2019 (BGBl. I S. 466).
[174] Siehe Seite 95 des Buches.

Inhalt eines
Projekt-
handbuches

Wichtige Inhalte eines Projekthandbuches sollten sein:

- Projektauftrag und zu erreichenden Projektziele,
- Projektbeteiligte und Stakeholder,
- einschlägige Standards, Normen und Richtlinien in Bezug auf das Projekt,
- Verantwortlichkeiten und Mitarbeiter im Projekt,
- ein inhaltliches Rahmenkonzept,
- Festlegungen zum Berichtswesen,
- Festlegungen für die Projektdokumentation u. a.

Ein Projekthandbuch dient somit allen Projektbeteiligten als Leitfaden für die Abwicklung des betreffenden Vorhabens, zugleich ist es eine wichtige Referenzunterlage, falls es notwendig ist, differente Standpunkte zwischen Auftraggeber und Projektteam bzw. Projektleitung zu klären.

Verantwortlich für die Erstellung und Aktualisierung des Projekthandbuches ist der Projektleiter. Danach wird das Handbuch vom Lenkungsausschuss freigegeben und unterliegt dann dem Konfigurationsmanagement.

3.6.2 Projektmanagementhandbuch

Unternehmen, deren Geschäftszweck vornehmlich in der Vorbereitung und Durchführung von Projekten im Auftrage verschiedener Kunden besteht, nutzen für die Abwicklung der Projekte eine PM-Richtlinie in Form eines *Projektmanagementhandbuches*.

PM-
Handbuch

> Ein **Projektmanagementhandbuch** ist gemäß DIN 69901:2009-01 eine Zusammenstellung von Regelungen, die innerhalb einer Organisation generell für die Planung und Durchführung von Projekten gelten.
> Das PM-Handbuch soll verständlich abgefasst sein und zur Professionalisierung und Optimierung des Projektmanagements in der betreffen Gesamtorganisation (Unternehmen) beitragen.

Inhalte eines
PM-Hand-
buches

Wichtige Inhalte eines PM-Handbuches sind:[175]

- Angaben zum Geltungsbereich,

- Begriffsklärungen (Projekt, Projektarten, Projektkategorien u. a.),

- Projektgründung (Pflichtenheft, Lastenheft, Grundlagen der Projektkalkulation),

- Projektorganisation und Rollen im Projekt (Aufbauorganisation, Teamzusammensetzungen, Steuerungsgremien, Zuständigkeiten, Kompetenzen, Verantwortlichkeiten),

- Aufgaben und Vorgehen bei Stakeholder Analysen, Risikoanalysen u. a.,

- standardisierter PM-Prozess (Vorgehensmodelle bei Projekten mit Wiederholungscharakter),

---

[175] Siehe hierzu auch:
GPM-Projektmanagement-Fachmann, Bd. 2, a. a. O., Abschnitt 4.2.2;
KUSTER, J. u. a.: Handbuch Projektmanagement, a. a. O., Abschnitt 2.7.4;
JAKOBY, W.: Projektmanagement für Ingenieure, a. a. O., Abschnitt 4.4

- Methoden und Instrumente der Projektplanung und -steuerung (PM-Methodik),
- Inhalt und Aufgaben des Projektcontrollings,
- Projektabschluss, Übergabe und Abnahme von Projektergebnissen
- PM-Glossar mit der unternehmensspezifischen Terminologie,
- Formulare, Vorlagen, Checklisten, Arbeitsbehelfe u. a.

Ist ein derartiges Handbuch erst einmal erstellt, erleichtert dies die Vorgehensweise bei Folgeprojekten.

Ein PM-Handbuch kann damit als Kernstück eines *unternehmenseigenen Projektmanagements* angesehen werden.

Entscheidend ist, dass die Darstellungen im PM-Handbuch für Projektbeteiligte, vor allem für *Mitarbeiter* in Projekten als hilfreich empfunden werden.
Wichtig ist es, dass die *Führungskräfte* in der betreffenden Organisation für das Thema „Projektmanagement" gewonnen werden und so die Kultur eines *„Management by Projects"* unterstützen und pflegen.

Management by Project

Tests und Übungsaufgaben zu Kapitel 3

A 3.01: Wissenstests (JA/NEIN)

Nachfolgend werden 5 Aussagen zu den im Kapitel **3** behandelten Themen gemacht. Aufgabe: Machen Sie mit „Ankreuzen" kenntlich, ob die jeweilige Aussage – Ihres Wissens nach - als „richtig" (J) oder als „falsch" (N) zu werten ist.

Nr.	Aussage	J	N
1	Vorteil einer *Matrixorganisation* als Grundform einer Projektorganisation ist, dass der Projektleiter die direkte Anleitungs- und Kontrollbefugnis gegenüber Mitgliedern des Projektteams in Bezug auf deren Beitrag zur Projektabwicklung besitzt. *Würden Sie dieser Aussage sachlich zustimmen?*		
2	Als Substitutionseffekt der Organisation bezeichnet man ein ausgeglichenes Verhältnis von Stabilität und Flexibilität in organisatorischen Regelungen. *Ist diese Aussage sachlich richtig?*		
3	In einer Projektorganisation für das agile Projektmanagement ist die Einordnung eines Projektausschusses (engl. *Steering Commitee*) zwingend erforderlich. *Stimmen Sie dieser Aussage zu?*		
4	Die Anforderungen an die persönliche Qualifikation eines Projektleiters betreffen zunächst *„Anforderungen im Umgang mit sich selbst"*. Dies betrifft vor allem das Gegeben sein einer ausgeprägten Kommunikationsfähigkeit, einer hohen Kontaktfreudigkeit und Motivationsfähigkeit. *Stimmen Sie dieser Aussage zu?*		
5	Projektteams durchlaufen in ihrer Zusammenarbeit Entwicklungsstufen. Wenn das Gemeinsame und Verbindende beginnt, in den Vordergrund zu treten und eine Identifikation mit der gemeinsam zu lösenden Aufgabe sichtbar wird, entspricht dies in der Team-Entwicklungs-Uhr der Phase 3 ("Organisation"). *Stimmen Sie dieser Aussage zu?*		

A 3.02: Multiple-Choice-Aufgaben

Prüfungsfragen im Rahmen von PM-Zertifizierungen werden oft in Form von *Multiple-Choice-Aufgaben* formuliert.

In den nachstehend aufgeführten fünf Aufgaben ist durch Ankreuzen kenntlich zu machen, welche der zu einer Aufgabe machten Aussagen – Ihrer Kenntnis nach – richtig bzw. zutreffend sind. Falls mehrere Aussagen zutreffend sein können, wird dies bei der Aufgabenstellung angegeben.

1. Zu den grundlegende *Formen der Projektorganisation* gehören unter anderem (mehrere Aussagen zutreffend):

   a) die Auftrags-Projektorganisation,

   b) die Matrix-Projektorganisation,

   c) die Ablauf-Projektorganisation und

   d) die hybride Projektorganisation.

2. Zum Aufgabenspektrum des *Product Owners* im agilen Projektmanagement gehört

   a) die Aufgabe, eine umsetzungsfähige *Vision* als Ausgangspunkt und Grundlage für das realisierende Vorhaben zu entwickeln und zu vermitteln,

   b) die Aufgabe, die Arbeit der Teams bei der Lösung der gestellten Aufgaben in *methodischer Hinsicht* wirksam zu unterstützen,

   c) die Aufgabe, die für die Projektausführung *benötigten Ressourcen* abzusichern und andere *strategischen Rahmenbedingungen* abzustecken.

3. Projekte zu führen und Verantwortung zu übernehmen, heißt im PM-Prozess vor allem (mehrere Aussagen zutreffend):

   a) die Aufgaben im Pflichtenheft zum Projekt zu erläutern,

   b) Ziele zu setzen und Mitwirkende zu überzeugen und zu motivieren,

   c) über Arbeitsergebnisse rechtzeitig zu informieren,

   d) sich darum zu kümmern, dass neue PM-Software-Tools einsatzfähig werden.

4. Im Hinblick auf die notwendige *Projektqualifikation* sollte ein Projektleiter folgende Fähigkeiten und Eigenschaften mitbringen:

   a) Fähigkeit zum System- und Prozessdenken, verbunden mit analytischer Urteilsfähigkeit und ziel- und lösungsorientiertem Handeln,

   b) hohe Fachkompetenz in Bezug auf technisch-technologische Details im betreffenden Vorhaben,

   c) betriebswirtschaftliches Know-how in Bezug auf eine ordnungsgemäße Buchführung im Projektprozess,

   d) Beherrschen der Methodik zum Erstellen von Portfolios im Hinblick auf Präsentationen zum Projekt.

5. Selbstmanagement bedeutet – im Kontext zum Projektmanagement – vor allem (mehrere Aussagen zutreffend):

a) Selbstständig die Ziele für das betreffende Projekt setzen,   ☐

b) die eigenen Stärken und Schwächen realistisch und ehrlich einschätzen lernen,   ☐

c) geeignete Methoden der Selbstmotivation anwenden und sich neue Fähigkeiten zur Effizienzsteigerung aneignen,   ☐

d) Aufgaben zusammenstellen und deren Erledigung delegieren.   ☐

A 3.03: Wahl der Projektorganisationsform

Die Fa. PCX GmbH ist ein Unternehmen im Bereich der Kunststoffindustrie.
Da die Integration des Umweltschutzes in das Management des Unternehmens bislang unbefriedigend ist, hat die Geschäftsleitung des Unternehmens beschlossen, dass im Unternehmen ein Maßnahmenpaket für die Ausgestaltung eines unternehmensbezogenes Umweltmanagementsystems nach den Vorgaben der EU-Öko-Audit-VO zu erarbeiten ist.

Aufgaben:

a) Begründen Sie, ob das Vorhaben „Ausarbeitung eines Maßnahmenpakets für ein unternehmensbezogenes Umweltmanagementsystem" die Merkmale eines „Projekts" erfüllt bzw. ggf. nicht erfüllt!

b) Falls Ihre Antwort zu a) positiv ausfällt: Geben Sie an, welche Form einer Projektorganisation Sie für die Abwicklung des Vorhabens wählen würden und begründen Sie Ihren diesbezüglichen Vorschlag!

A 3.04: Mitarbeiterführung im Projektprozess

a) Geben Sie an, auf welche Faktoren - Ihrer Einschätzung nach - der Leiter eines Projektteams besonders achten sollte, um die *Arbeitsmotivation* und *Arbeitsleistung* der Mitarbeiter positiv beeinflussen zu können!

b) Erläutern Sie des Weiteren, worauf Sie als Projektleiter besonders achten sollten, um ein gutes Arbeitsklima im Team zu sichern!

4. Projektplanung

Sinn der Planung ist es, den Schwierigkeiten der Ausführung zuvorzukommen.
(Nach *C. Vauvenargues*)

4.1 Inhalt und Aufgaben, Magisches Viereck

■ Begriffsbestimmung, Grundlagen, Einordnung

Ist die Entscheidung über die Durchführung eines Vorhabens (als Projekt) gefallen und steht ferner fest, in welchem organisatorischen Rahmen, mit welchem Projektleiter und mit welchem Projektteam das Vorhaben umgesetzt werden soll, gilt es, die sehr komplexe Aufgabe der *vorausschauenden Festlegung der Projektdurchführung* in Angriff zu nehmen und sich dabei den Problemen einer *schwierigen Vorausbestimmbarkeit* und *Vorhersehbarkeit* – als typisches Merkmal von Projekten – zu stellen.

Mit anderen Worten: Es geht um das wichtige Aufgabenfeld einer umfassenden *Projektplanung*.

Inhalt und Aufgabe der **Projektplanung** ist es, eine solche Vorausbestimmung aller für die Erreichung der Projektziele erforderlichen und vom Planungsprozess her beherrschbaren Komponenten eines Projekts vorzunehmen, die als Ausgangspunkt und verbindliche Grundlage für eine zielgerichtete, effiziente und erfolgsorientierte Steuerung der eigentlichen Abwicklung des definierten Projekts benötigt werden. *(Projektplanung: Begriff)*

Inhaltliche Schwerpunkte der Projektplanung sind vor allem

> ➤ die Projektstrukturplanung,
> ➤ die Ablaufplanung,
> ➤ die Aufwandsschätzung und die damit verbundene Zeit- und Terminplanung,
> ➤ die Ressourcen- und Belastungsplanung,
> ➤ die Kostenplanung und
> ➤ die Finanzmittelplanung.

Wichtige Grundlagen für die Projektplanung bilden die im Vorfeld zur Projektentscheidung erarbeiteten Ergebnisse *(Grundlagen der Projektplanung)*

- der Machbarkeitsanalyse,
- der Risikoanalyse,
- der Stakeholder Analyse,
- der Wirtschaftlichkeitsanalyse u. a.

sowie die Daten im *Projektauftrag* mit den darin fixierten *Projektzielen*.

Die mit der Projektplanung beauftragten Mitarbeiter sollten nicht nur projekterfahren sein, sondern auch die Instrumente und Methoden der Projektplanung – unter Einbeziehung von PM-Softwarelösungen wie MS Project – beherrschen.[176]

---

[176] Siehe GPM-Projektmanagement-Fachmann, Bd. 2, a. a. O., Teil 3 „Methodenkompetenz";
OLFERT, K.: Projektmanagement, a. a. O., Abschnitt D. „Projektplanung";
KUSTER, J. u. a.: Handbuch Projektmanagement, a. a. O., Abschnitt 2.4.

© Springer Fachmedien Wiesbaden GmbH, ein Teil von Springer Nature 2020
S. von Känel, *Projekte und Projektmanagement*, https://doi.org/10.1007/978-3-658-30085-2_4

Für die Ausführung der einzelnen Aufgaben der Projektplanung ist eine entsprechende Stelle verantwortlich zu machen (Projektplanungsstelle, Planungsausschuss, Stabsmitarbeiter beim Projektleiter oder dgl.).

Die Darstellung in **Abb. 4.01** soll die Einordnung der Projektplanung in das gesamte Projektmanagement visualisiert verdeutlichen.

Einordnung der Projekt-planung

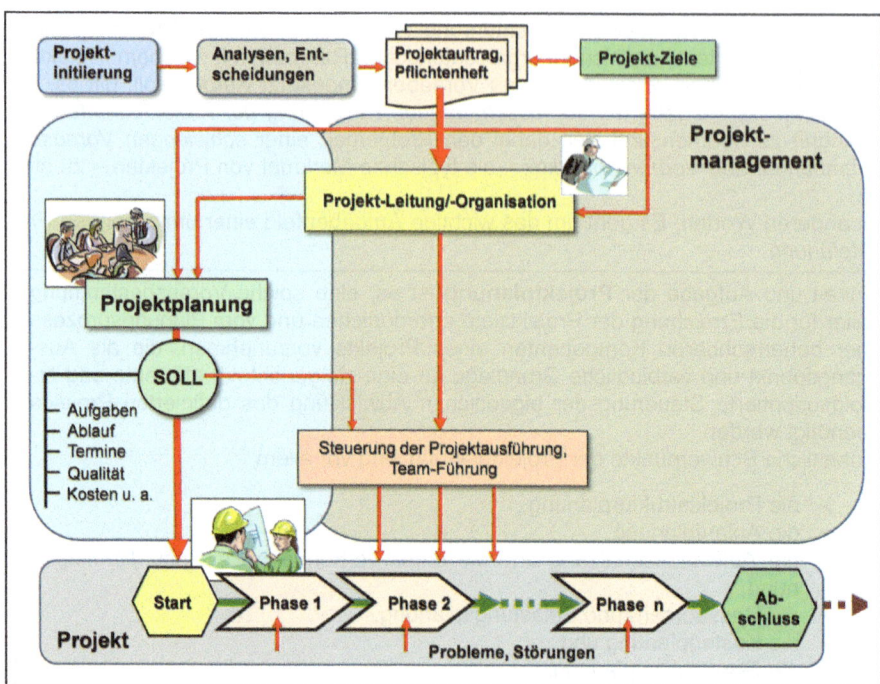

Abb. 4.01: Zur Einordnung der Projektplanung in das Projektmanagement

■ **Teilaufgaben, Ergebnisse**

Im Rahmen der Projektplanung sind die in der nachstehenden **Tab. 4.01** aufgeführten Teilaufgaben zu bearbeiten und zu lösen.

Bei der Wahrnehmung der hier benannten Aufgaben kommen in der Praxis geeignete *Software-Lösungen* wie *Microsoft Project* oder *Projectron* zum Einsatz.[177]

Aber auch die Tabellenkalkulationssoftware *MS Excel* kann – wie noch gezeigt wird – für bestimmte Aufgaben der Projektplanung eingesetzt werden.[178]

---

[177] Siehe:
 https://products.office.com/de-de/project/project-management-software.
 https://www.projektron.de/
[178] Siehe die Ausführungen in den weiteren Abschnitten dieses Kapitels sowie
WINDOLPH; A./BLUMENAU, A.: Projektmanagement mit Excel. Wiley-VCH Verlag, Weinheim 2018.

Tab. 4.01: Teilaufgaben in der Projektplanung

Nr.	Teilaufgabe	Ergebnis
1	Klärung der Projektstruktur	Projektstrukturplan
2	Klärung des Projektablaufs	Ablaufplan (GANTT-Diagramme, Netz-pläne), Konfigurationsplan
3	Ermittlung der Gesamtdauer des Projekts, Bestim-mung von Meilensteinen im Projektablauf, Kenn-zeichnung der kritischen und der subkritischen Wege	Ablauf-, Zeit- und Terminplan Gesamtprojekt
4	Ermittlung der Termine und der Pufferzeiten für die einzelnen Arbeitspakete bzw. Aktivitäten	Ablauf-, Zeit- und Terminpläne für Teilprojekte, Teilaufgaben und Arbeits-pakete
5	Ermittlung der detaillierten Qualitätsanforderungen	Qualitätssicherungsplan
6	Ermittlung der benötigten Ressourcen (Personal, Sachmittel u. a.), Belastungsausgleich	Ressourceneinsatzplan, Kapazitätsplan
7	Vorbereitung und Abschluss von Verträgen mit Nachauftragnehmern und Dienstleistern	Vertragsplan
8	Ermittlung der Kosten, Aufstellen der Kostengang-Linie und der Kostensummen-Linie	Kostenplan
9	Präzisierung der Finanzmittelplanung	Finanzmittelplan, Liquiditätsplan
10	Klärung des Berichtswesens und der Dokumen-tationsanforderungen zum Projekt	Berichtsplan, Dokumentationsplan
11	Ermittlung der Risiken durch Risikoanalyse	Risikomanagementplan

■ **Magisches Viereck**

Bei der *Planung* und nachfolgend auch bei der *Steuerung* von Projekten stehen *vier Ziele* bzw. *Zielsachverhalte* im besonderen Blickpunkt des Auftraggebers und der Projektleitung:

- Erreichen bzw. Sicherung der *inhaltlichen Vollständigkeit* beim Abschluss des Vorhabens hinsichtlich *Leistungsumfang* und *Funktionsfähigkeit* der geplanten Lö-sung,

- Erreichen einer bestmöglichen *Qualität* in der Projektausführung sowie bei den Projektergebnissen,

- Erreichen einer möglichst kurzen *Projektdauer*,

- Erreichen möglichst niedriger *Projektkosten* mit Einhalten bzw. Unterschreiten des Kosten- und Finanzbudgets.

Diese Hauptziele stehen zueinander in einem *widersprüchlichen* (konkurrierenden) Zusammenhang, so dass in der Praxis des Projektmanagements von einem *„Teu-felsquadrat"* (nach *Harry Sneed*) gesprochen wird (siehe **Abb. 4.02**).[179]

---

[179] In der einschlägigen PM-Literatur ist oft nur vom „magischen Dreieck" (mit den Zielgrößen „Quali-tät", „Zeitdauer" und „Kosten") die Rede. Dabei geht es bei Projekten vor allem um die Sicherung des *Inhalts* und der *Vollständigkeit* des angestrebten Projektergebnisses

Magisches
Viereck im
PM

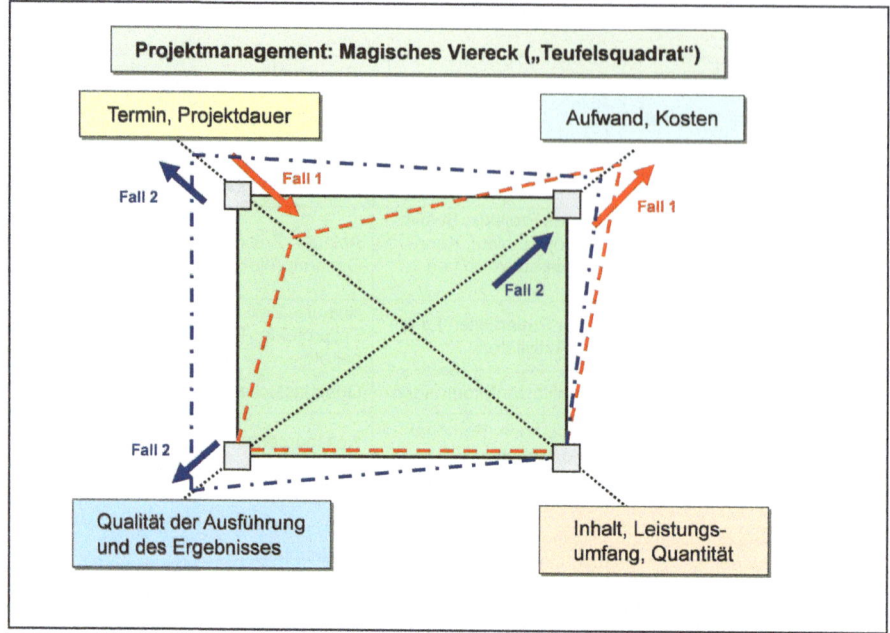

Abb. 4.02: Zum „magischen Viereck" des Projektmanagements

Erste und wichtigste Zielsetzung im Prozess der Projektplanung muss es sein, zwischen den vier Hauptzielgrößen und Bewertungskriterien eines Projekts eine *ausgeglichene Lösung* zu finden.
Äußeres Merkmal einer solchen Lösung ist die Form eines *Quadrats*.
Jedes Bestreben, für eines der vier Ziele ein besseres Ergebnis zu erreichen, führt unweigerlich zur Veränderung des Gleichgewichts und aus dem Quadrat wird eine anders gestaltete geometrische Figur.

Soll zum Beispiel die Dauer **D** des Vorhabens – bei gleichbleibender „Qualität" und „Quantität" – *verkürzt* werden (*Fall 1* in Abb. 4.02), dann führt dies i. d. R. zu steigendem Aufwand (Kosten), da eine Verkürzung der Projektdauer i. d. R. nur mit steigenden Ressourceneinsatz möglich ist.
Soll hingegen die Qualität des Projektergebnisses signifikant erhöht werden (Fall 2 in Abb. 4.02), dann führt dies zwangsläufig zur Erhöhung des Aufwandes (Kosten) und in der Regel auch zu einer Verlängerung der Projektdauer.

Diese Zusammenhänge sind nicht nur bei der *Planung* des Projekts, sondern vor allem auch bei der *Realisierung* des betreffenden Vorhabens zu beachten! [180]

■ **Abfolge der Projektplanung**

Die inhaltlichen Schwerpunkte sowie die Abfolge der Projektplanung sind aus der Darstellung in **Abb. 4.03** zu entnehmen.

---

[180] Beispiel: Wenn bei einem Neubau eines Flughafens die Qualität nicht stimmt, dann „dauert" die Fertigstellung eben, von den Kosten ganz zu schweigen.

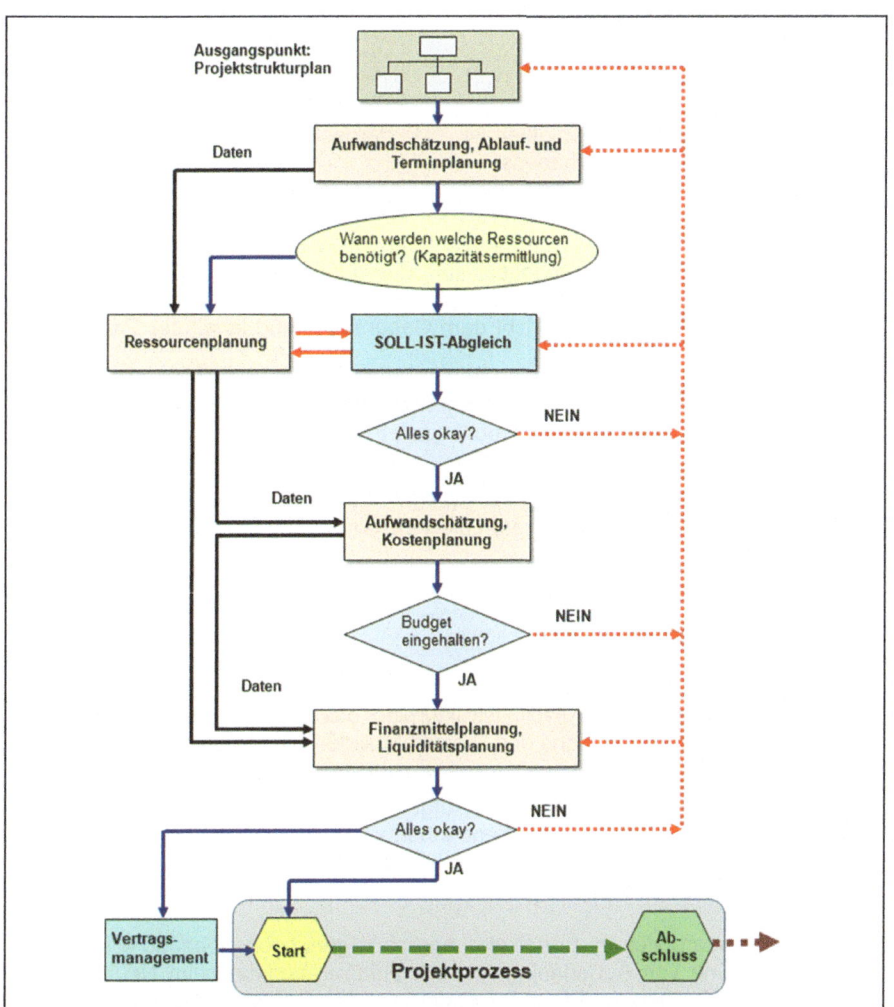

Abb. 4.03: Inhaltliche Schwerpunkte und Abfolge der Projektplanung

Diese Darstellung soll deutlich machen, dass es bei der Projektplanung nicht einfach nur um eine lineare Folge von Arbeitsschritten zu den typischen Planungsaufgaben geht, sondern dass immer wieder auch *Rückkopplungen* zu vorgehenden Arbeitsschritten erforderlich sind, wenn die Überprüfung gesetzter Bedingungen zu keinem befriedigendes Ergebnis führt.

Dabei ist zu beachten, dass die Kostenplanung wie auch die Finanzmittel- und Liquiditätsplanung immer nur eine Reflexion (Widerspiegelung) der sachlich-materiellen und zeitlichen Ausprägungen der zu realisierenden Arbeitsaufgaben im Projektprozess sind.
Dies bedeutet: Wenn Kosten gesenkt oder Finanzmittel eingespart werden sollen, muss – wo immer dies möglich ist – der sachliche, personelle oder auch zeitliche Ressourceneinsatz reduziert werden.

4.2 Projektstrukturplanung

■ **Begriffsbestimmungen**

> Der zur Tätigkeit geborene Mensch übernimmt sich im Planen und überladet sich mit Arbeiten. *(J. W. von Goethe)*

Ein markantes Merkmal von Projekten ist – wie dargestellt – die sachliche *Komplexität* eines zu realisierenden Vorhabens.

Daraus folgt mit Konsequenz: Die Komplexität des Vorhabens lässt sich – sowohl im Planungs- wie auch im Ausführungsprozess – nur beherrschen, wenn es gelingt, *das Ganze stufenweise zu zerlegen* und so zu einer Ebene zu gelangen, auf der die zu lösenden *Einzelaufgaben überschaubar* sind und damit *planbar* und *steuerbar* werden.

Die Lösung dieser Aufgabe entspricht dem Gegenstand und Inhalt der *Projektstrukturplanung.*[181]

Projekt-
struktur-
planung

> Gegenstand, Inhalt und Aufgabe der **Projektstrukturplanung** ist es, zu einem zu realisierenden Vorhaben den entsprechenden **Projektstrukturplan** (PSP) zu erstellen.
>
> Der *Projektstrukturplan* (*engl. Work Breakdown Structure*) ist eine übersichtliche, meist grafische Darstellung der hierarchischen Gliederung des betreffenden Vorhabens nach
>
> - abgrenzbaren Teilen (= *Teilprojekte*, TP),
>
> - abgrenzbaren *Teilaufgaben* (TA) sowie
>
> - einzelnen *Arbeitspaketen* (AP).
>
> In diesem Sinne bildet der Projektstrukturplan das sachliche (informationelle) Rückgrat für alle Projektbereiche und Projektbeteilige.

Teilprojekt
(TP)

Ein *Teilprojekt* (TP) ist ein abgrenzbarer Aufgabenbereich in einem zu realisierenden Vorhaben, der aufgrund einer weitgehend inneren Homogenität der zu lösenden Aufgaben relativ isoliert geplant und gesteuert werden kann, der aber strukturell mit dem Gesamtvorhaben verbunden ist.

Beispiele: Umbauarbeiten im bisher als Lagerhalle genutzten Gebäude (Fallbeispiel **FB 01**), Errichtung von Außenanlagen (Lagerplatz, Parkplatz) beim Neubau eines Industriewerkes (Fallbeispiel **FB 02**), Entwicklung des Getriebes für eine neue Erntemaschine (Fallbeispiel **FB 03**) und dgl.[182]

Teilaufgabe
(TA)

Eine *Teilaufgabe* (TA) ist ein abgrenzbarer Aufgabenbereich, der im Projektstrukturplan weiter aufgegliedert werden kann. Die Beschreibung des Aufgabenbereiches ist aber noch zu grob, um plan-, steuer- und kontrollierbare Einzelaufgaben in Form von Arbeitspaketen zu erkennen.

Beispiele: Ausräumen der Lagerhalle (**FB 01**), Erdarbeiten im Bereich der *Außenanlagen* (**FB 02**), Konstruktion der Kupplung für das Getriebe (**FB 03**).

---

[181] Siehe auch: GPM – Projektmanagement-Fachmann, Bd. 2, a. a. O., Abschnitt 3.1 sowie DIN 69901-1:2009-01.
[182] Siehe die Beschreibung der Fallbeispiele im Abschnitt 1.4.

Ein *Arbeitspaket* (AP) ist eine klar definierte Aufgabe (Leistung) im Projekt, die unter gegebenen Bedingungen und nach einem vorgegebenen Verfahren zu einem bestimmten Ergebnis zu führen ist und die – vom Grundsatz her - einer einzigen ausführenden Stelle übertragen werden kann.
Arbeitspakete stellen die *unterste Ebene* in der Gliederung eines Projektstrukturplans dar.

Arbeitspaket (AP)

■ **Aufbau und Zwecke eines Projektstrukturplanes**

Die Darstellung in **Abb. 4.04** zeigt den Grundaufbau eines Projektstrukturplanes.[183]

Grundaufbau eines PSP

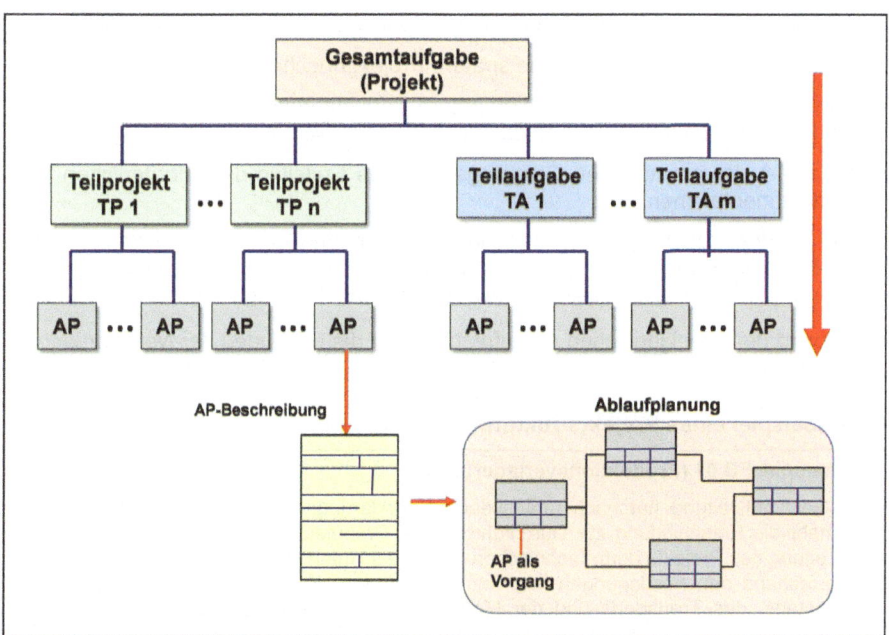

Abb. 4.04: Projektstrukturplan (Grundaufbau)

In *horizontaler* Richtung werden in einer Ebene gleichrangige, jedoch klar zu einander abgrenzbare Elemente aufgeführt, während in *vertikaler* Richtung eine zunehmende Detaillierung der Elemente erfolgt.

Die Gliederung im PSP kann *funktions- bzw. tätigkeitsorientiert* (nach der Verrichtung der notwendigen Arbeiten im Projekt) oder *ergebnis-* bzw. *produktorientiert* (nach Baugruppen, Teilen u. a.) sowie auch *phasenorientiert* (Vorstudie, Hauptstudie u. a.) vorgenommen werden.
Im Hinblick auf die Aufwandsbestimmung und die Aufwandskontrolle ist die *funktionsorientierte* Gliederung eines PSP zu favorisieren.

---

[183] Vgl. die Darstellungen in GPM – Projektmanagement-Fachmann, Bd. 2, a. a. O., Abschnitt 3.1.3.

Zwecke des PSP

Ein Projektstrukturplan dient vor allem folgenden *Zwecken*:

- Erstellen der Unterlagen für die Vergabe von Arbeitsaufgaben und die Vertragsgestaltung mit Dritten,

- Erstellen der Ablauf-, Zeit- und Terminpläne für die Ausführung der Teilprojekte, Teilaufgaben und Arbeitspakete,

- Erstellen einer strukturierten Übersicht über die Projektkosten und den Finanzmittelbedarf,

- Spezifizierung der Risiken nach Teilprojekten, Teilaufgaben und Arbeitspaketen,

- Klärung der besonderen Schwerpunkte für eine vorbeugende Qualitätssicherung,

- Klärung der Schwerpunkte für die spätere Projektfortschrittskontrolle,

- Klärung der Anforderungen an die spätere Berichterstattung über den Projektfortschritt in Bezug auf die notwendige Informationsverdichtung,

- Schaffung der notwendigen Grundlagen für das Erstellen der erforderlichen Projektdokumentationen.

Es ist allerdings zu beachten, dass ein Projektstrukturplan nur ein formales, statisches Mittel der Projektplanung ist, das nicht alle wechselseitigen Beziehungen (Vernetzungen) zwischen Teilprojekten; Teilaufgaben und Arbeitspaketen erfasst.

Daher wird bei der eigentlichen Ablaufplanung auf die Methoden der *Netzplantechnik* zurückgegriffen.

■ Fallbeispiel eines Projektstrukturplanes

Fallbeispiel

Fallbeispiel FB 01 (Produktionsverlagerung)

Die Geschäftsleitung hat nach umfassenden Vorklärungen und Projektvorbereitungen nunmehr die Entscheidung zur Durchführung der Produktionsverlagerung getroffen und die Leitung des Projekts dem Technischen Leiter des Unternehmens übertragen.
Entsprechend den Festlegungen im Projektauftrag sind für die speziellen Arbeiten der Demontage, des Transports und der Montage der Maschinen und sonstigen Anlagen *externe Dienstleister* zu beauftragen, die restlichen Arbeiten sollen durch *eigene Kräfte* des Unternehmens ausgeführt werden. Die Zeitspanne der Produktionsunterbrechung ist für die Vorbereitung und Durchführung von *Ersatz- und Erweiterungsinvestitionen* bei wesentlichen Teilen der Produktionsanlage zu nutzen.

Für die Durchführung des Vorhabens wird zunächst ein *funktionsorientierter Projektstrukturplan* erarbeitet (siehe die nachstehende **Abb. 4.05**).

Anmerkungen:

Kodierung des PSP

Da ein Projektstrukturplan nicht nur der Projektplanung dient, sondern auch als ein wichtiges Verständigungs- und Kommunikationsmedium im Projektprozess genutzt wird, ist es sinnvoll, neben der graphischen Darstellung des PSP auch eine geeignete *Kodierung* der Teilprojekte, Teilaufgaben und Arbeitspakete vorzunehmen, zumal dann, wenn im Weiteren PM-Software zum Einsatz kommen soll.
Eine solche Kodierung kann rein numerisch, rein alphabetisch oder alpha-numerisch vorgenommen werden.

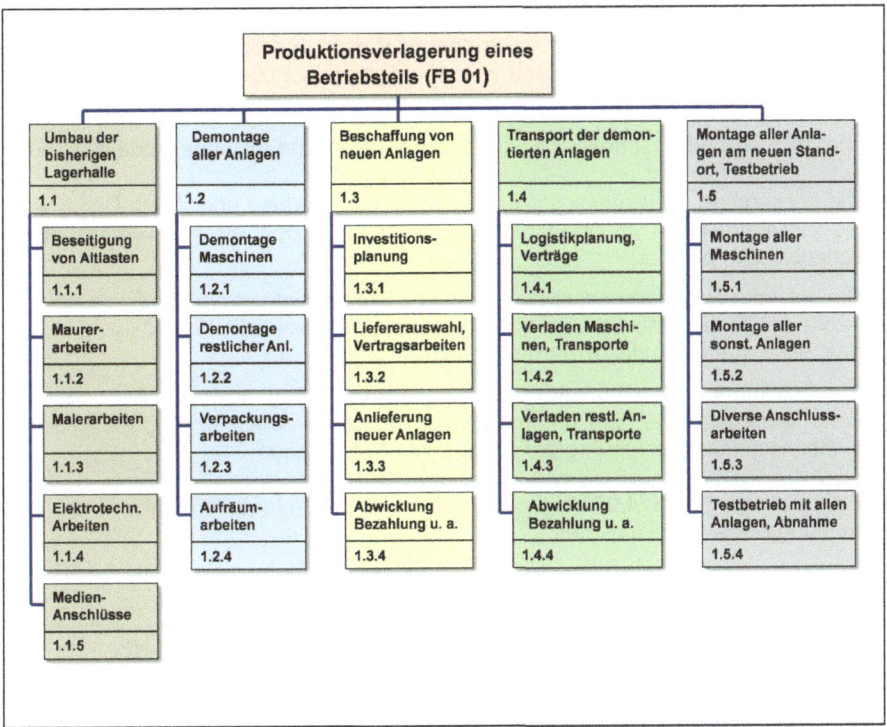

Abb. 4.05: Projektstrukturplan zum Fallbeispiele FB01

In Abb. 4.05 wird eine rein *numerische Kodierung* verwendet. Dies deshalb, weil diese Form der Kodierung gut geeignet ist, eine grafische Darstellung des PSP unter Nutzung von MS Excel (mit Elementen der *SmartArt-Grafik*) zu erstellen.

Das entsprechende Vorgehen wird – mit Bezug zum Fallbeispiel FB01 – in der Excel-*Datei 08_PM-Projektstrukturplan1.xlsm* erläutert.

■ **Beschreibung der Arbeitspakete**

Unter einem *Arbeitspaket* (engl. *Work Package*) ist – wie bereits angegeben – die Beschreibung einer im Projektprozess zu erbringenden Leistung zu verstehen, die von einer einzelnen Person oder einer *organisatorischen Einheit* bis zu einem festgelegten *Termin* bzw. innerhalb einer definierten *Zeitspanne* mit einem definierten *Aufwand* zu erbringen ist.[184] Für jedes Arbeitspaket ist ein *Verantwortlicher* sowie ein zugehöriger *Handlungs-* und *Entscheidungsspielraum* festzulegen.

Inhalt und Zweck der Beschreibung eines AP

Arbeitspakete (AP) stellen somit in sich geschlossene Aufgaben dar, die zu den anderen AP klar abzugrenzen sind.

---

[184] Arbeitspakete können durchaus eine innere Struktur von zu erledigenden Einzelarbeiten aufweisen. Diese Struktur wird aber aus Sicht der Planung und Steuerung des Projektprozesses nicht explizit beachtet.

In der Ablaufplanung zum Projektprozess werden die Arbeitspakete in der Regel als *Vorgänge* behandelt, wobei aber auch andere Varianten möglich sind: Mehrere Arbeitspakete werden zu einem Vorgang zusammengefasst oder ein Arbeitspaket beinhaltet mehrere Vorgänge.

Vorteile der
Beschrei-
bung eines
AP

Mit der Bildung und Beschreibung von Arbeitspaketen sind folgende *Vorteile* verbunden:[185]

- Die notwendige *Aufwandsschätzung* wird auf diese Weise erleichtert. Damit wird die Gesamtheit des im Projektprozess zu erbringenden Arbeitsvolumens überschaubar und planbar.

- Die gesamte *Projekttransparenz* wird erhöht. Dies erleichtert einerseits die Ablauf- , Zeit- und Terminplanung zum Vorhaben und im Weiteren die Projektkontrolle und das Sichtbarmachen des Projektfortschritts.

- Die Bestimmung abgegrenzter Arbeitspakete erleichtert auch die *Beauftragung* unternehmensinterner wie unternehmensexterner Personen bzw. Organisationseinheiten mit der Ausführung der entsprechenden Arbeiten.

Die Darstellung in **Abb. 4.06** zeigt eine typische Struktur eines Formulars für die Beschreibung eines Arbeitspaketes.[186]

Muster-
Formular

Arbeitspaket-Beschreibung		Blatt ...
AP-Titel:		PSP-Nr.:
Leistungsbeschreibung, Ziele:		Verantwortlich: Auftraggeber: Start: Ende:
Ergebnisse:		
Schnittstellen:		
Aktivitäten, Termine:		
Voraussetzungen (Ressourcen, Dokumente u. a.):		
Aufwand: Kosten: Leistung:	Auflagen:	Sonstiges:

Abb. 4.06: Formular-Muster für eine Arbeitspaket-Beschreibung

---

[185] Siehe auch:
GPM – Projektmanagement-Fachmann, Bd. 2, a. a. O., Abschnitt 3.1.3.4.
[186] Siehe ebenda.

4.3 Aufwands-und Zeitschätzung

> Entscheide lieber ungefähr richtig, als genau falsch. *(J. W. von Goethe)*

■ Problemstellung

Aus der Sicht des Auftraggebers eines Vorhabens (als Projekt) scheint das Problem relativ einfach zu sein: Das Projekt soll möglichst *schnell fertig* gestellt werden und auch möglichst *wenig kosten*.

Aber so einfach ist es bei Projekten – als *neuartige*, oft *erst-* bzw. *einmalig zu reali*sierende Vorhaben – nun mal nicht, denn Vieles ist hier sachlich *ungewiss*:

Zum „Widerspruchsproblem" der Projektplanung

- Welchen *Aufwand an Ressourceneinsatz* (Personal, Sachmittel, Finanzmittel) bedingt die Erledigung der einzelnen Arbeiten innerhalb eines Arbeitspaketes?

- Welche *Kosten* (nach Art und Höhe) sind damit verbunden?

- *Wie lange* wird die Erledigung dieser Arbeiten dauern und welche Konsequenzen ergeben sich daraus für die Zeit- und Terminplanung des Projekts?

Um diese Ungewissheiten zu beseitigen bzw. zu mindern, benötigen die Verantwortlichen für die Projektplanung entsprechende *Informationen*, aber diese sind – eben wegen der bestehenden Unsicherheiten – in der Regel objektiv nicht ohne Weiteres verfügbar. Eben darin liegt das *„Widerspruchsproblem"* der Projektplanung begründet.

Wenn auf einen Seite keine ausreichend gesicherten Informationen zu den oben genannten Problemen der Projektplanung vorliegen (können), auf der anderen Seite sich aber ein reines „Raten" zu Projektdaten von vornherein verbietet, verbleibt als mögliche Vorgehensweise der Projektplanung nur ein *gewissenhaftes Schätzen* zu Aufwands-, Kosten- und Zeitdaten.

Dabei liegt auf der Hand: *Von der Qualität der zu erarbeitenden Schätzdaten hängt die gesamt Qualität der Projektplanung und damit letztlich der mögliche Projekterfolg ab.*[187]

■ Aufgabe, Ziel und Vorgehen des Schätzens

> Unter **Schätzen** ist im hier betrachteten Kontext eine *genäherte Bestimmung* von Zahlenwerten oder Größen durch Erfahrung oder aufgrund vorliegender, mehr oder weniger unsicherer Informationen zum Gegenstand des Schätzens zu verstehen.

Begriffsbestimmung

Aufgabe und *Ziel* des Schätzens im Rahmen der Planung eines zu realisierenden Projektprozess ist es somit, aufgrund von *Erfahrungen* sowie in Auswertung vorliegender bzw. von Fachleuten erarbeiteter *Informationen* solche *Daten zu Aufwands- und Zeitgrößen* von Arbeitspaketen zu bestimmen, die als *belastbare Angaben* zu den jeweiligen Sachverhalten in die Projektplanung Eingang finden können.[188]

Aufgabe, Ziel

Auch angesichts der Neuartigkeit eines Projekts gilt, dass es immer Erfahrungswerte oder auch bestimmte Anhaltspunkte aus anderen Projekten oder Prozessen gibt, die für das Schätzen von Aufwands- und Zeitgrößen verwendbar sind. Man muss sich nur die Mühe machen, derartige Erfahrungswerte zu erschließen.

---

[187] Siehe auch; JABOBY, W.: Projektmanagement für Ingenieure, a. a. O., Abschnitt 6.1; KUSTER, J. u. a.: Handbuch Projektmanagement, a. a. O., Abschnitt 2.1.2.
[188] Vgl. ebenda.

Schätz-
wert und
Genauig-
keit

Wichtig ist, dass stets - außer der Angabe eines *Schätzwertes* - zugleich eine Aussage über den *Grad der Genauigkeit* der Schätzung gemacht wird, zum Beispiel: *„Die Genauigkeit des Schätzwertes „20 [Personentage] liegt bei etwa 75 %".*[189]

Psycholo-
gische
Probleme

In Bezug auf das Schätzen gibt es nicht nur sachliche, sondern auch *psychologische Probleme,* denn wie schnell folgen auf erkannte *Fehlschätzungen* zu Aufwands- und Zeitgrößen im Projektprozess unmittelbar „Bestrafungen" und oft heißt es dann – mit Anleihe bei der Praxis im Fußball – *„Der Trainer muss gewechselt werden!".*

Schlussfolgerung: Schätzungen im Prozess der Projektplanung sind möglichst systematisch und stressfrei vorzunehmen.[190]

■ Aufwandschätzung

Im *klassischen Projektmanagement* kann in der Regel davon ausgegangen werden, dass der in den einzelnen Arbeitspaketen zu erbringende *Leistungsumfang* fixiert ist. Zu ermitteln bzw. zu schätzen ist dann der hierfür erforderliche *Aufwand an Ressourceneinsatz* sowie die *Zeitdauer* der Erledigung der Aufgabe.

Im Projektmanagement wird für die Angabe von Schätzwerten zur Aufwandsgröße „Ressourceneinsatz (Personaleinsatz)" – als *„Arbeitsaufwand"* (Symbol „A") – in der Regel die Maßeinheit *„Personen-Tage"* oder *„Personen-Stunden"* gewählt.[191]

Die Angabe *„x Personentage"* drückt aus, dass eine einzelne Person für die Ausführung der betreffenden Aufgabe **x** Tage benötigen würde, wobei ein Tag mit **8** Arbeitsstunden berechnet wird.
Analog würde eine Angabe *„y Personenstunden"* bedeuten, dass eine einzelne Person für die Ausführung der betreffenden Aufgabe **y** Stunden benötigen würde.[192]

Grundfor-
mel zur
Bestim-
mung des
Arbeits-
aufwandes

Der Zusammenhang von „Personenstunden" und „Personentagen" besteht dabei im Folgenden:

$$\frac{\text{kalkulierter Arbeitsaufwand } \mathbf{A} \text{ [Ph]}}{8 \text{ h/d}} = \text{kalkulierter Arbeitsaufwand } \mathbf{A} \text{ [Pd]} \qquad (4.1)$$

Es legt auf der Hand, dass die Zeit für die Erledigung einer definierten Aufgabe in einem Arbeitspaket sofort gesenkt werden kann, wenn bei dieser Aufgabe *mehr als eine Person* je Tag zum Einsatz kommt.

Grund-
formel zur
Bestim-
mung der
Dauer eines
Arbeits-
pakets

Dies führt zu folgendem wichtigen Ansatz der Kalkulation der Dauer für auszuführende Arbeitspakete bzw. Vorgänge:

---

[189] Interpretation: In 75 von 100 Fällen würde der Aufwand für die Erledigung der Aufgabe bei genau **20** [Personentage] zutreffend sein.
[190] Vgl. auch: JAKOBY, W.: Projektmanagement für Ingenieure, a. a. O., Abschnitt 6.1; KUSTER, J. u. a.: Handbuch Projektmanagement, a. a. O., Abschnitt 2.1.2.
[191] Frühere Bezeichnungen: „Mann-Tage" (= Tagewerke) bzw. „Mann-Stunden".
[192] Als Abkürzung für „Personentage" wird im Buch das Kürzel **„Pd"** (abgeleitet von *„Personal day"*) und für die „Personenstunden" das Kürzel **„Ph"** (abgeleitet von *„Personal hour"* verwendet, denn das sonst naheliegenden Kürzel **„PT"** wird in der Regel für „Plantermin" verwendet, während das Kürzel **„PS"** zu Missverständnissen führen könne (PS als frühere „Pferdestärke").
Im Übrigen ist „**d**" das ohnehin übliche Kürzel für „Tag" (*„dies"*) und „**h**" das übliche Kürzel für „Stunde" (*„hora"*). Das Kürzel „**P**" wird im Zusammenhang mit der Ressourcenplanung für „**P**erson(en)" verwendet.

$$\frac{\text{Kalkulierter Aufwand } \mathbf{A} \, [Pd]}{\text{Kapazitätseinsatz } \mathbf{C} \, [P/d]} = \text{Dauer } \mathbf{DV} \, [d] \tag{4.2}$$

Beispiel: Im Projektstrukturplan zum Fallbeispiel FB01 (siehe Abb. 4.05) wird als Arbeitspaket unter der Kode-Nr. 1.3.1 die „Demontage der Maschinen" aufgeführt.
Das Planungsproblem hierzu bezieht sich auf folgende Fragen:

„Welchen Aufwand A (in [Personentagen] erfordert die Erledigung dieser Aufgabe und mit welcher Zeitdauer DV (in [Tagen]) ist zu rechnen, wenn für die Ausführung der Arbeiten ein Kapazitätseinsatz von C [Personen] einschichtig (mit 8 Stunden/Tag) veranschlagt wird?"

Um Antworten auf diese Fragen zu finden, ist zunächst zu klären, um wie viele Maschinen welchen Typs es sich hierbei handelt. Sodann ist zu erkunden, ob es in Bezug auf den Zeitaufwand einer Demontage der Maschinen im eigenen Unternehmen Erfahrungswerte gibt bzw. inwieweit der betreffende Hersteller hierzu Angaben liefern kann. Alles Weitere lässt sich dann schnell zu belastbaren Antworten auf die oben aufgeführten Fragen „hochrechnen".

Annahmen: Es sind insgesamt 6 Maschinen zu demontieren. Für die Demontage einer Maschine wird aufgrund von Erfahrungswerten eine durchschnittliche Zeit von 16 [Ph] angesetzt, wenn die Arbeiten von nur einer Person ausgeführt werden. Das ergibt einen Gesamtzeitaufwand von 6 * 16 = 96 [Ph].
Nach Formel (4.1) ergibt sich dann ein Aufwand A von A = 96 [Ph] / 8 [h/d] = 12 [Pd].

Kommt – so die Annahme – ein Team von 4 Personen pro Tag zum Einsatz, dann erhalten wir nach Formel (4.2) eine Dauer DV von DV = 12 [Pd] / 4 [P/d] = 3 [d].

Für das Arbeitspaket „Demontage der Maschinen" kann somit eine Zeitdauer von insgesamt 3 Tagen (bei einer Arbeitszeit von 8 h/d) angesetzt werden.

In der Praxis der Aufwands- und Zeitplanung von Projekten werden auch andere personenbezogene Einheiten verwendet, so zum Beispiel „Personenmonat" (**Pm**) oder „Personenjahr" (**Py**).[193]

Anwendbare Formel für die Ermittlung der Arbeitsstunden einer Person im Monat:[194]

Arbeitsstunden im Monat

$$\mathbf{tAz} \, [h/d] * \mathbf{Atw} \, [d/w] * \mathbf{4{,}3} \, [w/m] = \mathbf{Ahm} \, [h/m] \tag{4.3}$$

Es bedeuten:

tAz tägliche Arbeitszeit [h/d],
Atw Anzahl Arbeitstage in der Woche [-/w],
Ahm Arbeitsstunden im Monat [h/m].

Der Faktor „**4,3**" repräsentiert hier die Anzahl der Wochen im Monat, und zwar im Durchschnitt des Jahres.
Bei einer täglichen Arbeitszeit von 8 h und bei 5 Arbeitstagen in der Woche ergibt sich für die Größe **Ahm** ein Wert von Ahm = 8 * 5 * 4,3 = **172** [h/m].

---

[193] Erklärung: **Pm** abgeleitet von „*Personal month*", **Py** abgeleitet von „*Personal year*".
[194] Siehe zum Beispiel: Link: https://www.arbeitsrechte.de/arbeitstage-pro-monat.
Das Kürzel „w" steht für „Woche" und das Kürzel „m" steht für „Monat.

Wenn für die Ausführung eines Arbeitspaketes beispielsweise ein Aufwand von insgesamt 860 Personenstunden kalkuliert bzw. geschätzt wird, dann errechnet sich – in Analogie zur Formel (4.1) – der Aufwand **A** in Personenmonaten wie folgt:

$$A = 860 \, [Ph] / 172 \, [h/m] = \mathbf{5} \, [Pm].$$

Bei der Planung größerer Projekte kommt auch die Maßeinheit „Personenjahr" [Py] zur Anwendung.

Grundlage für die Bestimmung eines Aufwandes in „Personenjahren" ist die Kenntnis der „Anzahl der Arbeitstage im Jahr" (Symbol **Aty**).

Für das Jahr 2020 ergibt sich diese Zahl aus folgender Rechnung:[195]

Arbeits-
stunden im
Jahr

Aty = 366 Tage ./. 104 Wochenendtage ./. 11 Feiertage = **251** [d/y].

Wenn für die Ausführung eines Projektes beispielsweise ein Aufwand von insgesamt 1.004 Personentagen kalkuliert bzw. geschätzt wird, dann errechnet sich der Aufwand **A** in Personenjahren wie folgt:

$$A = 1.004 \, [Pd] / 251 \, [d/y] = \mathbf{4} \, [Py].$$

Dabei ist immer zu beachten, dass sich die Angaben zum Aufwand **A** immer nur auf den Ressourceneinsatz von *einer Person* beziehen. Werden oder können mehrere Personen eingesetzt werden, verkürzt sich die Dauer der Erledigung der betreffenden Aufgabe gemäß Formel (4.2) entsprechend.

Zu beachten ist ferner, dass die Höhe des zu kalkulierenden bzw. zu schätzenden Aufwandes **A** nicht nur vom Personaleinsatz, sondern auch wesentlich von den für die Erledigung der betreffenden Aufgabe verfügbaren *Sachmitteln* bzw. ggf. auch von den einsetzbaren *Finanzmitteln* abhängt.[196]

■ Schätzung der Zeitdauer

Bei vielen Projekten, so zum Beispiel bei FuE-Projekten, geht es weniger um das Schätzen des Arbeitsaufwandes für Arbeitspakete, sondern um das Schätzen der *Dauer D* der in diesem Projekt zu erledigenden Arbeiten.

Wegen der Ungewissheiten, die vielen Arbeiten – speziell in FuE-Projekten – inne haften, wird davon ausgegangen, dass die Dauer **D** eines Arbeitspakets als eine *stetige Zufallsgröße* zu behandeln ist.

Aus diesem Ansatz folgt mit Konsequenz:

Es ist aufgrund von Hypothesen oder auch anhand statistischer Analysen zu klären, welcher Typ einer *Wahrscheinlichkeitsverteilung* am ehesten den Charakter der Dauer **D** als Zufallsgröße repräsentieren kann.

---

[195] Siehe Link: https://www.arbeitstage.de/arbeitstage_2020.htm.

[196] So macht es einen erheblichen Unterschied aus, ob – beispielsweise – die Aufgabe „Ausheben eines 20 m langen und 1 m tiefen Kabelgrabens" mit Muskelkraft (und Schaufel) oder mit dem Einsatz eines geeigneten Baggers zu erledigen ist.

Auch im Beispiel des Arbeitspakets „Demontage der Maschinen" wird es einen Unterschied ausmachen, ob die Arbeiten bei diesem Arbeitspaket – um Ausgaben an Dritte zu sparen - von *unternehmenseigenen* Kräften (Techniker) ausgeführt werden, die eine solche Aufgabe vorher noch nie selbst erledigt haben, oder aber durch den Einsatz von *„Profis" der Hersteller-Firma* bewerkstelligt werden, was dann natürlich auch entsprechendes „Geld kosten" wird.

Daraus ergibt sich dann, wie ein *Erwartungswert* zur Dauer **D** (Symbol **ED**) und wie die *Varianz* (Symbol **VD**) – als Maß der Streuung der Einzelwerte um den Erwartungswert – zu berechnen ist.

(Marginalie: Erwartungswert der Dauer eines Vorgangs)

Im PERT-Modell[197] – als einem Grundverfahren der Netzplantechnik – wird davon ausgegangen, dass für die Beschreibung der Dauer **D** als Zufallsgröße die sog. *Beta-Verteilung* geeignet ist, zumal sich dann der Erwartungswert **ED** auf der Grundlage einer *Drei-Punkt-Zeitschätzung* relativ einfach berechnen lässt.

Für jeden Vorgang bzw. für jedes Arbeitspaket sind in Bezug auf die Dauer **D** folgende Schätzwerte zu bestimmen:

- die *optimistische* Dauer **OD** (Annahme: Der betreffende Vorgang kann ohne wesentliche Störungen realisiert werden, günstige Bedingungen sichern einen zügigen Verlauf der Arbeiten in diesem Vorgang);

- die *pessimistische* Dauer **PD** (Annahme: Die Durchführung des Vorgangs unterliegt wahrscheinlich häufig Störungen, ungünstige Umstände können zu Verzögerungen im Arbeitsablauf führen) sowie

- die *wahrscheinliche* Dauer **WD** (Annahmen: Bei mehreren – theoretisch denkbaren – Wiederholungen des Vorgangs würde sich dieser Wert für die Vorgangsdauer einstellen).

Aus diesen drei Zeitschätzungen wird die *erwartete Dauer* des Vorgangs **ED** und die zugehörige *Varianz* **VD** wie folgt bestimmt:

(Marginalie: Berechnungsformeln im PERT-Modell)

$$ED = \frac{OD + 4 * WD + PD}{6} \quad (4.4)$$

$$VD = \frac{(PD - OD)^2}{36} \quad (4.5)$$

Die Anwendung dieser Berechnungsgrundlagen in der Zeit-und Terminplanung nach dem PERT-Modell wird im Abschnitt 4.6 des Buches erörtert.

■ Vorgehen im agilen Projektmanagement

Bei der Projektplanung im agilen Projektmanagement wird dem Umstand Rechnung getragen, dass der Auftraggeber (Kunde) eine möglichst verlässliche Aussage darüber erwartet, zu welchem Termin eine Leistung fertig gestellt werden kann und was die „ganze Sache Kosten wird".[198]

Daraus folgt, dass die Dauer **D** des betreffenden Vorhabens sowie Kosten **K** im Voraus als feststehend angesetzt werden. Die Unsicherheit besteht dann darin, welche Leistung bzw. welcher Leistungsumfang in diesem Rahmen effektiv realisiert werden kann.

(Marginalie: Besonderheiten im agilen PM)

Sofern keine Erfahrungsdaten aus ähnlichen Projekten vorliegen, wird zunächst eine Grobplanung für das ganze Vorhaben vorgenommen und ein Schätzwert für den gesamten Aufwand und den zugehörigen Ressourcenbedarf in einer Bandbreite von etwa + 40%/-20 % ermittelt.

---

[197] PERT = Program Evaluation and Review Technique. Dieses Modell wurde 1958 im Rahmen des Polaris-Projektes., USA, entwickelt.

[198] Siehe auch:
KUSTER, J. u. a.: Handbuch Projektmanagement, a. a. O., Abschnitt 2.1.2.

Danach wird der Detaillierungsgrad – je nach Wissensfortschritt im Projektprozess – schrittweise erhöht, und zwar in einer Weise, dass nachfolgend eine zuverlässige Überwachung des Projektfortschritts mit einem vertretbaren Aufwand möglich ist.

4.4 Grundlagen der Ablaufplanung

■ **Gegenstand, Ziel**

> Man sollte nicht den zweiten Schritt vor dem ersten machen.
> *(PM-Erfahrung)*

Das Erstellen eines *Projektstrukturplanes* für ein komplexes Vorhaben sowie die Erarbeitung von Daten zu *Aufwands- und Zeitgrößen* einzelner Arbeitspakete kann immer nur ein erster Schritt einer systematischen Projektplanung sein, denn die Gliederung eines Projekts in Teilprojekte, Teilaufgaben und Arbeitspakete klärt noch nicht folgende *Fragen:*

Offene Fragen in Bezug auf den Projekt-ablauf

- In welchem *Nach- und Nebeneinander* sind die einzelnen Arbeitspakete zu realisieren?

- Welche *Schnittstellen* bestehen zwischen Teilprojekten/Teilaufgaben und Arbeitspaketen?

- In welchem *zeitlichen (terminlichen) Zusammenhang* stehen infolgedessen die Arbeitspakete?

- Welche Arbeitspakete bestimmen in ihrem zeitlichen Nacheinander die *Gesamtdauer* des Vorhabens?

- Bei welchen Arbeitspaketen gibt es welche *zeitlichen Puffer*, die bei der Projektsteuerung beachtet werden müssen?

u. a. m.

Um Antworten auf diese Fragen zu finden, gilt es als Erstes die im Projektstrukturplan ausgewiesenen Arbeitspakete näher zu bestimmen und ggf. weiter in sachlich abgrenzbare und überschaubare Vorgänge zu zerlegen.
Auf dieser Grundlage ist dann ein *Ablaufplan* zu erarbeiten.

Begriff „Ablaufplan"

> Ein **Ablaufplan** ist eine Dokumentation bzw. eine grafische Darstellung des sachlich-logisch notwendigen bzw. optimalen Nach- und Nebeneinanders von Arbeitspaketen bzw. Vorgängen im Prozess der arbeitsteiligen Realisierung komplexer Vorhaben.

Aufgabe und *Ziel* der Ablaufplanung ist es, die Projektbeteiligten zu klaren Aussagen über die zu erledigenden Aufgaben in ihrem sachlogischen Zusammenhang und in ihren Schnittstellen zu zwingen, um auf dieser Grundlage einen durchdachten *Ablaufplan* erarbeiten und dokumentieren zu können, der im Weiteren Ausgangspunkt und Grundlage für die *Zeit- und Terminplanung* des Vorhabens sowie notwendige Voraussetzung für die *Koordinierung* des arbeitsteiligen Vorgehens im Projektprozess bildet.

■ **Vom PSP zum Ablaufplan, Methoden der Darstellung von Ablaufplänen**

Arbeitspakete sind im Projektstrukturplan – wie dargestellt – die kleinste Einheit (untere Hierarchieebene, siehe Abb. 4.05, Seite 167). In Ablaufplänen geht es hingegen um die Darstellung der sachlogischen Beziehungen zwischen Vorgängen.

Beim Übergang vom PSP zum Ablaufplan ist somit zunächst der Zusammenhang zwischen *Arbeitspaketen* und *Vorgängen* zu klären. Dabei können folgende Sachverhalte unterschieden werden:[199]

Arbeitspaket und Vorgang

- Überschaubare, in sich homogene Arbeitspakete werden nicht weiter detailliert und somit „1:1" als *Vorgänge* in die Ablaufplanung übernommen.

- Wenn hingegen in einem Arbeitspaket mehrere voneinander abhängige Arbeiten auszuführen sind, die einzeln geplant und überwacht werden müssen, sind diese Arbeiten mit ihren Abhängigkeiten im Ablaufplan explizit als *Vorgänge* zu kennzeichnen.

- Es kann sich aber auch in bestimmten Fällen als sinnvoll erweisen, Arbeitspakte *zu einem Vorgang* zusammen zu fassen, um eine bessere Übersicht in der Ablauf- und in der nachfolgenden Zeit- und Terminplanung zu erreichen.

In den weiteren Darstellungen zur Projektplanung wird in der Regel davon ausgegangen, dass die Arbeitspakete (im Sinne des PSP) zugleich Vorgänge (im Sinne der Ablaufplanung) sind.

■ Anordnungsbeziehungen

Ausgangspunkt und Grundlage für das Erstellen eines Ablaufplanes – gleich nach welcher Methode – bildet die Klärung und Angabe der *Anordnungsbeziehungen* zwischen den einzelnen, im Ablaufplan darzustellenden *Vorgänge* bzw. *Ereignisse* im betreffenden Projekt.

„Vorgänge" sind – wie dargestellt – Ablaufelemente, die ein bestimmtes Geschehen (i. d. R. auszuführende Arbeiten) beschreiben.

Vorgänge und Ereignisse

„Ereignisse" hingegen sind Ablaufelemente, die das Eintreten eines bestimmten Zustandes im Projektprozess kennzeichnen bzw. beschreiben.[200]

> **Anordnungsbeziehungen** kennzeichnen zueinander bestehende Abhängigkeiten der Vorgänge bzw. Ereignisse im Ablaufplan eines Projekts.
>
> Sie beschreiben, wie der Anfang bzw. das Ende eines Vorgangs V_i (bzw. das Ereignis E_i) mit dem Anfang bzw. Ende eines Vorgangs V_j (bzw. mit dem Ereignis E_j) sachlich und/oder logisch gekoppelt ist.

Zur Klärung dieser Abhängigkeiten sind Antworten auf folgende Fragen zu erarbeiten:

Fragen zur Abhängigkeit zwischen Vorgängen, Ereignissen

a) *„Mit welchen Vorgängen (bzw. Ereignissen) kann bzw. muss der Prozess der Realisierung eines Projekts beginnen?"*

Die Antwort auf diese Frage bestimmt den oder die *Start-Vorgänge* bzw. das *Startereignis* im Projektprozess.

---

[199] Siehe auch:
GPM – Projektmanagement-Fachmann, a. a. O., Abschnitt 3.2.1.2.
[200] Vgl. die Begriffsbestimmungen in DIN 69900:2009-01.

b) *„Welcher Vorgang bzw. welches Ereignis ist Voraussetzung für einen nachfolgenden Vorgang bzw. ein nachfolgendes Ereignis?"*

Die Antwort auf diese Frage bestimmt die Abhängigkeit zwischen einem *„Vorgänger"* (Vorgang bzw. Ereignis) und dem betreffenden *„Nachfolger"* (Vorgang bzw. Ereignis).

c) *„Welche Vorgänge bzw. Ereignisse können zeitlich parallel abgearbeitet bzw. realisiert werden?"*

Das Herstellen von Parallelitäten im Projektprozess – wann und wo immer möglich – ist das entscheidende Mittel zur Verkürzung der Dauer des Gesamtvorhabens.

d) *„Zwischen welchen Vorgängen muss ggf. ein bestimmter zeitlicher Abstand zwischen dem Ende eines „Vorgängers" und dem Beginn eines „Nachfolgers" gesichert werden"?*

Dieser Sachverhalt ist zu beachten, wenn zwischen zwei Vorgängen ein „Ruheprozess" stattfinden muss.[201]

e) *„Welcher „Nachfolger" kann – organisatorisch und zeitlich gesehen – teilweise mit einem „Vorgänger" überlappt werden und so bereits – in welchem zeitlichen Ausmaß – vor Abschluss des „Vorgängers" beginnen?*

Auf der Suche nach Möglichkeiten zur Verkürzung der Projektdauer oder auch im Kontext zur Ressourceneinsatzplanung ist diesem Aspekt immer wieder besondere Aufmerksamkeit zu schenken.

f) *„Welche Vorgänge sind im Projektprozess als „Zielvorgänge" bzw. welches Ereignis ist als „Zielereignis" zu behandeln und zu planen?*

Mit den Zielvorgängen bzw. mit dem Zielereignis endet der Projektprozess und dies ist dann die Schnittstelle zur nachfolgenden Inbetriebnahme bzw. Nutzung des erstellten Vorhabens und zur Projektauswertung.

Anordnungsbeziehungen (AOB) Werden in der graphischen Darstellung eines Ablaufplanes die Vorgänge als „Balken" bzw. „Rechtecke" dargestellt, dann lassen sich die in **Abb. 4.06** angegebenen typischen *Anordnungsbeziehungen* von Vorgängen unterscheiden.

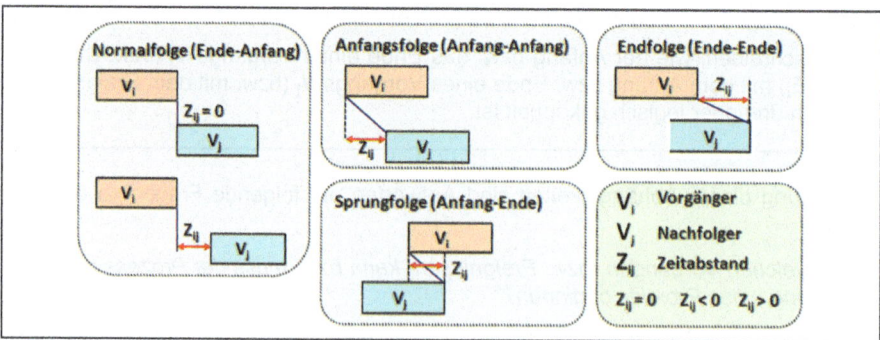

Abb. 4.06: Typische Anordnungsbeziehungen von Vorgängen

---

[201] Beispiel: Zwischen einem Vorgang „Estrich fertigstellen" und einem nachfolgenden Vorgang „PVC-Belag anbringen" muss eine oft lange Trocknungsphase eingeordnet werden.

Die in Projekten am häufigsten zu planende Anordnungsbeziehung ist die *Normalfol-* Normalfolge *ge:* Die Vorgänger-Vorgänge V_i müssen erst (als Voraussetzungen) komplett abgeschlossen sein, ehe der oder die nachfolgenden Vorgänge V_j beginnen können. Dabei kann aber auch ein zeitlicher Abstand Z_{ij} zu beachten sein.

Im Normalfall ist der Zeitabstand Z_{ij} größer Null ($Z_{ij} > 0$), es kann aber auch ein negativer zeitlicher Abstand ($Z_{ij} < 0$) sinnvoll sein, wenn der Beginn des Vorgangs V_j um die Zeit Z_{ij} vorgezogen werden kann, um insgesamt die Zeitdauer des Projekts zu kürzen.

Bei den anderen Anordnungsbeziehungen spielt der zeitliche Abstand Z_{ij} eine wichtige Rolle:

Bei der *Anfangsfolge* kann der Vorgang V_j mit einem definierten zeitlichen Abstand von $Z_{ij} > 0$ – bezogen auf den Beginn des Vorgangs V_i – starten.[202]

Die *Endfolge* kennzeichnet einen sachlichen oder logischen Zusammenhang zwi- Endfolge schen dem Ende des Vorgängers V_i und dem Ende des Nachfolger V_j, wobei in der Regel ein zeitlicher Abstand Z_{ij} zu beachten ist.[203]

Bei der *Sprungfolge* besteht ein Zusammenhang zwischen dem *Anfang* des Vorgän- Sprungfolge gers V_i und dem *Ende* des Nachfolgers V_j, wobei auch hier ein Zeitabstand Z_{ij} zu beachten ist.[204]

Um nun den geplanten Ablauf eines Vorhabens unter Beachtung aller Anordnungsbeziehungen *visualisiert* zu verdeutlichen und zugleich die Voraussetzungen für die nachfolgende *Zeit- und Terminplanung* zu schaffen, werden in der Projektplanung verschiedene Methoden angewendet, die auch durch PM-Software-Produkte unterstützt werden.

Diese Methoden lassen sich in zwei große Gruppen einteilen: Methoden der Darstellung von Ablaufplänen

a) Methoden der *Balkendiagrammtechnik* (Gantt-Diagramme, PLANNET-Technik) sowie

b) Methoden der *Netzplantechnik* (CPM, MPM, PERT).

Im Weiteren wird kurz das Vorgehen der Balkendiagrammtechnik erörtert, während die wichtigen Methoden der Netzplantechnik im nachfolgenden Abschnitt 4.5 behandelt werden.

---

[202] Beispiel (bezogen auf das Fallbeispiel „Produktionsverlagerung"): Der Vorgang V_i bezieht sich auf die „Demontage der Maschinen", der Vorgang V_j bezieht sich auf das „Verpacken und Verladen der demontierten Maschinen". Dann kann der Vorgang V_j durchaus schon nach einem zeitlichen Abstand Z_{ij} starten, ohne dass der Vorgang V_i komplett abgeschlossen sein muss.

[203] Beispiel (bezogen auf das Fallbeispiel „Produktionsverlagerung"): Der Vorgang V_i bezieht sich auf eine „Vor-Ort-Herstellung" von Beton für das Ausbessern des Fußbodens in der Lagerhalle, der Vorgang V_j bezieht sich auf das Säubern des Fußbodens und ggf. notwendige Verschalungen. Dann darf der Vorgang V_j nicht später als mit einem Abstand von Z_{ij} nach Abschluss des Vorgangs V_i beendet werden, um zu sichern, dass der Beton noch ausreichend verarbeitbar ist.

[204] Beispiel (bezogen auf das Fallbeispiel „Produktionsverlagerung"): Der Vorgang V_i bezieht sich auf das „Bestellen und die Lieferung neuer Maschinen" und der Vorgang V_j bezieht sich auf den „Antransport der demontierten Maschinen und Anlagen". Dann muss gesichert werden, dass der Vorgang V_i mit dem Zeitabstand Z_{ij} begonnen wird, damit die neuen Maschinen mit Abschluss des Vorgangs V_j „vor Ort" sind, um zu sichern, dass dann alle Anschlussarbeiten beginnen können.

■ Balkendiagrammtechnik (Gantt, PLANNET)

Balken-
diagramm
(Gantt-
Methode)

Die einfachste Form der visualisierten Darstellung des Ablaufplanes zu einem Projekt ist ein sog. *Balkendiagramm*.

Jeder einzelne Vorgang V_i (i = 1, 2, … n) wird als Balken über eine Zeitachse dargestellt, wobei die Länge des Balkens der Dauer **D** des betreffenden Vorgangs V_i entspricht.

Jeder Vorgang wird gemäß seinem geplanten Starttermin in die Zeitachse eingeordnet. Die Zeitachse selbst kann kalenderzeitlos, beginnend bei 0, oder aber auch mit Daten des aktuellen Kalenders dargestellt werden.

In der Regel werden bei diesem Vorgehen die Anordnungsbeziehungen der Normalfolge bevorzugt.

Bei der Balkendiagrammtechnik werden die sog. *Gantt-Technik* und die *PLANNET-Technik* unterschieden.

Als *Gantt-Technik* wird jene Vorgehensweise bei der Erstellung eines Ablaufplanes als Balkendiagramm bezeichnet, die nach seinem Entwickler, dem Amerikaner *H. L. Gantt* benannt wird.

Diese Methode liefert bei wenigen (bis zu 20) Vorgängen und überschaubaren Abhängigkeiten zwischen den Vorgängen eine anschauliche Übersichtlichkeit über die Ablauf- und Zeitstruktur des betreffenden Projekts. Derartige Balkendiagramme können zudem relativ einfach mit der Kalkulationssoftware Excel erstellt werden.

Die Darstellung in **Abb. 4.07** zeigt hierzu ein Demonstrationsbeispiel, das in der Excel-Datei „*09_PM_Ablaufplan1.xlsm*" behandelt wird.

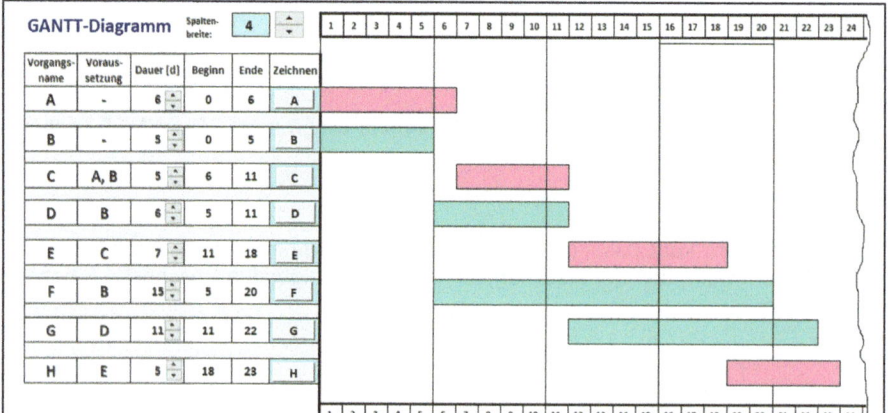

Abb. 4.07: Demo-Beispiel eines Gantt-Diagramms

Anmerkung:
In der angegeben Excel-Datei kann die Dauer der Vorgänge mittels „Drehfeld" verändert werden. Die neue Struktur wird dann automatisch angezeigt.

Die Gantt-Technik weist allerdings eine Reihe von *Nachteilen* auf:[205]

Nachteile des Gantt-Diagramms

- Bei einer größeren Zahl von Vorgängen wird das Balkendiagramm unübersichtlich.
- Die Abhängigkeiten zwischen den Vorgängen werden in der Grafik nicht explizit sichtbar.
- Die für die Zeit- und Terminplanung wichtigen sog. Pufferzeiten sind nicht erkennbar.

Eine Weiterentwicklung der Gantt-Technik ist die PLANNET-Technik (PLANning NETwork).

PLANNET-Technik

Auch bei dieser Methode erfolgt Visualisierung von Vorgängen über einer Zeitachse mittels Balken bzw. mittels waagerechter Striche.
Ergänzend werden aber auch *Abhängigkeiten* zwischen Vorgängen (mit senkrechten Strichen), ferner *Pufferzeiten* (mit gestrichelten Balken) und ggf. auch sog. *kritischen Pfade* im Projektablauf (mit Farbkennzeichnungen) verdeutlicht.

Die Darstellung in **Abb. 4.08** zeigt die Weiterführung des in Abb. 4.07 skizzierten Demonstrationsbeispiels als PLANNET-Diagramm (siehe die Excel-Datei *„09_PM_Ablaufplan1.xlsm"* im Online-Zusatzmaterial).

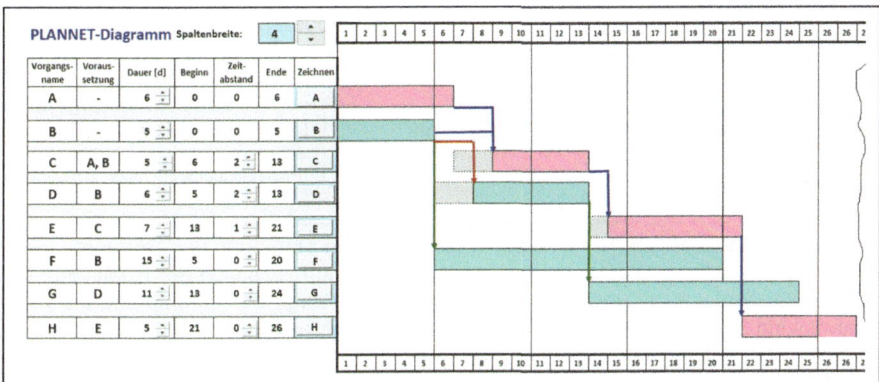

Abb. 4.08: Demo-Beispiel eines PLANNET-Diagramms

Derartige Ablaufpläne mittels der PLANNET-Technik können beispielsweise mit der *PM-Software MS Projekt* erstellt werden.

Dabei wird – statt einer rein numerischen Zeitachse (wie in Abb. 4.08) – eine *kalenderzeitbezogene Datumachse* verwendet, so dass bei der Anzeige der Termine (mit Bezug zur Wochentagbezeichnung) nur die Arbeitstage von „Montag – Freitag" als Arbeitstage berücksichtigt werden.

---

[205] Siehe hierzu auch:
GPM- Projektmanagement-Fachmann, a. a. O., Abschnitt 3.2,
JAKOBY, J.: Projektmanagement für Ingenieure, a. a. O., Abschnitt 7.1
OLFERT, K.: Projektmanagement, a. a. O., Abschnitt 3.2.2.

MS Project Die Darstellung in **Abb. 4.09** zeigt einen Ausschnitt des PLANNET-Diagramms zum Beispiel in Abb. 4.08 in der Umsetzung mit MS Project.

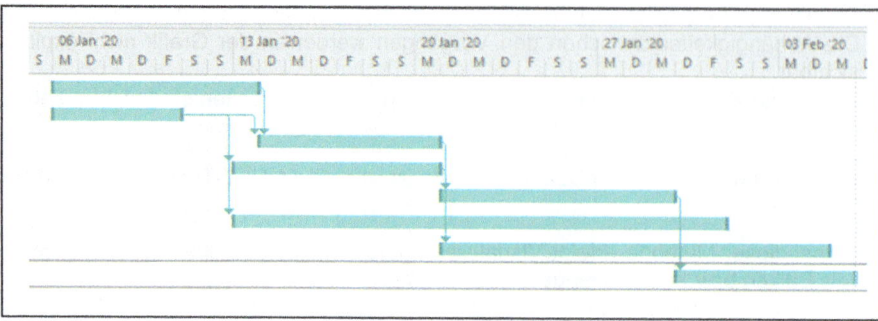

Abb. 4.09: Demo-Beispiel eines MS-Project-Diagramms (Ausschnitt)

Wie gesagt, bei komplexeren Vorhaben wird die Darstellung des Ablaufplanes mittels der Balkendiagrammtechnik schnell unübersichtlich. Vor allem aber gibt es bei Anwendung dieser Technik nur eingeschränkte Möglichkeiten einer differenzierten Zeit- und Terminplanung.
Diese Nachteile können durch den Übergang zu Methoden der *Netzplantechnik* überwunden werden.

4.5 Ablaufplanung mittels Netzplantechnik

■ **Grundlagen**

> Netzpläne sind hilfreich, man darf sich darin nur nicht verirren!
> *(PM-Weisheit)*

Netzplan-
technik

> Unter **Netzplantechnik** (NPT) ist die Gesamtheit von Methoden und Verfahren zur Planung, Steuerung, Überwachung und Kontrolle von Prozessen der Realisierung komplexer Projekte zu verstehen, die auf der Grundlage der Graphentheorie die Darstellung der Prozessabläufe in *Netzplänen* sowie eine darauf basierende Planung, Überwachung und Kontrolle von *Terminen*, des *Ressourceneinsatzes* und der *Kosten* im Projektablauf erlauben.
>
> Die Grundsätze und Darstellungsprinzipien für die Anwendung von Methoden der Netzplantechnik im Rahmen des Projektmanagements sind in der
> *„DIN 69900:2009-01 Projektmanagement –*
> *Netzplantechnik; Beschreibungen und Begriffe"*
> geregelt.

Unterschei-
dungen in
der Netzplan-
technik

Im Unterschied zur Balkendiagrammtechnik wird bei den Methoden der Netzplantechnik klar zwischen

- der Ablaufplanung des Projekts,
- der Zeit- und Terminplanung,
- der Ressourcen- und Belastungsplanung (Kapazitätsplanung) und
- der Kostenplanung

unterschieden.

Netzplanverfahren wie CPM, MPM und PERT bilden zudem die mathematische Grundlage vieler der heute verfügbaren Softwareprodukte zum Projektmanagement (zum Beispiel *MS Project*).

Die Methoden der Netzplantechnik basierten auf den bereits eingeführten Begriffen wie „Vorgang", „Ereignis" und „Anordnungsbeziehungen". Hinzu kommen die Darstellungselemente „Knoten" und „Pfeil".[206]

Knoten symbolisieren entweder Vorgänge oder Ereignisse. Sie werden in Netzplänen entweder als „Kästchen" oder als „Kreis" dargestellt.

Pfeile symbolisieren in Netzplänen entweder Vorgänge oder Anordnungsbeziehungen.

> Unterschiedliche Bedeutung von „Kreisen" und „Pfeilen"

Der Weg in einem Netzplan führt von einem „Startvorgang" (bzw. einem „Startereignis" über die explizit dargestellten weiteren Vorgänge bzw. Ereignisse zum „Zielvorgang" (bzw. zum „Zielereignis"). Dabei ist die Darstellung von Zyklen (rückwärtsgekoppelte Schleifen) nicht zulässig.

■ Netzplanverfahren

Als Netzplanverfahren werden im Projektmanagement angewendet:

> Übersicht über Verfahren

* Ereignisknoten-Netzpläne (DIN-Kurzeichen: EKN),

* Vorgangs-Pfeil-Netzpläne (DIN-Kurzeichen: VPN) und

* Vorgangs-Knoten-Netzpläne (DIN-Kurzeichen: VKN).

Ereignisknoten-Netzpläne weisen keine auszuführenden Arbeiten (Vorgänge), sondern nur Knoten (als Ereignisse) und Anordnungsbeziehungen auf. Daher sind derartige Netzpläne für die Planung und Steuerung eines Projektprozesses kaum geeignet. Anwendungsfälle sind daher meist nur sog. „Meilensteinpläne", die als Informationsbasis für den Auftraggeber bzw. für höhere Managementebenen erstellt werden.

> Ereignisknotennetzpläne

In den weiteren Darstellungen im Buch werden daher nur *Vorgangspfeil-* bzw. *Vorgangsknoten-Netzpläne* zur Anwendung kommen.

> Vorgangspfeil- und Vorgangsknotennetze

Für die auf diesen Methoden basierende Zeit- und Terminplanung gibt es folgende Verfahren:

* Methode des kritischen Weges (*„Critical Path Method"*, CPM),

* Metra-Potenzial-Methode (MPM),

* PERT (*„Programm Evaluation and Review Technique"*).

Bei der Methode des kritischen Weges kommen sowohl Vorgangsknoten- als auch Vorgangspfeilnetze zur Anwendung.

---

[206] Siehe hierzu auch:
GMP-Projektmanagement-Fachmann, a. a. O., Abschnitt 3.2.2;
SCHWARZE, J.: Projektmanagement mit Netzplantechnik. NWB-Verlag, Herne 2014;
Projektmanagement: Netzplantechnik und Projektmanagementsysteme (DIN-Taschenbuch)
Beuth-Verlag, 2016.

Die Metra-Potenzial-Methode nutzt nur Vorgangsknotennetze, während beim PERT-Modell in der Regel nur Vorgangspfeilnetze zum Einsatz kommen. Die Vorgangspfeil-Netzplantechnik kommt auch bei Erarbeitung sog. *Entscheidungsnetzpläne* in Form von *Entscheidungsknoten-Netzplänen* zur Anwendung.[207]

Unter-
schiede
zwischen
VPN und
VKN

Der Unterschied zwischen einem Ablaufplan als VPN und einem Ablaufplan als VKN soll anhand des in Abb. 4.07 vorgestellten Demo-Beispiels gezeigt werden (siehe **Abb. 4.10**).

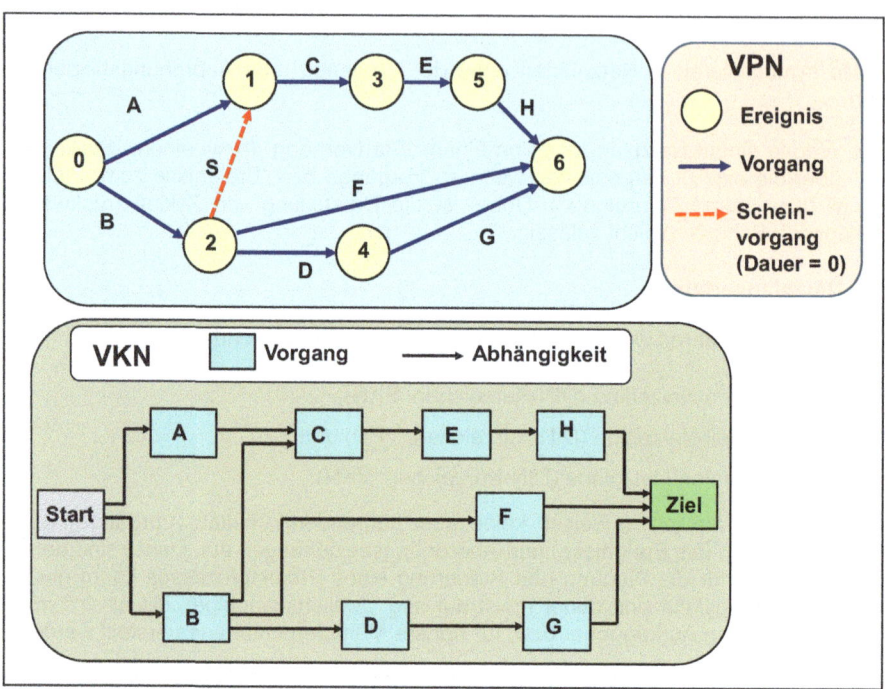

Abb. 4.10: Beispiel-Ablaufplan als VPN und als VKN

Ablauf-
planung
ohne Zeit-
bezug

Wichtig: Bei Anwendung der Netzplantechnik wird – im Unterschied zur Balkendia-grammtechnik – die Ablaufplanung zu einem Projekt zunächst *ohne Bezug zur Zeit- und Terminplanung* durchgeführt!
Dies bedeutet: Erst muss der Ablaufplan „stimmen", ehe zur Zeit- und Terminplanung übergegangen wird! Zudem hat die Länge der Pfeile keinen Bezug zur Zeitdauer der Vorgänge.

Bei der Darstellung eines Ablaufplanes als VPN ist zu beachten, dass zwei Vorgänge *nicht das gleiche Quell- und Zielereignis* haben dürfen!

---

[207] Entscheidungsnetzpläne haben insbesondere bei der Planung des Ablaufs von FuE-Projekten Bedeutung, denn bei diesen Projekten bestehen in vielen Fällen große Unsicherheiten darüber, wie es nach Abschluss eine bestimmten Vorgangs (z. B. nach einem Labortest als „Entscheidungsknoten") weiter gehen soll. Auf diese Thematik wird im Kontext mit der Behandlung des PERT-Modells näher eingegangen.

Im betrachteten Fall (Abb. 4.10) hat der Vorgang „C" die Voraussetzungen „A" und „B". Zum Zielereignis „1" dürfen somit nicht zwei Pfeile als Vorgang „A" und Vorgang „B" gezogen werden, da sonst später – beim Übergang zur Zeitplanung – nicht eindeutig klar ist, durch welchen der beiden Vorgänge der Termin für das Ereignis „1" bestimmt wird. Die Lösung eines solchen Problems liefert die Einführung eines sog. *Scheinvorgangs* (Symbol „**S**") mit der Dauer **D(S) = 0**.
Bei der Darstellung eines Ablaufplanes als VKN tritt dieses Problem nicht auf.

Im Übrigen sei angemerkt, dass aus der Darstellung eines Projektablaufs als Vorgangspfeilnetz (VPN) sehr schnell ein *Ereignisknotennetz (EKN)* erstellt werden kann, indem bei den Pfeilen die Vorgangsbezeichnung weggelassen und im Gegenzug eine Beschreibung des *Inhalts der Ereignisse* (bislang nur Nummern) eingefügt wird. *(Ereignisknotennetz)*

4.6 Zeit- und Terminplanung mittels NPT

4.6.1 Aufgaben

> Das Ergebnis jedes Leistungsprozesses wird begrenzt durch das am knappsten vorhandene Hilfsmittel, ... die Zeit! *(P. E. Drucker)*

Aufgabe und Ziel der Zeit- und Terminplanung bei Anwendung der Netzplantechnik ist es, im Anschluss an die Ablaufplanung und aufbauend auf der Ermittlung (Schätzung) der Dauer DV der einzelnen Vorgänge im Projekt die *gesamte Zeitstruktur* eines Projekts zu ermitteln und zu bestimmen.

Bei Anwendung der Netzplantechnik wird dabei zwischen einer *Zeitplanung* und einer darauf basierenden *Terminplanung* unterschieden.

Bei der Zeitplanung geht es um eine *kalenderzeitlose* Bestimmung der Lage von einzelnen *Zeitpunkten* mit Bezug zu einem Referenzzeitpunkt (RZP). *(Vorwärts- und Rückwärtsrechnung)*
Dieser Referenzzeitpunkt ist bei der sog. *Vorwärtsrechnung* der *Startzeitpunkt* des Projekts mit der Festsetzung RZP = 0.
Bei der sog. *Rückwärtsrechnung* wird als Referenzzeitpunkt jener Zeitpunkt gewählt, der nach der Vorwärtsrechnung als *Zeitpunkt für die Beendigung* des Projekts ermittelt wurde.

Beim Übergang von der Zeitplanung zur *Terminplanung* werden die jeweils ermittelten Zeitpunkte einem konkreten Kalenderdatum zugeordnet, wobei die jeweiligen *arbeitsfreien Tage* (Samstage, Sonntage, Feiertage in Arbeitswoche) im jeweiligen Kalenderjahr zu beachten sind. Dies wird in den PM-Softwareprodukten entsprechend unterstützt (siehe Abb. 4.09). *(Zeitplanung und Terminplanung)*

Bei Anwendung von *Vorgangspfeil-Netzplänen* (VPN) geht es bei der *Vorwärtsrechnung* um die Ermittlung der *frühesten Zeitpunkt* (Symbol **FZ(i)**) der jeweiligen Ereignisse i (i = 1, 2,…, m), beginnend beim Startereignis i = 0. *(Zeitbegriffe im VPN)*
Der früheste Termin für das *Zielereignis* ergibt dann zugleich die Zeitdauer **D** des Gesamtprojekts, d. h. **FZ(Ziel) = D**.

Durch die *Rückwärtsrechnung* sind dann die *spätesten Zeitpunkte* **SZ(i)** zu ermitteln, und zwar beginnen beim jeweiligen Zielereignis.

Zusätzlich sind für jedes Ereignis die sich möglicherweise ergebenden *Pufferzeiten* – als Zeitdifferenzen zwischen dem spätesten Zeitpunkt SZ(i) und dem frühesten Zeitpunkt FZ(i) – zu ermitteln. *(Pufferzeit)*

Zeitbegriffe im VKN

Bei Anwendung von *Vorgangsknoten-Netzplänen* (VKN) sind über die Vorwärtsrechnung *frühesten Anfangszeitpunkte* (Symbol **FAZ(i)**) und die frühesten *Endzeitpunkte* (Symbol **FEZ(i)**) der jeweiligen Vorgänge V_i (i = 1, 2,..., n), beginnend beim Startvorgang zu ermitteln.

Der früheste Endzeitpunkt des Zielvorgangs **FEZ(Ziel)** bestimmt dann zugleich die Dauer **D** des Gesamtprojekts: **FEZ(Ziel) = D**.

Die zugehörige Rückwärtsrechnung hat dann die Aufgabe, die *spätesten Endzeitpunkte* **SEZ(i)** und die spätesten Anfangszeitpunkte **SAZ(i)** zu ermitteln, wobei hier beim *Zielvorgang* zu beginnen ist.

Des Weiteren sind verschiedene *Pufferzeiten* zu ermitteln, die dann vor allem für die Kapazitätsplanung eine besondere Bedeutung haben.

4.6.2 Zeit- und Terminplanung bei Anwendung des CPM-Verfahrens

■ Methode des kritischen Weges (CPM)[208]

Merkmale des CPM-Verfahrens

Die **Methode des kritischen Weges** (*Critical Path Method* - **CPM**) ist ein Verfahren der Netzplantechnik, das von *eindeutig bestimmten Werten* für die *Dauer* der einzelnen Vorgänge sowie von *eindeutig beschriebenen Abhängigkeiten* der Vorgänge untereinander im gegebenen Projekt ausgeht und das in der graphischen Darstellung des Ablaufs des betreffenden Projekts das *Vorgangspfeilnetz* (VPN) bevorzugt.

Ein Hauptanliegen des CPM-Verfahrens ist die Ermittlung des *zeitlängsten Weges im Netz* (= *kritischer Weg*) sowie die Bestimmung verschiedener Pufferzeiten im Sinne ereignisbezogener Zeitreserven.

Grundlage der Berechnung von Ereignisterminen und Pufferzeiten ist das in **Abb. 4.11** dargestellte Schema der Beziehungen zwischen einem *vorangegangenen* Ereignis **i** und einem *nachfolgenden* Ereignis **j** sowie des zwischen **i** und **j** liegenden Vorgangs V(i, j) mit der Dauer **DV(i**,j):

CPM-Grundschema

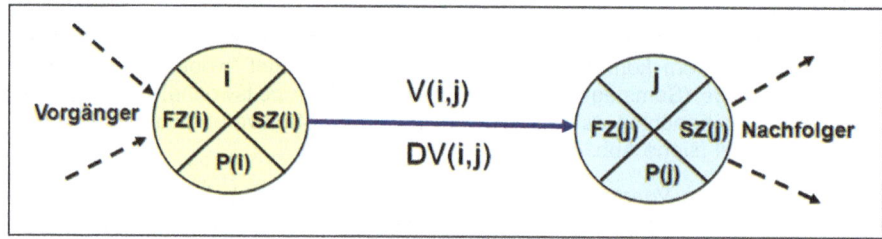

Abb. 4.11: Notationen im Vorgangspfeilnetz beim CPM-Verfahren

FZ(i), FZ(j)	Früheste Zeitpunkte der Ereignisse i bzw. j	V(i, j)	Vorgangsbezeichnung
SZ(i), SZ(j)	Späteste Zeitpunkte der Ereignisse i bzw. j	DV(i, j)	Dauer des Vorgangs V(i, j)
P(i), P(j)	Pufferzeit beim Ereignis i bzw. j	generell gilt i < j	

---

[208] Das CPM-Verfahren wurde 1956/57 vom amerikanischen Chemiekonzern DuPont in Zusammenarbeit mit den ADV-Spezialisten der Remington Rand Corp. entwickelt.
Siehe hierzu: WEBER, K.: Planung mit der Critical Path Method (CPM). In: Industrielle Organisation 32(1963), Heft 1, S. 1 – 14);
SCHWARZE, J.: Projektmanagement mit Netzplantechnik, a. a. O.

■ CPM-Berechnungsformeln

Die (kalenderzeitlose) Zeitplanung nach dem CPM-Verfahren beginnt beim Starterereignis mit den Notationen $i = 0$ und $FZ(0) = 0$. Sodann wird die Vorwärtsrechnung durchgeführt, die darauf abzielt, die frühesten Zeitpunkte $FZ(j)$ der nachfolgenden Ereignisse j (mit $j > i$) zu bestimmen.

Formeln der Vorwärtsrechnung

Da ein nachfolgender Vorgang – entsprechend den CPM-Regeln – erst beginnen kann, wenn beim Ereignis j alle Vorgänger abgeschlossen sind, ist für die Berechnung des frühesten Zeitpunktes $FZ(j)$ folgende Formel anzuwenden:

$$FZ(j) = \underset{i}{Max}\ (FZ(i) + DV(i,j)), \quad \text{für alle } j > i \qquad (4.6)$$

Wird nach dieser Vorgehensweise das Zielereignis erreicht, entspricht der Zeitpunkt $FZ(Ziel)$ dem frühesten Zeitpunkt für den Abschluss des gesamten Projekts (= Projektdauer D).

Um nun für die einzelnen Ereignisse die möglicherweise auftretende Pufferzeit $P(i)$ zu ermitteln, wird jetzt die *Rückwärtsrechnung* mit dem Ansatz $SZ(Ziel) = FZ(Ziel)$ gestartet und danach sowohl die spätesten Zeitpunkte $SZ(i)$ der Ereignisse i als auch die Pufferzeiten $P(i)$ berechnet. Dabei sind folgende Formeln anzuwenden:

Formeln der Rückwärtsrechnung

$$SZ(i) = \underset{j}{Min}\ (SZ(j) - DV(i,j)), \quad \text{für alle } i < j \qquad (4.7)$$

$$P(i) = SZ(i) - FZ(i), \quad \text{für alle } i \qquad (4.8)$$

Pufferzeiten mit Werten $P(i) > 0$ weisen auf *Zeitreserven* beim Ereignis i hin. Dies bedeutet, dass das betreffende Ereignis um den Betrag von $P(i)$ auch später stattfinden kann, ohne dass dies Auswirkungen auf den Endzeitpunkt des Projekts hätte.

Wichtiger für die Beurteilung der Zeitstruktur eines Projekts sind jene Ereignisse, bei denen ein Wert $P(i) = 0$ ermittelt wurde, denn daraus ist zu schlussfolgern:

Kritischer Weg

Alle Ereignisse mit dem Wert $P(i) = 0$ bilden mit den dazwischen liegenden Vorgängen $V(i, j)$ den *zeitlängsten Weg* im Netz. Dieser Weg bestimmt die Dauer D des Projekts. Da auf diesem Weg keine Zeitreserven bestehen, wird er auch als „*kritischer Weg*" bezeichnet, denn jede Verlängerung eines der auf diesem Weg liegenden Vorgänge führt unmittelbar zur Verlängerung der Projektdauer.

Um die Projektdauer zu verkürzen, müsste somit Möglichkeiten überprüft werden, bei welchen kritischen Vorgängen die Dauer $DV(i, j)$ verringert werden kann.

Aber *Achtung*: Eine solche Verkürzung muss nicht um den gleichen Betrag zu einer Verkürzung der Projektdauer D führen, denn die Verkürzung der Dauer eines kritischen Vorgangs $V(i, j)$ kann dazu führen, dass ein anderes Ereignis k dadurch „kritisch" wird, mit der Folge, dass dann der kritische Weg im Netz einen anderen Verlauf (über das Ereignis k) nimmt!

Diese Thematik soll anhand des Demo-Beispiels nach Abb. 4.07 bzw. Abb. 4.10 erörtert werden.

■ Anwendungsbeispiel

Fallbeispiel   Die Darstellung in **Abb. 4.12** zeigt das Ergebnis der Zeitplanung nach dem CPM-Verfahren für das hier betrachtete Demo-Beispiel.

Die Vorwärtsrechnung führt zu einem FZ(Ziel) von FZ(6) = **23** Tage. Dieser Wert ist auch aus dem Gantt-Diagramm nach Abb. 4.07 zu entnehmen.

Nach Ausführung der Rückwärtsrechnung ist zu erkennen, dass die Ereignisse 0, 1, 3, 5 und 6 die Pufferzeit **P(i) = 0** aufweisen.

Dies bedeutet: Die dazwischen liegenden Vorgänge A, C, E und H bilden im Netz den *kritischen Weg*. Die Summe der Dauer dieser Vorgänge liefert die Projektdauer von **D = 23** Tagen.

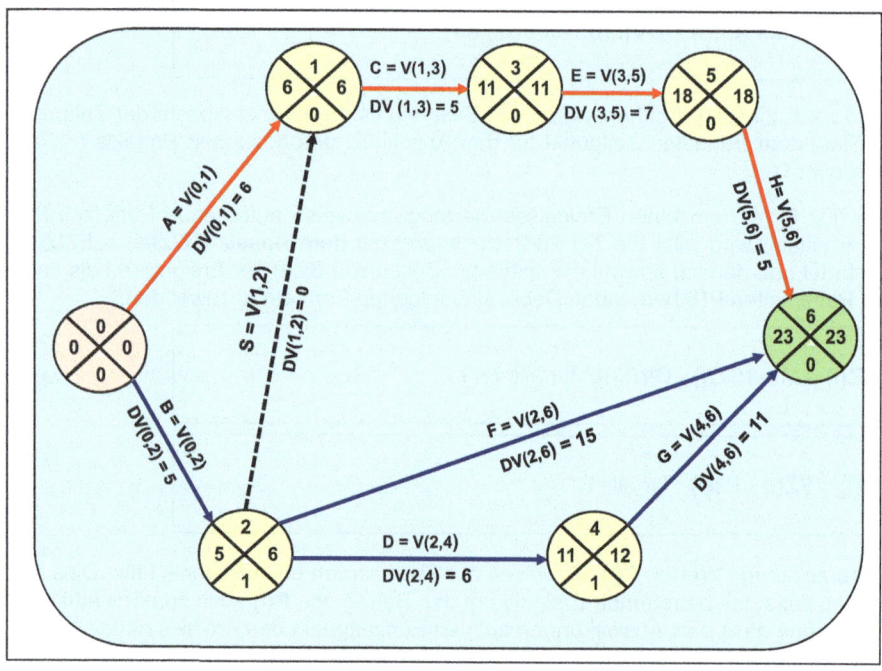

Abb. 4.12: Zeitplanung nach dem CPM-Verfahren (Demo-Beispiel)

Aus den Angaben in Abb. 4.12 ist aber auch zu erkennen, dass durch Zeitverzögerungen bei den andern Vorgängen der bisherige kritische Weg schnell „umkippen" kann, so durch eine Verlängerung der Dauer des Vorgangs **B** (oder des Vorgangs **D** oder des Vorgangs **G**) um 2 Tage oder auch durch Verlängerung der Dauer des Vorgangs **F** um 4 Tage.

Die Kenntnis dieser Zusammenhänge ist – wie in den Abschnitten 4.7 (Ressourcenplanung) und 5.2 (Projektcontrolling) noch zeigen sein wird – überaus wichtig, wenn es darum geht, eine ausgeglichene Kapazitätsplanung zu sichern oder die Ausführung des Projekts im „IST" zu überwachen und zu steuern.

Wird die mit dem CPM-Verfahren ermittelte Zeitstruktur des Projekts bestätigt, dann muss nur noch dem Startzeitpunkt mit **FZ(Start) = 0** ein *Datum* aus dem betreffenden

Jahreskalender zugeordnet werden. Dies wird in PM-Software-Produkten automatische unterstützt (siehe Abb. 4.09).

In der Datei „*10_PM-CPM-FB04.xlsm*" wird die Anwendung des CPM-Verfahrens bei dem Fallbeispiel **FB04** (E-Learning-Plattform) demonstriert.

■ Bewertung des CPM-Verfahrens

Die Anwendung des CPM-Verfahrens in Verbindung mit der Vorgangspfeil-Netzplantechnik hat eine Reihe von Vorteilen, aber auch einige Nachteile.

Vor- und Nachteile des CPM-Verfahrens

Von *Vorteil* sind die einfachen Berechnungsregeln und die darauf basierende einfache Programmierung der Zeitplanung in VPN-Netzplänen im Rahmen von PM-Software-Produkten, aber auch unter MS Excel. Auch die Ermittlung und Hervorhebung des kritischen Weges im Netz liefert eine gute Übersicht über die Zeitstruktur eines Projekts.
Das CPM-Verfahren eignet sich daher besonders gut für das selbstständige Training der Ablauf-, Zeit- und Ressourcenplanung zwecks Aneignung von PM-Wissen.

Nachteile des CPM-Verfahrens werden darin gesehen, dass es nur wenige Möglichkeiten gibt, um komplizierte Abhängigkeiten zwischen verschiedenen Vorgängen überschaubar zu beschreiben.
Dies betrifft zum Beispiel den Sachverhalt, dass ein Vorgang bereits beginnen kann, ohne dass Vorgänger vollständig abgeschlossen sind. Auch das oft notwendige Einfügen von Scheinvorgängen führt nicht immer zu einer wünschenswerten Übersicht im Netz.
Aus diesen und andern Gründen werden in der Praxis des Projektmanagements Vorgangsknotennetze in Verbindung mit der Metra-Potential-Methode dem CPM-Verfahren vorgezogen.

4.6.3 Zeit- und Terminplanung bei Anwendung des MPM-Verfahrens

■ Metra-Potential-Methode[209]

> Die **Metra-Potential-Methode** (**MPM**) ist ein Verfahren der Netzplantechnik, das – analog zum CPM-Verfahren – von *eindeutig bestimmten Werten* für die *Dauer* der einzelnen Vorgänge sowie von *eindeutig beschriebenen Abhängigkeiten* der Vorgänge im Sinne der *Normalfolge* im gegebenen Projekt ausgeht, das jedoch in der graphischen Darstellung des Ablaufs des betreffenden Projekts das *Vorgangsknotennetz* (VKN) bevorzugt.

Merkmale des MPM-Verfahrens

Das Besondere bei dem MPM-Verfahren ist, dass zwischen dem Ende eines Vorgängers und dem Anfang eines Nachfolgers positive wie auch negative Zeitabstände **Z** (als „Wartezeit" bzw. als „Vorziehzeit") zugelassen werden, die nicht über- bzw. nicht unterschritten werden dürfen.

---

[209] Die Metra-Potential-Methode wurde 1958 von der Fa. SEMA, Frankreich entwickelt. Eine entsprechende Entwicklung wird auch dem Amerikaner *Bernard Roy* von der Unternehmensgruppe Metra, (heute Atos Origin) zugeschrieben
Siehe hierzu auch: GPM-Projektmanagement-Fachmann, a. a. O., Abschnitt 3.2.2.3.

Grundlage der Berechnung von Vorgangsterminen und Pufferzeiten nach dem MPM-Verfahren ist das in **Abb. 4.13** skizzierte Schema der Beziehungen zwischen einem Vorgänger-Vorgang **V(i)** und einem Nachfolger **V(j)**:

Grund-
modell des
MPM-
Verfahrens

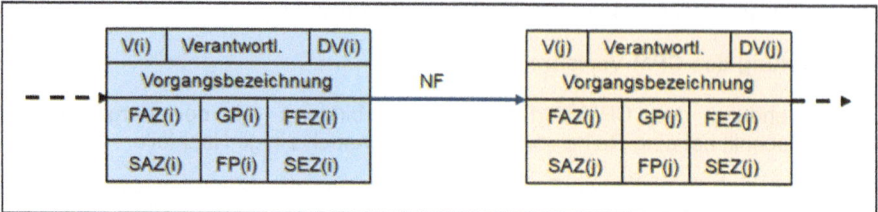

Abb. 4.13: Notationen im Vorgangsknotennetz beim MPM-Verfahren

Legende:
V(i)	Vorgang Nr. i	DV(i)	Dauer des Vorgangs Nr. i
V(j)	Vorgang Nr. j	DV(j)	Dauer des Vorgangs Nr. j
FAZ(i)	Frühester Anfangszeitpunkt von i	FAZ(j)	Frühester Anfangszeitpunkt von j .
SAZ(i)	Spätester Anfangszeitpunkt von i	SAZ(j)	Spätester Anfangszeitpunkt von j
GP(i)	Gesamtpuffer von i	GP(j)	Gesamtpuffer von j
FP(i)	Freier Puffer von i	FP(j)	Freier Puffer von j
NF	Normalfolge (Ende-Anfang-Beziehung)		

Anmerkungen:
An Stelle einer fortlaufenden Zahl (wie 0, 1, 2 usw.) kann die Vorgangsnummer auch als „sprechender Schlüssel" (z. B. nach der Kodierung im entsprechenden Projektstrukturplan) gestaltet werden. Dadurch wird es möglich, im Nachhinein noch Vorgänge einzufügen, ohne dass die Nummerierung geändert werden muss.
Sinnvoll ist es ferner, den jeweils Verantwortlichen für den betreffenden Vorgang mit anzuführen.

Als Vorgangsbezeichnung ist ein Kurztext für die auszuführende Arbeit einzufügen. Die ausführliche Beschreibung ist der betreffenden Arbeitspaketbeschreibung zu entnehmen.

■ **Vorwärtsrechnung im VKN beim MPM-Verfahren**

Die (kalenderzeitlose) Zeitplanung nach dem MPM-Verfahren beginnt beim *Startvorgang* mit der Notation **V(i) = 0,** dem frühesten Anfangszeitpunkt **FAZ(0) = 0** und der Dauer **DV(0) = 0**.[210]

Vorgehen
bei der
Vorwärts-
rechnung

Die Vorwärtsrechnung im VKN hat dann die Aufgabe, den *frühesten Endzeitpunkt* **FEZ(i)** des gegebenen Vorgangs **V(i)**, den *frühesten Anfangszeitpunkt* **FAZ(j)** des bzw. der Nachfolger **V(j)** mit (j > i) und wiederum des *frühesten Endzeitpunkt* **FEZ(j)** des Vorgangs **V(j)** zu ermitteln.
Dabei werden durchgängig zunächst nur *Normalfolgen* (Ende-Anfangs-Beziehungen) zwischen den Vorgängen vorausgesetzt. Auch werden noch keine Zeitabstände (Wartezeiten, Vorziehzeiten) beachtet.

Das Vorgehen der Vorwärtsrechnung im MPM-Verfahren soll die Darstellung in **Abb. 4.14** verdeutlichen.

---

[210] Siehe auch:
GPM _ Projektmanagement-Fachmann, a. a. O., Abschnitt 3.2.2.3.6.

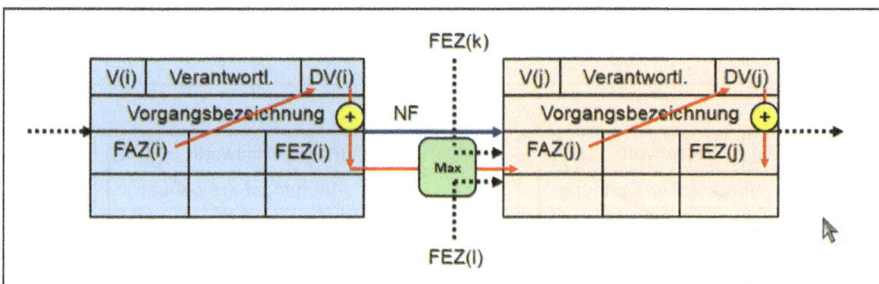

Abb. 4.14: Zum Vorgehen bei der Vorwärtsrechnung nach dem MPM-Verfahren

Der früheste Endzeitpunkt FEZ(i) eines Vorgangs V(i) wird somit wie folgt bestimmt: Berechnungsformeln

| $FEZ(i) = FAZ(i) + DV(i)$, für i = 0, 1, 2, ..., n. | (4.9) |

Da für den *Startvorgang* **V(0)** definitionsgemäß **FAZ(0) = 0** und **DV(0) = 0** gilt, ergibt sich auch für den frühesten Endzeitpunkt dieses Vorgangs der Wert **FEZ(0) = 0**.

Bei der Ermittlung des frühesten Anfangszeitpunkts eines Nachfolgers **V(j)** ist zu beachten, dass dieser Vorgang ggf. mehrere Voraussetzungen haben kann. Daher ist dieser Zeitpunkt nach folgender Formel zu berechnen:

| $FAZ(j) = \underset{i}{Max}\ FEZ(i)$ für i < j. | (4.10) |

Diese Berechnungen sind dann für alle Vorgänge **V(i)** bis zum *Zielvorgang* **V(n)** durchzuführen.
Der dann berechnete früheste Endzeitpunkt des *Zielvorgangs* gibt dann – rein rechnerisch – zugleich die *Gesamtdauer* **D** des Projekts an:

| $FEZ(n) = FAZ(n) + DV(n) = D$. | (4.11) |

Damit ist die Vorwärtsrechnung abgeschlossen.

■ Rückwärtsrechnung im VKN beim MPM-Verfahren

Aufgabe und Ziel der Rückwärtsrechnung im VKN ist es, die spätesten Endzeitpunkt **SEZ(i)** und die spätesten Anfangszeitpunkt **SAZ(i)** zu ermitteln. Hinzu kommt die Aufgabe, mögliche *Zeitreserven* in der Zeitstruktur des Projekts als nutzbare *Pufferzeiten* – mit unterschiedlicher Bedeutung - zu berechnen.

Für die Rückwärtsrechnung gilt folgender Ansatz:

Der *früheste* Endzeitpunkt des Zielvorgangs **FEZ(n)** ist zugleich der *späteste* End-   Berechnungs-
zeitpunkt des Zielvorgangs **SEZ(n)**.   formeln der
Rückwärts-
rechnung
Der späteste Anfangszeitpunkt **SAZ(n)** ist dann wie folgt zu bestimmen:

| $SAZ(n) = SEZ(n) - DV(n)$. | (4.12) |

Das weitere Vorgehen der Rückwärtsrechnung im MPM-Verfahren soll die Darstellung in **Abb. 4.15** verdeutlichen.

Rückwärts-
rechnung

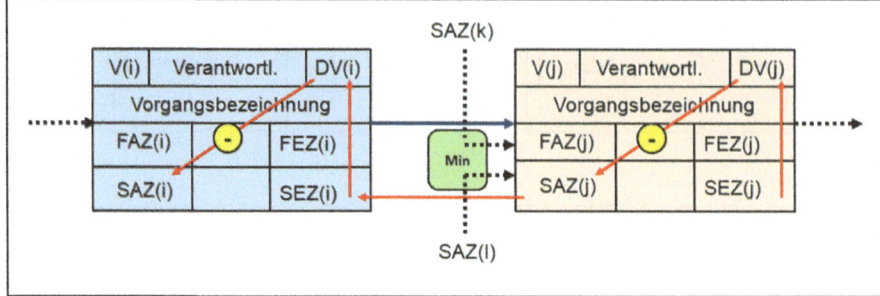

Abb. 4.15: Zum Vorgehen bei der Rückwärtsrechnung nach dem MPM-Verfahren

Bei der Ermittlung des spätesten Endzeitpunkts eines Vorgängers **V(i)** ist zu beachten, dass dieser Vorgang ggf. mehrere Nachfolger haben kann. Daher ist dieser Zeitpunkt nach folgender Formel zu berechnen:

$$\text{SEZ(i)} = \text{Min SAZ(j)} \quad \text{für } i < j.\qquad\qquad\qquad (4.13)$$

Die spätesten Anfangszeitpunkte **SAZ(i)** sind dann – wie aus der Grafik zu ersehen – nach folgender Formel zu bestimmen:

$$\text{SAZ(i)} = \text{SEZ(i)} - \text{DV(i)} .\qquad\qquad\qquad (4.14)$$

Für den Startvorgang **V(0)** mit der Dauer **DV(0) = 0** gilt dann analog:

$$\text{SAZ(0)} = \text{SEZ(0)} - \text{DV(0)} .\qquad\qquad\qquad (4.15)$$

Damit ist dann die Rückwärtsrechnung im Netz abgeschlossen.

■ **Ermittlung des Gesamtpuffers GP nach dem MPM-Verfahren**

Für den Fall, dass der *späteste Anfangszeitpunkt* **SAZ(i)** gleich dem *frühesten Anfangszeitpunkt* **FAZ(i)** – und demzufolge auch **FEZ(i) = SEZ(i)** gilt – gibt es bei diesem Vorgang *keinen* zeitlichen Spielraum (Puffer).

Liegt jedoch der Fall vor, dass der späteste Anfangszeitpunkt **SAZ(i)** *größer* als der früheste Anfangszeitpunkt **FAZ(i)** ist, dann besteht bei diesem Vorgang ein zeitlicher Spielraum. Dieser Spielraum wird im VKN als *Gesamtpuffer* **GP(i)** ausgewiesen und ermittelt sich wie folgt:

Gesamt-
puffer GP(i)

$$\text{GP(i)} = \text{SAZ(i)} - \text{FAZ(i)} = \text{SEZ(i)} - \text{FEZ(i)}. \quad \text{für } i = 0, 1, 2, ..., n\qquad (4.16)$$

Diesen Zusammenhang soll die Darstellung in **Abb. 4.16** verdeutlichen

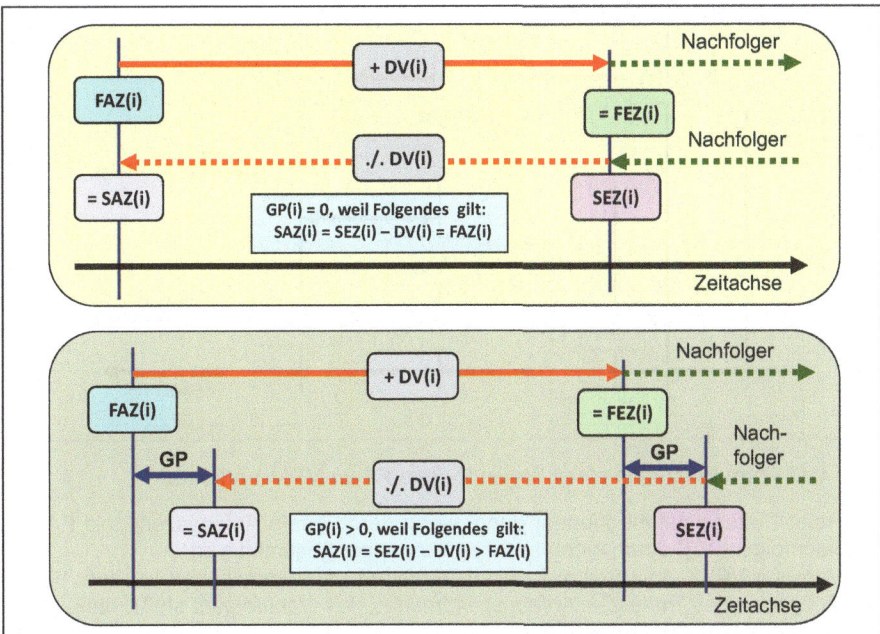

Zusammen-
hänge beim
Gesamtpuffer
GP(i)

Abb. 4.16: Zur Ermittlung des Gesamtpuffers im MPM-Verfahren

Wichtig:
Alle Vorgänge **V(k)** mit dem Ausweis **GP(k) = 0** liegen auf dem *kritischen Weg*. Die Addition der Dauer **DV(k)** dieser Vorgänge ergibt die Projektdauer **D**.

Kritischer
Weg im VKN

Daraus folgt:
Jede Verzögerung bei einem der kritischen Vorgänge (Arbeitspakete) führt betrags-gleich zur Verlängerung der Projektdauer **D**!

Umgekehrt gilt dies - wie bereits beim CPM-Verfahren angegeben - nicht automa-tisch, denn durch die Verkürzung der Dauer **DV(k)** eines kritischen Vorgangs **k** kann sich bei der Rückwärtsrechnung ein anderer kritischer Weg auftun, der vorher als subkritisch galt!

■ **Ermittlung des Freien Puffers FP nach dem MPM-Verfahren**

Als **Freien Puffer FP(i)** wird im MPM-Verfahren jene Zeitspanne bezeichnet, um die ein Vorgang **V(i)** gegenüber seiner frühesten Lage verschoben werden kann, ohne dass dadurch die früheste Lage   anderer Vorgänge **V(j)** beeinflusst wird.[211]

Der Freie Puffer **FP(i)** kann bei einem VKN mit Normalfolgen ohne Zeitabstände wie folgt ermittelt werden:

Berechnung
des Freien
Puffers FP(i)

$$\boxed{\textbf{FP(i) = FAZ(j) – FEZ(i)}, \text{ für } j > i.}$$ (4.17)

Das Entstehen eines Freien Puffers soll die Darstellung in **Abb. 4.17** verdeutlichen.

---
[211] Vgl. DIN 69900-2009-1.

Zusammen-
hänge beim
Freien Puffer
FP(i)

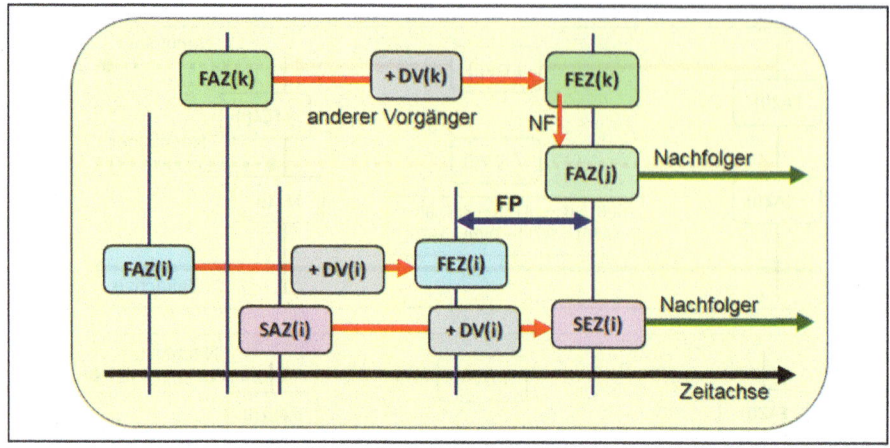

Abb. 4.17: Zum Entstehen eines Freien Puffers **FP** im MPM-Verfahren

Ein Freier Puffer entsteht offenbar dann, wenn der früheste Anfangszeitpunkt **FAZ(j)** des Nachfolgers **V(j)** durch einen *anderen* Vorgänger bestimmt wird.
Der Vorgang **V(i)** kann somit aus seiner frühesten Lage verschoben werden, bis er an die Grenze des *frühesten Anfangszeitpunktes des Nachfolgers* stößt, ohne dass dadurch der Zeitpunkt für das Projektende gefährdet ist!

■ **Anwendungsbeispiel**

Fallbeispiel   Die Darstellung in der nachstehenden **Abb. 4.18** zeigt das Ergebnis der Zeitplanung nach dem MPM-Verfahren für das hier betrachtete Demo-Beispiel.

Die Vorwärtsrechnung führt auch hier zu einer Projektdauer von **D = 23** Tage, abzulesen bei **FEZ(H) = FEZ(Ziel) = 23**.

Nach durchgeführter Rückwärtsrechnung wird sichtbar, welche Vorgänge auf dem *kritischen Weg* liegen.
Es sind dies jene Vorgänge, bei denen sich rechnerisch ein Gesamtpuffer **GP = 0** ergibt, somit betrifft dies im Beispiel die Vorgänge **A**, **C**, **E** und **H**.

Ein Freier Puffer ergibt sich bei den Vorgängen **G** und **H**, denn die Anwendung der Formel (4.17) führt zu folgenden Ergebnissen:

FP(F) = FAZ(H) − FEZ(F) = 23 − 20 = 3 und

FP(G) = FAZ(H) − FEZ(G) = 23 − 22 = 1.

Der Vorgang **F** kann somit von seiner frühesten Lage **FEZ(F)** um **3** Tage verschoben werden, ohne dass dies Auswirkungen auf das die Dauer **D** des Projekts hat.
Beim Vorgang **G** ist dies jedoch nur um *einen* Tag zulässig.

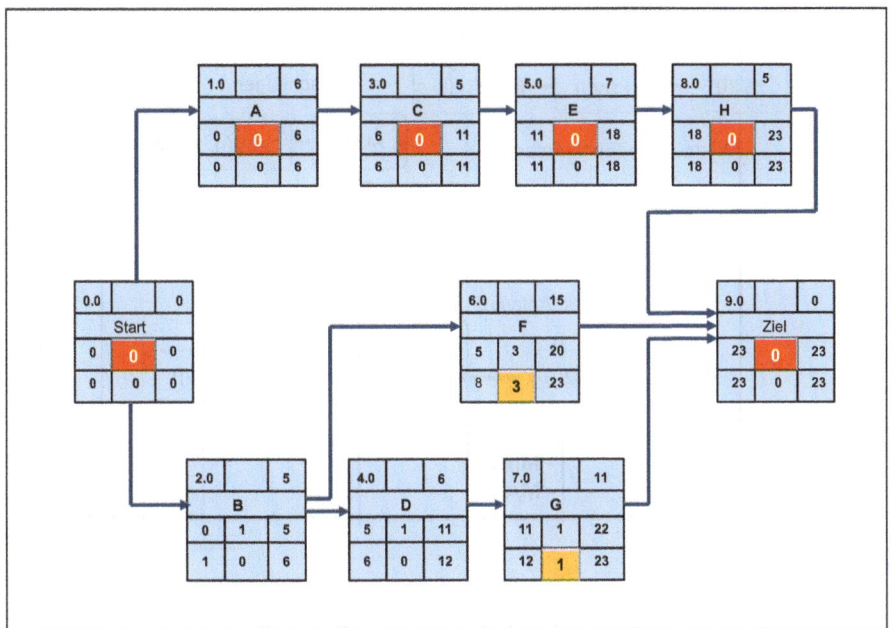

Abb. 4.18: Zeitplanung nach dem MPM-Verfahren (Demo-Beispiel)

◼ Netzpläne mit zeitlichen Abständen

In der Praxis der Ablauf- und Zeitplanung von Projekten muss oft berücksichtigt werden, dass es aus bestimmten, z. B. technischen Gründen erforderlich ist, zeitliche
Mindest- bzw. zeitliche Maximalabstände zwischen Vorgänger und Nachfolger einzuplanen.

Erfordernisse
der Einbezie-
hung zeitlicher
Abstände

Auch kann es – im Interesse der Verkürzung der Projektdauer – sinnvoll sein, bestimmte Vorgänge teilweise *überlappt* zu realisieren.
In die zu erstellenden Ablauf- und Zeitpläne sind somit – wie bereits angemerkt –
bestimmte *minimale* bzw. *maximale* Zeitabstände **Z** als „Warte"- bzw. „Vorziehzeit –
einzuordnen.

Die Darstellung in **Abb. 4.19** zeigt die Einordnung eines *positiven* minimalen bzw.
maximalen Zeitabstandes **(+ MINZ** bzw. **+ MAXZ)** im Sinne von *„Wartezeit"* sowie
auch die Einordnung einer *negativen* minimalen bzw. maximalen Vorziehzeit **(-MINZ**,
- MAXZ) bei einer Normalfolge als Anordnungsbeziehung.[212]

Bei einer Einordnung eines *positiven* minimalen Zeitabstandes **MINZ** darf der Nach-
folger-Vorgang **V(j)** *frühestens* nach MINZ-Zeiteinheiten *nach* Ende des Vorgänger-
Vorgangs **V(i)** beginnen, wobei ein noch späterer Beginn auch zulässig ist.
Es liegt somit der Fall einer *positiven Wartezeit* vor.[213]

---

[212] Siehe auch:
GPM – Projektmanagement-Fachmann, a. a. O., Abschnitt 3.2.2.3.3.
[213] Siehe das Beispiel „Verlegen eines PVC-Fußbodenbelags" als Nachfolger des Vorgangs „Fertigstellen des Estrichs in einem Raum".

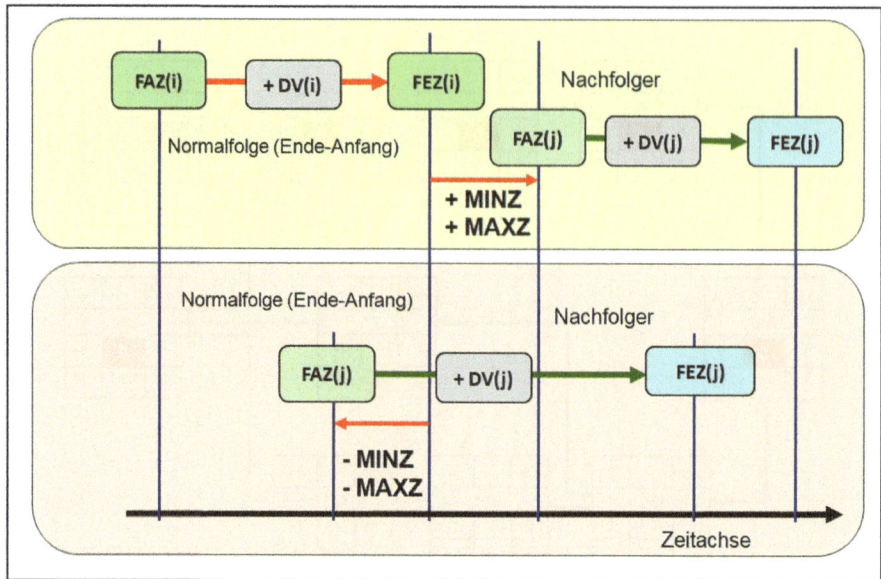

Abb. 4.19: Einordnung von Zeitabständen in einen MPM-Ablauf- und Zeitplan

Interpretation zu MINZ
Die Einordnung eines *negativen* minimalen Zeitabstandes **MINZ** bedeutet, dass der Nachfolger-Vorgang **V(j)** *frühestens* MINZ-Zeiteinheiten *vor* Ende des Vorgänger-Vorgangs V(i) beginnen darf, wobei ein noch späterer Beginn auch zulässig ist.
Es geht hier also um den Fall einer *maximalen Vorziehzeit* (maximale Überlappung) der Vorgänge V(i) und **V(j)**.

Interpretation zu MAXZ
Die Einordnung eines *positiven* maximalen Zeitabstandes **MAXZ** bedeutet, dass der Nachfolger-Vorgang **V(j)** *spätestens* MAXZ-Zeiteinheiten *nach* Ende des Vorgänger-Vorgangs **V(i)** beginnen muss, wobei ein noch früherer Beginn auch zulässig ist.
Es geht hier also um die Festlegung einer *maximalen Wartezeit* für den Beginn des Nachfolgers **V(j)**.

Die Einordnung eines *negativen* maximalen Zeitabstandes **MAXZ** bedeutet, dass der Nachfolger-Vorgang **V(j)** *spätestes* MAXZ-Zeiteinheiten *vor* Ende des Vorgänger-Vorgangs **V(i)** beginnen muss, wobei ein noch früherer Beginn auch zulässig ist.
Es geht hier also um den Fall einer *minimalen Vorziehzeit* (minimale Überlappung) der Vorgänge **V(i)** und **V(j)**.

Auch bei anderen Anordnungsbeziehungen (wie *Anfangsfolge, Endfolge, Sprungfolge*) kann eine Einordnung von minimalen bzw. maximalen Zeitabständen **Z** vorgenommen werden. Die Interpretation der Wirkung dieser Einordnung ist analog zur hier skizzierten Darstellung im Falle der Normalfolge vorzunehmen.

In der Excel-Datei *„11_PM-MPM_FB01.xlsm"* wird die Ablauf- und Zeitplanung nach dem MPM-Verfahren für das Fallbeispiel **FB 01** (Produktionsverlagerung) behandelt.
Die Datei *„12_PM-MPM_FB02.xlsm"* beinhaltet die Ablauf- und Zeitplanung nach dem MM-Verfahren für das Fallbeispiel **FB 02** (Werk für Kunststoffrohre).

■ **Bewertung des MPM-Verfahrens**

Auch die Anwendung des MPM-Verfahrens in Verbindung mit der Vorgangsknoten-Netzplantechnik hat Vorteile, aber auch einige Nachteile.

Vor- und Nachteile des MPM-Verfahrens

Von *Vorteil* ist, dass die Nutzung der Vorgangsknotennetzplantechnik es erlaubt, auch komplizierte Abhängigkeiten zwischen verschiedenen Vorgängen überschaubar zu beschreiben. Auch die Einbeziehung von minimalen und maximalen Zeitabständen zwischen bestimmten Vorgängen nutzt dem Praxisbezug dieses Verfahrens.

Die klaren Berechnungsregeln ermöglichen die Programmierung der Zeit- und Terminplanung im Rahmen von PM-Software-Produkten, aber auch unter MS Excel. Die Ermittlung und Hervorhebung des kritischen Weges im Netz sichert eine gute Übersicht über die Zeitstruktur eines Projekts.

Nachteile des MPM- wie des CPM-Verfahrens sind darin zu sehen, dass bei den Zeitberechnungen von der Annahme ausgegangen wird, dass die *Dauer* **DV(i)** der einzelnen Vorgänge **V(i)** eine *deterministische* Größe ist. In Wirklichkeit handelt es sich hierbei jedoch – wie im Abschnitt 4.3 dargestellt – um mehr oder weniger genaue *Schätzwerte*, bei deren Berechnung zudem noch die Bestimmung des *Kapazitätseinsatzes* eine gewichtige Rolle spielt.

Das Problem bei der Anwendung des CPM- wie des MPM-Verfahrens besteht dann darin, dass bereits geringe Schätzfehler in Bezug auf die Dauer **DV(i)** zu Änderungen im Verlauf des kritischen Weges im Netz führen können, was aufgrund der sachlich berechtigten Konzentration des Augenmerks auf *kritische* Vorgänge zu fehlerhaften Schlussfolgerungen bzw. Entscheidungen bei der Steuerung des Projektprozesses führen kann.

Um sich in dieser Hinsicht „keinen Ärger einzuhandeln", wird möglicherweise ein weiterer Fehler begangen. Dieser besteht darin, dass für die Dauer **DV(i)** – aus reiner Vorsicht – *pessimistische* Werte angesetzt werden, mit der Folge, dass dann eine Projektdauer errechnet wird, die nicht vom Auftraggeber akzeptiert wird.[214]

Einen Ausweg aus dieser Situation kann ein *anderes* Verfahren der Zeitplanung von Projekten liefern, das insbesondere dann zum Einsatz kommen sollte, wenn der Bestimmung der Dauer der einzelnen Vorgänge ohnehin große Unsicherheiten zugrunde liegen und somit von *zufallsbeeinflussten (stochastischen)* Vorgangsdauern auszugehen ist.

Es handelt sich bei diesem Verfahren um das bereits erwähnte PERT-Modell.

4.6.4 Zeit- und Terminplanung bei Anwendung des PERT-Modells

■ **PERT-Modell**

> Das **PERT-Modell** (*Program Evaluation and Review Technique*) ist ein Verfahren der Netzplantechnik, das – im Unterschied zum CPM- und zum MPM-Verfahren – nicht von eindeutig bestimmten Werten für die Dauer der einzelnen Vorgänge, sondern von einer *Drei-Punkt-Zeitschätzung* der Vorgangsdauer ausgeht, was den Unsicherheiten in der Durchführung von Projekten besser gerecht wird.

Merkmale des PERT-Modells

---

[214] Vgl. auch:
KUSTER, J. u. a.: Handbuch Projektmanagement, a. a. O., Abschnitt 7.2.2.

Die Grundlagen der Zeitberechnung im PERT-Modell wurden bereits im Abschnitt 4.3 im Kontext zu Fragen der Zeitschätzung dargestellt (Formeln (4.4) und (4.5), Seite 175).

Die Ablauf- und Zeitplanung basiert dabei auf der *Vorgangspfeilnetzplantechnik*. Damit ähnelt sich das Vorgehen bei PERT stark dem CPM-Verfahren.

■ Demo-Anwendungsbeispiel

Fallbeispiel Für das Demo-Beispiel, welches in Abb. 4.07 als Gantt-Diagramm, in Abb. 4.12 als CPM-Modell und in Abb. 4.18 als MPM-Modell skizziert wurde, werden anstelle der vorgegebenen (deterministischen) Zeitwerte für die Dauer der 8 Vorgänge nunmehr die Schätzwerte *OD, WD* und *PD* im Sinne der *Drei-Punkt-Schätzung* eingesetzt.

Mit diesen Schätzwerten werden sodann – gemäß der Formel (4.4) – die *Erwartungswerte ED* der einzelnen Vorgänge und – gemäß Formel (4.5) – die zugehörigen Varianzen *VD* ermittelt.

Die Ausgangsdaten und die zugehörigen Berechnungsergebnisse zu diesem Demo-Beispiel sind in **Tab. 4.02** aufgeführt.[215]

Tab. 4.02: Daten zum Demo-Beispiel nach dem PERT-Modell

Kurz-bezeich.	Vor-aussetz.	i	j	OD(i,j)	WD(i,j)	PD(i,j)	ED(i,j)	VD(i,j)	CPM-Daten zum Vergleich
A	-	0	1	4	5	8	5,3	0,4	6
B	-	0	2	3	6	10	6,2	1,4	5
C	A	1	3	4	5	7	5,2	0,3	5
D	B	2	4	3	7	11	7,0	1,8	6
E	C	3	5	5	7	9	7,0	0,4	7
F	B	2	6	12	16	19	15,8	1,4	15
G	D	4	6	8	12	15	11,8	1,4	11
H	E	5	6	3	5	10	5,5	1,4	5

Für die Ablaufplanung im PERT-Modell wird die *Vorgangspfeilnetz-Darstellung* gewählt.

Die Notation bei den Ereignissen sowie zu den Vorgängen wird – gegenüber der Darstellung im CPM-Verfahren – ein wenig verändert (siehe **Abb. 4.20**).

Darstellungen im PERT-Modell

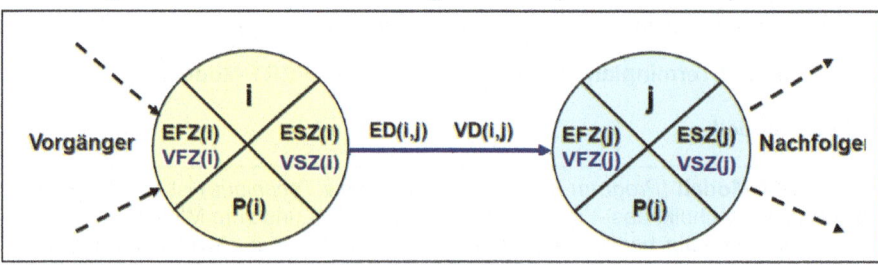

Abb. 4.20: Zur Notation im VPN beim PERT-Modell

Legende:　　EFZ(i)　Erwarteter frühester Zeitpunkt Ereignis i　　　　VFZ(i)　Zugehörige Varianz
　　　　　　EFZ(j)　Erwarteter frühester Zeitpunkt Ereignis j　　　　VFZ(j)　Zugehörige Varianz
　　　　　　ESZ(i)　Erwarteter spätester Zeitpunkt Ereignis i　　　　VSZ(i)　Zugehörige Varianz

---
[215] Die Daten für ED(i, j) und VD(i, j) wurden auf eine Nachkommastelle gerundet.

ESZ(j)	Erwarteter spätester Zeitpunkt Ereignis j	VSZ(j) Zugehörige Varianz
ED(i,j)	Erwartete Dauer des Vorgangs (i,j)	VD(i, j) Zugehörige Varianz
P(i)	Pufferzeit beim Ereignis i	
P(j)	Pufferzeit beim Ereignis j	

Bei den Berechnungen im PERT-Modell sind im kalenderzeitlosen VPN folgende Formeln anzuwenden:

a) Start-Bedingungen

Frühester Zeitpunkt des Startereignisses: **FZ(0) = 0,0**;
zugehörige Varianz: **VZ(0) = 0,0**.

Berechnungsformeln im PERT-Modell: Vorwärtsrechnung

b) Vorwärtsrechnung:

Erwarteter frühester Zeitpunkt Ereignis j:

$$\text{EFZ(j) = Max [EFZ(i) + ED(i,j)]} \atop j \qquad (4.18)$$

Zugehörige Varianz:

$$\text{VFZ(j) = VFZ(i) + VD(i, j)} \qquad (4.19)$$

c) Ziel-Bedingungen

Erwarteter spätester Zeitpunkt des Zielereignisses: **ESZ(Ziel) = EFZ(Ziel)**;
Zugehörige Varianz: **VSZ(Ziel) = 0,0**.

d) Rückwärtsrechnung:

Erwarteter spätester Zeitpunkt Ereignis i:

Rückwärtsrechnung im PERT-Modell

$$\text{ESZ(i) = Min [ESZ(i) - ED(i,j)]} \atop i \qquad (4.20)$$

Zugehörige Varianz:

$$\text{VSZ(i) = VSZ(i) + VD(i, j)} \qquad (4.21)$$

e) Ermittlung des Puffers P(i)

$$\text{P(i) = ESZ(i) - EFZ(i)} \qquad (4.22)$$

Dabei gilt: Der zeitlängste Weg im VPN läuft über alle Ereignisse **i**, bei denen die Pufferzeit **P(i)** den Wert **P(i) = 0** annimmt. Es dies der *kritische Weg* im PERT-Netz.

Die Addition der Vorgangsdauer ED(i) all dieser Vorgänge liefert die erwartete *Gesamtdauer* **ED** des betreffenden Projekts.

Die **Abb. 4.21** zeigt die Ergebnisse der Zeitrechnung im betrachteten Demo-Beispiel an.

Daraus ist erkennbar, dass der kritische Weg anders verläuft als im VPN-Netz nach
dem CPM-Verfahren (siehe Abb. 4.12, S. 186).

PERT-Netz Damit wird die Aussage untermauert, dass bereits geringe Schätzungsfehler in Bezug auf die Dauer **DV(i,j)** zu anderen Verläufen des kritischen Weges führen können.

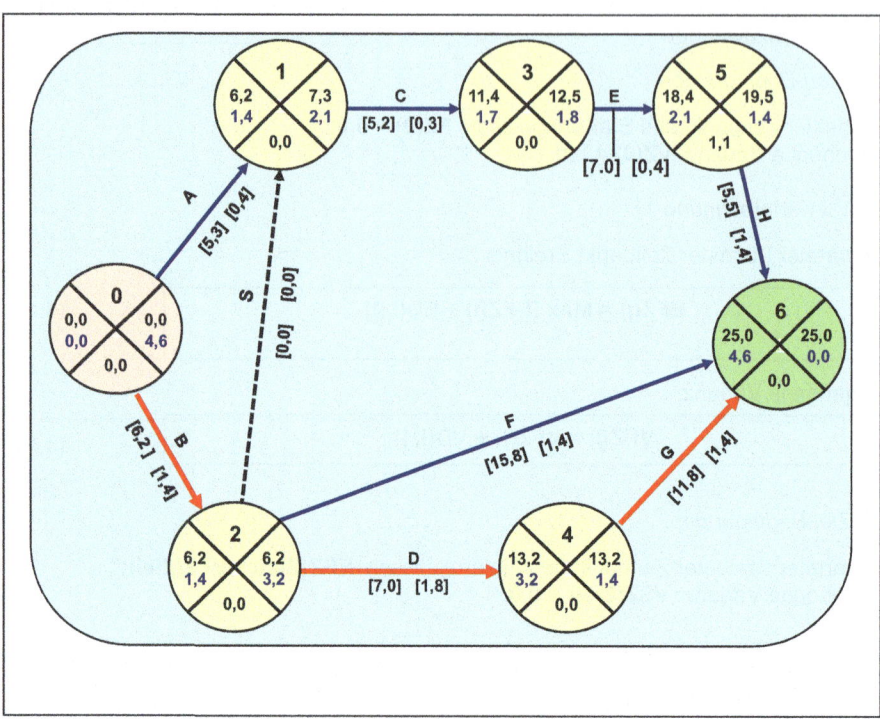

Abb. 4.21: Ablauf- und Zeitplanung nach dem PERT-Modell (Demo-Beispiel)

Die erwartete Gesamtdauer **ED** des Vorhabens kann aus den Zeitangeben des Ereignisses **i = 6** abgelesen werden.

Interpreta- Danach ergibt sich der Wert **ED** zu **ED = 25,0** Tage mit einer Varianz von **VD = 4,6**.
tionen Da es sich bei der Varianz um die *quadratische* Abweichung der Termine um den
Erwartungswert (Mittelwert) handelt, muss aus dem Varianzwert die Wurzel gezogen
werden, um die *Standardabweichung* σ zu bestimmen und damit die Zeitspanne zwischen dem frühesten und spätesten Termin des Zielereignisses berechnen zu können. Wir erhalten für σ den Wert σ **= 2,1**.
Für das Zielereignis **i = 6** ergeben sich damit folgende Daten:

FZ(6)	- σ	EFZ(6) = ESZ(6)	+ σ	SZ(6)
= 22,9	-2,1	25,0	+2,1	27,1

Das Zielereignis **i = 6** kann somit frühestens zum Zeitpunkt **FZ(6) = 22,9** Tagen und
spätestens zum Zeitpunkt **SZ(6) = 27,1** Tagen erreicht werden.

■ **Bewertung des PERT-Modells**

Die Nutzung des PERT-Modells für die Zeit- und Terminplanung erscheint dann sinn- Vor- und Nachteile des PERT-Modells voll, wenn die Dauer typischer Vorgänge in einem Projekt wegen bestehender Unsicherheiten nur in Grenzen von Wahrscheinlichkeiten bestimmt werden kann. Dies trifft – wie angegeben – vor allem für FuE-Projekte zu.

Der im PERT-Modell genutzte Ansatz der Drei-Punkt-Schätzung mit allen den darauf basierenden Formeln bereitet zwar – im Vergleich zum CPM- und MPM-Verfahren – mehr Rechenaufwand, dieser kann jedoch mit Einsatz von Software-Tools (auch mit MS Excel) beherrscht werden.

Von praktischem Nutzen wird die Anwendung des PERT-Modells jedoch nur dann sein, wenn der betreffende Projektplaner erstes in der Lage ist, vernünftige Schätzwerte für die drei Grundgrößen OD, WD und PD anzugeben, und zweitens auch Kenntnisse darüber besitzt, die sich aus dem Zeitmodell ergebenden Wahrscheinlichkeitsaussagen richtig zu interpretieren.

Anmerkung:
In der Datei *„13_PM-PERT_FB03.xlsm"* wird die Ablauf- und Zeitplanung nach dem PERT-Modell für das Fallbeispiel **FB 03** (Entwicklung einer neuen Erntemaschine) in Verbindung mit der Nutzung der *Entscheidungsbaumtechnik* behandelt.

■ **Fazit (bevor es weiter geht)**

Ein Grundmerkmal der Netzplantechnik (gegenüber der Balkendiagrammtechnik) Fazit zur Ablaufplanung besteht darin, dass zu einem Projekt als Erstes die *Ablaufplanung* – zunächst unabhängig von der Zeitplanung – in Angriff genommen werden kann.
Wenn der erarbeitete Ablaufplan bestätigt wird, kann nachfolgend die *Zeitplanung* durchgeführt werden, und zwar zunächst ohne Bezug zu Daten eines Jahreskalenders.
Insbesondere bei Anwendung des MPM-Verfahrens kann es aus Sicht der Zeitplanung zu Änderungen im Ablaufplan kommen, und zwar dann, wenn es – aus Gründen der Einhaltung von Anfangs- und Endzeiten einzelner Vorgänge oder einer Vorgabedauer für das Projekt insgesamt – erforderlich ist, positive oder negative *Zeitabstände* einzuführen.
Liegt im Ergebnis der kalenderzeitlosen Zeitplanung nunmehr die Zeitstruktur des Projekts fest, dann kann diese Zeitstruktur mit Bezugnahme auf einen *Kalender* terminiert werden, so dass für Anfang und Ende der Vorgänge wie auch für das Projekt insgesamt Kalenderdaten bestimmt sind.

Nun zum eigentlichen *Problem*:

Bei der Darstellung der verschiedenen Verfahren der Ablauf- und Zeitplanung (Gantt- Zur Beachtung: Was bestimmt die Dauer eines Vorgangs? Diagramm, CPM, MPM, PERT) wird stets auf konkrete Werte für die Zeitdauer der einzelnen Vorgänge im Projekt zurückgegriffen. Das ist eigentlich eine große Erleichterung für die Zeit- und Terminplanung, es wird dabei aber ein wichtiger Sachverhalt „unterschlagen".
Dieser Sachverhalt bezieht sich darauf, dass die Dauer **DV** eines Vorgangs eigentlich stets nach der in Abschnitt 4.3 eingeführten Formel (4.2), Seite 173 berechnet werden müsste:

$$\frac{\text{kalkulierter Aufwand } \mathbf{A} \text{ [Pd]}}{\text{Kapazitätseinsatz } \mathbf{C} \text{ [P/d]}} = \text{Dauer } \mathbf{DV} \text{ [d]}$$

Es liegt somit auf der Hand, dass die Dauer DV – bei gegebenem bzw. geschätzten Aufwand A – in bestimmten Grenzen durch die Änderung des Kapazitätseinsatzes C variiert (verlängert bzw. verkürzt) werden kann.

Dass dieser Sachverhalt bei den bisherigen Ausführungen „übersehen" wurde, hat einen einfachen Grund:

Was nutzt es – in Unkenntnis der Zeitstruktur des Projekts – zu versuchen, die Dauer eines nicht-kritischen Vorgangs durch Erhöhung des Kapazitätseinsatzes weiter zu verkürzen, wenn dies keine Auswirkungen auf die Projektdauer insgesamt hat?
Oder:

Was nutzt es – vor Ausführung der noch offenen Ressourcenplanung – zu verkünden, dass laut Zeitplanung die vorgegebene Projektdauer eingehalten werden kann, wenn nicht beachtet wird, dass bestimmte Nachfolger – wegen Kapazitätsgrenzen – erst mit einem zeitlichen Abstand MINZ oder MAXZ beginnen können?

Die Ablauf, Zeit- und Terminplanung sind zwar inhaltliche Schwerpunkte der gesamten Projektplanung, ihre Ergebnisse können aber schnell „als nicht verwendbar" erklärt werden, wenn die Zwänge der Ressourcenplanung sowie im Weiteren der Kosten- und Finanzplanung andere Prioritäten setzen.

Was dabei alles zu beachten ist, wird in den nachfolgenden Abschnitten erörtert.

4.7 Ressourcenplanung

> „Ich plane so!", sagt der PM-Leiter.
> „Es ist aber so!", sagt die Ressource!
> Aber irren können sich beide!
> *(PM-Weisheit)*

4.7.1 Ermittlung des Ressourcenbedarfs

In der Praxis wird die Ablauf-, Zeit- und Terminplanung für die einzelnen Vorgänge oft unter der Annahme durchgeführt, dass die für die Erledigung der Arbeiten im jeweiligen Vorgang bzw. Arbeitspaket benötigten Ressourcen (Personal, Sachmittel u. a.) verfügbar sind oder ohne Probleme beschafft werden können.

Problem: Ressourcenverfügbarkeit

Ein solcher Ansatz kann aber zu Problemen bzw. zu unbrauchbaren Ergebnissen der Projektplanung führen, denn die Angaben zur geplanten Dauer von Vorgängen verlieren sofort ihre Aussagekraft, wenn die benötigten Ressourcen nicht verfügbar sind oder wenn – wegen der Parallelität von Vorgängen – Kapazitätsgrenzen überschritten werden.

Reihenfolgenbeschränkungen aufgrund nicht verfügbarer Ressourcen kommen vor allem im *Multiprojektmanagement* vor (siehe Abb. 2.05, Seite 79).
Aber auch bei einzelnen, kleineren Projekten kann es Probleme bei der Absicherung der geplanten Abläufe und Termine geben, wenn für die Realisierung bestimmter Vorgänge Spezialisten bzw. technische Sachmittel benötigt werden, „die zu gleicher Zeit nicht überall sein können."

Eine korrekte Projektplanung muss daher – wie in Abb. 4.02 angeben – die Aufgabe einer *Ressourcenplanung* in Verbindung mit einer *Kapazitäts-* bzw. *Belastungsplanung* unabdingbar mit einschließen.

Was aber sind Ressourcen im Projekt bzw. im Projektmanagement?

Als **Ressourcen** in Projekten sind jene *Einsatzmittel* wie Personal sowie Sachmittel (technische Ausrüstungen, Material, Transportmittel, aber auch externe Dienstleistungen) zu verstehen, die im Projekt zur Durchführung von Vorgängen bzw. Arbeitspaketen benötigt werden.

Ressourcen können wiederholt oder nur einmal einsetzbar sein. Sie können in Wert- oder Mengeneinheiten beschrieben und für einen Zeitpunkt oder Zeitraum disponiert werden (vgl. DIN 69900:2009-1).

Aufgabe der *Ressourcenplanung* ist es, die für das Projekt insgesamt bzw. die für die einzelnen Vorgänge bzw. Arbeitspakete benötigten Einsatzmittel nach Art, Menge und Zeitdauer des Bedarfs termingerecht zu ermitteln und vorausschauend zu disponieren.

Grundlage der Ressourcenplanung bilden die Ergebnisse der projektbezogenen Ablauf-, Zeit- und Terminplanung, die Schätzung des Aufwands für die Erledigung der Arbeiten im jeweiligen Vorgang/Arbeitspaket sowie die Kenntnis bzw. Disposition der für die Erledigung dieser Arbeiten verfügbaren Kapazitäten der Einsatzmittel.

Ressourcenbegriff

Im Kern geht es bei der *Ermittlung des Ressourcenbedarfs* – als erste Aufgabe der Ressourcenplanung – um die Klärung folgender Fragen:[216]

Ermittlung des Ressourcenbedarfs

- *Wie viel Personal* mit *welcher Qualifikation* wird *wann* und *wie lange* benötigt, um die geplanten Arbeitsaufgaben nach Art, Menge, Qualität und Termin erfüllen zu können?

- Kann – im Falle, dass die Arbeiten durch eine Personengruppe zu erledigen sind – ein *festes Team* (aus dem Unternehmen) eingesetzt werden oder muss das Team aus *unternehmensinternen* und/oder *externen Spezialisten* zusammengeführt werden?

- Welche *Sachmittel* (nach Art, Menge, Leistungsparameter) werden *wann* und *wie lange* benötigt, um die für den jeweiligen Vorgang geplanten Arbeits-ergebnisse nach Art, Menge, Qualität und Termin erreichen zu können?

- Gibt es Sachmittel, die im Zeitrahmen des Projekts ggf. nicht verfügbar oder nicht beschaffbar sein werden oder deren Einsatz im betreffenden Fall nicht zulässig ist?

- Welche *Kapazitätsgrenzen* sind beim jeweils erforderlichen Personal- und/oder Sachmitteleinsatz zu beachten?

Besonders wichtig ist es, zu klären, wann, wie lange und mit welcher Stetigkeit die jeweiligen Ressourcen im betreffenden Vorgang/Arbeitspaket benötigt werden.

Die Darstellung in **Abb. 4.22** zeigt hierfür typische Fälle.

---

[216] Siehe hierzu auch:
GPM-Projektmanagement-Fachmann, a. a. O., Abschnitt 3.3;
KUSTER, J.: Handbuch Projektmanagement, a. a. O., Abschnitt 2.4.8.

Situatio-
nen eines
Ressour-
cenbedarfs

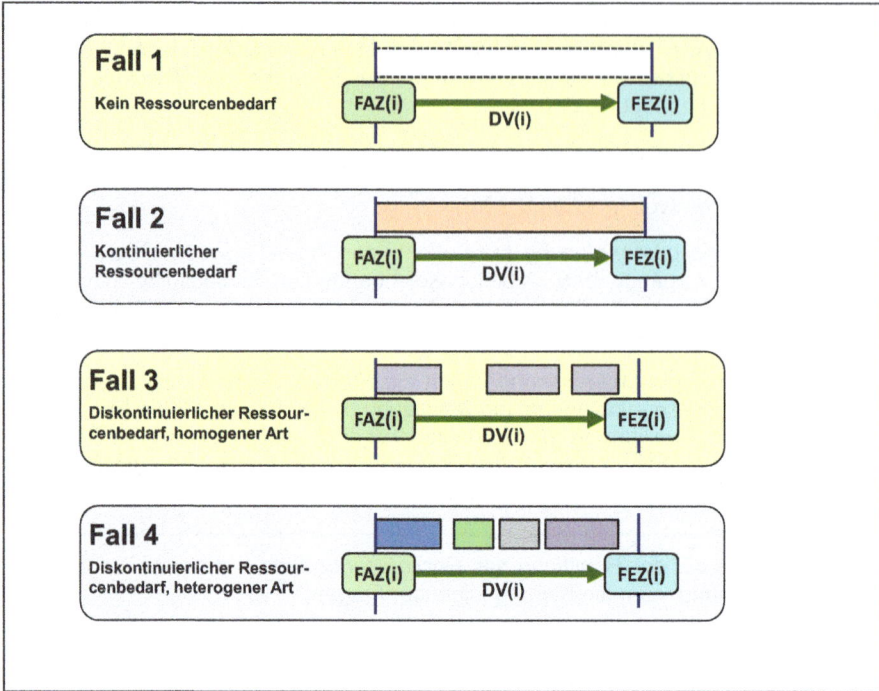

Abb. 4.22: Unterschiedliche Fälle des Ressourcenbedarfs in Vorgängen

Zu beachten ist, dass Ressourcen der *gleichen* Art (Personal gleicher Qualifikation, Sachmittel des gleichen Typs usw.) immer mit der *gleichen* Bezeichnung bzw. Signatur aufgeführt werden.

Im Hinblick auf die quantitative Bestimmung der Höhe des Ressourcenbedarfs kann auf die Ausführungen in Abschnitt 4.3 zur Aufwandsschätzung (Seite 173 ff.) verwiesen werden.

Betrachten wir hierzu ein praktisches **Beispiel**.

Fallbeispiel

> **Demo-Beispiel** einer Ressourcenbedarfs-Ermittlung
>
> Bei einem Investitionsprojekt geht es darum, eine Fläche von 600 m² für einen künftigen Parkplatz mit vorgefertigten Platten (Pflastersteine aus Beton) zu pflastern. Die Vorgänger-Vorgänge (Planieren des Unterbodens, Einfüllen von Splitt u. a.) seien bereits abgeschlossen.
> Zu ermitteln ist die Anzahl von Personen (mit entsprechender Qualifikation), die für die Ausführung dieses Arbeitspakets benötigt werden, wenn folgende weitere Eckdaten bekannt bzw. vorgegeben sind:
>
> Tägliche Arbeitszeit einer Person (tAz): 8 h/d; Leistungsvermögen einer Person je Arbeitsstunde (Lh): 4,00 m²/h; Vorgabedauer für die Erledigung des Arbeitspakets (DV): 5

Die Arbeitsschritte zur Lösung dieser Aufgabe sind in einer Grafik in **Abb. 4.23** in ihrem Zusammenhang dargestellt.

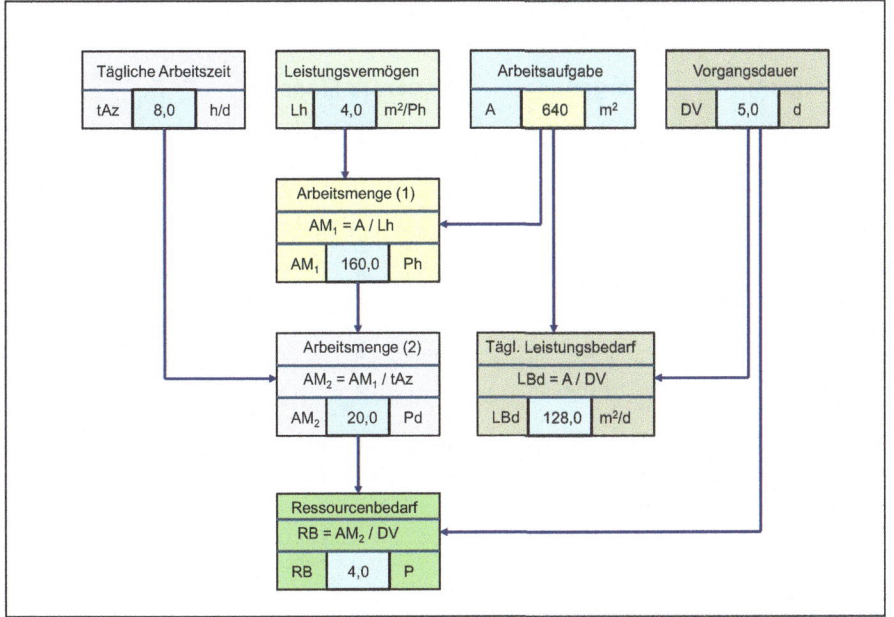

Grafik zum
Fallbeispiel

Abb. 4.23: Demo-Beispiel zur Ermittlung des Ressourcenbedarfs

Lösung der Aufgabe:
Um die benannte Arbeitsaufgabe unter den aufgeführten Randbedingungen erledigen zu können, ergibt sich ein Ressourcenbedarf von **RB = 4** Personen.

4.7.2 Kapazitäts- und Belastungsplanung

Gegenstand der Kapazitäts- und Belastungsplanung im Projektmanagement ist die Einordnung des Ressourcenbedarfs in die frühestmöglichen- bzw. spätestens zulässigen Termine der jeweiligen Vorgänge im betreffenden Projektablaufplan.

Dabei wird sich eine Reihe von Problemen ergeben, deren Lösung weitere Interaktionen zwischen der Ablaufplanung, der Zeit- und Terminplanung sowie der Ressourceneinsatzplanung notwendig machen.
Um zu verdeutlichen, worum es dabei gehen kann, soll ein weiteres Demo-Beispiel erörtert werden.

Demo-Beispiel zur Kapazitäts- und Belastungsplanung

Fallbeispiel

Die Realisierung eines betrieblichen Investitionsprojekts erfordere die Ausführung von insgesamt 8 verschiedenen Arbeitspaketen (= Vorgängen).
Dabei ist zu beachten, dass am Projekt – entweder aus Kapazitätsgründen oder aus Gründen der Einhaltung von Sicherheitsvorschriften – zur gleichen Zeit (also parallel) nur **20** Personen arbeiten können bzw. dürfen.
Die Daten für die Ablauf- und Zeitplanung sowie für den Ressourcenbedarf an Personal sind der Tabelle **Tab. 4.03** zu entnehmen.

Tab. 4.03: Daten zum Demo-Beispiel „Kapazitäts- und Belastungsplanung"

Vorgang	Vorgänger	Dauer DV [Tage]	Personalbedarf [Pers.]
A	-	2	20
B	-	2	10
C	A	5	10
D	B	2	10
E	B	2	8
F	F	3	5
G	D	2	15
H	F, G	3	10

Unter Anwendung des MPM-Verfahrens ergibt sich aus diesen Daten (mit Hinzufügen eines zeitlosen Start- sowie Zielvorgangs) die in **Abb. 4.24** dargestellte Ablauf- und Zeitstruktur des Demo-Projekts.

Grafik zum
Fallbeispiel

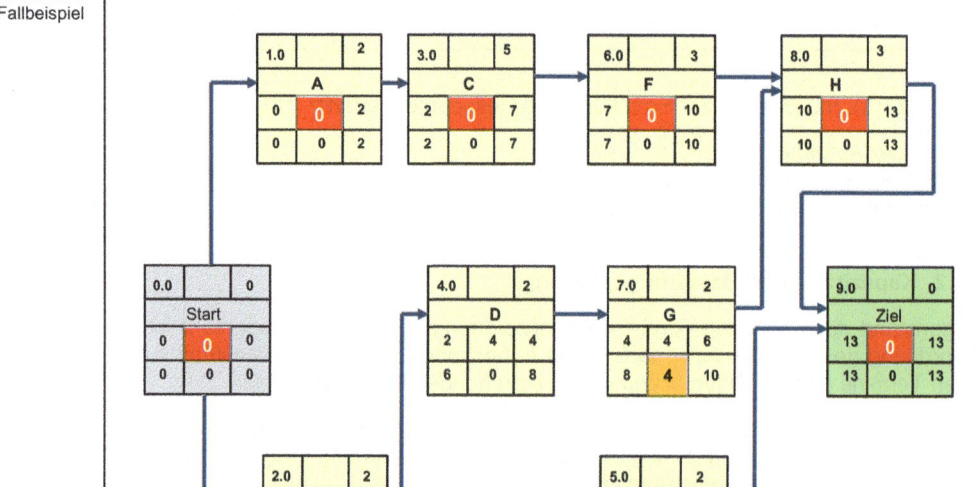

Abb. 4.24: Ablauf- und Zeitstruktur des Beispiel-Projekts zur Kapazitätsplanung

Aus dieser Grafik ist allerdings nicht zu erkennen, wie die Belastungsstruktur des Ressourcenbedarfs in der Zeitspanne der Dauer des Projekts ausschaut. Um dies zu verdeutlichen, wird in einem ersten Schritt ein zeitgestrecktes Belastungsdiagramm

erstellt, wobei die Einordnung des Ressourcenbedarfs zunächst zu den ermittelten frühesten Anfangsterminen der Vorgänge vorgenommen wird.
Das Ergebnis dieser Einordnung zeigt die Darstellung in **Abb. 4.25**.

Belastungs-
diagramm

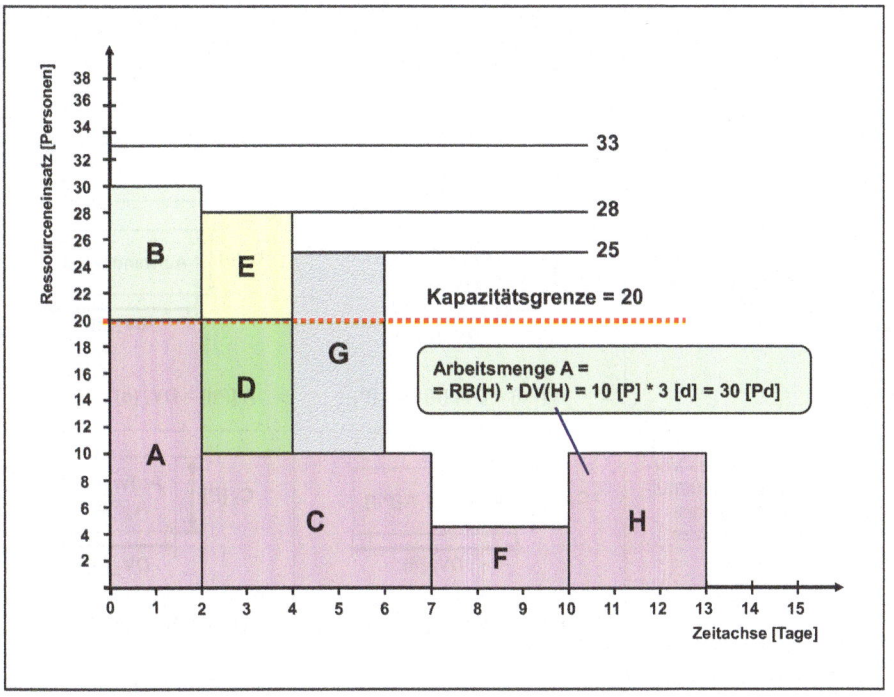

Abb. 4.25: Zeitgestreckter Netzplan mit Einordnung des Ressourcenbedarfs zu frühestmöglichen Anfangsterminen

Zunächst werden die „kritischen Vorgänge" eingeordnet. Die Summe der Dauer dieser Vorgänge (im Beispiel Vorgänge A, C, F und H) ergibt im betrachten Fall die Projektdauer von **D** = 13 Tagen.
Sollen die nicht-kritischen Vorgängen zum jeweils frühesten Anfangszeitpunkt FAZ(i) beginnen, wird im Zeitraum [0, 6] die Kapazitätsgrenze von **C** = 20 [Pers.] überschritten.

Um einen Belastungsausgleich – mit Sicherung der Einhaltung der vorgegebenen Kapazitätsgrenze – herzustellen, stehen dem verantwortlichen Projektleiter mehrere *Handlungsmöglichkeiten* offen, zum Beispiel:

Handlungs-
möglich-
keiten zum
Belastungs-
ausgleich

- *zeitliches Verschieben* des Beginn eines Vorgangs unter Ausnutzung der ermittelten Pufferzeiten,

- *„Strecken"* eines Vorgangs durch Herabsetzung des Kapazitätseinsatzes (Verlängerung der Dauer des betreffenden Vorgangs),

- *„Stauchen"* eines Vorgangs durch Heraufsetzung des Kapazitätseinsatzes (Verkürzung der Dauer eines Vorgangs). (Siehe Tabelle **Tab. 4.04**).

Tab. 4.04: Handlungsmöglichkeiten betreffs Belastungsausgleich

Handlungsmöglichkeiten

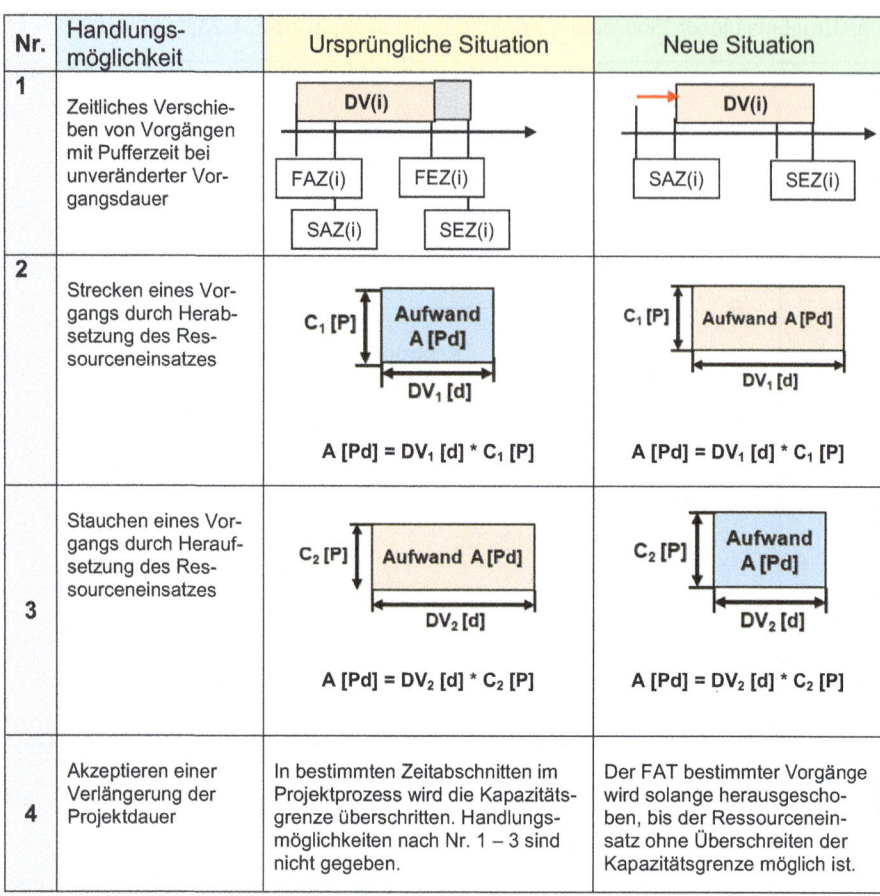

Nr.	Handlungsmöglichkeit	Ursprüngliche Situation	Neue Situation
1	Zeitliches Verschieben von Vorgängen mit Pufferzeit bei unveränderter Vorgangsdauer		
2	Strecken eines Vorgangs durch Herabsetzung des Ressourceneinsatzes	$A\,[Pd] = DV_1\,[d] * C_1\,[P]$	$A\,[Pd] = DV_1\,[d] * C_1\,[P]$
3	Stauchen eines Vorgangs durch Heraufsetzung des Ressourceneinsatzes	$A\,[Pd] = DV_2\,[d] * C_2\,[P]$	$A\,[Pd] = DV_2\,[d] * C_2\,[P]$
4	Akzeptieren einer Verlängerung der Projektdauer	In bestimmten Zeitabschnitten im Projektprozess wird die Kapazitätsgrenze überschritten. Handlungsmöglichkeiten nach Nr. 1 – 3 sind nicht gegeben.	Der FAT bestimmter Vorgänge wird solange herausgeschoben, bis der Ressourceneinsatz ohne Überschreiten der Kapazitätsgrenze möglich ist.

Im betrachteten Beispiel nach Abb. 4.25 werden zur Sicherung des Kapazitätsausgleichs die ermittelten Pufferzeiten der Vorgänge B, D, G und E ausgenutzt (Handlungsmöglichkeit Nr. 1 aus Tab. 4.05).

Die Darstellung in **Abb. 4.26** zeigt, welche Lösung für den Belastungsausgleich dadurch geschaffen werden konnte.

In der Praxis haben aber auch die Handlungsvarianten Nr. 2 und Nr. 3 aus Tab. 4.05 große Bedeutung. Wichtig ist, immer wieder darauf zu verweisen, dass sich die Dauer **DV** eines Vorgangs immer aus den Größen „Arbeitsaufwand **A**" und „Ressourceneinsatz **C**" ergibt, und zwar im Sinne „**DV = A / C**".
Da der Aufwand **A** in der Regel sachlich gegeben ist und bestenfalls durch Einsatz neuer Technologien und dgl. beeinflusst werden, wird der Ressourceneinsatz **C** zu einer zentralen Steuergröße für die Dauer **DV** und damit auch für die Projektdauer **D** insgesamt!

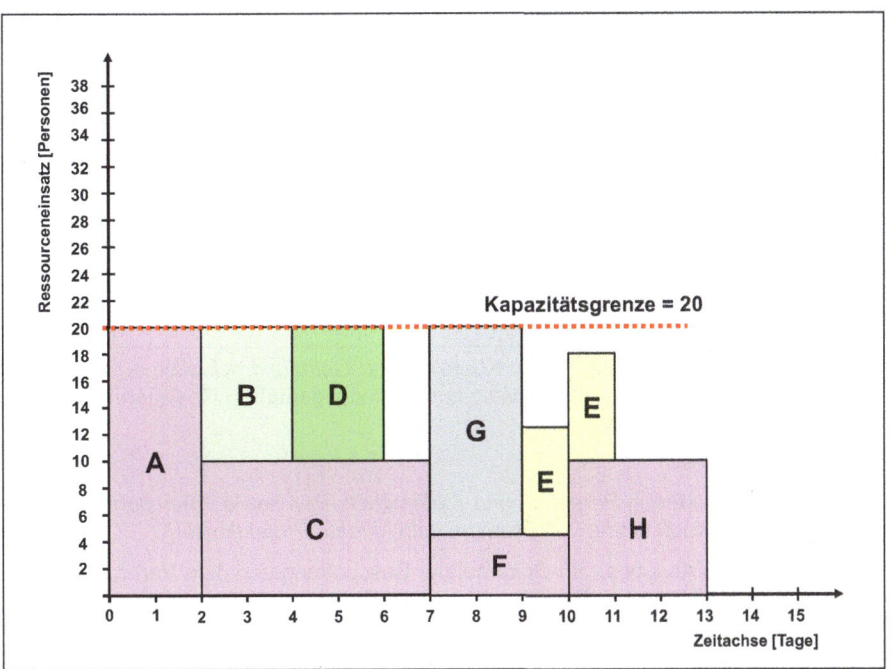

Lösung zum Belastungs-ausgleich

Abb. 4.26: Belastungsausgleich im Demo-Beispiel durch Nutzung der Pufferzeiten

Schwieriger sind Probleme des Belastungsausgleichs dann zu lösen, wenn in der betreffenden Organisation mehrere Projekte parallel realisiert werden sollen, die dabei in *konkurrierender* Weise begrenzt verfügbares *Personal* (bestimmter Qualifikation) und/oder begrenzt verfügbare *Sachmittel* (bestimmten Typs) beanspruchen.

Letztlich müssen hier die Entscheidungsträger im Rahmen einer Mehrprojektplanung *Prioritäten* setzen, mit der Folge, dass sich dann für die Ablauf- und Zeitstruktur der einzelnen Projekte neue Abhängigkeiten ergeben.[217]

4.8 Projektkalkulation, Kostenplanung

4.8.1 Kalkulation von Projektkosten

■ **Kostenbegriff, Kostenrechnung**

> Wer zu spät an die Kosten denkt, riskiert den Projekterfolg. Wer zu früh an die Kosten denkt, wird kein Projekt auf den Weg bringen!
> (In Anlehnung an *P. Rosenthal*)

Es wird in der Praxis wohl kein Projekt gestartet, zu dem nicht vorher – im Rahmen der Entscheidungsvorbereitung und Entscheidungsfindung – eine Wirtschaftlichkeitsberechnung mit Festlegung eines *Kostenbudgets* vorgenommen wurde.

---

[217] Siehe hierzu auch:
GPM-Projektmanagement-Fachmann, a. a. O., Abschnitt3.3.5.5.N
STEINLE, C. u. a.: Handbuch Multiprojektmanagement und -controlling, a. a. O.

Dennoch: Nach Durchführung der Ablauf, Zeit- und Terminplanung sowie der Kapazitäts- und Belastungsplanung zum Ressourceneinsatz ist es unabdingbar, auf der Grundlage der nunmehr vorliegenden Planungsergebnisse eine nochmalige *detaillierte Projektkalkulation* und eine darauf basierende projektprozessbezogene *Kostenplanung* durchzuführen.

Die Bearbeitung und Lösung der damit verbundenen Aufgaben setzt voraus, dass der Projektleiter mit seinen Planungs-Mitarbeitern über ein entsprechendes *betriebswirtschaftliches Know-how* verfügt, denn die Projektkalkulation, die Kostenplanung und das nachfolgende Kostencontrolling sind ein *betriebswirtschaftliches Herzstück* des gesamten Managements eines Projekts.

Auf welche Sachverhalte und Zusammenhänge kommt es hierbei besonders an?[218]

Kosten-
begriff

Kosten sind – im hier betrachteten Kontext – der *Geldausdruck aller Aufwendungen*, die durch den *Ressourceneinsatz* zur ordnungsgemäßen Realisierung eines Projekts verursacht werden.

Dies betrifft vor allem

- die projektbezogenen *Personal-* und *Sachmittelkosten* sowie *Finanzierungskosten* bei Inanspruchnahme von Fremdmitteln [*direkte Projektkosten*].

- die Kosten als *Ausgaben an Dritte* bei der Beschaffung und dem Verbrauch von Gütern und Nutzung von Dienstleistungen im Projektprozess sowie

- jene *Gemeinkosten*, die nur mittelbar durch die Realisierung des Projekts verursacht werden und die daher dem Vorhaben nur *indirekt* (z. B. über Zuschlagssätze auf die direkten Kosten) zugerechnet werden.

Diese Kostenpositionen sind vom Auftraggeber – im Rahmen des im Projektauftrag fixierten *Kostenbudgets* – zu tragen.

■ Kostenrechnung

Mit Bezug zur betriebswirtschaftlichen Kostenrechnung als internes Rechnungswesen in Unternehmen kann auch bei Projektkosten eine Differenzierung der Kosten nach *Kostenarten, Kostenstellen* und *Kostenträgern* vorgenommen werden.

Fragen zur
Kostener-
mittlung

Es geht somit darum, auf folgende Fragen eine Antwort zu erarbeiten:

- Welche Kosten fallen an bzw. werden verursacht? (→ Kostenarten),

- Wo fallen die Kosten an bzw. wo werden sie verursacht? (→ Kostenstellen) und

- Zu welchem Zweck werden sie verursacht? (→ Kostenträger).

---

[218] Siehe hierzu auch:
GPM-Projektmanagement-Fachmann, a. a. O., Abschnitt 3.4.1.2;
KUSTER, J. u. a.: Handbuch Projektmanagement, a. a. O., Abschnitt 2.4.9;
JAKOBY, W.: Projektmanagement für Ingenieure, a. a. O., Abschnitt 9.1;
OLFERT, K.: Projektmanagement, a. a. O., Abschnitt 4.2.

Nach *Kostenarten* können Projektkosten wie folgt differenziert erfasst und ausgewiesen werden, soweit sie mit der Leistungserbringung für das betreffende Projekt verbunden sind:

Typische Kostenarten

- *Personalkosten* (Löhne bzw. Gehälter der Projektmitarbeiter und der Personen der Projektleitung, wobei in die direkten Personalkosten in der Regel zugehörige Gemeinkosten bereits eingerechnet werden),

- *Materialkosten* (Verbrauch von Roh-, Hilfs- und Betriebsstoffen, Verbrauch von Zulieferprodukten und dgl., wobei auch hier in der Regel den direkten Kosten die zugehörigen Beschaffungsgemeinkosten über Zuschlagssätze hinzugerechnet werden),

- weitere *Sachmittelkosten* (laufende Betriebskosten, kalkulatorische Abschreibungen u. a. in Bezug auf die im Projekt genutzten Maschinen, Anlagen, Fahrzeuge und dgl.),

- *Kosten für bezogene Dienstleistungen* (Energie, Beratung, Transporte und dgl.),

- *Mietkosten*,

- *Computer- und Softwarekosten*,

- *Kapitalkosten* (speziell kalkulatorische Zinsen) sowie

- *Kosten für Gebühren, Abgaben, Steuern.*

Diese Kosten nach *Art ihrer Verursachung* sind – wenn möglich und erforderlich – dem *Ort ihres Entstehens*, d. h. den Projektkostenstellen bzw. den Kostenstellen der jeweiligen Organisation zuzurechnen.

Schließlich sind die ermittelten Projektkosten nach *Zweck ihrer Verursachung* den jeweiligen Arbeitspaketen als *Kostenträger* und schließlich insgesamt (in der obersten Ebene) dem betreffenden Projekt bzw. dem Projektergebnis zuzurechnen.

■ Projektkalkulation

Die Ermittlung der durch ein zu realisierendes Vorhaben verursachten Projektkosten ist in einer ersten Etappe der Projektkalkulation – wie in Abschnitt 1.6 dargelegt – bereits in der Phase der Entscheidungsvorbereitung vorzunehmen. Und hier *„scheiden sich meist schon die Geister"*:
Nach Vorstellung des sachlichen Teils des Projekts fragt der Auftraggeber in der Regel: *„Und was soll die ganze Sache kosten?"*
Wenn die Antwort auf diese Frage den Auftraggeber nicht befriedigt, kann das Vorhaben schon zu Ende sein, ehe es überhaupt begonnen hat.

Probleme der Projektkalkulation

Da diese Problematik bekannt ist, unterliegt die Projektkalkulation der „Versuchung", dass die in der Projektrealisierung aufgrund von Aufwandsschätzungen wahrscheinlich anfallenden Projektkosten erst einmal „schön gerechnet" werden, um der Gefahr zu begegnen, dass das betreffende Vorhaben vom Auftraggeber abgelehnt wird oder – bei öffentlichen Ausschreibungen – kein Zuschlag zum eigenen Angebot erfolgt.
Ist der Projektauftrag erst einmal erteilt, wird es im Projektverlauf schon Sachverhalte geben, die dann als Begründung für das Überschreiten des vereinbarten Kostenbudgets herhalten müssen.
Diese Zusammenhänge sind immer zu beachten, wenn es um das Thema „Projektkalkulation" geht.

Eine Projektkalkulation basiert – sowohl im Rahmen der Entscheidungsvorbereitung als auch im Rahmen des Aufgabengebietes „Kostenplanung" – vornehmlich auf der Nutzung von *Schätzmethoden* (siehe Abschnitt 4.3 dieses Buches) und auf der Anwendung von *Erfahrungs-* und *Richtwerten,* die aus der Auswertung anderer Projekte gewonnen wurden.

Da eine genau und zuverlässige Projektkalkulation selbst mit Aufwand verbunden ist, erscheint es sehr sinnvoll, den größeren Ermittlungsaufwand auf jene Arbeitspakete oder Kostenarten zu richten, die erfahrungsgemäß oder nach Einschätzung der Lage die höchsten Anteile an den Projektkosten verursachen.
Dieser Ansatz entspricht dem Grundgedanken der ABC-Analyse bzw. dem PARETO-Prinzip.[219]

Nutzung des Ansatzes der ABC-Analyse

Beim Ansatz einer ABC-Analyse gilt es als Erstes zu klären, welche Arbeitspakete (bzw. Kostenarten oder Kostenpositionen) zu jenen **15 %** aller in die Kalkulation einzubeziehenden Positionen gehören, die ein solches Gewicht haben, das einem Anteil von etwa **70 %** an den gesamten Projektkosten entspricht.
Dies sind dann „**A**"-Positionen, die hinsichtlich ihrer Wertgröße besonders gründlich zu ermitteln bzw. zu schätzen wären.
Im zweiten Schritt gilt es dann zu klären, welche Arbeitspakete (bzw. Kostenarten oder Kostenpositionen) zu jenen **50 %** aller bei der Kalkulation einzubeziehenden Positionen gehören, deren Gewicht jedoch nur einen Anteil von **10 %** an den gesamten Projektkosten ausmachen würde.
Dies sind dann „**C**"-Positionen, bei denen eine grobe Schätzung der jeweiligen Kostengröße ausreichend ist.
Alle restlichen Positionen, die dann etwa **35 %** aller bei der Kalkulation einzubeziehenden Positionen betreffen, würden ein Gewicht von ca. **20 %** repräsentieren. Bei diesen „**B**"-Positionen wäre dann zu entscheiden, ob sie aus *inhaltlicher Sicht* mehr zu einer „A"-Position oder mehr zu einer „C"-Position tendieren, Entsprechend ist bei der Ermittlung bzw. Schätzung der jeweiligen Kostengröße vorzugehen.

Kostenermittlung

Bei der Projektkalkulation ist - wie auch bei jeder anderen Kostenkalkulation – zu beachten, dass sich die meisten Kostengrößen K_i [EUR] – ausgenommen Gebührenkosten und dgl. – aus der Multiplikation einer *Aufwandsgröße* A_i ([ME] oder [ZE]) mit einem zugehörigen *Preis* p_i ([EUR/ME] oder EUR/ZE]) bzw. einem ermittelten *Kostensatz* k_i ([EUR/ME] oder EUR/ZE]) ergeben:

$$K_i = A_i * p_i \text{ bzw. } K_i = A_i * k_i \hspace{3cm} (4.23)$$

Dieser Zusammenhang soll im Weiteren mit Bezug zu den wichtigsten Kostenarten näher erörtert werden.

a) *Arbeitszeitaufwand, Personenstundensatz*

Da Projekte in der Regel sehr *personalintensiv* sind, ist es angebracht, der Ermittlung des Arbeitszeitaufwandes (= *Personalaufwand*) und eines *Personenstundensatzes* – mit Bezug auf eine definierte *Qualifikationsgruppe* der Projektmitarbeiter – eine besondere Aufmerksamkeit in der Projektkalkulation und in der Kostenplanung zu schenken.

---

[219] Siehe die diesbezüglichen Ausführungen auf Seite 134 bzw. Seite 144
Vgl. auch: JAKOBY, W.: Projektmanagement für Ingenieure, a. a. O., Abschnitt 9.2.1.

Die Ermittlung eines *Personenstundensatzes* kann mit hinreichender Genauigkeit auf der Grundlage der in **Tab. 4.05** aufgeführten Daten vorgenommen werden:[220]

Tab. 4.05: Daten zur Ermittlung eines Personenstundensatzes

Nr.	Größe	Symbol	Beispielwert
1	Jährliche Arbeitszeit [Ph/a]	jAz	1.800
2	Korrekturfaktor für die produktive Arbeitszeit [-]	f_{pAz}	0,90
3	Jährliches Bruttogehalt in einer Qualifikations-gruppe **q** [EUR/a]	jG_q	48.000,00
4	Korrekturfaktor Arbeitgeberanteil zur SV [-]	f_{SV}	1,21
5	Kostenfaktor für die Arbeitsplatz-Sachkosten [-]	f_{API}	1,31

Zur Ermittlung eines Personenstundensatzes

Anmerkungen:
Im praktischen Fall ist die jährliche (nominelle) Arbeitszeit anhand des Jahreskalenders und unter Berücksichtigung von arbeitsfreien Tagen lt. Arbeitsvertrag (Samstag, Sonntag, Feiertag, Urlaub) zu bestimmen.
Diese Zeitgröße ist dann weiter durch Einbeziehung eines Korrekturfaktors f_{pAz} zu korrigieren, indem Erfahrungswerte zu Fehlzeiten und unproduktiven Arbeitszeiten berücksichtigt werden.
Es ist ferner sinnvoll, beim „Bruttogehalt" in einer definierten Qualifikationsgruppe eine Größe anzusetzen, die einem *Durchschnittsgehalt* der an der Erledigung eines Arbeitspakets beteiligten Projektmitarbeiter der betreffenden Qualifikationsgruppe entspricht.
Mit dem Korrekturfaktor f_{SV} ist zu sichern, dass der leistende Arbeitgeberanteil zur Sozialversicherung mit in die Rechnung einbezogen wird.
Auch sollte beachtet werden, dass am Arbeitsplatz der Projektmitarbeiter Sachkosten entstehen (Kosten für Büroraum, Aufenthaltsraum, Computerausstattung, Fahrtkosten u. a. m,). Dies kann über einen Faktor f_{API} vorgenommen werden.

Der Personenstundensatz (Symbol $k_{P,q}$) kann anhand der hier aufgeführten Größen wie folgt ermittelt werden:

Formel für Personenstundensatz

$$k_{P,q} = \frac{jG_q \text{ [EUR/a]} * f_{SV} \text{ [-]} * f_{API} \text{ [-]}}{jAz \text{ [Ph/a]} * f_{pAz} \text{ [-]}} \quad \text{[EUR/Ph]} \qquad (4.24)$$

Betrachten wir dazu ein anschauliches Beispiel:

Demo-Beispiel zur Ermittlung vorgangsbezogener Personalkosten

Im Fallbeispiel **FB 03** ist unter anderem die Aufgabe (als Arbeitspaket Nr. **i**) „Entwicklung eines Hydrauliksteuerwerks für die neue Futtererntemaschine" zu lösen.
Im Rahmen der Zeitplanung wurden für dieses Arbeitspaket nach dem PERT-Ansatz folgende drei Zeitwerte geschätzt:

OD(i) = 240 h; **WD**(i) = 290 h; **PD**(i) = 400 h. Daraus ergibt eine Dauer **DV**(i) von

DV(i) = (240 + 4*290 + 400) / 6 = 300 h mit einer Standardabweichung σ(i) von

σ(i) = (400 - 240) / 6 = 27 h.

---

[220] Vgl. ebenda.

Diese Zeitwerte basieren darauf, dass für die Lösung der genannten Aufgabe ein Personaleinsatz von $C_{P,i}$ = **4** Projektmitarbeitern (Qualifikationsgruppe **q** = „Ingenieure" als aufgabenbezogene Projektarbeitsgruppe) eingeplant werden kann. Der erwartete Arbeitszeitaufwand $A_{P,i}$ dieses Arbeitspakets beträgt damit $A_{P,i} = DV(i) * C_{P,i}$ = **1.200** [Ph].

Im Rahmen der Projektkalkulation bzw. der Kostenplanung ist nun zu ermitteln, welche Personalkosten $K_{P,i}$ [EUR] für die Realisierung der genannten Aufgabe zu veranschlagen sind.

Da der Arbeitszeitaufwand $A_{P,i}$ [in Projektstunden] bereits bestimmt wurde, gilt es, einen „Personenstundensatz $k_{P,i,q}$" [EUR/Ph] zu ermitteln, so dass die Personalkosten $K_{P,i}$ nach der Beziehung $K_{P,i} = A_{P,i} * k_{P,i,q}$ ermittelt werden könnten.

Unter Verwendung der in Tab. 4.05 benannten Beispielwerte erhalten wir für den Personenstundensatz $k_{P,i,q}$ folgendes Ergebnis:

$$k_{P,i,q} = \frac{48.000,00 \, [EUR/a] * 1{,}21 * 1{,}31 \, [-]}{1.800 \, [Ph/a] * 0{,}90 \, [-]} = 47{,}00 \, [EUR/h]$$

Als erwartete Personalkosten $K_{P,i}$ für die Lösung der genannten Aufgabe kann damit folgender Wert angesetzt werden:

$$K_{P,i} = 1.200 \, [Ph] * 47{,}00 \, [EUR/Ph] = \mathbf{56.400,00 \, [EUR].}$$

b) Materialaufwand, Materialpreis, Materialkosten

Formeln für Materialkosten

Erfordert die Realisierung bestimmter Arbeitspakete AP(i) in einem Projekt in größerem Ausmaß den Verbrauch von *Material* (Roh-, Hilfs- und Betriebsstoffe, bezogene Teile oder andere Vorprodukte), dann können die jeweiligen (vorgangsbezogenen) *Materialkosten* (Symbol $K_{M,i}$) – analog zur Ermittlung der Personalkosten – nach der Beziehung

$$K_{M,i} = A_{M,i} * p_M \, [EUR] \qquad (4.25)$$

ermittelt werden.

Da bei der Schätzung des vorgangsbezogenen Materialaufwands $A_{M,i}$ (als erwarteter Materialverbrauch) zu beachten ist, dass im betreffenden Vorgang ggf. *verschiedene* Materialarten in unterschiedlicher Menge und mit unterschiedlichen Preisen benötigt werden, sollte sich die Schätzung der Größe $A_{M,i}$ auf den skizzierten Ansatz der ABC-Analyse (mit der 70/20/10 - Regel) oder der PARETO-Analyse (mit der 80/20 - Regel) stützen.

Bei jenen Materialpositionen, die in Bezug auf den Verbrauch und/oder den Preis ein besonderes Gewicht haben und deren Verbrauch daher besonders gründlich zu schätzen ist, können die vorgangsbezogenen Materialkosten in Anlehnung an Formel (4.25) wie folgt ermittelt werden:

$$K_{M,i,j} = A_{M,i,j} * p_{M,j} * f_{M,j} \, [EUR] \qquad (4.26)$$

Es bedeuten:

$K_{M,i,j}$ Erwartete Materialkosten, Vorgang i, Materialposition j [EUR],

$A_{M,i,j}$ Geschätzter Materialaufwand, Vorgang i, Materialposition j [ME],

$p_{M,j}$ voraussichtlicher Preis der Materialposition j [EUR/ME],

$f_{M,j}$ Faktor der Materialgemeinkosten (Beschaffungs-, Lagerkosten) [-].

Bei allen anderen Materialpositionen reicht es in der Regel zu, einen *Schätzwert* für die betreffenden Materialkosten zu ermitteln bzw. einzuplanen, ohne dass eine differenzierte Ermittlung des mengenmäßigen Materialverbrauch bzw. der zu beachtenden Preise erfolgt.

Anmerkung:
Handelt es bei einem zu planenden Projekt um ein Bauvorhaben, dann ist die Ermittlung zu erwartenden Baukosten naturgemäß umfangreicher und viel differenzierter vorzunehmen.

c) Maschinennutzung, Maschinenstundensatz, Technik-Kosten

In vielen Projekten lässt sich kaum ein Arbeitspaket (Vorgang) ohne die Nutzung von Maschinen und anderen technischen Geräten/Anlagen realisieren, wobei dies oft mit erheblichen Kosten verbunden sein kann.

Die Kalkulation der mit dem Einsatz hochwertiger Maschinen (Bagger, CNC-Automaten und dgl.) verbundenen Technik-Kosten (Symbol K_T) kann – projekt- oder vorgangsbezogen – über die Bestimmung einer kalkulierten *„Netto-Maschinenlaufzeit"* [Mh] und eines zu ermittelnden „Maschinenstundensatzes" [EUR/Mh] erfolgen:

Formel für Maschinennutzungskosten

$$K_{T,i,k} = A_{T,i,k} * k_{T,k} \text{ [EUR].} \tag{4.27}$$

Es bedeuten:

$K_{T,i,k}$ Technik-Kosten (Maschineneinsatz) [EUR], Vorgang i, Maschinentyp k,

$A_{T,i,k}$ Netto-Laufzeit der betreffenden Maschine [Mh], Vorgang i, Typ k,

$k_{T,k}$ Maschinenstundensatz [EUR/Mh], Maschinentyp k,

Mh Maßeinheit „Maschinenstunden" (eine Maschine).

In die Ermittlung der Technik-Kosten gehen solche Positionen ein wie „kalkulatorische Abschreibungen", „kalkulatorische Zinsen", „Energiekosten", „Raumkosten", „Wartungs- und Instandhaltungskosten" u. a.

Als „Netto-Laufzeit" ist die geplante bzw. die tatsächliche Einsatzzeit der betreffenden Maschinen im jeweiligen Arbeitspaket bzw. Projekt anzusetzen.

d) Herstellkosten eines Teilergebnisses im Projektprozess

In vielen Fällen kann es sinnvoll sein, nicht nur die Kosten eines Vorgangs bzw. Arbeitspakets zu kalkulieren, sondern auch auszuweisen, welche Kosten ein zu erarbeitendes Teilergebnis (Leistung, Produkt) voraussichtlich verursachen wird.
Diese Kosten können – in Anlehnung an die übliche Kostenträgerrechnung – als *Herstellkosten* (Symbol K_H) nach dem in **Tab. 4.06** dargestellten Schema ermittelt werden:

Tab. 4.06: Zur Ermittlung der Herstellkosten von Teilergebnissen im Projekt

Ermittlung
von
Herstell-
kosten

Nr.	Größe	Symbol	Beispielwert
1	Kalkulierte Personalkosten [EUR]	K_P	2.400,00
2	Kalkulierte Materialkosten [EUR]]	K_M	1.800,00
3	Kalkulierte weitere Sachmittelkosten [EUR]	K_T	600,00
4	Zugerechnete Managementkosten [EUR] (mit x % bezogen auf die Personalkosten, z. B. x = 10 %)	K_{PM}	240,00
4	**Herstellkosten [EUR]**	K_H	**5.040,00**

e) Einbeziehung weiterer Kostenarten in die Projektkalkulation

Zur Ein-
beziehung
weiterer
Kostenarten
In die Kalkulation der Projektkosten und in die entsprechende Kostenplanung sind – wie bereits angegeben – in der Regel weitere Kostenpositionen wie Kosten für bezogene Dienstleistungen (Energie, Beratung, Transporte und dgl.), Mietkosten, Computer- und Softwarekosten, Kapitalkosten (kalkulatorische Zinsen), Kosten für Gebühren, Abgaben, Steuern u .a. einzubeziehen.
Die Ermittlung bzw. Schätzung der Höhe derartiger Kosten ist zwar auch aufwendig, in der Regel aber beherrschbar. In vielen Fällen lässt die Größenordnung dieser Kosten dadurch bestimmen, dass von Dienstleistern entsprechende Angebote eingeholt werden, so zum Beispiel zu Logistikkosten im Fallbeispiel FB01 (Produktionsverlagerung) oder zu Softwarekosten im Fallbeispiel FB 04 (E-Learning-Plattform).

Wie ist nun die eigentliche Kostenplanung zu gestalten und welche PM-spezifischen Probleme sind dabei zu lösen?
Dies soll im folgenden Unterabschnitt erörtert werden.

4.8.2 Kostenplanung

■ **Aufgaben und Vorgehen**[221]

Aufgaben
der
Kosten-

Inhalt und Aufgabe der **Kostenplanung** ist es, die bei der Realisierung eines Projekts voraussichtlich anfallenden Kosten

* nach *der Art ihrer Verursachung* (Personalkosten, Sachmittelkosten u. a.) und

* *nach dem Ort ihres Entstehens (*interne und externe Organisationseinheiten)

zu schätzen bzw. ermitteln und auf dieser Grundlage die Projektkosten

* den *Gliederungseinheiten des Projektstrukturplanes* (Projekt gesamt, Teilprojekte, Teilaufgaben, Arbeitspakete, Vorgänge) zuzuordnen.

Mit Bezug zur Ablauf- und Zeitstruktur des Projekts ist im Weiteren auch der *zeitlichen Anfall der Kosten* im Projektprozess als Kostengang- und Kostensummenlinie dazustellen.

---

[221] Siehe auch DIN 69900:2009-1 sowie
GPM- Projektmanagement-Fachmann, a. a. O., Abschnitt 3.4.3.

Ausgangspunkt und Grundlage der Kostenplanung – als ein zentrales Aufgabengebiet der gesamten Projektplanung – bilden

- die Festlegungen im Projektauftrag zum geplanten *Kosten- und Finanzbudget* des Projekts,

- der entsprechende *Projekt-Strukturplan* mit Gliederung des Vorhabens nach einzelnen Arbeitspaketen (Vorgängen) und Projektabschnitten (mit Meilensteinen) sowie Ergebnisse der nach Durchführung der *Ressourcen- und Belastungsplanung* feststehenden *Ablauf- und Zeitstruktur* des betreffenden Vorhabens sowie

- die einschlägigen Methoden der *Aufwands- und Zeitschätzung*, der *Projektkalkulation* und weiterer Methoden und Vorgehensweisen der *Kostenrechnung* und des *Kostencontrollings*.

Die Kostenplanung zu einem gegebenen Projekt kann entweder als *„Top-down-Planung"* oder als *„Bottom-up-Planung"* gestaltet werden (siehe **Abb. 4.27**).

Top-Down- und Bottom-Up-Planung

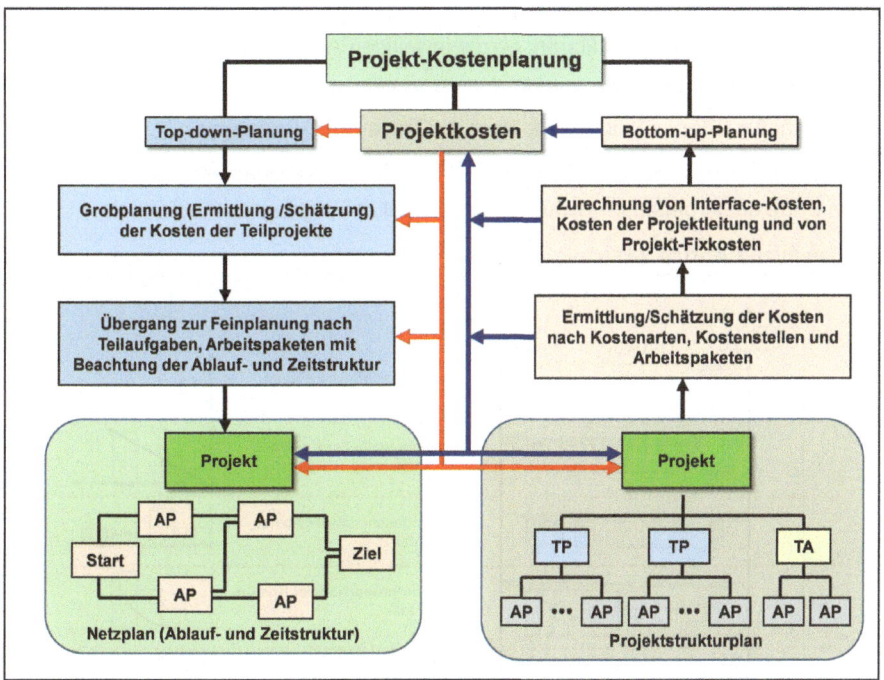

Abb. 4.27: Vorgehen bei der Projekt-Kostenplanung

Um die Projektkosten nach Kostenarten und Kostenstellen ermitteln zu können, Ist zweckmäßigerweise das *Bottom-Up-Vorgehen* anzuwenden. Dieses Vorgehen ermöglicht es. die Projektkosten über Kostenschätzungen bzw. Kostenkalkulationen Schritt für Schritt zu ermittelt und in ihrem sachlichen und zeitlichen Anfall zu dokumentieren.

a) Ermittlung der Vorgangs- bzw. AP-Kosten

Positionen der AP-Kosten

Bei der Ermittlung der *Kosten je Arbeitspaket* (Symbol $K_{AP,k}$, mit k= 1,2, ..., n) wird – wie bereits erläutert – in der Regel zwischen

- *Personalkosten* (Löhne, Gehälter, sonstige Personalaufwendungen),

- *Sachmittelkosten* (Materialkosten, Kosten der Nutzung von Maschinen, Computern, Laboreinrichtungen und dgl., Leasingkosten u. a.) sowie

- *Beschaffungskosten* (Erwerb benötigter spezieller Investitionsgüter, Kosten für Erwerb von Lizenzen bzw. für die Nutzung von Patenten, Kosten für Fremdleistungen u. a. m.)

unterschieden.[222]

Dabei kann ggf. zwischen *direkt zurechenbare Kosten* (wie Löhnen) und *indirekt* zuzurechnenden *Gemeinkosten* (wie Heizungskosten u. a.) unterschieden werden.

zeitlicher Anfall der Kosten

Im Hinblick auf eine möglichst exakte Abbildung des *zeitlichen Anfalls* der Kosten ist bei der Kostenerfassung zu klären, ob die jeweiligen Aufwendungen

- zu Beginn der Arbeiten im betreffenden Vorgang,

- gleichmäßig oder ungleichmäßig über der Dauer des Vorganges,

- über- oder unterproportional über die Dauer des Vorganges oder

- am Ende der Arbeiten im jeweiligen Arbeitspaket/Vorgang

anfallen (siehe **Abb. 4.28**).

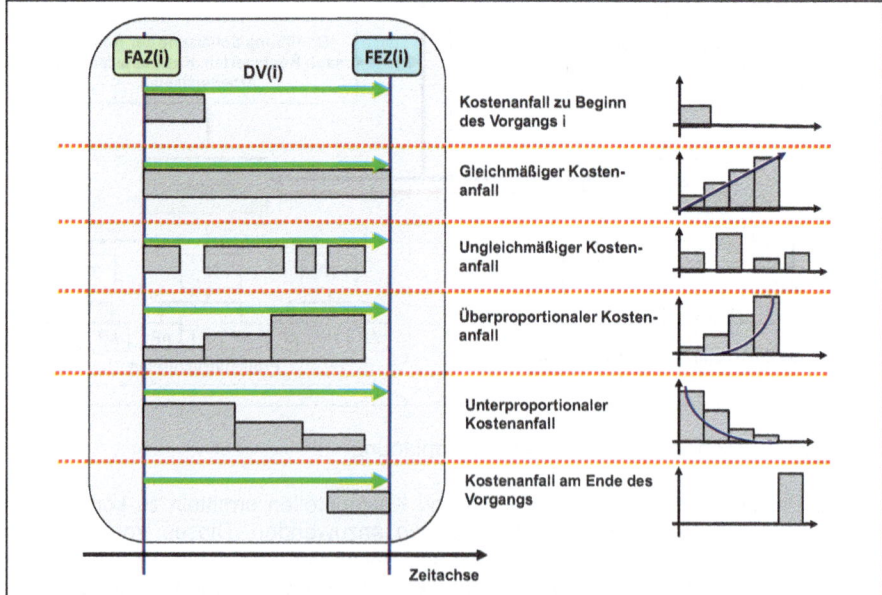

Abb. 4.28: Strukturen des zeitlichen Anfalls von Kosten

---

[222] Vgl. ebenda.

Auf der Grundlage der Erfassung der Kosten je Arbeitspaket kann im nächsten Schritt die Summe der Vorgangskosten (über alle Arbeitspakte) ermittelt werden (Symbol K_{AP}):

$$K_{AP} = \sum_i K_{AP,i} \ [EUR].$$

(4.28)

Um von dieser Kostensumme zur Bestimmung der gesamten Projektkosten zu gelangen, sind weitere Kostengruppen zu beachten.

b) Einbeziehung von Interface-Kosten

Interfacekosten (Symbol K_{IF}) fallen in Projekten vor allem im Zusammenhang mit der Wahrnehmung von Aufgaben der Koordinierung der Arbeiten im Rahmen von Teilaufgaben (TA) an.

Interface-Kosten

Diese Interfacekosten können wieder Personalkosten (z. B. Gehälter für Leiter von Teilprojekten), Sachmittelkosten (z. B. Aufwendungen bezüglich der Nutzung Maschinen und Anlagen im Rahmen der Teilaufgabe) oder auch Beschaffungskosten (zum Beispiel Kosten für Fremdleistungen im Rahmen der Teilaufgabe) sein.

c) Einbeziehung von proportionalen Projektkosten

Im Weiteren sind auch sog. *proportionale Projektosten* (Symbol K_p) zu erfassen. Diese beziehen sich auf all jene Aufwendungen im Projektprozess, die sich *proportional* zur gesamten Projektdauer D [ZE] verhalten.

Proportionale Projektkosten

Hierzu zählen vor allem die Kosten der Leitung des Gesamtprojekts, Miet- und Raumkosten für die Projektleitung, ferner Aufwendungen für die Koordination projektbezogenen Zusammenwirkens mit externen Partnern u. a.

Wenn die *proportionalen Kosten je Zeiteinheit* (Tag, Woche, Monat) bekannt sind (Symbol k_p [EUR/ZE]), dann sind die proportionalen Projektkosten K_p nach der Beziehung

$$K_p = k_p * D \ [EUR].$$

(4.29)

zu ermitteln.

d) Einbeziehung von fixen Projektkosten

Schließlich sind auch *fixe Projektkosten* (Symbol K_{fix}) zu beachten. Hierbei kann es sich um Aufwendungen für Vorleistungen zum Projekt (z. B. für eine Machbarkeitsstudie oder für ein externes Gutachten) oder auch um Einmalaufwendungen (wie zum Beispiel Gebühren für eine Patentanmeldung und dergleichen) handeln.

Fixe Projektkosten

e) Ermittlung der gesamten Projektkosten

Die im Ergebnis der Kostenplanung ermittelten voraussichtlichen Kosten des Gesamtprojekts (Symbol K) ergeben sich aus der Addition der oben aufgeführten Einzel-Positionen:

Gesamt-Projektkosten

$$K = \sum_i K_{AP,i} + K_{IF} + K_p + K_{fix} \ [EUR].$$

(4.30)

Bevor die so ermittelten Kosten K als Vorgabekosten (im Sinne des strikt einzuhaltenden *Kostenbudgets* des Projekts) erklärt werden, muss eine Untersuchung im Sinne der Abklärung der *Finanzierbarkeit* der ermittelten Aufwendungen vorgenommen werden.

Diese Abklärungen führen in der Regel zu Veränderungen bei allen oder bei einzelnen Kostenpositionen. Das hier skizzierte Prinzip des Vorgehens der Kostenermittlung kann aber beibehalten werden.

Zu beachten sind aber auch die nachfolgenden Erläuterungen zur *Kostengang-* und zur *Kostensummenlinie*.

■ Kostengang- und Kostensummenlinie

Beachtung des zeitlichen Kostenanfalls

Im Hinblick auf das notwendige *Kostencontrolling* in der Phase der Projektrealisierung sowie im Hinblick auf die Klärung der *Finanzierbarkeit* des Projekts gilt es, die *zeitliche Struktur des Kostenanfalls* über der Gesamtdauer **D** [ZE] des Projekts sichtbar zu machen.

Instrumente hierfür sind einerseits die sog. *Kostenganglinie* und andererseits die *Kostensummenlinie*.

Grundlage der Ermittlung dieser Kostenverläufe bildet der *Netzplan* mit der Darstellung der Ablauf- und Zeitstruktur des Gesamtprojekts.

Um das Vorgehen bei der Ermittlung und Darstellung der Kostengang- und Kostensummenlinie zu verdeutlichen, nutzen wir das Demo-Beispiel aus der Ressourcen- und Belastungsplanung in der Grafik nach Abb. 4.26 (Seite 209).

Im Ergebnis der Kostenplanung seien für dieses Beispiel die in **Tab. 4.07** angegebenen vorgangsbezogenen Kosten [EUR/Tag] ermittelt worden.

Tab. 4.07-1: Daten zur Kostenganglinie

Vor-gang	Dauer	Kosten	FAZ	FEZ	Kostenanfall nach Zeitperioden						
					0 - 1	1 - 2	2 - 3	3 - 4	4 - 5	5 - 6	6 - 7
A	2	400	0	2	200	200					
B	2	300	2	4			150	150			
C	5	1.200	2	7			240	240	240	240	240
D	2	400	4	6					200	200	
E	2	600	9	11							
F	3	800	7	10							
G	2	200	7	9							
H	3		10	13							
Kostensumme der Periode					200	200	390	330	440	440	240

Tab. 4.07-2: Daten zur Kostenganglinie (Fortsetzung)

Vor-gang	Dauer	Kosten	FAZ	FEZ	Kostenanfall nach Zeitperioden					
					7 - 8	8 - 9	9 - 10	10 - 11	11 - 12	12- 13
A	2	400	0	2						
B	2	300	2	4						
C	5	1.000	2	7						
D	2	300	4	6						
E	2	600	9	11			150	150		
F	3	900	7	10	300	300	300			
G	2	700	7	9	350	350				
H	3	600	10	13				200	200	200
Kostensumme der Periode					650	650	450	350	200	200

Anhand des in Tab. 4.07 angegebenen zeitlichen Kostenanfalls über die Dauer des Projekts kann nunmehr die *Kostenganglinie* als Kostenhistogramm grafisch dargestellt werden (siehe **Abb. 4.29**). *Kostenganglinie*

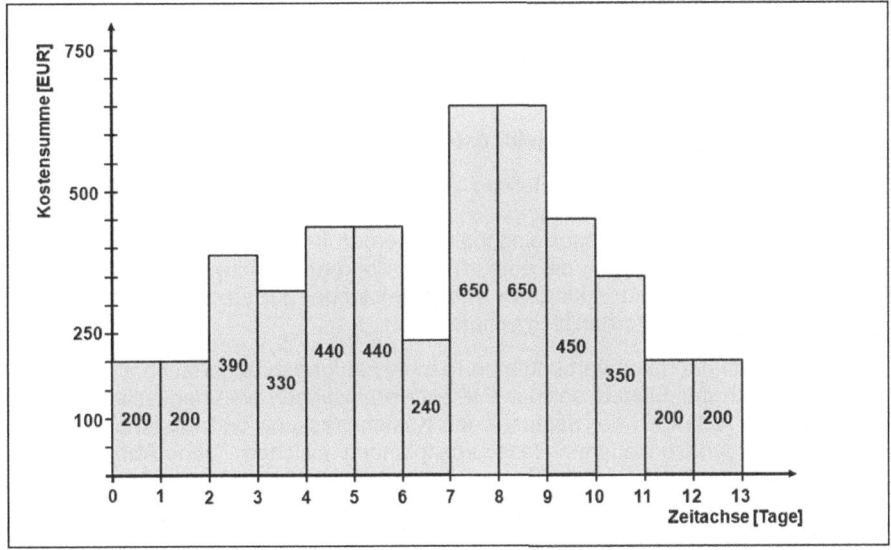

Abb. 4.29: Kostenganglinie (Demo-Beispiel)

Werden nun die in Tab. 4.07 angegebenen Kostensummen der Periode von Tag zu Tag (bis Tag 13) aufsummiert (kumuliert), erhalten wir die *Kostensummenlinie* (siehe **Abb. 4.30**). *Kostensummenlinie*

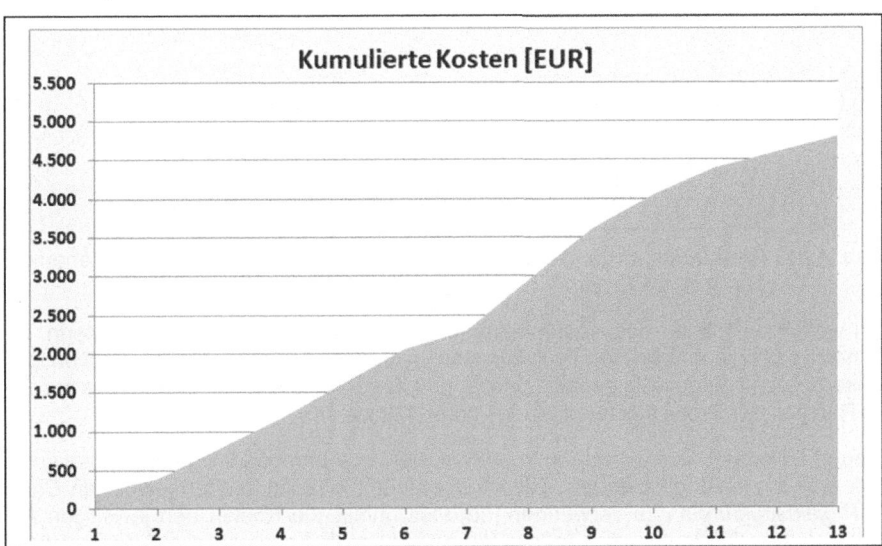

Abb. 4.30: Kostensummenlinie (Demo-Beispiel)

Im Unterschied zur *Kostenganglinie* zeigt die *Kostensummenlinie* an, wie viele Kosten – entsprechend der vorgenommenen Kostenplanung – bis zum Ende eines bestimmten Zeitabschnitts kumulativ angefallen sind.

Die Kenntnis dieser Summen ist von ausschlaggebender Bedeutung für den Vergleich mit den IST-Kosten, die im Rahmen des *Projektcontrollings* erfasst und im Zusammenhang mit dem erreichten *Arbeitsfortschritt* im Projekt sowie im Kontext zur *Projektfinanzierung* zu bewerten sind.

■ **Praktische Probleme der Projektkostenplanung und -abrechnung**

Entsprechend der Übersichtsdarstellung zur Projektplanung (siehe Abb. 4.02, Seite 165) ist nach Abschluss der Teilaufgabe „Kostenplanung" zu prüfen, ob das im Projektauftrag fixierte *Kostenbudget* eingehalten werden kann oder ob sich diesbezüglich *Klärungsprobleme* auftun, die eine erneute Überprüfung bzw. Änderung der bisher geplanten Ablauf- und Zeitstruktur des Projekts oder gar erneute Abstimmungen mit dem Auftraggeber erforderlich machen.

Nutzung von PM-Software-Lösungen   Um im Praxisfall die damit verbundenen Planungsaufgaben beherrschbar zu gestalten, erweist sich der Einsatz solcher *PM-Softwarelösungen* als unerlässlich, die die Integration der Aufgaben der datenseitigen Kostenerfassung und Kostenplanung im Kontext zur vorgangsbezogenen Ressourcenplanung absichern (siehe **Abb. 4.31**)

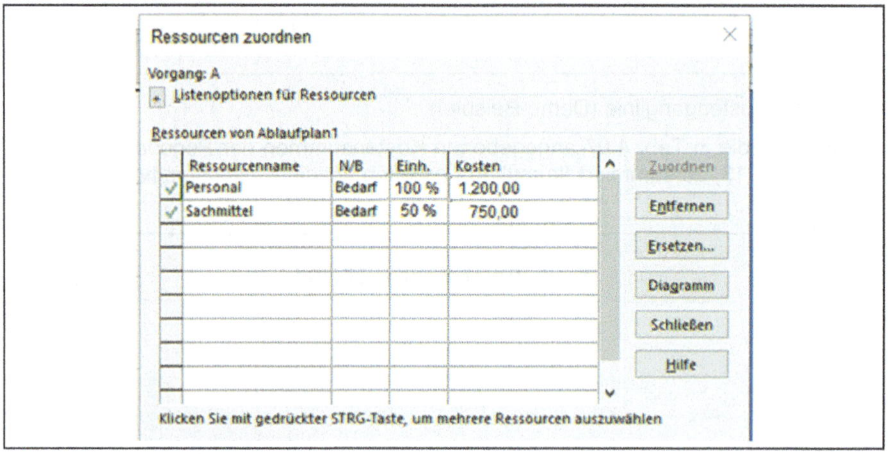

Abb. 4.31: Maske der vorgangsbezogenen Ressourcenzuordnung (mit Kostenerfassung) in *MS Project*

Zusammenhang zum betrieblichen Rechnungswesen   Ein weiteres Problem des Kostenmanagements in der PM-Praxis besteht darin, zu sichern, dass die anfallenden Projektkosten im System des *betrieblichen Rechnungswesens* auch belegmäßig separat erfasst und abgegrenzt werden. Dies muss bereits im Rahmen der Projektkostenplanung vorbereitet werden.

Eine praktikable Lösung ist darin zu sehen, bei der Auftragserteilung zur Erledigung von Arbeiten in Arbeitspaketen, Teilaufgaben und Teilprojekten den jeweiligen *Code lt. Projektstrukturplan* zu verwenden, so dass anfallende Kosten den jeweiligen Arbeitspaketen (Teilaufgaben, Teilprojekten) verursachungsgerecht als Kostenträger zugerechnet werden können. Dies kann dann auch durch die PM-Software unterstützt werden.

4.9 Finanz- und Liquiditätsplanung

■ Aufgaben der Finanzplanung

> Geld im Säckel erleichtert Vieles, besonders bei Projekten.*(Projekterfahrung)*

Die *Klärung der Finanzierbarkeit* eines initiierten Projektvorschlags ist – wie in den Abschnitt 1.5 und 1.6 dargelegt – Gegenstand der *Entscheidungsvorbereitung* und *Entscheidungsfindung* zum betreffenden Vorhaben, denn nach der Beantwortung der Frage *„Und was soll das alles kosten?"* gilt es immer, Antworten auf solche Fragen zu finden wie *„Und wer soll oder kann das bezahlen?"* bzw. *„Können wir uns das finanziell überhaupt leisten?"*

Kosten und Finanzierung

In Bezug auf die Fallbeispiele **FB 01** bis **FB 04** wurde die Finanzierung vom Grundsatz her wie folgt geklärt:

Fallbeispiel	Gegenstand	Finanzierung
FB 01	Produktionsverlagerung eines Betriebsteils	Finanzierung aus Cashflow; Anschaffung neuer Anlagen über Kreditfinanzierung
FB 02	Neubau eines Werkes für Kunststoffrohre	Einbringen von Eigenmitteln der Investoren; Finanzierung über langfristige Bankkredite
FB 03	Entwicklung einer neuen Futtererntemaschine	Finanzierung aus Kosten (über eingerechnete FuE-Kosten in Preise) bzw. Cashflow, da Kreditfinanzierung nicht möglich
FB 04	Aufbau und Inbetriebnahme einer E-Learning-Plattform mit WBT-Softwaremodulen	Finanzierung aus Eigenmitteln der Organisation sowie über Aufnahme eines kurzfristigen Bankkredits.

Möglichkeiten der Projektfinanzierung

Auch wenn die Finanzierung eines Projekts (mit Festlegung und Absicherung eines Finanzbudgets durch den Auftraggeber) vom Grundsatz her geklärt ist, gibt es in Bezug auf die *Finanzplanung* – im Anschluss an die Ablauf-, Zeit- und Terminplanung, die Ressourcen- und Belastungsplanung sowie die Kostenplanung – immer noch eine Reihe wichtiger Probleme zu lösen.

Die Finanzierung des betreffenden Projekts liegt zwar in den Händen des *Auftraggebers* als Projektträger, die Details zur Projektfinanzierung können jedoch nur im *Zusammenwirken von Auftraggeber und Projektleiter* – in dessen Verantwortung für die gesamte Projektplanung - geklärt werden.

Für das Aufgabengebiet „Finanzplanung" soll hier daher Folgendes bestimmt werden:[223]

> Inhalt und Aufgabe der **Finanzplanung** – als letztlich ausschlaggebender Bestandteil der gesamten Projektplanung –ist es, die *generelle finanzielle Absicherung* der Durchführung des betreffenden Vorhabens – ausgehend vom bestätigten Finanzbudget sowie auf der Grundlage der Ergebnisse speziell der Kostenplanung – *nochmals zu überprüfen* und dabei mögliche Zahlungsmittelüberschüsse bzw. Finanzmittelfehlbedarfe rechtzeitig aufzudecken und hierzu Entscheidungsvorschläge aufzubereiten.

Aufgaben der Projektfinanzplanung

---

[223] Siehe hierzu auch:
GPM-Projektmanagement-Fachmann, a. a. O., Abschnitt 3.5.3.

Detail-
aufgaben

Die Wahrnehmung dieser Aufgabe schließt Folgendes ein:

- Ermittlung des *auszahlungswirksamen* Finanzmittelbedarfs nach Projektabschnitten bzw. Meilensteinen,

- Klärung der Bedingungen und Formen der *Bereitstellung* der benötigten Finanzmittel nach Höhe, Termin und Quelle,

- Erarbeitung und Bereitstellung der für die Finanzmittelbeschaffung benötigten *Unterlagen*,

- Fixierung der Bedingungen für die *Freigabe* der jeweiligen Finanzmittel,

- Vorbereitende Klärung zu benötigten Ermächtigungen hinsichtlich der Nutzung von Finanzierungsmöglichen „im WENN-Fall" (wie Inanspruchnahme von Finanzierungs-Reserven, Inanspruchnahme von Kontokorrentkrediten, Leasing-Möglichkeiten u. a.).

Kostenanfall
und Finan-
zierung

Bei der Planung des Finanzmittelbedarfs ist zu beachten, dass dieser Bedarf gegenüber der Kostenentstehung *zeitlich verschoben* ist, da die Zeitpunkte für die Rechnungsstellung unter Beachtung von Zahlungsbedingungen und Zahlungsfristen anders liegen als die Zeitpunkte der Kostenentstehung.

Ferner ist – insbesondere bei unternehmensinternen Projekten – zu beachten, dass nicht alle im Kostenplan ausgewiesenen Aufwendungen zu kassenwirksamen Auszahlungen führen.
So werden oft bestimmte Aufwendungen (darunter Personal- und Sachmittelkosten) nur über eine *innerbetriebliche Leistungsverrechnung* kostenrechnerisch wirksam gemacht, ohne dass es unternehmensintern zu Geldzahlungen kommt.

Typisch für die Projektfinanzierung ist ferner, dass die Freigabe von Auszahlungen entweder nach bestimmten *Terminen* (wie Monatsanfang oder Monatsende) erfolgt oder aber vom *Arbeitsfortschritt* in der Projektrealisierung abhängig gemacht wird. Dies muss bei der Finanzplanung beachtetet werden.

So sind zum Beispiel Lohn- und Gehaltszahlungen für Projektmitarbeiter, Mietzahlungen für genutzte Räume, Zinszahlungen für aufgenommene Kredite und dgl. an feststehende Termine gebunden.

Thema
„Vorkasse"

Zum anderen kann zum Beispiel vereinbart werden, dass einem Auftragnehmer bzw. einem Nachauftragnehmer etwa 20 % eines Finanzbudgets bereits zu Beginn der Projektrealisierung bzw. eines Projektabschnitts bereitgestellt werden, obgleich zu diesem Zeitpunkt kaum Kosten angefallen sind.
Weitere 60% werden dann je nach Arbeitsfortschritt im Projekt bzw. Projektabschnitt zur Auszahlung bewilligt, während die restlichen 20 % erst dann zur Auszahlung freigegeben werden, wenn das Vorhaben oder der Projektabschnitt abgeschlossen ist und das Erreichen Ausführungsqualität durch Abnahme der Projektergebnisse bestätigt wurde.

Diese Nicht-Übereinstimmung zwischen dem zeitlichen und auch betragsmäßigen Kostenanfall (siehe *Kostensummenlinie*) einerseits und den Zeitpunkten wie auch der Höhe des jeweiligen Finanzmittelbedarfs andererseits ist ein Problem, dessen Lösung ein besonders gründliches und umsichtiges Vorgehen in der Finanzplanung von Projekten erfordert (siehe auch nachstehende **Abb. 4.32**).

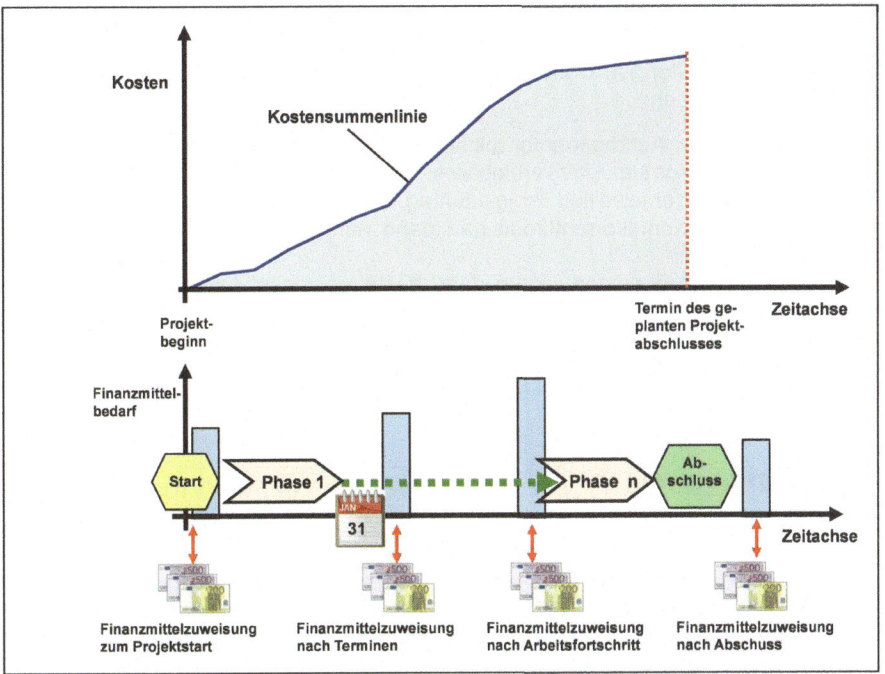

Kostenanfall
und Finan-
zierung

Abb. 4.32: Unterschiede zwischen Kostenanfall und Finanzmittelbedarf bzw. Finanz-
mittelzuweisung

Ein weiteres Problem für die Finanzplanung kann sich dann auftun, wenn das Projekt
in einem Nicht-Euro-Land zu realisieren ist und der Auftraggeber daher das Finanzbudget in einer Fremdwährung (z. B. [USD] oder [CHF]) festlegt. In diesem Falle haben Wechselkursschwankungen zusätzlich Einfluss auf den Ablauf der Projektfinanzierung.[224]

■   **Liquidität und Liquiditätsplanung**

Probleme und Aufgaben der *Finanzierung* (mit Einzahlungen und Auszahlungen von
Finanzmitteln) hängen ursächlich immer mit Problemen der *Liquidität* des Zahlungs-
pflichtigen zusammen, denn es gilt:

> Unter **Liquidität** ist die Fähigkeit eines Unternehmens (einer Organisation, eines
> Zahlungspflichtigen) zu verstehen, die *zum Termin* fälligen Verbindlichkeiten zah-
> lungsseitig jederzeit uneingeschränkt erfüllen zu können.

Liquiditäts-
begriff

In Bezug auf Projekte ist das Thema „Liquidität" dann von besonderem Interesse,
wenn der *Auftragnehmer* eines Vorhabens während der jeweiligen Projektdauer nur
dann *eingegangene* Zahlungsverpflichtungen erfüllen kann, wenn der Auftraggeber
oder ein anderer Kreditgeber die Vereinbarungen zur Zahlungsmittelbereitstellung
termin- und betragsgerecht einhält.

---

[224] Siehe die Übungsaufgaben zu diesem Kapitel.

Es ist somit zu beachten, dass durch die Erweiterung der Finanzplanung um eine projektbezogene *Liquiditätsplanung* eine entsprechende *Risikovorsorge* für den „WENN-Fall" zu treffen ist. Dabei sollten immer zwei Absicherungsvarianten in Betracht gezogen werden:

Konto-
korrent-
kredit

Zum einen sollte der Auftragnehmer mit seiner Hausbank eine *ausreichende Kreditlinie für einen Kontokorrentkredit* vereinbaren. Dies dürfte kein Problem sein, wenn der betreffenden Bank der jeweilige Projektauftrag (z. B. als Werkvertrag) vorgelegt werden kann. Dieser Kontokorrentkredit darf dann natürlich nicht für andere Zwecke ausgeschöpft werden.

Eine andere Absicherungsform kann darin bestehen, dass der Auftraggeber nach Abschluss eines Werkvertrages dem Auftragnehmer vorab eine erste Tranche des vereinbarten Gesamtpreises für die Ausführung des Projekts überweist.

Diese Vorgehensweise ist insbesondere bei der Annahme von Aufträgen zur Erstellung von Software-Produkten, von Bauwerken und dgl. üblich.

4.10 Vertragsmanagement

Die Realisierung von Projekten bedingt von der Sache her eigentlich immer die Einbe-

> Verträge sind keine Garantie, dass man sich verträgt. Aber sie festigen den guten Willen, dies zu ermöglichen. *(E. Reinhardt)*

ziehung von *externen* Partnern, seien dies *Kreditinstitute* (betreffs der Absicherung der Projektfinanzierung) oder *Lieferanten* für benötigte Sachgüter oder Dienstleister betreffs der Ausführung von Teilleistungen im Projekt oder auch Nachauftragnehmer betreffs der Übernahme von Teilprojekten im gegebenen Vorhaben.

Grundlage für die Einbeziehung bzw. die Beauftragung Dritter in der Projektausführung sind *Verträge* (Kreditverträge, Kaufverträge, Dienstleistungsverträge, Werkverträge, Leasingverträge u. a.).

Damit wird – wie bereits dargestellt – das Vertragsmanagement zum untrennbaren Bestandteil des jeweiligen Projektmanagements.[225]

Inhalt des
Vertrags-
manage-
ments

> Das **Vertragsmanagement** umfasst die Implementierung von Verträgen mit externen Partnern des betreffenden Projekts, ferner die Durchführung von Vertragsänderungen aus technischen, terminlichen, personellen und/oder finanziellen Gründen sowie die Kontrolle der Einhaltung der Vereinbarungen im jeweiligen Vertrag.

Es liegt auf der Hand, dass eine Vielzahl der erforderlichen Verträge erst verbindlich abgeschlossen werden kann, wenn hierfür aus Sicht der *Projektfinanzierung* (mit Abschluss der Finanzmittelplanung zum betreffenden Vorhaben) „grünes Licht" gegeben wird (siehe Abb. 4.03, S. 165).

Ermächti-
gung zum
Vertrags-
abschluss

So erhält - beispielsweise - der Auftragnehmer eines Projekts erst dann die Ermächtigung zum Eingehen finanzieller Verpflichtungen, wenn ein beantragter Kredit seitens des Kreditgebers (z. B. Hausbank) nach Abschluss des Kreditvertrages freigegeben wird, wobei die einzugehenden Verpflichtungen sich auf das Projekt beziehen müssen und sich auch nur im Rahmen der Kredithöhe bewegen dürfen.

Komplizierter gestalten sich die Vertragsbeziehungen, wenn es gilt, *Großprojekte* unter Einbeziehung vieler externer Partner zu realisieren.

---

[225] Siehe die Ausführungen in Abschnitt 2.3 im Buch sowie
GPM – Projektmanagement-Fachmann, a. a. O., 4.4.3.

Die Grafik in **Abb. 4.33** soll dieses Problem am Beispiel der Errichtung eines Industriewerkes (wie im Fallbeispiel FB 02) verdeutlichen.

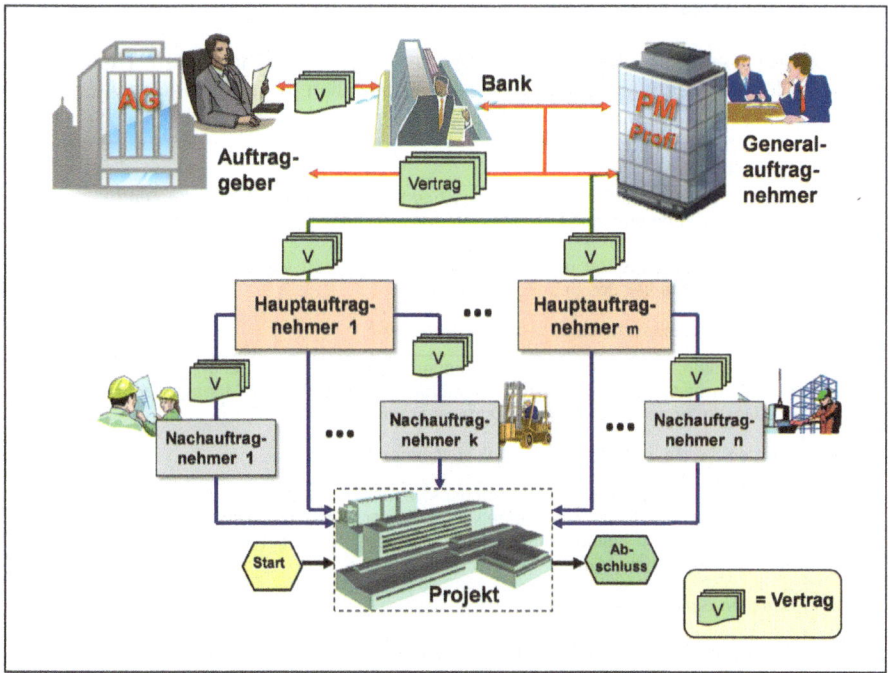

Vertrags-
beziehun-
gen bei
Groß-
projekten

Abb. 4.33: Vertragsbeziehungen bei einem Großprojekt (Prinzipschema)

Die Ausarbeitung bzw. Ausfertigung von unterschriftsreifen Verträgen (bei Großprojekten) wird in der Regel von Justiziaren (der betreffenden Organisation) sowie von beauftragten Rechtsanwälten und Notaren vorgenommen, wobei diese sich auf entsprechende Zuarbeiten der jeweiligen Projektbeteiligten stützen. Dabei können sich die Vertragsverhandlungen oft über viele Monate erstrecken.

Im Hinblick auf die spätere reibungslose Abwicklung der in den Verträgen festgelegten Leistungs- und Zahlungsverpflichtungen ist es überaus wichtig, dass durch die Verantwortlichen für das Vertragsmanagements bereits *vor Abschluss der Verträge* noch einmal alle Positionen überprüft werden, um mögliche *Widersprüche, Unstimmigkeiten* oder *Lücken* in den Verträgen rechtzeitig zu erkennen und zu beseitigen.[226]

Überprüfung
von Ver-
trägen

Die Wahrnehmung dieser Aufgabe liegt im Eigeninteresse des verantwortlichen *Projektleiters*, denn dieser hat ja – nach Start des Projekts – dafür Sorge zu tragen, dass die Projektabwicklung nach den vereinbarten vertraglichen Bestimmungen erfolgt.
Einschlägige Rechtskenntnisse sind daher – wie im Abschnitt 2.3 (Wissensbereiche des Projektmanagements) bereits hervorgehoben – eine unerlässliche Voraussetzung für eine erfolgreiche Leitung der Projektabwicklung.

---

[226] Siehe auch:
GPM-Projektmanagement-Fachmann, a. a. O., Abschnitt 4.3.3.

Tests und Übungsaufgaben zu Kapitel 4

A 4.01: Wissenstests (JA/NEIN)

Nachfolgend werden 5 Aussagen zu den im Kapitel 4 behandelten Themen gemacht. Aufgabe: Machen Sie mit „Ankreuzen" kenntlich, ob die jeweilige Aussage –
Ihres Wissens nach - als „richtig" (J) oder als „falsch" (N) zu werten ist.

Nr.	Aussage	J	N
1	Rahmen der Projektplanung muss zwischen bestimmten Hauptzielgrößen und Bewertungskriterien eines Projekts eine *ausgeglichene Lösung* gefunden werden. diesen Hauptzielgrößen und Bewertungskriterien gehört vor allem die Frage der *Finanzierbarkeit* des betreffenden Projekts. *Würden Sie dieser Aussage sachlich zustimmen?*		
2	Die in einem Projektstrukturplan definierten Arbeitspakete beziehen sich auf Aufgaben bzw. Vorgänge, deren Ausführung - aus Sicht des Managements des Gesamtprojekts - nicht im Einzelnen zu regeln ist. *Würden Sie dieser Aussage sachlich zustimmen?*		
3	Bei der Ablaufplanung sind Anordnungsbeziehungen (AOB) zwischen Vorgängen zu beachten. Eine *Sprungfolge* liegt dann vor, wenn ein Nachfolger V_j mit einem bestimmten Zeitabstand Z nach Anfang des Vorgänger V_i beendet sein muss (Anfang-Ende-AOB). *Stimmen Sie dieser Aussage zu?*		
4	Alle Vorgänge in einem CPM-Netzplan, die entsprechend der Terminplanung eine Gesamtpufferzeit von $GP = 0$ (ZE) aufweisen, bestimmen die Gesamtdauer D des Vorhabens. Daraus folgt, dass mit einer Verkürzung der Dauer eines dieser Vorgänge automatisch die Projektdauer D verkürzt wird. *Stimmen Sie dieser Aussage zu?*		
5	Der früheste Anfangszeitpunkt FAZ eines zu erledigenden Vorgangs j ist der größte Wert des frühestmöglichen Endzeitpunktes FEZ aller Vorgänger i (mit $i < j$). *Ist diese Aussage sachlich richtig?*		

A 4.02: Multiple-Choice-Aufgaben

Prüfungsfragen im Rahmen von PM-Zertifizierungen werden oft in Form von *Multiple-
Choice-Aufgaben* formuliert.

In den nachstehend aufgeführten vier Aufgaben ist durch Ankreuzen kenntlich zu
machen, welche der zu einer Aufgabe machten Aussagen – Ihrer Kenntnis nach –
richtig bzw. zutreffend ist. Falls mehrere Aussagen zutreffend sein können, wird dies
bei der Aufgabenstellung angegeben.

1. Ein Projektstrukturplan (PSP) dient vor allem folgenden Zwecken (mehrere Aussagen zutreffend):

   a) Erstellen der Unterlagen für die Vergabe von Arbeitsaufgaben und die Vertragsgestaltung mit externen Partnern, ☐

   b) Anschauliches Darstellen der Ablaufstruktur eines Projekts, ☐

   a) Erstellen einer strukturierten Übersicht über die Projektkosten und den Finanzierungsbedarf, ☐

   b) Erarbeiten einer ersten Übersicht über die Dauer des Projekts, ☐

   e) Klärung der Anforderungen an die spätere Berichterstattung über den Projektfortschritt in Bezug auf die notwendige Informationsverdichtung, ☐

2. Die Gantt-Technik hat gegenüber Netzplänen unter anderem folgende Vorteile (mehrere Aussagen zutreffend):

   a) Die Abhängigkeiten zwischen den Vorgängen werden im Gantt-Diagramm explizit sichtbar gemacht, ☐

   b) Das Gantt-Diagramm vermittelt bei kleineren Projekten eine schnelle Übersicht über die Zeitstruktur eines Vorhabens, ☐

   c) Die Pufferzeiten der Vorgänge lassen sich rechnerisch schnell aus dem Gantt-Diagramm ermitteln, ☐

   d) PM-Software-Produkte bieten für die Ablauf- und Zeitplanung bevorzugt die Nutzung der Gantt-Diagrammtechnik an. ☐

3. Um die Einhaltung einer gegebenen Ressourcen-Kapazitätsgrenze zu sichern, stehen dem verantwortlichen Projektleiter mehrere Handlungsmöglichkeiten offen, zum Beispiel:

   a) Verlängerung der Dauer eines Vorgangs durch Heraufsetzung des Kapazitätseinsatzes, ☐

   b) zeitliches Verschieben des Beginn eines Vorgangs i unter Ausnutzung der Zeitdifferenz zwischen dem FAZ(i) und dem SAZ(i), ☐

   c) Verkürzung der Dauer eines Vorgangs durch Herabsetzung des Kapazitätseinsatzes, ☐

   d) Ausnutzen des freien Puffers FP bei Vorgängen, die auf dem kritischen Weg liegen. ☐

4. In die Ermittlung der Kosten für das Arbeitspaket „Demontage der Maschinen und Anlagen" (Fallbeispiel FB 01) sind vor allem folgende Aufwendungen (Kosten) einzubeziehen (mehrere Aussagen zutreffend):

   a) kalkulatorische Abschreibungen der betreffenden Maschinen und Anlagen, ☐

   b) Personalkosten der mit der Durchführung des Arbeitspakets beauftragten Mitarbeiter, ☐

c) Leasingkosten für eine für die Durchführung der Aufgabe ge-
mietete Hebebühne,

d) Maschinenstundenkosten auf Grund des Ausfalls der demontierten Maschinen und Anlagen.

A 4.03: Zeitplanung

Gegeben sei folgender Ausschnitt aus einem Vorgangsknotennetz eines Projekts.

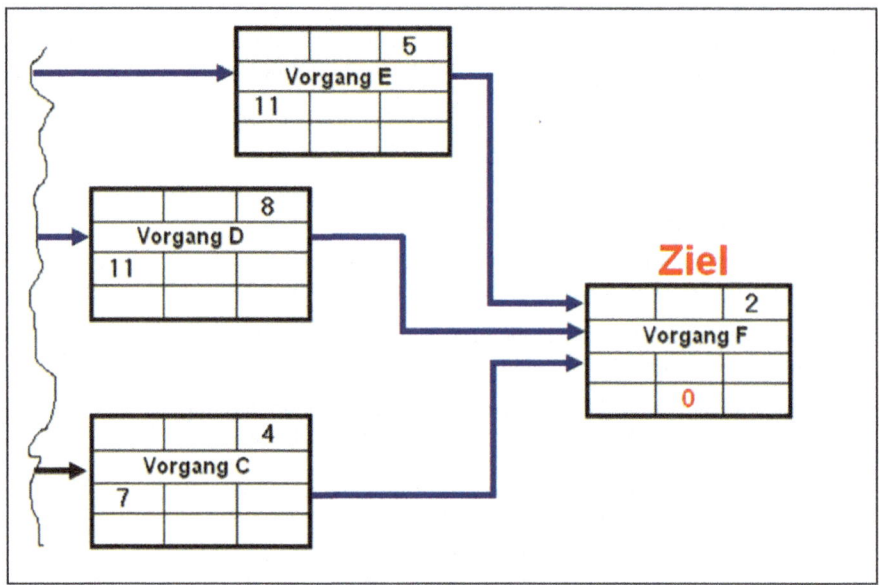

Aufgabe:
Ermitteln Sie anhand der gegebenen Daten über die Vorwärtsrechnung den frühest-
möglichen Endzeitpunkt **FEZ(F)** für den Zielvorgang **F**!
Über die Rückwärtsrechnung ist dann der spätestens zulässige Anfangszeitpunkt
SAZ(C) für den Vorgang **C** zu berechnen!

A 4.04: Gegeben seien folgende Daten zum einem kleineren Projekt:

Vorgang	Voraussetzung	Aufwand [Pd]	Kapazitätseinsatz [P]	Dauer [d]
A	-	20	5	?
B	-	30	6	?
C	A	12	4	?
D	A, B	36	4	?
E	B	24	3	?

Aufgaben:

a) Stellen Sie den Ablaufplan als Vorgangspfeilnetz dar!

b) Ermitteln Sie die Dauer der Vorgänge und führen Sie dann die komplette Zeitplanung nach dem CPM-Verfahren durch!

c) Bestimmen Sie den kritischen Weg im Netz!

A 4.05: Gegeben seien folgende Daten zum einem kleineren Projekt:

Vorgang	Voraussetzung	Dauer [d]	Vorgangskosten [EUR]
Start	-	0	0,00
A	Start	10	1.200,00
B	Start	14	2.200,00
C	A, B	20	1.400,00
D	C	26	4.200,00
E	B	26	3.200,00
F	C	22	8.500,00
G	E	15	1.800,00
H	D, F, G	12	1.400,00
Ziel	H, E	0	0,00

Aufgaben:

a) Stellen Sie den Ablaufplan als Vorgangsknotennetz (MPM-Verfahren mit Normalfolge) dar!

b) Führen Sie die Zeitplanung zur Ermittlung der vorgangsbezogenen Termine und der gesamten Projektdauer durch! Geben Sie den kritischen Weg an!

c) Ermitteln Sie – unter der Annahme eines gleichmäßigen Kostenanfalls – die Kostenganglinie (tabellarisch und grafisch)!

A 4.06: Excel-Dateien im Online-Zusatzmaterial

Die nachstehend aufgeführten Excel-Dateien enthalten die Projektbeschreibung, die Vorgangsliste sowie weitere Angaben und Daten zu Fallbeispielen.
Die Aufgaben sind – nach *Download* - unter Nutzung von MS Excel zu bearbeiten. Entsprechende Musterlösungen sind in den Dateien enthalten.

Nr.	Datei	Inhalt
1	09_PM-Ablaufplanung1.xlsm	Ablaufplanung (Gantt-Diagramm)
2	10_PM-CPM-FB04.xlsm	Ablauf- und Zeitplanung im Fallbeispiel FB 04
3	11_PM-MPM-FB01.xlsm	Ablauf- , Zeit- und Kostenplanung im Fallbeispiel FB 01
4	12_PM-MPM-FB02.xlsm	Ablauf- und Zeitplanung im Fallbeispiel FB 02
5	13_PM-PERT-FB03.xlsm	Ablauf- und Zeitplanung im Fallbeispiel FB 03

5. Projektrealisierung und Projektcontrolling

5.1 Projektrealisierung

■ Projektstart

Die Projektplanung sei in ihren wesentlichen Teilen abgeschlossen, nunmehr kann der „Startschuss" für die *eigentliche Projektabwicklung* mit dem Arbeitsbeginn in den „Start"-Vorgängen des betreffenden Projekts beginnen, und zwar mit dem *Ziel*, das Vorhaben nach Maßgabe der Festlegungen im Projektauftrag (bzw. Pflichtenheft) sowie auf der Grundlage der Ergebnisse der Projektplanung und bestehender Verträge *zum Erfolg* zu führen (siehe **Abb. 5.01**).

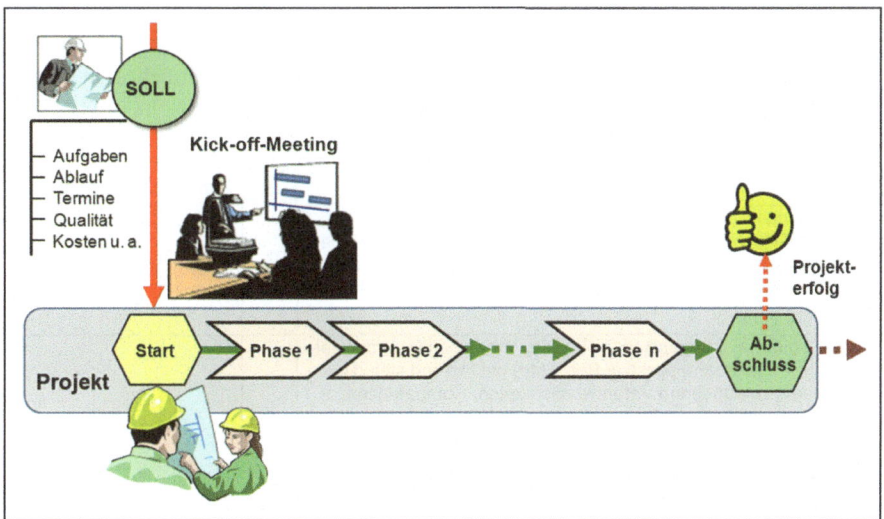

Abb. 5.01: Start der Projektrealisierung

In der Regel beginnt die eigentliche Projektrealisierung mit einem ersten Workshop, dem sog. Kick-Off-Meeting:

(Randnotiz: Start mit Kick-Off-Meeting)

An diesem Meeting werden – wie bereits im Abschnitt 3.4.2 beschrieben – die generelle Bedeutung des Vorhabens, der geplante Ablauf mit seinen Meilensteinen und die angestrebten Lösungen in Bezug auf Projektergebnis noch einem erläutert.

Daran schließt sich der Beginn des ersten Vorgangs lt. Ablaufplan des Projekts an.[227]

---

[227] Es ist hier anzumerken, dass es in den Normen zum Projektmanagement bzw. in der Praxis keine eindeutige (übereinstimmende) Bestimmung des Zeitpunktes gibt, der als „Projektstart" gilt. So werden als „Projektstart" auch folgende Zeitpunkte angesehen:
- Termin der Bestätigung eines Projektantrags,
- Termin des Angebots an den Auftraggeber,
- Termin der Beauftragung durch den Auftraggeber u. a.
Die Angabe des Zeitpunktes zum „Projektstart" ist aber insofern wichtig, da von diesem Zeitpunkt an die Projektdauer ermittelt wird.

Die Praxis zeigt: Die Weichen für den Erfolg bzw. Misserfolg eines Projekts werden bereits beim Projektstart gestellt:

Dies deshalb, weil klare Aussagen über die *Bedeutung* und die *Ziele* des betreffenden Vorhabens, eine einvernehmlich gefundene Lösung für die *Projektorganisation* sowie eine umsichtig durchgeführte *Planung* des Vorhabens unabdingbare Voraussetzungen dafür sind, um beim Projektleiter wie beim Projektteam jene Motivation zu vermitteln, dass alles getan wurde, um das Vorhaben – auch in Anbetracht bestehender Risiken – zum Erfolg zu führen.

Wird hingegen die gesamte Projektvorbereitung nur halbherzig durchgeführt oder steht zum Beispiel die Projektfinanzierung „auf wackligen Füßen", dann ist das „Schicksal des Projekts" meist schon beim Projektstart entschieden.[228]

Alles noch
einmal
überprüfen!

Es ist daher immens wichtig, dass zum Projektstart noch einmal alle wichtigen Positionen und Sachverhalte überprüft werden, die Voraussetzungen für einen erfolgreichen Beginn der Projektrealisierung darstellen und die nachfolgend einen planmäßigen Verlauf des Projektprozesses absichern sollen.

Eine entsprechende *Checkliste „Projektstart"* kann dabei sehr hilfreich sein (siehe **Tab. 5.01**).

Tab. 5.01: Checkliste „Projektstart" (Muster als Anregung)

Nr.	Check-Fragen	Ja	Nein	Bemerkung
1	Wurden alle Projektbeteiligten (intern, extern), die wichtigsten Stakeholder sowie die Sponsoren ausreichend über das Anliegen, die Bedeutung, die Ziele, den angestrebten Nutzen und die möglichen Risiken des Vorhabens informiert?			
2	Ist die Projektorganisation (Typ der Organisation, Projektleiter, Projektteam, sonstige Beteiligte) geklärt und sind die damit verbundenen Verantwortlichkeiten, Kompetenzen, und Entscheidungsbefugnisse bestimmt?			
3	Liegen die benötigten organisatorischen und technischen Dokumentationen, Normen, Genehmigungen und sonstige erforderliche Einwilligungen zum Projekt vor?			
4	Liegen die Ergebnisse der Ablauf-, Zeit- und Terminplanung sowie der Ressourcen-, Kosten- und Finanzmittelplanung mit entsprechenden Dokumentationen zum Projekt vor bzw. wurden die entsprechenden Daten in zu nutzenden PM-Software eingearbeitet?			
5	Sind die für den Projektstart benötigten Ressourcen (Personal, Sachmittel u. a.) einsatzbereit und liegen die Verträge betreffs der Einbeziehung Dritter in das Projekt vor?			
6	Sind die Aufgaben im Projektmarketing erfüllt?			
6	Sind alle wichtigen Informations- und Kommunikationswege, einschließlich des Berichtswesens zum Projekt geklärt?			
7	Liegt das Projekthandbuch vor?			

Im Weiteren wird davon ausgegangen, dass der „Projektstart" mit den Arbeiten zum ersten Vorgang lt. Ablaufplan des Projekts erfolgt.

[228] *„Sage mir, wie das Projekt beginnt, und ich sage Dir, wie es endet"*! (*Projektweisheit*) Oder: *„Alles, was schiefgehen kann, wird auch schiefgehen!"* (*E. A. Murphy*).

■ **Schritte in der Realisierungsphase**

Gegenstand der Realisierungsphase ist die schrittweise Umsetzung der gestellten Projektaufgabe mit dem Ziel der Fertigstellung des geplanten Projektergebnisses gemäß den Festlegungen im Projektauftrag.

Es ist in diesem Zusammenhang anzumerken, dass es in Bezug auf das *Vorgehen* in der Realisierungsphase als auch in Bezug auf die diesbezüglichen *Aufgaben des Managements* der Projektrealisierung Unterschiede zwischen dem *klassischen* und dem *agilen* Projektmanagement gibt (siehe die Angaben in **Tab. 5.02**).[229]

Typische Vorgehensweisen

Tab. 5.02: Schritte und Schwerpunkte in der Projektrealisierung

Aspekt	Klassische Vorgehensweise	Agile Vorgehensweise
Wichtige Schritte in der Projektrealisierung	Laufende Sicherung der Bereitstellung der benötigten Ressourcen zur Erfüllung der Arbeitsaufgaben in den Arbeitspaketen; schrittweises Erstellen des Projektergebnisses; ständige Projektüberwachung und Projektsteuerung auf der Grundlage von Soll-Ist-Vergleichen und Vorschauanalysen; Testen der erarbeiteten Lösungen; testen des erarbeiteten Projektergebnisses; Ausbildung bzw. Schulung der künftigen Nutzer des Projektergebnisses u. a. m.	Aufgaben zu Sprints konkretisieren und Lösungen iterativ erarbeiten; laufende Realisierung von Verbesserungen am zu erarbeitenden Produkt und in der Zusammenarbeit der Teams; aktives Projektmarketing betreiben (Kunden und andere Beteiligte informieren).
Schwerpunkte im Projektmanagement (Worauf liegt der Fokus?)	Laufende Überprüfung und Steuerung des Projektprozesses durch ein systematisches Projektcontrolling	Sicherung der Selbstorganisation und Selbststeuerung der Projektteams, verbunden mit dauerndem Lernen; eine systematische externe Überwachung der Projektrealisierung entfällt.

Unabhängig von der jeweils realisierten Vorgehensweise im Management des Projektprozesses gilt es, in diesem Prozess immer wieder einen Ausgleich zwischen den miteinander konkurrierenden Ziel- und Bewertungskriterien im skizzierten „Magischen Viereck" zu erreichen (siehe Abb. 4.02, Seite 164).

Im besonderen Blickpunkt stehen dabei die Sicherung der *Einhaltung der Kosten- und Finanzbudgets*, die umsichtige *Risikoanalyse* und *Risikobeherrschung*, ein wirksames *Qualitätsmanagement* in Bezug auf das zu erarbeitende Projektergebnis sowie das richtige Reagieren auf entstehende Konflikte im vielschichtigen Projektprozess über ein professionelles *Konfliktmanagement*.

Schwerpunkte im PM

---

[229] Siehe hierzu auch:
KUSTER, J. u. a.: Handbuch Projektmanagement, a. a. O., Abschnitt 2.5;
OLFERT, K.: Projektmanagement, a. a. O., Teil I., Abschnitt 2.

Entsprechend der Schwerpunktsetzung in diesem Buch auf das klassische Projektmanagement werden im nachfolgenden Abschnitt die Aufgaben, Ziele und Vorgehensweisen eines umfassenden Projektcontrollings erörtert.

5.2 Projektcontrolling

5.2.1 Inhalt und Aufgaben des Projektcontrollings

> Ein Projektleiter kann manches im Projektprozess übersehen, aber er muss alles überschauen können. (*PM-Weisheit*)

Wir gehen davon aus, dass der Start des betreffenden
Vorhabens gelungen ist und die Arbeiten an der Realisierung der ersten Arbeitspakete begonnen haben.
Die Aktivitäten des Projektmanagements konzentrieren sich nunmehr auf die *operative* (umsichtige, ereignis- und situationsbezogene*)* Steuerung der Arbeiten am Projekt
sowie auf die Überwachung der gesamten Projektausführung.
In einer visualisierten Darstellung dieser Funktionen des Projektmanagements ergibt
sich damit folgendes Bild (siehe **Abb. 5.02**):

Projekt-
controlling

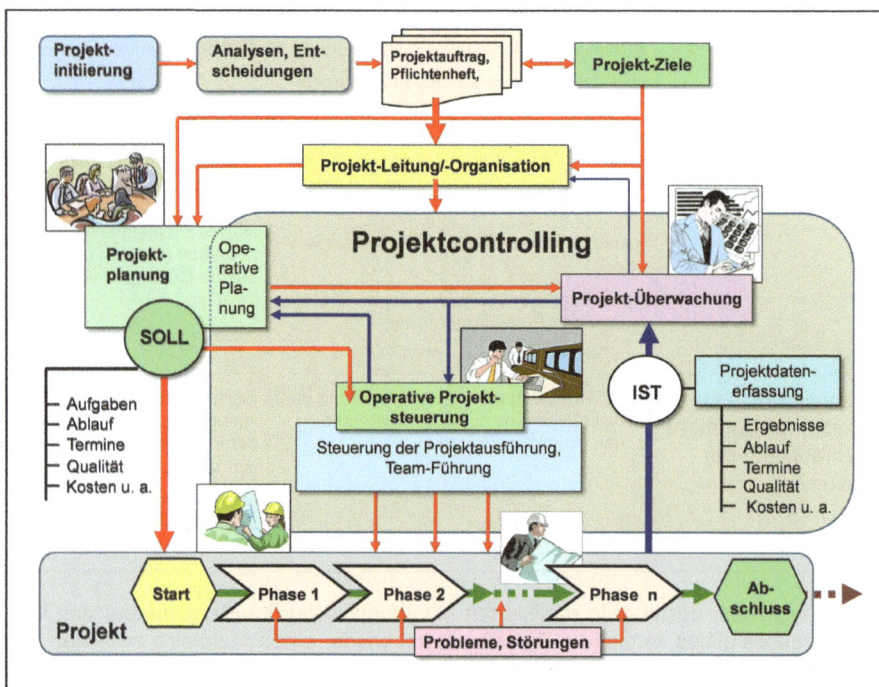

Abb. 5.02: Operative Planung, Steuerung und Überwachung der Projektrealisierung

Mit Bezug auf diese Darstellung ist Folgendes hervorzuheben:

Die Projektabwicklung – beginnend beim Projekt-Start und endend beim Projektabschluss (mit Übergang zur Nutzung des fertiggestellten Vorhabens) – ist der *zu steu-
ernde Prozess*.

Probleme,
Störungen,
Risiken

Dieser Prozess unterliegt in der Realität – wie bereits weiter oben hervorgehoben –
vielfältigen Einflüssen, die zu „*Problemen*" bei der Weiterführung des Projekts führen
oder die gar als „*Störunge*n" den planmäßigen Projektablauf direkt beeinflussen kön-

nen, was nur bestätigt, dass Projekte mehr oder weniger großen Risiken ausgesetzt sind.
Dieser Aspekt wurde im Projektprozess in Abb. 5.02 entsprechend kenntlich gemacht.

Um nun einen planmäßigen Ablauf des Projektprozesses zu sichern, bedarf es einer entsprechenden *Steuerung* des Prozesses.

Als *Steuerorgan* fungiert hierbei primär die *Projektleitung* über die Wahrnehmung der Funktionen *„Operative Projektplanung"*, *„Operative Projektsteuerung"* und *„Projektüberwachung"* (mit Projektdatenerfassung, SOLL-IST-Vergleichen, Vorschauanalysen und Frühwarnungen).
Diese Funktionen bilden in ihrem Zusammenwirken den Kern des Aufgabengebietes *„Projektcontrolling"*.

Inhalt und Aufgabe des **Projektcontrollings** – als Gesamtprozess der operativen Projektplanung, -steuerung und -überwachung – ist es,

- eine *situationsbezogene, umsichtige Planung* all jener Projektaufgaben vorzunehmen, die einem abgeschlossenen Projektabschritt nachfolgen,

- die Verfügbarkeit bzw. Einsatzbereitschaft der für die Ausführung dieser Aufgaben benötigten Ressourcen zu prüfen bzw. sicherzustellen,

- die Einhaltung der SOLL-Vorgaben aus der Projektplanung (betreffs Ablauf, Terminen, Kosten, Qualität, Finanzmittelverbrauch) im Projektprozess zu überwachen und im IST zu kontrollieren,

- auftretende Abweichungen zu diesen Vorgaben sowie im Arbeitsfortschritt nach Art und Folgewirkung zu ermitteln und sodann

- durch steuerungsseitige Eingriffe in den Projektprozess die plangerechte Weiterführung des Projekt zu sichern bzw. wieder herzustellen.

Aufgaben im Projektcontrolling

Es ist zu beachten, dass der Terminus *„Controlling"* nicht mit dem deutschen Wort „Kontrolle" zu identifizieren ist, sondern – dem englischen Ursprungswort „to control" folgend – mit *„Steuerung"* – im Sinne einer zielgerichteten Einflussnahme auf Systeme und Prozesse – zu übersetzen ist, wobei „Steuerung" auch immer „Kontrolle" (im Sinne von *„feed back"* = Rückkopplung) mit einschließt.

5.2.2 Nutzung kybernetischer Steuerungsmodelle und -prinzipien

Wenn es um die *„Steuerung* von Systemen bzw. Prozessen" geht, ist es immer wichtig, zu prüfen, inwieweit hierbei die Erkenntnisse und Aussagen der *Kybernetik* – als der Wissenschaft von allgemeinen Gesetzmäßigkeiten der Steuerung dynamischer Systeme – von Nutzen sein können. [230]

Bedeutung kybernetischer Steuerungsprinzipien

Mit Bezug zum Thema dieses Abschnitts sollen hierzu einige allgemeingültige Ausführungen gemacht werden, die dann im Weiteren – projektbezogen – vertieft werden.

---

[230] Siehe hierzu auch:
von KÄNEL, S.: Arbeitsbuch zu Betriebswirtschaftslehre – Eine Einführung, a. a. O.;
Link: https://kybernetik.online/index.htm.

■ Steuerung mit Rückkopplung

Der in Abb. 5.02 dargestellte Grundprozess des Projektcontrollings beruht auf der Umsetzung des kybernetischen Steuerungsprinzips *„Steuerung mit Rückkopplung"*.

Bei diesem Steuerungskonzept sind im Wesentlichen *vier Teilprozesse* zu unterscheiden:

a) Ermittlung der IST-Werte zu den zu steuernden Parametern

Ausgangspunkt eines Rückkopplungsprozesses ist immer das „Messen und Bewerten der jeweiligen IST-Werte der zu steuernden Parameter".

Diese Aufgabe ist beim Projektcontrolling im Rahmen einer systematischen *Projektüberwachung* durch eine *Projektdatenerfassung* zum jeweiligen Projektfortschritt wahrzunehmen (siehe Abb. 5.02).
Diesem Anliegen dient vornehmlich das *Projektberichtswesen* als Bestandteil des *Projektinformationssystems* (siehe Abb. 3.20, S. 148 sowie Abschnitt 3.5.3).

Istwerte im Projekt-prozess   Im betreffenden *Berichtszeitraum* bzw. zu bestimmten *Berichtsterminen* sind vor allem zu folgenden Kontrollparametern Angaben zu ermitteln:

- IST-Zeitpunkte (Termine) und IST-Dauer der bereits abgeschlossenen Arbeitspakete, Teilaufgaben oder auch Teilprojekte,

- IST-Arbeitsfortschritt (IST-Fortschrittsgrad) bei wichtigen angefangenen Arbeitspaketen (bzw. Teilaufgaben, Teilprojekte),

- IST-Aufwand in Bezug auf den Ressourceneinsatz,

- IST-Verbrauch an Finanzmitteln aus dem Finanzbudget u. a.

Die Ermittlung derartiger Istwerte ist im realen Projektprozess mit vielen Problemen verbunden. Dies soll daher im Weiteren noch näher erörtert werden.

Wichtig ist an dieser Stelle, Folgendes besonders hervorzuheben:

Istwerte im Projekt-prozess sind nur Abbildungen der Realität   Alle Daten und Informationen zu Istwerten sind immer nur *Abbildungen* der jeweiligen Realität, die oft nur auf *persönlichen* (und damit *subjektiven*) Einschätzungen und Wertungen beruhen!
Die weiteren Aktivitäten im Steuerprozess beruhen aber auf den so ermittelten Werten und Einschätzungen! Dies bedeutet: Fehler oder Verschleierungen von Fakten bei der Abbildung der realen Situation im Projektprozess führen dann zwangsläufig zu falschen Reaktionen in den nachfolgenden Teilprozessen der Projektsteuerung.
Daraus folgt: Es muss alles unternommen werden, die Projektdatenerfassung soweit wie möglich zu *objektivieren*. Die hierzu möglichen Maßnahmen werden weiter unten (im Abschnitt „Leistungsbewertung und Projektfortschrittsmessung") erörtert.

b) Ermittlung von SOLL-IST-Abweichungen

Im zweiten Teilprozess geht es um den *Vergleich* der ermittelten *IST-Werte* mit den zugehörigen *SOLL-Werten*, und zwar mit dem Ziel, mögliche *Abweichungen* zwischen IST und SOLL nach *Art, Höhe* und *Ursache* auszuweisen sowie im Weiteren darzustellen, welche *Auswirkungen* festgestellte Abweichungen auf den weiteren Projektprozess und das Projektergebnis haben können.

Die Ermittlung von Abweichungen (bei Terminen, Vorgangsdauern u. a.) ist in der Regel dann relativ problemlos, wenn es beim Kontrollobjekt um *abgeschlossene* Vorgänge bzw. Prozessabschnitte geht, denn in diesem Fall liegen erfassbare IST-Werte vor, die mit den zugehörigen SOLL-Werten verglichen werden können. Probleme beim SOLL-IST-Vergleich

Schwieriger ist die Überwachung und Kontrolle des Projektablaufs dann, wenn es gilt, zu bestimmten Berichtsterminen den Arbeitsfortschritt, den Ressourcenverbrauch und dergleichen bei *noch laufenden* Vorgängen bzw. Projektabschnitten festzustellen, zumal es dann auch keine zugehörigen SOLL-Werte gibt.

Wie in diesem Fall vorzugehen ist, wird gleichfalls nachfolgend im Abschnitt „Leistungsbewertung und Projektfortschrittsmessung" erörtert.

c) Entscheidungsfindung zu Steuermaßnahmen

Wird durch den SOLL-IST-Vergleich bei wichtigen Kontrollparametern festgestellt, dass diesbezüglich alles „*im grünen Bereich*" liegt, kann die Prozessüberwachung fortgesetzt werden, ohne dass seitens des Steuerorgans Eingriffe in diesen Prozess erfolgen müssen.

Diese Situation wird aber in realen Projektprozessen eher selten auftreten. In der Regel ist es „normal", dass ermittelte SOLL-IST-Abweichungen vorbestimmte zulässige Grenzwerte unter- oder überschritten haben (Warnstufe „*gelb*" oder Eingriffsaufforderung „*rot*"). In diesem Fall sind durch die Steuerorgane (Projektleitung, ggf. auch Auftraggeber) im Rahmen der *operativen Projektsteuerung Entscheidungen* vorzubereiten und zu treffen, die eine ergebnisorientierte Weiterführung der Projektrealisierung sichern sollen und müssen.

Wie aus Abb. 5.02 zu entnehmen ist, stehen hierfür im Prinzip nur folgende Wege offen: Möglichkeiten der Reaktion auf Abweichungen

- Zunächst sollte immer versucht werden, aufgetretene Abweichungen wieder zu kompensieren, ohne dass SOLL-Werte geändert werden. Dies ist praktisch nur durch Ausschöpfen von Zeitreserven („Pufferzeiten" im Projektablauf), durch gezielte Einsparungen von Kosten u. a. möglich.

- In vielen Fällen hilft dies aber nicht weiter, da die eingetretenen Abweichungen sich nicht auf die oben skizzierte Art und Weise kompensieren lassen. In diesem Falle muss die Projektsteuerung veranlassen, dass bestimmte Teile des Projektablaufs erneut (operativ, d. h. situationsbezogen) geplant werden, was dazu führt, in den laufenden Prozess der Projektrealisierung neue, veränderte SOLL-Werte einzusteuern sind. Derartige Entscheidungen setzen aber die Verfügbarkeit von „*Systemreserven*" (bei Ressourcen, in der Projektablauf- und -zeitplanung, bei Finanzmitteln u. a.) voraus!

- Im Extrem-Fall kann aber auch die Frage des Abbruchs des Projekts zur Entscheidung anstehen.

d) Umsetzen der Entscheidung im Projektprozess

Der skizzierte Rückkopplungsprozess ist nunmehr durch das Umsetzen der getroffenen Entscheidungen zu schließen, wodurch wieder die Ebene des zu steuernden Projektprozesses erreicht wird (siehe Abb. 5.02). Aufgabe der Umsetzung von Steuermaßnahmen

Inwieweit die eingeleiteten Maßnahmen die Wiederherstellung einer plangerechten Weiterführung des Projekts bewirken bzw. bewirkt haben, ist durch erneute Ermitt-

lung der IST-Werte und durch den Vergleich mit den zugehörigen SOLL-Werten festzustellen (Teilprozesse unter a) und b)).

■ Verbesserung des Grundprozesses „Steuerung mit Rückkopplung"

Die Anwendung des Konzepts „Steuerung mit Rückkopplung" im Projektcontrolling
hat naturgemäß Vor- und Nachteile:

Vor- und Nachteile der Steuerung mit Rückkopplung

Der *Vorteil* dieses Konzepts besteht darin, dass ein operativer Steuereingriff nur
dann erforderlich ist, wenn eine *signifikante Abweichung* des IST-Wertes einer der zu
steuernden Variablen im Projektprozess vom zugehörigen SOLL-Wert festgestellt
wird, und dies zu einem umgehenden Einleiten von Aktionen zur Sicherung des
plangerechten Prozessablaufs führt.

Dieser skizzierte Vorteil der Steuerung mit Rückkopplung ist aber zugleich mit einem
großen *Nachteil* verbunden:

Das Rückkopplungsprinzip ist eine *„Im-Nachhinein-Steuerung"*, d. h., der Steuerme-
chanismus setzt immer erst dann ein, wenn bereits etwas Wesentliches passiert ist
und dies über die Abweichung des Ist-Wertes der zu steuernden Variable vom Soll-
Wert festgestellt wird.
Es wird zwar ein „Warn"- oder „Alarm"-Signal ausgelöst, aber für ein rechtzeitiges
Eingreifen in den Prozess kann es dann schon zu spät sein. Somit kann die „Steuerung mit Rückkopplung" in der hier skizzierten Grundform keine befriedigende Lösung für ein wirksames Projektcontrolling sein.

Wie kann der Grundprozess der Steuerung mit Rückkopplung verbessert werden?

a) Nutzung von Hilfsgrößen

Bei Arbeitspaketen mit langer Vorgangsdauer ist es nicht sehr sinnvoll, die Erfassung
von IST-Werten (Termin, fertiggestellte Leistung u. a.) erst nach Abschluss des betreffenden Arbeitspaktes vorzunehmen. Falls dann über den SOLL-IST-Vergleich
signifikante Abweichungen festgestellt werden, ist es für eine steuerungsseitige Beeinflussung der Arbeiten in diesem Paket zu spät.

Messung des Projekt-fortschritts bei ange-arbeiteten Vorgängen

Aus diesen Gründen müssen im Projektcontrolling Lösungen für eine *Leistungsbewertung* und *Projektfortschrittsmessung* bei *angearbeiteten* Arbeitspaketen und Teilaufgaben über *Zwischenabrechnungen* bzw. *-einschätzungen* gefunden und genutzt
werden. Dies entspricht der Nutzung des kybernetischen Konzepts der *„Steuerung
mit Hilfsgrößen"*.
Im Abschnitt „Leistungsbewertung und Projektfortschrittsmessung" wird dazu Näheres ausgeführt.

b) Nutzung von Frühwarnsystemen

Bedeutung von Frühwarn-systemen

Der Grundgedanke dieses Steuerungskonzepts besteht darin, zu versuchen, die
Kraft im Steuerprozess nicht allein darauf zu konzentrieren, die *Auswirkungen von
Störungen* zu kompensieren, sondern alles Mögliche und Notwendige zu veranlas-
sen, potenzielle Störungen bereits *im Ansatz* ihres Auftretens zu erkennen und so ein
Wirken auf den zu steuernden Prozess abzuwehren.
Dies entspricht dem Konzept der *Integration von Frühwarnsystemen* in den Grund-
prozess der Steuerung mit Rückkopplung.

> Dazu ein **Beispiel:**
> Für die Ausführung eines bestimmten Arbeitspaktes wird eine Spezialmaschine benötigt.
> Die Bereitstellung dieser Maschine, die über den Abschluss eines Leasing-Vertrages vereinbart wurde, soll nach vorliegendem Ablauf- und Terminplan in 20 Tagen (gerechnet vom heutigen Datum an) erfolgen.
> Da von der pünktlichen Bereitstellung dieser Maschine die Realisierung weiterer wichtiger Arbeitspakete (auf dem „kritischen Weg" im Netzplan) abhängt, wäre es leichtfertig, darauf zu vertrauen, dass „alles schon seinen Gang gehen" wird, denn im Verlaufe von 20 Tagen kann schon einiges Unvorhergesehene passieren.
> Um „Unerwartetes" zu verhindern, wurde mit dem Leasinggeber vereinbart, dass bei einer möglichen Gefährdung des Bereitstellungstermins eine Frühwarn-Information an den Leasingnehmer geleitet wird, die es diesem dann ermöglicht, Reaktionsvarianten zur Abwehr weiterer Folgen vorzubereiten.

Die Integration von Frühwarnsystemen in die Prozess-Steuerung wird im Rahmen des Projektcontrollings vor allem über die Nutzung von Methoden *einer Vorschaurechnung* vorgenommen. Dazu gehören vor allem die *Meilenstein-Trendanalyse* und die *Earned-Value-Analyse* (siehe nachfolgenden Abschnitt „Leistungsbewertung...").

Eine besondere Bedeutung haben Frühwarn-Informationen vor allem bei der Wahrnehmung der Aufgaben der Projektleitung im *Risikomanagement*, im *Konfliktmanagement* und im *Qualitätsmanagement*.
Darauf wird im Abschnitt 5.3 näher eingegangen.

c) Gestaltung selbstanpassender und selbstlernender Steuerungssysteme

So wirksam eine Steuerung mit Rückkopplung unter Einbeziehung von Frühwarn-Informationen auch sein mag, es ist gerade beim Management von Projekten zu beachten, dass sich die Situation in der Projektabwicklung und auch die Projekt-Umfeldbedingungen rasch ändern können, so dass bislang bewährte Steuerungskonzepte unter neuen Bedingungen nicht zum Erfolg führen. *(Marginalie: Erfordernis der Anpassung der Steuerungsmethoden)*
Um in *veränderten* Situationen dennoch ein ergebniswirksames Projektmanagement gestalten zu können, sind im Gesamtsystem der Prozess-Steuerung eigenständig *Anpassungen* bei den Steuerungsmethoden vorzunehmen.

> **Beispiel:**
> Bei der zu einem größeren Projekt durchgeführten Ablauf- und Zeitplanung wurde die Gantt-Methode eingesetzt.
> Bereits nach den ersten Arbeiten in der Projektrealisierung zeigte es sich, dass diese Methode nicht geeignet ist, die zwischen den einzelnen Arbeitspaketen bestehenden Abhängigkeiten so zu erfassen, dass eine wirksame Projektüberwachung und Projektsteuerung gesichert werden kann.
> Auf Anraten eines externen PM-Fachmanns traf der Projektleiter die Entscheidung, die Ablauf-, Zeit- und Kostenplanung umgehend nach der Metra-Potenzial-Methode umzustellen und die weitere Projektsteuerung nach dem erarbeiteten MPM-Plan durchzuführen.

Eine solche *Selbstanpassung* im Steuerungssystem basiert – nach der Theorie der Kybernetik – auf drei Teilvorgängen: *(Marginalie: Grundvorgänge einer selbstanpassenden Steuerung)*

- *Identifikation* im Sinne der Überwachung innerer und äußerer Bedingungen für die jeweilige Prozess-Steuerung, verbunden mit dem Signalisieren, dass identifizierte Veränderungen bei diesen Bedingungen eine Anpassung der Steuerungskonzepte und Steuerungsmethoden erforderlich machen.

- *Entscheidungsbildung* im Sinne des Treffens einer bejahenden oder einer ableh- nenden Entscheidung zur Anpassung der Steuerungsmethoden sowie

- *Modifikation* im Sinne der Änderung der Steuerungsmethoden, falls eine positive Entscheidung zur Selbstanpassung getroffen wurde.

Eine einmalige Anpassung der Steuerungskonzepte und Steuerungsmethoden an veränderte Prozessbedingungen reicht – speziell im Projektmanagement – nicht aus. Erst dann, wenn das skizzierte Vorgehen sowohl im Projektprozess wie auch im Pro- jektcontrolling als ein *Grundprinzip des Vorgehens* gewissermaßen „verinnerlicht" wird, kann der Übergang von einer selbstanpassenden Steuerung zu einer *selbstler- nenden* Steuerung bzw. Arbeitsweise vollzogen werden.[231]

Rolle des „Internen Modells"   In diesem Lernprozess spielt das sog. *„Interne Modell"* eine besondere Rolle.[232] Die- ses Modell ist im hier betrachteten Kontext *als internes Wissens- und Erfahrungs- modell* der Projektleitung (und auch der Projektmitarbeiter), aber beispielsweise auch als *Netzplanmodell* (und dgl.) zu interpretieren.

Lernen bedeutet demnach, dieses interne Modell durch Aufnahme von Informationen ständig zu erweitern und an veränderte Bedingungen anzupassen.

Auf eben diesem Vorgang beruht – wie bereits an anderer Stelle hervorgehoben – das Vorgehen der Projektteams im *agilen Projektmanagement*, und dieser Vorgang hat auch grundlegende Bedeutung im Steuerprozess des klassischen Projektmana- gements (siehe **Abb. 5.03**).

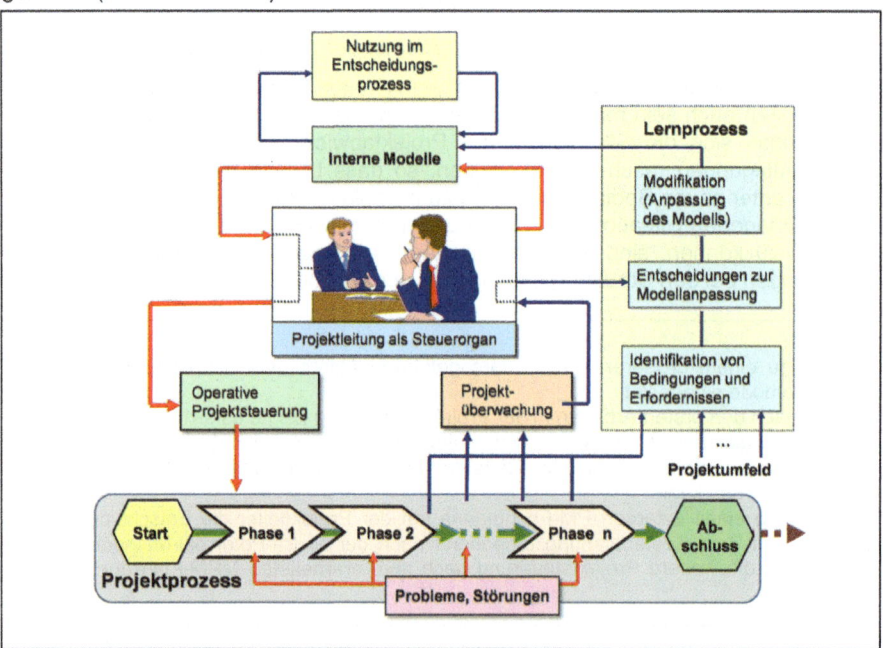

Abb. 5.03: Selbstlernende Projektsteuerung (Prinzipschema)

Begriff „Lernen"   [231] *„Rückkopplung ist Steuerung eines Systems durch Wiedereinschalten der Arbeitsergebnisse in das System selbst... Wenn indessen die vom System zurückgemeldete Information die allgemeine Metho- de und das Schema der Ausführung zu ändern vermag, haben wir einen Vorgang, der gut und gerne als Lernen bezeichnet werden kann."* [N. WIENER: Mensch und Menschmaschine, Frankfurt/M. 1958].
[232] Siehe K: STEINBUCH: Mensch und Automat. Springer-Verlag, Berlin 1965.

5.2.3 Leistungsbewertung und Projektfortschrittsmessung

■ **Problemstellung**

Nach der Darlegung wichtiger kybernetischer Grundlagen der Ausgestaltung eines wirksamen Projektcontrollings sollen in diesem Abschnitt projektbezogene betriebswirtschaftliche Aufgaben und Vorgehensweisen der Leistungsbewertung und der Projektfortschrittsmessung erörtert werden.

Ausgangspunkt hierfür ist das in Abb. 4.02 (Seite 164) dargestellte „magische Viereck" des Projektmanagements,

Danach stehen aus inhaltlicher Sicht folgende Probleme im Fokus des Projektcontrollings:

- Welche Sach- und/oder Dienstleistungen sollten *planmäßig* in welchem Projektzeitraum erbracht werden und welche Leistungsgröße (im Geldausdruck) steht dahinter?

- Welche Sach- und/oder Dienstleistungen wurden in welchem Projektzeitraum *tatsächlich* erbracht und welche Leistungsgröße (im Geldausdruck) dabei erstellt?

- Zu welchen *Projektzeitpunkten* sollte eine diesbezügliche *Leistungsbewertung* vorgenommen werden und welche Daten wurden im SOLL-IST-Vergleich hierzu ermittelt?

- Wie kann der *Projektfortschritt* bzw. ein *Projektstatus* in Relation zur Zielerreichung zu einem bestimmten Zeitpunkt als „Plan-" und als „Ist-Wert" bestimmt werden?

- Wie kann der Projektfortschritt aus der Sicht der Zusammenhänge von *Aufwand* (Kosten) und *Nutzen* (Fertigstellungswert) ermittelt und bewertet werden und wie lässt sich eine *Vorhersage* dieser Relation für den weiteren Projektverlauf ausführen?

Zu diesen Fragen sollen im Weiteren Antworten erarbeitet und entsprechende Berechnungsmethoden vorgestellt werden.

Als Erstes sind in dieser Hinsicht die Begriffe „Fertigstellungswert" und „Fortschrittsgrad" sowie die Methoden der Ermittlung dieser Controlling-Kennzahlen zu klären.

Schwerpunkte im Projektcontrolling

■ **Projektfortschritt, Fortschrittsgrad, Fertigstellungswert** [233]

Unter **Projektfortschritt** ist die im Prozess der Projektrealisierung erreichte jeweilige Zustandsänderung des betreffenden Vorhabens zu verstehen.

Der Projektfortschritt kann damit als *Maßangabe* [%] des Standes des Projekts zu einem bestimmten Termin hinsichtlich der Zielerreichung zu einem bestimmten Projektzeitpunkt (als Plan) definiert werden (= *Projektstatus*).

Wichtigste Kenngröße bei der Ermittlung des Projektfortschritts ist der *„Fortschrittsgrad"* (Symbol **FGR** [%]).

Zur Messung des Projektfortschritts

---

[233] Siehe hierzu auch:
GPM-Projektmanagement-Fachmann, a. a. O., Abschnitt 3.6;
JAKOBY, W.: Projektmanagement, a. a. O., Abschnitt 11.1;
KUSTER, J.: Handbuch Projektmanagement, a. a. O., Abschnitt 2.5.6.

Im Projektcontrolling wird in der Regel zwischen einem *Plan*-Fortschrittsgrad (Symbol FGR_{Plan}) und einem *Ist*-Fortschrittsgrad (Symbol FGR_{Ist}) unterschieden.[234]

Der Plan-Fortschrittsgrad gibt an, zu wie viel Prozent ein definiertes Ziel zu einem bestimmten Stichtag – vom Plan her - erreicht werden soll.

Der Ist-Fortschrittsgrad hingegen gibt an, zu wie viel Prozent das betreffende Ziel am gegebenen Stichtag tatsächlich (im *Ist*) erreicht wurde.

Dieser Ist-Fortschrittsgrad wird auch als Fertigstellungsgrad **FGR** [%] bezeichnet und kann wie folgt ermittelt werden:

Fertig-
stellungs-
grad FGR

$$FGR = \frac{\text{zum Stichtag erbrachte Leistung}}{\text{Gesamtleistung}} * 100 \ [\%] \qquad (5.1)$$

Die „Leistung" kann sich auf eine „Arbeitsmenge [ME]", die „Kosten" [EUR] oder den „Arbeitsaufwand" [ZE] beziehen. Diese Kennzahl kann für Vorgänge, Arbeitspakete, Teilprojekte oder für das Gesamtprojekt ermittelt werden.

Eine weitere wichtige Controlling-Kennzahl ist der *Fertigstellungswert*.

Fertig-
stellungs-
wert FW

Als **Fertigstellungswert** (Symbol **FW** [EUR]) wird der dem *Ist*-Fertigstellungsgrad zugerechnete *Anteil* an den Gesamtkosten eines Vorgangs, Arbeitspakets, Teilprojekts oder des Gesamtprojekts bezeichnet:

$$FW = \text{Gesamtkosten } K \ [EUR] * FGR_{Ist} \ [\%] \ / \ 100 \qquad (5.2)$$

Der Fertigstellungswert FW wird auch als „*Earned Value*" (**EV**) oder auch als die zum Ist-Fertigstellungsgrad gehörende *Sollkosten* bezeichnet.

Um die Anwendung dieser Kennzahlen im Projektcontrolling aufzuzeigen, müssen zunächst ausgewählte Methoden der Projektfortschrittsmessung vorgestellt werden.

■ Methoden der Projektfortschrittsmessung

Die *Abbildgenauigkeit* eines über die Projektfortschrittskontrolle ermittelten Wertes für den Fortschrittsgrad im Projektprozess bestimmt maßgeblich die *Qualität* des gesamten Projektcontrollings (siehe hierzu die Anmerkungen zur Ermittlung von Ist-Werten als Ausgangspunkt im Rückkopplungsprozess).

Der scheinbar auf der Hand liegende Ansatz, einen *linearen* Zusammenhang zwischen dem Fortschrittsgrad **FGR** [%] und der bei der Realisierung eines Vorgangs oder Arbeitspaketes bislang vergangenen Zeit **T** [ZE] in der Form einer Beziehung "**FGR = T * 100 / D**" zu vermuten, wobei mit **D** die geplante Dauer eines Arbeitspakets gemeint ist, kann sich als *großer Irrtum* herausstellen und zu folgenschweren Fehlsteuerungen im Projektprozess führen (siehe hierzu die nachstehende **Abb. 5.04**).

---

[234] Siehe hierzu:
GPM-Projektmanagement-Fachmann. a. a. O., Abschnitt 3.6.1.

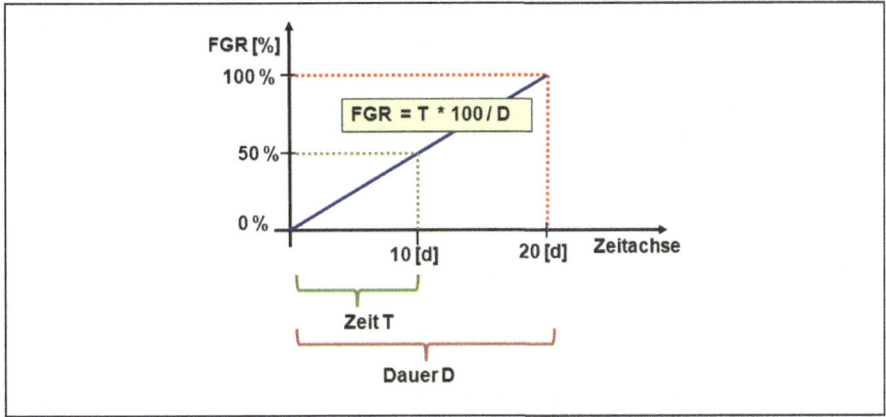

Abb. 5.04: Angenommener Zusammenhang zwischen dem Arbeitsfortschritt in der Realisierung eines Arbeitspakts und seiner geplanten Dauer **D**

Der mögliche Irrtum begründet daraus, dass in der Praxis der Arbeitsfortschritt bei der Realisierung eines Vorgangs, eines Arbeitspakts oder eines Teilprojekts im Verlaufe der Dauer **D** ganz *unterschiedliche Ausprägungen* haben kann, wobei ein linearer Zusammenhang in der oben beschrieben Form bestenfalls bei einer *Mengen-* und *Zeitproportionalität* der zu erledigenden Arbeiten in Abhängigkeit von der Dauer **D** auftritt.

Annahme einer linearen Beziehung als möglicher „Projekt-Irrtum"

Um die unterschiedlichen Ausprägungen eines Projektfortschritts möglichst adäquat abzubilden, werden im Projektcontrolling verschiedene Methoden angewendet.

Die Darstellung in **Tab. 5.03** gibt hierzu einen Überblick über ausgewählte Methoden.[235]

Tab. 5.03: Methoden zur Bestimmung des Fortschrittsgrades FGR [%]

Nr.	Methode	Grafik	FGR = x [%]	Beispiele
1	Status-schritte	A B C 0 x_1 x_2 x_3 100	A, B, C = Statusschritte, x = FGR [%]	Bauausführung, Montageprozess
2	50-50-Methode	50　　　100	Begonnen: x = 50, Ende = 100	Vorgänge mit umfangreichen Vorbereitungen und kurzer Dauer
3	0 – 100-Methode	0　　　100	x = 0, 100	Vorgänge von kurzer Dauer, z. B. „Abnahme"
4	Mengen-Proporti-onalität	0 x_1 x_2 x_3 100	$X = \dfrac{\text{fertige Menge [ME]}}{\text{Plan-Menge [ME]}} * 100 \, [\%]$	Fremdleistungen, Zeichnungserstellung
5	Zeit-Propor-tionalität	0 x_1 x_2 x_3 100	$X = \dfrac{\text{abgelaufene Dauer [ZE]}}{\text{geplante Zeitdauer [ZE]}} * 100 \, [\%]$	Arbeit der Bauleitung, Geräteeinsatz

Ausgewählte Methoden der Fortschritts-messung

---

[235] Vgl. ebenda.

Falls eine der in Tab. 5.03 aufgeführten Methoden als nicht einsetzbar angesehen wird, verbleibt immer noch die Methode der *subjektiven Schätzung* des Fortschrittsgrads FGR.
Die Anwendung dieser Methode ist aber aus guten Gründen nicht zu empfehlen.

Methode der „Statusschritte"

Die Anwendung der *„Methode Statusschritte"* bietet sich besonders dann an, wenn im betreffenden Projektabschnitt bestimmte Ereignisse (Meilensteine) als „Statusschritte" definiert sind, zu denen ein bestimmter *Zuwachs* im Projektfortschritt zu erreichen ist.
Ferner ist wichtig, dass sich der untersuchte Projektabschnitt über mehrere Berichtsperioden erstreckt, wobei nur dann ein Zuwachs im Projektfortschritt angerechnet wird, wenn die betreffenden Arbeiten im jeweiligen Statusschritt erledigt sind und wenn hierbei das „IST" besser ist als das „SOLL" (lt. Plan).[236]

Dazu ein *Beispiel*:

Im Fallbeispiel **FB 01** (Produktionsverlagerung eines Betriebsteiles) wurden unter anderem folgende „Meilensteine" festgelegt:

A: Abschluss der Demontage der CNC-Maschinen am bisherigen Standort;
B: Abschluss des Transports der CNC-Maschinen an den neuen Standort;
C: Abschluss der Montage der CNC-Maschinen am neuen Standort;
D: Abschluss der Abnahme in Bezug auf die Funktionsbereitschaft der Maschinen.

Nachfolgend wird der Zuwachs im Fortschrittsgrad je Statusschritt und sodann kumulativ im „SOLL" (Plan) und im „IST" tabellarisch ausgewiesen:

Zeitdauer					
	⇧ Beginn	⇧	⇧	⇧ Abschluss⇧	
Statusschritt	**A**	**B**	**C**	**D**	
ΔFGR_{Plan}	40	30	25	5	100
ΣFGR_{Plan}	40	70	95	100	

Zeitdauer	⇧Beginn	Abschluss	⇧		
Statusschritt	**A**	**B + C**	**D**		
ΔFGR_{Ist}	40	55	5		100
ΣFGR_{Ist}	40	95	100		

„50-50"-Methode

Die *„50-50-Methode"* kann dann angewendet werden, wenn die betrachtete Zeitdauer weniger als 3 Berichtsperioden umfasst und wenn in erheblichem Umfang *Vorleistungen* zu berücksichtigen sind, die nicht explizit als Leistungseinheiten ausgewiesen werden, jedoch einem Projektbereich zugeschrieben werden sollen.
Dies berechtigt, einen Fortschrittszuwachs von 50 % bereits bei Arbeitsaufnahme zurechnen.

---

[236] Vgl. ebenda.

Dies trifft zum Beispiel in jenem Fall zu, wenn vor Beginn eines Arbeitspakets Planungsunterlagen zu erstellen sind.

Die *„0-100"Methode"* kann dann im Projektcontrolling angewendet werden, wenn im betreffenden Projektabschnitt bis zu seinem Abschluss kein effektiver Fortschrittsgradzuwachs bestimmt werden kann und wenn die Zeitspanne dieses Abschnitts weniger als eine Berichtsperiode beträgt (Bespiel: „Test" einer Anlage). *„0-100"-Methode*

Die Anwendung der *„Methode der Mengen-Proportionalität"* setzt voraus, dass im betrachteten Projektabschnitt mess- oder zählbare Ergebniseinheiten zu erstellen sind, zu denen eine Leistungsplanung möglich ist. Mengenproportionalität

Dies trifft zum Beispiel für die Fertigung von Einzelteilen, Modulen und dgl., aber auch für das Erstellen von Zeichnungen oder auch für das Verlegen von Pflastersei-nen bei einem zu erstellenden Parkplatz zu.

In diesem Falle wird für die Fortschrittsmessung oft die *„0-50-100"-Methode* angewendet (analog der Darstellung in Abb. 5.04).

Die *„Methode der Zeit-Proportionalität"* kann dann angewendet werden, wenn zum jeweiligen Projektabschnitt nur allgemeine Leistungsbeschreibungen vorliegen und die Arbeitsergebnisse nicht im Einzelnen bewertbar sind. Zeitproportionalität

Beispiele: Einbeziehung der Arbeit der Bauleitung in die Projektbewertung oder Abrechnung der Dauer des Einsatzes einer geleasten Baggers in einem Projektabschnitt.

■ Ermittlung des Gesamt- Projektfortschritts

Der Projektleiter steht – wie mehrfach hervorgehoben – in der Verantwortung, den Erfolg des betreffenden Vorhabens insgesamt zu sichern. Daher ist es unabdingbar, zu bestimmten Zeitpunkten eine möglichst *objektive* Einschätzung darüber zu erhalten,

• welcher *Gesamt-Projektfortschritt* zu diesem Zeitpunkt erreicht wurde und ob dieser Projektfortschritt *„im Plan liegt"* oder ob es diesbezüglich ein *Rückstand* (zum Plan) bzw. einen *Vorsprung* (zum Plan) gibt und

• wie die *Chancen* zu bewerten sind, dass die *Projektziele* (Leistung, Termin, Kosten, Qualität) zum Abschluss des Vorhabens erreicht werden.

Zur Ermittlung eines Gesamt-Fortschrittsgrades gilt es, eine Hochrechnung der zu einem Berichtszeitpunkt ermittelten AP- bzw. vorgangsbezogenen Einzel-Fortschrittsgrade vorzunehmen. Beachtung des „Gewichts" der Arbeitspakete

Das Problem besteht dabei darin, dass die in den einzelnen Arbeitspaketen bzw. Vorgängen zu erledigenden Arbeiten in Bezug auf die zu erbringende Leistung und den Ressourceneinsatz ein *unterschiedliches Gewicht* haben.

Dieses unterschiedliche Gewicht kann bei der Ermittlung des Gesamt-Fortschrittsgrades dann gut berücksichtigt werden, wenn hierfür die Daten aus der Leistungs- und Ressourcenplanung auf Basis von *Arbeitsmengen, Personenstunden* sowie *Personal-* und *Sachkosten* vorliegen.

Betrachten wir dazu ein *Demo-Beispiel*.

Bei einem begonnenen Projekt, das in einem Zeitraum von **75** Tagen abzuschließen ist, liege der erste wichtige Berichtstermin bei **T = 20** [Tage].

In diesem Zeitraum seien die Arbeitspakete **AP₁**, **AP₂** und **AP₃** zu realisieren (siehe **Abb. 5.05**).

Fallbeispiel

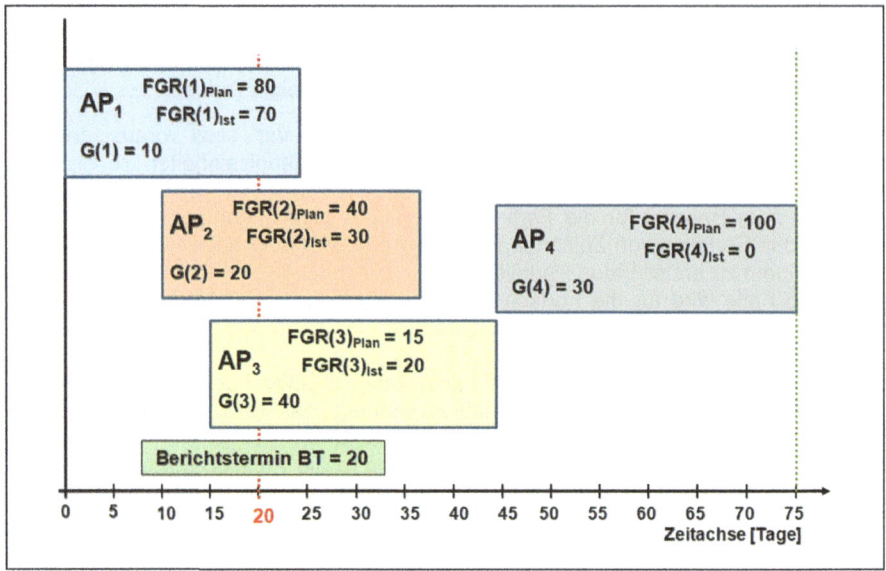

Abb. 5.05: Demo-Beispiel zur Ermittlung eines Gesamt-Fortschrittsgrades

Zum Berichtstermin **BT = 20** liegen die Daten sowohl zu den *Plan*-Fortschrittsgraden der drei Arbeitspakete (Symbol **FGR$_{Plan}$** [%]) als auch zu den ermittelten *Ist*-Fortschrittsgraden (Symbol **FGR$_{Ist}$** [%]) vor.

Wenn wir aus den drei Plan- und den drei Ist-Angaben einen ungewichteten Gesamt-Fortschrittsgrad errechnen würden, erhalten wir folgende Ergebnisse:

FGR$_{Plan}$ = (80 + 40 +15)/3 = **45** %; **FGR$_{Ist}$** = (70 + 30 +20)/3 = **40** %.

Diese Rechnung berücksichtigt jedoch nicht das Gewicht der Arbeitspakete im Vergleich zueinander und in Bezug auf das Projekt insgesamt.

Wird in der Ermittlung des Gesamt-Fortschrittsgrades das angegebene Gewicht **G** hingegen berücksichtigt, erhalten wir folgendes Ergebnis:

FGR$_{Plan}$ = (80 * 10 + 40 * 20 +15 * 40)/(10 + 20 + 40) = **34** %;

FGR$_{Ist}$ = (70 * 10 + 30 * 20 +20 * 40)/(10 + 20 + 40) = **32** %.

Diese Ergebnisse spiegeln die Situation in Bezug auf den Gesamt-Fortschrittsgrad *wirklichkeitsnäher* dar.

95%-Syndrom
In der Praxis des Projektmanagements unterliegt man in Bezug auf den Gesamt-Fortschrittsgrad oft einem Trugschluss, der mit dem aus der Software-Entwicklung bekannten 95%-Syndrom identifiziert wird:

Im Realisierungsprozess eines Projekt läuft es sehr gut, man ist *„bald fertig"* (zu etwa 95 %), aber dann kommt der „Ärger": Immer mehr Probleme tauchen auf, das Zusammenführen von Teilen klappt nicht usw. usf., man wird eben *nicht* „bald fertig"!

Konsequenz: In der Ermittlung des Fertigstellungs- bzw. des Gesamt-Fortschritts-grades sind Methoden anzuwenden, die den Realisierungsprozess möglichst weitge-hend objektiv abbilden und bei denen subjektive Schätzungen vermieden werden (siehe auch **Abb. 5.06**).

Grafik zum 95%-Syndrom

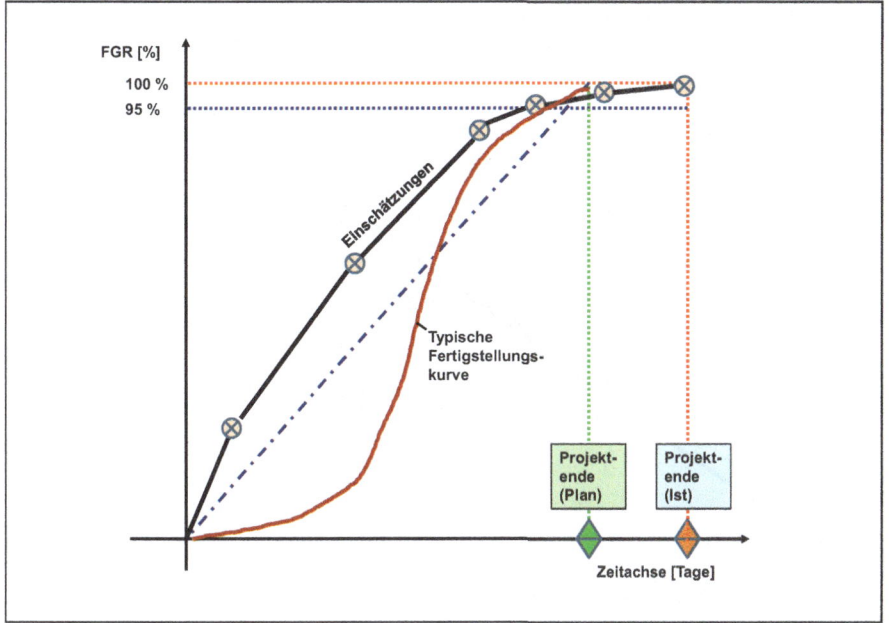

Abb. 5.06: Zu möglichen Verläufen des Fertigstellungsgrades eines Projekts[237]

■ **Meilensteintrendanalyse (MTA)**

Die beschriebene Lösung für die Ermittlung des Gesamt-Fortschrittsgrades (mit Mes-sung der einzelnen AP-Fortschrittsgrade und nachfolgender Gewichtung der AP) ist in der Praxis schwierig zu realisieren und zudem auch arbeitsaufwändig.
Um einen anschaulichen Überblick über den Projektfortschritt zu erhalten, bietet sich eine andere Vorgehensweise an, die als *Meilensteintrendanalyse* (MTA) bezeichnet wird.[238]

Begriff der MTA

Die **Meilensteintrendanalyse** ist ein Instrument des Projektcontrollings, das dazu genutzt wird, um den *Trend* in der zeitlichen Veränderung im Projektfortschritt an-hand von definierten *Meilensteinen* visualisiert darzustellen und so zu erreichen, dass *Terminverschiebungen rechtzeitig erkannt* und *Steuermaßnahmen* zur Ein-haltung von Eck-Terminen noch wirksam werden können.

Als **Meilensteine** werden jene wichtigen *Zeitpunkte* in einem Projekt bezeichnet, zu denen *definierte Leistungsergebnisse* vorliegen sollen. Derartige Zeitpunkte können aber auch Prüfpunkte sein, zu denen über die weitere Vorgehensweise im Projektprozess entschieden werden soll.

---

[237] Siehe auch:
KUSTER, J. u. a.: Handbuch Projektmanagement, a. a. O., Abschnitt 2.5.6.5.
[238] Siehe auch:
JAKOBY, W.: Projektmanagement, a. a. O. Abschnitt 11.1.4.

Die Darstellung in **Abb. 5.07** zeigt den Aufbau eines MTA-Diagramms mit drei Bei-spiel-Meilensteinen.

MTA-Chart

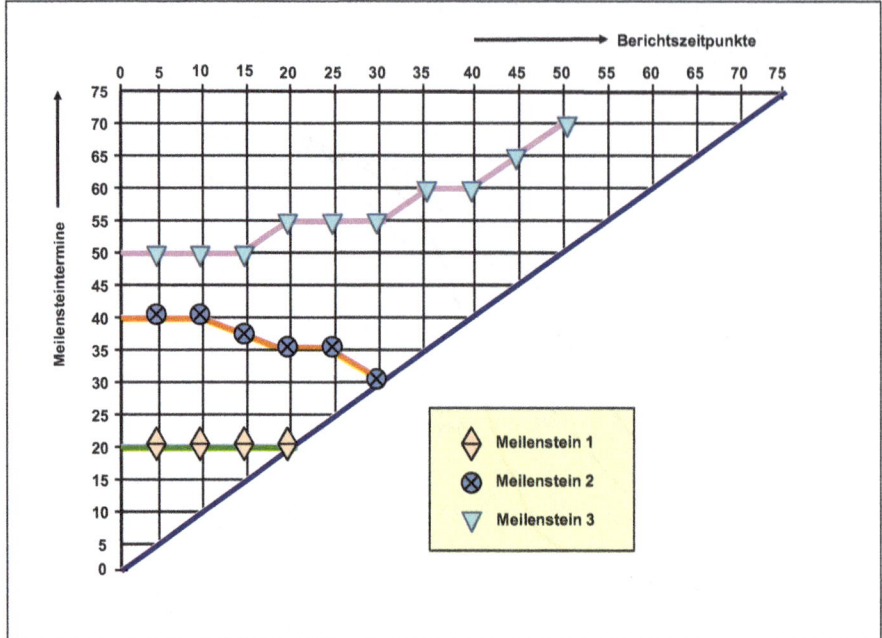

Abb. 5.07: Demo-Darstellung zu einer Meilensteintrendanalyse

Erläuterungen:
Im MTA-Chart werden auf der **x**-Achse die *Berichtszeitpunkte* und auf der **y**-Achse die *Termine der definierten Meilensteine* lt. Projektplanung eingetragen.
Die diagonal verlaufende Linie gibt den jeweiligen Ist-Zeitpunkt an.

Die Aufgabe besteht dann darin, zu jedem Berichtszeitpunkt den *voraussichtlichen (prognostizierten) Fertigstellungstermin* des betreffenden Meilensteins im Chart zu kennzeichnen.
Im realen Projektprozess kann ein solcher Termin vom ursprünglich geplanten bzw. prognostizierten Termin abweichen (siehe Abb. 5.07).
Der Verlauf einer Meilenstein-Trendlinie kann dann wie folgt interpretiert werden:

Interpre-tation des MTA-Charts

- Eine *waagrecht* verlaufende Trendlinie bedeutet, dass die Realisierung der Aufga-ben zum Erreichen des betreffenden Meilensteins *planmäßig* verläuft (Meilenstein 1 in Abb. 5.07).

- Ergibt sich aus der Trendprognose eine *abfallende Linie*, dann wird der betreffen-de Meilenstein *früher* als ursprünglich geplant erreicht (Meilenstein 2 in Abb. 5.07).

- Ergibt sich aus der Trendprognose hingegen eine *aufsteigende Linie*, dann wird der betreffende Meilenstein *später* als ursprünglich geplant erreicht (Meilenstein 3 in Abb. 5.07).

Der Projektfortschritt kann ein einem MTA-Chart natürlich nur mit starker Informationskomprimierung visualisiert verdeutlicht werden, dennoch ist dieser Chart als aggregierte Situationsdarstellung zum Zwecke der Information des Projektleiters, des Auftraggebers und anderer Projektbeteiligter sehr hilfreich, weil in diesem Chart sowohl ein Rückblick auf erbrachte Leistungen als auch eine Vorschau auf den weiteren Projektverlauf abgeleitet werden kann.

Mit der Ermittlung und Bewertung des Fortschrittsgrades von Arbeitspaketen bzw. des Gesamt-Fortschrittsgrades eines Projekts sind aber noch nicht alle Aufgaben der Projektdatenerfassung und -auswertung im Rahmen des Projektcontrollings erledigt.

Offen sind noch die Aufgaben der *Termin-, Qualitäts-, Kosten-* und *Finanzmittel-Kontrolle* zwecks Sicherung des Projekterfolgs durch eine darauf bezogene Projektsteuerung.

5.2.4 Termin- und Qualitätskontrolle

■ **Terminkontrolle**

> Inhalt und Aufgabe der **Terminkontrolle** im Rahmen des Projektcontrollings ist es, zu bestimmten Kontrollzeitpunkten (Berichtsterminen) die *Einhaltung* der für den Abschluss von Arbeitspaketen *geplanten* Termine im IST zu überprüfen und dabei mögliche *Abweichungen* zwischen Plan- und Ist-Terminen zu ermitteln und auszuweisen.

Aufgaben der Termin- kontrolle

Die Wahrnehmung dieser Aufgabe scheint relativ einfach zu sein, dennoch sind dabei einige Probleme zu beachten:

Als *Berichtstermine* werden in der PM-Praxis festgelegte Termine für *Rapport-Besprechungen* beim Projektleiter und/oder Termine für das Erstellen von *Status-Berichten* zu Arbeitspaketen, Teilarbeiten oder Teilprojekten bestimmt.

Die Terminkontrolle bezieht sich dann darauf,

a) zu *überprüfen*, inwieweit der *Plan-Termin* **PT** eines Arbeitspaketes **i**, das bis zum jeweiligen Berichtstermin **BT** planmäßig *abzuschließen* war, im IST als Ist-Termin **IT** auch eingehalten wurde und inwieweit diesbezüglich gegebenenfalls eine *Differenz* $\Delta T(i)$ in der Form $\Delta T(i) = PT(i) - IT(i)$ feststellbar ist,

b) zu ermitteln bzw. einzuschätzen, welcher *Zeitfortschrittsgrad* bei jenen Arbeitspaketen **j** erreicht wurde, die bis Berichtstermin **BT** *angearbeitet* sind, aber noch nicht abgeschlossen wurden und mit welcher *Gesamtdauer* bei der Realisierung dieser Arbeitspakte demnach voraussichtlich zu rechnen ist sowie

c) zu ermitteln, welche *Auswirkungen* die nach a) und b) ermittelten Ergebnisse auf die Termine der jeweils nachfolgenden Arbeitspakte du auf die Projektdauer insgesamt haben.

Zwecks Veranschaulichung dieser Aufgaben betrachten wir ein kleines Demo-Beispiel in Form eines Gantt-Diagramms (siehe nachstehende **Abb. 5.08**):

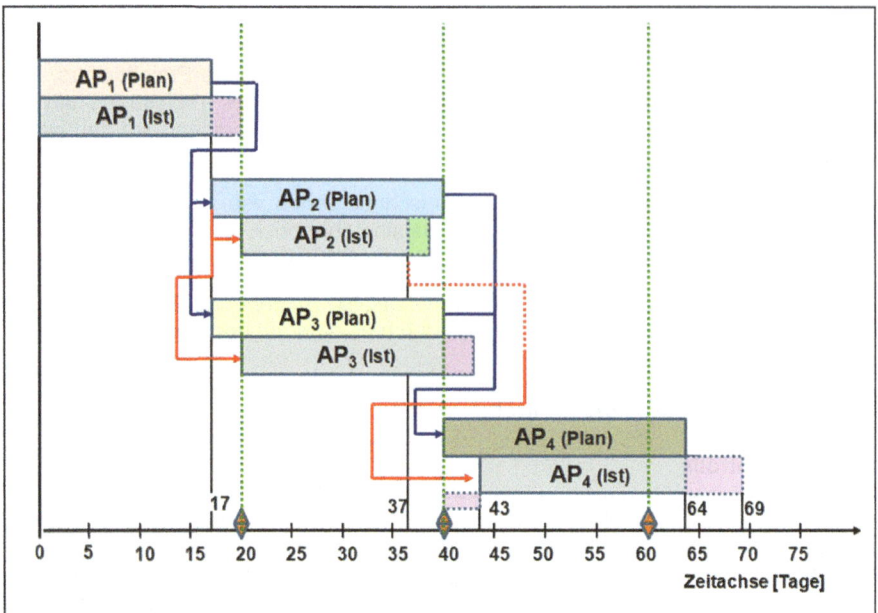

Abb. 5.08: Demo-Beispiel zur Terminkontrolle

Der Prozess der Realisierung eines Projekts beginne mit der Realisierung der Arbeitspakete AP_1, AP_2, AP_3 und AP_4. Voraussetzung für den Beginn der Arbeitspakete AP_2 und AP_3 ist der Abschluss des Arbeitspaketes AP_1. Voraussetzung für den Beginn des Arbeitspaketes AP_4 ist der Abschluss der Arbeitspakete AP_2 und AP_3.

Die Terminkontrolle zum **BT = 20** [Tage] hat ergeben, dass das Arbeitspaket AP_1 nicht wie geplant zum 17. Tag, sondern erst zum besagten Berichtstermin fertiggestellt wurde.

Es ist somit ein *Zeitverzug* von **$\Delta T(1)$ = PT(1) – IT(1) = 17 – 20 = - 3** Tagen festzustellen.
Dies hat unmittelbar Auswirkungen auf den Beginn der nachfolgenden Arbeitspakete AP_2 und AP_3, deren Realisierung somit erst zum Termin **T = 20** beginnen kann.

Bei der Terminkontrolle zum **BT = 40** wurde festgestellt, dass das Arbeitspaket AP_2 bereits zum **IT(2) = 37**, somit 3 Tage früher als geplant abgeschlossen wurde.
Dieser Vorsprung kann aber für den Start des nachfolgenden Arbeitspakets AP_4 nicht genutzt werden, da die zweite Voraussetzung (Abschluss des Arbeitspaketes AP_3) nicht gegeben ist.
Die Realisierung des Arbeitspaketes AP_3 erfolgt zwar im Rahmen der geplanten Dauer, aber durch den um **3** Tage verspäteten Beginn kann das Arbeitspaket erst zum Termin **IT(3) = 43** abgeschlossen werden. Die Folge ist, dass das Arbeitspakt AP_4 auch erst 3 Tage später, und zwar zum Anfangstermin **T(4) = 43** beginnen kann.

Es gilt nun zu prüfen bzw. einzuschätzen, zu welchem Termin das Arbeitspaket AP_4 abgeschlossen werden kann.

Unter diesem Aspekt kann im betrachteten Demo-Beispiel folgende Vorgehensweise angewendet werden:

Demo-Beispiel

Interpretationen

Zum **BT = 60** betrug die *Ist-Dauer* des Arbeitspakets **AP₄** vorerst **DV(4) = 17** Tage (60 – 43 = 17, siehe Abb. 5.08).

Der Verantwortliche für das Arbeitspaket **AP₄** schätzt ein, dass für den Abschluss dieses Arbeitspaktes – bei geplantem Ressourceneinsatz – noch eine *Restdauer* von **9** Tagen in Anspruch genommen werden muss. Somit kann die *voraussichtliche Dauer* des Arbeitspaketes **AP₄** wie folgt bestimmt werden:

voraussichtliche Dauer eines AP [ZE] =

= Ist-Dauer zum Berichtstermin [ZE] + voraussichtliche Restdauer [ZE] =

= 17+ 9 = 26.

(5.5) Ermittlung der voraussichtlichen Dauer eine AP

Der Zeitverzug gegenüber der geplanten Dauer von **DV(4) = 24** Tagen (nach Abb. 5.07) beträgt damit **2** Tage.

Der erwartete voraussichtliche Endtermin **ET(4)** des Arbeitspaketes **AP₄** errechnet sich – bei verspätetem Anfangstermin **AT(4)** – somit zu **ET(4) = AT(4) + DV(4)** mit dem Ergebnis **ET(4) = 43 + 26 = 69** (siehe Abb. 5.08).

Aus den Daten zur „Ist-Dauer eines Arbeitspaketes zum Berichtszeitpunkt" (Symbol **DV(i)ₐₜ**) und „voraussichtliche Gesamtdauer des Arbeitspaketes" (Symbol **vDV(i)**) lässt sich wie folgt ein „Zeitfortschrittsgrad" (Symbol **ZFRG(i)**) zum betreffenden Arbeitspaket **APᵢ** ermitteln:

Ermittlung des Zeitfortschrittsgrades

$$\text{ZFGR(i)} = \text{DV(i)}_{BT} * 100 / \text{vDV(i)} \ [\%] \qquad (5.6)$$

Im betrachteten Demo-Beispiel erhalten wir das Arbeitspaket **AP₄** folgenden Wert zum Berichtstermin BT = 40:

ZFGR(4) = 17 * 100 / 26 = 65,4 [%] .

Durch die Angabe in *Prozent* wird der Zeitfortschrittsgrad bei mehreren, zu einem bestimmten Berichtstermin kontrollierten Arbeitspaketen zwar vergleichbar, es ist aber dabei zu beachten, dass bei dieser Berechnungsmethode immer eine gewisse *Zeitproportionalität* im Realisierungsprozess eines Arbeitspaketes vorausgesetzt wird, die aber – wie bereits an anderer Stelle begründet – in der Realität nicht gegeben sein muss (siehe Tab. 5.03).

Wichtig ist ferner, sich immer wieder bewusst zu sein, dass sich die Dauer **DV** eines Arbeitspaketes – bei Ressourceneinsatz „Personal" – gemäß Formel (4.2) stets aus der Division des Arbeitsaufwandes **A** und dem in diesem Arbeitspaket wirksamen Kapazitätseinsatz **C** errechnet:

Beachtung von „Aufwand" und „Ressourceneinsatz"

$$\frac{\text{kalkulierter Aufwand A [Pd]}}{\text{Kapazitätseinsatz C [P/d]}} = \text{Dauer DV [d]}$$

Eine kürzere oder eine längere Ist-Dauer **DVᵢₛₜ** eines Arbeitspaketes – gegenüber der geplanten Dauer **DVₚₗₐₙ** – kann ihre Ursache darin haben, dass

- entweder der *Arbeitsaufwand* im *Ist* (**Aᵢₛₜ**) größer oder kleiner als der Planwert **Aₚₗₐₙ** war oder
- der *Kapazitätseinsatz* im *Ist* (**Cᵢₛₜ**) von dem geplanten Kapazitätseinsatz **Cₚₗₐₙ** nach oben oder nach unten abgewichen oder aber auch
- Beides zugleich eingetreten ist.

Bereits das kleine Demo-Beispiel nach Abb. 5.08 macht eigentlich deutlich, dass Darstellungen von Ablauf- und Zeitstrukturen im *Gantt*-Diagramm nur sehr begrenzt geeignet sind, die Folgen von Verkürzungen bzw. Verlängerungen der Dauer der einzelnen Arbeitspakete sichtbar und kontrollfähig zu machen.

Bedeutung der Netz- plantechnik"

Wesentlich besser geeignet sind hierfür *Netzplanmodelle* (CPM, MPM, PERT), zumal wenn deren Einsatz *computerunterstützt* erfolgt. In diesem Fall können die Folgen von Veränderungen in der Ist-Dauer von Arbeitspaketen sehr schnell ermittelt werden, wobei vor allem wichtig ist, ob diese Veränderungen bei Arbeitspaketen auf dem *„kritischen Weg"* oder – unter Beachtung von Pufferzeiten – auf *nicht-kritischen* Pfaden im Netz zu verzeichnen sind.

Daraus folgt: *Die Terminkontrolle ist – im Hinblick auf die Sicherung des Projekt- erfolgs – eines der wichtigsten Instrumente im Projektcontrolling, weil auf diese Weise ein effizientes „Frühwarnsystem" zum Tragen gebracht werden kann!*

■ **Qualitätskontrolle und Qualitätssicherung**[239]

Aufgaben der Quali- tätskontrolle im PM

Inhalt und Aufgabe der **Qualitätskontrolle** und **Qualitätssicherung** im Rahmen des Projektcontrollings ist es, die Realisierung der einzelnen Projektprozesse – ausgehend von den einschlägigen *Normen* und *Vorschriften des Qualitätsmana- gements,* der projektbezogenen *technischen Normen,* der Vorschriften zum *Ar- beitsschutz,* zum *Umweltschutz* und zu anderen Gebieten - *kontinuierlich* zu begleiten und zu überwachen, um so zu sichern, dass die Projektergebnisse auch aus Sicht des Kriteriums „Qualität" den für das betreffende Vorhaben gestellten Zielen entsprechen.
Mit Maßnahmen einer **kontinuierlichen Prozessverbesserung** wird zugleich angestrebt, die Abläufe im Projektprozess effizienter zu gestalten und letztlich auch Kosten zu sparen.

Eine Berichterstattung beim Rapport oder eine Statusmeldung im Sinne *„Das Arbeits- paket AP(x) wurde zum Berichtstermin planmäßig abgeschlossen"* muss im gegebe- nen Fall nicht bedeuten, dass alles mit diesem Arbeitspaket in Ordnung ist.

Die Einhaltung eines vorgegebenen Termins ist zwar wichtig, daraus zu schlussfol- gern, dass auch die geforderte *Qualität* der Arbeitsergebnisse erreicht oder das be- treffende Kostenbudget eingehalten wurde, wäre voreilig.

Beispiel:
Im Fallbeispiel **FB01** (Produktionsverlagerung eines Betriebsteils) wurde das Arbeitspa- ket „Montage der Maschinen am neuen Standort" planmäßig abgeschlossen.
Bei der Abnahme dieses Arbeitspaketes stellte sich aber heraus, dass bei zwei Maschi- nen die einschlägigen Vorschriften für den Arbeitsschutz (Verhinderung von Verletzun- gen bei rotierenden Teilen) nicht umgesetzt wurden und bei einem weiteren CNC- Automaten die Programmsteuerung unvollständig programmiert war.

Folge: Die Behebung dieser Mängel kostete nicht nur „Zeit und Geld", sondern führte zu Problemen bei der Sicherung des Abschluss-Termins des ganzen Vorhabens, abgese- hen von Verstimmungen in Bezug auf das erwartete Erfolgserlebnis im Projektteam.

---

[239] Siehe hierzu auch:
GPM – Projektmanagement-Fachmann, a. a. O., Abschnitt 4.2.

Die Einbeziehung einer *systematischen Qualitätskontrolle* in das gesamte Projekt-controlling ist im Hinblick auf das Erreichen der Projektziele und des Projekterfolgs unerlässlich, was auch dadurch zum Ausdruck kommt, dass es für das „Qualitätsma-nagement in Projekten" einen eigenen Standard gibt. Es handelt sich hier um die Norm *ISO 10006* (2003), die zur Normenfamilie DIN EN ISO 9000 gehört und Hilfe-stellungen für die Sicherung der Qualität im gesamten Projektmanagement liefert. Aufgrund der Bedeutung des Qualitätsmanagements in Projektprozessen wird dieses Thema in einem gesonderten Abschnitt behandelt.[240]

Normen zum Qualitäts-manage-ment in Projekten

5.2.5 Kosten- und Finanzmittelkontrolle

■ Kostenkontrolle

Inhalt und Aufgabe der **Kostenkontrolle** im Rahmen des Projektcontrollings ist es,

Aufgaben der Kosten-kontrolle

- die im laufenden Projektprozess in einer definierten Abrechnungsperiode ange-fallenen bzw. verursachten *Ist-Kosten* nach Kostenarten, nach Arbeitspaketen und ggf. nach weiteren Kriterien zu erfassen,

- die so erfassten Kosten in Bezug zur der in der Abrechnungsperiode erbrach-ten *Leistung* zu setzen und einen entsprechenden *Kosten-Nutzen-Vergleich* vorzunehmen,

- die Einhaltung des vorgegebenen *Kostenbudgets* zum betreffenden Berichts-termin mittels *Soll-Ist-Vergleich* zu überprüfen,

- die *Ursachen* für ermittelte Kostenabweichungen aufzudecken sowie

- einen *Kostentrend* zu ermitteln, der darüber Auskunft gibt, mit welchen voraus-sichtlichen Ist-Kosten im Zeitraum „Berichtstermin – geplanter Endtermin des Projekts" zu rechnen ist (sog. „*Cost-to-Complete*").

Unabdingbare Grundlage und Voraussetzung für eine wirksame Kostenkontrolle ist ein *projektbezogenes (computerunterstütztes) Ist-Datenerfassungssystem*, das auf folgende Informationsquellen zugreift:[241]

Vorgehen bei der Ist-Daten-erfassung

- wöchentlich und/oder monatlich zu erstellende *Tätigkeitsberichte* der Projektmitar-beiter bzw. des Projektteams mit Angaben zu Ist-Arbeitszeiten [h] und zu deren Verteilung auf die im Abrechnungszeitraum bearbeiteten Arbeitspakete,

- wöchentlich und/oder monatlich zu erstellende *Sachmittelberichte* der Projektmit-arbeiter bzw. des Projektteams bzw. anderer Kostenstellen (wie Fuhrpark, Werk-zeug- und Materialausgabe, Maschinenverwaltung) mit Angaben zu den *ver-brauchten* Sachmitteln [ME] bzw. zu Nutzungsstunden [h] der jeweils eingesetzten Sachmittel und deren eindeutige Zuordnung zu Arbeitspaketen,

- monatlich zu erstellende *Arbeitsfortschrittsberichte (Statusberichte)* der Projekt-mitarbeiter bzw. des jeweiligen AP-Verantwortlichen mit Angaben zum Arbeitsfort-schritt bzw. zum Fertigstellungsgrad der in die Abrechnungsperiode fallenden Ar-beitspakete, wobei auch nicht-periodisch erstellte Beginn- bzw. Fertigmeldungen zu Arbeitspaketen einbezogen werden können,

---

[240] Siehe Abschnitt 5.3.2 im Buch.
[241] Siehe hierzu:
GPM – Projektmanagement-Fachmann, a. a. O., Abschnitt 3.4.4.1.

- monatlich gebuchte Ist-Kosten zu Personal und Sachmitteln aus dem *innerbetrieblichen Rechnungswesen* der jeweiligen Organisation (Unternehmen) als projektbezogener Kostenbericht.

Bei der Kostenkontrolle sind aus inhaltlicher Sicht folgende Kostenbegriffe zu unterscheiden:

a) *Plankosten* der zu erbringenden *Plan-Leistung* gemäß der Zusammensetzung nach Formel (4.30):

$$K_{Plan,\,T} = \sum_i K^P_{AP,i,T} + K^P_{IF,T} + K^P_{p,T} + K^P_{fix,T} \; [EUR]. \tag{5.7}$$

Es bedeuten:

$K_{Plan,T}$ Plankosten der Plan-Leistung [EUR], Gesamtprojekt, Abrechnungszeitpunkt T,

$\sum K^P_{AP,i,T}$ Summe der Plankosten der einzelnen Arbeitspakete **i** mit Bezug zu den in diesen AP zu erbringenden Planleistungen [EUR], Abrechnungszeitpunkt T,

$K^P_{IF,T}$ Plan-Interfacekosten [EUR] zum Abrechnungszeitpunkt T,

$K^P_{p,T}$ Proportionale Kosten (Plan) [EUR] zum Abrechnungszeitpunkt T,

$K^P_{fix,T}$ Plan-Fixkosten [EUR] zum Abrechnungszeitpunkt T.

b) *IST-Kosten* der erbrachten *Ist-Leistung* in analoger Zusammensetzung:

$$K_{Ist,\,T} = \sum_i K_{AP,i,T} + K_{IF,T} + K_{p,T} + K_{fix,T} \; [EUR]. \tag{5.8}$$

c) *Sollkosten* als *Plankosten der erbrachten Ist-Leitung* (EUR] zum Abrechnungszeitpunkt T (Symbol K^P_{Ist}).

Die Hauptposition der Sollkosten bildet die *Summe der AP-Kosten*, berechnet nach den erbrachten *Ist-Leistungen* sowie *Ist-Aufwendungen* im jeweiligen Arbeitspaket und bewertet nach jeweiligen *Plan-Preisen* (z. B. Stundensätze, Sachmitteleinsatz u. a.).

Demo-Beispiel:

Um zu verdeutlichen, welche Bedeutung die Ermittlung von Sollkosten im Rahmen der Kostenkontrolle hat, betrachten wir das in **Abb. 5.08** skizzierten Demo-Beispiel für den Zeitraum der ersten 20 Tage der Projektrealisierung.

Aus dem Gantt-Diagramm in Abb. 5.08 geht hervor, dass in diesem Zeitraum nur das Arbeitspaket AP1 zu realisieren war. Die Terminkontrolle zum Zeitpunkt **T = 20** ergab, dass der geplante Fertigstellungstermin **PT(1) = 17** bei diesem Arbeitspaketes nicht eigehalten wurde. Die Fertigstellung der zu erbringenden Leistung erfolgt erst zum Ist-Termin **IT(1) = 20**.

In Auswertung der zum Berichtstermin **BT = 20** erstellten Berichte (Statusbericht, Tätigkeitsbericht, Sachmittelbericht) wurden die in nachstehender **Tab. 5.04** aufgeführten Daten zu den Positionen „Leistung", „Aufwendungen" und „Kosten" erarbeitet.
Daraus ist erkennbar, dass die Verzögerung in der Fertigstellung der Leistungen in diesem Arbeitspaket auch zu einer Überschreitung der geplanten Kosten geführt hat.

Tab. 5.04: Plan- und Ist-Daten zum Arbeitspaket AP(1), Demo-Beispiel

Position	Plan	Ist	%	Plankosten [EUR]	IST-Kosten [EUR]	SOLL-Kosten [EUR]	Abwei-chung zu Plankosten [EUR]
Leistungs-menge [ME]	300	300	100,0				
#							
Personal-einsatz [h]	680	800	117,6				
Stundensatz [EUR/h]	35,00	36,50	104,3				
Personal-kosten [EUR]				23.800,00	29.200,00	28.000,00	-4.200,00
Sachmittel-verbrauch [ME]	200	190	95,0				
Sachmittelpreis [EUR/ME]	15,00	16,50	110,0				
Sachmittel-kosten 1 [EUR]				3.000,00	3.135,00	2.850,00	150,00
Sachmittel-einsatz [h]	102	120	117,6				
Stundensatz [EUR/h]	120,00	125,00	104,2				
Sachmittel-kosten 2 [EUR]				12.240,00	15.000,00	14.400,00	-2.160,00
Kosten des AP(1) gesamt [EUR]				**39.040,00**	**47.335,00**	**45.250,00**	**-6.210,00**

Demo-Beispiel

Mit dem Bezug der Ermittlung der Sollkosten (aus Ist-Aufwand und Planpreis) wird der Einfluss in der Änderung des Preises für eine Aufwandsart eliminiert. Dadurch ist es möglich, die Anstrengungen zur Aufwandssenkung entsprechend auszuweisen (siehe Position „Sachmittelkosten 1").

Eine wichtige Aufgabe der Kostenkontrolle in Bezug auf das Gesamtprojekt besteht darin, zu jedem Berichtstermin BT

Kosten-kontrolle zum Gesamt-projekt

- eine *Soll-Ist-Abweichung* zwischen den Plankosten und den ermittelten Ist-Kosten durchzuführen sowie
- den *Trend des weiteren Kostenverlaufs* sowohl der Plankosten und als auch der voraussichtlichen Ist-Kosten bis zum Projektabschluss zu ermitteln und einen Wert für die voraussichtlichen Rest-Kosten („*Cost-to-Complete*") zu bestimmen.

Die dabei zu beachtenden Zusammenhänge soll die Darstellung in **Abb. 5.09** verdeutlichen.[242]

Grafik zur
Kosten-
kontrolle
zum
Gesamt-
projekt

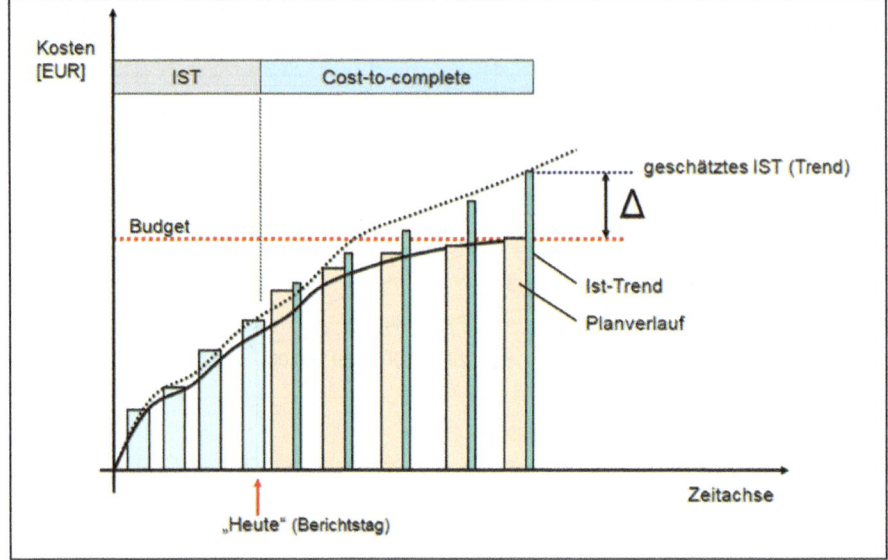

Abb. 5.09: Zur Ermittlung des Trends in Bezug auf die „*Cost-to-complete*"

Die erwarteten IST-Kosten zum Projektabschluss werden aus der Addition der zum Berichtszeitpunkt erfassten IST-Kosten und den „*Cost-to-complete*" ermittelt.

In vielen Fällen zeigt sich bei der praktischen Realisierung von Projekten folgende widersprüchliche Situation:

Situation
in der PM-
Praxis

Während der *Fertigstellungsgrad* im IST *nicht* den zum Berichtszeitpunkt geplanten Wert erreicht, haben die *kumulierten IST-Kosten* bereits die zum Berichtszeitpunkt geplanten Kosten überschritten!

Ursachen für derartige Abweichungen können sein:

- Veränderungen bei Preisen für die Inanspruchnahme der Ressourcen (Personal, Sachmittel, Fremdleistungen u. a.),

- Beschleunigungen oder Verzögerungen in der Fertigstellung einzelner Arbeitspakete mit Wirkungen auf nachgelagerte Arbeiten,

- Qualitätsmängel in der Ausführung von Arbeiten, Fehlschläge bei bestimmten Tests in der Produktentwicklung u. a.

Aufgabe und Ziel eines wirksamen Kostencontrollings muss es sein, mögliche Fehlentwicklungen zwischen dem Verlauf des Kostenanfalls und dem Verlauf des Arbeitsfortschritts rechtzeitig zu erkennen, um für die Steuerung des weiteren Projektablaufs die richtigen Schlussfolgerungen ziehen und entsprechende Entscheidungen für die Projekt-Steuerung vorbereiten zu können.

---

[242] Vgl. ebenda.

Die nachstehende **Tab. 5.05** gibt eine Übersicht zu einigen ausgewählten *Steuerungsmaßnahmen* im Falle festgestellter negativer Planabweichungen bei Leistungs-, Aufwands- und Kostengrößen.[243]

Mögliche Steuerungsmaßnahmen

Tab. 5.05: Mögliche Steuerungsmaßnahmen bei negativen Planabweichungen

Maßnahmen-Bezug	Mögliche Steuermaßnahmen	Anmerkungen
Leistungsveränderung	Leistungsreduzierung, Einschränkung der geforderten Qualität, Ablehnen von Änderungswünschen	Dies sind zwar mögliche Ideen, die aber kaum praktisch sinnvoll umgesetzt werden können.
Veränderungen beim Ressourceneinsatz	Einsatz weiterer Mitarbeiter, Fremdvergabe von Arbeitsaufgaben, Einsatz leistungsfähiger Technik	Derartige Maßnahmen führen i. d. R. zu erhöhtem Einarbeitungs-, Kommunikations- und Steuerungsaufwand.
Änderungen beim Aufwand	Andere Lieferanten beauftragen, technische Alternativen wirksam machen	Dies erfordert Zeit, Erfolg ist nicht gewiss.
Verbesserung der Produktivität	Einsatz besonders qualifizierter Mitarbeiter, Verbesserung der Leistungsmotivation, rationellere Arbeitsorganisation	Spezialisten sind nicht „auf Zuruf" beschaffbar Mitwirkung aller Beteiligten erforderlich

Der Gesamtprozess der *Kostenplanung* und der *Kostenkontrolle* ist auf das engste mit dem Prozess der *Projektfinanzierung* verbunden, denn letztlich hängt das „Projektschicksal" davon ab, ob der Auftraggeber in der Lage oder gewillt ist, die Überschreitung des Kostenbudgets durch Bereitstellung entsprechender Finanzmittel abzudecken.

■ Finanzmittelkontrolle

Aufgabe und Ziel des Projektcontrollings im Aufgabenfeld **Finanzmittelmanagement** ist es,

Aufgaben der Finanzmittelkontrolle

- die *Bereitstellung* der für eine zielstrebige Projektrealisierung benötigten Finanzmittel zu überwachen und zu steuern,

- für einen *effektiven Einsatz* der Finanzmittel Sorge zu tragen, indem die Einhaltung bzw. Ausnutzung von Zahlungszielen, das Ausschöpfen von Skonti beachtet wird sowie

- angeforderte *Berichterstattungen über die Mittelverwendung*, insbesondere bei Bereitstellung von Fördermitteln, termin- und qualitätsgerecht vorzunehmen.

---

[243] Siehe hierzu auch:
GPM-Projektmanagement-Fachmann. a. a. O., 3.4.4.2.,
PEIPE, S.: Crashkurs Projektmanagement, a. a. O., Abschnitt 4.3.

Unterschie-
de zwischen
Kostenanfall
und
Zahlungen

Die Kontrolle und Steuerung der Finanzierung der Projektrealisierung weist gegenüber dem Kostencontrolling einige Besonderheiten auf:

Diese sind vor allem darin begründet, dass *Kosten* im Projektprozess tagtäglich verursacht werden, bei Fixkosten auch dann, wenn am Projekt gar nicht gearbeitet wird.

Die Finanzierung des Projekts erfolgt dagegen *diskontinuierlich*, je nach Zugang bzw. Verfügbarkeit von Finanzmitteln und je nach Erfordernis des Begleichens von Rechnungen oder nach vorzunehmenden sonstigen Zahlungen.

Die sich daraus ergebende Problemlage für das Projektcontrolling soll die Darstellung in **Abb. 5.10** verdeutlichen.[244]

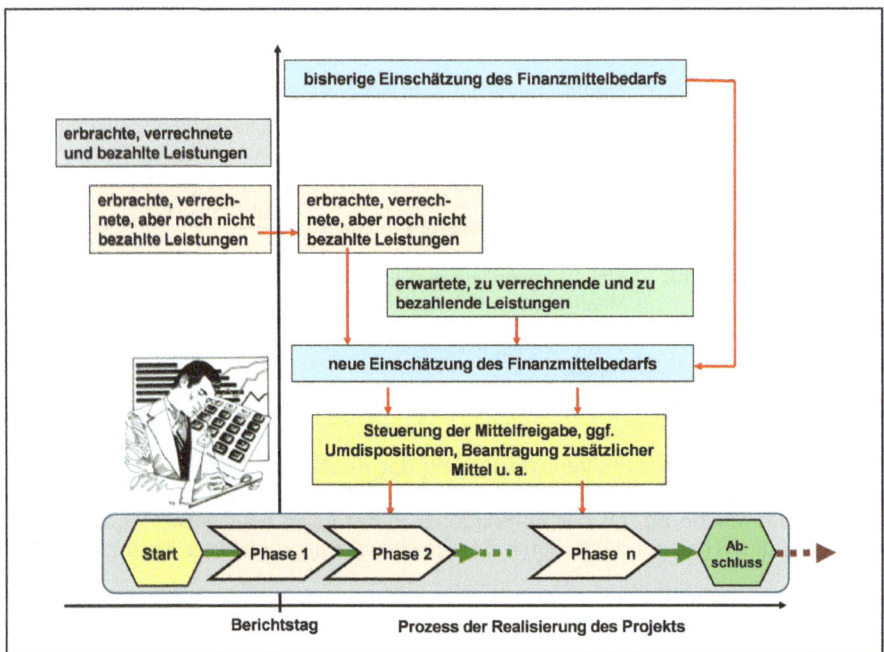

Abb. 5.10: Zum Problem der Finanzmittelkontrolle und Finanzmittelsteuerung

Die Daten für Überwachung, Kontrolle und Steuerung der Zuführung und der Verausgabung von Finanzmitteln kommen vornehmlich aus dem *betrieblichen Rechnungswesen* (Buchführung) sowie aus der Kostenplanung und Kostenkontrolle.

Obligo
beachten

Dabei ist vor allem mit zu beachten, dass bereits beim Auslösen von Bestellungen Zahlungsverpflichtungen entstehen. Diese Verpflichtungen werden auch als *Obligo* bezeichnet und müssen somit in die Vorschau des Finanzmittelbedarfs eingerechnet werden.

---

[244] Eine typische Frage vor dem Projektabschluss:
„Wie kommt es nur, dass am Ende des gewährten Finanzbudgets noch so viele unerledigte Projektarbeiten übrig sind?"

In diesem Zusammenhang sei noch einmal auf die Bedeutung eines ausreichenden *Kontokorrentkredits* verweisen, denn nicht immer erfolgt die Bereitstellung bewilligter Finanzmittel nach Höhe und Termin so, dass sie zum Zeitpunkt fälliger Zahlungen verfügbar sind. Hier muss die Inanspruchnahme des Kontokorrentkredits helfen, einen Zahlungsverzug bei der Begleichung eingegangener Verpflichtungen zu vermeiden.

Kontokorrentkredit

Im Hinblick auf die Einhaltung des *Finanzbudgets* für ein gegebenes Projekt, das in der Regel nicht deckungsgleich mit dem Kostenbudget ist, erweist es sich als sinnvoll, wenn alle projektbezogenen Einzahlungen und Auszahlungen über ein speziell dafür eingerichtetes *Finanzkonto* im betreffenden Unternehmen laufen.

Projektfinanzkonto

Dies muss kein spezielles Bankkonto sein, es reicht zu, wenn es im unternehmensinternen (computergestützten) Verrechnungsverkehr als fiktives Finanzkonto geführt wird.

Auf diese Weise werden einerseits Voraussetzungen für die Wahrnehmung der Eigenverantwortung des Projektleiters und andererseits bessere Möglichkeiten für die Kontrolle der Zahlungen durch das Projektcontrolling geschaffen.

5.2.6 Änderungsmanagement

> Inhalt und Aufgabe des **Änderungsmanagements** im Projektcontrolling ist es, all jene im realen Projektprozess auftretenden *Probleme* rechtzeitig zu erkennen, zu beschreiben und zu bewerten, die - objektiv bedingt oder subjektiv gewünscht - *Änderungen an der Konfiguration* des Vorhabens und/oder an den *Projektzielen* zur Folge haben können oder müssen.
>
> Diese Aufgabe schließt im Weiteren, die *Auswirkungen* von Änderungen am Projekt in Bezug auf die vier Hauptziele (Leistung, Qualität, Termin, Kosten) zu ermitteln, Entscheidungen zur Genehmigung von Änderungen am Projekt und seinen Zielen vorzubereiten, deren Umsetzung zu sichern und zu dokumentieren.

Aufgaben des Änderungsmanagements

Projekte sind – wie mehrfach hervorgehoben – *neuartige* bzw. *erstmalig* zu realisierende Vorhaben. Dies erklärt mit, dass das Auftreten von Änderungsproblemen bzw. Änderungserfordernissen im realen Projektprozess eigentlich „normal" ist und somit nicht voreilig auf eine fehlerhafte oder unzureichende Vorbereitung des Projekts bzw. der Ausführung der Projektplanung zurückgeführt werden sollte.

Wichtiger ist vielmehr, hierbei dem Grundsatz zu folgen, Änderungen „*so viel wie objektiv erforderlich*" und „*so wenig, wie nur möglich*" durchzuführen, denn die Realisierung *notwendiger* Änderungen dient der *Sicherung des Projekterfolgs*, während die Berücksichtigung *sonstiger* (wiederholter) Änderungswünsche die Glaubwürdigkeit des Projektmanagements in Frage stellen würde und zudem zu nicht vertretbaren Kostenerhöhungen und Terminverschiebungen führen könnte![245]

Beachtung von Grundsätzen

Ein weiterer Grundsatz:
Es sollten keine Änderungen vorgenommen werden, ohne dass diese nicht vorher mit den jeweils Verantwortlichen abgestimmt wurden. Es könnte sonst zu unnötigen Ressourcenverschwendungen bis hin zur Gefährdung des Projekterfolgs kommen, abgesehen davon, dass darunter auch die Motivation im Projektteam leiden könnte.

---

[245] Siehe hierzu auch:
Link: https://www.projektmanagementhandbuch.de/handbuch/projektrealisierung;
PEIPE, S.: Crashkurs Projektmanagement, a. a. O., Abschnitt 4.4.

Es ist daher unabdingbar notwendig, das Änderungen nach definierten Regeln, unter Verwendung von *Änderungsanträgen* und erst nach deren Genehmigung tatsächliche vorgenommen und nachfolgend in einem ausreichenden Maße dokumentiert werden.

Ände-
rungs-
initiator

Eine notwendige Änderung im Projektprozess muss in einem ersten Schritt zunächst identifiziert werden. Dies erfolgt in der Regel durch diejenige Person, die eine Änderung an der technischen Konfiguration einer Projektkomponente, im Ablauf der Arbeitspakete oder dgl. für notwendig hält. Dieser „Änderungsinitiator" sollte auch dafür verantwortlich gemacht werden, den Änderungsprozess einzuleiten und bis zur Umsetzung der Änderung zu steuern.

Grundlage für das Einleiten eines Änderungsprozesses bildet ein *Änderungsantrag*.

Die nachstehende **Tab. 5.06** zeigt das Muster eines Änderungsantrages[246] mit Bezug zum Fallbeispiel **FB01** (Produktionsverlagerung eines Betriebsteils.

Tab. 5.06: Änderungsantrag (Demo-Beispiel)

Ände-
rungs-
antrag

Änderungsantrag	**Nr. FB01.03**
Projekt: Produktionsverlagerung …	**Datum:** 20.10.202x
Kurzbezeichnung der Änderung: Erweiterung der Medienanschlüsse am neuen Standort des Betriebsteils	**PSP-Code**: 1.1.5
Betroffener Teil des Projekts: TP 1.1 (Umbau der bisherigen Lagerhalle), AP 1.1.5 (Medienanschlüsse)	
Beschreibung der Änderung: Aufgrund der geplanten Installation neuer CNC-Automaten müssen – nach Vorliegen der technischen Anschlussbedingungen – Veränderungen beim Verlegen der Kabelschächte, bei den Elektro-Anschlüssen und bei der Abführung der anfallenden Späne vorgenommen werden (siehe beigefügten Skizzen).	
Auswirkungen der Änderungen: Die Arbeiten in den AP 1.1.2 (Mauerarbeiten), AP 1.1.3 (Malerarbeiten) und AP 1.1.4 (Elektrotechnische Arbeiten) müssen in einigen Details erweitert werden (siehe beigefügte Skizzen).	
Zu ändernde Unterlagen: Dokumentation zu Kabelschächten, zum Verlauf der Stromleitungen und der E-Anschlussstellen, Dokumentation zur Abführung der anfallenden Späne	
Zu treffende Maßnahmen: Information der zuständigen Verantwortlichen der genannten Arbeitspakete zwecks entsprechender Ressourcenabsicherung; Ausfertigung veränderter Dokumentationen; Überprüfung der Termin- und Kostenplanung zu den genannten Arbeitspaketen	
Geplanter Änderungstermin: 01.11.202x	
Sonstiges:	
Antragsteller: Ing. *H. Walther*, AP-Verantwortlicher „Medienanschlüsse"	Datum: 21.10.202x Unterschrift: *Walther*
Freigabe: Dipl.-Ing. *P. Eichner*, Projektleiter	Datum: 25.10.202x Unterschrift: *Eichner*

---

[246] Siehe auch:
PEIPE, S.: Crashkurs Projektmanagement, a. a. O., Abschnitt 4.4.

Vor Bestätigung eines Änderungsantrages sollte den AP-Verantwortlichen und anderen Betroffenen die Möglichkeit gegeben werden, eigene Ideen zur Problemlösung mit einzubringen oder aber das „Für und Wider" der beantragten Änderung abwägen zu helfen.

Weitere Arbeitsschritte im Änderungsprozess

Zu einem Änderungsantrag muss eine definitive Entscheidung getroffen werden. Dies liegt in der Regel in der Verantwortung des Projektleiters: Entweder wird die Änderung genehmigt oder abgelehnt, denn das Projekt *„must go on"*!

Eine genehmigte Änderung sollte *unverzüglich umgesetzt* werden, wobei zu sichern ist, dass alle betroffenen Dokumentationen entsprechend aktualisiert werden.

Wichtig ist ferner, nachfolgend zu überprüfen, ob eine vorgenommene Änderung auch tatsächlich den erhofften Effekt hat und nicht etwa weitere Änderungsprobleme verursacht (Aufgabe der *Änderungsevaluierung*).

Da in einem realen Projektprozess eine Vielzahl von Änderungen vorgenommen werden, ist es notwendig und sinnvoll, alle Änderungen in einer *Änderungsdokumentation* zu erfassen.

Auch diese Aufgabe ist als Bestandteil der gesamten Projektdokumentation anzusehen.

5.3 Spezielle PM-Aufgaben bei der Projektrealisierung

Das Aufgabenfeld des Projektcontrollings ist – wie im vorhergehenden Abschnitt dargestellt – überaus umfangreich.

Problemstellung

Dabei wurden sogar noch einige wichtige Aufgabengebiete nur mit Nebenbemerkungen gestreift.

Zu diesen Aufgabengebieten sind *drei Themenbereiche* zu rechnen, die generell im Projektmanagement (beginnend mit den Klärungen im Problemlösungsprozess eine wichtige Rolle spielen, deren Bedeutung jedoch eng mit dem *Prozess der Projektrealisierung* verbunden ist und die als Aufgabengebiete nicht ursächlich in das Schema des primär kaufmännisch orientierten Projektcontrollings passen.

Im Klartext: Es geht um folgende drei Kern-Aufgabengebiete des Projektmanagements: „Risikomanagement", „Qualitätsmanagement" und „Konfliktmanagement".
Hierzu werden im Weiteren im angemessenen Umfang Ausführungen gemacht.

5.3.1 Risikomanagement

■ Projekt und Risiko

> Nichts geschieht ohne Risiko, aber ohne Risiko geschieht auch nichts!
> (*W. Scheel*)

Auf den engen Zusammenhang von *Projekt* und *Risiko* wurde in den bisherigen Ausführungen im Buch wiederholt hingewiesen. So wurde im Abschnitt 1.2 bei der Erläuterung der Merkmale eines Projekts hervorgehoben:

„Jedes Projekt ist stets ein mehr oder weniger großes Wagnis". Anders ausgedrückt:

Wird mit **p** die Wahrscheinlichkeit des Erfolgs eines Projekts und mit **r** das Ausmaß des Projektrisikos bezeichnet, dann gilt in symbolischer Schreibweise:

Projekterfolg und Risiko

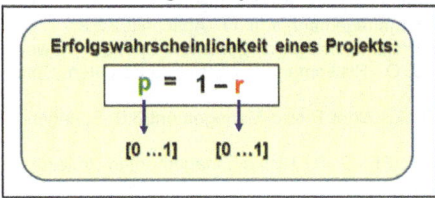

Erfolgswahrscheinlichkeit eines Projekts:

$$p = 1 - r$$

[0 ...1]   [0 ...1]

Dies heißt: Gelänge es, das gesamte Projektrisiko **r** auf den Wert **r = 0** zu drücken, dann ergäbe sich eine Erfolgswahrscheinlichkeit von **p = 1**, das heißt der Projekterfolg wäre ganz sicher.

Würde demgegenüber das Projektrisiko **r** den Wert **r = 1** annehmen, dann wäre die Erfolgswahrscheinlichkeit **p** dagegen mit **p = 0** auszuweisen, das Projekt würde mit einem (totalen) Misserfolg enden.

Aus diesem Zusammenhang wurde die Aussage abgeleitet, dass eine der zentralen Aufgaben des Managements von Projekten darin besteht, im Rahmen der Projektplanung, vor allem aber in der Phase der *Projektrealisierung* gründliche *Risikoanalysen* durchzuführen und dies mit einem professionellen *Risikomanagement* zu verbinden.

Welche fachlichen Aspekte hierbei zu beachten, soll im Weiteren erläutert werden.

■ **Risiko und Risikoanalyse**[247]

Risiko
als
Problem

Unter einem **Risiko** versteht man allgemein die sich aus der Ungewissheit der Zukunft begründete und/oder die durch Störungen verursachte *Gefahr*, dass ein geplantes Vorhaben oder ein bestimmtes Ziel nicht oder nicht in vollem Umfang verwirklicht werden kann.

Im Unterschied zur Ungewissheit lassen sich Risiken und das durch sie verursachte *Gefahrenmaß* in Grenzen von *Wahrscheinlichkeiten* bestimmen bzw. bewerten.

Risiko
versus
Chance

Das positiv zu bewertende Gegenteil eines Risikos wird allgemein als **Chance** bezeichnet.

Als **Risikoanalyse** werden im hier betrachteten Kontext Vorgehensweisen und Verfahren bezeichnet, die

- das *Identifizieren* von Risiken (nach Risikoarten) im Rahmen der Planung von Vorhaben sowie im Rahmen von Frühwarnsystemen,

- die *Bewertung der Wahrscheinlichkeit* des Auftretens von Risiken in einem definierten Vorschauzeitraum bzw. in Bezug auf ein bestimmtes Vorhaben sowie

- die Ermittlung möglicher Ursachen und wahrscheinlicher Wirkungen bzw. Folgen der erkannten und bewertbaren Risiken

zum Ziel haben.

[247] Siehe hierzu auch:
GPM-Projektmanagement-Fachmann, a. a. O., Abschnitt 4.7;
JAKOBY, W.: Projektmanagement, a. a. O., Abschnitt 8.1.2;
KUSTER, J.: Handbuch Projektmanagement, a. a. O., Abschnitt 2.3.8;
BRANDSTÄTER, J.: Agile IT-Projekte erfolgreich gestalten. Springer-Vieweg Verlag, Heidelberg 2013;
HUNZIKER, St./MEISSNER, J. O.: Risikomanagement in 10 Schritten. Springer-Gabler Verlag, Wiesbaden 2016;
ROMEIKE. F./HAGER, P.: Erfolgsfaktor Risiko-Management 3.0. Springer-Gabler Verlag, Wiesbaden 2013 ;
SCHNORENBERG, U./RASSENBERG, S.: Risikomanagement in Projekten. Vieweg+Teubner Verlag, Heidelberg 2013.

Risiko-
analyse

Inhalt und Aufgabe des *Erstellens von Risikoanalysen* ist es daher,

- fundierte *Entscheidungsvorschläge* für eine wirksame Risikoabwehr, Risi-kovermeidung, Risikoverminderung oder die Risikoüberwälzung zu erarbeiten und damit Grundlagen für eine

- wirksame *Risikosteuerung und -kontrolle* im Rahmen des *Risikomanagements* bei der Planung und Realisierung komplexer Vorhaben zu schaffen.

Die Durchführung einer (projektbezogenen) Risikoanalyse beinhaltet eine Reihe typischer *Arbeitsschritte* (siehe **Abb. 5.11**):

Risiko-
manage-
ment

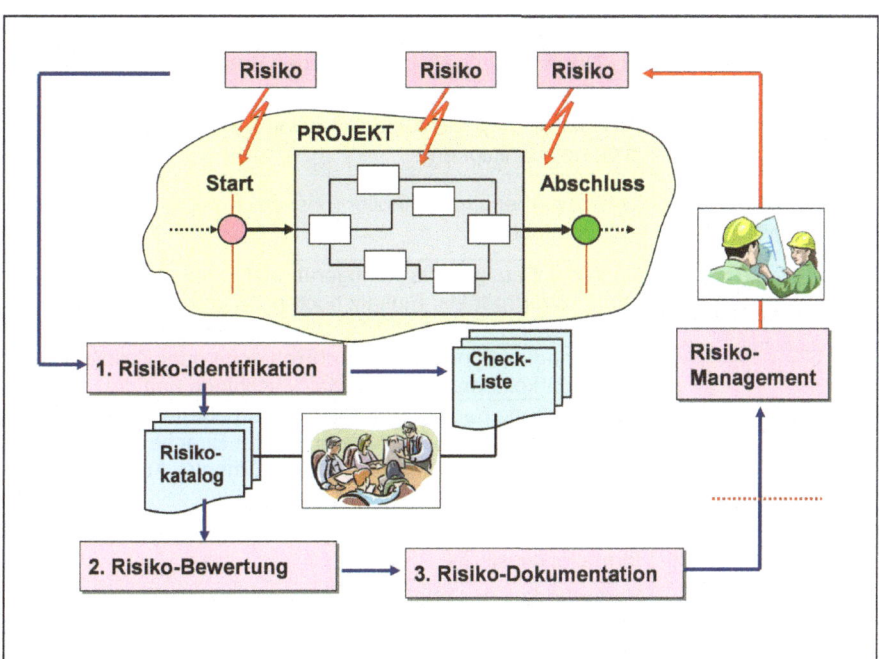

Abb. 5.11: Risiko und Risiko-Management

a) Risiko-Identifikation

Ausgangspunkt der Risikoanalyse ist das *Identifizieren möglicher Risiken* im Rahmen der erfassten Risikoquellen bzw. Risikoarten.

Von großer Bedeutung ist es, die Ergebnisse der *Stakeholder-Analyse* in diese Arbeitsstufe einzubeziehen!

Die Risiko-Identifikation ist ein Versuch, alle – im Rahmen einer Risikoart – erkenn-baren oder auch denkbaren Gefahren für das Erreichen eines definierten Ziels oder für die Realisierung eines definierten Vorhabens zu erfassen und erste Aussagen zur Wahrscheinlichkeit des Auftretens und den möglichen Wirkungen dieser Gefahren zu machen.

Risiko-
identifi-
kation

Ein übliches Mittel der Risiko-Identifikation ist die *Risiko-Checkliste*. Derartige Check-listen entstehen zweckmäßigerweise bei der Auswertung von Erfahrungen aus der Praxis des Projektmanagements.

Die nachstehende **Tab. 5.07** soll hierfür entsprechende Anregungen vermitteln.

Tab. 5.07: Ausgewählte Projekt-Risikofaktoren (Checkliste)[248]

Projekt-
risiken

Risikoquelle, Risikokategorie	Beispiele für Klärungsaspekte zu möglichen Risiken
Auftrags-Risiken	Bonität des Auftraggebers, Finanzierbarkeit des Vorhabens
	Vollständigkeit und Widerspruchsfreiheit des Lastenhefts
	Einspruchsmöglichkeiten des Auftraggebers oder von Stakeholdern
Rechtliche Risiken	Neue Rechtsvorschriften (z. B. betreffs Genehmigungen, EU-Normen, Umweltschutzauflagen und dgl.); patentrechtliche Aspekte u. a.
	Produkthaftung; Nichteinhaltung von Verträgen wegen erlassener Sanktionen
Wettbewerbs- und Marktrisiken	Wettbewerber sind schneller (bessere Konkurrenzprodukte auf dem Markt)
Technisch-technologische Risiken	Noch nicht ausgereifte Konfiguration des neuartigen Vorhabens bzw. Produkts; Einsatz noch nicht erprobter neuer Technologien
	Verfügbarkeit benötigter Import-Rohstoffe oder Zulieferteile; Verfügbarkeit benötigter Spezial-Maschinen und dgl.
Organisatorische und methodische Risiken	Beherrschung der Komplexität des Vorhabens bei der Projektplanung und Projektsteuerung unter Beachtung verfügbarer Planungs- und Steuerungsinstrumente; Auswirkungen von Schätzfehlern u. a.
	Funktionieren der Projektüberwachung und des Projektinformationssystems
Personelle Risiken	Verfügbarkeit des benötigten Personals nach Qualifikation und Anzahl; Qualifikation des Projektleiters (gemessen an den skizzierten Anforderungen)
	„Klima" im Projektteam; Risiken des Ausfalls wichtiger Mitarbeiter
Risiken durch Einbeziehung Dritter	Zuverlässigkeit einbezogener Dienstleister
	Zuverlässigkeit von Lieferanten; Termintreue bei Zulieferungen „Just-in-Time"; Einhaltung von Qualitätsnormen u. a.

Es ist auch möglich, jeden Verantwortlichen im Entscheidungs- bzw. Steuerprozess zu einem Vorhaben zu bitten, mindestens 5 oder 10 Risiken aufzuschreiben oder Umstände zu nennen, die die Erreichung eines Zieles oder die Realisierung eines Vorhabens gefährden können. Die Einzelaufzeichnungen werden dann zusammengestellt und nach Sichtung in einen *Risiko-Katalog* übertragen. Der hierzu notwendige Arbeitsaufwand hält sich in Grenzen.

Risiko-
Katalog

---

[248] Vgl. hierzu:
JAKOBY, W.: Projektmanagement, a. a. O., Abschnitt 8..2.1.
KUSTER, J. u. a.: Handbuch Projektmanagement, a. a. O., Abschnitt 2.3.8.1.

b) Risiko-Bewertung

Aufgabe der *Risiko-Bewertung* ist es, Aussagen zur *Wahrscheinlichkeit* des Auftretens der Risiken (lt. Risikokatalog) sowie zu den möglichen Wirkungen (Schadenshöhe) zu machen.
Dabei können zwei unterschiedliche Ansätze genutzt werden:

Beim *analytischen Ansatz* geht man von empirisch erfassten Daten oder von theoretisch begründeten Hypothesen zur Wahrscheinlichkeitsverteilung eines als Zufallsvariable betrachteten Risikos **X** aus. *(Analytische Risikobewertung)*
In der Regel wird dabei der Ansatz der *Normalverteilung* (sog. *Gaußsche* Glockenkurve) mit den Charakteristika „Mittel"- bzw. „Erwartungswert" und „Streuung" genutzt.

Beispiel: *(Beispiel)*
Für den Abschluss eines Projekts wird der Plantermin **PT** = 31.10. des Jahres 202x vorgegeben.
Die Berechnungen haben unter Beachtung von Projektrisiken ergeben, dass der Erwartungswert **E** für die Projektdauer **D** bei **E**(D) = 40 Wochen und die Varianz **V** (quadratische Abweichung zum Mittelwert) bei **V** = 4 liegt.

Fragen: Kann der Plantermin **PT** gehalten werden, wenn der Start des Projekts am 01.02. des Jahres 202x erfolgt?
Wie ist das diesbezügliche *Terminrisiko* einzuschätzen, wenn von einer Abweichung im sog. *Ein-Sigma-Bereich* ausgegangen wird?

Antworten:
Der Erwartungswert **E**(IT) für den erreichbaren IST-Endtermin **IT** kann zunächst wie folgt ermittelt werden (1 Woche = 7 Tage):

E(IT) = Starttermin + **E**(D) = **01.02. + 40 * 7 = 08.11. 202x.**

Die Streuung wird ermittelt, indem aus der Varianz **V** die (quadratische) Wurzel gezogen wird. Die Streuung **σ** (als plus-/minus- Abweichung vom Erwartungswert **E**) beträgt im Beispiel

$$\sigma = \sqrt{4} = 2 \text{ Wochen} = 14 \text{ Tage.}$$

Der erreichbare IST-Endtermin wird dann im Bereich

25.10. 202x <= 08.11.202x <= 22.11. 202x

liegen.

Der Termin **31.10. 202x** ist damit nur im *äußerst günstigen Fall* zu erreichen. Unter diesen Umständen wäre es ein hohes Risiko, sich vertragsseitig an einen solchen Endtermin zu binden!

Liegen für eine Risiko-Bewertung zu wenige Daten vor, um analytische Verfahren anwenden zu können, dann verbleibt nur der Weg, zu *Computersimulationen* unter Nutzung von *Hypothesen* für Wahrscheinlichkeitsverteilungen und unter Verwendung von *Zufallszahlen* überzugehen. *(Computersimulation)*

Diese Vorgehensweise lohnt aber nur dann, wenn es um die Risiko-Abschätzung bei größeren strategischen Vorhaben geht.

Günstig ist, wenn die entsprechende Risikoanalyse zugleich Grundgedanken der *Szenariotechnik* nutzt:[249]

Risiko-einstu-fungen Zu jeder Risikoart wird eine Bewertung unter Bezugnahme auf *folgende Risikoeinstu-fungen* mit Blick auf einen möglichen *Schaden* vorgenommen:

Unbedeutendes Risiko: Kaum spürbare Beeinflussung von Parametern des Projekts (wie Qualität, Quantität, Dauer, Kosten u. a.)	**Note 1**
Mittleres Risiko: Spürbare Beeinflussung von Parametern des Projekts (wie Qualität, Quantität, Dauer, Kosten u. a.)	**Note 2**
Bedeutendes Risiko: Starke Beeinflussung von Parametern des Projekts (wie Qualität, Quantität, Dauer, Kosten u. a.)	**Note 3**
Schwerwiegendes Risiko: Es kann zu schweren Beeinträchtigungen des Projekterfolgs bzw. zu einer beträchtlichen Überschreitung der Projektdauer, der Kosten und/oder des Finanzbudgets kommen	**Note 4**
Projektgefährdendes Risiko: Der Projekterfolg ist in hohem Maße gefährdet.	**Note 5**

Wird diese Einstufung identifizierter Risiken noch durch eine *Einschätzung der Wahrscheinlichkeit* des Eintretens der Risiken ergänzt, kann eine visualisierte Einordnung der Projektrisiken in einem *Risiko-Portfolio* vorgenommen werden (siehe **Abb. 5.12**):

Risiko-portfolio

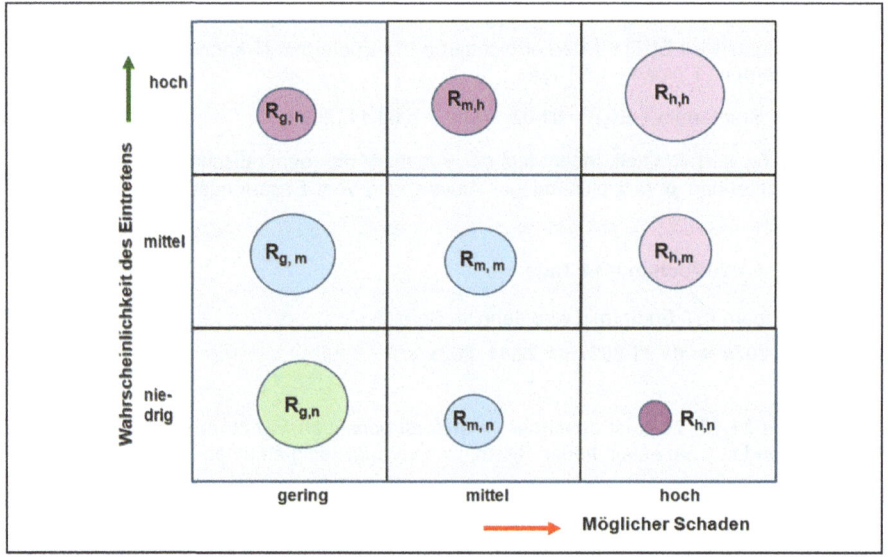

Abb. 5.12: Projekt-Risiko-Portfolio

---

[249] Siehe zum Beispiel:
GÖTZ, U.: Szenario-Technik in der strategischen Unternehmensplanung. Springer Verlag, Heidelberg 2013.
von KÄNEL, S.: Lernsoftware Controlling. IWK, Dresden 2017.

Anmerkungen:
Außer den Kriterien *„Möglicher Schaden"* und *„Wahrscheinlichkeit des Eintretens"* kann in einem solchen Risiko-Portfolio durch die Größe der Kreise auch noch der Aspekt *„Beherrschbarkeit des Risikos"* (durch Risikovermeidung oder durch, Risikoabwälzung u. a.) deutlich gemacht werden.

Beherrsch-barkeit eines Risikos

Beispiele:
Im Fallbeispiel **FB01** (Produktionsverlagerung) gibt es in Bezug auf die Einhaltung des Termins für die Anlieferung der neuen CNC-Maschinen ein zu beachtendes Risiko.
Die Höhe des durch eine möglicherweise verspätete Anlieferung der Maschinen bewirkten Schadens (Terminverzug auf nachfolgenden Arbeitspaketen u. a.) wird mit „mittel" und die Wahrscheinlichkeit des Eintretens dieses Risikos wird gleichfalls mit „mittel" bewertet (Kennzeichen **„Rm,m"**). Durch ständigen Kontakt mit der Liefer-Firma wird dieses Risiko aber als „beherrschbar" angesehen (relativ großer Kreis).
Anders eine mögliche Risiko-Situation im Fallbeispiel **FB02** (Neubau eines Werkes für Kunststoffrohre): Beim Ausheben des Bodens für das zu errichtende Fundament der Werkhalle besteht – aufgrund von Vermutungen aus Ereignissen in der Vergangenheit – das Risiko, dass die Bagger auf eine Fliegerbombe aus dem 2. WK stoßen. Der als Folge einer möglichen Explosion der Bombe entstehende Schaden ist natürlich mit „hoch" zu bewerten, die Wahrscheinlichkeit des Eintretens dieses Riskio wird aber mit „gering" bewertet (Kennzeichen **„Rg,n"**).
Die Chance einer Beherrschung dieses Risikos muss - aus der Sicht der Projektleitung - sicherlich mit „sehr gering" bewertet werden (kleiner Kreis).

Eine wichtige Rolle bei der Risikobewertung kann auch die Anwendung der „**F**ehler-**M**öglichkeits-und-**E**influss-**A**nalyse" (FMEA) spielen. Darauf wird nachfolgend im Kontext zum Qualitätsmanagement im Projektprozess näher eingegangen.

FMEA-Konzept

Im Ergebnis der Risiko-Bewertung entsteht jene Liste von Risiken, *die als Dokumentation* Ausgangspunkt und Grundlage für die *Risiko-Steuerung* im Rahmen des weiteren Projektmanagements wird.
Hierbei kann der Ansatzes der *ABC-Analyse* in die Risiko-Bewertung mit einbezogen werden, und zwar mit dem Ziel, jene ca. 20 % von Risiken aus dem erstellten Risiko-Katalog zu ermitteln, die ca. 70 % der möglichen Schadensumme bewirken könnten und somit in der Risiko-Steuerung die höchste Priorität erhalten müssen. Demgegenüber sind jene ca. 50 % der Risiken abzugrenzen, die insgesamt nur ca. 10 % der möglichen Schadenssumme verursachen würden.

ABC-Analyse

Wichtig:
Da sich im Prozess der Projektrealisierung die Risiken ändern werden, ist es wichtig, die Risiko-Liste mit *Datum* zu versehen und in bestimmten Abständen zu aktualisieren bzw. fortzuschreiben.

■ **Risiko-Steuerung**

Welche Möglichkeiten hat nun eine Projektleitung, um sich aktiv mit Risiken und ihren Folgen auseinander zu setzen?

Die nachfolgende Grafik in **Abb. 5.13** zeigt im Überblick anwendbare *Grundstrategien* zur Risikobewältigung im Rahmen einer projektbezogenen Risiko-Steuerung.

Strategien der Risikosteuerung

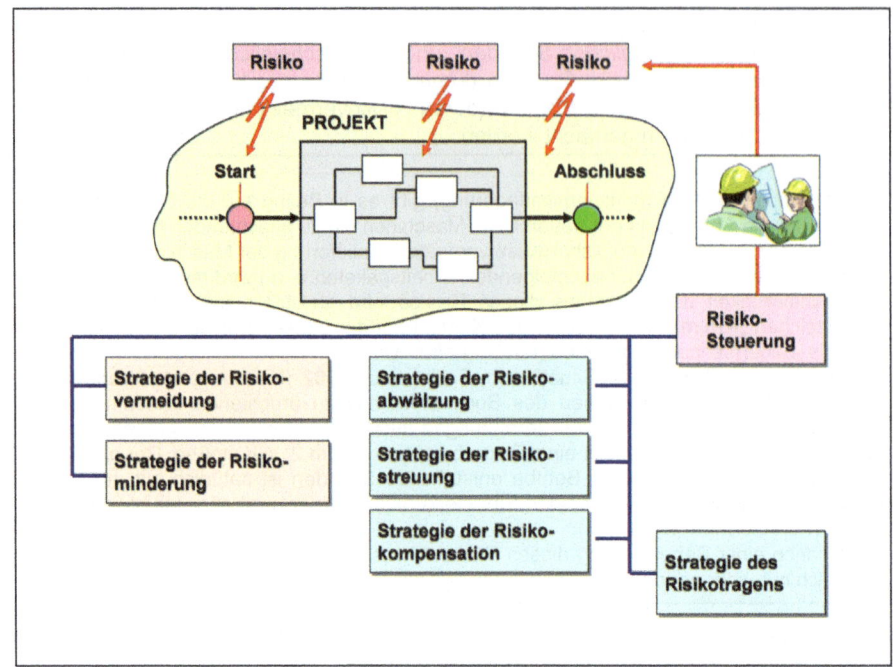

Abb. 5.13: Mögliche Strategien bei der projektbezogenen Risiko-Steuerung

Anmerkungen:

Risikovermeidung

Die *Strategie der Risikovermeidung* beinhaltet de facto das Unterlassen von Handlungen, die für die Realisierung des Projekts ein zu großes materielles, finanzielles oder personelles Risiko zur Folge haben würde.

> Beispiel: Unterlassen der Vergabe von Projektabschnitten und Arbeitspaketen an jene Nachauftragnehmer, die sich zwar um einen solchen Auftrag beworben haben, bei denen aber (nach vorliegenden Auskünften) die Gefahr besteht, dass sie den gestellten Anforderungen nicht gerecht werden.

Risikominderung

Die *Strategie der Risikominderung* ist anzuwenden, wenn Risiken nicht vermieden, in ihren Auswirkungen jedoch wirksam gemindert werden können.

> Beispiel: Schaffen einer zusätzlichen personellen Absicherung für die Durchführung kritischer Vorgänge (Arbeitspakete), um im „WENN-Fall" eintretende Überschreitungen der Dauer dieser Vorgänge mindern zu können.

Risikoabwälzung

Die *Strategie der Risikoabwälzung* läuft darauf hinaus, die mögliche Schadensbehebung durch Vertrag auf Dritte abzuwälzen.

> Beispiel: Der Auftraggeber für ein Projekt erreicht im Rahmen des Vertragsmanagements, dass die unternehmensexternen Nachauftragnehmer künftig eintretende Preiserhöhungen selbst zu tragen haben. Auf diese Weise wird die Wirkung derartige Preiserhöhungen auf das gegebene Projekt auf Dritte abgewälzt.

Risikostreuung

Strategien der Risikostreuung sind immer dann anzustreben, wenn sich bestimmte Risiken unter mehreren Partnern teilen lassen.

Beispiel: Die X-AG will in einem hochwassergefährdeten Gewerbegebiet eine Lagerhalle errichten. Da auch andere Unternehmen an diesem Standort Werke, Büros und Filialen errichtet haben, einigen sich alle Beteiligten auf das Einbringen von Einlagen in einen Risikofonds, der im Falle von Hochwasser für das Beheben eingetretener Schäden genutzt werden kann.

Strategien der Risikokompensation zielen darauf ab, die Wirkungen von potenziell eintretenden Störungen in der Projektrealisierung durch Nutzung von „Systemreserven" kompensieren zu können.

System-
reserve

Als derartige Systemreserven kommen in Betracht: Flexibel einsetzbare Teammitglieder, Ausnutzung zeitlicher Puffer im Projektablauf, Einrechnen kalkulatorischer Wagnisse in die Projektkosten und dergleichen mehr.

In realen Projekten lassen sich jedoch nicht alle Risiken vermeiden, abwälzen oder kompensieren.
Im Rahmen der Projektplanung ist daher mit zu klären, welche Risiken (hinsichtlich der Qualitätsparameter, der Kosten, des Endtermins für das Projekt u. a.) letztlich in welchem Ausmaß getragen werden können, ohne dass der Projekterfolg generell gefährdet ist.

Das Risiko-Management als ein zentrales Anliegen und Aufgabengebiet im Management von Projekten ist – wie bereits hervorgehoben – sehr eng mit dem Qualitätsmanagement und im Weiteren auch mit dem Konfliktmanagement verbunden. Dies soll durch die weiteren Ausführungen noch eingehender begründet werden.

5.3.2 Qualitätsmanagement

■ **Qualität als Projektziel**

> Qualität beginnt bei den Menschen, nicht bei den Dingen.
> *(Philip B. Crosby*, Qualitäts-Guru)

Das Erreichen einer *bestmöglichen Qualität* bei der Planung und Realisierung eines Vorhabens ist – wie im Zusammenhang mit der Darstellung und Erläuterung des *„Magischen Vierecks"* hervorgehoben – eines vier wichtigsten Projektziele (siehe Abb. 4.02, Seite 164).

Daraus folgt: Ein professionelles *Projektmanagement* muss von der Sache her somit stets auch ein *wirksames Qualitätsmanagement* sein.
Dabei soll von folgendem Qualitätsbegriff ausgegangen werden:[250]

> **Qualität** ist generell ein Ausdruck der *Brauchbarkeit* einer Einheit (Produkt, Dienstleistung u. a.), die danach bewertet wird, in welchem Maße diese Einheit den im Voraus bestimmten *Anwendungserfordernissen* genügt.
>
> Eine Bewertung der Qualität der betreffenden Einheit wird daher in der Regel unter Verwendung solcher Adjektive wie *schlecht, gut, sehr gut* oder *ausgezeichnet* vorgenommen.

Qualitäts-
begriff

---

[250] Siehe hierzu auch:
GPM-Projektmanagement-Fachmann, a. a. O., Abschnitt 4.2;
PFEIFER, T./SCHMITT, R.(Hrsg.): Masing Handbuch Qualitätsmanagement. Hanser Verlag, München 2014;
JAKOBY, W.: Projektmanagement für Ingenieure, a. a. O., Kapitel 10.

In Bezug auf Projekte gilt dann Folgendes:

Qualität im
Projekt

> Die **Qualität eines Projekts** ist nach dem *Grad der Übereinstimmung* zwischen den beim Projektergebnis *festgestellten* Eigenschaften (= "*realisierte* Beschaffenheit") und den hierzu *vorher festgelegten* Qualitätsforderungen und Qualitätsmaßstäben zu bewerten.

Insofern ist Qualität *relativ*, da ihre Bewertung vom Grad der Erfüllung

- der gestellten *Anforderungen und Ansprüchen des Auftraggebers*,
- der zu berücksichtigen Forderungen von Stakeholdern sowie
- der einschlägigen staatlichen und sonstigen Auflagen, Normen und Vorschriften

abhängt, wobei diese Anforderungen durchaus *variieren* können und zueinander meist auch *nicht konsistent* sind.

Fakt ist jedoch: Die Qualität eines Projekts bzw. Projektergebnisses ist nicht zum „Nulltarif" zu erreichen. *Qualität „kostet"* immer etwas, aber noch mehr kosten *Qualitätsmängel* und deren notwendige Behebung!
Zwischen den *Möglichkeiten der Beeinflussung* der Qualität eines Projekts und dessen Ergebnisses einerseits und den *Kosten für die Behebung* erkannter Qualitätsmängel andererseits zeigen sich im Projektprozess
s *widersprüchliche* Tendenzen (siehe **Abb. 5.14**):

Qualitäts-
beeinflus-
sung im
Projekt-
prozess

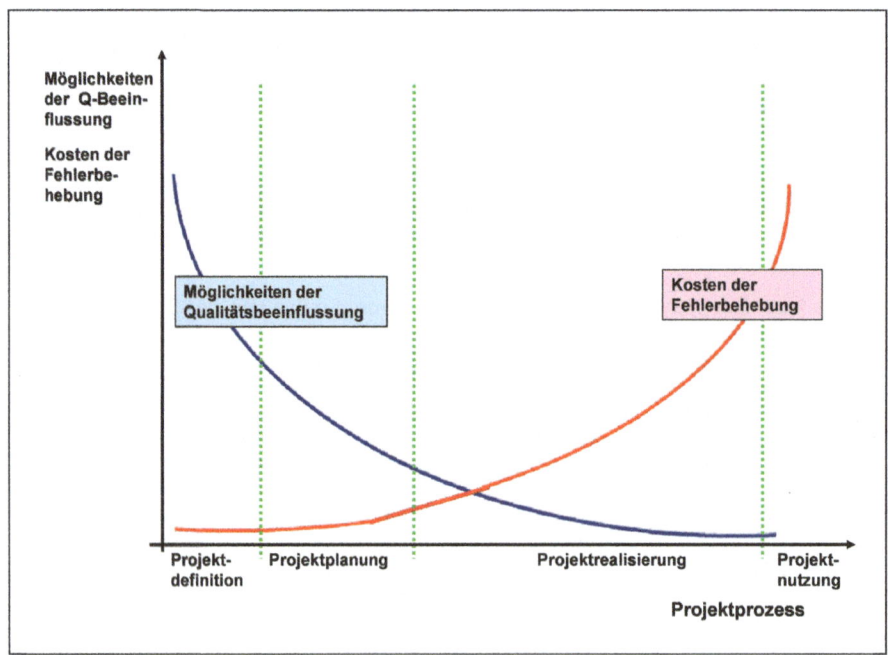

Abb. 5.14: Zu Problemen der Qualitätssicherung in Projekten

Daraus folgt:

Die Parameter der Qualität eines Projekts bzw. Projektergebnisses müssen in den *ersten Phasen* des Projektprozesses bestimmt und abgesichert werden, denn wenn in diesen ersten Phasen Fehler passieren, diese aber umgehend entdeckt werden, dann wird sich der Aufwand für die Fehlerbehebung in Grenzen halten!

Wird hingehen ein frühzeitig begangener Fehler beispielsweise erst bei Beginn der Projektnutzung erkannt, können die Kosten der Fehlerbehebung ins Unermessliche steigen.

> Dies trifft beispielsweise bei Bauvorhaben dann zu, wenn in den statischen Berechnungen Fehler gemacht wurden, die nachfolgend zum Einsturz einer tragenden Decke oder dgl. führen. Diesbezügliche tragische Fälle sind sicherlich bekannt.

In diesem Zusammenhang sei erneut auf das *„magische Viereck"* des Projektmanagements verwiesen. Anhand dieses Diagramms lässt sich gut verdeutlichen, dass notwendige *zusätzliche* Anstrengungen zu Sicherung der Qualität eines zu erreichenden Projektergebnisses nicht nur zu höheren Kosten, sondern meist auch zur Verlängerung der Projektdauer führen.[251]

Magisches Viereck

Die **Abb. 5.15** soll dies noch einmal verdeutlichen.

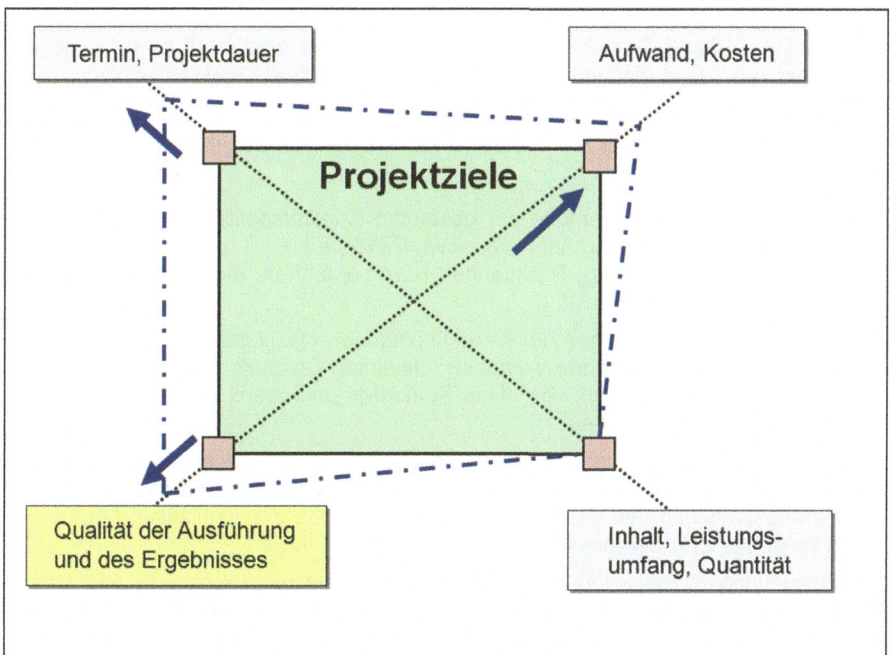

Abb. 5.15: Magisches Viereck bei notwendigen Maßnahmen zur Qualitätssicherung

---

[251] Es gibt Flughäfen und Bahnhöfe, die wegen der Behebung von Qualitätsproblemen vielleicht einmal fertiggestellt werden, aber nicht in der geplanten Dauer und nicht zu den geplanten Kosten!

■ Implementierung eines Qualitätsmanagementsystems

Die Ansprüche, die ein *Auftraggeber* an die *Qualität* eines zu erstellenden Projekts bzw. an die zu erarbeitenden Projektergebnisse stellt, sind in der Regel sehr hoch. Hinzu kommen Forderungen bzw. Erwartungen, die bezüglich der Projektqualität von *Stakeholdern* vorgebracht und – beispielsweise aus Gründen des Umweltschutzes – berücksichtigt werden müssen.
Schließlich gilt es, bei der Bestimmung der Qualitätsparameter eines Projekts die einschlägigen projektbezogenen Rechtsvorschriften, staatliche Auflagen, technische Normen u. a. zu berücksichtigen.

Um all diesen Ansprüchen und Forderungen gerecht zu werden, ist in das Projekt-management zum betreffenden Vorhaben ein entsprechendes *Qualitätsmanage-ment*system zu implementieren.

Anforderun-
gen an ein
QM-System

Ein solches Qualitätsmanagementsystem muss

- einerseits darauf ausgerichtet sein, die *Erfüllung der Qualitätsziele* zum betreffen-den Vorhaben unter Beachtung aller diesbezüglichen Ansprüche, Forderungen und Vorgaben zu sichern und

- andererseits den Nachweis erbringen, dass das *Projektmanagement selbst* ge-mäß den Normen und Richtlinien zum Qualitätsmanagement ausgestaltet ist. Dies betrifft vor allem Vorgaben aus der Normenreihe *DIN EN ISO 9001:2015-11* (Qua-litätsmanagementsysteme - Anforderungen) und *ISO 10006:2017-11* (Qualitäts-management – Leitfaden für Qualitätsmanagement in Projekten).

Funktionen
und
Aufgaben-
gebiete
eines QM-
Systems

Das Implementieren eines Qualitätsmanagementsystems in das Projektmanagement umfasst vom Grundsatz her die in **Abb. 5.16** im Überblick aufgeführten Funktionen und Aufgabengebiete:[252]

a) Ausgestaltung und Bestimmung der gesamten *Qualitätspolitik*, der *Qualitätsziele* im Projekt und der zugehörenden *Verantwortlichkeiten.*
Grundlagen: Projektauftrag, Pflichtenheft bzw. Lastenheft, einschlägige (externe) Normen, Vorschriften und dgl.;

b) Wahrnehmung der Aufgaben der projektbezogenen *Qualitätsplanung* (mit Identifi-zieren der für das betreffende Vorhaben relevanten Qualitätsstandards sowie Klä-rung der Vorgehensweisen, wie diese Standards umgesetzt werden sollen; Auf-stellen eines *Qualitätsplanes*);

c) Erarbeitung der Regelungen zur *Qualitätssicherung* als Prozess des Anwendens der geplanten systematischen Qualitätsvorgänge; Implementieren einer Qualitäts-sicherungsabteilung, die im Kontext zu den Aufgaben der Qualitätssicherung ei-nen kontinuierlichen Verbesserungsprozesses (KVP) initiiert,

d) Ausgestaltung eines wirksamen Systems der *Qualitätsüberwachung* und *Quali-tätslenkung,* das sich nicht nur auf die *Überwachung* bestimmter Projektergebnis-se konzentriert, um sicher zu gehen, dass diese Ergebnisse den vorgegebenen Qualitätsstandards entsprechen, sondern das darüber hinaus durch Auswertung von Ursachen mangelnder Qualität den kontinuierlichen Verbesserungsprozess unterstützt.

---

[252] Siehe auch:
GPM-Projektmanagement-Fachmann, a. a. O., Abschnitt 4.2.2;
Link: http://projektmanagement-definitionen.de/glossar/durchfuehren-der-qualitaetssicherung.

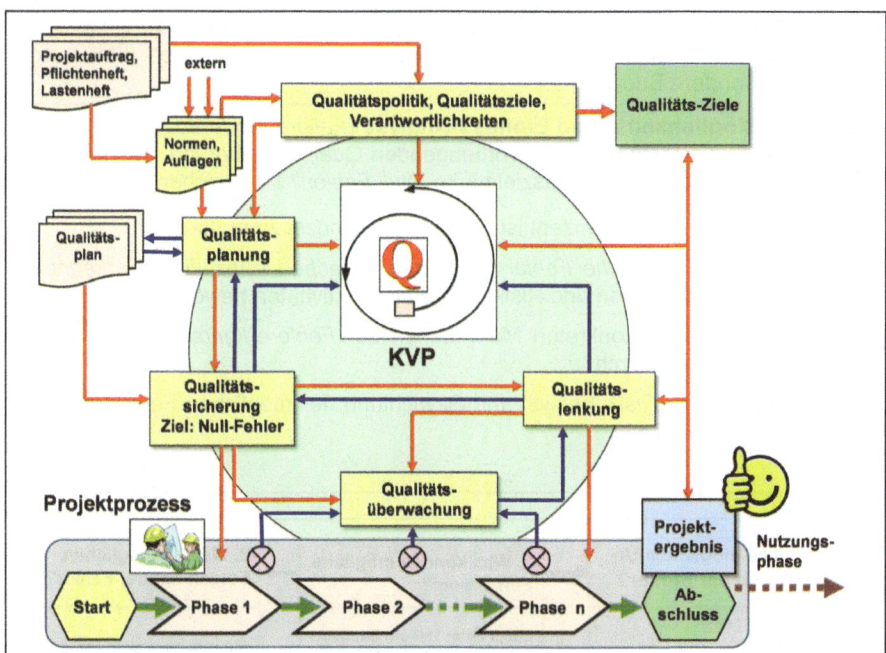

Abb. 5.16: Qualitätsmanagementsystem im PM-Konzept
(KVP = Kontinuierlicher Verbesserungsprozess)

Entscheidend für die Wirksamkeit eines solchen Qualitätsmanagementsystems ist, dass sich *alle Projektbeteiligten* (Auftraggeber, Projektleitung, Projektmitarbeiter, externe Partner) in ihrem Verantwortungs- und Aufgabenbereich der Umsetzung der fixierten Qualitätsstandards verpflichtet fühlen, ihr Wissen und Können dementsprechend einbringen und die Informations- und Kommunikationsprozesse im Projektprozess auf Qualitätssicherung ausrichten.

Zertifizierung eines QM-Systems

Bei Unternehmen, deren ursächlicher Geschäftszweck in der Durchführung von Projekten im Auftrage Dritter besteht, ist es wichtig anzustreben, dass das in Übereinstimmung mit den genannten Normen des Qualitätsmanagements praktizierte Projektmanagement durch ein unabhängiges Organ *zertifiziert* wird. [253]
Dies deshalb, weil viele Kunden (als Auftraggeber) davon ausgehen, dass der potenzielle Auftragnehmer eine solche Zertifizierung besitzt. Zudem motiviert ein Zertifizierungsvorhaben dazu, die Qualität des praktizierten Projekt- und Qualitätsmanagements im Interesse einer höheren Kundenzufriedenheit zu verbessern.

■ **Verfahren der Qualitätssicherung im Projektprozess, FMEA-Konzept**

Als *Verfahren der Qualitätssicherung* werden jene Vorgehensweisen, Mittel und Methoden im gesamten Qualitätsmanagement bezeichnet, die darauf abzielen, bei Kunden das Vertrauen darauf zu erreichen, dass die definierten Qualitätsanforderungen erfüllt werden.

---

[253] Siehe zum Beispiel:
Link: https://www.certqua.de/web/de.

Unter den Verfahren einer vorbeugenden Qualitätssicherung in einem Projektprozess hat das Verfahren einer *„Fehler-Möglichkeiten-und-Einfluss-Analyse"* (FMEA-Konzept) eine besondere Bedeutung.[254]

FMEA-Konzept

> Die **Fehler-Möglichkeits- und Einfluss-Analyse** (*Failure Mode and Effect Analysis*, FMEA) ist ein Instrument der vorbeugenden Qualitätssicherung, das mit dem Ziel eingesetzt wird, die Qualitätszielmarke "*Null Fehler*!" zu erreichen.
>
> Das Vorgehen im FMEA-Konzept ist vor allem gekennzeichnet durch
>
> - das Bestreben, *mögliche Fehler* und deren *Ursachen frühzeitig zu erkennen*, um deren Auswirkungen und Risiken für Folge-Aktivitäten bewerten zu können,
> - das Festlegen von konkreten Maßnahmen zur *Fehlererkennung* und *Fehlervermeidung* sowie durch
> - eine umfassende *Risikoanalyse* mit Gewichtung der möglichen Fehlersituation u. a. (siehe **Abb. 5.17**).

Zusammen-hang in der Qualitäts-sicherung

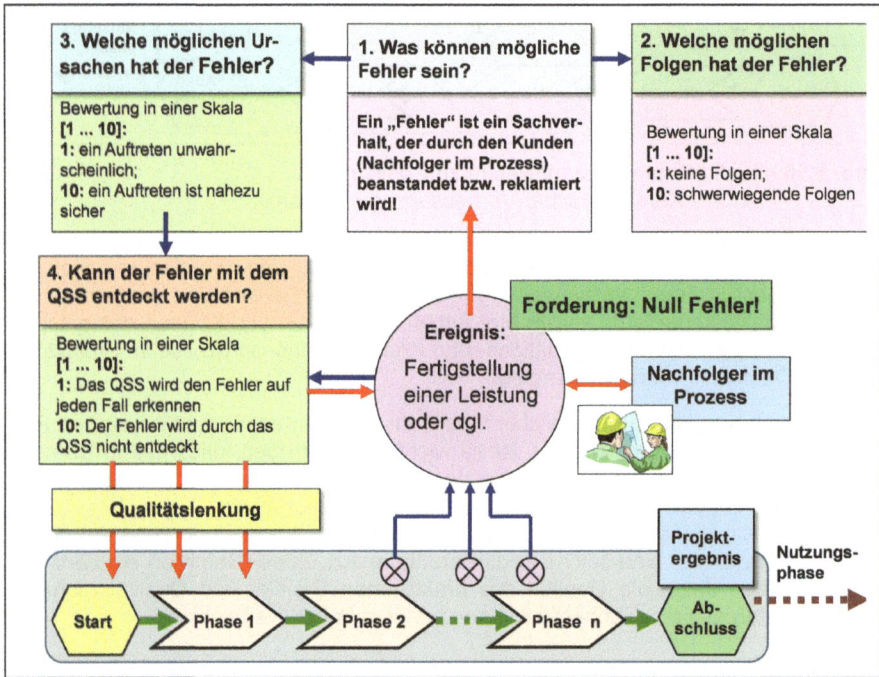

Abb. 5.17: Vorgehen bei der Qualitätssicherung nach dem FMEA-Konzept

---

[254] Siehe zum Beispiel:
KAMISKE, G. F./PFEUFER, H.-J.: FMEA - Fehler-Möglichkeits- und Einfluss-Analyse. Hanser Verlag, München 2014;
PFEIFER, T./SCHMITT, R.(Hrsg.): Masing Handbuch Qualitätsmanagement. Hanser Verlag, München 2014.

Erläuterungen:
Ausgangspunkt des Vorgehens nach dem FMEA-Konzept ist ein sog. *Ereignis*.
Dies kann im hier betrachteten Fall der Projektrealisierung die Fertigstellung einer Leistung bzw. die Übergabe eines Ergebnisses an den „Nachfolger" im Projektablauf sein.
Die Forderung lautet dabei: Das betreffende Ereignis verursacht *Null Fehler*!

Um diese Forderung erfüllen zu können, muss *als Erstes* ermittelt werden, was überhaupt *mögliche Fehler* sein können.

„*Fehler*" im hier betrachteten Zusammenhang sind Sachverhalte, die durch den oder die „Nachfolger" im Projektablauf bzw. durch den Auftraggeber reklamiert bzw. beanstandet werden können.

> Beispiele: Ein im Fundament eines Raumes aufgebrachter Estrich weist Risse und Unebenheiten auf, so dass das Verlegen des Fußbodenbelages nicht vorgenommen werden kann. Oder:
> Ein für das Verbinden von Rohren einzusetzender Flansch wurde falsch dimensioniert, so dass die Monteure die Verbindung nicht herstellen können. Und dgl. mehr.

Sind alle denkbaren Fehler aufgelistet, geht es im *zweiten Schritt* darum, die möglichen *Folgen* der Fehler für den "Nachfolger" bzw. für das Projektergebnis zu ermitteln und zu bewerten. Für die Bewertung der Folgen eines möglichen Fehlers wird eine Skala mit dem Wertebereich **[1 ... 10]** genutzt.

Der Wert „**1**" bedeutet, dass der mögliche Fehler vom Nachfolger bzw. vom Auftraggeber überhaupt nicht bemerkt wird und auch ansonsten unbedeutend ist.
Der Wert „**10**" wird vergeben, wenn der Fehler zu Verletzungen gesetzlicher Vorschriften (z. B., hinsichtlich Verbraucher- bzw. Umweltschutz) oder gar Gefahren für das Leben von Personen mit sich bringen würde.

Im *dritten Schritt* geht es darum, die *möglichen Ursachen* für die aufgelisteten Fehler sowie die *Wahrscheinlichkeit ihres Auftretens* zu bestimmen.
Auch hier wird wiederum eine Skala **[1 ... 10]** gewählt, wobei der Wert „**1**" bedeutet, dass es *unwahrscheinlich* ist, dass der betrachtete (mögliche) Fehler auftritt. Der Wert „**10**" hingegen besagt, dass es nahezu sicher ist, dass der betreffende Fehler auftritt.

Im *vierten Schritt* wird schließlich überprüft, ob das angewendete Qualitätsüberwachungs- und -sicherungssystem (QSS) in der Lage sein wird, den betrachteten Fehler (bzw. seine Verursachung) zu erkennen.
Die Bewertung dieses Sachverhalts erfolgt gleichfalls in einer Skala **[1 ... 10]** mit folgender Interpretation:
Der Wert „**1**" wird vergeben, wenn das QSS den Fehler *relativ sicher* erkennen wird (Selbstentdecken).
Der Wert „**10**" wird vergeben, wenn es fast sicher ist, dass das eingesetzte QSS den Fehler nicht entdecken wird.

Aus den drei Bewertungen (*Schritt 2:* Bewertung der Bedeutung **B** des Fehlers, *Schritt 3:* Bewertung der Wahrscheinlichkeit **A** des Auftretens des Fehlers, *Schritt 4:* Bewertung der Wahrscheinlichkeit **E** des Entdeckens des Fehlers) wird eine sog. *Risikoprioritätszahl* (**RPZ**) nach folgender Beziehung ermittelt:

$$RPZ = B * A * E$$

(5.9)

(Randnotizen:)
Begriff des „Fehlers"

Bewertung der Folgen eines „Fehlers"

Bewertung der Wahrscheinlichkeit des Auftretens eines „Fehlers"

Bewertung des Erkennens eines „Fehlers"

Risiko-Prioritäts-Zahl

Beispiele Wichtig ist offenbar, wie die Funktionsfähigkeit des QSS bewertet wird (Bewertung **E** als Bewertung der Wahrscheinlichkeit des Entdeckens eines Fehlers).

So ergibt sich eine Risikoprioritätszahl **RPZ** mit **RPZ = 10** auf unterschiedliche Weise:

10 * 1 * 1 = 10, aber auch 1 * 1 * 10 = **10**.

Das heißt, ein bestimmter Fehler kann nach *Schritt 2* die Höchstbewertung „10" erhalten, wenn es unwahrscheinlich ist, dass dieser Fehler auftritt und – wenn doch – das Entdecken des Fehlers mit dem QSS sicher ist.
Oder:
Ein Fehler mit geringer Bedeutung (**B** = 1) und geringer Wahrscheinlichkeit des Auftretens (**A = 1**) kann dennoch Probleme bereiten, wenn fast sicher ist, dass er durch das QSS nicht entdeckt wird (**E** = 10).

Das höchste Risiko besteht offenbar im Fall **RPZ** = 10 * 10 * 10 = **1000**!

Anhand der ermittelten Risikoprioritätszahlen werden dann Projektunterlagen (Ablaufpläne, Konstruktionsunterlagen, Arbeitsunterweisungen und andere Dokumente) an jenen Stellen besonders gekennzeichnet, die nach der FMEA-Bewertung als besonders *gefährdet* erscheinen und wo bei der Arbeitsausführung mit *höchster Sorgfalt* vorzugehen ist.

Insgesamt gesehen lassen sich folgende *drei RPZ-Bereiche* kennzeichnen:

<table>
<tr><td rowspan="3" style="vertical-align:top">Einstu-
fungen</td><td>**RPZ < 40**</td><td>Es liegt ein beherrschbares Risiko vor</td></tr>
<tr><td>**41 < = RPZ <= 125**</td><td>Die Risiken sind weitgehend beherrschbar. Wenn bessere Werte erreicht werden sollen, muss der hierfür notwendige Aufwand vertretbar sein.</td></tr>
<tr><td>**RPZ > 125**</td><td>Es sind zwingend Abstellmaßnahmen festzulegen, deren Abarbeitung und deren Ergebnisse zu protokollieren sind.</td></tr>
</table>

Eine FMEA kann dann als abgeschlossen eingeordnet werden, wenn keine weiteren Veränderungen am System oder am Produkt oder am Prozess mehr erfolgen oder auftreten.
Sobald Veränderungen erfolgen, ist die betreffende FMEA zu überprüfen und ggf. zu aktualisieren.

Das FMEA-Konzept ist nicht nur ein wichtiges Verfahren für die Ausgestaltung einer vorbeugenden Qualitätsüberwachung und Qualitätssicherung, sondern auch ein wichtiges Instrument im Rahmen des *Risikomanagements* im Projektprozess und in anderen Aufgabenbereichen.

Hinweis;
Im Online-Zusatzmaterial wird ein FMEA-Formblatt zum Download bereitgestellt.

5.3.3 Konfliktmanagement

■ Konflikte

> Ziel eines Konfliktes oder einer Auseinander-
> setzung soll nicht der Sieg, sondern der Fort-
> schritt sein. (*J. Joubert*)

Der Prozess der Realisierung eines Projekts - ist wie mehrfach hervorgehoben - immer *arbeitsteiliger* Natur.

Der Erfolg in diesem Prozess hängt maßgeblich vom *Niveau* des kooperativen Zusammenwirkens und auch vom *Zusammenwirken-Wollen* der Projektbeteiligten ab.

Da es hierbei jedoch um Menschen geht, wird es nicht ausbleiben, dass es zu Problemen in diesem Zusammenwirken kommt, die zu regelrechten *Konflikten* ausarten können.[255]

Unter **Konflikt** ist – wie bereits an anderer Stelle ausgeführt - eine Situation zu verstehen, bei der

Konflikt-begriff

a) eine Person mit sich selbst und einem bestimmten Sachverhalt nicht klar kommt (*intra-personeller Konflikt*) oder

b) der Handlungsplan einer Person oder einer Personengruppe **A** den Handlungsplan einer Person oder Personengruppe **B** einschränkt oder massiv behindert (*inter-personeller Konflikt*).

Intra-personeller Konflikt

Projekt-Budget

Inter-personeller Konflikt

Konflikte können *persönlicher Art* sein („ich-ich", „ich – du", „ich – wir", „ich – ihr"," wir – ihr", „wir - die ...", „ich - die ...") und/oder *sachliche Probleme* betreffen (Bewertungs-, Beurteilungs-, Verteilungs- oder Beziehungskonflikte).

---

[255] Siehe hierzu auch:
GPM-Projektmanagement-Fachmann, a. a. O., Abschnitt 2.8.1.;
SCHWARZ, G.: Konfliktmanagement: Konflikte erkennen, analysieren, lösen. Springer-Gabler Verlag, Wiesbaden 2013
KUSTER, J. u. a.: Handbuch Projektmanagement, a. a. O., Abschnitt 4.4.

■ Konfliktarten in der Projektrealisierung

Konflikte entstehen in der Regel nicht „aus dem Nichts", sie haben stets eine *Vorgeschichte*, auch im Projektmanagement!

Es gehört daher zu den wichtigsten Aufgaben eines *Projektleiters*, die Entstehung möglicher Konflikte anhand von *Symptomen* (als „schwache Signale") rechtzeitig zu deuten, um einen Ausbruch eines offenen Konflikts zu vermeiden oder aber die Situation so zu steuern, dass nach einem „reinigenden Gewitter" wieder ein normales Zusammenwirken im jeweiligen Prozess zustande kommt. Sich andeutende Konflikte müssen somit *wahrgenommen* werden.

Konflikt-anzeichen im Projekt-prozess

Symptomatische Anzeichen für sich ankündigende Konflikte im Projektprozess sind zum Beispiel:

- Ungeduld und unhöfliches Auftreten von Projektmitarbeitern im Umgang miteinander,

- Projektmitarbeiter sind nicht in der Lage, sich über das Vorgehen bei einer Problemlösung zu einigen, keiner ist bereit, nachzugeben,

- Projektmitarbeiter verdrehen die Äußerungen anderer,

- unter den Projekt-Beteiligten herrscht eine Atmosphäre des Misstrauens (z. B. Korruptionsverdacht),

- Einzelne Projektmitarbeiter zeigen Desinteresse an der Erfüllung anstehender Aufgaben

u. a. m.

Gründe für Konflikte

Gründe für einen Konflikt können zum Beispiel sein:

- Es gibt nicht eindeutig geklärte Fragen in der Projektorganisation (Verantwortlichkeiten, Entscheidungsbefugnisse u. a.);

- es bestehen zu bestimmten Aufgaben unterschiedliche Interessen- bzw. Meinungsgegensätze, zum Beispiel zum Vorgehen im Projektprozess oder zur Bewertung einer Situation oder zum Risiko einer vorzunehmenden Handlung;

- es bestehen unterschiedliche Einfluss- und Machtambitionen, zum Beispiel zur Rolle (Rangordnung) im Projektprozess;

- es bestehen persönliche Beziehungskonflikte zwischen Projektbeteiligten, die aus der Vergangenheit herrühren;

- es besteht eine Knappheit an bestimmten Ressourcen, auf die die jeweiligen Parteien angewiesen sind (Verteilungskonflikt)

und dgl. mehr.

Latente und manifestierte Konflikte

Solange ein Konflikt noch nicht offenkundig geworden ist, spricht man von einem *latenten Konflikt*.

Ist jedoch der Konflikt nicht mehr zu übersehen und hat er sich verfestigt, dann ist von einem *manifestierten Konflikt* die Rede.

Die am meisten gefürchtete Entwicklung in einem Konflikt ist die *Eskalation*.
Hier muss versucht werden, den offenkundigen Konflikt über ein sachlich geführtes *Gespräch* zu überwinden.

■ Gespräche im Konfliktfall, Lösungsstrategien

Die Wahrnehmung eines *Gesprächs* im Konfliktfall ist sicher die schwierigste Aufgabe, die sich für einen Projektleiter ergeben kann.

Um eine solche Aufgabe zu meistern, muss sich der Projektleiter bzw. ein beauftragter Berater über eine Reihe von Sachverhalte klar werden, was auch die Frage einschließt, wie die *eigene* Rolle im Konfliktfall wahrzunehmen ist (siehe hierzu **Abb. 5.18**)

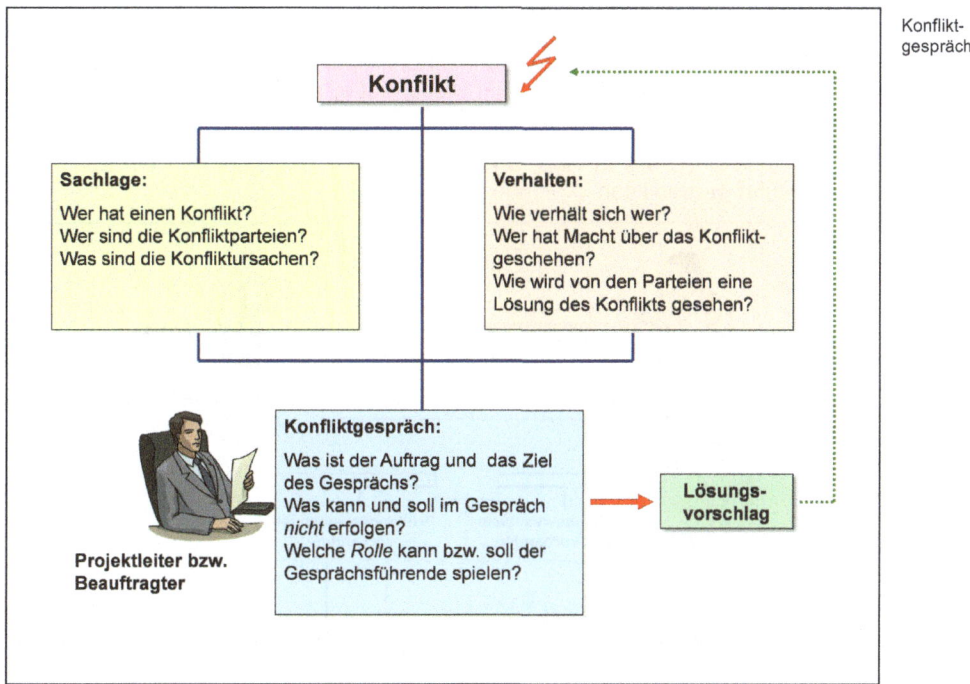

Konflikt-
gespräch

Abb. 5.18: Vorbereitung eines Konfliktgesprächs

Bei der Klärung der eigenen Rolle im Konfliktgespräch sollte auf folgende Fragen eine Antwort gefunden werden:[256]

Rolle im
Konflikt-
gespräch

- Bin ich "Beteiligter" oder „Schiedsrichter" oder „Zuschauer"?
- Welche Erfahrungen habe ich in Bezug auf den Konflikt?
- Was kann ich somit zur Konfliktlösung beitragen?
- Komme ich mit den Erwartungen an mich als Leiter/Berater klar?

Projektleiter kommen – wie die Praxis zeigt – fast zwangsläufig in die Rolle eines „überparteilichen" Vermittlers, eines *Moderators* in einem Konfliktfall.

In einer solchen Rolle sind folgende Verhaltensregeln zu beachten:[257]

Verhaltens-
regeln

---

[256] Siehe hierzu auch:
FRANKE, D. u. a. (Hrsg.): Geprüfte Personalfachkaufleute, Luchterhand Verlag, Köln 2015.

- Zum Zwecke der Konfliktklärung und Konfliktbewältigung sollten – sofern es sachlich und zeitlich möglich ist – *mehrere Gesprächstermine* vereinbart und realisiert werden.

- In allen Gesprächen übt der Konflikt-Moderator *äußerste Zurückhaltung* mit eigenen Meinungen zur Sache bzw. zu den Konfliktparteien.

- Der Moderator zeigt stete *Aufmerksamkeit, Geduld, Überparteilichkeit* sowie *Akzeptanz* gegenüber den Konfliktparteien.

- Das Bestreben des Konflikt-Moderators geht dahin, die Konfliktparteien dazu zu bringen, *gemeinsam eine vertretbare Lösung* zu finden.

- Wichtig ist, durch Einflussnahme auf die Konfliktparteien zu verhindern, dass Konflikte letztlich eskalieren und zu nicht wieder gut zu machenden Image- und anderen Schäden führen.

Die nachstehende Grafik in **Abb. 5.19** zeigt in einer Übersicht, wie ein Konfliktgespräch geführt werden kann.

Verhalten im Konfliktgespräch

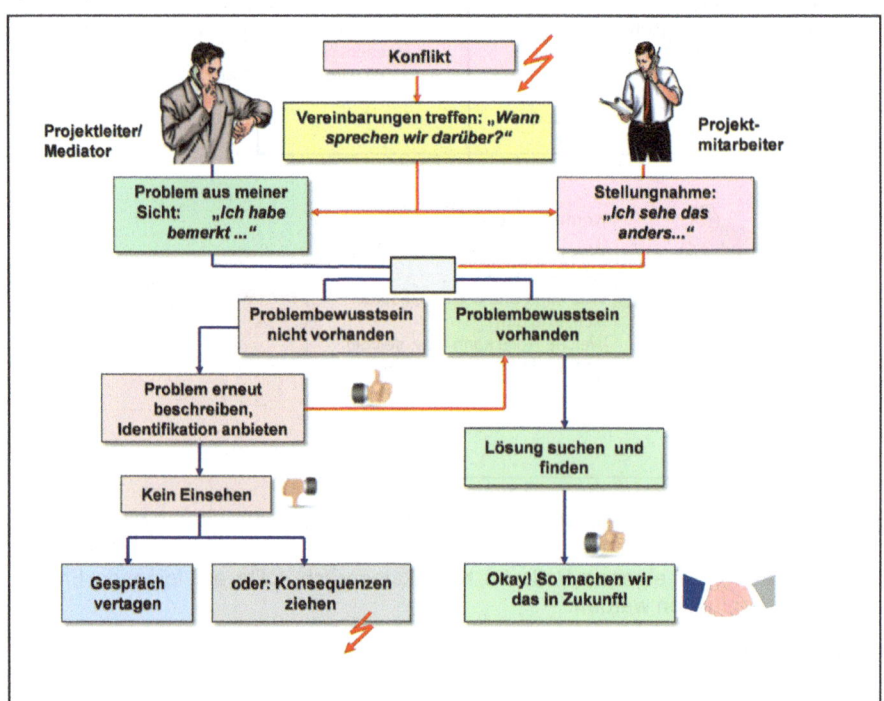

Abb. 5.19: Führen eines Konfliktgesprächs

Ziel eines Konfliktgesprächs sollte immer sein, eine *konstruktive Konfliktklärung* sowie eine *Konfliktlösung* anzustreben.

---

[257] Vgl. ebenda.

Grundlage hierfür ist, dass die Bedürfnisse der am Konflikt Beteiligten nach Wertschätzung, Verständnis, Respekt, Sicherheit und Autonomie gewahrt werden.

Die Erfahrung besagt:

Konflikte können im Gespräch in der Regel nicht gelöst, sondern nur bearbeitet werden, und zwar im Sinne der Suche nach einer Verständigung oder einer „win-to-win"-Situation!   „Win-to-Win"

Die nachfolgende Darstellung in **Abb. 5.20** zeigt verschiedene Typen einer Konfliktbewältigung.[258]

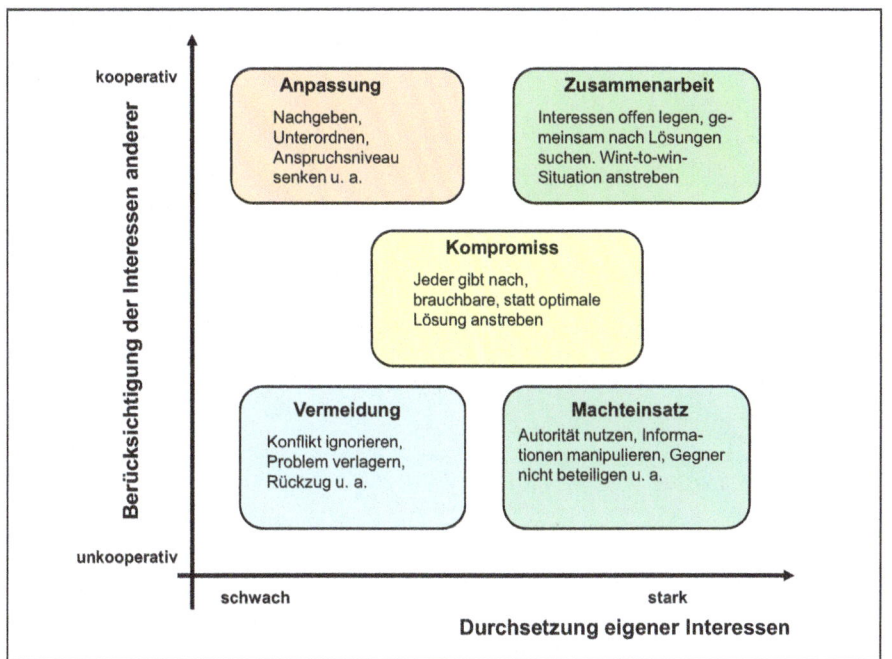

Konflikt-über-windung

Abb. 5.19: Grundstrategien einer Konfliktbewältigung

Anzustreben ist zwar immer das Erzielen eines Kompromisses, aber „faule Kompromisse" nutzen letztlich auch keiner der Parteien.

Besser ist es, Interessen offen zu legen und gemeinsam nach einer befriedigenden Lösung zu suchen (*„win-to-win-Situation"*).

In der Regel werden Konflikte – im hier betrachteten Kontext zum Management der Projektrealisierung – nur *negativ* gesehen bzw. als *Störung* im Projektprozess wahrgenommen.

Diese Bewertung kann im konkreten Fall durchaus zutreffen und in der Folge auch nachteilige Wirkungen auf das Klima im Projektteam und auf das Erreichen der Projektziele haben, aber Konfliktsituationen können im Projektprozess auch anders gesehen werden:

---

[258] Vgl. ebenda sowie
GPM-Projektmanagement-Fachmann, a. a. O., 2.8.1.4.

Konflikte sind Indikatoren dafür, dass „etwas nicht stimmt" und es daher notwendig ist, dem betreffenden Sachverhalt zumindest erst einmal eine besondere Aufmerksamkeit zu schenken.

Gelingt es, die im Projektprozess auftretenden Differenzen und Konflikte im Sinne des Erreichens der Projektziele konstruktiv zu lösen, dann wird sich dies durchaus positiv auswirken, nicht nur im Hinblick auf die Sicherung des Projekterfolgs, sondern auch im Hinblick darauf, im Team wie auch persönlich mit den Herausforderungen gewachsen zu sein.

Aktives Konfliktmanagement

Insofern haben Konflikte auch *positives Potenzial*, zumal dann, wenn der Projektleiter es versteht, ein in diesem Sinne *aktives Konfliktmanagement* zu realisieren.[259]

---

[259] Siehe hierzu auch:
KUSTER, J. u. a.: Handbuch Projektmanagement, a. a. O., Abschnitt 4.4.5.

Tests und Übungsaufgaben zu Kapitel 5

5.01: Wissenstests (JA/NEIN)

Nachfolgend werden 5 Aussagen zu den im Kapitel 5 behandelten Themen gemacht. Aufgabe: Machen Sie mit „Ankreuzen" kenntlich, ob die jeweilige Aussage –
Ihres Wissens nach - als „richtig" (J) oder als „falsch" (N) zu werten ist.

Nr.	Aussage	J	N
1	Die Anwendung der Methode „Statusschritte" bei Ermittlung des Projektfort-schritts setzt voraus, dass im betreffenden Projektabschnitt bestimmte Meilen-steine definiert und die betreffenden Arbeiten im jeweiligen Projektabschnitt erle-digt sind. *Würden Sie dieser Aussage sachlich zustimmen?*		
2	Als „*Cost-to-Complete*" .werden im Projektcontrolling jene Kosten bezeichnet, die laut Kostenplan bei der Fertigstellung eines Projektabschnitts nicht über-schritten werden dürfen. *Würden Sie dieser Aussage sachlich zustimmen?*		
3	Um den Risiken bei der Projektrealisierung zu begegnen, sollte für wichtige, für den Start unabdingbar benötigte Ressourcen immer der Zugriff zu einem „Double" gesichert werden. *Würden Sie dieser Aussage sachlich zustimmen?*		
4	Im Rahmen der „Fehlermöglichkeits-und-Einfluss-Analyse" (FMEA) wird ermit-telt, dass der Fehler mit Nr. F12 für die Projektausführung von geringer Be-deutung **B** ist und auch eine geringe Wahrscheinlichkeit des Auftretens **A** hat. *Sollte - Ihrer Einschätzung nach - dieser Fehler dennoch auf die Liste der beson-ders gefährlichen Fehlermöglichkeiten im Projekt gesetzt werden?*		
5	Eine Konfliktsituation im Prozess der Realisierung eines Projekts weist folgen-de Sachverhalte auf: Die Konflikt-Beteiligten **A** und **B** verhalten sich normalerweise kooperativ, d. h. sie akzeptieren die Interessen des anderen Beteiligten. Beide sind aber zu-gleich sehr willensstark im Durchsetzen eigener Interessen. Der zuständige Projektleiter will mit der Strategie "Zusammenarbeit" den Kon-flikt zwischen **A** und **B** bereinigen. *Ist diese Strategie - Ihrer Einschätzung nach - richtig gewählt?*		

A 5.02: Multiple-Choice-Aufgaben

In den nachstehend aufgeführten drei Aufgaben ist durch Ankreuzen kenntlich zu
machen, welche der zu einer Aufgabe machten Aussagen – Ihrer Kenntnis nach –
richtig bzw. zutreffend ist.

1. Zu den Methoden der Messung eines *Fortschrittsgrades* (FGR) in einem Projekt
   gehören zum Beispiel

   a) die Methode der Ermittlung des kritischen Weges im Projektprozess ☐

   b) die „0-100"-Methode, ☐

   c) die Meilensteintrendanalyse ☐

   d) die Statusschritt-Methode ☐

2. Zu einem Arbeitspakt **AP(i)** liegen folgende Daten vor:
   Geplanter Anfangstermin $AT(i)_{Plan} = 20$; geplante Dauer $DV(i)_{Plan} = 30$ [Tage]
   Ist-Dauer zum Berichtstermin $DV(i)_{Ist} = 10$ [Tage]; Zeitfortschrittsgrad
   zum Berichtstermin $ZFGR(i)_{BT} = 25$ %.
   Daraus lassen sich folgende Aussagen ableiten:

   a) Die voraussichtliche Dauer **vDV(i)** des AP(i) wird **40** Tage betragen. ☐

   b) Der voraussichtliche Endtermin **vET(i)** des Abschlusses des
      AP(i) wird bei **vET(i)** = 35 liegen. ☐

   c) Die voraussichtliche Restdauer **vRDV(i)** wird bei
      vRDV(i) = 28 liegen. ☐

3. Die *Soll*-Kosten eines Arbeitspakets AP(i) können wie folgt
   ermittelt werden:

   a) Ist-Aufwendungen im AP(i), bewertet zu den jeweiligen Ist-Kosten
      der jeweiligen Aufwandsart; ☐

   b) geplante Aufwendungen im AP(i), bewertet zu Planpreisen der
      jeweiligen Aufwandsart; ☐

   c) Ist-Aufwendungen im AP(i), bewertet zu den Planpreisen der
      jeweiligen Aufwandart. ☐

A 5.03: Terminkontrolle

Zu einem Projekt liegen – ausschnittsweise – folgende Daten vor:

AP(i)	Vor- aus- setz.	Aufwand [Pd]		Personal [P]		Dauer [d]		FAZ(i)		FEZ(i)	
		Plan	Ist	Plan	Ist	Plan	Ist	Plan	Ist	Plan	Ist
AP(1)	-	45	45	3	3						
AP(2)	AP(1)	30	34	2	2				18		
AP(3)	AP(2)	100	115	4	5						

Aufgaben:

   a) Ermitteln Sie die fehlenden Angaben und tragen Sie die Ergebnisse in die obi-
      ge Tabelle ein!

   b) Erstellen Sie anhand dieser Daten ein zeitgestrecktes Gantt-Diagramm.
      Berichtstermine: Alle 15 Tage.

A 5.04: Kostenkontrolle

Zum Projekt aus Aufgabe 5.03 liegen zum Arbeitspaket **AP(3)** folgende weitere Daten vor:

Position	Plan	Ist	%	Plan-kosten	Ist-kosten	Soll-kosten	Abwei-chung
Personaleinsatz [P]	4	5					
Tägl. Arbeitszeit [h/d]	8	8					
Einsatzdauer [d]	25	23					
Stundensatz [EUR/h]	25,00	26,50					
Personalkosten							
Preis Sachmittel-einsatz [EUR/h]	110,00	115,00					
Sachmitteleinsatz [h]	200	184					
Sachmittelkosten [EUR]							
Gesamtkosten [EUR]							

Aufgabe:

Ermitteln Sie die fehlenden Angaben und tragen Sie die Ergebnisse in die obige Tabelle ein!

A 5.05: FMA-Konzept der Qualitätskontrolle

Bei einer vorbeugenden Qualitätskontrolle zu einem wichtigen Funktionsteil nach dem FMEA-Konzept wurden folgende Bewertungen ermittelt:

B = 5, A = 2, E = 6.

Aufgaben:

a) Geben Sie an, was diese Bewertungsgrößen inhaltlich bedeuten!

b) Ermitteln Sie die Risikoprioritätszahl **RPZ** und geben Sie an, wie das Ergebnis zu werten ist!

6. Projektabschluss, Projekteinführung

6.1 Projektabschluss: Inhalt und Aufgaben

■ Problemstellung

> Gäbe es die letzte Minute nicht, so würde niemals etwas fertig, also auch kein Projekt. (*Frei nach M. Twain*)

Projekte sind definitionsgemäß Vorhaben mit einer definierten *zeitlichen Begrenzung*, woraus zu schließen ist, dass die *Projektdauer* – sowohl als Vorgabegröße als auch als tatsächliche Zeitinanspruchnahme – eine gewichtige Rolle bei der Bewertung von Projekten spielt.

Dabei zeigt sich in der Praxis ein Problem:

Bedeutung eines systematischen Projektabschlusses

Während der „Start" eines zu realisierenden Vorhabens in der Regel eindeutig bestimmt und oft auch marketingseitig (mit „Spatenstich" oder „Kick-off-Meeting" und dgl.) besonders hervorgehoben wird, finden begonnene Vorhaben entweder „kein richtiges Ende" oder es wird kein ordnungsgemäßer Projektabschluss mit allen hierzu erforderlichen Aktivitäten und Dokumentationen ausgeführt.

Dabei ist ein *systematischer Projektabschluss* sowohl bei *externen* Projekten (für Kunden als Auftraggeber) als auch bei *internen* Projekten zwingend erforderlich:

Bei *externen* Projekten wird der Auftraggeber die Restzahlung der vereinbarten Auftragssumme in der Regel erst dann zahlen, wenn der Auftragnehmer allen Verpflichtungen nachgekommen ist.

Bei *internen* Projekten muss hingegen gesichert werden, dass den Projektmitgliedern nach Projektabschlusses neue Aufgaben zugewiesen wurden, um zu verhindern, dass sie „in der Luft hängen".

So kann es passieren, dass ein an sich erfolgreiches Projekt durch Nichterledigung von Aufgaben eines ordnungsmäßigen Projektabschlusses letztlich doch noch zu einem Misserfolg wird, denn *„der letzte Eindruck ist meist maßgebend für die Erinnerung an ein Projekt".*

Hinzu kommt, dass bei einem nicht ordnungsmäßigen Projektabschluss in der Regel auch keine Nachaufträge erteilt werden.

Es gilt somit die Frage zu beantworten, was ein systematischer Projektabschluss beinhalten muss und *wer* dabei für *welche Aufgaben* verantwortlich ist.[260]

■ Was beinhaltet ein Projektabschluss?

Projekte werden gestartet und durchgeführt, um im Rahmen bestimmter Restriktionen (Zeitdauer, Kosten u. a.) ein bestimmtes *Ergebnis* zu erstellen bzw. zu erreichen. Somit kann ein Projekt als abgeschlossen angesehen werden, wenn dieses Ergebnis zur Nutzung (Inbetriebnahme) freigegeben werden kann.

Projektabschluss als Schnittstelle

Ein Projektabschluss ist daher eigentlich eine *Schnittstelle*, an der einerseits die restlichen Aktivitäten im Projektprozess beendet werden und andererseits die ersten Aktivitäten zur Nutzung des Projektergebnisses beginnen (siehe **Abb. 6.01**).

---

[260] Siehe hierzu auch:
GPM-Projektmanagement-Fachmann, a. a. O., Abschnitt 4.10;
JAKOBY, W.: Projektmanagement für Ingenieure, a. a. O., Abschnitt 11.3.

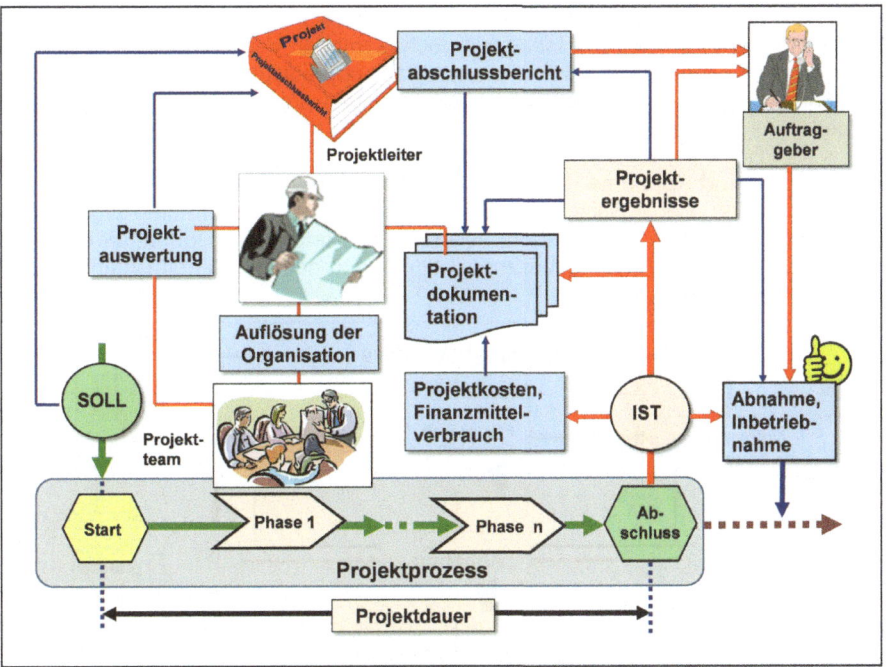

Abb. 6.01: Projektabschluss als Schnittstelle

Ein systematischer Projektabschluss beinhaltet somit die Wahrnehmung insbesondere folgender *Aufgaben*:

Aufgaben beim Projektabschluss

- Durchführung der *Übergabe* und *Abnahme* des erarbeiteten Projektergebnisses in Verbindung mit der Absicherung der *Nutzung* bzw. *Inbetriebnahme* dieses Ergebnisses;[261]

- Erstellen einer ausführlichen *Projektdokumentation* als Grundlage für die Nutzung der Projektergebnisse;

- Erstellen eines ausführlichen *Abschlussberichtes* zum Projekt mit Abrechnung der Leistungen, der Ressourceninanspruchnahme, des Finanzmittelverbrauchs u. a.;

- Durchführen einer ausführlichen *Projektauswertung*;

- Auflösen der Projektorganisation (Projektteam, Umfeld-Einbindungen).

---

[261] In Bezug auf die behandelten Fallbeispiele würde dies bedeuten:
Fallbeispiel **FB 01**: Die Arbeiten zur Produktionsverlagerung des Betriebsteils sind beendet, die Abnahme der Maschinen und Anlagen am neuen Standort ergab keine Beanstandungen, somit kann die Produktionsaufnahme gestartet werden.
Fallbeispiel **FB 02**: Die erste Fertigungshalle des neuen Werkes wurde fertiggestellt. Der Probebetrieb verlief erfolgreich. Einige Beanstandungen bei der Abnahme wurden behoben.
Fallbeispiel **FB 03**: Der Prototyp zur neuen Erntemaschine wurde erfolgreich getestet. Alle Unterlagen für die Aufnahme der Produktion der ersten Serie wurden fertiggestellt und übergeben.
Fallbeispiel **FB 04**: Alle Hard- und Software-Komponenten für die E-Learning-Plattform wurden fertiggestellt. Der Testbetrieb konnte erfolgreich abgeschlossen werden. Damit wurde die Plattform für die Nutzung freigegeben.

6.2 Projektabschluss: Aufgaben des Projektleiters

Die Phase des *Projektabschlusses* stellt noch einmal an den Projektleiter hohe Anforderungen, sowohl aus inhaltlicher wie auch aus psychologischer Sicht.
Auf einige der hierbei wahrzunehmenden Aufgaben soll hier näher eingegangen werden.

■ Übergabe und Abnahme des Projektergebnisses

Nach Erledigung aller Abschlussaktivitäten zum Vorhaben besteht die Aufgabe des Projektleiters zunächst darin, die erarbeiteten Projektergebnisse formal an den (externen bzw. internen) Auftraggeber mit all den hierzu dokumentierten Unterlagen zu übergeben (siehe **Abb. 6.02**).

Projekt-
übergabe
und
Projekt-
abnahme

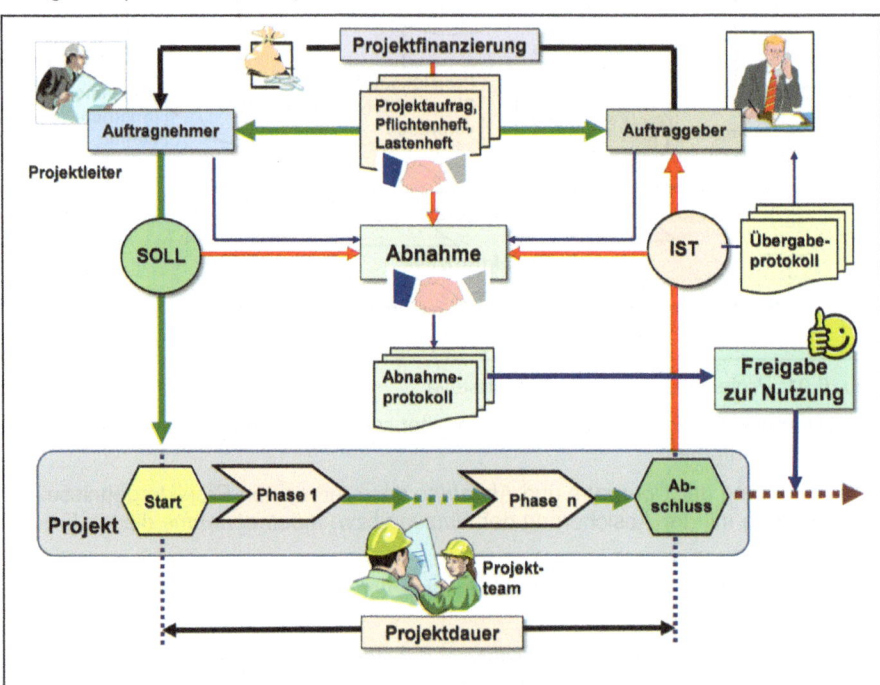

Abb. 6.02: Übergabe und Abnahme der Projektergebnisse

Übergabe-
protokoll

Der Auftraggeber wird diese Unterlagen auf Vollständigkeit überprüfen und deren Erhalt sowie die Modalitäten der Übergabe in einem *Übergabeprotokoll* mit Unterschrift bestätigen.

Mit der Übergabe der Projektergebnisse wird in der Regel zugleich der Prozess der *Abnahme* der erstellten Leistungen bzw. des erstellten Produkts eingeleitet.

Fällt die Abnahme positiv aus, bedeutet dies, dass der Auftraggeber gegenüber dem Auftragnehmer erklärt, dass mit dem übergebenen Projektergebnis alle Bedingungen lauf Projektauftrag bzw. Lastenheft erfüllt sind und somit die *Nutzung* dieser Ergebnisse eingeleitet werden kann.

Da die Bestätigung der ordnungsgemäßen Übergabe und Abnahmen der erstellten Projektergebnisse sowohl in fachlicher als auch in juristischer und kaufmännischer Hinsicht von grundsätzlicher Bedeutung ist, sollte hierzu ein entsprechendes *Abnahmeprotokoll* erstellt und von den Partnern unterzeichnet werden.[262]

Abnahme-protokoll

Speziell bei *externen* Projekten wird der Auftraggeber darauf hin veranlassen, dass ausstehende Rest-Mittel der Projektfinanzierung ausgezahlt werden.
Bei *internen* Projekten ist dann das zum Projekt geführte Finanzkonto abzuschließen.

Probleme gibt es in der Praxis immer dann, wenn der Auftraggeber Gründe hat, das Projektergebnis nicht anzunehmen. Dies wird dann der Fall sein, wenn wesentliche Bedingungen oder Leistungen *nicht* oder *nicht im vereinbarten Umfang* oder in der vereinbarten *Qualität* oder im vereinbarten *Finanzrahmen* erfüllt wurden.

In einem solchen Fall wird der Auftragnehmer in der Regel dazu verpflichtet, entsprechende *Nachbesserungen* vorzunehmen, (und das kann dauern und kostet und kostet, und nicht nur Geld! Siehe diesbezügliche Wirtschaftsnachrichten).

Da die Erörterung zu notwendigen Nachbesserungen oft nicht ohne Streit zwischen den Vertragspartnern (mit juristischen Folgen) ausgehen wird, wird empfohlen, die wichtigsten Bedingungen zur Abnahme der Projektergebnisse bereits *zu Beginn* der Projektrealisierung in einer *Abnahmevereinbarung* festzuhalten.[263]

Abnahme-verein-barung

Schließlich ist darauf zu verweisen, dass bei der Abnahme der erstellten Projektergebnisse die einschlägigen Bestimmungen im BGB zum Schuldrecht sowie in weiteren Rechtsvorschriften[264] zu beachten sind, so dass in den Abnahmeprozess von beiden Vertragsparteien in der Regel auch Rechtsanwälte einbezogen werden.

■ **Erstellen eines Projektabschlussberichtes**

In Verbindung mit Abnahme der Projektergebnisse bzw. im Nachgang zur Abnahme besteht die Aufgabe des Projektleiters ferner darin, einen entsprechenden *Projektabschlussbericht* anzufertigen und dem Auftraggeber vorzulegen (siehe Abb. 6.01).

Aus inhaltlicher Sicht geht es darum, im Projektabschlussbericht dazulegen,

Inhalt des Abschluss-berichtes

- wie die Projektziele (nach Zweck des Projekts, nach erreichter Qualität und Quantität) erfüllt wurden,

- ob der Endtermin eingehalten, unterschritten oder überschritten wurde (Frage der Projektdauer),

- welcher Ressourceneinsatz (Personal, Sachmittel u. a.) getätigt wurde,

- wie das Kostenbudget eingehalten wurde (mit Nachkalkulation),

- wie der Finanzplan eingehalten wurde u. a. m.

Im Online-Zusatz-Material steht ein Muster eines Abschlussberichtes (WORD-Dokument) zum Download zur Verfügung.

---

[262] Siehe auch:
GPM-Projektmanagement-Fachmann, a. a. O., Abschnitt 4.10;
JAKOBY, W.: Projektmanagement für Ingenieure, a. a. O., Abschnitt 11.3.
[263] Vgl. ebenda.
[264] Siehe §§ 241 ff. BGB, ferner Produkthaftungsgesetz, Produktsicherheitsgesetz u. a. m.

■ Vervollständigen der Projektdokumentation

Im Abschnitt 2,3 wurde bereits auf die Bedeutung einer gründlichen und umfassenden Dokumentation aller wichtigen Sachverhalte verwiesen, die mit dem betreffenden Vorgaben, seiner Planung und Durchführung zusammenhängen.

Dokumen- Außer den beim Projektabschluss bereits vorliegenden Unterlagen wie Projektauf-
tations- trag, Pflichtenheft, Lastenheft, Verträge, Projektstatusberichte, Protokolle von Team-
aufgaben Beratungen u. a. sowie dem erstellten Projektabschlussbericht, gilt es, vor allem jene Unterlagen zu vervollständigen, die Grundlage für die reibungslose *Übernahme der Projektergebnisse* in die *Nutzungsphase* bilden.

Dazu gehören vor allem

- technische Dokumentationen zum Projektergebnis (Konstruktions- und Fertigungsunterlagen, Dokumentation zu durchgeführten Installationen, Programmunterlagen mit Quellcodes und dgl.),
- Prüfberichte zu vorgenommenen Tests,
- Anleitungen, Handbücher und dgl. in Bezug auf die Inbetriebnahme bzw. die Nutzung der Projektergebnisse,
- Nachweise zu vorgenommenen Änderungen bzw. Mängelbehebungen,
- Protokolle zu durchgeführten Nutzerschulungen

u. a. m.

■ Projektauswertung

Projekte sind definitionsgemäß *erst*- bzw. *einmalig* zu realisierende Vorhaben.
Bedeutung Was liegt also näher, als darauf zu achten, so viele *Erkenntnisse* wie nur möglich aus
der Projekt- dem Prozess der tatsächlichen Realisierung des betreffenden Vorhabens „abzugrei-
auswertung fen", zu dokumentieren und auszuwerten.
Auch diese Aufgabe obliegt dem zuständigen Projektleiter und ist auch für den Auftraggeber von grundlegendem Interesse.

Eine systematische Projektauswertung – als *Projekt-Retrospektive* – sollte auf solche Fragen eingehen wie:

- Was ist im Projektprozess gut gelaufen? Was hat sich in der Vorbereitung und bei der Organisation und Planung des Vorhabens bewährt?
- Wo und warum sind Abweichungen von Vorgaben, Plänen und dgl. aufgetreten und was waren Ursachen für diese Abweichungen?
- Welche Entscheidungen und Maßnahmen haben geholfen, mit Störungen und Risiken im Projektablauf fertig zu werden?
- Wie haben sich die Projektorganisation und die Zusammensetzung des Projektteams bewährt? Welche Probleme sind diesbezüglich aufgetreten und wie wurden welche Konflikte überwunden?

- In welcher Hinsicht hat es Informationsdefizite bzw. Kommunikationsprobleme gegeben? Was waren hierbei die Ursachen und welche Schlussfolgerungen können daraus gezogen werden?

- Welche Probleme gab es mit welchen Stakeholdern und wie wurden diese überwunden? Sind diesbezüglich noch Probleme offen?

- Was ist im Projektprozess „schief gelaufen"? Welche Folgen hatte dies und welche Lehren können daraus gezogen werden?

Eine solche Retrospektive sollte unmittelbar in Verbindung mit dem Projektabschluss vorgenommen werden, da hier noch alles „frisch im Gedächtnis" ist und auch die wichtigen Projektbeteiligten noch zusammen sind.

■ Projektabschlusssitzung, Projektauflösung

Ein Projekt als zeitlich befristetes Vorhaben sollte – analog zum START – auch nach Abschluss aller projektbezogenen Aktivitäten *formell beendet* werden. *(Projektabschlusssitzung)*
Dies kann am wirksamsten in Verbindung mit einer *Projektabschlusssitzung* erfolgen.

An dieser Sitzung (auch als Abschluss-Meeting bezeichnet) sollten der Auftraggeber, der Projektleiter, das Projektteam sowie weitere Personen teilnehmen, die im Projektprozess gewichtige Positionen eingenommen oder wichtige Beiträge zum Projektergebnis geleistet haben.
Eine Einbeziehung externer Dritter in dieses Meeting ist insofern kritisch, weil dies eine offene Diskussion zu Problemen und Defiziten im Projektprozess erschweren kann. Die Einbeziehung Dritter, darunter externer Stakeholder, in die Auswertung des Projekts sollte daher einer nachfolgenden Sitzung vorbehalten bleiben.

In der Projektabschlusssitzung sind – im Kontext mit dem Erkenntnisgewinn und dem Erfahrungsaustausch zum Projekt - noch einmal die erreichten Projektergebnisse zu bewerten, der Stand der Einführung bzw. der Nutzung der Ergebnisse zu beurteilen, die Arbeit und die Leistungen des Projektleiters und seines Teams zu würdigen und schließlich das Projekt formell aufzulösen.

Auflösung des Projekts bedeutet vor allem: *(Projektauflösung)*

- Entlastung des Projektleiters,

- Auflösung des Projektteams,

- Rückführung der nun nicht mehr benötigten Sachmittel-Ressourcen,

- Auflistung noch bestehender offener Ansprüche aufgrund von Minder- oder Mehrleistungen im Projekt,

- Auflistung noch offener (zu bezahlender) Rechnungen,

- Abschluss aller Projektkonten und Projektkostenstellen u. a. m.

Das schwierigste Problem der Projektauflösung besteht – vor allem bei *internen* Projekten – erfahrungsgemäß darin, die *Re-Integration* des Projektleiters wie der Mitglieder des Projektteams in frühere oder in anspruchsvolle neue Aufgabengebiete zu sichern. *(Was wird aus dem Projektteam?)*
Diesem sozialen wie psychologischen Problem ist daher schon vor Abschluss der letzten Aktivitäten im Projektprozess besondere Aufmerksamkeit zu schenken.

6.3 Projekteinführung

■ Vorgehensweisen

Abschluss in den Fallbeispielen

Die in diesem Buch als Fallbeispiele betrachten Vorhaben seien nunmehr erfolgreich abgeschlossen:

> **FB 01:** Die Verlagerung des Betriebsteils BT-Süd der PCX WM GmbH an den neuen Standort ist abgeschlossen. Die Produktionsaufnahme am neuen Standort mit teils neuen Maschinen und Anlagen könnte beginnen.
>
> **FB 02:** Die erste Werkhalle des neu errichteten Werkes für Kunststoffrohre ist fertig, der Probetrieb mit den neuen Extrudern verlief erfolgreich. Die Fertigung erster Kunststoffrohre könnte gestartet werden.
>
> **FB 03:** Die Konstruktions- und Fertigungsunterlagen für die neue Futtererntemaschine sind fertiggestellt, der Prototyp der Maschine hat alle wichtigen Tests erfolgreich bestanden. Nun ist zu klären, wie die Produktion der Maschine anlaufen soll.
>
> **B 04:** Die Hard- und Software-Komponenten für die neue E-Learning-Plattform sind fertiggestellt. Funktionstests über die Web-Präsenz des Auftraggebers verliefen erfolgreich. Die Freischaltung der Plattform für eine aktive Nutzung könnte vorgenommen werden.

Und was ist nun das Problem?

Nun, Probleme bestehen im Folgenden:

Auch wenn ein Projekt erfolgreich abgeschlossen und die Abnahme der Projektergebnisse seitens des Auftraggebers bestätigt wurde, ist damit noch nicht gesagt, dass die erstellte Leistung oder das erstellte Produkt oder Werk sich auch im praktischen Einsatz bewährt.

Um diesbezüglich unliebsamen Überraschungen zu begegnen, ist es wichtig, die Projekteinführung – als Inbetriebnahme bzw. als praktische Nutzung der Projektergebnisse – rechtzeitig und umsichtig zu planen und organisatorisch vorzubereiten.

Vorgehensweisen bei der Projekteinführung

Dabei können – je nach Projektart und Projektergebnis – verschiedene *Vorgehensweisen* in Betracht gezogen werden:

a) Sofortige komplette Inbetriebnahme bzw. Nutzung zu einem festgelegten Termin oder

b) Betreiben der bisherigen Lösung parallel zur Einführung der neuen Lösung, solange, bis die neue Lösung einwandfrei funktioniert bzw. genutzt werden kann oder

c) schritt- bzw. stufenweise Inbetriebnahme bzw. Nutzung der neuen Lösung.

Bezogen auf die angeführten Fallbeispiele könnten folgende Vorgehensweisen gewählt werden:

> **FB 01:** Hier sind alle drei genannten Vorgehensweisen denkbar, wobei im konkreten Fall alle Vorbereitungsmaßnahmen so geplant und realisiert wurden, dass eine sofortige Inbetriebnahme der Maschinen und Anlagen zu einem vorgegebenen Termin möglich ist.

FB 02: Typisch für die Inbetriebnahme eines neuen Industriewerkes ist die *schrittweise Produktionsaufnahme,* so auch in diesem Fallbeispiel. Diese Anlauf-phase nahm im Ein-Schichtbetrieb 5 Monate in Anspruch, ehe zum geplanten Zwei-Schichtbetrieb übergegangen wurde.

FB 03: Im Falle der Überführung der Ergebnisse einer abgeschlossenen Entwick-lung eines neuen Maschinenbau-Erzeugnisses in die Produktion sind in der Regel noch einmal schwierige Entscheidungen zu treffen, bei denen auch die konkrete Marktsituationen zum Zeitpunkt der geplanten Produktionsaufnahme zu beachten sind:

Soll nach erfolgreichem Test eines Prototyps erst eine *Nullserie* der neuen Ma-schine gefertigt werden, um den technologischen Fertigungsprozess noch einmal unter praktischen Bedingungen zu testen oder soll – in Anbetracht des Marketing-Zieles *„Erster auf dem Markt zu sein"* – gleich die Serienproduktion eingeleitet werden.

In derartigen Entscheidungssituationen kann die Anwendung des Modells der Ent-scheidungsbaumtechnik hilfreich sein (siehe hierzu die Excel-Datei „13_PM_PERT-FB03.xlsm" im Online-Zusatzmaterial).

FB 04: In diesem Fallbeispiel könnten bei der Projekteinführung jede der drei möglichen Vorgehensweisen sinnvoll sein.

Falls die Entwicklung der Lernsoftware-Produkte unter Anwendung der Konzepte des agilen Projektmanagements (*Scrum*) erfolgte, ist es durchaus üblich, dass aus mehreren Sprints ein sog. *Release* gebildet wird, das als eine auslieferbare Pro-duktversion dem Auftraggeber bereits zur Nutzung übergeben wird.

■ **Weitere wichtige Aspekte bei der Projekteinführung**

Ausschlaggebend für eine erfolgreiche Projekteinführung sind in der Regel zwei Sachverhalte:

Zu einen geht hängt dieser Erfolg davon ab, welche konkrete *Akzeptanz* das Projekt-ergebnis im Bereich des Auftraggebers findet und zum anderen muss gesichert wer-den, dass die künftigen Nutzer auch hinreichend *ausgebildet* bzw. *geschult* wurden, um mit dem Projektergebnis auch professionell umgehen und effektiv nutzen zu kön-nen.

Schulung der künftigen Nutzer, Akzeptanz-probleme

Was das Akzeptanzproblem anbetrifft, so lässt sich dies sehr anschaulich am Fallbeispiel **FB 04** verdeutlichen:

Alle technischen und softwareseitigen Voraussetzungen für die Nutzung der neu erstell-ten E-Learning-Plattform beim Bildungsträger MY-WBTRAIN e. V. seien – wie bereits angegeben – erfüllt. Die aktive Nutzung der Plattform durch die Teilnehmer an Aus- und Weiterbildungskursen kann somit starten.

Die Erwartung der Geschäftsführung des Unternehmens, dass nunmehr eine neue „Lern-zeit" beginnt und sich dadurch auch das Image des Bildungsträgers verbessert, konnte sich in einem konkreten Praxisfall nicht erfüllen:

Nach anfänglich guten Zugriffen zu den Angeboten der Plattform, gingen diese Zugriffe bereits nach einigen Wochen stark zurück.

Ursache: Weder seitens der Lehrgangsteilnehmer noch seitens der meist freiberuflich tätigen Lehrkräfte fanden die Lernangebote eine ausreichende Akzeptanz.

Gründe: Nicht jedem Lehrgangsteilnehmer liegt dieses Prozedere einer internetbasierten Wissensaneignung. Zudem wollen die Teilnehmer (verständlicherweise) gern wissen, was so „in der Prüfung dran kommt". Insofern wird einer „face-to-face"-Wissensvermittlung oft der Vorzug gegeben.

> Und für die Lehrkräfte sind die E-Learning-Angebote gewissermaßen eine Konkurrenz zur eigenen Arbeit. Eine Umstellung auf eine aktives „Blended Learning" als Kombination von traditioneller Wissensvermittlung und Nutzung von E-Learning-Modulen macht Arbeit und stellt neue, höhere Anforderungen im Lehrprozess.

Akzeptanzprobleme treten natürlich auch bei anderen Projektergebnissen auf, zumal wenn es darum geht, dass sich neue Produkte erst auf umkämpften Märkten behaupten müssen. Dies trifft in den betrachteten Fallbeispielen vor allem auf das Produktsortiment „Kunststoffrohre" (**FB 02**) sowie auf die neu entwickelte Futtererntemaschine (**FB 03**) zu. In solchen Fällen muss die Projekteinführung mit einem aktiven *Marketing* verbunden werden.

> Was das Problem der Ausbildung und Schulung der künftigen Betreiber bzw. Nutzer der erstellten Projektergebnisse anbetrifft, so können die dabei zu lösenden Aufgaben sehr anschaulich am Fallbeispiel FB 02 verdeutlicht werden:
> Der Betrieb eines Werkes für Kunststoffrohre erfordert aufgrund der hier zum Einsatz kommenden Technologien und hochautomatisierten Anlagen ein besonders sachkundig ausgebildetes Personal.
> Da dieses Personal am gewählten Standort nicht bzw. nur in Einzelfällen verfügbar war, musste parallel zum Bau des Werkes eine intensive Schulung der für die neue Aufgabe gewonnenen Führungskräfte und Mitarbeiter vorbereitet und durchgeführt werden. Unter diesem Aspekt haben die Investoren keinen Aufwand gescheut, um die fachspezifische Vorbereitung des Personals in den bisherigen Werken in der Schweiz durchzuführen. Außer Schulungen zu technischen Fragen des Betriebs eines Werkes für Kunststoffrohre wurden auch den Fragen der Qualitätssicherung und des Verkaufs von Kunststoffrohren große Aufmerksamkeit geschenkt. Da sich viele der ausgewählten Führungskräfte und Mitarbeiter bereits persönlich kannten, konnte der Prozess der Know-how-Vermittlung sehr effizient gestaltet und vollzogen werden. Dies zahlte sich dann bei Inbetriebnahme der ersten Anlage sowie beim Verkauf der ersten erstellten Kunststoffrohre voll aus.

Einordnung in die Betriebs- und Unternehmensorganisation

Im Rahmen der Projekteinführung sind in der Regel auch wichtige Aufgaben der Integration der neuen Lösung in die bisherige *Betriebs- und Unternehmensorganisation* zu lösen.

Dies betrifft zum Beispiel die Klärung der leitungsseitigen Verantwortung für die Nutzung der Projektergebnisse, die Einbindung der neuen Lösung in die Abläufe in der betreffenden Organisation und dgl. mehr.

Sofern ein Projekt durch externe Auftragnehmer erstellt wurde, ist zu beachten, dass mit dem Zeitpunkt der Abnahme die *Gewährleistungsfristen* beginnen. Falls somit in der Phase der Projekteinführung noch Mängel beim Projektergebnis festgestellt werden, ist der Auftragnehmer verpflichtet, diese auf eigene Kosten zu beseitigen.

Gegebenenfalls können zusätzlich auch noch *Garantieansprüche* geltend gemacht werden, wenn zum Beispiel die zugesicherte Leistung einer Anlage nicht erreicht wird.

6.4 Betriebswirtschaftliche Bewertungen

■ Statische und dynamische Investitionsrechnung

Mit dem Projektabschluss und der Überleitung der Projektergebnisse in die Nut- *Ökonomi-*
zungsphase sollte immer eine *nochmalige betriebswirtschaftliche Bewertung* des *sche Be-*
Vorhabens vorgenommen werden. *wertungs-*
Als Kriterien einer solchen Bewertung können – wie im Abschnitt 1.5.4 dargelegt – *kriterien*
die Kennzahlen *„Wirtschaftlichkeit"*, *„Rentabilität"*, aber auch die *„Amortisationsdauer"* herangezogen werden.

Ein Vorhaben ist dann *wirtschaftlich*, wenn die erbrachte Leistung (Fertigstellungswert) größer als die mit der Erstellung des Vorhabens verbundenen Kosten ist.[265]

Ein Vorhaben ist dann *rentabel*, wenn die Summe der in der Nutzungszeit des Vorhabens erwirtschaften und auf den Jetztzeitpunkt abgezinsten Überschüsse (als Erträge minus Aufwendungen) die Anschaffungskosten des Vorhabens zum Jetztzeitpunkt übersteigen.
Eine derartige Berechnung wird zum Beispiel mit der *Kapitalwertmethode* als Methode der *dynamischen Investitionsrechnung* angestellt.[266]

■ Cashflow-Rechnung, Pay-back-Periode

Für das Verständnis der betriebswirtschaftlich-finanziellen Zusammenhänge zwischen den mit dem Projekt - während der *Projektdauer* - verbundenen Zahlungen
und den Zahlungen in der nachfolgenden *Nutzungsperiode* eignet sich eine *Cash-
flow-Rechnung* besonders gut.

Als *Cashflow* wird hier die sich über die Zeitachse entwickelnde Differenz zwischen *Cashflow*
den *kumulierten vorhabenbezogenen Einzahlungen* und den *kumulierten vorhabenbezogenen Auszahlungen* angesetzt.

Während der gesamten Projektdauer kommt es faktisch *nur zu Auszahlungen*, da mit
dem noch nicht fertigen Vorhaben vorerst keine Einzahlungen realisiert werden können.

Die projektbezogenen *Auszahlungen* zeigen – aufsummiert – einen Verlauf, wie dies
in der nachstehenden **Abb. 6.03** symbolisch für die Zeitspanne vom Projektstart bis
zum Projektabschluss dargestellt ist.
Die Summe dieser Auszahlungen repräsentiert in gewisser Weise den *getätigten Kapitaleinsatz als „Vorleistung"*.

Erst mit der Fertigstellung des Vorhabens und mit dem Beginn seiner Nutzung
kommt es zu *Einzahlungen*, die – bei Projekterfolg – in der Regel höher sind als die
mit der Nutzung des Vorhabens verbundenen laufenden Auszahlungen.

Mit den so erwirtschafteten *Überschüssen* im Cashflow kann allmählich *„das Tal der
Tränen"* verlassen werden, wobei den Auftraggeber des Vorhabens besonders jener
Zeitpunkt interessiert, an dem die Überschüsse erstmals zum Ausgleich der getätigten Vorleistungen führen. Erst ab diesem Zeitpunkt beginnt sich das Vorhaben für
den Auftraggeber finanziell *„zu rechnen"* (siehe Abb. 6..03)!

---

[265] Siehe Datei „04_PM_Wirtschaftslichkeitsberechnung1.xlsm".
[266] Siehe Datei „05_PM_Wirtschaftslichkeitsberechnung2.xlsm".

Payback-Periode

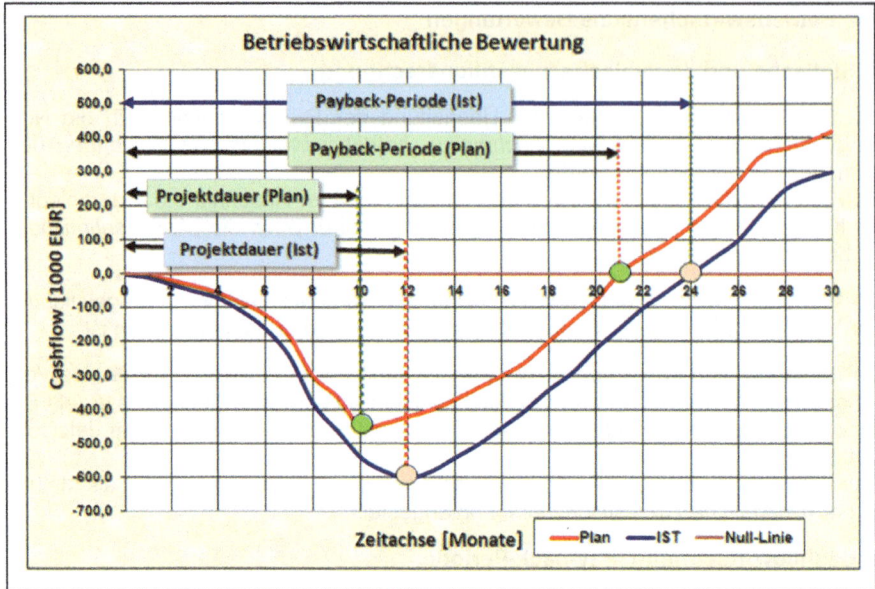

Abb. 6.03: Payback-Periode (Demo-Beispiel)

Die so bestimmte Zeitspanne zwischen dem Projektbeginn und den in der Abbildung markierten Zeitpunkten wird auch „Payback-Periode" genannt.

Pay-Off-Punkt

Der „grün" bzw. „orange" markierte Punkt heißt auch „Pay-off". Es ist dies jene Periode, für die bei Anwendung der Kapitalwertmethode der Kapitalwert **C(t)** des ermittelten Cashflows einen Wert größer, gleich Null annimmt.

Die Darstellung in Abb. 6.03 soll zugleich verdeutlichen, welche Folgen es für den „Pay-off"-Punkt hat, wenn einerseits die Projektdauer im „Ist" länger dauert als im Plan vorgesehen, und wenn andererseits das Kostenbudget (Plan) im „Ist" weit überschritten wird.

Aus den in Abb. 6.03 verdeutlichten Zusammenhängen lassen sich zusammenfassend folgende Aussagen zum *betriebswirtschaftlichen Auftrag* an das Management eines Projekts ableiten:
In der Vorbereitung und Realisierung eines Projekts sind alle Anstrengungen darauf zu richten, das betreffende Vorhaben in der *geplanten Dauer* und im Rahmen des *vorgegebenen Kostenbudgets* zum geplanten Erfolg zu führen.
Dies ist aber nur eine Seite der Medaille: Die Einhaltung des Projekttermins und des Kostenbudgets nutzt dem Auftraggeber wenig, wenn die *Qualität* der Projektergebnisse Mängel aufweisen sollte.
Denn nur mit einer *hohen Qualität* der Projektergebnisse können – nach Inbetriebnahme bzw. Nutzung des abgeschlossenen Vorhabens – jene *Cashflow-Größen* erwirtschaftet werden, die dazu verhelfen, nicht nur rasch den „Pay-off"-*Punkt* zu erreichen, sondern darüber hinaus den wirtschaftlichen Erfolg des betreffenden Vorhabens generell zu sichern.
Stimmt die Qualität der Projektergebnisse, dann können ggf. auch geringe Überschreitungen der Projektdauer und/oder des Kostenbudgets im Prozess der Nutzung des Vorhabens betriebswirtschaftlich „verkraftet" werden.

Tests und Übungsaufgaben zu Kapitel 6

6.01: Multiple-Choice-Aufgaben

In den nachstehend aufgeführten drei Aufgaben ist durch Ankreuzen kenntlich zu machen, welche der zu einer Aufgabe machten Aussagen – Ihrer Kenntnis nach – richtig bzw. zutreffend ist.

1. Ein systematischer Projektabschluss beinhaltet unter anderem die Wahrnehmung folgener Aufgaben:

   a) das Treffen einer Entscheidung über die Vorgehensweise bei der Projekteinführung,

   b) das Erstellen einer ausführlichen Projektdokumentation als Grundlage für die Nutzung der Projektergebnisse,

   c) die Integration der erstellten neuen Lösung in die Betriebs- und Unternehmensorganisation.

   d) die Auflösung der Projektorganisation.

2. Eine systematische Projektauswertung – als Projekt-Retrospektive – sollte auf solche Fragen eingehen wie:

   a) Wo und warum sind Abweichungen von Vorgaben, Plänen und dgl. aufgetreten und was waren Ursachen für diese Abweichungen?

   b) Wurde bei der Software-Entwicklung der *Product Backlog* durch das Projektteam erstellt?

   c) In welcher Hinsicht hat es Informationsdefizite bzw. Kommunikationsprobleme gegeben?

   d) Wurde die Projektdauer tatsächlich durch den kritischen Weg im Netzplan bestimmt?

3. Bei der betriebswirtschaftlichen Bewertung des abgeschlossenen Projekts sollten folgende Überprüfungen vorgenommen werden:

   a) Stimmt das Endergebnis der Kostenganglinie mit den Soll-kosten des Projekts überein?

   b) Ist die Payback-Periode – wie geplant – kleiner als die Projektdauer?

   c) Kann das abgeschlossene Projekt als wirtschaftlich bezeichnet werden, wenn der Fertigstellungswert größer ist als die mit der Erstellung des Vorhabens verbundenen Kosten?

   d) Sind die ermittelten Einzahlungen größer als der Cashflow?

6.02: Übungsaufgabe 1

Der Abschluss eines Projekts ist zum Endtermin **ET = 31.08. 202x** vorgesehen.
Die Berechnungen – unter Beachtung von erheblichen Projektrisiken – haben ergeben, dass der Erwartungswert **E** für die Restdauer **RD** bei **E(RD) = 150** Projekttagen

und die Varianz **V** (quadratische Abweichung zum Mittelwert) bei **V = 49** liegt.

Aufgabe:

Ermitteln Sie, ob der genannte Endtermin gehalten werden kann, wenn der jetzige Statuszeitpunkt, von dem aus die oben aufgeführten Einschätzungen vorgenommen wurden, der **09.02. 202x** (ein Montag) ist und wenn bekannt ist, dass in einer jeden Kalenderwoche **5** Projekttage absolviert werden!

6.03: Übungsaufgabe 2

Zu einem abgeschlossenen und zwischenzeitlich schon in Betrieb genommenen Projekt liegen die in nachstehender Tabelle aufgeführten Daten vor.

Monat	Auszahlungen [1000 EUR]	Einzahlungen [1000 EUR]	Cashflow [1000 EUR]	?	?	?
1	5,0	0,0				
2	8,0	0,0				
3	9,0	0,0				
4	12,0	0,0				
5	30,0	0,0				
6	25,0	0,0				
7	40,0	0,0				
8	30,0	10,0				
9	20,0	25,0				
10	15,0	46,0				
11	15,0	50,0				
12	12,0	60,0				
13	12,0	80,0				
14	10,0	100,0				
15	10,0	110,0				

Aufgaben:

a) Vervollständigen Sie die Daten in der Tabelle, um den „Pay-off"-Zeitpunkt zu bestimmen!

b) Stellen Sie den Verlauf des sich darauf beziehenden Zahlungsstroms in einem Diagramm grafisch dar!

6.04: Aufgaben unter MS Excel

Nr.	Datei	Inhalt
1	02_PM-Payback-Periode1.xlsm	Ermittlung von Payback-Perioden
2	04_PM-Wirtschaftlichkeitsrechnung1.xlsm	Statische Methoden
3	05_PM-Wirtschaftlichkeitsrechnung2.xlsm	Dynamische Methoden
3	13_PM_PERT-FB03.xlsm	Entscheidungen zur Projekteinführung bei FuE-Vorhaben

PM-Glossar

ABC-Analyse

Die ABC-Analyse ist ihrem Inhalt nach eine *Wertehäufigkeitsanalyse*, die besonders dann zu interessanten Ergebnissen führt, wenn sie auf Gesamtheiten mit sehr breitem Sortiment und sehr heterogener Zusammensetzung angewendet wird.

Durch die Bildung von Klassen (A-, B-, C-Klasse) wird der Untersuchungsbereich wertmäßig so strukturiert, dass der Mitteleinsatz auf jene Bereiche konzentriert werden kann, der für die betreffende Organisation (Unternehmen und dgl.) die höchste wirtschaftliche Bedeutung hat.

Im Projektmanagement kann die ABC-Analyse beim Zeitmanagement, bei der Risikoanalyse und in anderen Aufgabengebieten wertvolle Hilfe leisten.

Ablaufplanung

Bestimmung der sachlogischen Reihenfolge der in einem Projekt zu realisierenden Vorgänge (Arbeitspakete) in ihrem Nach- und Nebeneinander. Das Ergebnis der Ablaufplanung ist ein Balkendiagramm (Gantt-Diagramm) oder ein Netzplan.

Abnahme

Mit der Abnahme eines Projektergebnisses bestätigt der Auftraggeber, dass die erbrachte Leistung bzw. Lieferung vollständig den vereinbarten Zielen bzw. Anforderungen im Projektauftrag entspricht. Die Abnahme ist in juristischer Hinsicht das Gegenstück zum Projektauftrag. Sie sollte durch ein Übergabe- und Abnahmeprotokoll dokumentiert werden.

Abschlussarbeiten

Als Abschlussarbeiten werden jene Aufgaben bezeichnet, die zum Ende eines Projekts unter Verantwortung des Projektleiters zu erledigen sind. Dazu gehören die Aktivitäten zur Übergabe und zur Abnahme der erstellten Projektergebnisse, das Ausfertigen eines Abschlussberichtes, die Vervollständigung der Projektdokumentationen, die systematische Auswertung des Projektprozesses, die Auflösung der Projektorganisation und des Projektteams u. a.

Abschlussbericht

Der Abschlussbericht zu einem Projekt umfasst Aussagen und Darlegungen über die Erfüllung der sachlichen Projektziele, die Einhaltung des vorgegebenen Endtermins, den getätigten Ressourceneinsatz (Personal, Sachmittel u. a.), die Einhaltung des Kostenbudgets (mit Nachkalkulation) und des Finanzplanes sowie weitere Angaben zum Projektablauf und den Projektergebnissen.

Abweichung

Abweichungen sind (im hier betrachteten Kontext) positive wie negative Differenzen zwischen erfassten Ist-Werten zu Projektparametern und den zugehörigen Plan- bzw. Soll-Werten. Dies betrifft Abweichungen im Projektfortschritt, bei Terminen, bei Kosten, beim Verbrauch von Finanzmitteln u. a.

Die Ermittlung und Bewertung derartiger Abweichungen ist Gegenstand des Projektcontrollings.

Amortisationszeit

Als Amortisationszeit (Amortisationsdauer) wird jener Zeitraum bezeichnet, innerhalb dessen der bei der Durchführung einer Investition getätigte Kapitaleinsatz über zurückgeflossene Mittel aus der Nutzung der Investition wieder gedeckt ist (siehe Amortisationsrechnung und Kapitalwertmethode).

Amortisationsrechnung

Die Amortisationsrechnung ist ein Verfahren der *statischen* Investitionsrechnung. Bei diesem Vorgehen wird ermittelt, nach wie viel Jahren die Summe der Kapitalrückflüsse so hoch ist, dass sie die Größe des ursprünglichen Kapitaleinsatzes übersteigt:

$$Amortisationszeit = (AK - RW) / (G + Q) \ [a].$$

AK = Anschaffungskosten [EUR], **RW** = Restwert am Ende der Nutzungsdauer [EUR],
G = jährlicher durchschnittlicher Gewinn aus der Investition [EUR/a],
Q = jährlicher Abschreibungsbetrag [EUR/a].

Änderungsmanagement

Aufgabe des Änderungsmanagements ist es, Änderungserfordernisse und Änderungswünsche bei Projekten zu identifizieren, zu beschreiben, zu klassifizieren, zu bewerten, zu genehmigen (oder abzulehnen), einzuführen und nachfolgend zu verifizieren und zu dokumentieren.

Anfangsfolge

Anordnungsbeziehung zwischen dem Anfang eines Vorgängers und dem Anfang seines Nachfolgers, d.h. der Start eines Arbeitspakets AP(j) richtet sich nach dem Start seines Vorgänger-Arbeitspakets AP(i).

Anfangszeitpunkt

Ein Anfangszeitpunkt ist ein in der Ablauf- und Zeitplanung eines Projekts errechneter oder fest definierter Zeitpunkt für den Beginn eines Vorgangs bzw. Arbeitspaketes.

Über die *Vorwärtsrechnung* wird der *frühestmögliche* Anfangszeitpunkt und über die *Rückwärtsrechnung* der *spätestens zulässige* Anfangszeitpunkt eines Vorgangs bzw. Arbeitspakets ermittelt.

Angebotskalkulation

Die Angebotskalkulation eines potenziellen Auftragsnehmers hat zum Ziel, zu einer von einem Auftraggeber erfolgten Ausschreibung für ein Projekt ein entsprechendes Preisangebot zu berechnen und abzugeben.

Anordnungsbeziehungen (AOB)

Anordnungsbeziehungen beschreiben die sachlogische Reihenfolge der Bearbeitung der einzelnen Vorgänge bzw. Arbeitspakete in einem Projekt. Dabei werden die *Normalfolge* (Ende-Anfang-Beziehung), die *Anfangsfolge* (Anfang-Anfang-Beziehung), die *Endfolge* (Ende-Ende-Beziehung) und die *Sprungfolge* (Anfang-Ende-Beziehung) unterschieden.

Arbeitsaufwand

Als Arbeitsaufwand wird die für die Erledigung eines Arbeitspaketes berechnete oder geschätzte Höhe des erforderlichen Ressourceneinsatzes bezeichnet.

Da es beim Ressourceneinsatz vornehmlich um einen Personaleinsatz geht, werden für die Angabe des Arbeitsaufwandes in der Regel solche Maßeinheiten wie „Personen-Tage" oder „Personen-Stunden" gewählt.

Arbeitsfortschritt

Als Arbeitsfortschritt wird das Verhältnis der zu einem Stichtag erbrachten Leistung in einem Arbeitspakt (bzw. Teilprojekt oder Gesamtprojekt) zur geplanten Gesamtleistung eines zu realisierenden Arbeitspakets (bzw. Teilprojekts oder Gesamtpaket) bezeichnet. Maßgröße hierfür ist der *Fertigstellungsgrad* [%].

Arbeitspaket (AP)

Arbeitspakte sind jene Teile eines Projektes, die im Projektstrukturplan nicht weiter aufgegliedert werden. Ein Arbeitspaket kann dabei auf einer beliebigen Gliederungsebene liegen. Die im Arbeitspaket zu erledigenden Arbeiten sind funktionell, technologisch und zeitlich eng miteinander verbunden. Die Aufgaben können in der Regel von einer ausführungsverantwortlichen Stelle erledigt werden. Um das Projektziel zu erreichen, ist die Abarbeitung aller Arbeitspakete nötig. Im allgemeinen Sprachgebrauch werden Arbeitspakete häufig auch mit „Aufgabe", „Aktivität" oder „Vorgang" bezeichnet.

Auditierung

Unter Auditierung ist nach DIN EN ISO 19011:2018-10 (Leitfaden zur Auditierung von Managementsystemen) ein Verfahren zur Prüfung der Erteilung eines Audits für das *Managementsystem* (speziell des Qualitätsmanagementsystems) eines Unternehmens zu verstehen. Es geht dabei darum, festzustellen, ob die im Unternehmen durchgeführten qualitätsbezogenen Tätigkeiten und die damit zusammenhängenden Ergebnisse den geplanten Anforderungen entsprechen und ob diese Anforderungen wirkungsvoll umgesetzt und geeignet sind, diese Ziele zu erreichen.

Aufbauorganisation

Unter Aufbauorganisation ist die Planung und Umsetzung der statischen Strukturierung der Aufgabenhierarchie in einer Organisation (Unternehmen, Betrieb, Verwaltung) und damit die Regelung der Unterstellung sowie die Klärung der Befugnisse der einzelnen Führungsstellen (= Instanzen) sowie der weiteren organisatorischen Einheiten zu verstehen.
Ergebnis der Aufbauorganisation ist ein Strukturplan, der als *Organigramm* bezeichnet wird und dessen unterste Position die *Stelle* ist.
Die Klärung der Aufbauorganisation ist eine erste wichtige Aufgabe bei der Ausgestaltung einer vorhabenbezogenen Projektorganisation.

Auftraggeber

Auftraggeber („Kunde") im Projektmanagement ist eine Vertragspartei, die an der Ausführung eines Vorhabens durch einen Auftragnehmer interessiert ist und die diesem im Rahmen eines Projektauftrages oder eines Dienst-, Werk- oder Geschäftsbesorgungsvertrags die Ausführung des Vorhabens überträgt.
Der Auftraggeber ist zugleich für die Finanzierung des Vorhabens zuständig.
Ein *interner Auftraggeber* kommt aus derselben Organisation (Unternehmen) wie der Auftragnehmer. Ein *externer Auftraggeber* dagegen ist ein anderes Wirtschaftssubjekt (Unternehmen, öffentliche Verwaltung oder andere). Grundlage der gesetzlichen Vertragsverhältnisse zwischen einem externen Auftraggeber und seinem Auftragnehmer bilden die einschlägigen Rechtsvorschriften (BGB, HGB u. a.).

Aufwandsschätzung

Die Aufwandsschätzung bezieht sich auf eine möglichst realistische Ermittlung des für die Ausführung eines Arbeitspaketes (bzw. Teilprojekts oder eines Gesamtprojekts) erforderlichen Ressourcen- und/oder Finanzmitteleinsatzes.
Diese Ermittlung kann entweder nach einem *Top-Down-Vorgehen* oder nach einem *Bottom-Up-Vorgehen* vorgenommen werden (siehe dort).
Von der Qualität der Aufwandsschätzung hängt der Erfolg oder Misserfolg von Projekten maßgeblich ab.

Auszahlungen

Auszahlungen sind (im hier betrachteten Kontext) projekt-, leistungs- und/oder periodenbezogene Abflüsse liquider Mittel zum Zwecke der Finanzierung eines Projekts.
Dabei kann vertraglich vereinbart werden, dass der Auftraggeber dem Auftragnehmer einen bestimmten Betrag bereits vor Beginn der Arbeiten am Projekt zahlt. Weitere Zahlungen werden in der Regel vom Erreichen von Leistungen zu bestimmten Meilensteinen abhängig gemacht.
Nach Abschluss des Projekts (mit Abnahme der Projektergebnisse) ist dann eine Restzahlung fällig.

Balkendiagramm

Ein Balkendiagramm - auch GANTT-Diagramm genannt - ist eine graphische Darstellung der Ablaufstruktur eines Projekts:
Die einzelnen Vorgänge werden entsprechend ihrer terminlichen Einordnung als Balken dargestellt, wobei die Länge des Balkens die Vorgangsdauer repräsentiert.

Diese Form der Abbildung der sachlichen und zeitlichen Struktur von Projekten hat den Vorteil einer guten Lesbarkeit, insbesondere im Hinblick auf die Kontrolle des Projektfortschritts mit Bezug zu definierten "Meilensteinen" im Projektablauf.

Nachteilig ist, dass die Abhängigkeiten der Vorgänge untereinander - im Sinne der Kennzeichnung ihres sachlichen und zeitlichen Nach- und Nebeneinanders - in Balkendiagrammen nur begrenzt darstellbar sind.

Barwert
Unter *Barwert* ist der auf den Gegenwartszeitpunkt t = 0 abgezinste (diskontierte) Wert eines Kapitals zu verstehen.
Die Berechnung von Barwerten wird speziell bei Anwendung der Kapitalwertmethode vorgenommen.

Belastungsausgleich
Im Falle, dass in einem Projektabschnitt die verfügbare Ressourcenkapazität nicht ausreicht, um alle parallel zu erledigen Aufgaben auszuführen, muss im Rahmen der Ressourcenplanung ein Belastungsausgleich vorgenommen werden.
Folgende Möglichkeiten können in der Regel hierfür genutzt werden: Verschieben von Arbeitspaketen im Rahmen von Pufferzeiten, Strecken von Arbeitspaketen durch Absenken des Kapazitätseinsatzes, Stauchen von Arbeitspaketen durch Erhöhung des Ressourceneinsatzes, Erhöhung der Produktivität und damit Senkung der Dauer von Arbeitspakten.

Belastungsplanung
Die Belastungsplanung ist ein Teilgebiet der Ressourcenplanung. Ihre Aufgabe besteht vornehmlich darin, die Zusammenhänge zwischen dem Arbeitsaufwand, der Dauer, den Terminen und dem Kapazitätseinsatz der einzelnen Arbeitspakete in einem zeitgestreckten Gantt-Diagramm darzustellen, um so sichtbar zu machen, in welchen Zeitabschnitten Überbelastungen oder Unterauslastungen der jeweils verfügbaren Kapazität bestehen. In diesen Fällen sind dann Möglichkeiten des *Belastungsausgleichs* zu prüfen.

Berichtswesen
Das Berichtswesen als Kern eines Projektinformationssystems beinhaltet nicht nur das nach festgelegten Regeln wahrzunehmende Erstellen und Verteilen von schriftlichen Meldungen zum Projektverlauf (als Status- bzw. Fortschrittsbericht), sondern umfasst – im Sinne eines „Reportings" – auch eine *Lageschilderung* in mündlicher, schriftlicher oder grafischer Form, verbunden mit einer *Vorschau* auf die weitere Entwicklung des betreffenden Projektprozesses.

Bottom-Up-Vorgehen
Bottom-Up bedeutet ein schrittweises Vorgehen vom Einzelnen (z. B. Arbeitspaket) – in der unteren Ebene – zum Ganzen (Gesamtprojekt) in der oberen Ebene.
Dieses Vorgehen wird bei der Kostenplanung, bei der Ermittlung des Fertigstellungsgrades und bei anderen Aufgaben im Projektmanagement angewendet.

Budget
Unter einem Budget ist eine Vorgabegröße (in Geld-, Mengen- oder Zeiteinheiten) zu verstehen, die der jeweilige Budgetverantwortliche strikt einzuhalten hat.
Im Projektmanagement spielt das Kostenbudget (für Arbeitspakete, Teilprojekte, Gesamtprojekt), das Finanzmittelbudget und das Kapazitätsbudget (Ressourceneinsatz) eine besondere Rolle.

Business Case
Business Case ist ein Dokument, das im Vorfeld der Entscheidung zu einem Projekt Angaben zur strategischen Relevanz, zum monetären und nicht-monetären Nutzen und zur Wirtschaftlichkeit eines geplanten Vorhabens enthält, wobei auch die Auswirkungen einer Nicht-Durchführung des Vorhabens aufgezeigt werden.

Cashflow

Seinem Inhalt nach ist der Cashflow (wörtlich: „Geldmittel-Fluss") eine Kenngröße, bei deren Ermittlung die (projektbezogenen) Einzahlungen und Auszahlungen innerhalb einer bestimmten Zeitperiode einander gegenübergestellt (saldiert) werden.

Die Ermittlung der Cashflow-Größen ist Grundlage der Bestimmung der *Payback-Periode* zu Projekten.

Checklisten

Checklisten dienen vornehmlich dazu, durch das Abfordern von Antworten auf gestellte Fragen zu überprüfen, ob in Vorbereitung auf eine wichtige Aktion auch „an alles gedacht" wurde.

Beispiel: Prüfung, ob alles für den eigentlichen Projektstart (mit Kick-Off-Meeting) vorbereitet ist.

Controlling

Controlling, abgeleitet von „to control" (= „steuern"), ist eine querschnittsbezogene betriebswirtschaftliche Führungsaufgabe und Serviceleistung in Unternehmen und anderen Organisationen.

In funktioneller Hinsicht zielt das Controlling darauf ab, den Entscheidungsträgern im Management solche Informationen, Mittel und Methoden in die Hand zu geben, die es diesen erlauben, den Geschäftsbetrieb der Organisation nach den Erfordernissen und Zielsetzungen hoher betriebswirtschaftlicher Effizienz zu planen und zu steuern.

Critical Path Method (CPM)

Critical Path Method (Methode des kritischen Weges) ist ein Verfahren der Netzplantechnik, das von eindeutig bestimmten Werten für die Dauer der einzelnen Vorgänge sowie von eindeutig beschriebenen Abhängigkeiten der Vorgänge untereinander im gegebenen Projekt ausgeht und das in der graphischen Darstellung des Ablaufs des betreffenden Projekts das Vorgangspfeilnetz (VPN) bevorzugt.

Daily Scrum

Daily Scrum ist eine Aktivität im *agilen* Projektmanagement: In einem täglichen, etwa 15 Minuten dauernden Treffen des *Scrum Teams* werden Informationen zu erledigten und noch offenen Arbeiten sowie zu Problemen und Hindernissen in der Projektarbeit ausgetauscht.

DIN-Normen

DIN-Normen sind freiwillige Standards, die unter Leitung des Deutschen Instituts für Normung (DIN) erarbeitet wurden und in denen die Anforderungen an materielle und immaterielle Gegenstände vereinheitlicht sind.

Für das Projektmanagement gelten vor allem folgende Standards:

* DIN 69900 „Netzplantechnik",
* DIN 69901 „Projektmanagement – Projektmanagementsysteme" und
* DIN 69909 „Multiprojektmanagement - Management von Projektportfolios, Programmen und Projekten".

Dokumentation

Aufgabe und Anliegen einer Dokumentation ist es, Daten bzw. Informationen zu wichtigen Sachverhalten schriftlich oder auf andere Weise dauerhaft festzuhalten und die so niedergelegten Informationen (Dokumente) gezielt auffindbar zu machen.

Das Erstellen von Projektdokumentationen ist eine unerlässliche Aufgabe, welche durch die mit der Leitung eines Vorhabens betrauten Verantwortlichen wahrzunehmen ist. Projektdokumentationen sind eine wichtige Informationsquelle, um Projektergebnisse überhaupt nutzen zu können.

Earned Value

Earned Value ist eine wichtige Kennziffer des Kostencontrollings. Mit dieser Größe wird der aktuelle Fertigstellungswert (erstellte Leistung) eines Projekts bewertet.

Die Ermittlung des *Earned Value* wird im *Bottom-Up*-Verfahren vorgenommen, indem die geplanten Kosten der einzelnen, zum Berichtstermin *abgeschlossenen* Arbeitspakete aufsummiert werden. Für ein noch nicht begonnenes Arbeitspaket ist der Earned Value stets Null.

Einzahlungen

Einzahlungen sind (im hier betrachteten Kontext) projekt-, leistungs- und/oder periodenbezogene *Zuflüsse* liquider Mittel zur Organisation des Auftraggebers eines Projekts, wobei derartige Zuflüsse in der Regel erst *nach* Inbetriebnahme bzw. Nutzung der Projektergebnisse erfolgen.
Die Ermittlung der Einzahlungen ist Bestandteil der Cashflow-Ermittlung im Rahmen der Berechnung der *Payback-Periode*.

Einsatzmittel

Nach der nicht mehr gültigen DIN 69902:1987 sind unter Einsatzmitteln vor allem Personal und Sachmittel zu verstehen, die zur Durchführung von Vorgängen, Arbeitspaketen oder Projekten benötigt werden.
In der DIN 69901-5:2009 wird hingegen der Terminus *„Ressourcen"* (in Anlehnung an den englischsprachigen Begriff *„Ressource"*) verwendet.

Ende-Anfang-Beziehung

Diese Anordnungsbeziehung besagt, dass das *Ende* eines Vorgängers zugleich der *Anfang* eines Nachfolgers ist.
Diese Beziehung wird auch als *Normalfolge* bezeichnet.

Ende-Ende-Beziehung

Diese (selten auftretende) Anordnungsbeziehung besteht zwischen dem *Ende* des Vorgängers und dem *Ende* eines Nachfolgers.

Entscheidung

Unter Entscheidung ist das *Treffen einer Wahl* zwischen mindestens zwei Handlungsmöglichkeiten unter Beachtung eines definierten *Zielkriteriums* und der die Handlungsmöglichkeiten eingrenzenden Bedingungen (Restriktionen) zu verstehen.
Der unter Beachtung dieser Bedingungen gegebene Aktionsraum heißt *Entscheidungsspielraum*.
Die Bestimmung eines ausreichenden Entscheidungsspielraums ist eine grundlegende Voraussetzung für die Wahrnehmung der Aufgaben eines Projektleiters.

Entscheidungsbaum

Ein Entscheidungsbaum ist ein mehrstufiges, hierarchisch strukturiertes Modell des Treffens von *Entscheidungen unter Risiko*. Die möglichen Entscheidungsalternativen und deren Wirkungen werden hierbei mit Wahrscheinlichkeiten bewertet. Durch die Multiplikation der mit Wahrscheinlichkeiten bewerteten Größen ergibt sich für jeden Zweig im Entscheidungsbaum ein wahrscheinlich zu erreichendes Gesamtergebnis.
Diese Vorgehensweise ist insbesondere bei FuE-Projekten anzuwenden.

Ereignis

Ein Ereignis ist nach DIN 69900 ein Ablaufelement im Netzplan, das das Eintreten eines bestimmten Zustands beschreibt.
Dieses Ablaufelement wird in Vorgangspfeil-Netzen (VPN) und in Ereignisknoten-Netzen (EKN) verwendet

Ereignisknoten-Netzplan

Ein Ereignisknoten-Netzplan ist ein ereignisorientierter Ablaufplan eines Projekts. Dieser Netzplan enthält nur Ereignisse und Anordnungsbeziehungen zwischen den Ereignissen.
Ereignisse werden als Knoten und Anordnungsbeziehungen als Pfeile dargestellt.
Praktische Bedeutung haben derartige Netzpläne als Information für höhere Managementebenen und für den Auftraggeber.

Erkenntnissicherung
Als Erkenntnissicherung werden jene Aktivitäten im Rahmen der Projektauswertung bezeichnet, die sich auf die Erfassung, Diskussion und Dokumentation der im abgeschlossenen Projektprozess gesammelten Erfahrungen beziehen.

Fehler-Möglichkeiten-Einfluss-Analyse (FMEA)
Die Fehler-Möglichkeiten- und Einfluss-Analyse (FMEA) ist ein Instrument, das im Projektprozess vor allem bei der Erstellung von *Risikoanalysen* sowie für *eine vorbeugende Qualitätssicherung* eingesetzt wird.
Das FMEA-Konzept setzt auf das Erreichen des Qualitätsziels „Null Fehler"!

Fertigstellungsgrad (FGR)
Der *Fertigstellungsgrad* bzw. *Fortschrittsgrad* ist eine Maßgröße für die Bewertung des zu einem Stichtag erreichten Fortschritts im Projektprozess,
Berechnung:
$$\text{FGR} = \text{zum Stichtag erbrachte Leistung} * 100 / \text{Gesamtleistung [\%]}$$

Die „Leistung" kann sich dabei auf eine Arbeitsmenge [ME], die Kosten [EUR] oder den Arbeitsaufwand [ZE] beziehen.

Fertigstellungswert (FW)
Als Fertigstellungswert (FW) wird der dem Ist-Fertigstellungsgrad entsprechende Anteil an den Gesamtkosten eines Vorgangs, Arbeitspakets, Teilprojekts oder Gesamtprojekts bezeichnet.
Berechnung:
$$\text{FW} = \text{Kosten } \mathbf{K} \text{ [EUR]} * \text{FGR}_{Ist} \text{ [\%]} / 100.$$

Finanzmittel
Finanzmittel im Projektprozess sind jene Mittel (Ressourcen), die der finanziellen Absicherung der Vorbereitung und Durchführung eines Projekts im Sinne der Deckung der dabei anfallenden *ausgabenwirksamen* Kosten dienen.
Die für die Abwicklung eines Projekts benötigten Finanzmittel werden als *Finanzbudget* geplant. Aber erst die reale Verfügbarkeit über diese Finanzmittel vermag im Projektprozess die erforderliche *Liquidität* absichern, was im Praxisfall nicht ausschließt, dass anstehende Zahlungsverpflichtungen durch Inanspruchnahme eines Kontokorrentkredits (oder andere Formen der Fremdfinanzierung) erfüllt werden müssen.

Finanzmittelmanagement
Das Finanzmittelmanagement umfasst die Aufgaben der Planung, Steuerung und Überwachung aller projektbezogenen Ein- und Auszahlungsströme sowie die Verwaltung verfügbarer finanziellen Ressourcen mit dem Ziel, den Projektprozess liquiditätsseitig abzusichern und die Einhaltung des Finanzbudgets zu gewährleisten.

Finanzmittelplanung
Die Finanzmittelplanung hat primär die Aufgabe, aus dem geplanten Verlauf der Projektkosten die *ausgabewirksamen Kosten* nach Höhe und Fälligkeit zu ermitteln und daraus den Bedarf an Finanzmitteln ableiten.
Auf dieser Grundlage ist dann das Finanzmittelmanagement zu gestalten.

Fixkosten
Fixkosten sind jene im Geldausdruck bewerteten projektbezogenen Aufwendungen, die im Projektprozess unabhängig davon entstehen, ob eine Leistungserstellung erfolgt oder nicht.
Beispiele: Kosten für das Mieten von Räumen, Abschreibungen von Sachmitteln, Versicherungsbeträge und dgl. mehr.

Fortschrittskontrolle
Die Fortschrittskontrolle im Projektprozess ist ein Aufgabengebiet des *Projektcontrollings*: Es geht hierbei darum, zu einem bestimmten Termin den *Ist*-Projektstand nach den Parametern

„Leistung", „Termin", „Kosten" und – wenn immer möglich – „Qualität" zu erfassen und zu bewerten sowie einen entsprechenden *Soll-Ist-Vergleich* anzustellen. Außer dem Ermitteln von Soll-Ist-Abweichungen und dem Aufdecken der möglichen Ursachen für die Abweichungen sind im Weiteren die *Auswirkungen* auf den weiteren Projektverlauf darzustellen und den sich abzeichnenden *Trend* im Projektfortschritt abzuschätzen.

Freier Puffer (FP)
Der Freie Puffer im Netzplan ist jene Zeitspanne, um die ein Ereignis bzw. Vorgang gegenüber seiner frühesten Lage verschoben werden kann, ohne die früheste Lage anderer Ereignisse bzw. Vorgänge zu beeinflussen.

Frühwarnung
Unter Frühwarnung (im Projektprozess) ist ein spezifischer *Informationsvorgang* zu verstehen, dessen Aufgabe darin besteht, den verantwortlichen Entscheidungsträgern *rechtzeitig zu signalisieren*, wenn sich für den Projektprozess interne und externe Bedingungen signifikant verändert haben oder verändern werden, so dass sich Konsequenzen (sowohl Chancen als auch Risiken) für die Verwirklichung der Projektziele ergeben. Frühwarnung ist somit nicht mit der Aufgabe der Fortschrittskontrolle gleichzusetzen. Sie basiert vielmehr auf dem Erfassen und Bewerten „schwacher Signale"! (Beispiel: *„Wie ich aus einer zuverlässigen Quelle erfahren habe, wird demnächst unser Lieferant X Antrag auf Einleiten eines Insolvenzverfahrens stellen. Das hätte Folgen für …"*).

Führungsstil
Als Führungsstil wird das typische Verhaltensmuster bezeichnet, das von einer Führungskraft als Vorgesetzter gegenüber Mitarbeitern geprägt wird.
Von einem Projektleiter wird erwartet, dass er einen ausgeprägten *kooperativen Führungsstil* verwirklicht, im realen Projektprozess aber einen *situativen Führungsstil* beherrscht (Erfassen der jeweiligen Führungssituation insbesondere in Bezug auf Risiken, Wahl der richtigen und zweckmäßigen Führungsmittel, Einbringen der Vorzüge und Stärken der eigenen Persönlichkeit wie Entschlusskraft, Sensibilität, Weitblick, Umsicht u.a.).

Gantt-Diagramm
Als GANTT-Diagramm wird ein nach dem Unternehmensberater Henry L. GANTT (1861–1919) benanntes Instrument der Projektablaufplanung bezeichnet (siehe *Balkendiagramm*).

GPM
Die *GPM Deutsche Gesellschaft für Projektmanagement e. V.* (GPM) ist der in Deutschland auf gemeinnütziger Basis wirkende Fachverband für Projektmanagement (Gründung: 1979).
Die Gesellschaft sieht ihre Aufgabe darin, ein praxisrelevantes Projektmanagement, vor allem über die Aus- und Weiterbildung von PM-Fachleuten zu fördern sowie eine diesbezügliche Forschung und Informationsvermittlung wahrzunehmen.
Die GPM nimmt die Aufgaben der deutschen Vertretung in der *International Project Management Association (IPMA)* wahr.

Gesamtpuffer (GP)
Als Gesamtpuffer wird die Zeitspanne zwischen der frühesten und der spätesten Lage eines Ereignisses bzw. Vorgangs bezeichnet. Diese Zeitspanne tritt auf, wenn sich der Vorgänger in der frühesten Lage und der Nachfolger in der spätesten Lage befindet: $GP = SAZ(i) - FAZ(i) = SEZ(i) - FEZ(i)$.
Ereignisse bzw. Vorgänge mit dem Ergebnis $GP = 0$ bilden den *kritischen Weg* im Netz.

HOAI
Honorarordnung für Architekten und Ingenieure. In dieser Rechtsvorschrift werden Honorare für jene Personen geregelt, die im Inland für inländische Projekte des Ingenieurbauwesens tätig sind.

ICB

ICB (*Individual Competence Baseline*) ist der internationale Projektmanagement-Standard der IPMA – *International Project Management Association*.
Die vierte Version dieses Standards wurde im Jahre 2015 unter der Kurz-Bezeichnung *IPMA ICB 4* veröffentlicht.
Der Standard ist die inhaltliche Grundlage für die internationale Anerkennung der nationalen Programme zur Zertifizierung von Projektmanagement-Personal.

Identifikation

Unter Identifikation ist im hier betrachteten Kontext das Aufdecken und Kenntlichmachen von Sachverhalten zu verstehen, die potentiell Auswirkungen auf den Projektprozess oder das System der Projektsteuerung und dessen Wirksamkeit haben können. Die Wahrnehmung dieser Aufgabe spielt eine gewichtige Rolle bei der Risikoanalyse (Risikoidentifikation) und auch bei der Gestaltung des spezifischen Rückkopplungsprozesses in der selbstanpassenden und vor allem in der selbstlernenden Steuerung.

Informationen

Informationen (im Projektprozess) sind Angaben, Mitteilungen, Beschreibungen (in verbaler, zahlenmäßiger oder bildhafter Form) über Projektzustände bzw. über den Verlauf des Projektprozesses. Informationen werden aus Signalen (als Informationsträger) reproduziert und versetzen als *zweckbestimmtes Wissen* bzw. als *beseitigte Unbestimmtheit* bzw. *Ungewissheit* den Empfänger der Information in die Lage, Entscheidungen zu treffen und Handlungen auszulösen bzw. zu unterlasen.

Investition

Unter Investition ist die *Verausgabung finanzieller Mittel* zum Zwecke des Aufbaus, der Erhaltung und der Erweiterung des „Produktionsapparates" einer Organisation (Unternehmen) zu verstehen.
Die Planung, Vorbereitung und Realisierung einer Investition wird in der Regel als *Projekt* in Angriff genommen und ist immer mit einem mehr oder weniger großen *Risiko* verbunden.
Der Erfolg einer Investition hängt damit primär vom Niveau des zugehörigen *Projektmanagements* ab.

IPMA

International Project Management Association (IMPA) ist ein internationaler Projektmanagementverband, dem etwa 40 nationale Projektmanagementvereinigungen angehören und der zugleich als Zertifizierungsstelle wirkt (siehe ICB).

ISO

Die *Internationale Organisation für Normung* (ISO) erarbeitet als internationale Vereinigung von Normungsorganisationen internationale Normen für viele Bereiche, so auch für das Gebiet des Projektmanagements:
Die ISO 21500 „Leitfaden zum Projektmanagement" beschreibt Begriffe, Grundlagen, Prozesse und Prozessmodelle im Projektmanagement.
Diese Norm wurde in Deutschland als DIN ISO 21500:2016-02 akzeptiert.

Ist-Kosten

Ist-Kosten sind die im Geldausdruck bewerteten Aufwendungen, die im Projektprozess bis zu einem Berichtstermin angefallen sind bzw. verursacht wurden und die zu diesem Zeitpunkt über das System der Kostenerfassung ausgewiesen werden.

Ist-Termine

Ist-Termine beziehen sich auf Zeitpunkte, zu denen die Arbeiten in Vorgängen bzw. Arbeitspaketen oder bei Teilaufgaben bzw. Teilprojekten tatsächlich abgeschlossen wurden.

Kapazität

Unter *Kapazität* ist im hier betrachteten Kontext die qualitativ und quantitativ bestimmte Maßgröße des Leistungsvermögens der im Projektprozess verfügbaren Ressourcen (Personal, Sachmittel) zu verstehen.

Die Kenntnis der Kapazität verfügbarer Ressourcen ist eine grundlegende Voraussetzung für die Wahrnehmung der Aufgaben der *Belastungsplanung* und des *Belastungsausgleichs*.

Kapitalwert

Als *Kapitalwert* einer Investition wird im Rahmen der *dynamischen Investitionsrechnung* die Differenz zwischen dem *Barwert* der investitionsbezogenen Einzahlungen und dem Barwert der investitionsbezogenen Auszahlungen verstanden.

Ein *positiver* Kapitalwert zeigt an, dass bei Realisierung des betreffenden Investitionsobjektes (= Projekt) zu erwarten ist, dass über die investitionsbedingten Auszahlungen und die eingerechneten (kalkulatorischen) Zinsen hinaus ein "Gewinn" in Höhe des ermittelten Kapitalwertes erwirtschaftet werden kann.

Kick-Off-Meeting

Das Kick-Off-Meeting ist die Auftaktveranstaltung zum Start eines Projekts. Teilnehmer an diesem Meeting sind der Projektauftraggeber, die projektführenden Manager, die Mitglieder des betreffenden Projektteams und ggf. noch andere Projektbeteiligte.

Knoten

Knoten symbolisieren in Netzplänen *Ereignisse* oder *Vorgänge.* In Vorgangsknoten-Netzplänen werden Vorgänge durch „Kästchen" und in Vorgangspfeil-Netzplänen werden Ereignisse durch „Kreise" dargestellt.

Kommunikation

Unter *Kommunikation* ist der Austausch von Information zwischen Systemen zu verstehen, die in der Lage sind, entsprechende Signale (als Informationsträger) zu erzeugen, zu übertragen, aufzunehmen und zu verarbeiten.

Die am Kommunikationsprozess beteiligten Glieder bilden die *Kommunikationskette*.

Eine ausgeprägte Kommunikationsbereitschaft der Projektbeteiligten sowie ein sach- und ereignisbezogener Informationsaustausch im Projektprozess ist eine grundlegende Voraussetzung für die Sicherung des Projekterfolgs.

Außer der mündlichen und schriftsprachlichen Kommunikation (meist unter Nutzung technischer Kommunikationsmittel) hat auch die *non-verbale Kommunikation* (durch Beobachtung bzw. Diagnose) im Projektprozess große Bedeutung.

Kompetenz

Unter Kompetenz (von Führungskräften bzw. Mitarbeitern) sind die individuell verfügbaren oder durch Lernen erworbenen Fähigkeiten und Fertigkeiten zu verstehen, bestimmte Aufgaben bzw. Probleme lösen zu können. Dies betrifft vor allem die *Fachkompetenz*, die *Methodenkompetenz*, die *soziale Kompetenz* und die *Handlungskompetenz*.

Im Rahmen des Projektmanagements beinhaltet Kompetenz auch das *Spektrum der Befugnisse und Entscheidungsmöglichkeiten*, die den projektführenden Managern und auch Projektmitarbeitern im Rahmen ihres Aufgabengebietes und Verantwortungsbereiches zuerteilt wurden.

Komplexität

Unter Komplexität (eines Systems) ist dessen *Reichhaltigkeit* an Elementen und an Beziehungen zwischen den Elementen zu verstehen.

Komplexität ist auch ein Merkmal von Projekten, denn diese weisen in der Regel eine Vielfalt an zu erledigenden Aufgaben sowie eine Vielfalt an Beziehungen in der technologischen und in der Ablauf- und Zeitstruktur des Vorhabens auf.

Konfiguration

Unter *Konfiguration* (eines Produkts bzw. Projekts) ist die Gesamtheit der physischen und funktionellen Merkmale dieser Betrachtungseinheit zu verstehen, so wie sie in der zugehörigen technischen Dokumentation bzw. in der Betrachtungseinheit selbst verwirklicht sind.

Konfigurationsmanagement

Das Konfigurationsmanagement hat als Bestandteil des Projektmanagements die Aufgabe, die systematische Zusammenstellung und Dokumentation des jeweils gültigen Standes der Konfiguration des Projekts zu koordinieren sowie Änderungen in der Konfiguration zu überprüfen, zu steuern, zu verwalten und die Projektbeteiligten über den jeweiligen Stand der Konfiguration zu informieren.

Konflikt

Unter *Konflikt* (lat. „conflictus" = Zusammenprall) ist eine Situation zu verstehen, bei der a) eine Person mit sich selbst und einem bestimmten Sachverhalt nicht klar kommt (intrapersoneller Konflikt) oder aber b) der Handlungsplan einer Person oder einer Personengruppe **A** den Handlungsplan einer Person oder Personengruppe **B** einschränkt oder massiv behindert (inter-personeller Konflikt).

Konflikte (im Projektprozess) entstehen in der Regel nicht *„aus dem Nichts"*, sie haben stets eine Vorgeschichte, und es gehört zu den wichtigsten Aufgaben des Projektleiters, die Entstehung möglicher Konflikte anhand von Symptomen (als „schwache Signale") rechtzeitig zu deuten, um einen Ausbruch eines offenen Konflikts zu vermeiden oder aber die Situation so zu steuern, dass nach einem „reinigenden Gewitter" wieder ein normales Zusammenwirken im jeweiligen Prozess zustande kommt.

Konfliktmanagement

Unter Konfliktmanagement – als Bestandteil des Projektmanagements – ist die Wahrnehmung von Aufgaben des Projektleiters und anderer projektführender Manager beim Identifizieren, Verifizieren und Bewältigen von Konflikten im Projektprozess zu verstehen.

Grundlegendes *Ziel* der Konfliktbewältigung muss es sein, durch offenes Ansprechen der strittigen Punkte eine sachliche Lösung zu finden, so dass die Konfliktparteien den vereinbarten gemeinsamen Konsens tragen und für keine der Konfliktparteien negativen Nachwirkungen auftreten.

Die Erfahrung besagt:

Konflikte können im Konfliktgespräch nicht gelöst, sondern nur bearbeitet werden, und zwar im Sinne der Suche nach einer Verständigung oder dem Herbeiführen einer *„win-to-win"*-Situation!

Kontrolle

Kontrolle ist ein spezifischer Informationsverarbeitungsprozess im Sinne der Gegenüberstellung von *Ist-Werten* (der zu kontrollierenden Größen) zu den zugehörigen *Soll-Werten*, mit dem Ziel, mögliche *Abweichungen* zwischen „Ist" und „Soll" festzustellen und im Hinblick auf notwendige Maßnahmen der Beeinflussung (Steuerung) der zu kontrollierenden Größen auszuwerten.

Schwerpunkte der Kontrolle im Projektprozess sind vor allem die Fortschrittskontrolle, die Terminkontrolle, die Kostenkontrolle, die Qualitätskontrolle sowie die Kontrolle des Finanzmittelverbrauchs.

Kosten

Kosten (eines Projekts) sind die Gesamtheit der im *Geldausdruck* bewerteten Aufwendungen, die in Bezug auf den Ressourceneinsatz zum Erbringen der vereinbarten Projektleistung a) vom Plan her erforderlich sind oder b) im Ist getätigt bzw. verursacht wurden und die dem betreffenden Vorhaben verursachungsgerecht zugerechnet werden können.

Dabei ist immer zu klären, welche der Kostenpositionen *ausgabenwirksam* und somit durch *Finanzmittel* abzudecken sind und welche Kostenpositionen – wie zum Beispiel Abschreibungen von Sachmitteln – nur verursachungsgerecht dem Vorhaben zugerechnet werden müssen.

Kostenganglinie

Die *Kostenganglinie* ist eine grafische Darstellung des zeitlichen Kostenanfalls je Periode im Projektprozess (Säulendiagramm).

In Abhängigkeit von der Zeit- und Terminplanung sind zwei Kostenganglinien zu unterscheiden, und zwar a) für den Fall, dass alle Tätigkeiten in den Arbeitspaketen in der frühesten Lage beginnen und enden und b) für den Fall, dass alle Tätigkeiten in der spätesten Lage beginnen und enden.

Kostenmanagement

Das Kostenmanagement – als wichtiges betriebswirtschaftliches Aufgabengebiet im Projektmanagement – umfasst die Aufgaben der *Kostenschätzung* und *Kostenplanung* im Vorfeld der Projektrealisierung, die *Überwachung* und *Steuerung der Kostenverursachung* im Kontext zur Leistungserbringung im Projektprozess sowie die *Kontrolle* der Einhaltung der vorgegebenen Kostenbudgets in Verbindung mit der Projektfortschrittskontrolle.

Kostenplanung

Aufgabe der Kostenplanung ist es, die zur Realisierung eines Projekts erforderlichen und im Geldausdruck zu bewertenden Aufwendungen in ihrer *Gesamtheit* und differenziert nach *Kostenarten* und nach *ausgabenwirksamen* und *nicht* ausgabenwirksamen Positionen zu ermitteln sowie den *zeitlichen Anfall* der Kosten in Form von Kostengang- und Kostensummenlinien aufzuzeigen.

Dies schließt die Ermittlung von Kostenbudgets nach Arbeitspaketen, Teilaufgaben und Teilprojekten bzw. nach Kostenstellen mit ein.

Kostenschätzung

Die *Kostenschätzung* bezieht sich auf eine möglichst realistische Ermittlung des für die Ausführung eines Arbeitspaketes (bzw. Teilprojekts oder eines Gesamtprojekts) erforderlichen und im Geldausdruck zu bewertenden Aufwandes im Ressourceneinsatz.

Kostensummenlinie

Die *Kostensummenlinie* ist eine grafische Darstellung des bis zu einem bestimmten Zeitpunkt aufsummierten (kumulativen) Kostenanfalls im Projektprozess.

Kritischer Weg

Der kritische Weg ist der zeitlängste Weg in einem Netzplan. Die Summe der Dauer all jener Vorgänge (Arbeitspakete) auf dem kritischen Weg bestimmt die Gesamtdauer des Projekts. Merkmal dieser Vorgänge (Arbeitspakete) ist, dass sie laut Zeitplanung einen Gesamtpuffer mit **GP(i) = 0** aufweisen.

KVP

Als *Kontinuierlicher Verbesserungsprozess* (KVP) wird ein Rationalisierungskonzept bezeichnet, dessen Anliegen und Ziel darin besteht, positive Veränderungen (im Projektprozess) durch viele kleine Verbesserungen herbeizuführen und zu verstetigen. Hierbei sollen alle Projektmitarbeiter ermutigt werden, durch Einbringen von Verbesserungsvorschlägen zu erreichen, dass Arbeitsprozesse im eigenen Aufgabengebiet bzw. im kooperativen Zusammenwirken mit anderen Prozessen optimiert werden.

Kybernetik

Unter *Kybernetik* ist die Wissenschaft von der Steuerung dynamischer Systeme unterschiedlichster materieller Beschaffenheit mittels Information zu verstehen.

Ihr Hauptanliegen ist es, allgemeingültige Aussagen zu Strukturen und Funktionsprinzipien einer zielgerichteten Beeinflussung des Verhaltens und der Bewegung dynamischer Systeme zu geben und ein leistungsfähiges Instrumentarium für die Systemanalyse und die Modellbildung bereitzustellen.

Für das Projektmanagement hat die Nutzung von Erkenntnissen, Aussagen und Modellen der Kybernetik vor allem bei der Wahrnehmung der Aufgaben der Projektsteuerung und des Projektcontrollings grundlegende Bedeutung (Prinzip der Steuerung mit Rückkopplung, selbstanpassende und selbstlernende Steuerung u. a.).

Lastenheft

Das Lastenheft ist eine Zusammenstellung aller Anforderungen des *Auftraggebers* in Bezug auf die Ziele eines Projekts, den zugehörigen Liefer- und Leistungsumfang sowie der zu beachtenden Randbedingungen.

Diese Anforderungen und Randbedingungen werden aus Anwendersicht beschrieben und sollten quantifizierte und überprüfbare Fakten enthalten.

Leistung

Unter *Leistung* ist im hier betrachteten Kontext der in Geld bewertete Umfang der Ausbringung von Sach- und Dienstleistungen im Projektprozess zu verstehen.

Leistungsbewertung

Gegenstand und Anliegen der Leistungsbewertung ist die Erfassung und Kontrolle der zu einem bestimmten Stichtag im Projektprozess erbrachten *Leistung.* Eine diesbezügliche Kennzahl ist der jeweilige *Fertigstellungswert.*

Leitung

Leitung (= Management) ist die aufgabenbezogene, zielgerichtete Gestaltung, Führung und Kontrolle der Tätigkeit von Mitarbeitern (im Projektprozess) durch die dafür verantwortlichen projektführenden Manager (Projektleiter und andere Verantwortliche).

Lernen

Lernen ist ein spezifischer Vorgang der Aufnahme und Verarbeitung von Information aus der Umgebung mit dem Ziel, jene Kenntnisse, Fähigkeiten und Fertigkeiten zu entwickeln bzw. zu vervollkommnen, die es erlauben, den Anforderungen im Beruf wie im persönlichen Leben in immer besserer Weise gerecht zu werden, das eigene Tun effizienter und ergebniswirksamer zu gestalten und so auch das eigene Selbstbewusstsein zu stärken (*„Ich weiß das, ich kann das!"*).

Keine Tätigkeit unterstützt so produktiv das Lernen wie die Mitwirkung an Projekten, gleich in welcher Funktion!

Liquidität

Unter Liquidität (in der Projektführung) ist der Sachverhalt zu verstehen, zu jeder Zeit die zu einem gegebenen Termin fälligen (kurz- bzw. langfristigen) Zahlungsverbindlichkeiten uneingeschränkt erfüllen zu können.

Voraussetzung hierfür ist ein professionelles *Finanzmittelmanagement.*

Machbarkeitsanalyse

Anliegen, Aufgabe und Ziel des Erstellens einer *Machbarkeitsanalyse* ist es, die *Realisierbarkeit* einer Problemlösung (Projektidee) nach technisch-technologischen, logistischen, personellen, kosten- und finanzseitigen, sozialen und umweltbezogenen Kriterien und Sachverhalten zu überprüfen, einen Machbarkeitsnachweis zu erstellen und dabei die Bedingungen aufzuführen, die für die Machbarkeit der Lösung zu erfüllen sind bzw. erfüllt sein müssen.

Magisches Viereck

Das „Magische Viereck" ("Teufelsquadrat") bezieht sich die *widersprüchliche Abhängigkeit* der vier Hauptzielgrößen der Projektdurchführung untereinander:

- Erreichen einer bestmöglichen *Qualität* in der Projektausführung sowie bei den Projektergebnissen,
- Erreichen bzw. Sicherung des geplanten *Leistungsumfangs* (Quantität) im Abschluss des Projekts,
- Erreichen einer möglichst kurzen *Projektdauer,*
- Erreichen möglichst niedriger *Projektkosten.*

Management

Management ist die zielgerichtete Gestaltung, Führung und Kontrolle von arbeitsteiligen Arbeitsprozessen durch die dafür verantwortlichen Fach- und Führungskräfte.

Management beinhaltet sowohl eine *institutionelle Komponente* (Manager als Einzelperso-nen bzw. als Gruppe von Führungskräften) sowie eine *funktionelle Komponente* (Führung als Prozess).

Kernstück des Managements – als *Führung von Menschen durch Menschen* – ist das recht-zeitige Erkennen eines führungsseitigen Handlungsbedarfs, die Vorbereitung und das Tref-fen von notwendigen Entscheidungen als Willensakte zur Durchsetzung der vorgegebenen Ziele und die Kontrolle der Durchführung getroffener Entscheidungen.

Manifest, agiles

Das agile Manifest ist das Grundkonzept der *agilen* Vorgehensweise bei der Planung und Realisierung vornehmlich von Software-Projekten. Es beinhaltet 12 Prinzipien, so zum Bei-spiel: *„Unsere höchste Priorität ist es, den Kunden durch frühe und kontinuierliche Ausliefe-rung wertvoller Software zufrieden zu stellen"*.

Matrixorganisation

Die Matrixorganisation ist eine Grundform der Projektorganisation. Sie weist folgende Merk-male auf:

Die Team-Mitglieder bleiben weisungsgebunden in ihren Fachbereichen. Sie werden nur zeitweilig in die Arbeit am Projekt einbezogen. Mit Erfüllung der Aufgabe wird das Projekt-team aufgelöst.

Vorteile: Der Projektleiter hat Anleitungs-und Kontrollbefugnis gegenüber Mitgliedern des Projektteams in Bezug auf den Beitrag zur Projektabwicklung. Die Umsetzung der Projekter-gebnisse ist weitgehend gesichert.

Nachteile: Jeder Mitarbeiter sollte immer nur „einen Chef" haben. Es können Ziel- und Res-sourcenkonflikte entstehen.

MAXZ

Ein *positiver* maximaler Zeitabstand (MAXZ) wird in der Zeitplanung eines Projekts dann be-stimmt, wenn zwischen dem Ende des Vorgängers **A** und dem Anfang des Nachfolgers **B** eine gegebene *Wartezeit* nicht überschritten werden darf.

Ein *negativer* maximaler Zeitabstand (MAXZ) wird in der Zeitplanung eines Projekts dann bestimmt, wenn der Nachfolger **B** spätestens MAXZ Zeiteinheit *vor* Ende des Vorgängers A beginnen muss (minimale *Vorziehzeit*). Der Nachfolger kann aber auch früher beginnen.

Meilenstein

Als Meilenstein wird ein Projektereignis definiert, dem aus inhaltlicher Sicht eine besondere Bedeutung im Projektprozess beigemessen wird. In der Regel handelt es sich dabei um den Beginn bzw. das Ende einer definierten Projektphase.

Meilenstein-Trendanalyse (MTA)

Aufgabe und Anliegen der Meilenstein-Trendanalyse ist es, während des laufenden Projekt-prozesses notwendige Änderungen von Planterminen für die einzelnen Meilensteine zu un-tersuchen und aus einer Trendprojektion drohende Terminverschiebungen im weiteren Pro-jektablauf zu erkennen und zu signalisieren.

Mengengerüst

Unter *Mengengerüst* ist eine Leistungsbeschreibung bei solchen Projekten zu verstehen, bei denen quantitative Angaben zu den im Vorhaben zu erstellenden Leistungen in Mengenein-heiten (Stück und dgl.) möglich sind.

Metra-Potential-Methode (MPM)

Die *Metra-Potential-Methode* (MPM) ist ein Verfahren der Netzplantechnik, das – analog zum CPM-Verfahren – von *eindeutig bestimmten Werten* für die *Dauer* der einzelnen Vorgänge sowie von *eindeutig beschriebenen Abhängigkeiten* der Vorgänge im Sinne der *Normalfolge* im gegebenen Projekt ausgeht, wobei in der graphischen Darstellung des Ablaufs des betref-fenden Projekts das *Vorgangsknotennetz* (VKN) bevorzugt wird.

MINZ

Ein *positiver minimaler Zeitabstand* MINZ wird in der Zeitplanung eines Projekts dann bestimmt, wenn der Nachfolger **B** frühestens MINZ-Zeiteinheiten *nach* dem Ende des Vorgängers **A** beginnen kann (*minimale Wartezeit*). Der Nachfolger kann jedoch auch später beginnen.

Ein *negativer minimaler Zeitabstand* MINZ wird in der Zeitplanung eines Projekts dann bestimmt, wenn der Nachfolger **B** frühestens MINZ-Zeiteinheiten *vor* dem Ende des Vorgängers **A** beginnen muss (*minimale Vorziehzeit, Überlappung*). Der Nachfolger könnte auch später beginnen.

Modell

Unter einem *Modell* **M** ist ein durch Abstraktion geschaffenes *Abbild* eines Originals **O** zu verstehen. Es ist dies ein materielles oder ideelles Gebilde, das aufgrund der zum Original **O** bestehenden *Analogiebeziehungen* als *Repräsentant* von **O** genutzt wird, um Erkenntnisse über **O** zu gewinnen oder um Aufgaben zu lösen, deren Bearbeitung eine direkte Einflussnahme auf **O** nicht effektiv oder – im Hinblick auf negative Folgen – nicht ratsam erscheinen lässt.

Im Projektmanagement werden vor allem solche Modelle wie Gantt-Diagramme, Netzpläne, MTA-Charts u. a. erstellt und genutzt.

Moderation

Unter *Moderation* (im Projektmanagement) ist eine Methode zur Führung von Besprechungen sowie zur Führung einer gemeinsamen Arbeit von Teams zu verstehen, die darauf basiert, möglichst alle Teammitglieder an der Lösung einer gestellten Aufgabe zu beteiligen und so ein Denken im Dialog zu fördern, das wirksam zur Lösung der gestellten Aufgabe beiträgt.

Motivation

Unter *Motivation* ist die Gesamtheit von Beweggründen und Bedingungen zu verstehen, die zur aktiven, emotional begründeten Handlungsbereitschaft von Personen im Hinblick auf das Erreichen von Zielen oder zum Erwerb von wünschenswerten Zielobjekten führen.

Ziel und Anliegen der Motivation als Führungsaufgabe im Projektmanagement ist es daher, die Beweggründe für die Leistungsbereitschaft (das „Wollen") der Mitarbeiter aufzudecken und diese Leistungsbereitschaft durch Anreize zielorientiert zu beeinflussen.

Multiprojektmanagement

Als Multiprojektmanagement wird ein organisatorischer, prozessualer und methodischer Rahmen für das Management mehrerer einzelner Projekte in jenen Fällen bezeichnet, in denen die einzelnen Projekte in sachlicher und/oder zeitlicher Abhängigkeit zueinander stehen und in der Regel unter Nutzung gemeinsamer Ressourcen zu planen, zu koordinieren und zu steuern sind.

Nachfolger

Ein *Nachfolger* ist ein Vorgang, der im Ablauf eines Projekts mindestens einen *Vorgänger* hat, mit dem eine definierte Anordnungsbeziehung (z. B. Normalfolge) besteht.

Netzplan

Ein Netzplan ist eine grafische oder auch tabellarische Darstellung des Ablaufs eines Projekts mit Angabe von Vorgängen bzw. Ereignissen und den zwischen diesen bestehenden Abhängigkeiten.

Typische Darstellungsformen von grafischen Netzplänen sind Vorgangspfeil-Netze, Vorgangsknoten-Netze und Ereignisknoten-Netze.

Netzplantechnik

Unter *Netzplantechnik* (NPT) ist die Gesamtheit von Methoden und Verfahren zur Planung, Steuerung, Überwachung und Kontrolle von Prozessen der Realisierung komplexer Projekte zu verstehen, die auf der Grundlage der Graphentheorie die Darstellung der Prozessabläufe in Netzplänen sowie die Planung, Überwachung und Kontrolle von Terminen, des Ressourceneinsatzes und der Kosten im Projektablauf erlauben (siehe auch „DIN 69900:2009-01 Projektmanagement - Netzplantechnik; Beschreibungen und Begriffe").

Normalfolge

Eine *Normalfolge* (Ende-Anfang-Beziehung) ist eine Anordnungsbeziehung zwischen Vorgängen, die besagt, dass ein Nachfolger dann beginnen kann, wenn sein Vorgänger beendet ist.

Nutzen

Unter *Nutzen* wird allgemein das Maß an objektiver und/oder subjektiver Bedürfnisbefriedigung angesehen, das einem Anwender aus dem Einsatz eines Produkts oder durch den Konsum von Gütern oder Dienstleistungen erwächst.

Die Nachweisführung, Darstellung und Begründung eines akzeptablen Nutzens eines Projekts für den Auftraggeber ist für diesen das entscheidende Kriterium für die Erteilung des Projektauftrags oder für die Ablehnung des Projektvorschlags.

Ein Projektnutzen ist anhand

- *ökonomischer (monetärer) Maßgrößen* wie „Erzielung zusätzlicher Erträge in Höhe von …" oder „Senkung der Selbstkosten um …%" und dgl.,
- *nicht-monetärer Kriterien* wie „Erhöhung des Marktanteils um …%" oder „Verbesserung der Arbeitsbedingungen, verbunden mit der Senkung des Krankenstandes" und dgl.,
- *sozialer* und/oder *ökologischer Kriterien* wie „Senkung der Fluktuation …" oder „Verbesserung der Umweltverträglichkeit …"

möglichst objektiv und quantifiziert darzustellen und zu begründen.

Obligo

Ein *Obligo* ist eine Verpflichtung, die durch eine *Bestellung* von zu liefernden Gütern oder von zu erledigenden Dienstleistungen entsteht, die aber nicht ausgabenwirksam geworden ist. Ein bestehendes Obligo muss im Projektprozess bei der Liquiditätsplanung und Liquiditätssicherung unbedingt beachtet werden.

Organisation

Unter *Organisation* ist die planvolle, zweckbestimmte Gestaltung der aufbau- und ablauforganisatorischen sowie der kommunikationsseitigen Regelungen in einer Einrichtung (Unternehmen, Verwaltung u. a.) zu verstehen.

Das wesentliche Merkmal von Organisation ist, dass diese Regelungen einen *generellen* Charakter haben und *auf Dauer* ausgelegt sind.

Somit kann man auch sagen:

Organisation ist ein System genereller Regelungen. Die sich daraus begründende Wirkung nennen wir den *Substitutionseffekt* der Organisation.

Pareto-Analyse

Die *Pareto-Analyse* (benannt nach ihrem Begründer *Vilfredo PARETO*) basiert auf dem Erfahrungsansatz statischer Untersuchungen, demzufolge 80 % aller Probleme auf 20 % möglicher Ursachen zurückgeführt werden können.

Gelingt es demzufolge, diese 20 % an Ursachen herauszufinden, können 80 % der Probleme bereinigt werden!

Für das Projektmanagement hat der Pareto-Ansatz in vielerlei Hinsicht Bedeutung, so zum Beispiel beim *Zeitmanagement* oder bei der *Risikoanalyse*.

Personal

Unter *Personal* ist die Gesamtheit der in einer Organisation tätigen Mitarbeiter und Führungskräfte zu verstehen, die auf der Grundlage von Arbeits- bzw. Anstellungsverträgen Leistungen im und für den Geschäftsbetrieb der Organisation erbringen.

Das in die Vorbereitung und Durchführung von Projekten einbezogene Personal bildet in diesem Kontext die wichtigste Ressource, denn der Erfolg eines Projekts hängt maßgeblich

davon ab, ob es gelingt, die für das betreffende Projekt „richtigen" Mitarbeiter und Führungskräfte zu gewinnen und auch davon, mit welcher *Kompetenz* und *Motivation* das mit der Realisierung des Projekts beauftragte Personal an die Lösung der hierbei anstehenden Aufgaben herangeht (siehe auch Projektpersonal).

Personalkosten

Als *Personalkosten* zählen alle in Geld bewerteten Aufwendungen, die durch den Einsatz
von Personal in Arbeits- und Managementprozessen entstehen. Dies betrifft die Löhne und
Gehälter sowie gesetzliche und freiwillige Sozialleistungen (Personalnebenkosten) und weitere Beiträge (gesetzliche Unfallversicherung), die vom Arbeitgeber zu begleichen sind.
In Projekten haben die Personalkosten in der Regel den größten Anteil an den Projektkosten.

Pfeil

In Netzplänen symbolisiert ein Pfeil einen Vorgang oder eine Anordnungsbeziehung.
Pfeile sind dabei gerichtet, sie beschreiben die Richtung des Projektablaufs vom „Start" bis
zum „Ziel", rückkoppelnde Schleifen sind in Netzplänen nicht zulässig.

Pflichtenheft

Ein *Pflichtenheft* beschreibt im Detail, wie die im Lastenheft des Auftraggebers enthaltenen
Anforderungen im Sinne von WIE und WOMIT umgesetzt werden sollen. Dabei wird die
technische und wirtschaftliche Machbarkeit und Widerspruchsfreiheit dieser Anforderungen
überprüft und ein Grobkonzept für die Umsetzung des Projektauftrages skizziert.
Das Pflichtenheft ist die verbindliche Vereinbarung zwischen Auftraggeber und Auftragnehmer (Projektleiter) zum betreffenden Vorhaben und bildet in der Regel die Grundlage der
Projektfreigabe und der Bewilligung des zugehörigen Finanzmittelbudgets.

Phasenmodell

Unter einem *Phasenmodell* ist im Rahmen des Projektmanagements eine weitgehend stan-
dardisierte Darstellung der Gliederung eines typischen Projektablaufs in sachliche und zeitliche Abschnitte zu verstehen.
Diese Abschnitte müssen sich eindeutig bezeichnen lassen und dienen vor allem der Orientierung und Standortbestimmung im jeweiligen Projektablauf.

Plan-Do-Check-Act-Zyklus (PDCA)

Der PDCA-Zyklus ist ein Vorgehenskonzept im Rahmen des Qualitätsmanagements, um in
realen Prozessabläufen eine stete Verbesserung und Optimierung der auszuführenden
Handlungen bzw. des Qualitätsniveaus zu erreichen.

> *Plan*: Zustand analysieren, Verbesserungs-Potenziale erkennen;
> *Do:* Umsetzen von Maßnahmen, Erkenntnisse gewinnen;
> *Check*: Überprüfen der Ergebnisse, Zielvorgaben kontrollieren;
> *Act:* Erkenntnisse in Maßnahmen umsetzen.

PLANNET-Technik

Als PLANNET-Technik wird jene Weiterentwicklung der Gantt-Diagramm-Technik bezeichnet, die außer der Kennzeichnung der Dauer der Vorgänge (mit „Balken") auch die Abhängigkeit der Vorgänge untereinander sowie auch ermittelte Pufferzeiten im Ablauf- und Zeitplan eines Projekts erfasst und darstellt.

Plankosten

Plankosten sind die über die Projektkalkulation ermittelten und im Geldausdruck bewerteten
Personal-, Sachmittel- und sonstigen Aufwendungen, die bei der Realisierung der jeweiligen
Arbeitspakete, Teilprojekte bzw. des Gesamtprojekts als Kostenbudgets einzuhalten sind.

PMBOK

Das Akronym PMBOK® steht für *Project Management Body of Knowledge*. Es ist dies eine US-amerikanische Projektmanagement-Norm, die vom Project Management Institute (PMI®) herausgegeben wird.

Portfolio

Ein *Portfolio* ist eine i. d. R. zweidimensional skalierte Darstellung zum Zwecke der Einordnung von Sachverhalten bzw. Objekten, die nach zwei Kriterien „unscharf" bewertet werden. So kann eine Bewertung von Projekten nach den Kriterien *„Risiko"* (Skalenwerte „klein", „mittel, hoch") und *„Nutzen"* (Skalenwerte „gering", „mittel", „hoch") vorgenommen werden.

Preis

Im wirtschaftlichen Sinne versteht man unter *Preis* den Geldausdruck für den Wert eines Gutes. Der Preis ist das Entgelt, das ein Käufer für ein Gut oder eine Leistung an den Verkäufer des Gutes bzw. an den Erbringer der Leistung bezahlen soll oder tatsächlich bezahlt. Bei der Projektkalkulation interessieren vor allem die Preise für alle fremdbezogenen Güter und Dienstleistungen.

PRINCE2®

Das Akronym PRINCE steht für *Projects IN Controller Environments* und ist mit der Bezeichnung PRINCE2® eine de facto projektbasierte Methode für ein effektives Projektmanagement. Dies Version genießt in Großbritannien und auch international im Privatsektor ein hohes Ansehen.

Problem

Unter einem *Problem* ist allgemein die Differenz zwischen einem unbefriedigenden IST (-Zustand) und einem (gewünschten bzw. als erforderlich erachteten) SOLL (-Zustand) zu verstehen.

Problemanalyse

Eine *Problemanalyse* ist eine systematische Vorgehensweise zur Ermittlung der wesentlichen Ausprägungen eines erkannten Problems. Im Einzelnen geht es dabei um eine genauere Problemdefinition und Problemabgrenzung, ferner um das Aufdecken der Problemursachen und der Problemwirkungen sowie um das Auffinden von Ansätzen für eine Problemlösung.

Problemlösungsprozess

Als *Problemlösungsprozess* bezeichnet man - vor allem im Projektmanagement - einen ganzheitlichen Ansatz des schrittweisen Vorgehens bei Erkundung, Beschreibung und Lösung von komplexen Problemen.
Dieser Prozess umfasst im Wesentlichen folgende Arbeitsstufen: Problem- und Situationsanalyse, Zielfindung und Zielformulierung, Lösungssuche und Lösungsfindung (in Varianten) sowie Entscheidungsfindung zum definitiven Vorgehen bei der Problemlösung.

Program Evaluation and Review Technique (PERT)

Das Planungsmodell *„Program Evaluation and Review Technique* (PERT)" ist ein Verfahren der Netzplantechnik, das – im Unterschied zum CPM- und zum MPM-Verfahren – nicht von eindeutig bestimmten Werten für die Dauer der einzelnen Vorgänge ausgeht, sondern eine *Drei-Punkt-Zeitschätzung* der Vorgangsdauer vornimmt, um so den Unsicherheiten in der Durchführung von Projekten besser gerecht zu werden. PERT wendet dabei die Vorgangspfeil-Netz-Darstellung an.

Product Backlog

Ein *Product Backlog* ist – im Rahmen des *agilen* Projektmanagements – eine geordnete und periodisierte Auflistung der Anforderungen an das zu entwickelnde Produkt (Werk). Diese Liste wird im weiteren Projektfortschritt laufend aktualisiert und weiterentwickelt. Sie bildet die zentrale Arbeitsgrundlage für die Arbeit der Projektteams.

Product Increment

Als *Product Increment* wird im agilen Projektmanagement ein – am Ende eines *Sprints* - fertiggestelltes funktionsfähiges Teilergebnis bezeichnet, das in der Regel bereits dem Auftraggeber übergeben werden kann.

Product Owner

Der *Product Owner* ist Teil eines Scrum-Teams. Seine erstrangige Aufgabe als Führungskraft ist es, eine umsetzungsfähige Vision als Ausgangspunkt und Grundlage für das realisierende Vorhaben zu entwickeln und zu vermitteln und im *Product Backlog* zu dokumentieren. Er hat ferner die Interessen des Auftraggebers bzw. des Kunden gegenüber den übrigen Projektbeteiligten zu vertreten.

Projekt, Projektmerkmale

Ein Projekt ist ein erst- bzw. einmalig zu realisierendes Vorhaben, welches nach DIN 69 901 durch solche Merkmale wie

* eindeutige Zielvorgabe,
* Neuartigkeit und Komplexität,
* zeitliche, finanzielle, personelle und andere Begrenzungen,
* Abgrenzung gegenüber anderen Vorhaben sowie durch eine
* projektspezifische Organisation

charakterisiert ist.

Projektablauf

Unter *Projektablauf* ist die sachliche und zeitliche Abfolge einzelner Projektphasen sowie der zu realisierenden Arbeitspakete in ihrem zeitlichen und räumlichen Nach- und Nebeneinander zu verstehen.

Der Projektablauf wird durch die *Ablaufplanung* bestimmt, die sich auf die Anwendung der PM-Instrumente wie Gantt-Diagramme oder die Methoden der Netzplantechnik stützt.

Projektabschluss

Unter *Projektabschluss* ist jene Schnittstelle im Projektprozess zu verstehen, an der einerseits die restlichen Aktivitäten zur plangerechten Beendigung des Projekts durchgeführt werden und andererseits die ersten Aktivitäten zur Nutzung des Projektergebnisses beginnen.

Ein systematischer Projektabschluss beinhaltet somit die Wahrnehmung insbesondere solcher Aufgaben wie Durchführung der *Übergabe* und *Abnahme* des erarbeiteten Projektergebnisses in Verbindung mit der Absicherung der Nutzung bzw. Inbetriebnahme dieses Ergebnisses, Erstellen einer ausführlichen *Projektdokumentation* als Grundlage für die Nutzung der Projektergebnisse, Erstellen eines ausführlichen *Abschlussberichtes* zum Projekt mit Abrechnung der Leistungen, der Ressourceninanspruchnahme, des Finanzmittelverbrauchs u. a. m.

Projektabschlussbericht

Mit Beendigung eines Projekts hat der Projektleiter einen *Projektabschlussbericht* zu erstellen, der Aussagen darüber enthält,

* wie die Projektziele (nach Zweck des Projekts, nach erreichter Qualität und Quantität) erfüllt wurden,
* ob der Endtermin eingehalten, unterschritten oder überschritten wurde (Frage der Projektdauer),
* welcher Ressourceneinsatz (Personal, Sachmittel u. a.) getätigt wurde,
* wie das Kostenbudget eingehalten wurde (mit Nachkalkulation),
* wie der Finanzplan eingehalten wurde u. a. m.

Dieser Bericht ist dem Projektlenkungsausschuss und/oder dem Auftraggeber vorzulegen.

Projektantrag

Ein Projektantrag ist ein – in der Regel formularmäßig ausgefertigter – Vorschlag für die Umsetzung einer Projektidee. Der Antrag enthält neben einer Projektbegründung vor allem Angaben zur Zielsetzung und zum Nutzen des Vorhabens, zu Anforderungen und Bedingungen für die Umsetzung des Vorhabens, zu den einzubeziehenden Projektbeteiligten u. a.

Projektauflösung

Die *Projektauflösung* ist der Schlussakt in einem Projektprozess. Sie wird in der Regel mit einer Projektabschluss-Sitzung verbunden.

Projektauflösung bedeutet vor allem

- Entlastung des Projektleiters,
- Auflösung des Projektteams,
- Rückführung der nun nicht mehr benötigten Sachmittel-Ressourcen,
- Auflistung noch bestehender offener Ansprüche aufgrund von Minder- oder Mehrleistungen im Projekt,
- Auflistung noch offener (zu bezahlender) Rechnungen,
- Abschluss aller Projektkonten und Projektkostenstellen u. a. m.

Projektauftrag

Der *Projektauftrag* ist ein Dokument, das inhaltlich auf dem *Projektantrag* aufbaut und das nach Entscheidungsfindung zum Projektantrag die Durchführung des betreffenden Projektes formell bestätigt.

In der Regel wird dabei zugleich der Projektleiter benannt und das Projektbudget freigegeben.

Ein Projektauftrag enthält Angaben und Aussagen zu folgenden Punkten:

- Projektbezeichnung,
- Auftraggeber,
- Projektbeginn und -ende,
- Kurzbeschreibung (Inhalt und Ziele).
- Projektergebnisse,
- Projektbudget,
- Projektleiter, evtl. Projektteam,
- Annahmen und Beschränkungen,
- Ressourcenzuweisung,
- Terminvorgaben.

Projektbeteiligte

Beteiligte an einem Projekt sind vor allem: Auftraggeber, Projektausschuss (Lenkungsausschuss), Projektleiter, Projektteam, ggf. wichtige Stakeholder und einzubeziehende externe Experten.

Projektbewertung

Unter *Projektbewertung* ist einerseits die Prüfung und Beurteilung von Projektvorhaben im Stadium der *Entscheidungsfindung* zur Erteilung eines *Projektauftrags* und andererseits die Prüfung und Beurteilung des erreichten *Projektfortschritts* im Rahmen des Projektcontrollings zu verstehen.

Im ersteren Fall werden bei der Bewertung primär ökonomische Kriterien (Aufwand – Nutzen, Finanzierungsmöglichkeiten, erreichbarer Pay-Off-Punkt u. a.) sowie Risikokriterien herangezogen.

Im zweiten Fall geht es um die Ermittlung und Bewertung des erreichten *Fortschrittsgrades*, den Ausweis eines *Earned Values*, die Einschätzung der *Cost-to-Complete* u. a.

Projektcontrolling

Projektcontrolling ist der Gesamtprozess der *operativen Planung, Steuerung und Überwachung* der Realisierung von Projekten. Wichtige Aufgabenfelder des Projektcontrollings sind

- die situationsbezogene, umsichtige Planung all jener Projektaufgaben, die einem abgeschlossenen Projektabschritt nachfolgen,
- die Sicherung der Verfügbarkeit bzw. Einsatzbereitschaft der für die Ausführung dieser Aufgaben benötigten Ressourcen,
- die Überwachung und Kontrolle der Einhaltung der SOLL-Vorgaben aus der Projektplanung (betreffs Ablauf, Termine, Kosten, Qualität, Finanzmittelverbrauch) über die Erfassung der entsprechenden IST-Werte,
- Ermittlung von SOLL-IST-Abweichungen zu den Panvorgaben sowie im Arbeitsfortschritt nach Art und Folgewirkung und
- Ausführung steuerungsseitiger Eingriffe in den Projektprozess, um die plangerechte Weiterführung des Projekts zu sichern bzw. wieder herzustellen.

Projektdauer
Unter *Projektdauer* ist der in Zeiteinheiten ausgedrückte (geplante oder tatsächliche) Zeitraum zwischen *Projektstart* und *Projektende* (*Projektabschluss*) zu verstehen, wobei als „Zeiteinheiten" sowohl kalendarische Einheiten (Tage, Wochen, Monate, Jahre) oder auch Einheiten der Arbeitszeit (z. B. nur reale Arbeitstage) verwendet werden.

Projektdokumentation
Eine Projektdokumentation ist sowohl Aufgabe als auch Ergebnis der Erarbeitung und Aufbewahrung all jener *verbindlichen*, *aufbewahrungswürdigen* wie *aufbewahrungspflichtigen* Unterlagen, Informationen und Informationszusammenstellungen in Papierform oder in elektronischer Form, die Angaben zum Gegenstand und zu den Zielen des betreffenden Projekts, zum Projektverlauf und den dabei erreichten Ergebnissen und verursachten Aufwendungen sowie zum Projektabschluss enthalten.

Projektdurchführung
Unter Projektdurchführung ist der Gesamtprozess der Realisierung eines mit dem „Kick-Off-Meeting" gestarteten Projekts in der Einheit von zu steuerndem Projektprozess (Aufgabenausführung) und dem zugehörigen Projektcontrolling zu verstehen.

Projekteinführung
Als Projekteinführung wird die Gesamteinheit aller Aktivitäten bezeichnet, die die *Inbetriebnahme* bzw. die *Nutzung* der erstellten Projektergebnisse zum Inhalt haben. Voraussetzung hierfür ist eine ordnungsgemäß durchgeführte *Projektabnahme*.

Projekterfolg
Ein *Projekterfolg* wird daran gemessen, wie es nach Abschluss des betreffenden Projekts gelungen ist, die fixierten Haupt-Projektziele wie „Benutzerzufriedenheit mit der erstellten Leistung", „hohe Qualität", „Termineinhaltung" und „Einhaltung des Kosten- und Finanzbudgets" im IST (als *Projektergebnis*) zu erreichen.

Projektergebnisse
Projektergebnisse sind die zum Abschluss eines Vorhabens tatsächlich erreichten Resultate, vor allem in Bezug auf „Leistung", „Qualität", „Termineinhaltung", „Kosten" und „Finanzmittelverbrauch".
Diese Resultate sind mit den zugehörigen Projektzielen zu vergleichen, um das Ausmaß des *Projekterfolgs* zu bestimmen und auszuweisen.
Im weiteren Sinne können als Projektergebnis auch gewonnene Erkenntnisse und Erfahrungen in Bezug auf das Management von Projekten, ein motivierendes Erfolgserlebnis bei der Überwindung von Schwierigkeiten im Projektprozess und dgl. mehr angesehen werden.

Projektfortschritt
Unter *Projektfortschritt* ist der Stand der Projektrealisierung zu einem bestimmten Berichts-Zeitpunkt zu verstehen. Wichtigste Kenngrößen eines Projektfortschritts sind der *Fortschritts- bzw. Fertigstellungsgrad* (FGR) als Prozentangabe in Bezug auf die Zielerreichung zu einem bestimmten Zeitpunkt (als Plan- und als Ist-Wert) sowie der *Fertigstellungswert* (FW).

Projektfreigabe

Die *Projektfreigabe* ist ein formaler Akt der zuständigen Entscheidungsträger zur Bestätigung eines *Projektantrages* und damit zur Durchführung des betreffenden Projekts.

Eine Projektfreigabe kann im praktischen Fall auch stufenweise erfolgen, wobei zunächst die Durchführung einer *Vorstudie* freigegeben wird, nach deren Auswertung im positiven Fall der eigentliche *Projektauftrag* erteilt wird.

Projektgliederung

Unter *Projektgliederung* ist die Bestimmung der zu unterscheidenden Projektelemente bzw. Projektaufgaben und deren Beziehungen zueinander zu verstehen, wobei verschiedene Gliederungstiefen gewählt werden können.

In der Regel wird die Projektgliederung in Form eines hierarchisch strukturiertes *Organigramm*s vorgenommen, das auch als *Projektstrukturplan* (PSP) bezeichnet wird:

Auf der obersten Ebene steht das *Projekt*, dann folgt die Angabe der zu unterscheidenden *Teilprojekte* oder *Teilaufgaben*, darunter dann die Aufführung der zu erledigenden *Arbeitspakete*.

Projekthandbuch

Ein *Projekthandbuch* ist gemäß DIN 69901:2009-01 eine Zusammenstellung von Informationen und Regelungen, die für die Planung und Durchführung eines bestimmten Projekts gelten sollen. Es beschreibt somit alle erforderlichen Standards für ein spezifisches Projekt

Projekt-Initiator

Ein Projekt-Initiator ist eine Person oder eine Personengruppe, die zu einem zu lösenden Problem eine Projektidee entwickelt hat und willens ist, die Verwirklichung dieser Idee in Gang zu setzen.

Die Projektidee kann von einer – für die Zuteilung der erforderlichen Mittel personeller, finanzieller und organisatorischer Art – autorisierten Stelle bzw. von einem potenziellen Auftraggeber entweder angenommen oder abgelehnt werden kann.

Projektleiter

Der Projektleiter ist der für die Durchführung eines bestätigten Projekts zuständige Manager, der zusammen mit dem betreffenden Projektteam und in Koordination mit anderen Projektbeteiligten die auftragskonforme, termin-, qualitäts- und kostengerechte Projektabwicklung zu gewährleisten und damit auch das Projektergebnis zu verantworten hat.

Projektlenkungsausschuss

Ein Projektlenkungsausschuss ist ein übergeordnetes Entscheidungsgremium für einzelne Projekte oder für eine Gruppe von Projekten. Der Lenkungsausschuss hat die Befugnis, über Korrekturmaßnahmen zu Projektplänen (Termine, Kosten u.a.), über Änderungen von Projektinhalten oder auch über Prioritäten von Projektaufgaben zu entscheiden. Er unterstützt ferner den Projektleiter, nimmt den Projektabschlussbericht entgegen und koordiniert auch Kontakte zu wichtigen Stakeholdern.

Projektkosten

Projektkosten sind der Gesamtbetrag der im Geldausdruck bewerteten Aufwendungen, die laut Plan für das Erbringen des Projektergebnisses (als Produkt oder als Leistung) erforderlich sind oder die im IST verursacht wurden.

Die Projektkosten setzen sich aus der Summe der Kosten der einzelnen Arbeitspakete, zuzüglich der proportionalen Kosten sowie der projektbezogenen Fixkosten zusammen.

Projektmanagement

Unter *Projektmanagement* (PM) ist eine ganzheitliche Führungskonzeption zur Gestaltung und Umsetzung aller willensbildenden und willensdurchsetzenden Aktivitäten bei der Spezifizierung, Organisation, Planung und Steuerung von komplexen Vorhaben – vom Start bis hin zu deren Abschluss als Projekt – zu verstehen.

Vornehmliche *Aufgabe und Ziel* des Projektmanagements ist es, den Einsatz der für das betreffende Vorhaben sachlich und zeitlich begrenzt zur Verfügung stehenden personellen, materiellen, finanziellen und informationellen Ressourcen so zu planen, zu organisieren und zu steuern, dass die gestellten Projektziele verwirklicht werden und so das Vorhaben zum Erfolg geführt wird.

Projektmanagement, agiles

Als *agiles Projektmanagement* werden jene *flexiblen* Vorgehensweisen im Projektmanagement bezeichnet, bei denen die jeweilige Projektleitung und das betreffende Projektteam in ihren Aktivitäten primär auf das *Projektziel* und *Projektergebnis* und auf dessen *Akzeptanz* durch den Auftraggeber fokussiert sind.

Dagegen werden die Anforderungen hinsichtlich Termintreue, Einhaltung des Kostenbudgets oder Erfüllung eines spezifizierten Leistungsumfangs weniger berücksichtigt.

Projektmanagement, hybrides

Als *hybrides Projektmanagement* werden Kombinationen von Elementen des *klassischen* Projektmanagements (z. B. Phasenkonzepte, Methoden der Ablauf- und Zeitplanung u. a.) mit Vorgehensweisen des *agilen* Projektmanagements (z. B. iteratives Vorgehen mit Erstellen von anwendungsfähigen Teillösungen), bezeichnet.

Dabei stehen immer die Kundenanforderungen und das Erreichen eines maximalen Nutzens immer im Fokus.

Projektmanagement, klassisches

Charakteristisch für das *klassische Projektmanagement* ist, dass die Abwicklung des betreffenden Vorhabens nach *standardisierten Vorgehensmodellen* und *Projektphasen* geplant und organisiert wird, wobei im Ablauf des Projekts zu definierten *Meilensteinen* bestimmte Ergebnisse zu erreichen sind.

Projektmarketing

Inhalt und Aufgabe des *Projektmarketings* ist die Präsentation sowie die werbende Darstellung des betreffenden Vorhabens gegenüber den Stakeholdern und ggf. auch gegenüber der Öffentlichkeit.

Es geht vornehmlich darum, die Projektidee, den Projektanlass, die Projektziele und auch die zu beschreitenden Lösungswege im Kontext zum Projektumfeld aktiv und überzeugend darzustellen, um so die Akzeptanz des Projekts auch von kritischen Stakeholdern zu bewirken bzw. zu verbessern und dabei zugleich das Identifizieren des Projektteams mit der gestellten Aufgabe zu fördern.

Projektorganisation

Unter *Projektorganisation* die Gesamtheit der aufbau- und ablauforganisatorischen Regelungen sowie die Festlegung der Entscheidungs- und Kommunikationswege zur Abwicklung eines bestimmten Projekts zu verstehen.

Wichtige Formen der Projektorganisation im klassischen Projektmanagement sind die Stabs-Projektorganisation, die Auftrags-Projektorganisation, die Matrix-Organisation und die reine Projektorganisation.

Organisation im agilen Projektmanagement: Siehe *Scrum*.

Projektpersonal

Zum *Projektpersonal* gehören der Projektleiter, weitere projektführende Manager (z. B. Projektorganisator, Projektcontroller), die Mitarbeiter im Projektteam sowie ggf. weitere Personen, die gelegentlich – bei Bedarf – in den Projektprozess einbezogen werden.

Von der richtigen Auswahl und Zusammensetzung des Projektpersonals hinsichtlich fachlicher Kompetenz, aber auch hinsichtlich der Kommunikations- und Kontaktfähigkeit der Personen untereinander hängt hochgradig der Erfolg des zu realisierenden Vorhabens ab.

Projektphasen

Projektphasen sind in sich abgeschlossene Zeiträume im Projekt, die mit einem Meilenstein enden und ein wichtiges Zwischenergebnis liefern.

Projektplanung

Inhalt und Aufgabe der *Projektplanung* ist es, eine solche Vorausbestimmung aller für die Erreichung der Projektziele erforderlichen und vom Planungsprozess her beherrschbaren Komponenten eines Projekts vorzunehmen, die als Ausgangspunkt und verbindliche Grundlage für eine zielgerichtete, effiziente und erfolgsorientierte Steuerung der eigentlichen Abwicklung des definierten Projekts benötigt werden.

Projektportfolio

Unter einem *Projektportfolio* ist im hier betrachteten Zusammenhang eine anschauliche visualisierte Darstellung der Einordnung von Projekten in ein Schema mit zwei voneinander unabhängigen Bewertungskriterien zu verstehen.

Die beiden wichtigsten Kriterien der Bewertung von Projekten sind zum Einen der „Projektnutzen" (als bewertetes wirtschaftliches Ergebnis aus der Projektrealisierung) und zum Anderen das „Projektrisiko" (als bewertetes Wagnis eines möglichen Misserfolgs bei der Projektrealisierung).

Es empfiehlt sich, jene Projekte in einem Projektportfolio zu bündeln, die gewichtige Abhängigkeiten zueinander haben (auftragsmäßig, inhaltlich, ressourcenseitig) und die integriert betrachtet werden müssen, um Synergien und Potenziale zu erschließen.

Projektprozess

Unter einem *Projektprozess* ist die zweckbestimmte, ergebnisorientierte Folge all jener Tätigkeiten in ihrem zeitlichen und räumlichen Nach- und/oder Nebeneinander zu verstehen, in deren Vollzug das Projektergebnis erstellt wird.

Projektrealisierung

Siehe *Projektdurchführung*.

Projektrisiken

Unter *Projektrisiken* sind alle Gefahren zu verstehen, die sich aus der Ungewissheit über künftig eintretende Ereignisse im Projektprozess begründen und/oder durch Störungen verursacht werden und die Wirkungen zur Folge haben können, die das Erreichen der geplanten Projektziele bzw. Projektergebnisse gefährden.

Im Unterschied zur reinen Ungewissheit lassen sich Projektrisiken und das durch sie verursachte Gefahrenmaß in Grenzen von *Wahrscheinlichkeiten* bestimmen bzw. bewerten.

Diese Risiken beziehen vor allem auf die Einhaltung der Konfiguration des Vorhabens, auf die Einhaltung geplanter Termine, auf die Einhaltung des Kosten- und des Finanzbudgets oder auch auf das Erreichen des geplanten Projektergebnisses selbst.

Die Wahrscheinlichkeit **p**, dass ein Projekt bei einem Risikoniveau **r** zum Erfolg geführt werden kann, ergibt sich – in symbolischer Schreibweise – zu **p = 1 – r**.

Das Beherrschen der Projektrisiken erfordert ein adäquates *Risikomanagement*.

Projektstart

Als *Projektstart* ist der Zeitpunkt des förmlichen Beginns der Projektrealisierung anzusehen. Er wird in der Regel mit dem Zeitpunkt der Durchführung des Kick-Off-Meetings identifiziert.

Wichtigste Voraussetzungen für den Projektstart sind die Projektfreigabe, die Benennung des verantwortlichen Projektleiters und der Mitglieder des Projektteams sowie die Bereitstellung all jener Unterlagen (Projektauftrag u. a.) sowie der weiteren Ressourcen, die für die Inangriffnahme der ersten Arbeitspakete im Projektprozess benötigt werden.

Projektstatus

Als *Projektstatus* wird der zu einem bestimmten Zeitpunkt erreichte Stand in der Projektrealisierung bezeichnet. Informationen über diesen Stand sind den zuständigen Projektverantwortlichen in Form von Statusmeldungen bzw. Statusberichten mit SOLL-IST-Vergleichen zu übergeben.

Projektsteuerung

Unter *Projektsteuerung* ist der Gesamtprozess der Sicherung der ordnungsgemäßen Abwicklung eines Projekts gemäß dem Projektauftrag und den darin bestimmten Projektzielen zu verstehen.

Die Projektsteuerung basiert dabei auf der Nutzung kybernetischer Steuerungsprinzipien und – aus betriebswirtschaftlicher Sicht – auf der Wahrnehmung der Aufgaben des *Projektcontrollings*.

Projektstrukturplan (PSP)

Der *Projektstrukturplan* (engl. *Work Breakdown Structure*) ist eine übersichtliche, meist grafische Darstellung der hierarchischen Gliederung des betreffenden Vorhabens nach abgrenzbaren Teilen (*Teilprojekte* und *Teilaufgaben*) sowie nach einzelnen *Arbeitspaketen* (AP).

In diesem Sinne bildet der Projektstrukturplan das sachliche (informationelle) Rückgrat für die Projektdurchführung.

Projektteam

Ein *Projektteam* setzt sich aus jenen Personen zusammen, die für eine bestimmte Zeitperiode (Projektdauer) engagiert wurden, um in enger Kooperation die Aufgaben der Durchführung und Verwaltung eines konkreten Projekts wahrzunehmen.

Um den angestrebten Projekterfolg zu erreichen, müssen die Mitglieder des Projektteams außer ihrer fachlichen Qualifikation vor allem auch eine hohe Leistungsbereitschaft sowie Team- und Kommunikationsfähigkeiten mitbringen.

Dies ist eine Voraussetzung dafür, dass im Team produktiv und zielführend um die besten Lösungsansätze für zu erledigende Projektarbeiten gerungen wird und dabei auch Konflikte überwunden werden können.

Am Ende eines Projekts wird das Team wieder aufgelöst.

Projektüberwachung

Eine *Projektüberwachung* ist eine unabdingbar wahrzunehmende Funktion im Rahmen der *Projektsteuerung* und des *Projektcontrollings*, denn im realen Projektprozess *„kommt es allemal und überhaupt immer anders als man glaubt"*, und zwar deshalb, weil angesichts der Neuartigkeit, der Komplexität und der Risikogefährdung von Projekten immer mit Störungen im realen Projektverlauf zu rechnen ist, die in ihren Wirkungen dazu führen, dass die zu bestimmten Zeitpunkten erreichten IST-Werte von Projektparametern (Leistung, Termine, Qualität, Kosten u. a.) mehr oder weniger deutlich von den jeweiligen Plan- bzw. SOLL-Werten abweichen werden.

Aufgabe der Projektüberwachung ist es, diese *Abweichungen* ereignisnah zu erfassen, ihre *Ursachen* und ihre möglichen *Folgen* im Projektprozess aufzudecken bzw. aufzuzeigen und sodann auch *Vorschläge* für geeignete *Steuermaßnahmen* zu machen. Dies entspricht der Anwendung des Konzepts „Steuerung mit Rückkopplung", möglichst ergänzt durch Integration von Frühwarnsystemen.

Projektumfeld

Projekte können nur in Wechselbeziehungen zu ihrem realen *Umfeld* vorbereitet, gestartet, und durchgeführt werden.

Außer dem *direkten Projektumfeld* (Trägerorganisation, Auftraggeber, Lieferanten, Dienstleister u. a.) ist vor allem den Einflussmöglichkeiten der *Stakeholder* (im *sozialen Umfeld*) besondere Beachtung zu schenken.

Projektziele

Projektziele sind eindeutige, vollständige und überprüfbare Beschreibungen der mit der Durchführung eines Projekts zu erreichenden SOLL-Ergebnisse, und zwar im Sinne einer Aufstellung all jener Anforderungen, die erfüllt sein müssen, damit ein Projekt als erfolgreich abgeschlossen betrachtet werden kann. Siehe auch: Magisches Viereck.

Pufferzeit

Als *Pufferzeit* wird die Zeitspanne zwischen dem frühestmöglichen und dem spätestens zulässigen Beginn eines Vorgangs (Arbeitspakets) bezeichnet. In der Zeitplanung unter Nutzung von Methoden der Netzplantechnik werden folgende Pufferzeiten ermittelt und ausgewiesen: *Gesamtpuffer, Freier Puffer* und ggf. *Unabhängiger Puffer.*

Qualität

Unter *Qualität* (eines Projekts) ist der Grad der Übereinstimmung zwischen den festgestellten Eigenschaften (= „realisierte Beschaffenheit der Projektergebnisse") und den vorher festgelegten Qualitätsforderungen und Qualitätsmaßstäben zu verstehen.

Qualitätsmanagement

Unter *Qualitätsmanagement* ist die Gesamtheit der organisierten Maßnahmen zu verstehen, die auf die Sicherung und die stete Verbesserung der Qualitätsparameter von Produkten, Prozessen oder Leistungen abzielen.

Qualitätssicherung

Gemäß DIN ISO 8402 ist unter *Qualitätssicherung* jede geplante und systematische Tätigkeit zu verstehen, die innerhalb des Qualitätsmanagementsystem verwirklicht wird, um Vertrauen dahingehend zu schaffen, dass eine Einheit (Produkt oder dgl.) die Qualitätsanforderungen erfüllt. Wichtige Instrumente der Qualitätssicherung sind

- die Fehler-Möglichkeiten-Einfluss-Analyse (FMEA),
- die PARETO-Analyse,
- das Erstellen und Analysieren eines Ishikawa-Diagramms,
- die statistische Qualitätskontrolle mit Qualitätsregelkarten

u. a.

Ressourcen

Unter *Ressourcen* sind im hier betrachteten Kontext alle Einsatzmittel – wie *Personal, Sachmittel, Finanzmittel* – zu verstehen, die innerhalb des Zeitraums der Projektrealisierung für die Durchführung der Arbeitspakete und weiterer Aufgaben im Projekt benötigt werden bzw. zur Verfügung stehen müssen, um die vorgegebenen Projektziele zu erreichen.

Risiko

Unter einem *Risiko* versteht man allgemein die sich aus der Ungewissheit der Zukunft begründete und/oder die durch Störungen verursachte Gefahr, dass ein geplantes Vorhaben oder ein gestecktes Ziel nicht oder nicht in vollem Umfang verwirklicht werden kann.

Im Unterschied zur Ungewissheit lassen sich Risiken und das durch sie verursachte Gefahrenmaß in Grenzen von *Wahrscheinlichkeiten* bestimmen bzw. bewerten.

Risikoanalyse

Als *Risikoanalyse* werden im hier betrachteten Kontext Vorgehensweisen und Verfahren bezeichnet, die

- das *Identifizieren von Risiken* (nach Risikoarten) im Rahmen der Planung von Vorhaben sowie im Rahmen von Frühwarnsystemen,
- die *Bewertung der Wahrscheinlichkeit* des Auftretens von Risiken in einem definierten Vorschauzeitraum bzw. in Bezug auf ein bestimmtes Vorhaben sowie
- die *Ermittlung möglicher Ursachen* und wahrscheinlicher Wirkungen/Folgen der erkannten und bewertbaren Risiken

zum Ziel haben.

Risikomanagement

Als *Risikomanagement* wird der Gesamtprozess des Umgangs mit Risiken im Führungsprozess eines Projekts oder eines Unternehmens bezeichnet, der die Aufgaben der *Risiko-Identifikation*, der *Risiko-Bewertung* sowie der *Risiko-Steuerung* (unter Nutzung entsprechender Strategien) umfasst.

Rückkopplung

Unter *Rückkopplung* (engl. *feedback*) ist ein Vorgang in einem Steuerungsprozess zu verstehen, der darauf beruht, dass Informationen über den Istwert einer zu steuernden Größe fortlaufend oder in gewissen Zeitabständen erstellt und an das Steuerorgan zurückgemeldet werden.

Dies erfolgt mit dem Ziel, mögliche *Abweichungen* der Istwerte von den zugehörigen Sollwerten festzustellen, die auf Wirkungen von *Störungen* im zu steuernden Prozess zurückzuführen sind.

Rückwärtsrechnung

Unter *Rückwärtsrechnung* ist eine Vorgehensweise in der Zeit- und Terminplanung von Projekten unter Anwendung von Methoden der Netzplantechnik verstehen, bei der – ausgehend vom *spätesten Zeitpunkt* des Zielereignisses bzw. des Zielvorgangs, also „vom Ende" her – die *spätesten Zeitpunkte* (Termine) aller davor liegenden Ereignisse bzw. Vorgänge im Netzplan ermittelt werden.

Sachmittel

Als *Sachmittel* werden jene Ressourcen bezeichnet, die entweder als *Investitionsgüter* (z.B. Baumaschinen, Fahrzeuge) oder als *Verbrauchsgüter* (Material. Energieträger) für die Projektdurchführung benötigten werden.

Gegebenenfalls kann auch die für die Projektdurchführung benötigte *Infrastruktur* (z.B. Räume, Software, Kommunikationsanlagen) als eine den Sachmitteln zugehörige Ressource ausgewiesen werden.

Scheinvorgang

Das Einfügen eines *Scheinvorgangs* in ein Vorgangspfeilnetz dient dem Ziel, die rein logische Abhängigkeit von Vorgängen „sauber" darzustellen. Scheinvorgänge haben die Vorgangsdauer **DV = 0**. Es kann im konkreten Fall sogar vorkommen, dass der „kritische Weg" im Netz über einen Scheinvorgang verläuft.

Scheinvorgänge werden im VPN als gestrichelter Pfeil dargestellt.

Scrum

Unter *Scrum* (englisch: „Gedränge") ist ein Vorgehensmodell des *agilen Projektmanagements*, vornehmlich im Bereich der Softwareentwicklung, zu verstehen.

Das Scrum-Konzept orientiert dabei auf folgendes Vorgehen:

Zerlege das komplexe Problem durch Reduktion in kleinere Aufgaben und erarbeite hierzu – ausgehend von einer Vision zur Problemlösung – schrittweise (iterativ) Zwischenergebnisse.

Die zu erstellende Lösung als auch die Planung des Vorhabens wird somit interaktiv (schrittweise) und inkrementell (über anwendungsfähige Teillösungen) entwickelt und fortlaufend verbessert.

Scrum Artefakte

Als *Scrum Artefakte* werden die Scrum-Prozessprodukte *Product Backlog*, *Sprint Backlog* und *Product Increment* bezeichnet.

Scrum Ereignisse

Scrum-Ereignisse sind festgelegte, zeitlich befristete Ereignisse wie *Sprint, Sprint Planning. Daily Scrum, Sprint Review* und *Sprint Retrospektive*.

Scrum Master

Aufgabe des *Scrum Masters* ist es, den Gesamtprozess der Projektrealisierung als *Coach* und *Moderator* zu unterstützen und zwischen den Projektbeteiligten zu vermitteln und deren Zusammenarbeit zu optimieren.

Der Scrum Master ist somit kein Projektleiter (im Sinne des klassischen Projektmanagements), da er gegenüber dem Projektteam weder disziplinarische Gewalt besitzt noch sonst wie weisungsberechtigt ist.

Scrum Team
Zum *Scrum-Team* gehören
- der Product Owner,
- das Projektteam sowie
- der Scrum Master.
  -

Selbstmanagement
Unter *Selbstmanagement* ist im hier betrachteten Kontext die Fähigkeit zu verstehen, sich persönliche Ziele zu setzen, den Fortschritt der eigenen Entwicklung zu überprüfen und anzupassen, sowie die tägliche Arbeit systematisch zu erledigen.
Selbstmanagement umfasst den Umgang mit sich verändernden Bedingungen und den erfolgreichen Umgang mit Stress.
Die Fähigkeit zum Selbstmanagement wird vor allem von den Mitgliedern im *Scrum-Team* erwartet.

Selbststeuerung, Selbstorganisation
Selbststeuerung in Projektteams bedeutet, dass nicht nur die Ausführung der jeweiligen Arbeiten im Projektprozess, sondern auch deren Planung, Organisation, Überwachung und Kontrolle vom Team eigenverantwortlich übernommen wird, und zwar nach weitgehend selbst geschaffenen Regeln und in einem klaren Handlungs- und Entscheidungsspielraum, der durch die eigene Kompetenzentwicklung ständig ausgebaut wird.
In einem selbststeuernden Team soll jedes Teammitglied somit nicht nur den notwendigen eigenen Beitrag zur Aufgabenausführung leisten, sondern auch – je nach Fähigkeiten und persönlichen Stärken – Verantwortung bei der kollegialen Führung und *Selbstorganisation* des kooperativen Zusammenwirkens im Team übernehmen.

Simultaneous Engineering
Unter *Simultaneous Engineering* ist eine spezielle Vorgehensweise in FuE-Prozessen (Produktentwicklung) zu verstehen, die – wo immer möglich - eine *zeitliche Überlappung* von traditionell nacheinander folgenden Arbeitsabläufen im FuE-Prozess angestrebt.
Auf diese Weise soll die Entwicklungszeit eines neuen Produktes – als Projektdauer – verkürzt sowie die Abstimmung zwischen Produktentwicklung und Produktion insgesamt verbessert werden.

Sprint
Als *Sprint* wird im Scrum-Konzept ein Arbeitsschritt bezeichnet, der das Erarbeiten eines funktionsfähigen Teilergebnisses (= *Product Increment*) beinhaltet und zu einem Mehrwert führt.
Der einzelne Sprint wird dabei als ein Projekt mit einer Dauer von maximal 4 Wochen angesehen. Ein neuer Sprint beginnt jeweils nach Abschluss des vorherigen Sprints.

Sprint Backlog
Ein *Sprint Backlog* ist eine „To-do"-Liste im Scrum-Prozess. Sie enthält jene Anforderungen aus dem Product Backlog, die im betreffenden Sprint in Ergebnisse umzusetzen sind.

Sprint Planning
Durch das *Sprint Planning* wird festgelegt, was in den folgenden Sprints vom Inhalt her zu entwickeln ist und wie die entsprechenden Arbeiten zu erledigen sind. Die Anforderungen an die zu erledigenden Arbeiten (= Tasks) werden als „to-do-Liste" im *Sprint Backlog* festgehalten.

Sprint Retrospective
Die *Sprint Retrospective* ist auf den Arbeitsprozess im jeweiligen Sprint gerichtet und beinhaltet das Ergebnis einer Überprüfung dieses Prozesses mit Aussagen zu gegebenenfalls erforderlichen Anpassungen in der Arbeitsausführung.

Sprint Review
Im *Sprint Review* werden die nach Abschluss eines *Sprints* gewonnenen Erkenntnisse produktbezogen festgehalten.

Soll-Ist-Vergleich
Ein Soll-Ist-Vergleich ist im Projektmanagement die Kernaufgabe der *Projektüberwachung* im Rahmen der *Projektfortschrittskontrolle* und des *Projektcontrollings*.
Voraussetzung hierfür ist, dass zu einem Berichtszeitpunkt sowohl SOLL- als auch zugehörige IST-Werte zu den Kontrollparametern „Leistung", „Termin", „Kosten" u. a. verfügbar bzw. bestimmt werden können.

Sollkosten
Als *Sollkosten* werden im Kostencontrolling die zum Stichtag erfassten und im Geldausdruck mit *Planpreisen* bewerteten Ist-Aufwendungen im Projektprozess bezeichnet.

Sprungfolge
Als *Sprungfolge* wird eine Anfang-Ende-Anordnungsbeziehung bezeichnet, die zwischen dem *Anfang* eines *Vorgängers* und dem *Ende* des *Nachfolgers* besteht.

Stabs-Projektorganisation
Die *Stabs-Projektorganisation* ist eine Form der Projektorganisation, bei der die Funktion des Projektleiters an eine Stabsstelle delegiert wird, die direkt dem Management der jeweiligen Organisation (Unternehmen) unterstellt ist.
Der Projektleiter hat hier lediglich Aufgaben der Koordination (mit Informations- und Beratungsfunktionen) wahrzunehmen. Die Mitglieder des Projektteams bleiben weisungsmäßig den Leitern der jeweiligen Fachabteilungen unterstellt.

Stakeholder
Stakeholder sind Personen, Personengruppen oder Organisationen, die entweder aktiv an einem Projekt beteiligt sind oder deren Interessen die Projektbestätigung, die Projektdurchführung oder den Projektabschlusses positiv oder negativ beeinflussen können.

Stakeholder Analyse
Aufgabe und Ziel einer *Stakeholder Analyse* ist es, die in Bezug auf ein konkretes Projekt „ernst zu nehmenden" Stakeholder zu identifizieren, deren Interessen und Einflussmöglichkeiten aufzudecken und zu bewerten.
Anhand der Ergebnisse der Stakeholder Analyse können dann Schlussfolgerungen erarbeitet werden, welche Stakeholder in die Kommunikation zum Projektprozess einbezogen werden sollten, welche Maßnahmen einzuleiten sind, um negativ eingestellte Personen oder Gruppen zu neutralisieren oder positiv zu stimmen u. a. m.

Startvorgang, Startereignis
Ein *Startvorgang* ist der erste Vorgang in einem Vorgangsknotennetz. Er kennzeichnet den Beginn des Projektprozesses und wird mit der Dauer **DV = 0** eingeplant.
Das *Startereignis* ist das erste Ereignis in einem Vorgangspfeilnetz und kennzeichnet gleichfalls den Beginn eines Projektprozesses.

Statusbericht
Ein *Statusbericht* ist eine kurze, schriftlich abgefasste Darstellung von Sachverhalten und Fakten, die der Information des Auftraggebers und anderer externe Stakeholder über den aktuellen Stand der Realisierung eines Projekts sowie zu aktuellen Änderungen dient.

Statusschritte
Statusschritte sind Meilensteine, die im Rahmen Messung des Projektfortschritts nach der *Methode der Statusschritte* dazu dienen, einen Fortschrittsgradzuwachs auszuweisen.

Steuerung
Unter *Steuerung* versteht man in der Kybernetik die aufgabengemäße, zielgerichtete Beeinflussung des Funktionierens und Verhaltens dynamischer Systeme mittels *Information*.

Störungen
Unter *Störungen* (im Sinne der Kybernetik) sind jene Einflussgrößen zu verstehen, die in Bezug auf Ort, Zeitpunkt des Auftretens und Dauer der Wirkung nicht vorbestimmbar (= zu-

fällig) sind und die das Funktionieren und das Verhalten eines Systems in einer Weise beeinflussen, dass es zu Abweichungen zwischen den Ist-Werten der zu steuernden Größen im
Vergleich zu den zugehörigen Soll-Werten kommt.

Systemdenken

Systemdenken ist ein kybernetisch orientierter Lern- und Problemlösungsansatz, der durch
ein systematisches *Systemherangehen* geprägt ist.

Das *Systemherangehen* zielt darauf ab, auf folgende Fragen eine konkrete Antwort zu finden:

- Was ist die Funktion bzw. Zweckbestimmung eines Systems (Objekt, Projekt)?
- Was gehört zur relevanten Umgebung (Umfeld) des Systems?
- Was sind typische Interaktionen (über Inputs, Outputs) zwischen System und Umgebung
  (Umfeld)?
- Welche Zusammensetzung (nach Elementen) weist das System auf?
- Welche Struktur (Beziehungsgefüge) weist demzufolge das System auf?
- Welches Verhalten weist das System auf und wie kann dieses Verhalten gesteuert wer-
  den?

u. a. m.

In diesem Sinne ist das Systemdenken eine unabdingbare wissensmethodische Grundlage
eines professionellen Projektmanagements.

Systemreserven

Systemreserven sind verfügbare materielle, finanzielle und/oder informationelle Quellen, die
im Steuerungsprozess dann „angezapft" werden, wenn es gilt, die Wirkungen eingetretener
Störungen im zu steuernden Prozess zu überwinden.

Die wichtigste Systemreserve im zu steuernden Projektprozess ist die *„Reserve an Organisation"*. Diese besteht in der Verfügbarkeit über flexibel und disponibel einsetzbare Ressourcen (Personal, technische Sachmittel), in Möglichkeiten einer flexiblen Prozess- und Arbeits-
organisation und Ablaufsteuerung und dgl. mehr.

Systems Engineering

Unter *Systems Engineering* ist eine wissenschaftliche Methodik zur Gestaltung und Abwicklung von *Problemlösungsprozessen* in ingenieurwissenschaftlichen Arbeitsgebieten, vor allem im Bereich des Projektmanagements zu verstehen.

Die Philosophie des Systems Engineering beruht auf zwei Säulen, dem *Systemdenken* (Systemherangehen) und einem entsprechenden *Vorgehensmodell* (Situationsanalyse, Zielformulierung, Lösungssuche, Entscheidungsfindung).

Teilaufgabe (TA)

Eine *Teilaufgabe* ist eine (grobe) Beschreibung von zu realisierender Projektaufgaben, die im
Projektstrukturplan noch weiter (in Arbeitspakete) aufgegliedert werden können.

Teilprojekt (TP)

Ein *Teilprojekt* ist ein abgrenzbarer und separat behandelbarer Aufgabenkomplex (mit Teilaufgaben und Arbeitspaketen), der mit dem gesamten (großen) Projekt strukturell in Verbindung steht.

Termin

Ein *Termin* ist ein Zeitpunkt, der in der Projektplanung durch ein *Kalenderdatum* ausgewiesen wird.

Terminplanung

Die *Terminplanung* ist die Umsetzung der Angaben aus der Zeitplanung eines Projektablaufs
in *kalenderbezogene* Daten. Siehe *Zeitplanung*.

Top-Down-Vorgehen
Als *Top-down-Vorgehen* bezeichnet man im Projektmanagement, im Systems Engineering bzw. im Controlling ein Vorgehen, bei dem ein Ganzes - von der Spitze aus (= Top) - Schritt für Schritt - nach unten (= Down) - in immer kleinere Teile zerlegt wird, bis man an der untersten Ebene der Gliederung angelangt ist.
Dieses Vorgehen wird im Projektmanagement bei der Erstellung des Projektstrukturplanes, bei der Aufwands- und Kostenplanung u. a. angewendet.

Umfeld
Unternehmen sind - wie Projekte - *offene Systeme*, das heißt sie sind *nur relativ isoliert* gegenüber jenen Bereichen der Wirklichkeit, die das *Umfeld*, die *Umgebung* des Systems bilden und mit denen sie durch wechselseitige Einflussnahme, Austausch von Faktoren und Prozessbedingungen u. a. in vielfältigen Beziehungen stehen.
Siehe auch: *Projektumfeld*.

Unternehmen
Unternehmen sind marktwirtschaftlich agierende Wirtschaftseinheiten, die ökonomisch und juristisch selbständig sind und die über eine hinreichende, auf eingebrachten bzw. erwirtschafteten Eigenmitteln beruhende finanzielle Unabhängigkeit verfügen.
Das Handeln von Unternehmen wird – bei freiwilliger Übernahme des Marktrisikos – vom Unternehmenszweck bestimmt und orientiert sich – von „Non-Profit-Organisationen" abgesehen – an den Erfordernissen und Zielen des erwerbswirtschaftlichen Prinzips.

Validierung
Als Validierung wird die Prüfung der Eignung einer erarbeiteten Lösung bezogen auf ihren Einsatzzweck bezeichnet.

Variable Kosten
Variable Kosten sind – im hier betrachteten Kontext – jene im Geldausdruck bewerteten projektbezogenen Aufwendungen, die ursächlich mit der Erstellung der Ergebnisse der Arbeitspakete verbunden sind.
Dies betrifft vor allem variable (zeitabhängige) Personalkosten, Kosten des Materialverbrauchs, variable Energiekosten u. a.

Verifizierung
Unter Verifizierung ist die Überprüfung und Beglaubigung der Realisierbarkeit einer erarbeiteten Lösung durch eine unabhängige Instanz zu verstehen.

Vertrag
Als *Vertrag* bezeichnet man das Ergebnis eines zwei- oder mehrseitigen Rechtsgeschäftes, das durch übereinstimmende Willenserklärungen der Vertragspartner - in der Regel im Sinne von Angebot und Annahme des Angebots - zustande gekommen ist.

Vertragsmanagement
Das *Vertragsmanagement* – als Bestandteil des Projektmanagements – umfasst die Vorbereitung und Betreuung der vertraglichen Verhandlungen zwischen Auftraggeber und Auftragnehmer, die Implementierung von Verträgen über Lieferungen und Leistungen, die Vornahme von Vertragsänderungen aus technischen, terminlichen, personellen und finanziellen Gründen sowie die Kontrolle eingegangener vertraglicher Verpflichtungen im Projektprozess.

Visualisierung
Unter *Visualisierung* ist das Veranschaulichen (Sichtbarmachen) komplexer Sachverhalte und Zusammenhänge unter Nutzung graphischer bzw. visuell leicht erfassbarer Darstellungsmittel zu verstehen.
Visualisierungen sollten im Projektmanagement besonders bei der Präsentation des Projekts, im Projektmarketing, bei der Erstellung von Statusberichten und anderen Projektdokumenten genutzt werden, denn die Visualisierung steigert die Aufmerksamkeit, die Konzentra-

tion, die Anschaulichkeit und die Merkfähigkeit im Informations- und Kommunikationsprozess.

Vorgang

Ein *Vorgang* ist ein Ablaufelement im Projektprozess, das ein bestimmtes Geschehen beschreibt oder zum Gegenstand hat.

Ein Vorgang hat eine bestimmte Bezeichnung, besitzt einen definierten Anfang, ein definiertes Ende, erfordert zur Realisierung einen bestimmten Aufwand und einen bestimmten Ressourceneinsatz und hat eine davon abhängige Vorgangdauer.

Vorgänger

Als Vorgänger werden jene Vorgänge bezeichnet, die im Ablaufplan eines Projekts einen oder mehrere Nachfolger haben.

Mit Ausnahme des Zielvorgangs bzw. des Zielereignisses können alle Vorgänge im Projekt einen oder mehrere Nachfolger haben.

Vorgangsdauer

Als Vorgangsdauer wird eine in Zeiteinheiten (Stunden, Tage, Wochen u. a.) angegebene Zeitspanne zwischen Beginn und Ende eines Vorgangs bezeichnet.

In der Regel gilt:

Vorgangsdauer = Arbeitsaufwand / Kapazitätseinsatz.

Dies bedeutet, dass die Vorgangsdauer – bei gegebenem zu erledigendem Arbeitsaufwand – in bestimmten Grenzen durch die Änderung des Kapazitätseinsatzes (Ressourceneinsatz) variiert werden kann, was zum „Strecken" oder „Stauchen" von Vorgängen führt.

Vorgangsknoten-Netzplan (VKN)

Ein *Vorgangsknoten-Netzplan* ist ein mit den graphischen Darstellungselementen „Kästchen" und „Pfeil" visualisierter *vorgangsorientierter* Ablaufplan.

Die „Kästchen" symbolisieren Vorgänge und die „Pfeile" die Anordnungsbeziehungen im Netz.

Vorgangsknoten-Netzpläne werden vornehmlich bei der *Metra-Potential-Methode* angewendet.

Vorgangspfeil-Netzplan (VPN)

Ein *Vorgangspfeil-Netzplan* ist ein mit den graphischen Darstellungselementen „Kreis" und „Pfeil" visualisierter *vorgangsorientierter* Ablaufplan.

Die „Kreise" symbolisieren Ereignisse und die „Pfeile" die Vorgänge im Netz. In Vorgangspfeil-Netzplänen können als Sonderfall *Scheinvorgänge* (mit Dauer Null) eingeordnet werden.

Vorgangspfeil-Netzpläne werden vornehmlich bei der *Methode des kritischen Wegs (CPM)* und beim *PERT-Modell* angewendet.

Vorgehensmodell

Ein Vorgehensmodell ist eine in Auswertung von Erkenntnissen und Erfahrungen bei der Gestaltung von Prozessabläufen abgeleitete methodische Empfehlung für eine sinnvolle Organisation von Prozessen. Dabei wird der zu gestaltende Gesamtprozess in verschiedene, strukturierte Abschnitte gegliedert, denen wiederum entsprechende Methoden und Techniken der Organisation zugeordnet werden.

Auf der Grundlage dieser Empfehlung kann die Organisation konkreter Prozesse, zum Beispiel auch Projekte, individuell und schnell angepasst werden.

Vorwärtsrechnung

Unter *Vorwärtsrechnung* ist eine Vorgehensweise in der Zeit- und Terminplanung von Projekten unter Anwendung von Methoden der Netzplantechnik verstehen, bei der – ausgehend vom *frühesten Zeitpunkt* des Startereignisses bzw. des Startvorgangs, also „vom Anfang" her – die *frühesten Zeitpunkte* (Termine) aller nachfolgenden Ereignisse bzw. Vorgänge im Netzplan ermittelt werden.

V-Modell
Als *V-Modell* wird das aus der Software-Entwicklung kommende Vorgehensmodell bezeichnet, bei auf der linken Seite schrittweise die Phasen zur Gestaltung des Projektgegenstandes und auf der rechten Seite die verschiedenen Realisierungs-, Verifizierungs- und Validierungsstufen dargestellt werden.

Wasserfall-Modell
Als *Wasserfallmodell* wird im Projektmanagement ist ein lineares Vorgehensmodell bezeichnet, nach dem der Projektablauf in aufeinander folgenden Projektphasen zu organisieren ist. Die jeweiligen Phasen-Ergebnisse werden dann – wie bei einem Wasserfall – als bindende Vorgaben für die nächsttiefere Phase betrachtet.

Werkvertrag
Ein *Werkvertrag* ist ein Vertrag, bei dem sich der eine Vertragspartner (Auftragnehmer) zur Herstellung eines Werkes (körperlicher oder geistiger Natur) und der andere Vertragspartner (Auftraggeber) zur Beschaffung der Hauptstoffe sowie zur Abnahme und zur Bezahlung des Werkes verpflichtet (§ 633 BGB).
Werkverträge werden sehr oft zum Zwecke der Realisierung von Projekten abgeschlossen.

Wirtschaftlichkeit
Wirtschaftlichkeit ist – im hier betrachteten Kontext – eine Maßgröße für den Wirkungsgrad der wertmäßigen Transformation der für ein Projekt eingesetzten Kapitalaufbringung (Input) in Erträge aus der Nutzung des jeweiligen Projektergebnisses (Output).
Die Untersuchung und Bewertung der Wirtschaftlichkeit einer Projektidee ist Gegenstand der entsprechenden Entscheidungsvorbereitung. Nach Abschluss eines Projekts ist erneut die Wirtschaftlichkeit des Gesamtvorhabens zu ermitteln und zu bewerten.

Zeitabstand
Ein *Zeitabstand* ist eine zeitliche Spanne zwischen dem Ende bzw. Anfang eines Vorgangs in einem Netzplan. Dadurch kann in den Anordnungsbeziehungen zwischen Vorgängen der Sachverhalt berücksichtigt werden, dass aus technisch-technologischen Gründen im Projektprozess einerseits Minimal- bzw. Maximalabstände zwischen Vorgängen zu berücksichtigen oder andererseits minimale oder maximale Überlappungen von Vorgängen einzuplanen sind. Siehe: MAXZ, MINZ.

Zeitmanagement
Unter *Zeitmanagement* ist die bewusste und zielgerichtete Steuerung der Verwendung von Zeit zu verstehen. Die Zeit ist - wie wir wissen - unsere kostbarste Ressource, denn
- Zeit lässt sich nicht zurückdrehen,
- Zeit lässt sich nicht speichern,
- Zeit lässt sich nicht vermehren
- Zeit lässt sich nicht übertragen (auch nicht über „Zeitkonten") und anderes mehr.

Zeitmanagement ist ein wichtiger Bestandteil eines professionellen Projektmanagements.

Zeitplanung
Gegenstand, Aufgabe und Ziel der Zeitplanung von Projektabläufen ist die Bestimmung
- der Dauer der einzelnen Arbeitspakete,
- der Dauer von Projektphasen und der Gesamtdauer eines Projekts,
- der frühestmöglichen bzw. der spätestens zulässigen Zeitpunkte des Beginns bzw. des Endes von Vorgängen bzw. Ereignisse sowie
- der möglichen Pufferzeiten im Projektablauf.

Die Zeitplanung wird bei Anwendung von Methoden der Netzplantechnik in der Regel kalenderzeitlos durchgeführt. Siehe auch: Terminplanung.

Zertifizierung

Unter *Zertifizierung* ist im Rahmen des *Qualitätsmanagements* eine Maßnahme zu verstehen, die ein unparteiischer Dritter vornimmt, um aufzuzeigen, dass ein angemessenes Vertrauen darüber besteht, dass ein ordnungsgemäß bezeichnetes Produkt, Verfahren oder eine ordnungsgemäß bezeichnete Dienstleistung – zum Beispiel als Ergebnis eines durchgeführten Projekts – in Übereinstimmung mit einer bestimmten Norm oder einem bestimmten normativen Dokument steht (Europa-Norm EN 45012 der EU).

Zielereignis

Das Zielereignis kennzeichnet im Vorgangspfeilnetzplan oder auch im Vorgangsknotennetzplan das Ende eines Projekts (mit Dauer = 0).

Zielkonflikt

Ein *Zielkonflikt* entsteht, wenn das Bestreben nach *Verbesserung* des Wertes eines Zieles **Z1** zur *Verschlechterung* des Wertes eines Zieles **Z2** führt.

Das Management eines Projekts hat es eigentlich nur mit Zielkonflikten zu tun, wobei vor allem die Beherrschung der Zielkonflikte im *„Magischen Viereck"* („Teufelsquadrat") das Problem ist.

Zielvorgang

Der Zielvorgang kennzeichnet im Vorgangsknotennetzplan das Ende eines Projekts (mit Dauer = 0).

90%- bzw. 95%-Syndrom

Dieses Syndrom kennzeichnet eine psychologische Situation, die aus der Vermutung resultiert, dass man nach etwa 30 bis 60 Prozent der absolvierten Projektlaufzeit bereits 90 bis 95 Prozent des Projektergebnisses erreicht hätte.

In der Realität eines Projektprozesses erfordern aber gerade die letzten Phasen im Projektprozess viel Zeit, ohne dass sich der Fertigstellungsgrad sichtbar erhöht.

0-100-Methode

Als *0-100-Methode* wird ein Vorgehen bei der Projektfortschrittskontrolle bezeichnet, bei der erst die *vollständige Abarbeitung/Erledigung* der Aufgaben in einem Arbeitspaket oder Projektabschnitt der Fortschrittswert von 100 % zuerkannt wird. Vorher (auch bei angearbeiteten Aufgaben) wird kein Fortschrittswert anerkannt (0 %).

50:50-Methode

Als *50-50-Methode* wird ein Vorgehen bei der Projektfortschrittskontrolle bezeichnet, bei der bereits zu Beginn der Arbeiten im betreffenden Arbeitspaket ein 50%iger Fortschritt anerkannt wird. Dies betrifft Arbeitspakete, die viele Vorleistungen (z. B. Planungsaufgaben) bedingen und deren Zeitdauer gering ist.

Die restlichen 50% des Arbeitsfortschritts werden nach Abschluss der Arbeiten im Arbeitspaket zuerkannt.

Online-Zusatzmaterial

Zu diesem Buch werden über die Web-Seite

https://www.springer.com/9783658300845

eine Vielzahl weiterer Materialien als downloadfähige Dateien zur Verfügung gestellt.

Dies betrifft:

WORD-Dokumente wie
Checklisten und
Formulare als Vorlagen

EXCEL-Dateien zu
PM-Aufgaben mit Musterlösungen

PowerPoint-Dateien
zu ausgewählten Abbildungen im Buch
zur Nutzung in der PM-Wissensvermittlung

PDF-Dokumente
Musterlösungen zu Tests und Übungsaufgaben im Buch
Ergänzende Darstellungen zu PM-Themen

PM-Glossar als separate Datei

© Springer Fachmedien Wiesbaden GmbH, ein Teil von Springer Nature 2020   335
S. von Känel, *Projekte und Projektmanagement*, https://doi.org/10.1007/978-3-658-30085-2

Literaturverzeichnis

ALAM, D./GÜHL, U.: Projektmanagement für die Praxis. Springer-Vieweg, Wiesbaden 2016.

BAUS, L.: Selbstmanagement. Springer-Gabler, Wiesbaden 2015.

BECK, K.: Extreme Programming. Die revolutionäre Methode für Softwareentwicklung in kleinen Teams. Verlag Addison-Wesley, München 2000.

BOHINC, T.: Grundlagen des Projektmanagements: Methoden, Techniken und Tools für Projektleiter. GABAL, 2019.

BRANDSTÄTER, J.: Agile IT-Projekte erfolgreich gestalten. Springer-Vieweg, Wiesbaden 2013.

BULLINGER, H.-J.: Forschungs- und Entwicklungsmanagement: Simultaneous Engineering, Projektmanagement. Springer-Gabler, Wiesbaden 2013.

BURGHARDT, M.: Projektmanagement: Leitfaden für die Planung, Überwachung und Steuerung von Projekten. Publicis Publishing, München 2018.

EISENSCHINK, Ch.: Projektmanagement: 207 klausurtypische Aufgaben und Lösungen. Kiehl. NWB Verlag, Herne 2014.

FIEDLER, R.: Controlling von Projekten. Springer-Vieweg, Wiesbaden 2020.

FRANZ, M.: Projektmanagement mit SAP Projektsystem. SAP PRESS, 2017.

GEHR, S./HUANG, J.: Systemische Werkzeuge für erfolgreiches Projektmanagement, Springer-Gabler, Wiesbaden 2018.

GPM – Projektmanagement-Fachmann. GPM – Deutsche Gesellschaft für Projektmanagement e. V., 2 Bände, RKW-Verlag, Eschborn 2004.

GPM – Kompetenzbasiertes Projektmanagement (PM3): Handbuch für die Projektarbeit, Qualifizierung und Zertifizierung auf Basis der IPMA Competence Baseline Version 3.0. Verlag: GPM, Nürnberg 2014.

HABERFELLER, R. u. a.: Systems Engineering: Grundlagen und Anwendung. Orell Füssli Verlag, Zürich 2015.

HEMMRICH, A./HAARAN, H.: Projektmanagement: In 7 Schritten zum Erfolg. Hanser Verlag, München 2011.

HITZEL, M./ALTER, W.: Projektportfolio-Management: Strategisches und operatives Multi-Projektmanagement in der Praxis. Springer-Gabler, Wiesbaden 2020.

HOLERT, R.: Microsoft Project 2016: Projektmanagement mit Microsoft Project, Project Server und Project Online, Verlag Holert 2019.

HUNZIKER, St./MEISSNER, J. O.: Risikomanagement in 10 Schritten. Springer-Gabler, Wiesbaden 2016.

© Springer Fachmedien Wiesbaden GmbH, ein Teil von Springer Nature 2020
S. von Känel, *Projekte und Projektmanagement*, https://doi.org/10.1007/978-3-658-30085-2

JAKOBY, W.: Projektmanagement für Ingenieure: Ein praxisnahes Lehrbuch. Springer-Vieweg, Wiesbaden 2019.

JENNY, B.: Projektmanagement: Das Wissen für den Profi. vdf Hochschulverlag 2019.

von KÄNEL, S.: Planung der Vorbereitung des Einsatzes einer elektronischen Datenverarbeitungsanlage mit Hilfe des PERT-Systems. In: Fertigungstechnik und Betrieb, Heft 01/1965, Verlag Technik, Berlin.

von KÄNEL, S.: Betriebswirtschaftslehre – Eine Einführung. Springer-Gabler, Wiesbaden 2018.

von KÄNEL, S.: Lehrbuch "Betriebswirtschaft für Ingenieure", NWB Verlag, Herne 2008.

von KÄNEL, S.: Lehrbuch "Betriebswirtschaftliche Instrumente für Ingenieure", NWB Verlag, Herne 2008.

von KÄNEL, S.: Lernsoftware "Controlling". NWB-Verlag, Herne 2012.

KRAUS, G./WESTERMANN, R.: Projektmanagement mit System: Organisation, Methoden, Steuerung. Springer-Gabler, Wiesbaden 2019.

KUSAY-MERKLE, U.: Agiles Projektmanagement im Berufsalltag. Springer-Gabler, Wiesbaden 2018.

KUSTER, J. u. a.: Handbuch Projektmanagement: Agil – Klassisch – Hybrid. Springer-Gabler, Wiesbaden 2018.

LITKE, H.-D./KUNOW, I.: Projektmanagement. Haufe Verlag, Freiburg 2018.

MADAUSS, B,.J.: Projektmanagement: Theorie und Praxis aus einer Hand. Springer-Vieweg, Wiesbaden 2018.

MEYER, H./REHER, H.-J.: Projektmanagement. Springer-Gabler, Wiesbaden 2016.

MÖHRLE, M. G./ISENMANN, R.: Technologie-Roadmapping: Zukunftsstrategien für Technologieunternehmen (VDI-Buch). Springer-Verlag, Heidelberg 2017.

MROS, S./ALBRECHT, M: Projektmanagement Basiswissen nach IPMA. pm pocket 2015.

NYAMSI, E. A.: Projektmanagement mit Scrum: Tools zur Entwicklung von Software. Springer-Vieweg, Heidelberg 2019.

OLFERT, K.: Projektmanagement. Kiehl, NWB- Verlag, Herne 2019.

PATZAK, G./RATTAY, G.: Projektmanagement. Linde Verlag, Wien, München 2014.

PEIPE, S.: Crashkurs Projektmanagement. Haufe-Lexware, Freiburg i. Br. 2018.

PREUSSIG, J.: Agiles Projektmanagement. Haufe Verlag, Freiburg i. Br. 2018.

RAMBO, J.: Systems Engineering. Gesellschaft für Systems Engineering, München 2017.

RIES, A.: Projektmanagement Schritt für Schritt. UTB Verlag, Stuttgart 2019.

ROMEIKE. F./HAGER, P.: Erfolgsfaktor Risiko-Management 3.0. Springer-Gabler, Wiesbaden 2013.

SCHELS, I./SEIDEL, U. M.: Projektmanagement mit Excel. Hanser Verlag, München 2016.

SCHNORENBERG, U./RASSENBERG, S.: Risikomanagement in Projekten. Vieweg+Teubner Verlag, Heidelberg 2013.

SCHULZ, M.: Projektmanagement. UVK 2019.

SCHWARZE, J.: Übungen zu Projektmanagement und Netzplantechnik. NWB-Verlag, Herne 2015.

SCHWARZE, J.: Projektmanagement mit Netzplantechnik. NWB-Verlag, Herne 2014.

SCHWEITZER, T.: Projektmanagement. Cherry Media GmbH, Deggendorf 2019.

SEIDL, J.: Multiprojektmanagement: Übergreifende Steuerung von Mehrprojektsituationen durch Projektportfolio- und Programmmanagement. Springer Verlag, Heidelberg 2011.

STEINLE, C./EICHENBERG, T.: Handbuch Multiprojektmanagement und -controlling: Projekte erfolgreich strukturieren und steuern. Erich Schmidt Verlag, Berlin 2014.

STUMMER; Ch. u. a.: Grundzüge des Innovations- und Technologiemanagements. Verlag facultas, Wien 2020.

STUTZKE, H. H.: Projektmanagement mit Excel. Vahlen, München 2011.

TIMINGER, H.: Modernes Projektmanagement: Mit traditionellem, agilem und hybridem Vorgehen zum Erfolg. Wiley-VCH, Weinheim 2017.

WEBER, K.: Planung mit der Critical Path Method (CPM). In: Industrielle Organisation 32 (1963), H. 1.

WEBER, K.: Planung mit der Program Evaluation and Review Technique (PERT). In: Industrielle Organisation 32(1963), H. 2.

WINDOLPH. A./BLUMENAU, A.: Projektmanagement mit Excel. Wiley-VCA Verlag, Weinheim 2018.

WITSCHI, U. u. a.: Projekt-Management. BWI-Leitfaden. Verlag Industrielle Organisation, Zürich 1996.

VAHS, D.: Organisation. Ein Lehr- und Managementbuch. Schäffer-Poeschel Verlag, Stuttgart 2012.

Projektmanagement: Netzplantechnik und Projektmanagementsysteme. DIN e. V., 2016.

DIN 69901-5-2009-1 "Begriffe" (Projektmanagement). Beuth Verlag, Berlin 2009. Anmerkung: Die DIN 69 901 ist ab 2012 in die ISO 21500 eingegangen.

Ausgewählte Links zu Internet-Adressen:

https://agilemanifesto.org
https://www.arbeitstage.de/arbeitstage_2020.htm
https://kybernetik.online/index.htm
https://meisterplan.com/de/blog/agile-vs-hybrid
https://products.office.com/de-de/project/project-management-software
http://projektmanagement-definitionen.de
https://projektwege.de/agiles-projektmanagement-die-grundlagen
https://www.axelos.com
https://www.beuth.de
https://www.business-wissen.de
https://www.din.de/de
https://www.gfse.de
https://www.gpm-ipma.de/zertifizierung.html
https://www.ipma.world
https://www.omt.de/online-marketing-tools/projektmanagement-tools
https://www.prince2.com/de/what-is-prince2
https://www.prince2.com/de/downloads
https://www.pmi.org
https://www.pmi.org/pmbok-guide-standards/foundational/pmbok
https://www.projektmagazin.de
https://www.scrumalliance.org

Sachwortverzeichnis

© Springer Fachmedien Wiesbaden GmbH, ein Teil von Springer Nature 2020
S. von Känel, *Projekte und Projektmanagement*, https://doi.org/10.1007/978-3-658-30085-2

The manufacturer's authorised representative in the EU is Springer
Nature Customer Service Centre GmbH, Europaplatz 3, 69115 Heidelberg,
Germany. If you have any concerns regarding our products, please
contact ProductSafety@springernature.com

Printed and bound by CPI Group (UK) Ltd, Croydon, CR0 4YY
28/04/2026
02098495-0006